개정증보판

딜타이와 해석학적 사회체계

(개정증보판) 딜타이와 해석학적 사회체계

This Edition was published by Jipmoondang in 2022, Seoul, Korea.

Wilhelm Dilthey

개정증보판

딜타이와 해석학적 사회체계

양해림 지음

집문당

저자 **양해림**

충남대학교 인문대학 철학과 교수

강원대학교 철학과와 동 대학원을 졸업했다.

독일 트리어(Trier)대학교, 베를린 훔볼트(Humboldt)대학교에서 박사과정을 수학하고 훔볼트대학교에서 철학박사학위를 받았다. 충남대학교 인문과학연구소장, 한국해석학회장, 한국니체학회장, 한국환경철학회장, 한국역사철학회장, 대전시민사회연구소장, 민주화를 위한 전국교수협의회(민교협) 공동의장, 대전광역시 인권위원회 인권위원장을 역임했다.

개정증보판

딜타이와 해석학적 사회체계

2020년 10월 31일 초판 1판 1쇄
2022년 3월 20일 개정증보판 1판 1쇄

저자 | 양해림
발행인 | 임동규
발행처 | **(주)집문당**
등록 | 1971. 3. 23. 제2012-000069호
주소 | 03134 서울시 종로구 돈화문로 82, 5층
전화 | +82-1811-7567
이메일 | sale@jipmoon.com
홈페이지 | www.jipmoon.com

ISBN 978-89-303-1887-7 93160

가격 30,000원

(주)집문당 이순신돋움체B (저작권자 아산시, 무료글꼴)

개정증보판 머리말

먼저 이 책이 개정증보판을 다시 출판하게 되어 기쁘게 생각한다.

코로나19 바이러스로 인해 인문출판계가 더더욱 꽁꽁 얼어붙은 상황에서 전문적으로 공부하는 연구자 이외에 그다지 찾지 않는 전문 학술저서를 출판한다는 것이 쉽지 않다.

하지만 이 책이 지난 "2021년도 대한민국학술원 우수학술도서"에 선정되어 출판사에 재정적 도움을 줄 수 있어 조금이나마 위안으로 삼는다. 지난 제1판 머리말에서도 밝혔듯이, 이 책은 지난 20여 년간 여러 등재학술지 등에 수록되었던 필자의 글들을 딜타이와 사회체계 및 현대해석학과의 만남의 형식으로 수정, 보완하여 다시 편찬한 것이다. 이번 개정증보판에는 오탈자와 부분적 문장 수정 외에도, 보론(補論)에 지난 2021년도 등재학술지에 실렸던 "코로나19와 뉴노멀의 인문학"의 글을 수정 · 보완하여 추가하여 실었다.

이 책이 철학계뿐만 아니라 사회, 정치학계, 더 나아가 연구하는 후학들에게 조금이나마 사랑을 받았으면 하는 소박한 마음이다. 이 책의 개정증보판을 흔쾌히 허락해준 임동규 사장님과 교정 작업을 해준 전정아 편집부장님, 예쁜 책표지를 해준 디자이너 임용우 부장님께 감사의 말씀을 전한다.

2022년 2월

양해림

초판 머리말

이 저서는 지난 1999년 2월 독일 베를린 홈볼트(Humboldt) 대학교에서 「빌헬름 딜타이의 사회철학: 개인과 사회의 관계」란 주제로 박사학위를 받고 필자가 국내로 돌아온 이후 강원대학교 철학과, 윤리교육학과 시간강사, 한림대학교 과학사 시간강사, 2001년 한림대학교 연구교수, 그리고 2002년 충남대학교 철학과에 부임한 이후 20여 년간 집필한 것을 대폭 수정·보완하여 새롭게 편찬한 것이다. 즉, 이 저서는 우리에게 해석학자이자 역사철학자로 잘 알려져 있는 빌헬름 딜타이(Wilhelm Dilthey)와 관련한 사회철학체계와 그에 인접한 주제만을 따로 틈틈이 집필한 글을 엮은 것이다.

필자는, 딜타이가 거의 모든 저서에서 주장하고 있는 사회의 실천적 삶, 사회적-역사적 현실 속에서 철학을 수행해야 한다는 것에 대해 부담도 느끼면서 나름대로 이에 부합하려고 노력해 왔다. 예컨대 필자는 충남대학교 철학과에 부임한 이래로 교수협의회 및 평의회 등의 학교일, 민주화를 위한 전국교수협의회(약칭, 민교협) 집행부(중앙위 집행위원, 상임정책위원장, 감사)와 공동의장, 충남대학교 민교협 총무 및 회장, 대전시민사회연구소 부소장 및 소장, 대전환경운동연합 집행위원, 대전시 인권위원회 위원 및 인권위원장 등 크고 작은 진보적인 교수운동단체나 대전시민사회단체에 실천적 활동으로 몸 담아 오면서 사회철학과 사회문제에 관련된 글들을 여러 신문방송매체에 써 왔다(양해림, 『시사 프리즘, 철학으로 한국사회를 읽다』, 충남대학교 출판문화원, 2018, 『철학자의 시사산책-KBS 대전 생생뉴스, 양해림의 인문시사-』, 집문당, 2019). 시민사회활동으로 인해 딜타이 사회철학과 관련된 글들은 다소 소홀해질 수밖에 없었으나, 그럼에도 불구하고 딜타이와의 끈을 놓지 않으려고 그의 철학과 씨름할 수 있었기에 이 결과물을 미흡하게나마 선보이게 되었다. 또한 필자가 올해 "**60년 회갑(10월)을 맞는 해**"이기도 하고, 60회갑(回甲)을 맞아 필자와 가장 가깝게 부합하는 정체성이 있는 철학주제가 『딜타이와 해석학적 사회체계』의 제목이라 생각했기에 이렇게 기획하여 출판하게 되었다. 이제 어느덧 세월도 쏜살같이 흘러 몇 년 후면 정년퇴직을 바라보는 나이가 되었다. 수년 전부터 딜타이 사회철학과 관련된 주제를 심도 있게 기획하기로 마음을 먹고는 있었으나, 여러 공사(公私)의 일로 그렇게 쉽지만은 않았다.

하지만 필자가 틈틈이 논문들을 점검하는 차원에서 여러 학술 철학회에서 발표했던 내용들을 등재학술지 등에 게재하여 수정 · 보완된 저서를 이번에 출판하게 되어 감개가 무량하기도 하다. 21세기 현재를 일컬어 100세 시대라 말한다. 올해 60회갑을 맞아 그동안 학문을 정리 · 점검한다는 차원에서도 아직 학문이 완성된 단계도 아니고 일천할 수 있지만, 부끄러움을 무릅쓰고 과감히 이 서적을 내놓기에 이르렀다. 그래서 독자들의 질정과 비판을 겸허히 받아들인다.

『논어(論語)』 "위정(爲政)편"의 공자님의 말씀을 빌리자면, (…) 吾十有五而志于學 (…) 五十而 知天命, 六十而 耳順 (오십유오이 지우학, 오십이, 지천명, 육십이, 이순)이다. 열다섯에 학문에 뜻을 두면서, (…) 50대와 60대에 공자는 천명을 알고 거기에 순종하였다고 한다. 공자가 "15살에 학문에 뜻을 두었다"라는 의미는 바로 오늘날 도(道)에 뜻을 두었다는 것이다. 오늘날의 학문이 지식의 증가라고 한다면, 도(道)란 정신의 함양인 것이다. 육십이라는 나이를 먹으면 어떤 내용에 대해서도 학문에 통달하고 초(超)도덕적인 가치를 의식하고, 학문과 정신을 순화시켜서 받아들인다는 의미일 것이다. 이런 좋은 뜻의 글귀가 필자에게는 아직은 한갓 먼 이상형(理想型)이 아닌지 자문해 보기도 한다.

세계적인 독일의 현대 해석학자 가다머(Hans-Georg Gadamer, 1900~2002)가『진리와 방법』(1960)을 저술한 것이 필자와 같은 60세의 나이에 독창적인 대작을 써서 현대 해석학자의 아버지로 칭송받는 것을 회고해 보면, 서구 철학자들의 이론을 정리·정돈하는 수준에 그친 것을 생각하면 부끄러움이 앞선다. 그러나 필자가 가다머와 같은 나이에 독창적인 대작은 쓰지 못했다고 할지라도 여기에 정리·정돈한 글들이 철학이나 인접학문을 하는 동학(同學)이나 후학들에게 조그만 보탬이 되었으면 하는 소박한 바람이다. 여기에 선보인『딜타이와 해석학적 사회체계』라는 주제의 글들은 이제껏 딜타이 삶의 철학에 영향을 받은 철학자, 그리고 딜타이 철학에 영향을 주고 자신들의 독창적인 철학체계를 구축한 칸트, 헤겔, 니체와 같은 서양 근세철학자, 가다머, 하이데거, 리쾨르와 같은 현대 해석학자들이나 짐멜, 미드, 베버, 루만과 같은 근, 현대사회학자들을 중심으로 양자 사이를 비교하거나 그들과 대결시켜 딜타이 철학의 현대성에 주목하였다.

이제껏 서구에서 딜타이 철학은 심리학·역사학·교육학·예술·국가·경제 등과 관련한 개별적인 연구물로 다양한 연구들이 축적되어 왔다. 그러나 우리 학계에서는 아직 서구에 비해 양과 질적인 측면에서 만족할 만한 성과물을 내지 못한 것은 아쉬운 일이다. 또한 우리 학계에서 4차 산업혁명시대에 인접 학문과의 통섭과 융합을 끊임없이 외치고 있지만, 철학과 사회학, 철학과 정치학, 철학과 경제학, 철학과 법학, 철학과 생물학, 철학과 인지공학 등 인접 학문과의 학제적 관계를 만족할 만큼 성과를 이끌어낸 것은 아니다. 우리 학계의 상황에 비추어 볼 때, 필자를 비롯해 좀 더 분발하거나 향후 후학들이 짊어져야 할 몫으로 남아 있다.

4차 산업혁명과정에서 영리한 컴퓨터가 보편화되고 이미 우리 생활의 일부를 차지하여 새로운 일자리를 전망하지만, 향후 인문학의 학문 후속세대 일자리도 그다지 녹록치 않을 것이라는 달갑지 않은 전망은 마음을 무겁게 한다. 미래학자들은 앞으로의 미래는 일자리가 아주 천천히 감소하는 것이 아니라 어느 한 순간에 갑자기 사라지는 '직업 증발'이 일어날 것이라 예측한다. 하지만 4차 산업혁명시대에는 18세기 이전과 같은 **전인교육의 중요성이 더욱 증폭**될 것으로 예측하기도 한다. 왜냐하면 19~20세기 산업화 시대에 인간이 해야 했던 노동의 대부분을 인공지능으로 대체하게 될 것이기 때문이다. 그럼에도 불구하고 우리는 여전히 19세기에 만들어 놓은 학교 체제를 그대로 사용하고 있다.

세계적인 미래학자 제레미 리프킨(Jeremy Rifkin)의 "우리의 모든 교육방식은 1차 산업혁명이 있었던 19세기의 방식과 똑같다"라는 말을 예시 주시할 필요가 있다. 그는 미래에 대해 "노동자가 거의 없는 세계로 향하고 있고 인간은 더욱 창의적인 일을 위해 진보해야 한다고 말한다. 노동자가 없는 세계는 과학자, 엔지니어, 기업주들에게 고되고 정신없는 반복적인 작업으로부터 인간이 해방되는 역사상 새로운 시대의 시작을 의미하는 것일 수 있다. 동시에 다른 사람들에게는 대량 실업, 전세계적인 빈곤, 사회불안과 격변이라는 우울한 미래로 비쳐질 수 있다."[1]고 지적한 바 있다. 미래 사회가 향후 어떻게 펼쳐질지는 그 누구도 예단할 수 없지만, 세계의 많은 전문가들이 예측하고 있는 것처럼 4차 산업혁명의 도래에도 지금 이대로 우리 사회를 방치한다면, 인문학을 비롯한 학문과 정보의 양극화는 물론 불평등화는 더욱 심해질 것이라는 예측은 가능하다. 특히 인문학과 인문학 종사자들은 디지털 기술의

1) 제레미 리프킨, 『노동의 종말』, 이영호 옮김, 민음사, 2001, p.31.

급속한 발전에 의한 불평등과 양극화와도 무관하지 않다. 이에 대한 대비가 시급한 실정이다.

끝으로 그동안 필자의 유학생활을 비롯해 저의 뒷바라지를 해주신 이미 10여 년 전에 타계하신 어머님과 아직은 정정하신 아버지, 나의 아내 정식께 고맙다는 말씀을 드리고 싶다. 그리고 바쁘다는 핑계로 아빠로서 제대로 가정생활을 함께 하지 못함에도 잘 자라준 아들 승식과 딸 수연에게도 고맙다는 말과 동시에 미안한 마음도 앞선다. 또한 이 책을 위해 애써주신, 디자이너 임용우 부장님, 전정아 편집부장님과 그리고 이 책의 출판을 흔쾌히 허락해 주신 임동규 사장님께 고마운 마음을 전한다.

2020. 10.
궁동연구실에서
양해림

일러두기

• 논문수록 출처

이 책의 출처는 다음과 같습니다. 이 책은 한국연구재단 등재지에 수록된 논문(19)과 공저(1), 단행본(1)을 대폭 수정 · 보완했음을 다음과 같이 밝힙니다.

제2장. 딜타이와 해석학적 사회체계의 출발점

—양해림, 「딜타이 정신과학의 이해와 인문학의 전망」, 『범한철학』, 제20집, 범한철학회, 1999, pp.173-193.

—양해림, 「딜타이의 역사주의-이해의 방법론적 원리를 중심으로-」, 한국역사철학회 편, 『역사철학, 21세기와 대화하다』, 충남대학교 출판문화원, 2015, pp.51-76.

제3장. 딜타이와 삶의 해석학적 사회체계

Ⅰ. 칸트와의 대결: 딜타이의 칸트 인식론 비판

—양해림, 「딜타이의 칸트인식론 비판」, 『현대유럽철학연구』, 제56집, 한국현대유럽철학회, 2020, pp.163-190.

Ⅱ. 헤겔과의 대결: 삶의 객관화

—양해림, 「딜타이는 삶의 객관화를 극복하였는가?」, 『해석학연구』, 제16집, 한국해석학회, 2005, pp.43-70.

Ⅲ. 니체와의 대결: 삶의 철학

—양해림, 「딜타이와 니체의 삶 철학」, 『니체연구』, 제34집, 한국니체학회, 2018, pp.157-187.

Ⅳ. 후설과의 대결: 생활세계

—양해림, 「후설의 생활세계와 딜타이의 삶의 경험」, 『철학연구』, 제50집, 철학

연구회, 2000, pp.135-159.

– 양해림, 「하버마스의 생활세계 이론 Ⅰ」, 『철학연구』, 고려대학교 철학연구소, 1998, pp.153-175.

제4장. 딜타이와 해석학적 사회체계

Ⅰ. 딜타이의 해석학적 사회철학의 체계

– 양해림, 「딜타이에 있어서 개인, 사회 그리고 상호작용의 변증법」, 『철학연구』, 제44집, 철학연구회, 1999, pp.283-306.

Ⅱ. 딜타이의 문화체계와 사회의 외부기관

– 양해림, 「딜타이의 문화해석학」, 한국해석학회 편, 『문화와 해석학』, 해석학연구 제7집, 철학과 현실사, 2000, pp.99-122.

– 양해림, 「딜타이와 칼 슈미트의 국가론」, 『인문학연구』, 통권 120호, 충남대학교 인문과학연구소, 2020, pp.6-35.

Ⅲ. 딜타이와 짐멜: 개인과 사회의 상호작용 체계

– 양해림, 「딜타이와 짐멜의 개인과 사회의 상호작용」, 『동서철학연구』, 86집, 한국동서철학회, 2017, pp.351-375.

Ⅳ. 딜타이와 베버: 해석학적 사회과학의 체계

– 양해림, 「이해와 설명의 방법-딜타이와 베버의 수단/목적의 행위이론 고찰」, 한국해석학회 편, 『낭만주의 해석학』, 해석학연구, 제13집, 철학과 현실사, 2003, pp.156-197.

Ⅴ. 딜타이와 미드: 상징적 상호작용의 체계

– 양해림, 「딜타이와 미드(G.H. Mead)의 사회이론: 미드의 상징적 상호작용론을 중심으로」, 『해석학연구』, 제27집, 한국해석학회, 2011, pp.145-170.

Ⅵ. 딜타이와 푸코: 해석학적 구조이론

– 양해림, 「구조의 독해-딜타이와 푸코의 연속과 불연속의 역사성」, 『철학연구』, 제84집, 대한철학회, 2002, pp.353-379.

Ⅶ. 딜타이와 루만: 해석학적 사회체계

– 양해림, 「해석학과 사회체계: 딜타이와 루만의 이해개념을 중심으로-」, 『철학연구』, 제97집, 대한철학회, 2006, pp.143-169.

– 양해림, 「루만체계이론에 의한 유교의 상호소통가능성-유교정치체계와의 교섭을 중심으로-」, 『동서철학연구』, 제94호, 한국동서철학회, 2019, pp.195-225.

제5장. 딜타이와 해석학적 역사성의 사회체계

Ⅰ. 하이데거와 딜타이: 해석학적 세계관의 체계

– 양해림, 「하이데거의 딜타이 역사적 세계관 고찰-『존재와 시간』의 77절 분석을 중심으로-」, 『현대유럽철학연구』, 제58집, 한국현대유럽철학회, 2020, pp.85-121.

Ⅱ. 딜타이와 가다머: 해석학적 역사성의 체계

– 양해림, 「가다머의 해석학적 이해와 언어」, 『범한철학』, 제42호, 범한철학회, 2006, pp.191-215.

Ⅲ. 딜타이와 리쾨르: 해석학적 상징체계

– 양해림, 『현대해석학강의-개정증보판』, 집문당, 2011, pp.231-249.

[보론] Ⅳ. 4차 산업혁명의 시대, 인문학의 미래와 전망

– 양해림, 「4차 산업혁명의 시대, 인문학의 미래와 전망」, 『인문학연구』, 통권 117호, 충남대학교 인문과학연구소, 2019, pp.5-40.

[보론] Ⅴ. 코로나19와 뉴노멀의 인문학

– 양해림, 「코로나19와 뉴노멀의 인문학-코로나19 이후, 인문학의 미래와 전망을 중심으로-」, 『인문학연구』, 통권 122호, 충남대학교 인문과학연구소, 2021, pp.251-276.

• 약기표기

– Carl Schmitt, *Der Begriff des politischen*, München/Leipzig, 1932.
(이하 'BP'로 생략하여 표기함.)

– Edmund Husserl, *Die Krisis der europäischen Wissenschaften und die transzendentale Phänomenologie*, Den Haag, 1962.
(이하 'Kr'로 생략하여 표기함.)

– Friedrich Nietzsche, *Sämtliche Werk, Kritische Studienausgabe*, in 15 Banden, Giorio colli/Mazzino Montinari, Bd. 1. Walter de Druyter: Berlin · New York, 1980.(이하 'KSA'로 생략하여 표기함.)

– Jürgen Habermas, *Theorie des kommunikativen Handelns,* Bd. 1. Frankfurt a. M., 1985.(이하 'TKH'로 생략하여 표기함.)

– Martin Heidegger, *Sein und Zeit,* Tübingen, 1972.
(이하 'SZ'로 생략하여 표기함.)

– Wilhelm Dilthey, *Gesammelte Schriften*. Bd. I, II, III, IV, V, X, Stuttgart/Göttingen, 1959.(이하 'GS'로 생략하여 표기함.)

– H.-G. Gadamer, *Wahrheit und Methode, Grundzüge eine philosophischen Hermeneutik*, Tübingen: J. C. Mohl, 1972, Einleitung.
(이하 'WM'으로 생략하여 표기함.)

– M. Foucault, *The Archaelogy of Knowledge*, New York, 1972.
(이하 'AK'로 생략하여 표기함.)

차 례

제 5 장

딜타이와 해석학적 역사성의 사회체계

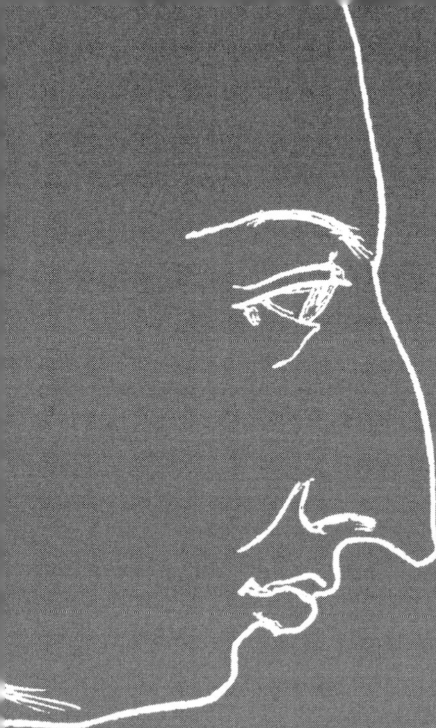

제1장

딜타이와 해석학적 사회체계의 쟁점들

제1장

딜타이와 해석학적 사회체계의 쟁점들

1. 정신과학의 출발점: 사회의 실천적 삶

빌헬름 딜타이(Wilhelm Dilthey, 1833~1911)는 일반적으로 정신과학을 철학적으로 정초한 인물로 알려져 있다. 딜타이 정신과학의 철학적 구상은 사회적-역사적 현실(gesellschaftlich-geschichtliche Wirklichkeit)[1]의 대상에서 철학적인 근거를 설정했다. 즉 딜타이는 사회적-역사적 현실 속에서 개인과 사회의 개념을 이해하였고, 그것에 상응하는 개인과 사회의 상호작용의 관계를 파악했다. 따라서 딜타이의 정신과학은 인간의 근원적인 자기반성과 인간적-역사적-사회적 세계를 이해하여 정신과학의 실천적 행위를 그 목적으로 삼았다. 이러한 관점에서 우리는 딜타이가 정신과학의 철학적 구성을 사회적-역사적 현실로 파악한 것을 근거로 하여 삶 철학과의 관계, 사회철학적인 관점, 현대해석학과의 관계 등을 중심으로 상호관계성을 조망할 것이다. 여기서 우리는 딜타이의 정신과

1) 딜타이의 근본문제는 사회적-역사적 현실의 대상 속에서 정신과학의 철학적 근거를 설정한다. 사회적-역사적 현실은 세 가지의 다양한 부류로 나눌 수 있다. 첫째, 지각 속에서 주어진 현실을 표현하는 것이다. 그것은 인식의 역사적 요소의 내용을 갖고 있다. 둘째, 우리는 추상을 통해서 담겨져 있는 현실의 부분을 동일한 부류의 행태로 기술한다. 추상은 현실의 이론적 요소를 구성한다. 셋째로, 가치판단을 표현하고 규칙을 정한다. 이것과 함께 정신과학의 실천적 요소를 파악한다(Wilhelm Dilthey, *Gesammelte Schriften*. Bd. I. Stuttgart/Göttingen, 1959, p.26. 이하 GS라 생략하여 표기함). 이러한 현실 속에서 인간, 역사, 사회의 모든 학문이 속해 있다. 예를 들어 문화, 법, 역사, 국가 등은 단지 개별적인 학문의 총체가 아니라 가능하게 연결된 통일체의 근본적인 학문인 것이다(Herbert Marcuse, "Das Problem der geschichtlichen Wirklichkeit", in: *Die Gesellschaft*. 8. Jg. 1931, p.356).

학에 주목하였던 초기 저작이나 후기작품에 이르기까지 지속적으로 반복해서 강조하고 있는 **사회적-역사적 현실**에 주안점을 두고 파악할 것이다. 그의 사회적-역사적 현실은 삶으로서 철학적 사유로 나타나며, 그 안에서 현실은 인간·사회·역사의 모든 학문들 즉 문화·법·종교·언어·인륜·예술·교육 등을 상호 연관관계 안에서 살펴보게 될 것이다. 딜타이에게 있어서 정신과학의 목적은 사회적-역사적 현실의 대상과 개인을 통해 파악되어 왔다. 우리는 이러한 딜타이의 본래의 의도와 크게 벗어나지 않은 채 기술하고자 한다. 따라서 우리는 딜타이의 정신과학의 철학적 정초작업을 파악하기 위한 예비적 단계로서 다음과 같이 세 가지의 부류로 나누어 살피게 될 것이다.

첫째로, 딜타이 정신과학은 역사적 세계의 요소로 파악할 수 있다. 즉 개인과 더불어 역사서술의 부류는 심리학, "인간학",[2] 전기(Biographie)로써 나타난다. 딜타이는 이러한 분과를 개인의 과학으로 말한다. 그는 이것을 정신과학의 근본과학과 전제조건의 과학으로 제시했다. 정신과학은 인간의 심리적-육체적 삶의 통일체에 대한 체계를 연구하는 것이다. 그 근거는 정신과학에서 심리학의 길을 찾는 것이다. 왜냐하면 딜타이에게서 정신과학의 대상은 인간으로부터 출발하기 때문이다.[3] 딜타

2) 딜타이는 심리학과 인간학을 엄밀하게 구분하지 않았다. ① 그 근거는 철학에서 행하는 것처럼 과학에서도 인간의 사회적-역사적 현실에서 그 원인을 찾는다. ② 인간학과 심리학의 체계적 고찰 방식은 근본적으로 정신과학에 머물러 있다. 왜냐하면 인간학과 심리학은 개인을 말하거나 사회적-역사적 현실을 다루고 있기 때문이다. ③ 심리학적-인간학적 근거와 논리적-인식론적인 고찰 사이에는 항상 긴장이 맴돌고 있다. ④ 이미 딜타이의 논문에서 역사성의 관계는 그의 철학에서 사회적-역사적 현실의 출발점이 된다(Hans Ineichen(Hg.), *Philosophische Anthropologie in 19. Jahrhundert,* Würzburg: K & N, 1991, pp.169-170; Vgl. Peter Krausser, "Dilthey's philosophische Anthropologie", in: *Journal of the History of Philosophie,* 1963, 211-221; Volker Gerhardt, "Selbsterkenntnis. Zur anthropologischen Nähe Nietzsches zu Dilthey", in: *Nietzsche-Forschung.* Bd. I. 1994, p.33). 따라서 딜타이는 인간학과 역사 사이에 철학적 결합을 추구하고 있다(Georg Misch, "Die Idee der Lebensphilosophie in der Theorie der Geisteswissenschaften", in: *Kant-Studien.* 31. Bd. 1926, p.539).

3) Vgl. Benno Erdmann, *Gedächtnisrede auf Wilhelm Dilthey,* Berlin, 1912, p.15; Berhard Hoff,

이에게 있어서 심리학은 개별과학 속에서 나타난 가장 처음이자 근본적인 것이다(GS, I, 33)[4]. 심리학은 심리적-육체적 삶의 통일체로서 개인을 분석하면서 정신적 사태(Tatsache) 사이의 연관체계를 연구한다. 무엇보다 심리학은 삶을 연구하는 실제적인 매개를 육체적 측면과 심리학적 사태를 분석한다. 따라서 이러한 정신과학의 근거는 딜타이의 모든 문제의 중심을 이루고 있다. 이러한 관계에서 정신과학은 심리적인 삶의 통일체에 대한 인식의 가능성과 그 한계를 찾는 것이다(GS, I, 33). 딜타이는 심리학과 인간학을 엄밀히 구분하지 않고, 서로 심리적-육체적인 삶의 통일체로서 제시한다. 이러한 심리적-육체적인 삶의 통일체로서 개인이 나타나고, 사회적-역사적 현실의 관계가 등장한다. 심리학과 인간학은 정신과학의 대상으로서 모든 인간(개인)을 사회의 요소로서 함께 만난다. 한 실례로서 전기(傳記)는 역사서술 일반의 출발점이 된다. 딜타이가 『정신과학 입문』(1883)의 논문에서 전기는 현실 속에서 근본적인 역사적 사실을 서술한다. 개인은 단순히 역사의 전체적인 관점뿐만 아니라 현재의 복잡한 현실을 이해하는 것이다. 여기서 우리는 납득할 만한 의미에서 현실을 직시하여 체험을 하게 된다(GS, Ⅶ, IX).

두 번째로, 딜타이 정신과학은 사회의 외부기관(Äusseren Organisation)과 문화체계의 과학을 구성한다. 즉 국가 · 교회 · 가족은 사회의 외부기관에 속한다. 또한 법 · 종교 · 예술 · 과학 · 인륜성/인륜 · 언어 · 교육 등은 문화체계를 형성한다. 딜타이에게 있어서 문화체계와 사회의 외부기관은 인간 정신의 표명과 사회적-역사적 세계 속에 드러난 행위를 분석한다. 그리고 여기서 사회 발전을 이해시키고 개인을 계발시킨다.[5] 특히

Die Psychologie Wilhelm Diltheys, Zürich, 1936, p.19; Ernst Troeltsch, *Der Historismus und seine Problem,* Tübingen, 1961, pp.512-517; Joh. Englhauser, *Metaphysische Tendenzen in der Psychologie Diltheys,* Würzburg, 1933, pp.1-3.

4) Dilthey, Wilhelm, *Gesammelte Schrift,* Bd.I, Stuttgart, 1957(이하 GS라 약기하여 표기함).

딜타이는 『정신과학 입문』에서 문화체계와 사회의 외부기관에서 나타난 사회적 현실의 사태(Tatbestand)를 분석한다(GS, I, 43). 그런데 이러한 분석은 기본적으로 형식적인 의미만 있을 뿐이다. 즉 문화체계와 사회의 외부기관은 사회의 사태 속에 존재한다. 우리가 전자를 설명하였을 때, 우리는 사회에서 문화체계를 구분하는 것이고, 후자를 고찰하였을 때, 인간에게 주어진 외부기관을 분리시키는 것이다. 그런데 이러한 문화체계와 사회의 외부기관은 인간본성의 요소와 관련되어 있으며, 개인의 분석을 통해 파악한 목적연관을 현실화시킨다(GS, I, 43).

셋째로, 딜타이 정신과학은 개별과학의 인식론적 정초를 통해서 철학적인 자기반성(Selbstbesinnung)을 구성한다(GS, XIX, 55).[6] 여기서 딜타이 정신과학은 사유하는 의식과 관련하여 인식론적인 분석의 절차나 정신과학의 인식론을 전개해 나간다. 딜타이 정신과학은 인식론적 자기반성을 요구하였으며, 자기반성을 통해 사유하고, 인식하고, 행위를 수행한다. 즉 대부분 자기반성의 분석은 의식의 사실과 관련되어 있으며, 거기서 사유하고 행동하는 근거를 찾아 나간다(GS, XIX, 79). 자기반성은 정신과학의 인식론의 명제 및 개념들을 명확히 제시하고, 전체 인식의 방향을 개별과학과의 관계에서 맺는다(GS, I, 93). 이런 점에서 딜타이의 저작 『정신과학 입문』에서 기본 학으로서 요구했던 인식론적인 정초는 자기반성이다(GS, I, 26, 93). 이러한 자기반성은 한편으로는 인식론적-방

---

5) Ulrich Herrmann, *Die Pädagogik Wilhelm Dilthey,* Göttingen, 1971, p.191.

6) 딜타이의 자기반성에 관한 자세한 내용은 다음을 참조: Gerhard Pfafferott, *Ethik und Hermeneutik,* Königisten/Ts, 1981, pp.23-62; ders., "Die Bedeutung des Begriffs Selbstbesinnung bei Dilthey und Husserl", in: E. W. Orth(Hg.), *Dilthey und die Philosophie der Gegenwart,* Freiburg/München, 1985, pp.351-380; Erwin Hufnagel, "Wilhelm Dilthey". in: U. Nassen(Hg.), *Klassiker der Hermeneutik,* München/Wien, 1982, pp.175-183; Helmut Johach, "Wilhelm Dilthey. Die Struktur der geschichtlich-gesellschaftliche Welt", in: J. Speck(Hg.), *Grundprobleme der großen Philosophen,* Göttingen, 1986, pp.67-71; Wolfgang Mauer, *Die Selbstbesinnung der Philosophie bei Wilhelm Dilthey,* Phil. Diss. Berlin, 1948, pp.5-8.

법론적인 특성을 갖고 있으며, 다른 한편으로 도덕적-실천적인 요소를 지니고 있다.[7] 딜타이는 역사적 자기반성의 실천성을 인간의 사회공동체의 이성적인 기관으로 설명하고자 하였으며, 그것을 통하여 역사과학이 다른 분야에도 많은 영향을 끼칠 수 있다고 보았다.

딜타이는 정신과학을 삶 내지 역사로 보았으며, 이는 후설과의 서신 교환을 통해서 양자 사이의 의견 차이를 조율하는 기점을 마련한다. 후설의 현상학을 딜타이 삶의 철학과 관련한 주도적인 연구는 미쉬(Georg Misch, 1878~1965)에 의해서 이루어졌다. 딜타이 학파의 제3세대라 할 수 있는 로디(Frithjof Rodi, 1929~)에 의하면, 딜타이의 삶의 철학과 후설의 현상학의 관계는 미쉬가 딜타이에 관한 사유체계를 체계적으로 분석하면서 현재 강력하게 부각되고 있는 주된 과제라고 주시한다.[8] 미쉬는 그의 주저인 『삶의 철학과 현상학』(1930)에서 딜타이 삶의 철학과 후설의 현상학 사이에 있었던 비판적 논쟁을 통해 양자 간의 첨예한 연구 영역을 정면으로 부각시켰다. 여기서 미쉬는 딜타이를 후설과 대립시켜 변호하였고, 딜타이의 삶의 철학이 후설의 현상학과 밀접하게 연결되어 있는 것으로 보았다. 미쉬는 딜타이의 삶의 철학을 "삶을 객관화하는 사고의 로고스"라는 입장에서 후설의 "객관적 타당성을 가진 관념적 의미통일성의 로고스"[9]라는 관점으로 대립시킨다. 미쉬는 딜타이의 해석학을 언어 과학적 · 인간학적 · 논리적 · 심리학적인 연구 상황 등을 광범위하게 연관시켰고, 해석학에서 언급하는 이른바 "표현(Ausdruck)"의 개념을 적용하여 삶의 논리학으로 확장시킨다.[10] 미쉬의 관점에서 삶

7) R. Rosenberg, "Nachwort zu Wilhelm Dilthey", in: *Das Erlebnis und die Dichtung*, Leipzig, 1988, p.396.

8) Vgl. Frithjof Rodi, "Zum gegenwärtigen Stand der Dilthey-Forschung," in: *Dilthey-Jahrbuch*. Bd. I, Göttingen, 1983, pp.260-267.

9) 김의수, 「딜타이의 해석학적 철학과 형이상학」, 『철학연구』, 제27집, 철학연구회, 1986, p.39.

에서 체험을 의식하는 것은 표현의 힘 속에서 들여다보는 것이라 하였고, 거기서 삶의 객관화를 이해하는 것으로 간주한다. 즉 미쉬는 딜타이의 철학을 삶의 "근본바탕까지 탐구하기는 불가능함"(Unergründlichkeit)이라 언급하기도 하고, 삶을 정신의 근본바탕까지도 탐구하는 것은 불가능하다고 보고 삶을 의식의 구조로 분석한다.[11] 따라서 미쉬는 기본적으로 딜타이의 보편적인 해석학의 논리학으로부터 삶의 철학적 인식론을 그 출발점을 삼았다. 이와 같은 관점에 따라 스트뢰커(Elisabeth Ströker)는 미쉬의 관점을 이중적으로 설명하고 있다. 먼저 1911년의 딜타이와 후설 사이에 벌어졌던 "서신교환논쟁"[12]은 단지 역사적인 것만은 아니라고 지적한다. 무엇보다 미쉬가 후설의 현상학과 딜타이의 삶의 철학 사이의 관계를 너무 신중하게 연구하려는 객관적 자세가 오히려 두 관계의 내용적 의미를 상실해 버렸다는 것이다. 즉 미쉬의 관점은 삶의 철학과 현상학의 관계를 너무 대립적으로만 부각시켰고[13], 딜타이의 후기시절만 너무 단편적으로 강조하면서 고답적이거나 지엽적인 설명에 머물러 있다는 것이다.[14]

그러나 딜타이의 삶의 철학과 후설의 현상학적 관점은 미쉬의 이론

---

10) Karl-Heinz Lembeck, "Logik und Lebensphilosophie", in: *Philosophische Rundschau,* 43 (1996), pp.20-22.

11) Ferdinand Fellmann, *Symbolischer Pragmatismus. Hermeneutik nach Dilthey,* Hamburg, 1991, p.41.

12) 딜타이와 후설 간의 편지교환은 딜타이가 먼저 1911년 6월 29일 후설의 Logos지(1910/1911, pp.289-341)에 실린 『엄밀과학으로의 철학』의 논문에서 딜타이를 역사적 상대주의와 회의주의라 비판한 것에 관한 자신의 소감을 적어보냈고, 1911년 7월5/6일에 후설이 딜타이 편지에 대한 답변으로 이루어졌다(*Materialien zur Philosophie Wilhelm Dilthey,* hrsg. von Frithjof Rodi, Frankfurt a. M., 1984, pp.110-119). 딜타이와 후설은 서신교환을 통해 대화를 시도했으나 딜타이의 사망(1911)으로 인해 중단되었다.

13) Elisabeth Ströker, "Georg Misch und die Phänomenologie", in; *Dilthey-Jahrbuch,* Bd. 11, Göttingen, 1997/98, p.151.

14) O. F. Bollnow, "Lebensphilosophie und Logik. Georg Misch und Göttingener Kreis," *in: Zeitschrift für philosophische Forschung,* 34, 1980, p.425.

적 견해에 따라 아직까지 많은 부분이 수용되고 평가하면서 그의 해석에 상당 부분을 의존하고 있다. 특히 독일에서는 지난 1990년 이후 "미쉬에 대한 연구의 르네상스"[15]가 조성되면서 딜타이의 삶의 철학과 후설의 현상학과의 관계를 다룬 연구물들이 다양한 시각에서 활발하게 전개되어 왔다. 그렇지만 아직까지 우리 철학계에서는 양자 사이의 관계를 다룬 연구물들이 아직 미흡한 실정[16]이다. 또한 양자사이의 이론적 관계를 소홀히 다루어 왔다. 다시 말해 후설의 현상학과 딜타이의 삶의 철학과의 연관성을 다룬 연구물은 아직 미흡한 실정이며 서로 개별적인 별개의 대상으로만 간주하여 연구되어 왔다. 즉 후설의 현상학, 특히 "생활세계"[17]에 관한 개별적인 논문들은 성시(盛市)를 이루고 있으나, 후설과 딜타이와의 역사성의 문제, 삶의 문제, 인접학문과 해석학적 관계 등의 심층적 연구는 아직 미흡하다. 따라서 양자 간에 많은 철학적 상호관계가 밀접하게 연결되어 있음에도 불구하고 서로 개별적인 관계로서만 취급하여 왔거나 등한시한 채 연구되어 왔다. 이러한 관점

15) 미쉬에 관한 특집으로 "현상학과 삶의 철학"과의 관계를 다룬 논문은 다음을 참조: Alexander Haardt, "Lebensphilosophie versus genetische Logik -Differenzen und Affinitäten zwischen den Projekten von Georg Misch und Edmund Husserl", in: *Dilthey-Jahrbuch,* 11(1997/1998), pp.64-73: Guy van Kerckhoven, "Georg Mischs hermeneutische Logik und die Kritik der phänomenologischen Bedeutungslehre", in: *Dilthey-Jahrbuch,* 11(1997/98), pp.82-107: Jean Grondi, "Georg Misch und Universalität der Hermeneutik: Logik oder Rhetorik?" in: *Dilthey-Jahrbuch,* 11(1997/98), pp.43-73.

16) 딜타이와 후설의 관계를 비교적 상세하게 다룬 논문은 한전숙, 「생철학과 후설 현상학」, 『후설과 현대철학』, 서광사, 1990, pp.67-95가 대표적이라 할 수 있다. 양자 사이의 관계를 개별적으로 조금씩 언급한 논문은 이종훈, 「후설현상학에서 역사성의 문제」, 『역사와 현상학』, 철학과 현실사, 1999, pp.57-62 참조; 조관성, 「자연과 문화의 만남」, 『자연의 현상학』, 철학과 현실사, 1998, p.40.

17) 여기서 후설의 광범위한 생활세계를 한정하여 다룬다. 딜타이와의 비교·분석을 위해 지면상 후설의 생활세계를 개괄적인 차원, 즉 생활세계의 출발점과 생활세계의 개념으로 한정시켜 전개한다. 현재 다양한 관점에서 생활세계는 많은 논의가 되어 전개되고 있다. 대표적으로 생활세계를 자세히 다룬 문헌은 다음을 참조: 손봉호, 「생활세계」, 『현상학이란 무엇인가』, 한국현상학회 편, 심설당, 1983, pp.131-161: 이종훈, 『현대의 위기와 생활세계』, 동녘, 1994: 한전숙, 「생활세계적 현상학」, 『현상학』, 민음사, 1996, pp.189-270.

에서 우리는 딜타이의 삶의 철학과 후설의 현상학은 서로 밀접한 연관관계를 갖고 있다는 인식을 갖고, 먼저 양자에 관련된 이론을 개별적 주제로 살펴보는 것이 필요할 것이다.

우리는 딜타이 정신과학의 정초작업을 근거로 하여 인접학문과의 다양한 의사소통의 가능성을 타진해 보는 데 일차적 목표를 둘 것이다. 그 실례로서 어떻게 딜타이의 해석학과 루만의 사회체계이론이 서로 만날 수 있는가? 이러한 물음은 의사소통의 전제조건 아래에서 새로운 방법을 모색해 나가는 데 있다. 먼저 이러한 물음은 해석학과 사회체계이론의 이해구조를 밝혀내야 하는 과제를 풀어야 한다. 우리는 딜타이와 루만의 해석학적 사회체계이론에서 문화체계와 해석학적 사회체계의 광범위한 원형들을 파악한다. 두 철학자는 이해이론을 부분체계로서가 아니라 전체적으로 구성된 통일체라고 보았다. 다시 말해 그들의 이해이론은 개별적으로 서로 동떨어진 부분체계가 아니라 전체체계로서 서로 긴밀한 상호작용을 맺고 있다고 생각했다는 사실이다. 21세기의 현시점에서 딜타이와 루만을 비롯하여 현대철학자들과의 대화는 분화된 다양한 사회적 체계의 모습을 적나라하게 드러내 보인다. 즉 딜타이와 현대의 해석학자들은 법·과학·예술·정치·경제·교육과 같은 개별과학들은 개별분과에 머물지 않고 통합학문으로 전개해 가고자 한다. 이렇듯 딜타이의 정신과학은 궁극적으로 **사회의 실천적 삶**에 의해 그들의 이론을 이해함으로써 윤리·법·국가·정치·경제·교육 등 개별과학들의 공통점과 차이점들을 규명하고자 했다. 이러한 관점은 현대 해석자들의 이해이론을 접근하는 데 있어서 객관적 정신의 표현이자 문화철학 및 사회철학의 의미를 동시에 표출하는 것이라 말할 수 있다.

2. 해석학적 사회체계의 쟁점들

딜타이 정신과학의 목적은 초기 및 후기저작에 이르기까지 반복해서 강조하고 있는 사회적-역사적 현실의 대상을 근거로 하여 사회의 실천적 삶으로서 문화체계와 사회의 외부기관을 구체적으로 정립하는 것이다. 지금까지 서구에서 딜타이 정신과학은 해석학을 중심으로 심리학·역사학·교육학·예술·경제 등과 관련한 개별적인 연구물들의 오랜 역사만큼이나 양과 질적인 측면에서 다양한 연구들이 축적되어 왔다. 그러나 우리 학계에서는 여전히 서구에 비해 양과 질적인 측면에서 그 결과물들이 아직은 미흡한 실정이다. 또한 **철학과 사회학, 철학과 정치학, 철학과 경제학, 철학과 법학, 철학과 생물학, 철학과 인지공학 등 인접학문과의 학제적 관계를 적극적으로 수용하지 못했다.**

요컨대 지금까지 딜타이의 해석학 연구는 인접학문과의 대화에 다소 소극적으로 진행되어 왔다. 예컨대 우리 학계에서 딜타이는 정신과학을 정초한 철학자, 루만(Niklas Luhmann, 1927~1998)은 현대 커뮤니케이션의 사회학 이론을 정초한 사회학자라는 이분법적으로 구분하는 관습이 알게 모르게 인식되어 왔으며, 이러한 관습으로 인해 두 이론 사이의 의사소통 가능성을 세심하게 읽어내지 못했다. 이렇게 닫혀진 사유는 양자(兩者)의 이론들을 이해하는 데 많은 방해요소가 되어 왔다. 현재 서구에서 딜타이와 루만의 개별적인 연구물들은 르네상스의 시대를 맞이하고 있다. 그러나 서구에서 두 이론 사이의 관계를 매개하여 다룬 연구물들은 간헐적으로 출판[18]되고 있으나, 우리학계에서는 아직까지 척박

18) Alois Hahn, "Versthen bei Dilthey und Luhmann", in: *Soziologisches Jahrbuch,* 8. 1992-I. pp.421-431; Cornelia Bohn, "Verstehen, Kommunikation und das Problem der Schriftlichkeit: von Luhmann zu Dilthey", in: *Soziologisches Jahrbuch.* 8. 1992-I, pp.443-458.

한 상태이다. 이런 점에서 본 연구는 양자의 이해이론의 쟁점들을 단순히 수평적 비교차원에 머물지 않고 학문적 통합의 가능성을 시도해 볼 것이다. 따라서 우리는 단지 개별적이고 독립적인 연구가 아니라 학제적인 관점에서 긴밀한 상호연관성을 타진할 것이다. 딜타이가 그의 광범위한 저작 속에서 **사회의 실천적 삶**이라고 부르는 대상은, 법 · 종교 · 과학 · 예술 · 인륜 · 경제와 같은 개인적인 것을 뛰어넘는 객관적인 의미연관(Sinnzusammenhänge)을 가리켰다. 본 저서는 이러한 딜타이의 정신과학의 연구를 사회의 실천적 삶에 초점을 맞추어 구성했다. 이러한 시도를 통해 예술 · 종교 · 법 · 정치 · 경제와 같은 삶의 실천적 정신들을 삶의 객관적 연관이라는 측면에서 21세기 문화다원주의의 시대에 부응하는 새로운 패러다임을 제시해 보일 수 있다.

향후 21세기의 이론은 갖가지 종류의 문화가 뒤섞인 융복합 내지 복합성의 이론이 가속화될 것이라 예측한다. 이는 흔히 학문의 융합현상이라 불리는 것과 맞물려 있다. 21세기에 들어서면서 사회 · 문화적 맥락에 따라 학제적 연구들이 더욱 거세게 불고 있다. 특히 기술 · 문화산업 · 매체 · 존재론 · 인식론 · 텍스트 · 예술 등을 한 묶음으로 읽어내는 통합 학문이 바로 그것이다. 딜타이의 해석학과 루만의 사회체계이론은 통합 학문적 성격을 다분히 띠고 있다. 즉 두 이론은 21세기 융합시대의 좋은 표본적 사례라 할 수 있다. 이러한 추세에 따라 최근 미국을 비롯한 서구유럽에서의 학문적 연구는 이제까지의 형식적이고 도식적(圖式的)인 사유의 구분법을 깨고 새로운 패러다임의 전환을 끊임없이 시도하고 있다. 또 다른 실례로서 딜타이의 구조이론은 현대 프랑스 구조주의 철학자인 푸코(Michel Foucault, 1926~1984)의 구조이론(Struktursthеorie)과 비대칭적 관계이면서 영향사적 관점을 제시해 준다. 우리는 이들의 역사적 관점에서 역사의 연속성과 불연속성을 구체적으로 살펴봄으로써 양자의 역사적 입장의 차이 및 동일성들을 새롭게 조명해 볼 것이다. 딜타이가 칸트의 『순수이성 비판』을 계승하여 자신의 평생의 작업으로 삼았던 「역사이성 비판」과 프랑스의 구조주의자인 푸코가 『광기의 역사』(1956)에서부터 『성의 역사 I, II, III, IV』(1976~1984)에 이르기까지 거의 모든 저서의 제목에서 암시하고 있듯이, 현재의 역사를 조명해 봄으로써 양자 사이의 상이한 이론을 고찰하는 것뿐만 아니라 더 나아가 이들의 이론에 담겨진 역사적 측면을 목격할 수 있다. 이제껏 서구에서는 딜타이와 푸코의 개별적인 연구들은 성시(盛市)를 이루고 있으나, 아직까지 양자(兩者)의 상이한 이론을 역사적 맥락에 따라 매개하여 다룬 저서 및 논문은 간헐적으로 언급만 되고 있지 구체성을 띠고 있지 않다. 이러한 관점에서 우리는 이러한 양자의 미개척 분야를 다루어 봄으로써 그들의 차이점을 보이고 있는 역사관의 연결고리를 고찰하여 21세기의 새로운 역사적 사유의 모델을 구상해 볼 것이다.

잘 알려져 있듯이, 딜타이와 푸코는 정신과학과 자연과학을 통괄하는 광범위한 영역에 걸쳐 많은 저서와 논문들을 남겼기 때문에 이들의 이론을 한정된 연구영역 안에서 세밀하게 살필 수는 없다. 하지만 우리는 딜타이와 푸코의 경우에서 딜타이의 『정신과학에서 역사적 세계의 구성』과 푸코의 『지식의 고고학』(1969)을 중심으로 양자 사이의 구조이론을 살펴 볼 수 있을 것이다. 역사가는 랑케(Ranke)의 표현대로 과거의 사건을 근거로 하여 진정 어떻게 사실에 입각하여 현재를 재현할 것인가? 이미 20세기를 걸쳐 21세기에 이르는 우리의 역사의식은 상당한 저항을 받아왔고, 위기감마저 느끼고 있다. 이와 같은 저항의 결과로 인해서 역사학은 19세기 랑케에 의해 근대 역사학이 생겨난 이래로 그렇게 열망해 오던 지적 중심의 사관은 한계를 맞게 되었다. 후쿠야마를 비롯한 많은 철학자나 역사들이 주장하는 것처럼, 오늘날 역사의식이 위기

내지 역사의 종말을 맞이하고 있다고 한다면, 이러한 위기의 증후군은 훨씬 이전부터 지속되어 왔다. 왜냐하면 19세기 말이나 20세기 초엽만 해도 그 당시의 역사학자들이 지녀온 선입관이 폭넓게 비판받아 왔기 때문이다.[19] 현대의 상황에서도 지속적으로 역사의 종말 내지 그 위기를 말하는 근거는 어디에 있는가?

푸코는 인간의 종말, 역사의 종말, 과학의 종말, 지식의 종말, 방법의 종말을 언급하고 있으나, 문화적 위기를 예측하는 데 관심을 보였다.[20] 푸코는 니체가 수행했던 것과 같이 디오니소스적인 이성적 측면보다 감성적인 아폴론의 입장을 말하였다. 슈미트(Schmid)는 푸코의 입장에 대해 "아폴론적인 전환"[21]이라 부르기도 한다. 이런 점에서 우리는 딜타이와 푸코 사이의 구조이론을 역사와 불연속성의 변증법적인 관계가 개별적으로 분리된 것이 아니라 서로 밀접한 연관관계를 갖고 있다는 관점에 주목한다. 따라서 우리는 딜타이와 푸코가 구조의 이론을 분석한 것을 토대로 하여 양자 간의 상이한 역사관이라 말할 수 있는 연속과 불연속의 역사성을 새로운 패러다임으로 나아갈 수 있는 이론을 모색해 볼 수 있을 것이다. 즉 현시점에서 양자 사이의 구조이론은 21세기의 문화다원주의 시대에 표본적 모형이 될 수 있을 것이다. 하지만 푸코와 딜타이의 구조이론은 시기적으로 보아 푸코가 딜타이의 사상을 어느 정도 영향 받았을 것이라 추측할 수 있으나 문헌학적으로 분명하게 제시한 바는 없다. 푸코의 저서와 논문은 이미 철학뿐만 아니라 사회학·정치학·언어학·자연과학 등 광범위한 영역에 걸쳐 연구되어 왔다는 것은 앞서 언급한 바와 같다. 그러나 아직 우리학계에서는 그 이론의 철

---

19) Hayden V. White, The Burden of History, in: *History and Theory,* Vol. 5, 1996, pp.114-115.

20) Allan Megil, "Foucault, Strukturalism, and the Ehds of History", in: *The Journal of Modern History,* 51, 1979, p.489.

21) Wilhelm Schmid, *Die Geburt der Philosophie im Garten der Lüste,* Frankfurt, 1987, p.100.

저함에 있어서 여전히 미흡하다. 푸코의 개별적인 연구들과 이차문헌과 번역서들은 우리 학계에서도 이미 많이 소개되었으나, 많은 부분이 균형 있게 연구된 것이 아니라 편중되어 연구되어 왔다. 또한 구체적인 텍스트를 분석하여 새롭게 재구성하려는 시도도 아직은 미흡하다.

우리 상황에서 푸코의 **고고학적 역사이해의 방법**은 어느 정도 연구물들이 축적되어 있으나, 딜타이의 정신과학이론을 중심으로 한 역사이해는 여전히 만족스럽지 못하다. 딜타이 사후(1911) 거의 한 세기가 지났지만, 우리 학계에서도 한국해석학회나 한국하이데거학회, 한국현상학회들을 중심으로 딜타이의 해석학, 예술이론, 역사이론, 문화이론 등이 간헐적으로 편찬 · 소개되고 있으나, 그 이론의 철저함에 있어서는 국외의 이론과 비교하였을 때, 질적인 측면에서 아직은 미흡한 실정이다. 이렇게 딜타이 정신과학을 중심으로 하여 그와 관련된 철학자 및 사회이론가들을 비교, 검토하는 측면은 정치(精緻)한 이론이 다소 미흡한 우리 학계의 상황에서 양자의 이론을 전개하는 것은 다소 무리가 따른다. 하지만 그에 대한 미개척 분야가 많이 있기에 다양한 분야에서 정치(精緻)한 분석도 절실하다.

서구에서 딜타이의 저작들은 현대의 철학적 논의 속에서 다양한 방향으로 전개되어 왔다. 전통적인 방법으로 딜타이의 정신과학의 철학적 근거는 랑케(Leopold von Ranke, 1795~1885)나 드로이젠(Johann Gustav Droysen, 1808~1884)의 역사주의 해석학과 슐라이어마허(Friedrich Schleiermacher, 1768~1834)의 보편적 해석학22)을 계승하여 현재의 가다머(H-G. Gadamer, 1900~2002), 하버마스(J. Habermas, 1929~), 인아이헨(H. Ineichen), 푀겔러(O. Pöggeler)

22) 슐라이어마허에게 있어서 보편적 해석학이란 여러 규칙과 적용의 실례들을 제시하는 것뿐만 아니라 이해론과 해석론에 근거한 철학적 원리를 구성한다. 하지만 신학적 해석학이나 문헌학적 해석학과 같은 해석학적인 개별원리가 아니라 모든 해석학적 이론들을 포괄한다(Hans Ineichen, *Philosophische Hermeneutik*, Freiburg/München: Karl Alber, 1991, p.119).

등의 해석학적 철학 또는 철학적 해석학의 토대를 마련한 측면, 심리학의 창시자라 불리우는 분트(Wilhelm Wundt, 1832~1938)의 실험심리학, 라자루스(Moritz Lazarus, 1824~1903)와 스타인탈(Herman Steinthal, 1823~1899)의 국민심리학(Völkerpsychologie)을 계승한 측면, 막스 베버(Max Weber, 1864~1920)의 이해 사회심리학, 짐멜(Georg Simmel, 1858~1918)의 형식 사회학, 미드(Gerge Herbert Mead, 1863~1938)의 상징적 상호작용이론, 루만(N. Luhmann, 1927~1998)의 사회 체계이론 등으로 계승 내지 상봉한 측면, 정신과학의 인식론에 대한 근거로써 칸트의 『순수이성 비판』의 저서에서 드러난 내용을 수정, 보충하고 비판하면서 딜타이가 평생의 제1 철학의 과제로 삼은 "역사이성 비판"의 역사주의적 측면, 자연과학의 토대를 구축한 헬름홀츠(Hermann von Helmholtz, 1821~1894)의 자연과학의 방법론을 정신과학에 도입한 측면, 헤겔의 객관적 정신의 개념을 삶의 객관화의 이론으로 적극적으로 수용한 측면, 딜타이 사후 놀(H. Nohl), 스프랑어(E. Spranger), 그뤼튀센(B. Groeuthysen), 립스(H. Lipps), 프레이어(H. Freyer), 루카치(Georg Lukacs), 미쉬(Georg Misch)나 블노브(O. F. Bollnow), 로디(F. Rodi) 등 그의 제자들과 학파를 중심으로 한 20세기 초반의 삶의 철학을 중요한 정신적 선구자로 계승하여 전개되어 온 측면들을 비롯하여 현상학, 실존주의, 철학적 인간학, 예술관, 교육학, 과학관등 현재에 이르기까지 광범위한 영역에 걸쳐서 활발하게 연구되어 오고 있다.[23] 그런데 지금까

23) 딜타이의 수용사와 연구사에 관한 자세한 내용은 다음을 참조: Bernhard Eric Jensen, "The Recent in the Intepretation of Dilthey", in : *Philosopy of the Social Sciences.* Vol. 8. 1978, pp.419-438; Frithojof Rodi, "Zum gegenwärtigen Stand der Dilthey-Forschung", in: *Dilthey-Jahrbuch.* Bd. I. 1983, pp.260-267; Guntolf Herzburg, "Wilhelm Dilthey in der heutigen westdeutschen Philosophy", in: *Deutsche Zeitschrift für Philosophy.* 18. Jg. 1970, pp.87-99; H-G. Gadamer, "Die Hermeneutik und die Diltheyschule", in: *Philosophische Rundschau.* Heft. 3. 1991, 161-177; Otto Pöggeler(Hg.), *Einleitung. in: Das Wesen der Philosophie,* Hamburg, 1984, VII-XVI; Rudolf Lassahan, "Neue Quellen und Literatur zur Dilthey-Forschung", in: *Zeitschrift für Pädagogik.* 20. Jg. 1974, pp.129-139; Yang, Hae-Rim, *Wilhelm Diltheys Sozialphilosophie:*

지 딜타이의 연구는 해석학과 심리학, 역사주의 등을 중심으로 한 연구 논문들이 주종을 이루어 왔으나, 철학과 사회학, 철학과 사회과학, 철학과 정치학 등 타학문과의 연대성의 관계나, 철학과 국가, 사회와 역사, 개인과 사회, 개인과 역사의 연관성 등에 대해 다소 소홀히 다루어 온 측면이 있다.

따라서 몇몇 이론적 사례를 앞에서 언급하였듯이, 우리는 딜타이를 중심으로 하여 딜타이 사회체계의 출발점, 딜타이와 삶의 해석학적 사회체계와의 관계, 딜타이와 해석학적 사회체계와의 관계, 딜타이와 해석학적 역사성과의 관계들을 다음 장에서부터 구체적으로 살펴보기로 한다.

Das Verhältnis von Individuum und Gesellschaft, Phil. Diss. Humboldt Universität zu Berlin, 1998, pp.16-26; 최종욱, 「딜타이(W. Dilthey) 해석의 내재적 비판을 위한 시도」, 강돈구 외 저, 『해석학과 사회철학의 제 문제』, 일월서각, 1990, pp.79-88.

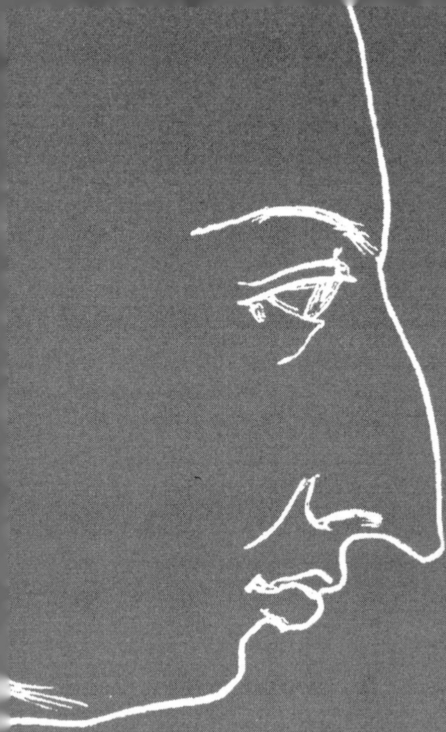

제2장

딜타이와
해석학적 사회체계의 출발점

제2장

딜타이와 해석학적 사회체계의 출발점

1. 역사주의의 출발점

역사주의(Historismus/Historism/Historicism/Historiismus)는 용어상 역사와 철학분야에서 19세기 중엽부터 20세기 초·중반에 이르기까지, 현재는 인문사회과학을 아우르는, 광범위하게 다의적인 용어로 사용되어 왔다. 마이네케(F. Meineke)는『역사주의의 부상』(1936)[1]에서 역사주의의 정수에 대해 "개인의 관찰과정을 역사에서 차지하는 인간의 비중을 일반화시키는 관점으로 대체한 것"이라 간주한다.

포퍼(Karl Popper)가『역사주의의 빈곤』(1944)의 저서에서 역사주의에 대한 유명한 논쟁을 불러일으켰을 때, 그는 단지 역사주의만을 반대한 것은 아니다. 포퍼가 의미하는 역사주의는 "콩도르세(Marquis de Condorcet)"[2]와 유사하게 과거의 행동에 기초하여 인간 역사의 경로를 예측할 수 있다고 주장하는 철학을 의미한다. 이러한 역사주의자들은 철학 및 역사철학의 영역에서 포이에르바흐(L. Feuerbach), 하임(R. Haym), 브래니스(Ch. Branis), 플란틀(C. Prantal), 베르너(K. Werner), 비코(G. Vico), 딜타이(W. Dilthey), 니체(F, Nietzsche) 헤겔(W. Hegel), 트뢸취(E.Troeltsch), 마이네케(F. Meinenke),

1) F. Meinecke, *Die Entstehung des Historismus*, Munich, 1936.
2) 마르퀴 드 콩도르세,『인간정신의 진보에 관한 역사적 개요』, 장세룡 옮김, 책세상, 2002.

크로체(B. Croce), 마르크스(K. Marx), 후설(E. Husserl) 하이데거(M. Heidegger), 가다머(H. Gadamer), 포퍼(K. Popper) 등, 경제학과 법학의 영역에서 리스트(F. List), 로셔(W. Roscher), 슈몰러(G. Schmoller), 칼 멩거(C. Menger), 사비니(F. Savigny), 기르케(Otto von Gierke) 등 일일이 헤아리기 쉽지 않다. 즉, 역사주의는 최근의 수많은 논의와 논쟁 속에서 공격당하고 주장되고 포기되어, 결국 애매하게 된 논쟁적 개념이다. 역사주의는 때로는 역사법칙이나 역사적 예측과 연관되기도 하고 전혀 관계없는 것으로 이해되기도 한다. 그것은 어떤 경우는 일회적인 개성으로, 어떤 경우는 발전에 초점을 맞추기도 한다. 또한 역사주의란 모든 사상이나 역사가 본질적 속성을 갖는다고 보고, **역사성**을 통해 이들을 설명하고 평가하고자 하는 특수한 사고방식이다.

이한구는 『역사주의와 반역사주의』(2010)의 저서에서 전통적 역사주의를 **역사개성주의(Individuumsgeschichte)**로, 포퍼가 규정했던 역사주의를 역사법칙주의로 지칭한다. 역사개성주의는 역사를 개성적 존재들의 발전 과정으로 보는 입장인 반면에, 역사법칙주의는 역사를 거시적 역사법칙에 의해 지배되는 과정으로 이해하고자 하는 입장이다. 즉, 역사개성주의는 역사를 개성과 발전 및 연관성의 원리에 의해 설명한다. 그리고 발전과 개성 및 연관이라는 세 개념은 딜타이 이후 방법론적 원리로서 종종 논의되어 왔다. 즉 이는 딜타이, 니체, "트뢸취"[3], 마이네케를 비롯하여 대부분의 역사주의들의 공통적 현상이라 할 수 있다. 이한구의 『역사주의와 반역사주의』에 따르면, 개성의 원리(Individualtsprinzip)란 역사 속의 개별적 사건이나 사실들은 그 자체로 독자적인 개성과 가치를 지닌다고 본다. 또한 발전의 원리(Entwicklungsprinzip)는 역사적 현실

3) E. Troeltsch, "Der Historismus und seine Probleme(1922)", in: *Kritische Gesamtausgabe,* F. Wilhelm Graf(Hg.), de Gruyter: Berlin/New York, 1997.

자체가 다양한 개체들의 발전과정이며, 역사 속에서 존재하는 모든 개체들의 본질이 이 발전과정이다. 또한 역사 속에서 존재하는 모든 개체들의 본질이 이러한 발전하는 역사과정 속에서 전개된다. 연관성의 원리(Zusammenhangsprinzip)란 개별적인 사건들이 하나의 유기적이고 통일적인 연관 속에서 존재한다.[4]

따라서 우리는 딜타이가 정신과학을 형성하는 과정에서 딜타이의 역사주의의 방법론적 원리로 삼았던 이해를 그 단초로 하여 이해의 과제인 감정이입을 살펴보고 딜타이 이후의 역사주의의 현상에 주목해 보도록 하자.

2. 역사주의의 방법론적 원리: 이해(Verstehen)

딜타이의 역사주의의 연구는 역사만큼이나 오래되었다. 국외적으로 딜타이의 "역사주의 및 역사성에 대한 많은 연구 축적물"[5]이 진행되어 왔다. 국내의 딜타이 역사주의에 대한 연구는 1990년대 이후 간헐적으로 소개되고 있으나 지금껏 그다지 활성화되지 않았다. 즉 국내 딜타이의 역사주의는 아직껏 심도 있는 분석을 제대로 하지 못했다. 다만 딜타이의 역사주의는 "정신과학이론"[6] 및 "해석학의 논의"[7]에 한정하여

4) 이한구, 『역사주의와 반역사주의』, 철학과 현실사, 2010, pp.43-44.

5) 대표적으로 국외에서 딜타이의 역사주의 내지 역사성을 중심으로 고찰한 이론을 몇몇 살펴보면 다음과 같다. Gangolf Schrimpf, "Zum Begriff der geschichtelichen Tatsache", in: *Diltuey-Jahrbuch.* Bd. 5. 1988, pp.100-140: Jochim Renn, "Dilthey und der Begriff der Geschichte Hermeneutisch-phänomenologische Argumente gegen den Kollektivsingular", in: *Dilthey-Jahrbuch.* Bd. 8. 1992/1993, pp.297-333: Calvin G. Rand, "the Meaning of Historicism in the Writings of Dilthey, Treoltsch and Meineke", in: *Journal of the History of Ideas,* Vol. xxv, 1964, pp.503-518: Stephan Otto, *Rekonstruktion der Geschichte,* Wilhelm Fink: München, 1992.

6) 양해림, 「딜타이 정신과학의 이해와 인문학의 전망」, 『디오니소스와 오디세우스의 변증법』, 철학과 현

주로 연구되어 왔다. 딜타이의 역사주의 및 역사성의 논의는 독일에서 딜타이에 대한 논문으로 학위를 받고 국내에 비교적 처음으로 전북대 "김의수"[8], "고(故) 최종욱(1949~2001)"[9] 교수 등에 의해 심도 있게 소개되었다. 1990년대 이후 국내에서는 주로 "한국해석학회"[10] 및 "한국현상학회"[11] 등 학회중심으로 연구되어 왔으나 심층도에서는 여전히 미흡한 실정이다. 지난 2010년대 이한구의 역사개성주의는 딜타이를 "이해"[12]의 방법론적 관점에서 다시 새로운 논의의 장을 지펴 왔다.

딜타이는 『정신과학의 역사적 세계의 구성』(1910)에서 헤겔의 객관적 정신의 개념을 "역사이성 비판의 계획"에서 상세하게 기술한다. 딜타이의 "역사이성비판"은 역사적이며 상대적인 이성이 지닌 객관적이며 보편적인 능력을 찾아내고자 했다. 이런 점에서 딜타이는 정신과학의 근거를 위한 광범위한 지평을 『정신과학 입문』(1883)에서 제시했다. 딜타이가 강조하고 있는 정신과학의 대상은 인간적-사회적-역사적 현실에 초점을 맞추었다. 그래서 딜타이의 정신적 삶의 경험은 언제나 생생하게 흐르는 사회·역사적인 이해의 원천으로 작용한다. 딜타이는 역사주의도 회의주의도 모두 배격한다. 그는 후설과의 서신교환에서 나

실사, 2000, pp.119-140: 양해림, 「이해와 설명의 방법, 딜타이와 베버의 수단/행위이론 고찰」, 『낭만주의 해석학』, 철학과 현실사, 2003, pp.156-197.

7) 딜타이 해석학의 논의의 몇몇 실례를 들면 다음과 같다. 백승균 외, 『해석학과 현대철학』, 철학과 현실사, 1996: 한국해석학회, 『심리학과 해석학』,철학과 현실사, 2002: 최성환, 「해석학에 있어서 자연의 문제」, 『해석학연구』, 제25집, 한국해석학회, 2010, pp.23-54.

8) 김의수, 「딜타이(W. Dilthey)의 역사이성비판(Kritik der historischen Vernunft)-그 기본사상」, 강돈구 외, 『해석학과 사회철학의 제문제』, 일월서각, 1990, pp.100-114: 김의수, 「딜타이의 해석학적 역사이해」, 『현실과 철학사이』, 동녘, 1997, pp.170-191.

9) 최종욱, 「딜타이(W. Dilthey) 해석의 내재적 비판을 위한 시론」, 강돈구 외, 『해석학과 사회철학의 제문제』, 일월서각, 1990, pp.79-99: 최종욱, 「딜타이의 실천적 합리성의 재해석」, 『해석학과 정신과학적 교육학』, 사회평론, 1996, pp.53-93.

10) 한국해석학회, 『해석학의 역사와 전망』, 철학과 현실사, 1999.

11) 한국현상학회, 『역사와 현상학』, 철학과 현실사, 1999.

12) 이한구, 『역사주의와 반역사주의』, 철학과 현실사, 2010.

의 역사관은 역사주의로 특징짓기 어려우며, 회의주의와의 어떠한 관계도 끌어들일 수 없다고 말한다. 즉 그는 관철학자도 아니고, 역사주의자도 아니고, 회의주의자도 아니라 강조한다.

딜타이가 역사주의에 대해 이해의 방법에 초점을 맞추는 이유는 자연세계와 역사세계가 확연히 구별된다는 역사주의의 존재론에 기초하기 때문이다. 딜타이는 자신의 학문적 최대의 과업으로 "역사이성비판(Kritik der historischen Vernunft)"[13]을 계획한다. 또한 딜타이는 「인간, 사회, 그리고 국가에 관한 학문 역사연구에 대하여」(1875)라는 논문, 『정신과학 입문』 제1권, 그리고 『기술적 분석적 심리학의 이념』(1895)에 이르기까지 정신과학의 심리학적 기초 놓기라는 과제에 언제나 새로운 방법을 추구했다. 딜타이가 평생의 과제로 삼았던 정신과학의 정초를 이루는 중심체계는 역사이성비판이다. 하지만 그는 이러한 제목으로 책이나 체계적인 논문을 발표하지 않았다. 오히려 그는 정신과학을 정초하기 위한 모든 철학체계를 역사이성비판이라 말하기도 했다. 그래서 그는 역사이성비판을 "인간이 자기 자신과 자신에 의해 만들어진 사회와 역사를 인식하는 능력의 비판"[14]이라 부르기도 했다. 즉 인간이 자신의 삶을 인식하는 능력에 대한 검토를 의미한 것이었다.

딜타이가 그동안 일관된 관점을 보여 주었던 내용은 단순하게 자연과학에서 설명적 방법만이 아니라 정신과학의 이해의 방법에서 새로운 부류의 심리학을 구상하였다. 딜타이는 정신적 삶의 현상을 제한된 수치로 명확하게 규정하고자 시도한 환원적 방법의 설명심리학 대신에 심리현상에서 드러난 인과적 설명을 있는 그대로 기술했다. 다시 말해

13) Wilhelm Dilthey, Hans-Ulrich Lessing(Hg.), *Texte zur Kritik der historischen Vernunft*, Göttingen, 1983.

14) *GS*, I, p.116, *GS*, VIII, p.264.

그는 설명심리학보다는 오히려 체험에서 주어지는 삶의 연관 전반으로부터 이해심리학을 도입했다. 즉 딜타이의 이해심리학은 정신적 현상들을 설명하거나 심리적 기본요소로써 환원하지 않는다. 단지 그는 이해심리학을 정신적 삶에 대한 근원적인 구조연관으로 이해하고자 하였다. 여기서 우리는 "자연을 설명하고 정신적 삶을 이해한다"라는 딜타이의 유명한 명제를 마주치게 된다. 이렇게 딜타이는 이해와 설명의 구분을 유용하게 적용했다. 그의 과업은 인식론적 관점에서 정신과학을 정당화시켰다. 딜타이 자신은 정신과학을 역사학파의 방법론으로 이해했다. 또한 정신과학은 자연과학의 방법론을 통해서가 아니라 정신과학의 보편타당한 인식론적인 기초를 정당화했다.[15] 따라서 딜타이에게서 이해개념은 『해석학의 발생』(1900)의 논문에서 다음과 같이 발견할 수 있다.

> "이해는 인식이라는 보편 개념에 속한다. 이 경우 인식이란 아주 광범위한 의미에서 보편타당한 지식을 추구하는 과학이다. 우리는 정신적 삶의 외부에서 감성적으로 주어진 삶의 표현에서부터 인식에 이르는 과정을 이해라 말한다. 따라서 감성적으로 파악할 수 있는 정신적 삶의 표현이 아무리 다양하다 해도 이해는 이러한 인식으로 기술된 조건을 통해 주어진 동일하거나 공통적인 특징을 갖고 있어야 한다. 문자로 고정된 삶의 표현에 대한 기술적 이해를 우리는 해석학이라 부른다[16](GS, V, 332. Vgl. GS, V, 319).

---

15) 이한구, 『역사주의와 반역사주의』, 철학과 현실사, 2010, pp.52-53.

16) 딜타이의 해석학을 사회과학적인 측면으로 조명했던 조클러(Ch. Zöckler)에 따르면, 해석학은 이해의 기술로서 문자로 확정된 삶의 표현으로만 파악하는 것이 아니라 역사학의 범주학에 이르기까지 확대시켜 수용한다. 해석학은 이해의 과학을 정신적인 객관화로 일반화시키는 것이다(Christofer Zöckler, *Dilthey und Hermeneutik, - Diltheys Begruendung der Hermeneutik als Praxiswissenschaft und die Geschichte ihrer Rezeption,* Stuttgart, 1975, p.9). 따라서 딜타이는 전체는 개체에서, 개체는 전체에서 이해될 수 있다고 제시한다. 이러한 전환에서 해석학의 이해가 나타난다(Ulrich Hermann, *Die Pädagogik Wilhelm Diltheys*, Göttingen, 1970, p.70 ; H. H. Deißler, *Die Geschichtlichkeit bei Wilhelm Dilthey*, Phil. Diss, Freiburg, 1949, p.51)고 보았다.

딜타이는 이해개념을 『정신과학에서 역사적 세계의 구성』의 논문에서 다음과 같이 언급한다. 즉, "우리는 외부에서 주어지거나 내부에서 인식한 부호 속에 있는 과정을 이해라 부른다"(GS, V, 309). 딜타이는 이러한 이해개념을 다음과 같은 세 가지 관점에서 파악한다.

첫째, 이해는 직접적으로 체험에 근거하고 체험에서 나온다(GS, VII, 25). 체험은 그 자체에 내적 체험의 반복에 의해서 이해를 가능하게 한다. 내적인 연관을 맺고 있는 체험은 생애의 부분들 속에서 구성된다. 개별적인 체험들은 모두 자기와 관련을 맺고 있으며, 바로 자기의 한 부분을 체험하는 것이다. 체험은 다른 부분들과의 구조를 통해서 연관된다. 우리는 심적인 것에서 연관을 보게 된다(GS, V, 195). 딜타이의 체험은 선험적인 것은 아니다. 그는 의식의 내면성에서만 정신과학의 고유한 인식의 가능성을 찾는다. 자연과학은 경험에서 우리와 독립된 물질적 세계의 현상에만 관여한다. 반면에 정신과학은 내적 체험에서 부여된 체험의 현상이다. 여기서 우리는 체험된 대상만을 생각한다(GS, VII, 123). 따라서 체험은 우리에게 실재하는 원초적인 방식이다. 여기서 체험은 역사 인식의 궁극적인 전제가 된다. 즉, 체험은 역사적 세계의 원세포(Urzell der geschichtlichen Welt)이며, 정신과학의 기본적인 경험 자료이다(GS, VII, 161). 따라서 정신과학을 경험과학이 되게끔 보증하는 것은 이러한 체험에서 나타난다(GS, VII, 304).

둘째, 이해는 삶의 표현으로써 표현을 이해하는 것이다(GS, VII, 205, 207). 어떻게 이해가 부호로써 의미를 가질 수 있는가? 이런 물음은 삶의 표현에서 드러난다. 삶의 표현은 내적인 경험에서 우러나오는 삶의 객관화를 제시해 보여야 한다. 즉 "나는 삶의 표현을 통해 표현이 단지 무엇인가 생각하거나 의도하는 데 있는 것이 아니고, 오히려 우리에게 이해할 수 있는 정신의 표현으로서 어떤 의도가 없는 것으로 분명히 하고자 한다."(GS, Ⅶ, 205). 따라서 딜타이에게 있어서 이해는 정신과학의 대상으로서 인간의 상황을 체험하는 것이며, 거기서 삶의 표현을 표출하여 그러한 표현을 이해하는 것이다.

셋째, 이해는 개별적인 것의 이해이다(GS, Ⅶ, 207). 이러한 개별적인 이해는 이해된 동종성(同種性)과 이해된 연관성을 함축한다. 개별적인 이해는 객관적 정신에 의해 타자의 정신과 공동체의 역사를 이해하는 것이다. 왜냐하면 개별적인 이해는 자신이 주체가 되어 공동체를 이해해야 하기 때문이다. 이해는 타자의 이해와 낯선 삶의 표현에 대한 이해 가능성(GS, I, 33 ; GS, V, 226 ; GS, Ⅶ, 225 ; GS, IX, 225)을 타진하는 것이다. 그리고 타자와의 낯선 삶의 표현의 가능성과 서로 불균등하게 나타날 수 있는 각기 다른 삶의 연관성 사이의 이해에서 나타난다.(GS, Ⅶ, 252). 무릇 삶은 체험을 통해 주어지는 것이라 말한다. 따라서 체험은 현실 속에서 우리에게 나타나는 개별적인 특수한 방식이다: "체험은 실재가 나에게 나타나는 특수한 방식이다. 체험의 내용은 지각의 내용이나 표상의 내용처럼 나에게 대립하여 드러나지 않는다. 그것은 외부로부터 우리에게 주어지는 것이 아니라 내면적으로 지각함으로써 우리에게 나타나며, 사유 속에서 비로소 대상화된다"(GS, Ⅶ, 313).

이러한 관점에서 딜타이는 이해를 두 가지 측면에서 구분한다. 첫째, 광범위한 의미에서 자기 자신의 이해이다. 즉 이해는 개별적인 삶과 연관되어 있기 때문에 심리적-육체적인 삶의 통일체 안에서 각자 개인의 체험에 의해 자기를 보다 확실하게 이해해야 한다. 따라서 이해는 인간의 현존재를 본질적으로 규정하며 먼저 자기 자신을 이해하는 것이다. 이런 점에서 이해는 각자의 체험과 연관되어 나오는 인식이다(GS, Ⅶ, 86). 둘째로, 좁은 의미에서 이해는 정신적 연관을 인식한다. 먼저 거시적인 문화의 연관성과 정신의 객관성의 체계는 타자와 관련되어 있다.

협의의 의미에서 이해는 외부에서 감성적으로 주어진 부호의 과정이며, 내부의 낯선 곳에서 인식하는 절차의 과정이다(GS, V, 318, 332). 이러한 이해의 구분에 따라 딜타이는 이해와 체험을 다음과 같은 상호작용 관계에서 찾았다.

> "이해는 체험의 전제 조건이 된다. 비로소 체험은 삶의 경험에서 이해로 가까이 접근되어 가고, 체험의 주체는 전체와 일반적인 영역 속으로 나아간다. 계속해서 체계적인 지식을 수행하기 위해 개별적인 개인의 이해가 요구되고, 다른 측면에서 다시 체계적인 지식은 개별적인 삶의 통일 속에서 생동적으로 파악하는 데 의존되어 있다"[17](GS, Ⅶ, 143).

위 인용문에서 보듯이, 체험은 삶의 경험을 통해 이해로 접근해 가는 상호 의존적인 관계다. 체험은 일회적인 것에 머물거나 반복적으로 할 수 있으나, 체험의 경험 방식 안에서 논리적인 수단으로 극복될 수 있는 것은 아니다. 서로 상관하는 이해는 각 개인 간에 놓여있는 공동성을 확인해 나가야 한다. 그래서 각 개인은 체험을 통해 내적인 구조연관을 의식하게 된다. 그런데 이러한 의식은 개념적이거나 지적인 것이 아니라 개별적이며 심리적이다. 이렇게 체험의 주체는 각 개인의 이해를 통해 가능하게 된다. 따라서 체험과 이해는 내적인 체험과 연관하여 부여받은 구조(GS, Ⅶ, 312)이다. 하지만 각 개인이 체험한 것은 이해와 표현에

---

17) Vgl. Arthur Stein, *Der Begriff des Verstehens bei Dilthey,* Tübingen, 1926, p.44 ; Emerich Coreth, *Grundfragen der Hermeneutik*, Freiburg, 1969, p.29 ; Günter Schultz, "Was ist und seit wann gibt es hermeneutische Philosophie?", in: *Dilthey-Jahrbuch.* Bd. 8. 1992/1993, p.104; Nicole D. Schmidt, *Philosophie und Psychologie,* Hamburg, 1995, p.52. 체험에 관한 더 상세한 내용은 다음의 문헌을 참조: Adolf Schmidt, *Das Erlebnis in der Philosophie Wilhelm Diltheys*, Diss. Phil. München, 1917, pp.8-17, 33-36; Heinrich Küntzel, "Über Wilhelm Diltheys Begriff der Struktur und des Erlebnisausdrücks", in: *Deutsche Vierteljahrsschrift für Literaturwissenschaft und Geistesgeschichte,* 41(1973), pp.1-25; Karl Sauerland, *Diltheys Erlebnisbegriff,* Berlin, 1972, pp.1-177; Wolfgang Erlexleben, Erlebnis, *Verstehen und geschichtliche Wahrheit,* Berlin, 1937.

의해 보완해 나간다.[18] 따라서 딜타이는 체험과 이해의 본질적인 관계를 다음과 같이 기술한다.

> "먼저 정신세계를 파악하는 데 있어서 체험과 이해의 상호 작용이 나타나고, 서로 일반적이거나 개별적인 지식은 서로 의존되어 있어서 결국은 이러한 절차에 근거하여 정신과학이 발전하면서 점진적으로 정신세계가 계몽하여 나타난다"(GS, Ⅶ, 152).

위 인용문에서처럼, 정신세계는 체험과 이해의 상호작용을 통해 전진해 나간다. 또한 체험과 이해는 낯선 타자처럼 역사적 삶 속에서 드러난 객관적 지식에 의해 가능하게 파악된다. 여기서 딜타이는 정신세계가 체험과 이해의 근본 관계로서 밀접하게 상호 작용하는 조건으로 보고 있다.

무엇보다 딜타이에게서 이해란 '너' 안에서 '나'를 재발견하는 것이다. 정신은 언제나 높은 단계들의 연관을 통해 자신을 다시 발견한다. 즉, 이해는 '나' 안에서, '너' 안에서, 공동체의 주체 안에서, 문화의 개별적인 체계 안에서, 정신의 총체성과 보편사안에서, 정신의 자기성(自己性, Selbigkeit) 안에서, 다양한 성과들의 공동 작업을 가능하게 한다(GS, V, 191).[19] 여기서 이해의 주체는 그 대상과 함께 한다. 이러한 이해의 주체는 모든 객관화의 단계와 동일하다. 이해의 주체는 객관화의 과정을 통해 정신적 세계의 객관성을 인식하게 된다. 이러한 이해의 방식이 과연 인식의 문제를 해결하는 데 얼마나 기여할 수 있는가?

---

18) 스타인(A. Stein)에 따르면, 체험과 이해의 관계는 세 가지 주제로 그 의미를 표현할 수 있다고 본다. 즉 일반적인 인간 본성의 유형, 이해된 삶의 연관성, 역사적 현실이 그것이다. 이해는 일반적인 삶의 연관의 유형 속에서 수행된다는 것이다(A. Stein, *Der Begriff des Verstehens bei Dilthey*, Tübingen, 1926, p.44).

19) GS, V, p.191.

딜타이는 텍스트뿐만 아니라 인간의 예술작품이나 사회제도를 인간의 내적체험의 표현으로 이해하였다. 딜타이는 시간 속에서 우리의 삶, 공간 속에서 삶의 부분들에 대해 전체와의 관계를 범주적으로 분류하였다. 딜타이는 역사과정 속에서 진행되는 삶의 다양한 형태들을 전체에 대한 부분들이 내적인 관계를 맺고 있는 것으로 보았다. 따라서 이해는 전체와 부분의 관계로 맺어진 연관구조(Zusammenhang)이다. 항상 텍스트의 전체는 역사적인 차원을 함축한다. 즉, 내가 누구이고 텍스트의 의미가 무엇인지는 현재의 위치에서 관찰된 인간의 행동이나 언어의 의미를 다루는 방식만으로 올바르게 이해될 수 없는 물음이다. 해석학의 이러한 입장은 인간의 의식을 자연과학적 방법에 의해 다루어진 학문과의 차별성을 보인다.

딜타이는 정신과학의 대상을 체험·표현·이해의 관계에서 주시하고 이러한 관계가 성립되었을 때 정신과학의 고유한 관계가 성립될 수 있다고 본다. 정신과학의 방법론적인 근본개념은 이해이다. 딜타이의 정신과학에서 이해는 삶의 의미성을 규명했을 경우에 그 의도를 살려낼 수 있다. 딜타이의 이해이론은 사회적 연관에 따라 인식론적인 자기반성을 시도한다. 여기서 인식론적 자기반성이란 각 개인이 사유하고, 느끼고, 행위를 수행하는 과정이다. 즉 딜타이가 보기에 정신과학은 각 개인이 사유하고, 느끼고, 행위를 수행하는 인식론적 자기반성을 통해 구성된다. 철학사에서 자기반성은 현실과의 관계를 통해 드러난다. 여기서 딜타이에게서 정신과학의 인식은 이해의 개념이며, 자연과학의 인식은 설명의 개념으로 대비시켜 제시한다. 즉, 정신과학은 자연과학과 구분된다. 자연과학이 대상을 외부로부터 현상의 의식 속에 개별적으로 주어진 사실을 갖고 있는 반면에, 정신과학은 내부로부터 실재로 의식 속에 살아 있는 관계로서 독창성이 주어진다. 자연과학은 자연의 관계에서 주어진 가설과의 결합을 매체로 하여 자연현상과의 보충적인 추론을 통해서 드러난다. 정신과학은 원초적으로 주어진 내부의 정신적 삶에 그 근거를 둔다. 왜냐하면 각 개인이 내부의 경험으로부터 정신의 개별적인 부분과 전체가 결합하여 무엇인가를 수행해야 하기 때문이다. 이렇게 자연과학에 대한 딜타이의 입장은 자연과학으로부터 정신과학을 고양시키려는 목적을 갖고 있다. 우리는 자연과학을 설명하고 정신과학은 이해한다고 하지만, 양자의 관계가 간단히 형식화되거나 도식적으로 환원되는 것도 아니다. 왜냐하면 정신과학과 자연과학은 두 개의 등급으로 논리적으로 명확히 구분되는 것은 아니기 때문이다. 이해와 설명을 구분하는 이유는 대상을 두 개의 등급으로 근거짓는 것은 아니기 때문이기도 하다.

이런 점에서 자연의 대상과 정신의 대상은 독립적으로 존재하는 것이 아니라 각 개인의 감각으로 얻은 인상(印象)의 관계를 통해 서로 결합되어 조건화된다. 다시 말하면, 정신과학적 이해는 현실에 적용되는 일정한 방법론적인 형식이며 자연과학적 설명은 자연현상의 보충적인 형식인 것이다. 그래서 우리는 누구나 자연을 설명하고 정신을 이해한다고 말하는 것이다. 따라서 딜타이의 정신과학은 자연과학적 지식을 모방한 논리적 구성에 의해서 전체적인 체계를 세울 수 없다. 또한 정신과학의 분야들은 서로 각기 다르게 발전해 왔기 때문에 역사적인 차원에서 접근했을 때 각기 이해에 근거하여 제대로 이해할 수 있는 소양을 키워야 하는 과제를 갖게 되었다.

3. 이해의 과제: 감정이입

딜타이는 이해의 과제에서 주어진 심신 상태를 공감 및 **감정이입**(Hineinversetzen)이라 불렀다. 예컨대 시에 담긴 각각의 구절은 그 시의 출발점이 되는 체험에서 일어나는 내적 연관을 통해 삶으로 환원된다. 정신 속에 깃들어 있는 가능성들은 기초적인 이해의 기능에 의해 파악한 외적인 단어들을 끄집어낸다. 우리의 정신은 언제나 친숙한 삶의 터에서 향유되며 조명되고 요구받으며 어떠한 작용에 의해 통상적인 과정을 밟아 나간다. 과거의 기억과 미래의 꿈속에서는 수없이 많은 향방을 찾아낼 수 있다. 이른바 감정이입은 모방(Nachbilden) 혹은 추체험(Nachleben)에서 생겨난다.

20세기 초엽 독일 실험심리학계를 지배했던 립스(Th. Lipps)는 "타인을 어떻게 알 수 있을까?"라는 물음에 대해 내가 타인에 대한 체험을 어떻게 함께 체험할 수 있을까?[20]라는 질문으로 유도하여 답변하고자 했다. 이러한 질문을 갖고 그는 감정이입의 문제를 다루었다. 감정이입은 타인의 삶에 대한 입장을 자신의 의견과 유사한 것으로 판단하는 태도를 말하지 않는다. 감정이입은 내가 이미 결정한 내용을 그 이후에 다시 경험하게 될 경우 동일한 것으로 결론을 내리는 일종의 유추(Analogieschluß)와 관계한다. 예컨대 내가 화가 났을 때, 내 몸에서 어떤 징후를 보고 느끼게 되면, 후에 이 징후를 보았을 때 내가 동일한 분노를 체험하고 있음을 알게 된다.[21] 즉 감정이입은 관찰자가 흠모하거나 관조하는 물체에 자신의 감정을 투사하는 방법을 설명한다. 감정이입은 다른 한 사람의 관점을 취하는 능력, 즉 사물들을 그 사람이 바라보는 방식으로 바라

20) S. Liekam, *Emppathie als Fundament pädogogischer Professionalität,* München, 2004, p.25.
21) Th. Lipps, *Lietfaden der Psychologie,* Leipzig, 1906, p.48.

보며, 그 사람이 느끼는 것을 느끼는 능력이다. 은유적으로 감정이입은 나의 의식을 타자 속에 투사시켜 나와 타자가 경험하는 방식으로서 그들이 경험하는 것을 경험할 수 있는 능력으로 개념화된다. 문자적으로 우리가 다른 사람의 의식 속에 살 수 없기 때문에 이것은 은유적이다.[22] 이렇게 감정이입의 용어는 딜타이가 미학용어를 빌려 정신과정을 설명하였다. 그에게 있어서 감정이입은 다른 사람의 입장이 되어 그들이 어떻게 느끼고, 생각하는지, 그리고 이해하는지를 뜻했다.[23] 이는 정신적 삶의 총체성으로 작용하고 있는 이해의 최고 방식이다. 딜타이는 존재론과 의미론을 통해 감정이입을 이해하고자 했다. 즉 딜타이가 타인의 의미세계를 이해한다는 것은 곧 그가 '삶 자체'와 동일시했던 타인과의 영향관계를 이해하고, 삶의 체험들을 어떤 연관관계로 엮어서 의미화하는 데 있었다. 딜타이는 타인과 함께 느끼고자 하는 "공감"[24]의 노력이 "추체험의 에너지를 강화"시킬 수 있지만, 추체험은 결코 심리학적으로 설명되어서는 안 된다는 것을 분명한 어조로 강조한다. 이러한 딜타이의 타자의 심리학적 이해의 관점은 현대 인지과학의 거울뉴런이론에 생동감 있는 주제를 제공하기도 한다.

딜타이 해석학에서 공감은 사회적 인지로써 관찰자와 관찰대상자의 신경체계 사이에서 신체의 도식에 공유하는 "공명(共鳴)"으로 바꾸어 이해할 수 있다. 공감은 사회적 상호작용을 통해서 공유된 어떤 생활방식들을 획득하면서도 일어난다. 어원적으로 공감이란 용어는 희랍어의 empatheia에서 유래했다. 이 개념은 타인의 감정적 체험을 적극적으로 이해한다는 뜻을 함축하고 있다. 또한 개념사적으로 공감이란 용어는

22) G.레이코프 M. 존슨, 『몸의 철학』, p.456.

23) Carolyn Davis, *The Fragility of Empaythy After the Holocaust,* Ithaca, NY: Cornell University Press, 2004, p.6.

24) 박성희, 『공감학-어제와 오늘』, 학지사, 2010, p.17: 한상연, 『공감의 존재론』, 세창출판사, 2019, p.52.

1872년 비쉬(Robert Vischer)가 미학에서 사용한 독일어 Einführung을 우리말의 감정이입(empathy)으로 번역했다. Einfühlen은 'ein'(안에)과 'fühlen'(느낀다)이라는 개념을 결합한 것이다. 따라서 이 개념은 '들어가서 느낀다'라는 뜻을 지닌다. 앞서 언급했듯이 20세기 초반 이를 심리학에 처음으로 도입하여 하나의 심리작용으로 간주한 철학자는 독일의 립스이다. 립스는 독일 실험심리학계를 지배하였던 분트(Wilhelm Wund, 1832~1892)의 영향을 벗어나 미학심리학을 탐구하면서 공감의 개념을 체계화했다.

이러한 딜타이의 해석학은 일상적 삶에서 구체적인 삶을 통해 단지 외부의 경험을 동원하여 설명할 수 없기 때문에 내부로부터 이해되어야 한다. 그는 이해를 성취하기 위해 ① 내적 계기로서의 체험(Erlebnis), ② 외적 계기로서의 표현(Ausdruck), ③ 이해와 추체험된 이해(추체험적 이해, nacherlebende Verstehen)의 계기를 갖추어야 한다고 보았다.

먼저 내적 계기로서의 체험이란 생(生)을 직접 파악하는 충동을 의미한다. 여기서 직접이란, 체험에서 인식하는 작용과 알려지는 내용이 분리되어 있지 않고 근원적으로 통일되어 있으며 그 자체가 삶의 흐름의 한 부분이라는 것을 뜻한다. 체험은 역사적으로 발전해 가는 구조연관을 내적으로 파악함을 의미한다. 또한 체험은 개인적이고 주관적인 삶의 내부적인 측면이다. 체험은 단순히 감각적 경험이 아니라 의지나 감정들의 모든 과정을 포괄하는 전인적 활동이다. 딜타이는 정신과학의 토대를 내적 경험이나 의식의 사실에서 찾았다. 그는 칸트가 순수자연과학의 기초를 순수오성의 원리들에 의해 연역한 것처럼, 내적인 경험에서 정신과학의 객관적 타당성의 조건들을 발견했다. 딜타이의 정신과학의 방법론적 탐구는 보편적인 "**현상성의 명제(Satz der Phänomenalität)**"아래에서 진행되어 왔다. 딜타이에게 있어서 정신적 삶과 의식의 근원적인 확실성은 "현상성의 명제"로 형식화된다. 즉 그에게서 철학의 상위 명제는 현상성의 명제이다. 나에게 어떠한 것이 거기에 존재하는가? 라는 일반적인 물음은 "내 의식의 사실(Tatsache meines Bewußtsein)"에서 존재한다는 의미이다. 모든 외부의 사물도 의식의 과정에서 주어지며, 대상과 사물은 의식 안에서 존재한다(GS, V, 90). 무엇보다 그는 의식의 사실을 발생학적으로 객관적인 동시에 주관적인 것으로 이해했다. 모든 대상은 "내 의식의 구성요소(GS, XIX, 54)"에서 존재하며, 나의 확실성은 "의식의 사실에 있다"(GS, XIX, 54). 내가 확실히 존재한다는 사실만이 아니라 나의 확실성과 의식의 사실이 존재한다는 것이다. 의식은 그러한 실재에서 고향을 갖고 있는 장소이며, 현실에서 얻어낸 소재이다(GS, XIX, 407. Anm. 87). 의식은 무엇인가 의식을 갖고 있다는 내면화의 행위이다. 이러한 심리적 행위는 내가 체험하고 있기 때문이다(GS, XIX, 53). 그는 여기서 삶의 내면화를 인식론의 근거로 간주했으며 삶의 행위에서 충족한 인간으로 전개된다고 보았다(GS, XIX, 343). 따라서 삶은 내면화 속에서 의식을 보존한다. 이러한 현상성의 명제는 현상개념의 새로운 형식화를 만들어 낸다(GS, XIX, 407). 현상성의 명제는 존재론적 사실에서가 아니라 체험된 것에서 보증된다(GS, XIX, 17).[25] 그래서 딜타이는 항상 삶의 경험을 "정신적 삶의 총체성"(GS, XIX, 77) 안에서 진행된다고 말한다. 다시 말하면 삶의 경험은 사유하고, 원하고, 느끼고, 표상하고, 행위하는 구조연관이다. 여기서 정신적 구조연관은 전체적으로 삶의 의식적인 가능성에서 획득된 연관을 통해서 지배된다.

그러면 딜타이에게 있어서 구조연관의 요소는 어떻게 구성되어 있는가? 이러한 물음은 과거를 자기반성하고 현재에서 충분히 체험한 삶의 흐름에서 나타난다.[26] 즉 삶의 획득된 연관은 삶의 경험을 수행한다.

25) Vgl. E. W. Orth, *Wilhelm Dilthey und die Phänomenologie Edmund Husserls*, in: *Reports on Philosophy*, 15 (1995), p.37.

획득된 연관은 전체적으로 해명되지 않은 연상적인 체험에 의해 구조화된다. 이러한 삶의 경험은 행위하는 실천의 영역으로 나아가는 것이며, 이는 곧 삶의 세계-내-존재에 관계한다.[27] 여기서 우리는 "삶을 삶 그 자체로 이해하기를 원한다."(GS, V, 4)라는 문구를 추론해 낼 수 있다. 즉 "삶은 철학의 출발점을 형성한다. 삶은 내부에서 잘 알려진 것이며, 내부의 뒤안길로 다시 되돌아 갈 수 없는 것과 똑같은 이치다. 왜냐하면 삶은 내부에서 잘 알려진 것이기 때문이다."(GS, Ⅶ, 369) 철학이 무엇인가? 라는 물음은 내적 경험으로서의 냉혹한 의식을 가져다주며, 내적 경험은 사유 안에서 배양된다. 삶은 체험, 즉 주체에서 일어나지만, 단지 주체에서 나오는 것만은 아니다. 왜냐하면 체험 속에서 개별적인 주체들은 삶을 앞질러 나갈 수 있는 것처럼 보이기 때문이다(GS, Ⅶ, 136). 그렇기 때문에 그는 삶 체험의 개념에 천착하여 "여기서 삶을 파악"(GS, Ⅶ, 136)해야 한다는 것이다.

그런데 "삶은 삶 일반의 부분"(GS, Ⅶ, 359)으로도 표현하고 있지만, 정신과학과 삶의 경험은 항상 상호작용한다. 이러한 개념의 구성은 삶 자체에 의해 역사과학과 사회과학체계를 규정한다(GS, Ⅷ, 174). 실제적으로 체험은 외부의 정신적 삶 속에서도 논리적으로 개념화되고 있으며(GS, Ⅷ, 174), 삶의 경험 안에서 철학은 논리적인 사유를 조명한다(GS, Ⅷ, 32). 체험과 삶의 경험은 고유한 심리적 상태의 내적인 생성을 통해 보다 분명하게 드러난다(GS, Ⅶ, 136).[28] 그래서 현실성은 의식의 조건을 전

---

26) Ludwig Landgrebe, "Wilhelm Diltheys Theorie der Geisteswissenschaft (Analyse ihrer Grundbegriffe)", in: *Jahrbuch für Philosophie und phänomenologische Forschung,* Halle, 1928, p.256.

27) Ludwig Landgrebe, 앞의 책, pp.262-263.

28) Vgl. E. W. Orth, "Das Problem der Generalisierung bei Dilthey und Husserl als Frage nach Gegenwärt und Zeitlichkeit", in: *Dilthey-Jahrbuch,* Bd. 7, Göttingen, 1989, p.334.

제한다. 따라서 딜타이는 심리학적 기초에 근거를 두고 반성만이 정신과학적 인식의 객관성을 확보할 수 있다는 결론을 도출해 낸다. 그래서 이해의 기초적인 형식들이 생겨난다. 기초적인 이해는, 기초적 형식들을 연관시켜 보다 고차적인 형식들을 가능하게 한다. 여기서 기초적인 이해의 형식이란 개별적인 삶의 표현을 해석하는 것이다. 논리적으로 이런 해석은 유비추론으로 서술될 수 있다. 이런 추론은 해석과 해석 사이에서 표현된 규칙적인 관계에 의해 매개된다.

외적계기로서의 표현은 위에서 언급한 삶의 내적 표현을 외면화, 객관화한 것으로서 예술, 사회조직, 법제도, 관습, 도덕, 종교 및 각종 테스트를 일컫는다. 그중에는 신체적 표현과 같은 순간적, 유동적인 것과 예술작품이나 법제도처럼 지속적이고 고정된 것들도 있다. 이런 객관적 정신에서 과거는 우리에게 지속적으로 현존하는 현재이다. 객관적 정신의 영역은 삶의 양식, 교제의 형식들에서 사회가 형성되는 목적 연관, 다시 말해 인륜 · 법 · 국가 · 종교 · 예술 · 과학 · 철학 등에 널리 걸쳐 있다.[29] 딜타이는 정신을 다음과 같은 관계로 파악한다.

> 정신생활은 부분들의 합성으로 이루어지지 않는다. 즉 그것은 요소들로 형성되는 것이 아니다. 그것은 항상 근원적으로 포괄적인 통일체이다. 이러한 통일체로부터 정신적인 기능들은 분화되지만, 그때에도 그것들은 상호연관 속에 결합되어 있다(GS, V, 211).

딜타이의 정신생활과 객관적 정신은 상호연관 속에서 진행된다. 여기서 정신생활은 개인사이의 다양한 형식을 통해 현재의 공통성이 감각세계에서 객관화된다. 이러한 "객관적 세계에서 과거는 지속적인 현

29) 딜타이의 객관적 정신에 대한 자세한 내용은 다음을 참조: 양해림, 「딜타이는 삶의 객관화를 극복하였는가?」, 『해석학 연구』, 제16집, 한국해석학회, 2005, pp.43-70.

재다. 객관적 세계의 영역은 삶의 양식, 교제의 형식, 사회를 구성하는 목적 관계, 윤리, 법, 국가, 종교, 예술, 과학, 철학에 걸쳐 광범위하게 퍼져 있다(GS, Ⅶ, 208)." 예컨대 천재의 작품도 한 시대와 환경에서 이념, 정서 생활, 이상 등의 공통성을 표상하고 있다. 어린이는 가정의 질서와 윤리 속에서 자라난다. 그 가족의 다른 구성원들도 그런 질서와 윤리를 분담한다. 이러한 연관 속에서 어머니의 정돈은 어린이에게 받아들여진다. 어린이는 말하는 것을 배우기도 전에 이미 공통적인 것들의 매개체 속에 이미 흠뻑 빠져든다. 그리고 어린 아이가 몸짓과 표정, 움직임과 외침, 단어와 문장 등을 단지 이해하도록 배운다. 왜냐하면 이러한 것들이 어린아이에게는 언제나 그것들이 의미하고 표현하는 바와 동일한 관계로서 마주치기 때문이다. 그래서 개인은 객관 정신의 세계를 알게 된다. 딜타이는 내적 경험의 "내성(Innewerden)"에 의해 확고한 구조가 객관적으로 주어진다고 선언한다.

해석학에서 이해와 추체험된 이해란 지속적으로 고정화된 표현들의 기술적 이해를 의미하며 역사적-사회적 현실로서의 삶을 연구하는 정신과학의 방법론을 말한다. 딜타이는, 이해가 특별한 개인적 천재성에 근거를 두고 있다는 사실에 대해 낯선 대상과 지나간 것을 모방하고 추체험에 의해 얼마나 분명하게 드러날 수 있는가를 묻는다. 개인의 이해는 지속적이고 고정된 삶의 표현들에 놓여 있다는 사실과 연관되어 있으며, 이러한 이해는 다시 삶의 표현들로 되돌아올 수 있다. 지속적으로 고정된 삶의 표현들에 대한 기술적인 이해를 딜타이는 해석(解釋, Auslegung)이라 부른다. 딜타이는 '추체험'(Nacherleben)의 방법론을 근본적으로 재해석한다. 그래서 그는 『역사적 세계의 구축』에서 추체험에 의해 영향 받은 것을 거슬러 추적하는 "반전 작업(inverse Operation)"으로 정의했다. 여기서 "이해는 사건의 전개과정에 따라 진행된다. 즉, 이해는 삶의 전개과정과 더불어 지속적으로 나아간다(GS, V, 263).” 이러한 추체험을 실현하는 하위 인식활동으로서 ‘감정이입’, ‘현재화’, ‘상상력’의 개념을 적용한다. 감정이입은 타인의 입장을 되돌아보는 것을 통해 “기초적인 이해 활동으로 파악한 외적 언어들로부터, 정신적 세계에 놓여 있는 여러 가능성들을 이끌어 낸다.”(GS, V, 263) 딜타이는 해석학에서 ‘추체험’의 방법론을 근본적으로 재해석한다. 기존의 해석들에 따르면, 딜타이는 감정이입을 통해 타자와 나를 동일시함으로써 타인의 의미세계에 대해 인식할 수 있다고 믿었다.

그러나 이제까지 서술한 삶의 존재론과 의미이론, 그리고 정신과학적 인식론의 기반 위에서 본다면, 딜타이의 해석학적 방법론은 단지 관념론적으로 접근하지 않았다. 딜타이는 추체험을 두 가지의 계기로서 설명한다. 하나는, 행위자들의 사회적 환경과 삶의 외적 상태를 생생하게 ‘현재화’(Vergegenwärtigung)하는 것이며, 다른 하나는 ‘상상력’(Phantasie)을 통해 해석자 자신의 삶의 연관에 내재한 행동양식, 감정, 욕구, 지향 등의 특정측면을 부각시키거나 그것을 배제함으로써 타인의 정신적 삶을 재구성하는 것이다(GS, V, 265). 이 두 가지의 계기는 해석자가 놓여 있는 현재의 시간과 해석자가 이해하는 타인 앞에 놓여 있던 과거의 시간을 대상화한다. 이처럼 딜타이는 감정이입 · 현재화 · 상상력을 통해 이루어지는 추체험의 인식을 삶의 역사성과 역사적 의미구성을 재구성함으로써 그것을 이해 가능한 것으로 만들고자 했다. 그리고 그는 정신적 삶을 언어에 의해서만 자신이 완전하고 창조적이며 객관적인 표현을 가능하게 할 수 있다고 보았다. 예컨대 해석은 작품 속에 포함되어 있는 인간적 현존재에 대한 해석들을 통해 수행된다. 이것은 문헌학의 토대가 된다. 딜타이는 경험과 내적인 해석학적 훈련을 통해 인간의 행동을 이해하고자 시도하였다. 내적인 삶은 단순히 기계론적인 출발과 멈춤으로 구성되는 것이 아니라 구조의 연속성 속에서 움직인다. 따라서 어떤 부분은 그 부분의 관계와 내적인 연관성, 전체의 다른 부분으로 이해됨을 의미한다.

딜타이에게서 감정이입과 나와 타자의 이해는 사회이론의 출발점이다. 그의 근본적 관심은 어떻게 개인과 사회가 상호 관계를 형성하고 있는지에 대해 초점을 맞춘다. 즉 개인과 사회의 관계에서 딜타이 사회이론의 근본 문제가 마주친다. 딜타이는 「인간, 사회, 그리고 국가에 관한 학문 역사연구에 대하여」(1875)라는 논문에서 개인과 사회의 상호작용(Wechselwirkung)을 강조한다. 딜타이와 19세기 낭만주의자들은 이러한 상호작용을 공감이라는 말로 표현했다.

4. 이해와 설명

딜타이는 역사의 영역에서 낭만주의적 자의(恣意)성과 사변적인 주관주의가 지속적으로 분출하는 상황을 개선하기 위해 해석의 보편타당성을 이론적으로 입증하고자 하는 것(GS, V, 331)이라 말한다. 딜타이는 이 문제를 해결하기 위해 자신의 『역사이성비판』을 칸트의 3대 비판서(批判書)에 비유한다. 그는 삶의 철학에 바탕을 두고 사회적 행위자들의 상호해석을 가능하게 해주는 기본적인 틀을 마련했다. 그에게서 삶은 각각의 해석들을 상호 주관적인 기초와 유의미성의 원천을 제공해 주는데 있다. 딜타이의 상호 주관적인 해석학적 이해는 사회적-역사적 맥락에 따라 16~17세기에 널리 퍼졌던 후기-낭만주의적 요소를 나타내 왔다.[30] 그런데 각 개별적인 주관적 요소들은 객관성을 제시해야 하는 어

30) Josef Bleicher, *The hermeneutic Imagination*, Routledge/Kegan Paul, 1982, p.63.

려움에 항상 부딪혀 왔다.

딜타이의 정신과학의 방법론은 사회적-역사적 현실 속에서 학문의 대상을 구성하는 것이었고, 후학자들에게 사회학 및 사회과학을 연구하는 데 많은 영향을 끼쳐 왔다. 요하흐(Helmut Johach)가 제시한 것처럼, 딜타이의 독일 사회학의 입장은 그 당시 충분히 타당성을 검증하지 못하였다고 비판[31]하면서 현재의 사회학은 물론 전개될 사회학의 연구에도 많은 관심을 보였다. 딜타이는 특히 콩트(Auguste Comte), 스펜서(Herbert Spencer), 쉐플레(Schaffle), 리리엔펠트(Lilienfeld), 짐멜(Georg Simmel) 등의 많은 사회학자들과의 사회학 논쟁(GS, I, 420-421)을 통해 그의 입장을 강화시켰다. 딜타이의 관점에서 그들이 주장하는 사회학은 어떠한 현실적 과학이 될 수 없었다. 그 이유는, 위에서 열거한 사회학자들은 사회를 인간의 역사적-정신적 세계의 전체로 파악하고 있으나, 사회는 국가의 한 부분을 이루고 있으면서 하나의 전제 조건으로서 나타나는 외부의 공동체 속에 있는 삶의 조직이거나 한 부분에 속해 있기 때문이다. 다시 말하면 사회학에 대한 딜타이의 반대 입장은 현실적으로 인간 사회에서 일어나는 모든 현상을 하나의 학문으로 포괄하려는 시도에 이의를 제기한 것이다.

딜타이에 의하면 콩트와 스펜서와 같은 사회학자들이 주장하는 사회학은, 종교·윤리·예술·법 등을 설명하고 있으나, 사회에서 이루어지는 분화와 통합, 이해관계의 결속, 공동체의 질서 등을 전체 사회로 보는 관점에서 형이상학적이라는 것이다. 따라서 딜타이의 사회학적인 관점은 전체성으로 인위적으로 분리되었던 사회적-역사적 현실의 여

---

31) Helmut Johach, *Handelner Mensch und objektiver Geist, Zur Theorie der Geistes - und Sozialwissenschaften bei Wilhelm Dithey*, Meisenheim am Glan, 1974, p.38. 딜타이의 사회과학에 대한 비교는 다음의 논문을 참조할 것: Karl Acham, "Dilthey Beitrang zur Theorie - und Sozialwissenschaften", in: *Dilthey-Jahrbuch*. 3. Bd. 1985, pp.9-51.

러 단편들을 다른 정신과학에 부여한 것에 불과했던 것이다. 하지만 딜타이는 사회학의 심층적 연구를 통해 개인과 사회의 상호작용 이론을 다음과 같이 형식화하였다.

> "개인은 동시에 사회의 상호 작용의 요소이며, 이러한 상호 작용의 다양한 체계의 교차점은 의식적으로 의지의 방향과 행위의 동일한 영향에 작용한다. 한편으로 개인은 이런 모든 과정을 관찰하고 탐구하는 지성적 태도를 취한다. 여기서 맹목적인 작용인들의 상호 작용은 관념, 감정, 동기(動機)들 사이의 상호 작용으로 대체된다"(GS, V, 37, 63).

위에서 인용한 개인과 사회의 상호작용은 행위에 그 영향을 미칠 때 목적에 도달된다는 것을 알 수 있다. 여기서 딜타이는 자연과학과는 다르게 정신과학의 대상인 인간은 스스로가 연구하는 주체이면서 동시에 연구의 대상이 되어야 한다는 관점이다. 또한 인간은 자신의 정신세계를 창조하면서 그 세계에 영향을 받기 마련이다. 그렇게 때문에 사회는 사람들 사이의 상호 작용이 지속되는 과정으로 이해할 수 있다. 단지 인간들 사이의 상호작용이 지속되는 과정에 한정하여 이해할 수 있다. 인간들 사이의 상호작용은 기계적으로 인과법칙에 얽매여서 연쇄 반응으로 일어나는 것은 아니다. 인간의 행위는 기계적으로 구성된 것이 아니기 때문에 개인의 특수한 상황에 따라 예측할 수 없는 일이 종종 발생한다. 인간은 상대방의 반응 여하에 따라 움직이기 때문에 항상 상호 작용의 관계에 있는 것이다.

우리가 광범위한 의미에서 이러한 딜타이의 상호 작용의 개념을 베버의 사회적 행위와 연관시킬 때, 딜타이가 의도하는 것과 여러 부분에 걸쳐 일치한다. 영미권에서의 Interaction은 딜타이의 상호작용과 같은 뜻으로 이해할 수 있다. 그런데 이러한 정신과학에서 상호 작용의 표현은 인과성의 한 측면이라고 할 수 있는 자연에 의거한 사유를 통해서 확정할 수 있는 그런 관계가 아니다. 자연에 의거해 확정되는 인과성은 항상 그 안에 "원인은 결과를 충족시킨다"(GS, Ⅶ, 228). 이러한 맥락에서 정신과학은 자연과학처럼 인과 관계에 한정되어 있는 것이 아니라 사회의 현실적 요구들, 즉 역사학 · 정치학 · 정치경제학 · 신학 · 문학 · 예술 · 법학 등의 탐구자들이 채워주었던 시대적 조류를 잘 반영하는 데 있다.

딜타이에게서 이해의 개념은 사회과학의 맥락에 따라 일반적으로 문화 대상, 객관적 정신, 삶의 객관성, 역사적-사회적 현실을 해명하려는 것들을 말한다. 딜타이에 따르면, 이해란 너 안에서 나를 재발견하는 것이다. 정신은 점점 높은 단계들의 연관에서 자신을 다시 발견한다. 나 안에서, 너 안에서, 한 공동체의 모든 주관 안에서, 문화의 모든 체계 안에서, 종국적으로는 정신의 총체성과 보편사 안에서 정신과학의 다양한 기능들의 협력을 가능하게 해준다(GS, Ⅶ, 191). 딜타이의 이해의 개념은 「해석학의 발생」(1900)의 논문에서 다음과 같이 분명하게 나타난다.

> "이해는 인식이라는 보편 개념에 속한다. 이 경우 인식이란 아주 광범위한 의미에서 보편타당한 지식을 추구하는 과학이다. 우리는 심적인 삶(Seelenleben)의 외부에서 감성적으로 주어진 삶의 표현에서부터 인식에 이르는 과정을 이해라 말한다. 따라서 감성적으로 파악할 수 있는 정신적 삶의 표현이 아무리 다양하다 해도 이해는 이러한 인식으로 기술된 조건을 통해 주어진 동일하거나 공통적인 특징을 갖고 있어야 한다"[32](GS, V, 332. Vgl.

32) 이해의 개념은 다음의 문헌과 비교할 것: Christorfer Zöckler, *Dilthey und Hermeneutik*, Stuttgart, 1975, pp.7, 9: Hans Herbert Deissler, *Die Geschichtlich-keit bei Wilhelm Dilthey*, Diss. Phil. Freiburg, 1949, p.61: John C. Maraldo, *Der hemeneutische zirkel*, Freiburg/München, 1974, p.70: Karl Helfrich, *Die Bedeutung des Typusbegriff im Denken der Geisteswissenschaften*, Diss. Phil. Gießen, 1918, p.25: Karl-Otto Apel, "Das Verstehen(Eine Problemgeschichte als Begriffsgeschichte)", in: *Archiw für Begriffsgeschichte, I*, 1955, pp.142-143, 174-176: Ludwig Landgrebe, "Vom Geisteswissenschaften Verstehen", in: *Zeitschrift für philsophische Forschung*, 6. Jg. 1951, p.4: Rudolf Makkreel, *Dilthey, Philsophie der Geisteswissenschaften*,

GS, V, 319).

여기서 이해는 외부의 감성적으로 주어진 삶의 표현에서부터 보편타당한 인식의 개념을 추구하는 과정을 가리킨다. 또한 딜타이는 이해의 개념을 「정신과학에 있어서 역사적 세계의 구성」이라는 논문에서 "우리는 외부에서 주어진 것이거나, 내부에서 인식한 부호 속에 있는 과정을 이해라 부른다"(GS, V, 309)고 보았다. 여기서 정신적 심적(Seelenleben) 현상의 연관은 내적인 생동성에 의해 받아들이고 있고 그 출발점은 체험(Erlebnis)에 기인한다. 체험은 외부의 지각(äußere Wahrnehmung)과는 다소 다르게 내적인 지각(innere Wahrnehmung)에서 직접 주어진다(GS, V, 170). 이러한 체험은 전체적인 연관에서 나타나며 심적인 삶에서 주어진다. 즉, 체험에는 전체적인 심적인 과정이 함께 작용하며 전체적인 연관 속에서 나타난다. 단지 감각에서는 개체들의 집합이 제공된다. 어떤 특별한 사건이 일어났을 때, 심적인 삶이 성립되는 연관은 체험에 속한다. 이 연관이 이미 우리 자신과 타인에 대한 이해의 성격을 결정하게 된다(GS, V, 144). 이러한 폭넓은 이해의 구분에 따라 딜타이는 이해와 체험을 다음과 같이 정리한다.

> 이해는 체험의 전제 조건이 된다. 비로소 체험은 삶의 경험에서 이해로 가까이 접근되어 가고, 체험의 주체는 전체와 일반적인 영역 속으로 진행되어 간다. 체험은 지속적으로 체계적인 지식을 수행하기 위해 개별적인 개인의 이해를 요구한다. 체계적인 지식은 개별적인 삶의 통일체 속에서 생동적으로 파악한다(GS, Ⅶ, 143).

위의 관점에서 딜타이는 이해와 체험을 삶의 개별적인 관계에서 있

Frankfurt a. M., 1991, p.303.

는 것이 아니라 상호 관계에서 나온다고 기술한다. 딜타이의 정신세계는 체험과 이해의 근본 관계로서 상호 작용하는 조건(GS, Ⅶ, 152)으로 나타난다. 여기서 그는 역사적이고 체계적인 지식의 부류를 상호작용하는 것으로 규정하였다. 이것은 이해에서 제시된 이중적 관계다. 그래서 딜타이는 체험과 이해를 변증법적 관계에 있다고 말한다. 이런 관계에서 딜타이는 정신과학의 정초를 위한 체험과 이해의 관계에서 상호 작용하는 것으로 보았다.

딜타이에게서 이해의 개념은 정신과학의 인식으로, 설명의 개념은 자연과학 인식의 근본 개념으로 대비시켜 기술하였다. 딜타이가 제시한 것처럼, 자연과학과 정신과학 사이에 대립된 개념은 과학 유형을 방법론으로 구분하여 설명하거나 그것을 이해시키는 데 있었다. 딜타이는 정신과학을 이해 대상으로서 이해 심리학의 결과에서 찾았다. 정신과학의 대상은 신체적인 것을 바탕으로 심적인 삶을 출현시킨다. 여기서 우리는 딜타이 철학의 출발점을 심적인 삶의 심리학적 분석에서부터 나타난다는 것을 볼 수 있다. "심적인 삶은 지상에서 최고의 단계로 분류된다. 삶이 출현할 수 있게 해주는 조건들이 자연과학을 발전시킨다. 왜냐하면 자연과학은 물리적 현상들에서 법칙에 따른 질서를 발견하기 때문이다"(GS, Ⅶ, 196).

그러나 딜타이의 심리학적인 요소가 특별한 부류로 취급되어 자연과학적인 문제 설정에 의존하는 것만은 아니다. 오히려 그는 심적인 요소, 즉 심적인 의지 · 이해 · 감정의 철학적-인간학적 학설에 따라 연결시켰다(GS, Ⅶ, 93). 자연과 정신의 대립관계는 삶의 연관에 기반을 둔 체험이다. 즉, "인간은 자연으로 돌아가서 자기 자신의 삶으로 향한다. 인간은 체험을 통해서 자연 속에 존재하게 되는 것이다. 따라서 인간의 체험은 의미 · 가치 · 목적"(GS, Ⅶ, 93) 등을 통해 학문적 작업을 규명하게 된다. 그래서 그는 종종 "자연은 설명하고 정신은 이해하며, 마찬가지로 우리는 사회적-역사적 삶을 이해한다"(GS, V, 44)고 언급한다.

> 먼저 정신과학은 자연과학으로부터 구분된다. 자연과학이 대상의 외부로부터 또는 현상으로서 의식 속에 개별적으로 주어져 나타나는 사실을 갖고 있는 반면에, 정신과학은 내부의 의식 속에 살아 있는 관계로서 독창적으로 나타난다. 여기서 자연과학은 자연의 관계에 주어진 가설의 결합을 매개로 하여 보충적인 추론을 통해서만 나타난다. 반대로 정신과학은 원초적으로 주어지는 것으로서 어디에서나 내부에 있는 심적인 삶(Seelenleben)의 연관에 토대를 두고 나타난다. 왜냐하면 내부의 경험에서 정신의 개별적인 부분이 전체적인 것으로 그 기능을 결합하거나 성취하려고 하기 때문이다.[33] (GS, V, 43-144)

여기서 자연과학에 대한 딜타이의 입장은 항상 자연과학과 정신과학의 대립하는 가운데서 드러난다. 우리는 딜타이의 잘 알려진 논문인 「기술적, 분석적 심리학의 이념」(GS, V, 139-240)에서 자연과학과 정신과학 간의 구분을 이해와 설명의 대립으로 전개시킨다. 이러한 이해와 설명의 구분은 그렇게 간단히 형식화되는 것은 아니다: "왜냐하면 정신과학과 자연과학은 그것을 구성하는 두 개의 사실 영역을 통해 논리적으로 정확히 구분할 수 없기 때문이다. 생리학도 인간의 한 측면을 다루고 있고 그것은 자연과학이다. 사실 상태에서는 두 개의 분류 근거를 정확히 설명할 수 없다"(GS, Ⅶ, 82). 여기서 이해는 현실에서 적용되는 일정한 방법론적 형식이고, 이에 반해 설명은 보충적인 다른 형식이다. 이렇게 이해와 설명의 대립은 그 배후에서 내적인 지각과 외적인 지각

33) Vgl. Herbert Heicke, *Der Strukturbegriff als methodischer Grundbegriff einer geistewissenschaftlicher Psychologie bei Dilthey und Spranger und Bedeutung für die Paedagogik*, Diss. Phil. Halle, 1928, p.16: Karl Otto Apel, "Das Verstehen(Eine Problemgeschichte als Begriffsgeschichte)", in: *Archiw für Begriffsgeschichte, I*, pp.143, 173.

(Wahrnehmung)의 구분을 통해 전개되는 것이다. 특히 딜타이가 대립의 쌍으로 선보이는 자연과학과 정신과학의 관계는 역사적 생성을 갖고 있다고 말한다. 자연과 정신의 관계는 근원적으로 존재한 것이 아니라 역사적으로 생성된 이원론이다. 딜타이는 종종 "정신과학은 자연과학적 지식의 체계화를 모방한 논리적 구성에 의해 하나의 전체적 체계를 세울 수 없으며, 정신과학의 각 분야들은 서로 다르게 전개되어 왔기 때문에 역사적 차원에서 접근해야만 올바르게 이해할 수 있다"(GS, V, 24)는 것이다.

> "동일한 사유 방식과 그것에 부차적인 사유 행위의 등급은 자연과학과 정신과학 속에서 과학적 관계를 가능하게 한다. 그래서 이해와 설명의 구분은 대상을 두 개의 등급으로 근거 짓는 것은 아니다. 자연 대상과 정신 대상이 따로 존재하는 것은 아니다. 대상의 개념은 그 자체의 차이로부터 감각 인상의 관계를 통하여 그리고 이러한 인상이 전체적인 결합으로 조건화된다. 따라서 그 스스로는 서로 맞대어 독립적으로 놓여 있다"(GS, V, 93).

우리는 종종 자연과학적인 힘은 하나의 가설적인 개념이라고 말한다. 자연과학에서 이 개념의 타당성이 수용될 경우, 그것은 인과성의 원리를 통해 규정된다. 정신과학에서 그것은 체험 가능한 것을 지칭하는 범주다(GS, VII, 202). 다시 말해서 자연은 우리에게 무관한 힘으로 나타나지만, 이해 반해 정신은 우리의 존재 전체에 의해 경험한다. 그러나 실재적인 범주는 자연과학의 그것과 결코 같지 않다. 딜타이는 이런 범주들의 성립과 관련된 문제에 발을 들여놓지 않을 것이라고 말한다. 여기서는 그런 범주가 자연과학에서 타당하다고 해서 정신과학에서도 타당하다고 볼 수 없다. 자연과학에서 추상적으로 표현된 절차들이 그대로 정신과학에 옮겨질 경우 자연과학적 사고의 부적합성이 생겨나게 된다

(GS, Ⅶ, 197). 향후 자연과학은 일어난 일의 담지자로서의 실체나 사건을 일으키는 작용인으로서의 힘과 같은 개념을 새로운 개념으로 발전시킬지도 모른다. 그러나 자연과학적 인식의 이와 같은 개념 형성은 정신과학과는 무관하다. 개개인의 생애에서부터 전(全)인류에 이르기까지 역사적 세계에 관한 진술들은 기껏해야 일정한 방식의 연관을 상당히 제한된 범위에서 그려지는 데 그칠 뿐이다(GS, Ⅶ, 198).

5. 역사주의와 현재성

딜타이는 역사주의를 통해 정신의 객관화를 극복하려고 시도하였지만, 현대의 많은 철학자들이 이 문제를 아직까지도 찬반양론이 진행되고 있다는 사실에서 여전히 논의의 여지가 있다. 역사주의에서 객관적 정신은 딜타이를 출발점으로 하여 리트(Theodor Litt), 프레이어(Hans Freyer)에 이르기까지 신헤겔주의적인 전통에 의해 전개되어 왔다. 이러한 역동적인 정신사의 최종목적지는 정신을 구성하는 세계로서 해석해 왔다. 신헤겔주의자 리터(J. Ritter)는 딜타이의 객관적 정신을 다음과 같이 고찰한 바 있다. 첫째, 우리가 딜타이의 객관적 정신을 역사적 세계로서 다시 해석하여 그 매개체를 찾아낼 수 있는가? 둘째, 이러한 딜타이의 역사적 연관은 현시점에서 어떻게 규정할 수 있는가? 이러한 물음은 현대철학자들이 다양한 답변을 내 놓았지만, 여전히 현대철학의 과제로 남아 있다. 포퍼, 가다머, 하버마스, 푸코 등과 같은 현대 철학자들은 이러한 딜타이의 역사주의, 체험의 주체성, 삶의 객관화, 그리고 현대의 인지과학 등의 문제를 갖고 지속적으로 진행시켜 왔다.

첫째, 포퍼(K. Popper)는 『객관적 인식』(1972)이라는 저서에서 제3세계의 구성에 접근하여 딜타이의 정신이론을 주목한다. 포퍼는 다음과 같이 세계를 구분한 바 있다. 제1세계는 물리적 대상이거나 물리적 상태이다. 제2세계는 의식상태의 세계 또는 정신적 상태 혹은 행위하는 관계의 배열이다. 제3세계는 객관적 사유의 내용, 특히 과학적이고 시적인 내용과 예술작품이다. 그런데 제2세계는 헤겔의 객관적 정신과 절대적 정신의 사실을 변경시켰다. 그 속에서 나의 제3세계와 유사한 것이 나타난다. 한편으로 헤겔의 객관적 정신과 주관적 정신이 구분되며, 다른 한편으로 나의 제3세계가 뒤따른다. 헤겔의 객관적 정신은 예술적 창조로서 파악되고 철학에 속해 있는 절대적 정신은 인간의 창조물(Erzeugnisse)에서 나타난다. 딜타이는 객관적 정신에서 **개인주의의 체험-주관성**을 넘어선 상호주관성을 발견한다. 딜타이의 경우 객관적 정신이라는 개념이 포퍼의 관점에서처럼 물리적 사실, 즉 제1세계나 심리적 사실, 제2의 세계와 똑같이 존재하는 제3의 세계일 뿐만 아니라, 제1세계와 제2세계의 과학적 토대를 위한 현실적 기반을 이룬다. 그렇기 때문에 딜타이는 역사주의에 중요한 의미를 지닌다.

둘째, 가다머(G.H. Gadamer)는 그의 주저『진리와 방법』(1960)에서 딜타이와의 역사성의 논쟁을 시도한다. 즉, 딜타이의 후반기 철학이 헤겔의 철학에 얼마나 많이 의존해 있는가에 대해 딜타이 초반의 삶이라는 개념에 정신을 주목하여 가다머는 분석한다. 무엇보다 가다머가 보기에 딜타이는 헤겔 자신이 받아들였던 객관적 정신의 개념을 단지 반복하고 있을 뿐이라는 생각이 강했다. 가다머의 주요 논증은 딜타이 후기 저술인「정신과학에서 역사적 이성 세계의 구성」에서 객관적 정신의 개념을 적용하여 제시한다. 여기서 가다머는 딜타이의 객관적 정신에서 역사적 의식에 대한 객관적 정신의 형성을 자기인식의 대상이라고 기술한다. 그는 객관적 정신의 개념을 변형시켜 형이상학의 관점에서 역사적 의식으로 되돌아가야 한다고 말한다. 가다머의 관점에서 역사적 의식은 객관적 인식의 근본적인 요구에서 기인한다고 본다. 즉 그에게 있어서 "삶은 자기 자신을 해석하며, 삶 자체가 해석학적 구조를 갖는다."

셋째, 딜타이의 역사주의는 지식의 고고학자 부르는 푸코의 현재의 역사와 연관시켜 종종 언급된다. 딜타이는 독일의 전통적인 역사가들인 드로이젠·랑케·헤겔·비코 등의 노선을 충실하게 전수하여 정신의 연속성의 역사를 주장하였다면, 푸코는 딜타이의 영향보다 니체·레비-스트로스·알튀세·소쉬르·마르크 블로흐·루시앙 페브르·페르낭 브로델을 비롯한 아날학파 등의 이론을 유산으로 간직하면서 과학과 이성의 불연속성의 역사 및 반(反)역사성을 강조하였다. 딜타이는 역사의 측면을, 정신을 중심으로 하여 과거와 현재, 그리고 미래에 대한 연속성의 역사라고 파악하고 있지만, 푸코는 **현재의 역사**라는 측면에서 과거와의 단절에 주안점을 맞춘다. 따라서 푸코는 랑케처럼 "과거를 있는 그대로 보여 준다."는 전통적인 역사서술의 방법을 거부한다. 따라서 푸코는 역사적 작업이 과거에 대한 기술이 아니라 현재의 역사를 분석해 나갔다.

넷째, 딜타이의 감정이입은 추체험을 통해 타자의 마음 상태를 이해하고자 한다. 즉 감정이입은 모방이나 추체험에서 나타난다. 지난 수세기 동안 철학자들은 다른 마음의 문제에 대해 지속적으로 연구에 몰두해 왔지만, 그다지 커다란 진전을 이루어 내지는 못했다. 하지만 21세기 들어 딜타이의 해석학을 비롯한 영미철학자들의 지속적인 심신(mind-body) 연구는 이제는 아주 매력을 끌 만한 현대 뇌 과학의 연구 성과들을 점차 산출해 내고 있다.

제3장

딜타이와 삶의 해석학적 사회체계

I. 칸트와의 대결: 딜타이의 칸트 인식론 비판

II. 헤겔과의 대결: 삶의 객관화

III. 니체와의 대결: 삶의 철학

IV. 후설과의 대결: 생활세계

제3장

딜타이와 삶의 해석학적 사회체계

I. 칸트와의 대결: 딜타이의 칸트 인식론 비판

1. 딜타이의 칸트 인식론 수용

딜타이는 『정신과학 입문(*Einleitung in die Geistswissenschaften*)』(1883)을 비롯한 여러 저서에서 「역사이성비판(Texte zur Kritik der historischen Vernunft)」(1877)[1]의 기획을 자신의 학문적 최대과업으로 삼았다. 즉 그가 평생의 과제로 삼았던 역사이성비판은 정신과학의 중심체계를 형성한다. 딜타이는 역사이성비판을 통해 역사적이며 상대적인 이성이 지니고 있는 객관적이며 보편적인 삶의 객관성을 찾고자 했다. 그래서 그는 『정신과학 입문』을 비롯한 여러 저서에 광범위한 자료를 동원하여 정신과학을 체계화한다. 특히 딜타이에게서 정신과학은 객관적 과학성을 요구하는 아르키메데스적 고정점을 확보하는 것이었다. 여기서 정신과학은 철학, 역사학, 문학, 문헌학, 국가학 등 광범위한 영역에 걸쳐 있고,

1) Wilhelm Dilthey, Hans Ulrich Lessing(Hg.), *Texte zur Kritik der historichen Vernunft,* Göttingen, 1957.

그 정신과학의 대상은 인간적-사회적-역사적 현실에 초점을 맞추었다.

딜타이는 철학사와 영국, 프랑스 등의 실증적 사회학과 정신과학의 인식론을 재정립하는 데 심혈을 기울였다. 특히 딜타이에게서 칸트의 독일 관념론적인 이념은 모든 대상들을 하나의 본질로서 형성하는 것이라 파악한다. 그는 칸트적인 현상의 모습들을 남김없이 정리하면서 정신과학을 체계화하기 위해 끝없는 과업을 수행한다. 이제까지 칸트를 비롯한 자의식(Selbstbewußtsein)에 관한 독일 관념론적인 입장들은 사회적인 이념에 맞게 개별적으로 사람들이 지녀야 할 이상(理想)적인 특성을 강조해 왔다. 하지만 칸트가 하나의 통일된 이념 아래 모든 관념론적인 입장들을 설명했음에도 불구하고 근본적으로 학문을 크게 진전시키지는 못했다.[2] 그래서 딜타이는 자의식의 발전이라는 독일관념론적인 영역 안에서 학문의 근본에 다가서고자 했다.

딜타이는 자의식과 같은 "주관"[3]을 역사적 관점으로 설명한다.[4] 이러한 그의 주관적 관점은 삶의 객관적인 학문으로 정립하는 데 있다. 특히 콩트, 밀, 콩도르세와 같은 실증주의자들은 기존에 함축하고 있는 존재하는 사물들의 관계에서 평등과 독립성과 같은 형식적인 체계를 구축

2) GS, I, p.296.

3) 주체 혹은 주관이라는 개념은 객체 또는 객관이라는 용어와 더불어 근대철학 이후로 인식론의 중요한 용어로 등장하였다. 내가 눈앞에 아름다운 꽃을 바라볼 때, 바라보는 나는 주체가 되고 나에 의해 보여 지는 대상인 아름다운 꽃은 객체가 된다. 딜타이가 생각한 주체의 개념은 절대적인 생동감 속에서 움직인다. 절대적 생동감은 헤겔의 구성적 방법을 극복하고 그 구성적 방법은 정신이라는 개념에 초점을 맞추었다. 딜타이가 주장하는 삶의 객관화 정신은 헤겔의 객관적 정신이라는 개념의 연장선상에 있다고 말해도 과언이 아니다. 다만 딜타이는 헤겔의 객관적 정신을 삶의 요소로 강조하면서 역사의 평가를 새롭게 받아들였다.

4) 칸트의 비판철학에 많은 영향을 주었던 영국 경험론자 였던 흄도 형이상학적인 지속과 역사의 관계를 언급한 바 있다. 즉. 흄에 따르면, 역사적 인식이 현재 인식론의 근간을 이루면서 시대와 문화적인 지식을 축적해 나간다. 이에 대한 자세한 내용은 다음의 문헌을 참조: R. Lüthe, Von der Gesetzeswissenschaft zur Verstehenslehre, p.175, in: *Dilthey und die hermeneutische Wende in der Philosophie, Wirkungsgeschichtliche Aspekte seines Werkes*, Hrsg. von G. Kühne-Bertram und F. Rodi, Essen, 2008, pp.169-186.

했다고 딜타이는 진단한다. 딜타이가 보기에 "칸트는 『순수이성비판(*Kritik der reinen Vernunft*)』(1871)에서 공간과 시간 그리고 인과율과 같은 방법으로 수학적 자연과학의 원인개념을 규명했고, 이는 모든 의식의 사실에 대한 기반을 마련했다."5)

또한 딜타이는 칸트에게서 인식 인간학이란 개념을 빌려온다. 딜타이는 여러 저서에서 인식 인간학이라는 개념을 사용하고 있는데, 특히 딜타이 전집 19권에서 편집자들은 이 개념에 대한 구체적인 논의를 하지 않은 채 그대로 수용한다. 딜타이에게서 인식 인간학이란 칸트의 "인식가능성의 조건들"에 대한 논의를 확장시켜 의식일반에 대한 객관적으로 타당한 통일적 세계표상의 조건들뿐만 아니라, 학문의 유의미한 문제설정을 가능하게 만드는 모든 조건들에 대해 규명한다.6) 특히 딜타이는 전통적인 인식론과 비교하여 자기성찰(Selbstbesinnung)을 강조한다. 딜타이는 칸트의 인식론보다 포괄적인 새로운 역사이성비판을 기획한다. 이 기획은 자기성찰이라는 개념과 함께 수행한다. 즉, 자기성찰은 "학문들의 연관의 정초를 가능하게 하는 의식의 사실에 대한 전체적인 요소와 연관의 분석이다. 왜냐하면 자기성찰은 의식의 사실에 대한 연관에서 사유의 근거와 마찬가지로 행위의 근거도 마찬가지로 찾아내기 때문이다."7)

이렇게 딜타이는 자기성찰을 통해 의식의 사실과 전체적인 삶의 연관들을 분석하여 학문의 유의미한 문제설정을 가능하게 만들고자 했다. 여기서 자기성찰은 학문이 함축하고 있는 모든 문장들로부터 학문의 근거와 전제들에 대한 타당성과 한계를 상대적으로 확인한다. 즉, 딜

5) GS, V, p.92.
6) K.-O., Apel, *Transformstion der Philosophie, II,* Frankfurt a. M., 1997, p.96.
7) GS, XIX, p.79.

타이가 주장하는 자기성찰은 인식, 가치규정, 목적행위의 규칙 등 다양한 영역들을 포괄한다. 이런 측면에서 딜타이는 의식의 사실에서 사유하는 것뿐만 아니라 행위하는 삶 속에서 실천해 나가고자 했다. 따라서 우리는 칸트가 강조하고 있는 의식의 사실이라는 인식론적 관점에 주목할 것이다. 이 장에서는 딜타이의 「역사이성비판기획」을 비롯한 딜타이 많은 저서에 드러난 칸트의 인식론을 비판적으로 살펴보기로 한다.

2. 딜타이의 역사이성비판의 기획

딜타이는 정신과학의 인식론을 첫 번째 주요 주제로 다루었을 때, 「역사이성비판」의 기획을 통해 새롭게 인식론적 근거를 정립하였다.[8]

---

8) GS, I, p.IX, 딜타이의 역사이성 비판의 인식론적 정초에 대한 자세한 논의는 다음을 더 참조: GS, I, p.116. GS, VII, pp.19, 117, 291. GS, VII, p.261. Bernard Eric Jensen, "The Role of Intellectual History in Dilthey's Kritik der historischen Vernunft", in: *Dilthey-Jahrbuch*.2. Bd. 1984, pp.65-91. Frithjof Rodi, "Diltheys Kritik der historischen Vernunft-Programm oder System?", in: *Dilthey-Jahrbuch*. 3.Bd. 1985, pp.140-165, Frithjof Rodi, Hajo Holborn, "Wilhelm Dilthey and the critique of historical reason", in: *Journal of the ideas,* 11.Jg. 1950, pp.93-118, Gerhard Pfafferott, *Ethik und Hermeneutik,* Stuttgart, 1987, pp.18, 23-38, Hans Ineichen, *Erkenntnisstheorie und geschichtlich-gesellschaftliche Welt, Diltheys Logik der Geisteswissenschaften,* Frankfurt a. M., 1975, p.49, Hans Michael Baumgartner, *Kontinuität und Geschichte, Zur Kritik und Metakritikder historischen Vermunft,* Frankfurt a. M., 1972, p.370, Hans Ulrich Lessing, *Die Idee einer historischen Vernunft, Wilhelm Diltheys erkenntnistheoretisch-logisch-methodologische Grundlegung der Geisteswissenschaften,* p.376, Helmut Diwald, *Wilhelm Dilthey, Erkenntnistheorie und Philosophie der Geschichte,* Göttingen, 1963, pp.23-36, I.S. Korn, "Wilhelm Dilthey und die Kritik der historischen Vernunft", in: I.S. Korn, *Geschichte des 20. Jahrhunderts,* Berlin, 1964, pp.82-108, M. Emarth, *Wilhelm Dilthey, The Critique of Historical Reason*, Chicago/London, 1978, Peter Krauser, *Kritik der endlichen Vernunft, Wilhelm Diltheys Revolution der allgemein Wissenschaft- und Handlungstheorie,* Frankfurt a. M., 1968, p.85, Stephan Otto, "Das dialektisch-spekulative Theorieprofil der Kritik der historischen Vernunft", in: *Dilthey- Jahrbuch*, 5. Bd. 1988, pp.38-79, Stephan Otto, "Die Kritik der historischen Vernunft innerhalb der Denkfigur

즉, 딜타이의 역사이성비판은 영원한 인간적인 이성비판이 되어야 한다는 생각에서 나왔다.[9] 칸트가 자연과학의 정초를 위해 『순수이성비판』을 수행한 것과 마찬가지로 딜타이는 정신과학의 정초를 위해 「역사이성의 비판」을 기획한다. 먼저 딜타이가 보기에 칸트의 『순수이성비판』은 단지 자연과학의 근거설정에 지나지 않았다. 그래서 딜타이는 자연과학적으로 제대로 설명될 수 없는 인간의 삶의 이해를 규명하기 위해 역사이성비판의 정립이 필요하다고 보았다. 여기서 딜타이는 칸트의 『순수이성비판』에서 자연과학의 인식론적 비판을 통해 정신과학의 근거를 세운다.[10]

딜타이는 객관의 형식과 감성에 이르기까지 널리 알려져 있는 칸트의 보편타당성의 요청에 대해 삶의 다양하고 구체적인 경험을 제약하는 자연과학적인 방법모델을 비판한다.[11] 이런 점에서 딜타이 정신과학의 목표는 칸트적인 자연과학의 대상으로서 우리 자신의 삶을 이해하는 것이 아니라 정신과학의 대상으로 우리의 삶을 역사적으로 이해하는 것이다. 그래서 딜타이는 칸트의 『순수이성비판』에서 학문적인 보편타당성에 관해 논리적인 조건이 어떻게 타당하고 가능하게 입증할 것인지에 대해 묻는다.[12] 딜타이는 칸트의 이런 생각을 발전시켜 사회

---

des Hegelschen Vernunftschlusses", in: *Philosophisches Jahrbuch.* 81. Jg. 1974, pp.30-49, Stephan Otto, *Rekonstrucktion der Geschichte, Zur Kritik der historischen Vernunft, I.* München, 1982, p.176.

9) Peter Krauser, *Kritik der endlichen Vernunft.-Wilhelm Diltheys Revolution der allgemein Wissenschaft- und Handlungstheorie-,* Frankfurt a. M., 1968, p.85.

10) GS, I, p.IX. Vgl. GS, I, p.116. GS, VII, p.19. p.117. p.291. GS, VII, p.261. p.209, Anz, Heinrich, "Hermeneutik der Individualitat, Wilhelm Diltheys hermeneutische Position und ihre Aporien", in: Heindrik Birus(Hg.), *Hermeneutische Positionen,* p.61. V.C. Misch, *Der junge Dilthey: Ein Lebensbild in Briefen und Tagesbuchern 1852-1870,* Stuttgart. Göttingen, 1960, p.120, Bernard Eric Jensen, "The Role of Intellectual History in Dilthey's Kritik der historischen Vernunft", in: *Dilthey-Jahrbuch.* 2. Bd. 1984, pp.65-91.

11) GS, VII.

적-역사적 사실에 바탕을 둔 역사이성비판을 전개해 나간다. 그의 초기 저작부터 말년에 이르기까지 메모를 쓴 것을 살펴보면, 평생의 과제로 삼았던 역사이성비판이라는 선도적 동기를 계획한다. 이렇게 딜타이는 자신의 학문적 최대 과업을 역사이성비판을 계획하는 것에서 찾는다. 하지만 그는 이러한 제목으로 책은 물론 체계적인 논문을 쓰지도 않았다. 오히려 그는 정신과학을 정초하기 위한 칸트나 헤겔, 피히테, 셸링 등 독일 관념론자들의 인식론적 비판을 통해 내용 안에 포함되어 있는 철학체계를 역사이성비판이라 지칭했다. 따라서 딜타이는 "인간이 자기 자신과 자신에 의해 만들어진 사회와 역사를 인식하는 능력의 비판"[13]을 역사이성비판이라 지칭했는데, 이는 자신의 삶을 인식하는 능력에 대해 전반적으로 검토하는 것을 의미한다.

앞서 언급했듯이, 딜타이에게서 정신과학의 대상은 인간적-사회적-역사적 현실에 근거하여 인간이라는 사실에 초점을 맞춘다. 그래서 딜타이가 주장하는 삶의 경험은 언제나 생생하게 흐르는 사회 · 역사적인 이해의 원천으로 작용한다. 이런 관점에서 딜타이의 정신과학은 삶과 사회에 많은 영향을 끼치고 있으며, 그 안에서 최고의 의미를 발견한다. 먼저 딜타이가 보기에 삶 안에는 첫 번째 범주적인 규정으로서 시간성이 포함되어 있다. 시간성은 이미 '생애'[14]라는 표현 속에서 잘 드러나 있다. 시간이란 우리 의식에서 드러난 통일성에서 파악된다. 예컨대 동시성, 연속, 시간 간격, 지속, 변화 등과 같은 삶의 관계들은 누구에게나 공통적으로 나타난다. 칸트가 "시간의 현상성(現象性, Phänomenalität)"[15]과

12) P. 해밀턴, 『역사주의』, 임옥희 옮김, 동문선, 1998, p.87.

13) GS, VIII, p.264.

14) 생애는 부분들, 서로 내적인 연관을 구성하고 있는 체험에서 나온다. 각 개별적인 체험은 자기와 관련을 맺고 있고, 바로 그 자기의 부분이 체험이다. 체험은 다른 부분들과의 구조를 통해 하나의 연관으로 연결된다(GS, VII, p.193).

같은 추상적인 관계들을 자신의 학설에 근본으로 삼았던 이유도 수학적인 자연과학처럼 공통적인 근거를 두고 있다고 생각했기 때문이다.[16] 이런 관계들은 삶 안에서 최종적으로 시간의 개념을 찾아내려고 하지만, 시간의 체험을 전적으로 파헤칠 수 있는 것은 아니다. 여기서 시간은, 현재적인 것이 끝없이 과거가 되고 미래적인 것이 현재가 된다. 또한 현재가 쉼 없이 지속해서 나아감을 경험하게 된다. 현재란 시간의 동기를 실재성으로 충족시켜 준다. 여기서 현재는 회상이나 미래의 표상에 대립되거나, 소망, 기대, 희망, 두려움, 의욕 등에서 솟구치는 실재성인 것이다.

그러나 딜타이가 보기에 우리의 쉼 없는 현재는 이런 물결을 타고 미래에도 지속적으로 나아가며, 동시에 미래적인 것은 현재적인 것이 되는 바로 그 순간에 이미 과거 속으로 가라앉게 된다. 충족되었던 시간의 부분들은 서로 구분된다. 우리가 현재에서 과거를 뒤돌아보거나 미래를 앞질러 헤아려 본다면, 시간의 흐름은 그 속에서 무엇이 나타나든 개의치 않고 서로 다른 특성들을 받아들인다.[17] 이러한 시간적 삶의 이해 속에서 딜타이는 1854년 초엽과 1858년에 칸트의 『순수이성비판』에 버금가는 「역사이성비판」을 기획했고, 비로소 1859년에 분명하게 정신과학을 정립한다. 그 이후 1865년에 그는 다음과 같이 썼다.

> 칸트는 철학의 기본적인 문제를 확립했다. 즉 수단과 경계를 통해 현상세

---

15) 딜타이에게 있어서 정신적 삶의 의식의 근원적 확실성은 "현상성의 명제(Satz der Phänomenalität)"로 형식화된다. 즉 딜타이 철학의 상위 명제는 현상성의 명제이다. 딜타이는 나에게 어떠한 것이 거기에 존재하는가? 라는 물음은 "내 의식의 사실에서 존재한다고 말한다. 모든 외부의 사물도 의식의 과정에서 주어지고 대상과 사물은 의식 속에 존재한다. 특히 딜타이는 현상성의 명제를 통해 외부세계의 실재성을 확보하고 내적 경험을 강조한다. 이 명제는 의식의 사실에 대한 직접적인 인식을 밝히고자 했다. 즉 현실성(모든 외적인 사실들, 사물, 인격)이 의식의 조건 아래에 있다"(GS, XIX, p.60)고 답한다.

16) GS, VII, pp.192-193.

17) GS, VII, p.195.

계에서 내외적인 지각이 어떻게 가능하게 인식할 수 있을까? 실증주의적 학문의 방법과 전제조건의 연구를 통해 인식가능성의 분석을 속행해 나가고자 한다.[18]

위 인용문에서처럼 클라우저(P. Krauser)가 딜타이의 인식론적 관점에서 칸트를 이해한 바와 같이, 딜타이는 칸트의 『순수이성비판』의 저서를 통해 자신의 정신과학을 정립했다. 즉, 딜타이의 칸트비판은 그 종류와 방법에 있어서 인식의 타당성에 대한 물음을 설정한다. 여기서 딜타이가 제시했던 새로운 인식론과 "역사적-사회적 세계"[19]에 대한 강조는 칸트의 인식론을 비판하는 계기로 작용한다. 그래서 딜타이는 칸트의 『순수이성비판』에 대한 1867년의 강연에서 다음과 같이 기술한다.: 즉, 철학은 과학, 예술, 사회와 함께 합법칙적인 연관관계에 있다. 이러한 연관관계는 철학의 과제이다. 철학은 우리에게 합법칙적인 것을 분명하게 제시해야 한다. "칸트의 비판적 길을 추적하는 것"[20]도 인간 정

---

18) Peter Krauser, *Kritik der endlichen Vernunft,* p.46.

19) Hans Ineichen, *Erkenntnistheorie und geschichtlich-gesellschaftliche Welt, Diltheys Logik der Geisteswissenschaften*, Frankfurt a. M., 1974. 딜타이는 정신과학의 논리를 세 가지 측면에서 파악한다. 첫째, 형식적 논리, 둘째, 방법론적인 논리, 셋째, 인식론적 논리가 그것이다.(Helmut Johach, "W. Diltheys Erkenntnistheoretische Grundlegung der Geisteswissenschaften", in: *Philosophische Rundschau.* Jg. 25. 1978, p.88, Renate Knüppel, *Diltheys erkenntnistheoretische Logik,* München, 1991, p.140).

20) GS, V, p.27. 칸트의 비판적 길의 자세한 내용은 다음을 참조: Arne Homann, Verstehen und Menschheit. Zu einem Motiv der Philosophie Diltheys, in: *Dilthey-Jahrbuch.* Bd. 10, 1996, pp.13-37, Carl-Friderich Geyer, "Kant-Hermeneutisch, zu Diltheys Revolution der allgemeinen Wissenschafts- und Handlungstheorie", in: *Philosophische Rundschau.* 20. Jg. 1974, pp.201-205, Dietrich Bischoff, *Wilhelm Diltheys geschichtliche Lebensphilosophie,* Leipzig/Berlin, 1935, pp.1-9, 46-63. Hans Ineichen, "Diltheys Kant-Kritik", in: *Dilthey-Jahrbuch.* Bd,2. 1984, pp.51-64, Hugo Krakkaur, *Diltheys Stellung zur theoretischen philosophie Kants,* Breslau, 1913, p.52, Johannes Römelt, "Reflektierende Urteilskraft und Interpretation der Geschichte. Konzeption einer hermeneutischen Kritik der historischen Vernunft", in: *Dilthey-Jahrbuch.* Bd.9. 1995, pp.318-327, Otto Pöggler, "Dilthey und der Phänomenologie der Zeit", in: *Dilthey-Jahrbuch,* Bd.3. pp.118-119, Peter Krauser, *Kritik der endlichen Vernunft,* pp.25, 46, Renate Knüppel, *Diltheys erkenntnistheoretischen Logik*, pp.58-59,

신을 위한 경험과학의 연구에 기반을 제공하려는 데 있다. 인간의 경험과학은 사회적, 지성적, 도덕적 현상에 근거하여 인식하는 법칙이다. 물론 딜타이의 이러한 「역사이성비판」의 기획은 칸트의 『순수이성비판』을 단순하게 비판하는 것에 그치지 않고 그의 이론을 근본적으로 재검토하여 이해하는 데 있다. 따라서 딜타이는 칸트가 주장했던 경험에 대한 모든 인식을 근본적으로 재구성한다.[21] 이런 측면에서 딜타이는 자신의 정신과학 인식론(Erkenntnistheorie der Geisteswissenschaft)을 역사이성비판이라 불렀는데, 자신의 주된 철학의 주제를 다음과 같이 말한다.

> "정신세계의 연관(聯關, Zusammenhang)"[22]은 주체(主體, Subjekt)에서 나타나며, 개별적인 논리적인 과정들을 서로 서로 연결하고 있는 정신적 세계의 의미연관에 대한 규정에 이르기까지 정신의 운동이다. 그래서 한편으로 이러한 정신세계는 파악한 주체의 창조물이며, 다른 한편으로 그렇지만 정신의 운동은 그 세계 안에 있는 객관적 지식에 도달한다. 이렇게 해서 우리는 이제 '주체에서 정신적 세계의 구성이 어떻게 정신적 현실에 대한 지식을 가능하게 해 주는가'라는 문제와 마주하게 된다. 나는 앞서 이런 과제를 역사이성 비판의 과제라 이름 붙였다.[23]

위 인용문에서 보듯이, 딜타이는 정신과학을 정초하기 위해 주체에 대한 정신적 세계구성의 문제에 몰두하였지만, 주체 속에 깃들어 있는 철학체계를 역사이성비판의 과제에서 찾는다. 이를테면 딜타이는 역사이성비판에서 다양한 개체성이 갖고 있는 내적인 경험들이 정신적

Rudolf A. Makkreel, "the Feeling of Life:Soms Kantian Sources of Life-Philosophy", in: *Dilthey-Jahrbuch.* Bd.3. 1985, pp.81-104, Rudolf A. Makkreel, *Dilthey-Philosophy of the human Studies,* Princeto, 1975, pp.17-25, pp.236-246.

21) Hans-Helmut Gadner, *Positivismus als Metaphysik*, Freiburg/München, 1985, p.151.

22) 딜타이는 정신세계의 연관을 심령적, 정신적, 심리적 연관, 정신적 삶의 연관 등을 동의어로 사용했다. 또한 그는 연관이라는 개념을 즐겨 사용한다. 구조연관, 작용연관, 목적연관, 의미연관 등이 그것이다.

23) GS, VII, p.191.

현실에 어떻게 가능하게 지식을 부여할 수 있는지의 문제와 씨름한다. 특히 그는 이 책의 제3장 인식론에서 학문의 근간으로 여기고 있는 근본적인 생각을 언급한다. 왜냐하면 딜타이는 개별과학들을 어떻게 연관시켜 고찰할 수 있는 것이 중요한 관점이라 보았기 때문에 신학, 미학, 법, 정치, 윤리학과 같은 개별학문들을 광범위하게 적용한다.[24] 먼저 개체성은 그 자신을 실현시켜 나가는 데 있어서 총체성과 부분적으로 제한된 영역에서 대립한다.[25] 파편화된 개체성의 다양한 분화는 추상적으로 간주했던 사회 영역에서 자신의 구체적인 영역을 점차 상실해 나간다. 하지만 개체성이 사회와 역사의 새로운 진행과정으로 이행함에 따라 개별적 시민들은 총체적으로 다시 결합한다. 딜타이가 보기에 철학의 근본은 단순히 개별적인 의식의 분화됨에 있는 것이 아니라, 개체적인 의식과 현상을 종합하여 인식론의 출발점으로 삼아야 하는 것이었다.[26]

피히테(Johann Gottlob Fichte)가 주장한 것과 같이, 개체성은 개체가 아닌 것에서부터 시작하여 개체에 속해 있는 현실화된 공동체로 나아가야 한다.[27] 그래서 전체는 연속적으로 보편성으로 이행해 나가야 한다. 앞서 언급한 바와 같이, 딜타이는 역사이성비판의 기획을 통해 총체적인 학문이라는 것도 이미 주관적인 자의식의 관계에 의존하고 있음을 밝힌다.[28] 피히테에 이어서 셸링(Friedrich Wilhelm Joseph von Schelling)은 지적

24) H., Lessing, *Wilhelm Dilthey, Eine Einführung*, Köln 2011, p.106.

25) GS, I, p.37.

26) GS, XX, p.341.

27) 객관에 숨겨진 진리를 찾아가는 과정에 대해서는 피히테의 다음 책을 참조: Johann Gottlob Fichte, zweites Buch:. "Wissen" in "Die Bestimmung des Menschen", in: *Darstellung der Wissenschaftslehre aus dem Jahre 1801*, herg. Immanuel Hermann Fichte in: *Fichtes Werke*, Band II, *Zur theoretischen Philosophie* II, Berlin, Walter de Gruyter & Co, 1971, pp.198-247.

28) Wilhelm Dilthey, *Kritik der historischen Vernunft,* Hans-Ulrich Lessing (Hrsg.), Göttingen, 1999, p.279.

직관을 통한 자의식의 개념으로 총체성을 파악하였고, 칸트는 이를 선험적 통각이라 보았다. 특히 딜타이는 칸트의 통각개념을 직관과 지성의 가장 높은 가능성을 갖고 있다고 언급한다. 이는 직관의 다양성을 근원적으로 종합하는 통각의 개념을 상기시킨 것이다. 이런 칸트의 통각개념은 스스로 대상이 되는 직관이라고 딜타이는 파악한다.[29]

딜타이에 따르면, 역사를 다루는 학문은 단지 칸트의 통각개념에서 찾을 것이 아니라 개인적인 직관과 유한한 한계를 넘어서야 한다. 즉 감각적인 인간은 자신의 가치와 유한한 한계를 벗어나고자 하기 때문에 역사적 운동이 필요하다.[30] 따라서 딜타이는 역사와 관련된 인간의 가치의식은 도덕적 의식과 도덕적인 책임감에서 찾는다.

이런 관점에서 딜타이의 개체성과 총체성의 개념은 역사이성비판을 정립하는 과정에서 기획한다. 여기서 딜타이는 사회적-역사적-인간적 현실을 통해 정신과학을 파악했고 여기서 개인과 사회의 관계에 대해 사회 철학적 논쟁점을 제공한다. 특히 독일 관념론의 흐름은 이러한 생생한 사회적인 논쟁의 중심에 서 있다. 어떤 측면에서 인간의 가치의식이나 도덕적 책임감이 딜타이 후기에 주장했던 미학적 반성의 "예술이란 유일하고 영원한 철학의 기록물이다."[31]라는 진술의 총체적 관점을 눈여겨 볼 필요가 있다. 이처럼 총체성의 개념은 인간이 추구한 개념의 완성이 아니라 시작을 알리는 것이다.

---

29) Wilhelm Dilthey, 위의 책, p.132.

30) GS, III, p.273.

31) GS, III, p.627.

3. 딜타이의 칸트 인식론 비판: 의식의 사실

앞서 언급했듯이, 딜타이는 칸트의 이성비판에서 유추한 역사이성비판을 통해 역사주의의 선험적 반성을 인식론적으로 정당화한다. 딜타이에게서 정신과학의 목표는 삶의 복합적인 요인을 인식론적으로 정립한다. 특히 그는 칸트의 경험개념이 너무 협소하다고 간주한다. 먼저 딜타이는 「경험과 사유」(1892)의 논문에서 경험을 통해 학문의 근거를 찾아낸다. 즉 "지금까지 한 번도 철학함에서 근거 지워지지 않고, 전체적이고 완벽하여 절름발이가 되지 않을 경험을 제시한다."[32] 이러한 경험에서 철학이 출발해야 한다. 먼저 딜타이는 칸트의 『순수이성비판』을 다음과 같이 비판한다.

> 칸트의 비판은 인간 인식의 심층부까지 충분히 파고 들어가지 않았다. 초월과 내재의 대립은 가능한 인식의 한계선을 특징짓지 못한다. 사실 그 자체는 결코 논리적으로 밝혀지지 않았으며 단지 이해될 뿐이다.[33]

칸트가 제시한 인식론의 선험적 형식들은 인간의 경험들을 개개인이 경험할 수 있게끔 하는 데 실패했다. 칸트는 인식론의 주제를 주로 형식논리학과 수학에서 찾았다. 따라서 딜타이는 칸트의 형식 논리학에 대해 다음과 같이 언급한다.

> 칸트는 인식의 문제를 다루기 위해 형식논리학과 수학 안에 놓여있는 기초에서 출발한다. (…) 형식논리학은 모든 학문적 문장이 지닌 타당성의 궁

---

32) GS, I, p.123.

33) GS, I, p.116, GS, I, p.178, GS, VIII, p.264.

극적이고 불변하는 논리적 근거를 논리적 추상화를 통해 사유법칙과 사유형식에서 찾는다. 사유법칙과 사유형식 특히 범주를 찾아낼 수 있었던 칸트의 판단은 인식을 위한 조건들을 포함하고 있었다. 그리고 이 조건들을 수학의 가능 조건들을 통해서 확장했다. 그의 업적의 위대한 점은 그가 수학적, 자연과학적 앎에 대한 완전한 분석을 제공했다는 점이다.[34]

위 인용문에서처럼, 딜타이가 보기에 칸트철학의 형식논리학은 최후의 논리적 추상화, 사유 법칙 그리고 사유 형식들에서 모든 학문적 명제들의 정당성(Rechtsbeständigkeit)을 위한 논리적 근거를 마련했다. 즉, 칸트에게서 사유 법칙과 사유 형식들, 특히 범주들에서 주어졌던 판단은 인식을 위한 조건들을 포함시켰다. 칸트는 범주를 통해 이런 조건들이 수학을 가능하게 해주는 것으로 확장시켰다.

주지하듯이, 칸트는 수학과 자연과학적 지식에 대한 분석을 통해 위대한 업적을 남겼다. 하지만 칸트 자신도 제시하지 못한 역사의 인식론을 그의 인식론적 개념 틀 안에서 가능한지의 여부는 여전히 의문으로 남아 있다.[35] 동시에 딜타이는 경험적 직관과 논리적 사유, 인식의 내용과 형식이라는 칸트의 이분법을 의문시한다.[36] 왜냐하면 인식주관의 의식은 항상 경험을 하고 있으며, 의식이 자신을 성찰하고 인식의 토대를 반성하는 것조차도 일종의 경험이기 때문이다.

이런 점에서 딜타이는 경험주의자들과 마찬가지로 칸트가 주장하고 있는 인식주체에 관한 경험과 인식을 단순한 표상작용에만 존재하는 사실이라 설명하고 있다고 비판한다. 이런 측면에서 딜타이는 "로크, 흄, 칸트가 구성한 인식 주체의 혈관에 흐르는 것은 살아있는 피가 아니

34) GS, VII, p.191.
35) GS, VII, pp.191-192.
36) GS, VII, p.149.

다. 그것은 단순한 사고활동으로의 이성에 의해 희석된 즙에 불과하다."[37] 이러한 사유를 구성하고 있는 "인식주체의 혈관 속에는 어떠한 피도 흐르지 않는다. 그것은 그 자체의 정신형태만을 의미할 뿐이다. 칸트는 인간적 인식의 몸체 안에서 인식주체를 충분하게 수용하지 못했다. 현실 그 자체는 최고의 법정을 논리적으로만 설명하는 것이 아닌 것으로 이해될 수 있어야 한다."[38] 딜타이는 칸트의 선험성에 대해 다음과 같이 비판한다.

> 칸트의 선험성은 메마르고 죽었다. 내가 파악한 바와 같이, 의식의 사실적인 조건과 전제조건은 생생한 역사과정으로 그것은 역사 속에 주어져 있다.[39]

딜타이가 보기에 의식의 사실적 조건이나 인식의 근본적 조건이 칸트에서처럼 선험성에 나오는 것이 아니라 인간의 삶 안에서 주어져 있고, 사유 밖에서 파악할 수 있는 것이 아니다.[40] 따라서 딜타이는 칸트의 지성주의를 현실주의와 인간의 내적 기관에서 생성되는 현존하는 사회구성으로 되돌아가야 한다고 보았다.[41] 나아가 딜타이는 역사 속에서 삶을 이해할 수 있기 위해 칸트적인 자기의식을 넘어서는 헤겔적인 자기의식, 즉, 역사적으로 자기를 구성하는 삶을 전제해야 한다고 본다. 이러한 역사적 삶 속에서 자기이해와 타자의 이해는 서로 분리될 수 없다. 여기서 자기이해와 타자의 이해는 외적으로 주어진 다른 삶의 표

---

37) GS, I, p.XVIII, GS, I, p.26.

38) GS, VIII, p.174.

39) GS, XIX, p.44

40) GS, V, p.136. Vgl. Dieter Thomä, *Die Zeit des Selbst und die Zeit. Zur Kritik der Textgeschichte Martin Heidegger 1910-1976,* Frankfurt a. M., 1990, p.87. Stephan Otto, *Rekonstruktion der Geschichte. Zur Kritik der historischen Vernunft,* München, 1982, p.78.

41) Christofer Zöcker, *Dilthey und Hermeneutik. Diltheys Begründung der Hermeneutik als Praxiswissenschaft und die Geschichte ihrer Rezeption,* Stuttgrt, 1975, p.41.

현들을 자신의 고유한 삶으로 전이(轉移)함으로써 가능하다.

하지만 우리가 온전한 인간을 역사적-심리적으로 이해할 경우, 인식이나 인식의 개념은 의욕하고 느끼고 표상하는 본질에 근거한다.[42] 딜타이는 스스로 의욕, 감정, 표상 속에서 자신의 현실적 삶의 과정이 자신의 다른 측면들을 갖게 되는 온전한 인간본성에 의해 출발한다고 본다. 인간본성은 우리의 인식능력에 대한 경직된 선천성에서 나오는 것이 아니라 인간본성의 총체성으로부터 기인한 삶의 "발전사(Entwicklungsgeschichte)"[43] 만이 우리 모두의 철학에 대한 물음에 답변일 수 있다.[44] 그래서 딜타이는 인식의 주체를 역사적, 심리적 주체로 파악한다. 우리가 의욕하고 느끼고 표상한다는 것은 인간본성을 발전사적으로 포괄하는 현실적 삶의 과정 중 단순한 몇 가지 측면일 뿐이다. 따라서 딜타이에게서 「역사이성비판」의 기획에는 역사적 발전에 관한 사상과 현실적 삶, 모든 의식 수행의 상대성 등 삶의 철학적 테제가 잘 드러나 있다. 여기서 딜타이는 삶의 철학적 테제로부터 자신이 칸트의 의식개념을 삶의 주의적(主意的)이고 감정적인 측면으로 확장하지 않았다면, 예측할 수 없는 결과들을 이끌냈다. 하지만 딜타이는 칸트적인 인식론적 이성비판을 통해 역사주의적 사유 동기와 삶의 철학적 사유동기를 결집시켰다.

딜타이는 칸트의 "실질 내용과 형식의 구별"을 심리주의적 관점에서 의심한다. 이를테면 칸트에게서 감각내용들의 본성은 그것과 연관하는 형식을 이미 조건 짓고 있다. 딜타이에 따르면, "감각의 다양성은 결

42) GS, XVIII, p.332.

43) 발전이라는 총체성의 법칙과 세계 안에서는 우리의 삶은 의식적으로 고양된다고 딜타이는 생각한다. 우리와 세계가 이미 스스로 연결되어 있다면, 삶의 이념과 세계관은 단순히 추리나 유추만 할 수 있는 것이 아니라 내적인 관계 속에서 의식 안에서 고양됨이 잠재되어 있는 상황이다. 즉, "삶과 세계관은 연관된 전체로 만들어지며 이는 생동감(Lebendigkeit)으로 나타난다"(GS, VIII, p.17).

44) GS, XVIII.

합하는 의식으로부터 분리되어 현존할 수 없을 뿐만 아니라 표상될 수 없지만, 감각들(현상의 다양함)은 차별성을 전제하고 있다."[45] 딜타이의 관점에서 칸트의 형식적인 범주란 구별 짓기, 똑같은 것 찾기, 상이한 등급 차이를 파악하기, 연결 짓기, 분리하기 등과 같은 논리적인 처리 방식들을 지칭하는 추상적 표현들이다. 마치 보다 높은 정도에 대한 지각을 단지 확정하는 것처럼 보이지만, "선험적으로(a priori)"[46] 구성하지 않았다. 그것들은 우리의 원초적인 사고 속에서 이미 만나며 우리의 논증적인 것과 동일한 것, 즉 기호와 연결된 더욱 높은 단계의 사유를 주장한다. 심지어 더 높은 단계의 사유는 자연과학과 정신과학의 인식으로서 이해의 형식적 조건들이다.

먼저 딜타이는 자신의 『정신과학 입문』에서 "의식의 사실(Tatsache des Bewußtseins)"에 대해 분석한다. 특히 정신과학의 정초는 의식의 사건들에 기반을 둔다. 왜냐하면 정신과학의 정초를 세우는 것만이 최고 법정에서 확정된 지식을 상술해 주기 때문이다. 앞서 언급했듯이, 딜타이는 역사이성비판을 『정신과학 입문』의 관점에서 고찰했을 경우, 이는 정신과학을 정초하는 것에서 출발한다. 딜타이는 정신과학을 역사적으로 규명하면서 인간의 인식능력에서 그 사실의 토대, 즉, 정신과학의 그러한 사실의 주관적 가능조건에 관해 역행적-분석적으로 묻고 있다는 점에서 칸트의 인식론적 방법을 선택했다.[47] 딜타이에 따르면, 정신과학은 역사학파의 과학적 사실로서 인식론을 새로운 상황에서 제기

---

45) GS, V, p.77.

46) 선험적이라는 말은 칸트에게서 주로 등장한다. "나는 대상들이 아니라 대상들에 관한 우리의 인식방식을, 선험적으로 가능하다는 점에서 일반적으로 다루는 모든 인식을 선험적이라 부른다."(I. Kant, *Kritik der reinen Vernunft*, B.25) 후설에 의하면, 선험적이라는 말은 "데카르트에게서 시작되었으며 모든 인식 형성의 궁극적 원천으로 되돌아가려는 동기"라고 말한다. 즉 인식하는 자기 자신과 자기를 인식하는 삶을 성찰하려는 근원적 동기이다. 후설은 주관으로 되돌아가려는 동기를 모두 선험적이라 말한다.

47) GS, V, p.139.

한다.[48]

딜타이는 『정신과학에 있어서 역사적 세계의 구축(*Der Aufbau der geschichtlichen Welt in den Geisteswissenschaften*)』의 저서에서 이제까지 의식의 사실을 역행적-분석적(regressive-analytische) 방법으로 전개한다. 하지만 딜타이는 의식의 사실을 『정신과학 입문』에서는 전진적-종합적(progressiv-synthisches) 방법으로 대체시켜 구조적으로 구별한다. 그래서 딜타이는 의식의 사실을 정신과학적 근거와 정신과학의 타당성에 대한 방법론적으로 재구성한다. 여기서 『정신과학 입문』의 종합적인 단계는 정신과학의 사실적 근거를 기술하는 과정으로서 의식의 사실에서 출발한다. 이런 점에서 딜타이의 정신과학은 자연과학과는 구별된다는 의미에서 단순하게 의식의 사실이 정신과학의 출발선상에 있는 것이 아니라 인식 비판적 반성의 목표로 삼는다.[49]

딜타이의 역사이성비판은 모든 의식이 자신의 인식하는 것에서 제기했던 실제적인 타당성 요구에 대해 의심할 수 없는 환원을 가능하게 할 수 있는지, 동시에 그 환원에 대한 재구성을 어떻게 마련할 수 있는지가 관건이다. 여기서 딜타이는 의식의 사실을 제시한다. 그는 이 의식의 사실을 전제하지 않은 이론은 가능하지 않다고 본다. 이미 딜타이는 『정신과학 입문』에서 칸트와의 인식론적 간극은 칸트가 의식의 첫 번째 사실이라고 보았던 인식주체의 개념을 수정함으로써 자신의 이론을 수행한다.[50] 딜타이가 보기에 칸트와 피히테의 철학을 심화시켜 나간다면, 의식에서 다가오는 세계를 파악 가능하다. 이러한 철학적 의식 사이에 자의식과 공통된 사물의 관점에서 마주치는 간격들을 메워나갈 수 있

48) GS, V, p.207.
49) Herbert Schnädelbach, *Geschachtsphilosophie nach Hegel,* Frankfurt a. M., 1974, pp.117-118.
50) Immanual Kant, *Kritik der reinin Vernunft,* Hamburg, 1956, B. 157 참조.

다.[51] 그는 칸트의 비판적 인식론과 로크(John Locke)·흄(David Hume)·밀(John S. Mill)의 경험론적 인식론을 모두 지성주의(Intellektuliamus)라고 비판한다. 왜냐하면 앞서 언급한 관념론적 철학자들은 경험과 인식을 단순히 표상작용에 속하는 사실요소(Tatbestand)라고 설명함으로써 경험의 개념을 촉진시켰다고 볼 수 있기 때문이다.[52] 그래서 딜타이는 데카르트의 "Cogito"와 칸트의 "나는 생각한다(Ich denke)" 대신에 자아의식 속에 주어지는 "나는 의욕 한다(Ich will), 나는 염려한다(ich fürchte)"의 통일성을 내세운다. 이런 점에서 딜타이는 "철학의 대상은 의식의 사실의 총체"[53]라고 주장한다. 의식과 무관해 보이는 외부의 대상들은 우리에게 다만 의식의 사실로서 존재한다.: "실재, 즉, 사물들은 사람들과 같은 모든 외적 사실들을 의식의 조건 아래 놓여 있다."[54]

그런데 의식의 사실은 "심적 삶의 총체성(Totalität des Seelenlebens)" 안에 함축되어 있다. 여기서 칸트와 딜타이 인식론 사이에 결정적인 차이가 있다. 총체성은 칸트가 논리적 범주의 하나로서 분류한 것과 마찬가지로, 사유의 형식임과 동시에 각각의 개별적인 유기체적 현상들을 나타낸다. 총체성의 원리는 주관으로서의 개체와 보편성을 구성한다. 이는 사유의 끝없는 종합을 주관으로서 개체성과 단지 다수를 제한하고 있는 보편성의 구성으로서 이끌어 간다. 역사적 세계상은 거대한 역사적 기관 속에서 삶의 연관을 파악하고 단지 개별자의 체험만이 아니라 역사적 삶의 체험연관에 의해 삶 그 자체를 파악한다. 즉 "인간의 총체성은 역사 속에서만 있다."[55] 딜타이는 인간의 본질과 역사에 대해 다음

51) GS, XII, p.4.

52) 김의수, 「해석학적 철학과 형이상학적 의식-딜타이(W. Dilthey)의 철학」, 『인류문명과 한국사회 현실』, 서광사, 2012, p.96.

53) GS, XIX, p.47.

54) GS, XIX, p.60.

과 같이 말한다.

> 인간이 무엇인가 하는 것은 역사만이 그에게 말한다. 인간이 무엇이며 그가 무엇을 원하는가. 그는 수천 년을 지나온 그의 본질의 발전 속에서만 비로소 경험한다. 인간의 본질은 일반적인 개념에서가 아니라 그의 전(全) 본질의 깊이에서 나온 생동적 체험 속에서만 경험된다.[56]

딜타이 해석학에서 인간의 총체성은 역사 안에 있고, 전체와 부분의 관계에서 인간의 본질을 이해하는 것과 동일하다. 이는 발전적으로 새롭게 파악한 세계와의 관계 안에서 대상을 정의(定義)한 것이다. 대체로 인간 개체성의 문제는 사회나 개인의 문제와 관련하여 분석해 왔다. 개체성은 추상에서 연유하지만, 구체적인 인간과 사회와 연관을 맺고 있다. 이런 의미에서 개체성은 실천을 통해 스스로 정의(定義)내릴 수 있다. 만약 사람들이 어느 사태에 대해서 어떤 개념이나 규범을 설정하지 않는다면, 어떤 실천도 이행할 수 없을 것이다. 특히 헤겔의 사상에서도 이미 언급된 것처럼, 전체라는 것은 법칙을 갖고 있다. 그 법칙에 따라 전체가 움직인다.[57] 그리고 그 안에서 그 내용과 영역은 멈춰버린 것이 아니라 분류된 개념들에 의해 성장해 나간다.[58] 이는 사유의 총체성의 원리에 의한 학문의 특성이라 말할 수 있다. 총체성의 원리의 근간은 전체와 부분의 유기적인 관계인 것이다.

「역사이성비판」에서는 심리적, 역사적 자료와 수용을 심리주의나 역사주의의 퇴보한 형태의 역사적 상대주의와 근접해 있다고 주장한다. 이를테면 이러한 역사적 삶의 세계상은 역사적 상대주의라는 난점

---

55) GS, VI, p.177. p.178.
56) GS, VII, p.256.
57) W., Hegel, *Phänomenologie des Geistes,* Hamburg, 1952, p.199.
58) 위의 책, pp.229-230.

에 언제나 직면해 있다. 인간이 역사적 존재이며, 인간이 만든 역사적 세계상이 모두 역사 과정에서 고정되어 있거나 보편적인 것은 없다. 역사적 존재가 직면하는 결과는 "각각 역사적 삶의 형식에 대한 상대성(Relativität jeder geschichtlichen Lebensform)"[59]을 낳을 뿐이다. 그러나 딜타이는 이러한 역사적 상대주의를 역사적 창조능력의 "무한성"[60]에 의해 넘어서고자 한다. 딜타이가 이러한 입장들과 관계를 맺게 되면 논리적 약점으로 작용될 수 있다. 왜냐하면 그 약점은 원초적으로 내재해 있는 것이기 때문이 아니라 칸트적 맥락에서 충분한 인식의 근거를 만들어 낼 수 있기 때문이다.

1883년경 딜타이의 인식론적 입장은 심리주의와 역사적 상대주의라는 관점에서 볼 수밖에 없었다. 이에 대한 근거는 "의식의 사실"이라고 하는 인식론이 함축하고 있는 이중적 의미에 놓여 있다. 딜타이가 심리학적이거나 역사적 사실에서 인식주체가 나온다는 주장은 정당화될 수 있다. 즉, 딜타이에게서 인식주체는 심리학적, 역사적 연구를 통해 그 동기를 찾아낸다. 하지만 정신과학이 제대로 정초되지 않은 관점에서는 심리주의와 역사주의에 대한 딜타이 비판은 다소 성급한 주장일 수 있다. 인식하는 주체가 경험적인 자기관찰이나 내감(內感)의 심리학적 의미에서 모든 관찰을 규정하고 있는 딜타이의 선행적 자기 해석과는 최소한 구별할 필요가 있다.[61] 칸트의 주관(주체) 개념은 그가 삶 철학에 대한 선행적 자기 관점과 독립되어 있다는 의미에서 무전제적인 것은 아니다. 그럼에도 불구하고 칸트에 대해 심리주의와 역사주의라는 비

59) GS, VII, p.131.

60) 여기서 무한성이란 역사 과정의 다양성이며 미래에의 개방성이다. 딜타이는 역사적 삶의 다양성에서 인간은 역사적 삶의 과거, 그리고 미래를 향한 삶 자체의 비천착성(Unerschöpflichkeit), 역사적 삶의 객관화된 삶의 객관화의 비천착(穿鑿)성 및 역사적 삶의 창조적 능력(Schöpfermacht)이 있다고 본다.

61) Herbert Schnädelbach, *Geschachtsphilosophie nach Hegel,* Frankfurt a. M., 1974, p.120.

판을 무조건적으로 수용할 수는 있는 것은 아니다.

4. 딜타이와 칸트 인식론의 과제

앞서 살펴보았듯이, 딜타이는 자신의 정신과학과 칸트 인식론과의 차이점에 대해 분명하게 제시한다. 하지만, 딜타이의 칸트철학과의 차이점과 재수용에 대한 인식과정은 헤겔, 셸링과 같은 독일 관념론자들에게도 동일하게 적용한다. 셸링과 딜타이가 인식한 것처럼, 칸트의 인식론은 목적지향적임과 동시에 유기체적인 고유한 자의식을 함축하고 있다. 유기체 안에는 스스로 주관과 객관을 함께 간직하고 있는데, 이는 그 스스로 경계를 설정해서 환원하고자 한다.[62] 동시에 딜타이는 규정성과 분할, 일반적인 개념들을 규정한다. 이러한 개념규정은 칸트에서부터 시작된 특수와 일반의 관계, 통일성, 삶의 영역에 이르기까지 근원적인 현상을 탐구해 왔다. 이와 같은 규정들은 공동체의 주체로 살아가면서 나타나는 자의식이다. 넓은 의미에서 모든 운동의 전체적인 단계는 반응으로 관찰될 수 있고 동시에 합목적성에 의해 그 자신의 경계를 이미 규정하고 있는 셈이다.[63]

가다머에 따르면, 지금까지 많은 딜타이 연구자들은 딜타이의 역사이성비판을 단순히 칸트의 『순수이성비판』 이론을 보충하는 정도로만 다루어 왔다.[64] 특히 딜타이 연구자들은 의식 일반에서 인식 주체의 역사적 성격으로 통찰했던 역사주의자들과 딜타이 역사성 사이에서 드러

62) F. Schelling, SW., II, p.565.
63) GS, XXI, p.51.
64) H.G. Gadamer, *Wahrheit und Methode,* Tübingen, 1965, pp.9, 63.

난 연속성을 과소평가했다. 현대철학자 슈네델바하(Herbert Schnädelbach)도 사실상 딜타이 연구자들은 딜타이의 정신과학이론에 대한 단순한 보충적인 이론도 찾아볼 수 없다고 비판한다. 그 대신에 칸트의 순수이성이 역사주의 계몽주의자들의 주장들에 영향을 받았다. 하지만 역사이성으로 이해할 수 있다는 사실을 받아들이면서 칸트의 이성비판의 철저한 수정이 있었을 뿐이다. 동시에 자연과학의 선험적인 정초문제에도 변화가 일어났는데, 이는 역사주의의 조건들을 설정하면서 이성비판의 특수한 문제점들이 발생했다.65)

앞서 언급했듯이, 우리가 딜타이의 정신과학을 역사적 분야의 총괄개념으로 이해한다면, 칸트의 이성비판을 역사주의적 계몽주의에 앞서 있는 헤겔 이후의 인식론의 전형으로 받아들일 수 있다. 특히 이것은 학문세계에서 역사주의라고 주장되어 왔던 역사분야의 특수한 위상(位相)문제에 직면하지 않아도 된다. 칸트가 당시 역사주의에 주목했을 때, 그는 역사철학의 엄밀한 인식의 특성을 부정했다. 예컨대 칸트 자신은 헤르더의 역사철학적 기획들에 대해 비판했다. 사실상 학문의 진보는 당시 인식론이 채택하고 있던 칸트적 학문개념의 수정에 이르기까지 도달하지는 못했지만, 어느 정도 진전은 있었다. 선험철학적인 전통에서는 딜타이가 칸트의 정신을 이어 받았고 독창적인 정신과학의 주장들이 지속적으로 필요했다.66) 따라서 우리는 딜타이와 칸트의 인식론 사이에서 다음과 같은 결과를 이끌어 낼 수 있다.

첫째, 칸트와 딜타이사이의 인식론적 관점은 데카르트 이후로 근대의식의 전통 속에서 모든 인식을 직접적으로 우리 자아의 표상과 상태를 활발하게 전개한다. 이는 우리 내부의 표상을 지속적으로 논의하는

---

65) Herbert Schnädelbach, *Geschichtsphilosophie nach Hegel,* p.117.

66) 위의 책, p.117.

계기를 제공했다.[67] 딜타이가 여러 저서에서 주장하는 현상성의 명제는 주체에 대한 모든 대상을 의식의 사실로서만 머물게 하거나 전체적으로 삶의 현실을 의식의 조건하에서 인식론의 출발점으로 삼았다.

둘째, 딜타이가 인식주체의 행위나 칸트의 선험 철학적 반성에 대해 한 발짝 물러나 정신과학의 토대를 세운 것은 효율적인 기획이었다. 딜타이가 언급하는 "경험철학의 시도"[68]는 칸트 선험철학의 인식론적 관점에서 한걸음 후퇴했다. 그 이후 칸트의 선험철학은 선험적 관념론의 체계를 설명한 셸링의 자연철학으로 이어진다.

셸링의 자연철학에서 기계적인 작용과 합목적적인 자연의 통합의 문제에 직면했을 때, 칸트와 같이 자연을 스스로 조직화하는 유기체의 개념을 이어받았다. 전체는 자연목적으로서의 자연형식을 설명한다. 그리고 전체는 구체적인 부분을 바탕으로 한정짓는다. 이는 부분이 전체에 의해 한성되고 있다는 점에서 동일한 관계이다. 이러한 합목적성과 전체와 부분의 해석학적 순환과 같은 현상이 자연에 나타나는 것은 목적개념이 자연과학을 묶어내고자 하는 것과 유사하다. 그렇기 때문에 이러한 해석학적 현상의 필요성이 어떻게 이루어지며 구체적으로 어떠한가에 대한 질문이 자연스럽게 이어지게 된다. 여기서 딜타이는 합목적성의 관계로써 작동하는 유기체와 관련해서 자연과학적인 설명과 분석을 시도한 것이다. 따라서 딜타이의 칸트적 의미에서 인식론적 전환은 존재론적-해석학적 계기로 순환된다. 또한 좁은 의미에서 칸트적인 선험 철학적 계기도 종종 순환된다. 왜냐하면 딜타이에게서 역사서술의 주체로서 인식론적 전환은 역사에 관한 시대적 예비 개념에 의해 특

67) GS, XV, p.193.

68) Helmut Johach, "Diltheys erkenntnistheoretische Grundlegung der Geisteswissenschaften", in: *Philosophische Rundschau.* 25Jg. 1978, p.90.

징짓기 때문이다. 그 예비개념은 역사의식의 내용을 분명하게 규정짓는다.

셋째, 딜타이는 칸트의 인식조건의 가능성으로서 경험에 근거한 인식론적 종합을 받아들이고 있으나, 칸트의 선험철학을 최소한의 내용만 받아들인다. 즉 딜타이는 칸트의 선험철학에서 최소한의 형식만을 규정한다. 즉 딜타이의 인식론적 자기성찰은 칸트의 관점과 다소 다르게 축소된 선험적 자기성찰이다. 무엇보다 딜타이가 칸트의 선험철학을 다소 비켜감으로써 그의 「역사이성비판」의 기획을 독자적으로 수행했다는 사실이다. 딜타이가 보기에 모든 시대에 걸쳐 칸트의 선험철학은 근본적인 문제를 거의 확정한 것처럼 보인다. 하지만 딜타이는 칸트의 선험철학에서 모든 인간적 연구를 가장 최선으로서 이해한다. 그리고 그는 칸트의 선험철학을 일반적인 관점에서 이해한다. 우리가 현실적으로 구상했던 이러한 칸트 선험철학의 배후에 우리가 사유할 수 있는 조건으로 딜타이를 다시 불러낸 것이다.[69] 따라서 지난 철학사의 분석이나 철학의 역사적 자기성찰을 칸트의 선험철학에서 떠올렸던 것처럼, 딜타이는 삶과 사유의 관계를 현실적인 삶의 체계로 되돌리고자 했던 것이다.

69) GS, VII, p.13.

II. 헤겔과의 대결: 삶의 객관화

1. 딜타이와 헤겔: 헤겔의 객관적 정신개념의 수용

딜타이는 「정신과학의 역사적 세계의 구성」(1910)에 대한 세 번째 장에서 "삶의 객관화"(die Objektivation des Lebens)(GS, VII, 146, 205. Vgl. GS, V, 409)[1] 라는 표제어를 내걸고 삶의 객관화의 대상을 다양한 관점에서 검토한다. 딜타이가 위의 논문에서 헤겔과 논쟁을 시도한 것은 1870년대부터 20세기 초엽으로까지 거슬러 올라간다. 여기서 딜타이는 객관적 정신을 다층적인 방법으로 기술한다. 먼저 딜타이는 객관적 정신을 개별과학에 의해 매개된 세 가지 과학의 그룹으로 나눈다. 첫째, 객관적 정신은 정신과학적 기본적인 문제를 분석하는 인간에 관한 이론이다. 둘째, 객관적 정신은 정신과학의 문화체계와 사회의 외부기관을 연구하는 사회이론이다. 셋째, 대부분 현실화된 문제를 기술하는 역사적 서술방법에 대해 문제 제기다(GS, I, 378).

딜타이는 「정신과학의 역사적 세계의 구성」에서 헤겔의 객관적 정신의 개념을 "역사이성 비판의 계획"에서 상세하게 기술한다. 여기서 딜타이는 정신과학의 근거를 위한 광범위한 지평을 『정신과학 입문』(1883)에서 제시했다. 딜타이의 정신과학은 바로 삶의 객관화에 있었고 이것은 이해의 객관성 여부를 판단하는 데 있었다. 딜타이의 정신과학의 대상은 **인간적-사회적-역사적 현실을 근거**로 하며, 우리가 인간이라는

1) Vgl. Hermann Nohl(Hg.), "Die Objektivation des Lebens", in: *Die Philosophie des Lebens. Eine Auswahl aus seinen Schriften* 1867-1910, Frankfurt a. M., 1947, pp.83-89: Wilhelm Dilthey, *Gesammelte Schrift, VII,* Stuttgart, 1959.

사실에 초점을 맞춘다. 그래서 딜타이가 말하는 삶의 경험은 언제나 생생하게 흐르는 사회·역사적인 이해의 원천으로 작용한다. 이런 관점에서 딜타이의 정신과학은 삶과 사회에 많은 영향을 미치고 있으며 그 안에서 최고의 의미를 발견해 낸다(GS, Ⅶ, 138). 따라서 우리는 딜타이의 정신과학이 헤겔의 객관적 정신의 개념을 상당부분 수용하고 있다는 관점에서 출발할 것이다. 지금까지 헤겔과 딜타이의 상호관계가 우리 학계에서 제대로 다루어지고 있지 못하다는 판단 아래 보다 구체적으로 양자 사이의 관계를 분석할 것이다. 이런 관점에서 우리는 딜타이의 정신과학에서 딜타이가 헤겔의 객관적 정신의 개념을 무엇 때문에 수용하였으며, 이를 통해 헤겔의 객관적 정신이 어떻게 딜타이의 삶의 개념으로 유입하게 되었는지를 추적해 볼 것이다. 궁극적으로는 딜타이 정신과학이 어떻게 삶의 객관화로서 주체성을 극복하려고 시도했는가에 대해 몇몇 현대철학자들의 주장을 살필 것이다.

2. 헤겔의 객관적 정신개념의 수용

객관적 정신의 이론은 딜타이를 출발점으로 하여 리트(Theodor Litt), 프레이어(Hans Freyer)에 이르기까지 역사철학적 관점에서 신헤겔주의적인 전통을 통해 전개되어 왔다. 이러한 역동적인 정신사의 최종목적지는 정신을 구성하는 세계로서 해석해 왔다.[2] 우리가 딜타이와 헤겔의 객관적 정신의 상호관계를 이해하려면, 먼저 딜타이의 삶의 이념에서 진행되는 사유연관을 밝혀내야 할 것이다. 딜타이가 헤겔의 객관적 정

2) Karl Ott Apel, *Transformation der Philosophie*, Bd. I. Frankfurt. a. M., 1976, p.373.

신 개념을 적용하여 삶의 객관화를 극복하려고 시도했음에도 불구하고, 딜타이는 "헤겔의 객관적 정신에서 삶의 개념을 상당부분 수용"(GS, Ⅶ, 150)했다. 이런 점에서 딜타이의 삶의 객관화 개념은 헤겔의 이론에 크게 의존하고 있다. 따라서 딜타이의 객관적 정신개념은 헤겔의 역사적 관심과 헤겔의 객관적 정신의 전개에 많은 영향을 받았다. 특히 딜타이는 객관적 정신의 개념을 『헤겔의 청년사』(1905)라는 저서에서 헤겔의 전문용어를 받아들인다. 즉 그는 분명하게 헤겔의 객관적 정신의 개념을 역사의 흐름에 의한 정신의 객관화로 표현했다(GS, Ⅶ, 109). 이런 점에서 딜타이는 「정신과학의 역사적 세계의 구성」의 논문을 비롯해 많은 글들이 헤겔철학에 상당부분 의존해 있다.[3] 이러한 관점을 헤겔연구자인 리터(J. Ritter)는 헤겔 철학에 대한 딜타이의 이해의 한계라 주장하면서 다음과 같이 객관적 정신을 두 가지 측면에서 고찰한다.

첫째, 딜타이가 헤겔의 객관적 정신의 개념을 파악했듯이, 우리는 객관적 정신을 역사적 세계로서 재해석하여 그 매개체를 찾아내야 한다. 하지만 헤겔의 객관적 정신은 역사적 관점에서 반복하여 해석하는 것(Zurückübersetzung)으로 한정하여 수용하지는 않아야 된다. 둘째, 우리는 이러한 역사적 연관을 어떻게 규정하는가? 여기서 딜타이가 생각한 **주체의 개념**은 절대적인 생동감(Lebendigkeit)에 의해 전개되어 왔다. 딜타이에게서 절대적 생동감은 기존에 구성했던 방법을 극복하는 것이다. 그러나 우리는 어떠한 의미에서 구성적 방법을 극복해야 하는가? 현실적으로 구성적 방법의 개념은 정신이라는 개념에 초점을 맞춘다.[4] 딜타이에게서 삶의 객관화의 정신은 헤겔의 객관정신이라는 개념의 연장선

3) H. Johach, *Handelner Mensch und objektiver Geist. Zur Theorie der Geist- und Sozialwissenschaften bei Wilhelm Dilthey*, Meise am Glan, 1974, pp.168-169.

4) Jochim Ritter, "Über die antinomische Struktur der geisteswissenschaftlichen Geschichtsauffassung bei Dilthey(1931)", in: *Dilthey-Jahrbuch*. Bd. 9. 1994/1995, pp.189-190.

상에 있다고 말해도 과언이 아니다. 다만 딜타이는 헤겔의 객관적 정신을 삶의 요소로써 강조하면서 새롭게 역사의 평가를 받고자 했다. 주지하듯이, 딜타이는 헤겔의 절대적 정신이라는 장(章)에서 예술·종교·철학 등 객관적 정신을 구체적으로 분석한다.[5] 여기서 딜타이는 객관적 정신을 헤겔의 구성적인 형이상학으로서 받아들이고, 경험적·시간적·역사적 관계를 삶의 측면에서 심층적으로 기술한다(GS, Ⅶ, 149).[6] 즉 딜타이는 헤겔의 객관화의 개념을 경험적·시간적·역사적 근거로서 구성하는 것이라 분명하게 말한다.

> "우리는 객관적 정신을 이성에서 이해하는 것이 아니라 공동체에 소속된 삶의 통일체의 구조연관으로 되돌아가서 이해하는 것이다"(GS, Ⅶ, 150).

한편으로 삶의 객관화는 삶의 구조연관·삶의 다양성·체계화된 질서의 역사적 현상·삶 질서의 통일체 안에서 파악해 나간다. 다른 한편으로 삶의 객관화는 광범위한 철학적인 범주의 영역에서 찾아낸다. 우리가 이러한 삶의 통일체를 삶의 구조연관, 역사적 현상, 광범위한 철학적 범주 등에서 찾으려는 시도는 인간구조를 밝혀내려는 근본적인 특징을 갖고 있다는 증표이다.[7] 이렇듯 삶의 통일체에 대한 분석은 주관적 정신에서부터 절대적 정신에 이르기까지 정신의 형이상학적 전개과정을 광범위하게 서술한다. 이른바 주관적 정신은 객관적 과정을 거쳐 절대적 정신의 전개과정으로 진행된다. 그러나 딜타이는 단순하게 객

---

5) Arne Homann, *Diltheys Bruch mit der Metaphysik, Die Aufhebung der Hegelschen Philosophie im geschichtlichen Bewußtsein,* Freiburg/München, 1995, pp.208-246. Vgl. Frithjof Rodi, *Erkenntnis des Erkannten. Zur Hermeneutik des 19. und 20. Jahrhunderts,* Frankfurt a. M., 1990, p.57.

6) Vgl. Max Horkheimer, "Psychologie und Soziologie im Werk Wilhelm Diltheys", in: *Gesammelte Schriften*, Bd. 12. 1940, p.368.

7) Nina Baring, *Wilhelm Diltheys Philosophie*, Leipzig, 1936, p.85.

관적 정신을 주관적 정신에서 절대적 정신으로 진행되는 중간단계로 파악하지 않는다. 이런 점에서 딜타이의 객관적 정신과 절대적 정신의 구분은 다소 애매하게 보인다. 하지만 그의 삶의 객관화는 헤겔의 분화(分化)된 범주의 객관적 정신으로 파악된다. 그래서 딜타이의 객관적 정신은 모든 낯선 것을 철저하게 근절하였을 경우에 비로소 헤겔이 강조하는 절대적 정신의 목적지에 도달하게 된다. 결국 객관적 정신으로부터 지나온 과거는 우리에게 지속적으로 흐르는 영원한 현재와 매개하게 된다(GS, VII, 208). 딜타이는 지속적으로 흐르는 현재에서 동일성의 대상을 파악해야 한다고 본다. 그렇게 되었을 때 개인은 복잡하게 얽혀있는 공동체와의 관계 속에서 수신자와 발신자가 상호연관의 역사를 인식하게 된다(GS, VII, 151). 따라서 딜타이의 객관적 정신은 이러한 공동체의 영역에서 행위하고 사유하는 철학으로 점차 나아간다.

딜타이에 따르면 헤겔의 객관적 정신은 절대적 정신으로 지양해 나가지만, 언제나 즉자적으로 머물러 있는 것에 불과하다. 헤겔의 객관적 정신은 영원성의 토대이며, 현실적 이성의 외적인 현상을 탐구한다(GS, VII, 149). 그래서 그의 객관적 정신은 영원성으로 남아 있고자 한다(GS, VII, 150). 이렇게 헤겔의 객관적 정신의 개념은 개인적 삶의 연관을 넘어서 영원한 현실성을 추구한다. 동시에 헤겔의 객관적 정신은 세계정신으로서 자기본래의 원리를 지니고 있다(GS, VI, 185). 영원한 정신은 시간적인 연속성(Sukzession)과 함께 매개하며, 정신적 개별대상을 주관적 정신으로 기술해 왔다. 하지만 주관적 정신은 개인의 성취(Vollendung)한 것에 불과하다. 개인을 넘어선 정신은 광범위한 객관적 현실의 개별적인 정신적 주체를 구성하게 되는데 이는 다시 객관적 정신으로 전개해 나간다. 이렇게 헤겔에게서 객관적 정신은 다양한 현실의 형태를 절대정신으로 구성하는 데 목표를 삼는다. 이러한 객관적 정신은 완전한 의식의 변증법적 전개과정을 거쳐야만 현실을 형성하게 된다. 따라서 헤겔의 절대적 정신은 시간의 흐름과 함께 세계사의 영원한 정신을 구성해야만 했다(GS, VII, 149-150).

딜타이는 「정신과학의 역사적 세계」(1910)라는 논문에서 헤겔의 객관적 정신을 광범위하게 대립시킨다. 여기서 헤겔의 역사에 대한 반형이상학적 재구성의 의도를 마주치게 된다. 다시 말해 딜타이는 헤겔의 객관적 정신개념의 이념적 구성에 대해 이의를 제기한다:

> "우리는 객관적 정신을 헤겔처럼 이념적 구성으로 배열하는 것이 아니라 역사에서 이념의 현실성을 찾아내는 것이다"(GS, VII, 149, 150).

하지만 딜타이의 객관적 정신은 그 자체에서 충분한 이념적 구성을 형성한 것이 아니라 외부세계와 결합하여 이념적 본질을 담아낸다. 즉 딜타이의 객관적 정신은 헤겔로부터 수용하고 있지만, 헤겔의 입장과는 다르게 총체적인 삶의 체험·이해·역사적 삶의 연관·비합리성의 요인들과 만난다(GS, VII, 151). 딜타이는 이러한 새로운 삶의 개념들을 통해 헤겔의 객관적 정신을 절대적 정신과 결합하여 역사적 지성화(知性化)를 자유롭게 하고 싶어 한다. 다시 말해 딜타이는 헤겔의 주관적 정신으로부터 절대적 정신에 이르는 관념론적인 이념체계를 거부하지만, 헤겔의 역사적 지성화에 대한 종합을 통해 삶의 연관관계를 찾아낸다. 따라서 딜타이는 헤겔의 역사적 지성화에 반대하면서, 정신의 역사를 통해 비합리적 사실들을 찾아 나선다(GS, VII, 287).

이러한 헤겔체계에 대한 딜타이의 비판은 그의 삶의 철학에서 객관적 정신의 개념을 수정하는 동기가 된다. 이른바 헤겔의 철학은 "형이상학적"[8], 자연철학적, 정신과학적으로 동일한 연관으로서 이해한다.

즉 헤겔철학은 그 스스로 발견하는 정신의 이념단계이며, 외적 세계에서 객관화되고 절대정신으로서 인식한다. 여기에 헤겔의 역사적 지성화가 놓여있다고 딜타이는 본다. 하지만 딜타이의 역사적 지성화는 단지 피상적이고 관념론적인 정신의 개념만을 인식하는 것이 아니라 인간본성을 파악하는 데 있다(GS, Ⅶ, 258). 우리는 이러한 딜타이의 관점을 삶의 객관화의 출발점으로 받아들이고 삶의 현실로부터 진행해 나간다.

> "삶에서부터 정신적 연관의 전체성이 작용한다. 그리고 정신적 삶의 구조에서 근원적인 총체성을 본다"(GS, VI, 142).

이렇게 딜타이는 인간적 삶을 포괄적인 총체성으로 간주한다. 즉, 딜타이는 인간본성의 총체성을 정신과학의 근거로 삼는다. 인간은 누구나 원하고, 느끼고, 표상한다. 하지만 합리적인 삶의 본질에 그 우위성을 두지는 않는다. 우리의 정신적 활동은 표상·의지·감정 등을 현재의 삶 속에 포함시킨다(GS, XⅧ, 146).

주지하듯이, 헤겔이 객관적 정신을 형이상학적으로 구성하는 반면에, 딜타이는 주어진 삶에서 현재를 탐구한다. 즉 딜타이는 헤겔의 형이상학적 전제조건에 거리를 두고 삶의 현실을 파악하는 데 주안점을 둔다. 하지만 딜타이는 헤겔의 사변적인 이념적 구성을 거부하고 삶의 현실과 경험적 소여(Gegebene)를 중요시한다. 딜타이의 입장에서 객관적 정신의 개념은 단순한 이성이 아니라 주어진 삶의 통일체의 구조연관

8) 딜타이는 형이상학적 근거를 거부했다. 왜냐하면 그것의 조건, 특징 그리고 학문의 내적인 입장은 그 밖의 것을 생성하기 때문이다. 형이상학적 문제는 일반적 세계관 안에서 형이상학을 실증주의적 과학의 결과에서 완결되어 그 중심을 이루기 때문이다. 그래서 형이상학적 문제의 다양성 속에서 자유로운 일반적 연관을 필요로 한다. 그러나 그것의 가치는 경계를 짓고 정신적 세계의 근거를 이용하지 못한다. 왜냐하면 우리가 형이상학적 혼란에 대해 모든 체계의 상대성으로 거부하기 때문이다(Elzbieta Paczkowska- Lagowska, "Das Bild des jungen Hegel bei Dilthey", in: *Reports on Philosophie,* 9(1985), pp.111-121).

이다(GS, Ⅶ, 150). 구조연관은 원하고, 느끼고, 표상하고, 심리적-육체적 통일체 속에서 동일한 경험을 수행해 나간다. 그래서 구조연관은 삶의 전체성 속에서 보편적인 이성을 체험 · 이해 · 역사적 삶의 연관과 마주친다. 따라서 딜타이는 객관적인 정신의 개념을 통해 삶의 경험적으로 파악해 나가는 데 있다. 그러나 헤겔의 객관적 정신을 구성하는 전제조건은 이러한 삶의 경험들이 없다(GS, Ⅶ, 150).[9]

딜타이는 객관적 정신의 개념을 삶의 역사 안에서 이해의 폭을 제한적으로 받아들인다. 왜냐하면 객관적 정신은 삶의 이해를 통해 역사적으로 접근해 나가야 하기 때문이다. 또한 역사는 이해하는 세계이기 때문에 역사의 영역이 중요하게 작동할 수밖에 없다. 이러한 삶과 역사의 상호연관 속에서 딜타이의 객관적 정신을 이해할 수 있다. 즉 딜타이는 객관적 정신에서 삶의 객관화를 이해한다. 딜타이의 정신과학에 대한 헤겔적인 의미는 체계적인 정신과학에 다음과 같이 근거한다.

> 헤겔이 정신과학에서 사유를 지속하는 동안에 시간 속에서 진행과정을 설정한다. 정신과학은 시간의 사유에 의한 이념에서 끊임없는 진보와 더불어 과거로 회귀한다. 따라서 역사는 새로운 가치를 전개해 나간다(GS, Ⅶ, 105).

딜타이는 이와 관련하여 객관적 정신을 다음과 같이 기술한다.

> 우리는 이러한 이해를 보충개념으로 서술한다. 객관적 정신은 일반화의 단편적인 근거 및 이미 서술한 이성의 세계정신에서 본질을 분리시키고, 이념적 구성으로부터 동일한 새로운 개념을 가능하도록 한다. 객관적 정신은 언어 · 인륜 · 삶의 형식으로부터 개별적 방식 · 삶의 양식 등을 포함시킨다. 또한 삶의 동일한 개념은 다음과 같다: 가족 · 시민사회 · 국가 · 법이다. 그리

---

9) H.-G. Gadamer, *Wahrheit und Methode,* Tübingen, 1972, p.214.

고 헤겔은 절대적 정신을 객관적 정신으로부터 구분한다: 이러한 개념 속에 예술 · 종교 그리고 철학 등이 이에 속한다(GS, Ⅶ, 150-151. Vgl. GS, Ⅶ, 146, 208).

위에서 인용한 것처럼 딜타이는 인륜 · 법 · 종교 · 예술 그리고 철학 등 언어의 한계를 적용한 객관적 정신의 개념의 다양한 예시들을 들어 찾아 나간다. 우리는 이렇게 정신적인 삶과 역사를 동일하게 이해한다. 먼저 인간은 내적인 언어에서 삶의 완전하고, 창조적이고 객관적인 이해의 표현을 발견한다(GS, V, 319). 앞장에서 누차 언급한 것처럼, 딜타이에게서 삶의 객관화는 헤겔의 객관적 정신의 개념에 근거를 둔다. 하지만 딜타이는 객관적 정신의 요소를 언어적인 조건(Bedingthit)으로서 헤겔과의 차이점을 부각시킨다. 여기서 언어는 객관적 정신의 본래적인 성질을 일컫는다.

내가 생각하는 언어는 시간에서 나타나고, 나의 개념은 시간 안에서 성장한다. 내가 탐구하는 내 자아의 심연은 단지 역사적 본질이 아니다(GS, Ⅶ, 276).

인간의 내면은 언어 안에서 일어나며, 언어의 완전하고 창조적이고 객관적으로 상호 이해하는 표현을 찾아나간다. 여기서 해석과 설명의 이해기술은 인간적 현존재를 포함하는 부산물이다(GS, V, 319).[10] 딜타이가 생각하듯이, 헤겔의 객관적 정신의 개념은 "심원하고 즐거운 마음을 지닌 것"(GS, Ⅶ, 148)[11]으로 파악한다. 그러나 헤겔에게서 법 · 도덕 그

10) Vgl. Hans-Helmuth Gander, *Positivismus als Metaphysik*, Freiburg, 1988, p.235.

11) Vgl. Hans Ulrich Lessing, "Bemerkungen zum Begriff des objektiven Geistes bei Hegel, Lazarus und Dilthey", in: *Reports on Philosophie.* 9(1985), p.59: Julius Frankenberger, "Objektiver Geist und Völkerpsychologie", in: *Zeitschrift für Philosophische Kritik,* 154(1914), p.68: Otto Friedrich Bollnow, *Dilthey. Eine Einführung in seine Philosophie*, Stuttgart/Berlin/Köln,

리고 인륜 등과 같은 개념에 어떤 일정한 한계를 설정하는 것이 아니라 정신적인 모든 영역을 포괄한다. 예컨대 예술·언어·종교·과학은 인륜이나 법과 동일한 것이다. 각각 정신은 삶 속에서 객관화된다. 정신의 객관화는 법 · 도덕 그리고 인륜성에 의해 수행해 나간다. 여기서 "인륜"[12]은 가족 · 시민사회 · 국가에서 일반적 이성적인 의지를 현실화시킨다. 특히 요하흐(Johach)는 딜타이의 시민사회이론을 마르크스의 시민사회와 비교하여 고찰한다.[13] 그리고 국가는 인류적 이념의 외적인 현실로서 세계사적인 본질을 구체화시킨다(GS, Ⅶ, 149). 또한 딜타이는 다음과 같이 객관적 현실을 특성화시킨다.

> "나는 객관적 정신의 의미를 정신과학적 인식의 가능성을 설정한다. 나는 감각계에서 현재의 공동체를 각 인간의 다양한 형식 속에서 이해한다. 이러한 객관화된 정신에서 과거는 우리에게 지속적으로 현존하는 현재이다. 객관화된 영역은 삶의 양식·교제의 형식·인륜·법·국가·종교·예술·과학 그리고 철학과 같은 사회에서 형성된 목적연관에 다다른다"(GS, Ⅶ, 208. Vgl. GS, Ⅶ, 86, 146, 147, 151, 152, 153, 346, GS, Ⅶ, 208, 233).

위의 인용문에서 보듯이, 딜타이가 정의(定義)한 객관적 정신이란 "개인들 사이에 성립하는 공통성이 감각세계 안의 여러 목적연관, 즉 도덕·언어·종교·예술·학문·교육·가족·시민사회·국가 등과 같은 문화체계 및 사회의 외부기관을 지칭한다"(GS, Ⅷ, 208). 딜타이는 이러한 학문

1955, pp.194-195.

12) 인륜은 개인과 사회와 연관된다. "그러나 마치 흐트러진 반응에서 의지와 감정의 법칙에서 어떤 특징에 관해 일치점이 생겨나듯이, 인간의 인륜성은 기본적인 반응과 결합하는데 여기서 개인과 사회의 작용이 조건화되어 만난다. 개인은 사회에서 어떤 특징의 일치점을 이룬다. 그렇게 개인은 이러한 형태를 가능하게 하기 때문에 인간과 만난다"(GS, IX, p.226).

13) H. Johach, *Handelner Mensch und objektiver Geist. Zur Theorie der Geist- und Sozialwissenschaften bei Wilhelm Dilthey*, Meise am Glan, 1974, p.171.

을 자발적으로 구성된 인간의 정신과학이라는 체계에서 파악해 내야 한다고 본다. 앞에서 언급한 언어·경제·국가·법·종교·예술의 체계가 객관적 세계인 것이다. "삶이란 헤겔이 언급하고 있는 것처럼, 정신 혹은 이념의 객관적 정신이 아니라 바로 객관화된 삶의 총괄개념으로 파악해야 한다(GS, Ⅶ, 261)." 더 나아가 딜타이 삶 철학의 기본적인 신념은 자연과학적 객관성에 대한 지나친 이상화(理想化)를 오히려 정신과학의 영역으로 편입하는 것이다. 이는 딜타이가 객관적 정신과학이라 부르는 그룹은 특수한 의미를 갖고 있으며, 개인의 전기(傳記)에서부터 보편사에 이르기까지 역사과학의 영역으로 점차 나아가는 데 목적이 있다. 따라서 정신과학은 구체적이고 역사적인 형성과정을 목적으로 한다. 궁극적으로 삶의 객관화는 삶의 정적인 구조로 인해 고립될 수 있는 사회적인 삶의 부분과 전체체계에 관여한다.[14] 이러한 역사운동은 동시에 사회적 삶의 체계에 의해 이행된다.

3. 딜타이 정신과학: 삶의 객관화

딜타이의 관점에서 삶의 객관화의 개념은 인간적 삶의 표현을 전체적인 의미로 설명하는 것이다. 삶의 객관화는 외면화이자 개인의 사회적 삶을 명백하게 표현하려는 것이다. 딜타이는 이러한 삶의 객관화를 객관적 정신의 개념으로 제시했다. 따라서 딜타이에게서 객관적 정신의 개념은 그의 후기 이론을 이해하는 데 중요한 단서가 된다. 그가 주장하는 삶의 표현이나 삶의 객관화는 역사적, 사회적 의미를 광범위하

14) 폴 리쾨르, 윤철호 옮김, 『해석학과 인문사회과학』, 서광사, 2003, p.190.

게 포괄한다. 후기에 와서 그는 삶이라는 명칭 대신에 정신이란 말을 종종 사용한다(GS, Ⅷ, 148). 그러나 그가 굳이 삶을 객관적 정신과 구별해야 한다(GS, Ⅷ, 150)고 언급하고 있지만, 오히려 관념적인 전통으로 돌아가는 인상을 주기도 한다. 그가 언급하는 인간적 삶의 표현의 전체성이란, 표정, 이미 내뱉은 단어나 몸짓 그리고 유사성 등을 말한다(GS, Ⅶ, 146). 모든 개인적인 삶의 객관화는 객관적 정신의 영역에서 공통적인 것을 드러낸다. 모든 단어 · 모든 문장 · 모든 거동 · 예절 형식 · 모든 예술작품 · 모든 역사적인 사실들은, 어떤 공통성 안에서 이해된 것을 이해하는 자와 관련된다.

각각의 개인은 언제나 공통성의 영역 안에서 체험하고, 생각하며, 행동하여 거기서 인식의 객관성을 구성한다. 딜타이가 언급하는 객관성이란 이해의 실천적 삶의 관계를 추체험(追體驗)한 대상을 일컫는다. 즉 삶은 역사 및 사회의 모든 곳에서 전체와 부분 사이의 역동적 관계를 가리키는 것이다. 과거는 우리의 현재를 운반하는 근거로서 객관적 정신을 표명한다. 우리가 무엇을 체험하고 이해하는가는 과거의 의식에서 고양된다. 따라서 딜타이는 삶의 객관화를 통해 객관적 정신을 말한다. 모든 정신과학은 우리의 경험을 통해 어떠한 대상에 몰두하게 된다. 그리고 모든 인간은 심리학에서 인간을 체험하고 이해한다(GS, Ⅶ, 278). 이러한 딜타이의 정신과학은 인간의 특별한 행태를 다음과 같이 서술한다:

> 인간은 지각하고 인식하며 물리적 사실과 자연과학적 인식을 통해 이해된다. 정신과학의 대상은 인간의 상태를 체험하고, 삶의 표현과 그 표현을 이해하는 것 속에서 드러난다(GS, Ⅶ, 86).

그래서 인간은 현실적인 정신을 통해 창조적이게 되며, 어떤 가치를 소유하게 되며, 행위하거나, 스스로를 표현한다. 이것은 모든 체험된 결과에서 나타난다. 딜타이의 정신과학은 삶의 객관화를 광범위하게 다음과 같이 부여한다.

> 우리에게 삶의 객관화는 외부에서 내부의 관계를 포괄하는 이해의 문제이다. 정신과학의 범위는 이해에서 마찬가지로 폭넓게 퍼져 있고 이해는 삶의 객관화에서 통일적인 대상이다. 그래서 현상의 영역에 따라 정신과학의 개념은 삶의 객관화로써 점차 가까이 접근해 간다. 그래서 이해는 삶의 객관화 속에서 통일적인 대상을 구성한다. 따라서 이해현상의 범위에 의해 정신과학의 개념은 외적인 세계를 통해 삶의 객관화를 형성한다(GS, VII, 147-148).

이런 관점에서 딜타이는 정신과학의 영역에서 정신이 객관화되었다고 말한다. 딜타이는 정신과학의 대상을 삶의 객관화로서 지속적으로 인식하는 것으로 파악한다. 우리는 이해의 모든 이행을 총체성으로 파악하였을 경우, 삶의 객관화를 체험의 주체성으로 보게 된다(GS, VII, 48). 왜냐하면 딜타이가 헤겔의 객관직 정신의 개념을 통해 논쟁을 시도한 것은 이러한 객관화를 주체의 개념으로 파악했기 때문이다(GS, VII, 48). 특히 딜타이에게서 이해는 객관화된 체험의 내면성을 동일화시키는 것을 의미한다. 우리는 일반적으로 이해하기 이전부터 먼저 객관화를 고찰하게 된다. 왜냐하면 우리는 객관화에 대한 어떠한 자료와 근거를 풍부하게 갖고 있기 때문이다. 딜타이는 삶의 객관화를 객관적 정신으로 지칭했고 개인 사이의 다양한 형식으로 이해한다. 그래서 이해는 타자의 체험에서 주어진 것을 체득해 나아간다. 그러는 동안에 우리는 체험과 표현에서 본래의 능력과 내적인 지각을 외부에로 관심을 되돌려서 다시 표현한다(GS, VII, 191). 이러한 방법으로 하버마스는 이해의 전제조건을 다음과 같이 제시한다.

객관적 정신의 세계는 어린 시절부터 우리의 자아에서부터 자양분을 지각하게 해준다. 또한 다른 개인의 이해와 개인의 삶의 표현을 수행하는 매체가 된다. 왜냐하면 모든 것은 정신을 객관화시키기 때문에 나와 너에게서 공통성을 갖게 한다. 딜타이는 공통성의 개념을 특수한 의미로서 말한다. 즉, 공통성이란 주관적 집단들이 동일하게 어떤 상징적인 상호주관적인 연관성을 맺는 것을 일컫는다. 이를테면 공통성은 공통되는 특징의 각기 다른 요소들의 일치를 뜻하는 것이 아니며, 상이한 요소들의 동일한 계층에 논리적인 것을 의미하지도 않는다. 단지 주관성은 동일한 언어로서 상호교제를 하는 것에 불과하다.[15]

삶의 객관화는 자아의 모든 규정을 필연적인 외부의 대상에 의존한다. 단지 이러한 주체성은 타자를 객관성으로 나타내게 된다. 또한 주체성은 정신을 분명하게 해 주며 주체성에 관여를 하게 된다. 그렇게 하여 주체성은 실존으로 나타난다. 정신의 객관성이 타당하다는 의미는 이미 파악한 주체성을 타자 및 외적인 대상을 통해 드러내는 것이다.[16] 이것이 딜타이적인 삶의 객관화의 개념이다. 정신적 세계의 구성은 체험과 이해의 근거에서 발생하고 체험과 이해의 끊임없는 상호작용에서 낯선 삶의 표현에 대한 이해를 수행하는 것이다(GS, Ⅶ, 152, 205). 말하자면 이해는 타자를 이해하는 것이다.

내가 너를 다시 찾는 것이다. 정신은 항상 연관의 최고의 단계에서 발견한다. 정신자체는 나에게서, 너에게서, 공동체의 각 주체에서, 그리고 문화체계에서 찾아 나가는 것이다(GS, Ⅶ, 191).

딜타이에게서 이해는 삶의 객관화의 통일적인 대상에서 파악한다.

---

15) Jürgen Habermas, *Erkenntnis und Interesse,* Frankfurt, a. M., 1968, p.196.

16) Michael Heinen, *Die Konstitution der Ästhetik in Wilhelm Diltheys Philosophie*, Bonn, 1974, p.63.

그리고 이러한 삶의 객관화는 딜타이가 첫 번째로 적용했던 주관적 개념에서 이해할 수 있다. 앞서 언급했듯이 이렇게 딜타이는 헤겔과 객관적 정신의 논쟁을 불러일으켰다.

4. 체험의 주체성 극복

딜타이는 『역사적 세계의 구성』(1910)에서 삶의 다양한 문제를 설명한다. 체험에 대한 확장은 삶의 객관화를 통해 수행된다. 그리고 이러한 해석은 체험의 주관적 깊이에서 가능하다. 마찬가지로 개별적인 이해는 일반적인 지식을 통해 가능하다. 그리고 이러한 일반적인 지식은 개별적인 전제조건을 이해하는 것이다. 계속해서 개별적으로 이해한 부분은 역사적인 진행과정을 부분에서 전체의 관계로 수행된다. 그리고 전체에 대한 보편적-역사적 이해를 통해 목적연관을 설정한다(GS, VII, 152). 그렇게 해서 체험과 이해의 영향관계는 대상의 관계를 정신적 세계를 함축하여 거기서 개별적 지식을 서로 연관시킨다. 개인의 개별적인 체험에서 삶이 현재화되듯이, 지식은 삶의 객관화의 해석을 통해 완성되고, 이러한 해석은 체험의 주관적 심연에서 가능하게 된다.

우리가 필요로 하는 삶의 범주는 삶의 총체성으로 해석한다. 즉 삶의 객관화는 이해의 해석을 통해 작용된다. 하지만 객관적 정신의 개념은 딜타이의 체계에서 주관성에 관한 문제이기도 하기 때문에 객관적 분석을 진행하는 데 종종 어려움에 직면한다. 체험의 주체성은 단지 개념의 의미 분석과 관련하여 그 속에 담겨진 의미연관을 단순히 극복하려는 것은 아니다. 왜냐하면 이러한 삶의 분석은 추상적이고 선험적으로 머물러 있을 수 있기 때문이다(GS, VIII, 182, GS, VII, 291). 무엇보다 딜타이는 체험의 주체성을 극복하기 위해서 각 개인의 개별적인 삶을 경험적인 방법으로서 인간과 문화의 관계에 적용한다. 모든 삶의 현상은 가치 및 진리의 의미발견을 하는 동시에 자연과학에서 요구하는 객관성에 접근하고자 한다.

딜타이가 삶에서 일반적 지식을 찾으려는 의도는 데카르트와 마찬가지로 생각하는 나의 확실성을 보다 확실하게 획득하려는 것이다. 딜타이가 표현하고 있듯이, 삶은 우리를 속이지 않는다(GS, Ⅶ, 29). 그 이유는 내적인 상태의 삶의 현실성은 모든 인식의 확실한 출발점이기 때문이다(GS, Ⅶ, 83). 우리는 삶의 객관성의 이념을 통해서 역사성의 본질을 통찰한다(GS, Ⅶ, 148). 체험과 체험된 삶은 닫혀진 내면성이 아니라 그림·언어·예술·법질서·인류 등 외부의 기관에서 활짝 열려 있다. 즉 "우리는 이해의 모든 수행을 총체성으로서 파악했을 때, 체험의 주관성에 대한 삶의 객관화를 파악한다(GS, VI, 147)." 딜타이는 객관성, 삶의 객관화, 삶의 표현과 같은 개념에서 주체의 심연을 찾아간다. 삶의 표현은 체험된 삶의 내면성을 은폐하고 있지만, 객관적 구성을 확고하게 설정해야 하는 어려움이 있다. 다만 삶의 객관화는 우리가 인식하는 선험적 범주에 한정하여 초점을 맞추는 데 있지 않다. 삶의 객관화는 주체성에서 발생하지만 동시에 주체성은 삶의 다양한 방식에서 객관화시켜야 하는 난관에 처한다. 우리가 객관적이라 부르는 것은 언제나 주체와 관계를 맺고 있으며, 객관성이 언제나 삶과 관련된 육체적-심리적 삶의 통일체로서 나타남을 뜻한다. 이 밖에 삶의 객관화는 경험하지 못한 요인을 갖고 있다. 여기서 경험하지 못한 요인도 주체에서 발생한다.

체험은 이해를 통해 개별적·사실적·주체적인 한계를 지닐 수 있다. 그래서 체험은 전체와의 관계에서 주체를 고양시킨다. 딜타이의 후기 작품에서 헤겔의 객관적 정신의 개념을 수용하면서 역사적 지식의 진정한 근거를 객관적 정신의 테제로서 언급한다(GS, Ⅶ, 152). 딜타이의 관점에서 이해는 체험과 체험-표현, 체험과 삶의 객관화 사이의 교량역할을 한다. 체험, 표현 그리고 객관적 정신의 내용을 함축하고 있지 않았던 그 이전에도 이해의 개념은 인간 현존재를 정신과학의 근거로 설정한다. 우리가 체험에서 파악한 내용은 객관화된 표현을 다시 제시하는 것이다. 즉 체험표현은 정신세계에 동일하게 나타난다. 그리고 체험에서 언제나 주체와 객체의 관계를 맺는다. 즉 이러한 주체와 대상 사이에서 언제나 긴장관계가 진행된다. 이러한 긴장은 광범위한 객관화의 과정을 가능하게 한다. 따라서 이러한 표현과 객관화된 체험은 어떠한 경계를 분명하게 정할 수는 없다(GS, Ⅶ, 318. Vgl. GS, Ⅵ, 317). 그 안에서 삶의 표현 내지 삶의 객관화가 드러난다. 그러나 궁극적으로 객관화는 다시 체험으로 되돌아가서 객관화의 기본적인 의미를 제시한다. 딜타이는 객관화를 다음과 같이 표현한다.

> 먼저 객관화는 내부에서 외부를 구성한다. 그리고 외부를 확정하고, 내적인 것에 우위를 둔다. 체험은 내적인 표현에서 이해되어 객관화된 것을 그 스스로 파악한다. 우리는 삶의 객관화의 이념을 통해서 역사성의 본질을 통찰한다. 여기서 모든 객관적 대상은 정신적 행위를 통해서 생성되고 역사성의 특질을 담지한다. 객관적 대상은 감각계에서 역사의 산물로서 심원한 관계를 맺는다(GS, Ⅶ, 147).

따라서 딜타이의 정신과학의 근본테제는 인간을 역사적인 것(GS, Ⅶ, 291), 역사적 본질(GS, Ⅶ, 135, 151, 277, 278)과 같은 말로 표현한다. 딜타이는 역사적인 것을 재차 언급한다: "역사적 세계의 인식은 총체성 속에서 인간정신의 객관화의 총괄개념을 체험과 이해의 작용연관에서 주어진다. 정신과학은 역사적 세계를 구성하여 수행해 간다. 나는 이러한 구성적인 표현 속에서 역사적 세계의 광범위한 객관적 지식의 단계과정을 이해와 체험에서 현존재를 찾아 나간다(GS, Ⅶ, 88).” 이렇듯 딜타이 삶의 철학의 중심개념은 역사성이다.[17] 딜타이는 역사성의 본질을 삶의 객관화로써 정신을 객관화하는 것으로 파악한다. 딜타이는 동시대의 역사학파에서 역사성의 질서를 인식한다. 이것은 인간의 본질을 확고히 하는 것이 아니라 역사의 진행과정에서 만들어진다.

> “인간이 무엇인가 하는 물음은 단지 역사에서 말한다(GS, Ⅶ, 224). (…) 비로소 여러 세기 동안 인간은 인간의 본질과정을 경험해 왔다. 하지만 인간은 마지막 용어나 보편타당한 개념이 아니라 전체 본질의 심연에서 뿜어 나오는 활력 있는 경험을 본다.”(GS, VI, 57).

딜타이의 삶의 객관화는 인간의 삶을 역사로서 본다는 점이다. 그는 “인간이란 무엇인가”에 대한 물음을 어떤 사려 깊은 숙고나 심리학적 실험에 의해서가 아니라 삶의 역사를 통해서 나타난다(GS, V, 180)고 말한다. 딜타이에게 삶과 역사는 동일한 의미를 지닌다. 역사의 모든 관점은 삶이다. 삶의 다양한 관계를 맺고 있는 모든 방식들이 역사에서 나온다. 역사는 단지 삶이며, 인간의 전체적 관점 및 상호연관 속에서 구성된다(GS, Ⅶ, 256). 딜타이의 삶은 역사로서의 삶, 삶으로서의 역사, 모든 개별적인 체험의 동형(同形)으로서의 삶이다. 다만 역사는 삶과 현재의 시간으로부터 분리되지 않는다(GS, Ⅶ, 148). 인간의 내성(Introspektion)과 역사는 서로 분리된 것이 아니다. 우리는 역사에서 모든 것을 찾아낸다(GS, Ⅶ, 279). 역사적 삶은 삶 일반의 한 부분일 뿐이다. 이러한 삶은 체험과 이해에서 나온다. 따라서 삶은 추체험을 통해서 객관적 정신의 다양

---

17) 딜타이는 인간정신의 구조연관이 네 가지의 기본특징을 갖는다고 보았다. 즉, 생기력(Lebendigkeit), 역사성(Geschichtlichkeit), 자유(Freiheit), 발전(Entwicklung)으로 파악한다(GS, V, 196).

한 영역을 확대해 나간다. 이렇듯 딜타이의 삶은 그의 철학의 출발점이다. 딜타이는 삶의 객관적 정신에서 진보(Fortrücken)와 성취(Erwirken)를 통해 얻게 된다고 본다(GS, Ⅶ, 261). 그래서 딜타이의 삶과 역사는 동일한 의미인 것이다. 딜타이 삶의 철학은 실천적 삶의 체계라 부르는 언어 · 종교 · 철학 · 인륜 · 법 등 객관적 정신에 의해 전개된 바와 같다(GS, Ⅶ, 208).

앞장에서 고찰하였듯이, 딜타이에게서 삶의 객관화는 객관적인 정신을 가리킨다. 즉 "나는 객관적 정신의 개념과 함께 객관적 정신을 삶의 객관화라고 부른다"(GS, Ⅶ, 148). 객관적인 정신은 어떤 대상을 갖고 있기 때문에 역사적인 삶의 통일체의 다양성이다. 즉 개체성과 삶의 통일체는 문화체계에서 파악하고 총체성으로서의 삶의 표현이다. 딜타이의 문화체계는 인간본성의 항구적인 요소를 만족스럽게 도달하려는 목적연관이다. 문화체계는 사회 안에서 개인의 직·간접적인 상호작용에 기인한다(GS, I, 50). 그래서 "문화체계"[18]는 사회적-역사적 세계의 목적연관을 매개로 삼아 체험의 관계를 통해 현실화시킨다. 여기서 체험은 정신에서 나온다. 즉 **체험**의 목적연관 속에서 정신의 세계가 구성되며, 체험은 이해의 수단·판단·개념적 사유 등과 연관된다(GS, Ⅶ, 307). 정신세계의 분석은 다른 문화체계에 적합한 목적연관을 찾아내고, 개인의 의지를 확대하여 연합한다. 그렇게 하여 각각의 목적연관은 인간의 활동성을 현실화시켜 나간다. 즉 경제적인 삶·법학·예술 등은 우리가 활동하는 가운데서 나오는 목적연관이다. 이와 같이 문화체계는 법(GS, I, 55, 75) · 종교 · 예술 · 과학(GS, I, 54, 57) · 경제(GS, I, 57) · 인륜성/인륜(GS, I, 57, 60, 63) · 언어(GS, I, 42, 58, 69)와 마주친다. 그리고 사회의 현상을

18) 문화체계에 관한 자세한 내용은 다음을 참조: 양해림, 「딜타이의 문화해석학」, 『문화와 해석학』, 철학과 현실사, 2000, pp.99-122.

연구하는 사람들은 동일한 예술·국가·사회·종교와 같은 추상적 학문과 마주치게 된다(GS, I, 42). 이렇듯 그는 문화체계를 추상적인 본질 속에 있는 **상호작용**의 연결고리로서 그 근거를 세우고, 개인의 다양한 목적연관을 설정한다. 이러한 목적연관은 원하고, 느끼고, 표상하는 인간본성에 근거한다. 이러한 목적연관을 근거로 한 심리적-육체적 통일체의 상호작용은 정신세계와 깊은 연관을 맺게 된다(GS, I, 42). 또한 문화체계는 마치 역사적 사건의 구조와도 같다. 문화체계 안에서 인간의 활동은 지속적인 목적을 갖고 진행되지만, 객관적인 행위를 견고하게 진행시킨다(GS, I, 50-51). 딜타이는 문화체계에서 역사의 의미를 파악하였을 때, 목적연관을 제시할 수 있다고 말한다(GS, Ⅶ, 172). 즉 문화체계는 역사적 세계의 본질을 가능한 한 극복하는 것이다(GS, Ⅶ, 176). 모든 문화체계는 공통성, 즉 일상 언어적으로 매개된 상호주관성을 근거로 한다. 상호주관성은 어떤 결과를 현실화시키기 때문에 목적론적인 성격을 띠고 있는 것이다. 즉 이러한 상호주관성은 기능주의적인 관점에서 분석한 연관성이다(GS, Ⅶ, 188).

따라서 딜타이의 역사적 세계의 수용은 헤겔의 사변철학을 비판하고, 객관적 정신의 개념을 개인적인 삶의 역사구조로서 재구성한다. 궁극적으로 딜타이의 삶의 객관화에 대해 새로운 역사의 형이상학을 보편적 학이 될 수 있도록 요구하게 된다.

5. 삶의 객관화: 현대적 수용

우리는 지금까지 딜타이의 삶의 객관화를 중심으로 하여 헤겔의 객관적 정신의 수용과 딜타이가 삶의 객관화를 체험의 주체성이라는 측면에서 어떻게 극복하려고 노력하였는지 고찰하였다. 앞장에서 고찰하였듯이, 딜타이가 딜타이의 객관적 정신의 비판을 통해 삶의 객관화를 극복하려고 시도하였지만, 현대의 많은 철학자들이 이 문제에 대해 늘 찬반양론이 상존한다. 하르트만을 비롯한 포퍼, 리쾨르, 가다머, 하버마스 등 현대의 해석학자들은 이러한 딜타이의 체험의 주체성, 삶의 객관화와 같은 논제를 보완하려는 시도를 지속적으로 진행시켜 왔다.

먼저 하르트만(Nicolai Hartmann)에 따르면 삶이 예술과 종교와 철학에서 자신을 객관화시킴으로써 어떻게 이해할 수 있겠는가? 라고 묻는다. 딜타이가 규정한 객관적 정신은 하르트만에 의해 객관화된 정신과 동일한 의미로서 이해한다. 즉, 하르트만은 감각계에서 정신적인 것을 표현한다. 하르트만은 『정신적 존재의 문제』(1933)[19]라는 저서에서 객관화된 정신의 의미를 단지 긍정적으로만 보지 않는다. 이 책에는 역사에서 존재의 존재론적인 학문(Gelehrsamkeit)에 대한 문제의식이 드러나 있다. 하르트만의 존재론적 해석의 문제는 딜타이적인 삶의 객관화에 대한 인식의 접근을 통해 현상학적 및 존재론적으로 서술한다.[20] 이 밖에도 하르트만은 딜타이의 삶의 객관화 분석을 분명하고 일관된 관점을 제시하였다. 그래서 우리는 딜타이적인 삶의 객관화에 대한 의도를 객관화와 정신을 동일시한 하르트만의 주장에서 객관화에 대한 이유를 발견할 수 있다.

포퍼(K. Popper)는 『객관적 인식』(1972)이라는 저서에서 제3세계의 구성에 접근하여 하르트만의 정신이론을 주목한다. 포퍼는 제3세계를 다음과 같이 구분한다. 제1세계는 물리적 대상이거나 물리적 상태이다.

---

19) Nicolal Hartmann, *Das Problem des Geistigen Seins, Untersuchungen Zur Grundlegung der Geschichtsphilosophie und der Geisteswissenschaften*(1933), 3. Aufl. Berlin, 1962.

20) 하르트만의 정신적 존재에 대한 자세한 분석은 다음을 참조: 김주완, 「정신의 객관화 객체화-니콜라이 하르트만의 『정신적 존재의 문제』를 중심으로」, 『철학연구』, 제93집, 대한철학회, 2005, pp.141-162.

제2세계는 의식상태의 세계 또는 정신적 상태 혹은 행위 하는 관계의 배열이다. 제3세계는 객관적 사유의 내용, 특히 제2세계는 과학적이고 시적인 내용과 예술작품이다. 그런데 제2세계는 헤겔의 객관적 정신과 절대적 정신의 사실을 변경시켜 "나에 대한 제3세계"와 유사한 것이 나타났다. 헤겔은 객관적 정신과 주관적 정신을 구분하고 있고, 그 이후에 "나에 대한 제3세계"가 뒤따른다. 헤겔의 객관적 정신은 예술적 창조로서 파악되었고 헤겔이 주장하는 절대적 정신은 인간의 창조물(Erzeugnisse)에서 나타난다. 인간은 모든 측면에서 창조적이지는 않지만, 가설적인 객관적 정신으로부터 세계의 신적인 자기의식을 움직인다. 인간과 창조한 것 사이에서 주고받는 것은 개인적인 창조적 요소가 거대한 의미를 갖는다.

객관적 정신에서 지난 과거 역사의 거대한 전체적인 힘을 구성하는 것은 현재이다(GS, VII, 151). 현재는 향유하는 동일성의 대상이다. 개인은 무엇인가를 향유하는 운반자이다. 역사는 밀착된 공동체의 대표자에게서 나타난다(GS, VII, 151). 딜타이는 객관적 정신 속에서 개인주의의 체험-주관성을 넘어선 상호주관성의 차원을 발견한다. 이후에 객관적 정신은 포퍼의 용법에서 언급하고 있듯이, 물리적 사실뿐만 아니라, 심리적 체험으로도 환원할 수 없는 독립된 영역을 형성한다. 그렇지만 딜타이의 경우, 객관적 정신이라는 개념이 포퍼의 입장에서처럼 물리적 사실, 즉 제1세계나 심리적 사실, 제2의 세계와 동일하게 존재하는 제3의 세계일 뿐만 아니라, 제1세계와 제2세계의 과학적 토대를 위한 현실적 기반을 다진다. 그렇게 해서 해석학에 중요한 의미를 지니게 된다.[21)]

리쾨르에 의하면, 현재의 관점에서 딜타이의 삶의 객관화는 타자의

21) Karl R. Popper, *Objektive Erkenntnis*, Hamburg, 1995, pp.110-111.

정신적 삶의 직접적인 표현에 의해서 타자의 정신적 삶을 과연 파악할 수 있다는 것이 가능하지 않다는 것이다. 그는 오히려 객관화된 기호들을 해석함으로써 타자의 정신적 삶을 재현하고 재구성하는 것이 필요하다고 말한다. 삶의 표현이 특수한 성격을 지닌 대상들 안에서 구현되기 때문에 '재구성(Nachbilden)'은 특수한 규칙들을 요구한다. 딜타이는 재현의 개념을 객관화의 요구에 언제나 보다 더 적합하게 만들면서 끊임없이 수정하고 완성해 갔다. 딜타이는 해석학의 문제를 타자에 대한 인식이라는 심리학 고유의 문제에 종속시킴으로써 모든 객관화의 근거를 해석의 영역 너머에서 찾게 했다. 딜타이에게 있어서 삶의 객관화는 오래전부터 자기를 해석하는 것에서부터 출발한다.

"나는 누구인가" 하는 문제는 오직 나 자신의 삶이 객관화를 통해서만 당도할 수 있다. 자기 인식은 하나의 해석이며, 이 해석은 타자에 대한 해석보다 쉬운 것이 아니다. 오히려 나에 대한 인식이 타자에 대한 해석보다 더 어려울 수 있다. 왜냐하면 나는 오직 내가 나 자신의 삶에 부여하는 기호에 의해서만, 그리고 타자로부터 나에게 되돌아오는 기호에 의해서만 나 자신을 이해하기 때문이다.[22] 리쾨르에 의하면, 삶의 해석학이 딜타이가 주장하듯이, 역사학이라는 주장은 잘 이해할 수 없다. 심리학적 이해로부터 역사학적 이해의 이행은 삶의 작품들의 연관성이 더 이상 누구에게도 생생하게 경험되지 않는다는 사실을 전제로 한다. 바로 여기에 삶의 객관성이 놓여 있다. 궁극적으로 르꾀에게서 삶 그 자체는 정신으로 생각해야 한다는 것이다.[23]

가다머는 그의 주저 『진리와 방법』(1960)에서 딜타이와의 논쟁을 시도한다. 그는 딜타이가 후반기에 와서 헤겔철학에 얼마나 많이 의존해

---

22) 폴 리꾀르, 앞의 책, p.102.
23) 폴 리꾀르, 앞의 책, p.103.

있던가에 대해 초기 저작의 삶이라는 개념에 정신을 주목하여 분석한다. 가다머에 의하면, 딜타이는 헤겔 자신이 받아들였던 객관적 정신의 개념을 단지 반복하고 있을 뿐이라고 비판한다. 가다머의 주요 논증은 딜타이 후기 저술인 『정신과학에서 역사적 이성 세계의 구성』에서 객관적 정신의 개념을 적용하여 제시하고 있다. 가다머에 따르면 딜타이의 객관적 정신에서 역사적 의식에 대한 객관적 정신의 형성을 자기인식의 대상이라고 기술한다.[24)]

가다머는 객관적 정신의 개념을 변형시켜 형이상학의 관점에서 역사적 의식으로 되돌아가야 한다고 주장한다.[25)] 즉 가다머는 객관적 현실에서 역사적 의식은 객관적 인식의 근본적인 요구에서 기인한다고 본다. 여기서 딜타이의 관점은 역사적 의식에 대해 어떠한 정보를 주고 있지 않고 소극적인 관점에 머물러 있다는 것이다. 체험과 이해된 역사적 의식은 자기인식의 방식이다. 이러한 것은 직접적인 삶의 표현방식이 아니며 오히려 반성적 관계에서 드러난 삶과 역사의 관계에 한정되어 있다. 따라서 가다머는 딜타이의 저서에서 나타나는 이러한 삶과 역사의 문제를 분명하고 명료하게 규명해야 하며 그렇지 않으면 잠재적인 갈등이 여전히 존재한다고 보았다.[26)] 즉 삶과 역사의 갈등은 아주 비합리성을 지닌 삶의 철학과 헤겔의 객관적 정신의 철학과 같은 공허한 주장을 하는 의미철학과의 매개에서 일어난다. 삶은 의미를 통해 그것을 넘어서는 힘을 갖고 있다. 가다머에 의하면, "삶은 자기 자신을 해석하며, 삶 자체가 해석학적 구조를 갖는다."[27)] 요하크(H. Johach)에 의하면,

24) H.-G., Gadamer, *Wahrheit und Methode*, Tübingen, 1960, p.216.
25) H.-G., Gadamer, 앞의 책, p.217.
26) H.-G., Gadamer, 앞의 책, pp.205-208.
27) H.-G., Gadamer, 앞의 책, p.213.

가다머의 이러한 설명은 딜타이가 언급한 중요한 부분들을 통합하려고 시도하였기 때문에 많은 부분 납득할 만하다고 동조한다.

형식적인 관점에서 하버마스는 딜타이의 객관적 정신을 두 가지 측면에서 고찰한다. 먼저 상호주관적인 작용연관이다. 이것은 하버마스의 일상 언어를 매개로 하는 상호주관성, 롬 바하가 주장하는 유사주관성 내지 사회적 주관성의 측면이다. 다른 하나는 사회적 제도, 문화적 체계, 역사적인 전통 등의 객관적 및 주관적 측면에는 공공의식으로 반영된다. 객관적 정신에 대한 딜타이적인 개념도 이러한 양쪽 측면을 모두 포함하고 있다. 특히 후자에 대해서는 심리주의적 관점에 사로잡혀 있다. 무엇보다 객관적 정신은 주관적 정신의 측면에서 고찰되는 것이며 어디까지나 다양한 개인 사이의 공통적인 관계, 즉 이성의 동일성, 감정생활에서의 공감, 당위의식에서 수반되는 권리 및 의무 등 상호구속을 통해 객관적 양태로 드러내 보인다.

여러 개인 사이의 공통성이란 그것이 객관화된 것이 아니라 오히려 객관적 정신으로서 사회문화적 제도인 공동체적 기구에 의해 개인과 개인 사이에서 공통성으로서 형성된 것이다. 하버마스가 표현하고 있듯이, 객관적 정신은 단순하게 심리주의 관점으로 이해하는 것이 아니라 의미연관에 의한 상징연관으로 이해해야 한다는 것이다. 그렇게 하여 사회적 객관성이라 할 수 있는 일상적 생활 실천을 규제하는 상호 주관적 타당성으로 파악한다.[28] 하버마스에게서 삶의 객관성에 대한 딜타이의 이해는 가다머의 비판에 많은 부분 의존하고 있다. 가다머는 그의 영향사적 방법을 서술하면서 딜타이의 해석학을 인간의 삶의 실천은 필연적으로 전통에 대한 이해에 의존하고 있다는 관점만을 인정하

---

28) 塚本正明, 「딜타이와 해석의 문제」, 梅原猛 외 편, 박상권 역, 『해석학의 과제와 전개』, 원광대 출판부, 1987, p.279.

려고 한다. 가다머의 입장에서 "딜타이의 정신과학에는 자연과학에서와 유사한 객관성과 보편성을 확보해야 된다"[29]는 측면에서 실증주의적인 입장을 선취하고 있다고 본다. 하버마스는 딜타이에게서 자연과학의 결과에서 이해의 뛰어난 모델을 은밀한 실증주의라 지적한다. 특히 "추체험은 확실한 관찰로 인한 등가물이다. 이들 두 가지는 경험적인 차원에서 진리의 모사(模寫)이론에 대한 기준을 충족시켜 준다."[30] 형식적으로 추체험은 모든 주관성에서부터 순화된 고독한 의식에 이르기까지 직접 재창조한다. 이 경우 인식의 객관성은 주관성의 혼탁을 제거함으로써 정리될 수 있다. 상호 소통적 이해도 이러한 조건들을 근본적으로 충족시키지는 못한다. 왜냐하면 의미의 이해는 일상 언어의 상호주관성을 통해 해석자와 참여자가 상호작용을 해야 하기 때문이다.

하버마스는 딜타이의 정신과학적 관심을 실천적 인식관심이라 파악한다. 그래서 하버마스는 의사소통적 상호주관성에 의해 각기 다른 역할을 한다고 보았다.[31] 하지만 딜타이가 해석학적 방식으로 삶의 연관성에 몰두해 있었기 때문에 의사소통적 상호작용의 인식관심을 전혀 예측할 수 없었다는 것이다. 딜타이는 해석학을 일차적으로 수용은 하고 있고 궁극적으로 사회적 인식이론을 지향하고 있다. 하버마스는 역사적 정신과학과 체계적 정신과학을 구별한다. 이러한 근거를 하버마스는 딜타이에게서 빚졌다고 말하고 있지만, 딜타이는 분명하게 역사적인 정신과학을 구분하지는 않았다. 또한 해석학적 순환이 오로지 역사적 정신과학의 근거라고 파악한 것도 하버마스의 딜타이에 대한 해석에 불과할 뿐이다.[32] 그러나 해석학은 모든 정신과학의 토대여야 한

29) H.-G., Gadamer, 앞의 책, p.223.
30) Jürgen Habermas, 앞의 책, pp.226, 229.
31) Jürgen Habermas, 앞의 책, p.222.

다는 사실은 하버마스도 시인하고 있다. 즉 "삶과 삶의 경험과 정신과학은 지속적으로 내적인 연관과 상호관계 속에서 진행되어야 한다" (GS, Ⅶ, 136). 모든 삶의 객관화는 상호주관적으로 연결 가능한 상징적인 부분이다. 이러한 삶의 객관화는 주체들이 보편적인 상징에 대해 마치 서로 동일하지 않는 것으로 주장하듯이, 상호 확인할 수 있다는 점에서 공통적이어야 한다. 예컨대 어떤 사람은 또 다른 사람과 마찬가지로 상호주관성의 차원에서 단절되지 않은 채 자신의 체험을 객관화시켜 나가야 한다.[33] 따라서 하버마스에게서 의사소통적 상호작용은 최소한 두 사람 이상의 개인 사이에서 발생하는 상호교환 작용이 상호 일치해야 하는 것이다.

32) Jürgen Habermas, 앞의 책, p.232.

33) Jürgen Habermas, 앞의 책, p.225.

III. 니체와의 대결: 삶의 철학

1. 딜타이와 니체의 삶의 철학

딜타이의 청년헤겔에 대한 연구는 독일에서 신헤겔주의의 출발점으로 삼는다. 딜타이는 청년헤겔 연구 이외에도 미학, 종교, 교육학 그리고 심리학 등에 많은 학문적 영향을 끼쳤다. 딜타이의 해석은 삶 철학의 전통 속에서 미쉬(Georg Misch)와 블노브(Otto Friedrich Bollnow) 등 삶 철학의 연구를 통해 그 영향력을 더욱 확대해 나갔다. 따라서 딜타이의 삶 철학은 20세기 철학적 사유에 많은 정신적 유산을 남겼다.

루카치는 베를린 학창시절에 딜타이를 만나면서 그의 처녀작 『영혼과 형식』(1911), 하이델베르크시절의 미학, 낭만주의 이론(1920)에 이르기까지 딜타이 정신과학에 많은 영향을 받았다.[1] 1906~1907년에 루카치는 베를린 유학시절에 짐멜의 가치철학, 문화철학, 역사철학의 물음에 몰두하고 있었다. 1921년 루카치는 하이델베르크유학 시절에는 독일가치철학으로 잘 알려진 막스 베버의 이념(Idee)에 깊숙이 빠져 있었다. 그리고 루카치는 하이델베르크에서 에밀 라스크의 현상상적 직관과 딜타이의 삶 철학에 많은 영감(靈感)을 얻었다. 무엇보다 루카치는 신칸트학파 계열이었던 짐멜의 우수한 학도였다. 루카치는 교수자격 논문을 목적으로 미학의 중심테마를 통해 형식개념을 수용하여 가치이론을 전개해 나갔다. 이미 리케르트나 막스 베버가 표현했던 것처럼, 루

---

1) Manfred Riedel, "Ästheten und Hermeneutik der Natur. Zur Stellung des Naturschonen bei Dilthey und dem jungen Lukács", in: Manfred Riedel, *Hören auf die Sprache*, Frankfurt a. M., 1990, p.184.

카치의 첫 번째 작업은 행복(Wohltat)을 궁극적인 목표로 삼았다.[2] 또한 루카치는 정통마르크스주의자로서 딜타이와 니체(Friedrich Nietzsche, 1844~1900)의 삶 철학을 비판했다. 특히 루카치는 니체를 "제국주의 시대에 비합리주의의 창시자"로 종종 묘사하곤 했다. 즉, 루카치에 따르면 "니체의 모든 저작은 지속적으로 마르크스주의와 대립하고, 사회주의와 대립되는 논쟁점"[3]을 제공했다. 하지만 김정현은 "삶의 인식에 주목하는 쇼펜하우어(Arthur Schopenhauer), 니체, 베르그송(Anri Bergson), 딜타이의 철학에서도 드러나듯이, 비합리주의를 단순히 맹목적이고 충동적인 그리고 의식의 반성 없는 삶의 추동으로 이해해서는 안 된다."[4]고 말한다.

이러한 삶 철학은 철학사적으로 다양한 관점에서 고찰되어 왔다. 즉, 가다머(G-H. Gadamer)의 철학적 해석학과 딜타이의 삶 철학, 오르테가의 "삶 철학"[5], 메이어(Theo Meyer)의 "니체, 예술파악과 삶의 개념"[6], 콘스탄틴 P. 로만오스(Konstantin P. Romanos)의 "앙리 베르그송의 삶 철학의 단편"[7] 등이 대표적이라 할 만하다. 또한 짐멜(Georg Simmel), 미쉬(Georg Misch), 레싱(Theoder Lessing), 오르테가 가세트(Ortega y Gasset), 클라게스(Ludwig Klages)와 같은 삶의 철학자들은 삶 철학에 관한 다양한 저서들을 출판했다.[8]

---

2) Werner Jung, *Georg Lukács*, Stuttgart, 1989, p.58. 루카치의 독일에서 수용과 연구경향에 관한 자세한 내용은 다음을 참조: 김경식, 『게오르그 루카치-과거와 미래를 잇는 다리』, 한울, 2010, pp.18-31.

3) H. Ottmann, "Anti-Lukács. Eine Kritik der Nietzsche-Kritik von Lukács", in: *Nietzsche-Studien,* 13 (1984), pp.570-586.

4) 김정현, 『니체, 생명과 치유의 철학』, 책세상, 2006, p.59.

5) Hans-Georg Gadamer, *Gesammelte Werke*, Bd. 4. Tübingen, 1987, pp.436-447.

6) Karl Albert, *Lebensphilosophie, von den Anfängn bei Nietzsche bis zu ihrer Kritik bei Lukács,* Friburg/München, 1995, p.15.

7) K. Albert, "Wiedererwachen lebensphilosophischen Besinnung", in: *Philosophische Rundschau,* 15. 1987, pp.3-20.

8) Karl Albert, 앞의 책, p.16.

오늘날 딜타이와 니체 사이에서 삶 철학은 이론적 교감을 주고받고 있다. 즉, 그들 사이에서 이론적인 공통점은 삶과 역사를 동일하게 보는 역사적인 관계이다. 하지만 양자(兩者) 사이의 이론적 방법은 서로 단편적인 영향의 가능성만을 남겨둔 채 제각기 상이한 판단을 내릴 따름이다. 니체에 대한 딜타이의 비판은 부분적으로 그의 청년시절의 전집에서 단편적으로 제시하고 있다. 이러한 입장은 그들의 철학적 주제에서 그 단서를 찾을 수 있다. 즉 양자(兩者) 사이에서 삶에 대한 자기인식의 방법은 인간 일반을 인식하는 데 있었다. 특히 니체는 자기성찰, 근원적인 인간본성, 무역사적인 인간의 본질을 추구했다.[9)]

무엇보다 딜타이와 니체 사이에 삶 철학에 대한 이론적 근거는 역사적인 관계에서 목격할 수 있다. 딜타이와 니체의 삶 철학은 상호 중첩되는 측면이 많다. 하지만 그들의 상호 영향관계는 단편적으로 파악할 수 있을 뿐이다. 딜타이 정신과학의 토대는 단순하게 인식할 수 있는 것이 아니다. 하지만 그의 삶에 대한 정신과학의 정립은 긍정적인 가치가 있는 이론으로 평가한다. 니체는 쇼펜하우어와 관련하여 잘 알려져 있는 바와 같다. 즉 미쉬에 따르면, 니체는 현대에서 삶 철학의 종교적 사유를 충족했던 역사적 소명이 있는 철학자로 기억한다.[10)] 베르너 슈테그마이어(Werner Stegmaier)는 그의 방대한 삶 철학의 연구를 통해 역사적이고 체계적으로 딜타이와 니체철학에 접근했다.[11)] 슈테그마이어는 딜타이와 니체의 초기 바젤시대에 공동체 의식을 각인시켰고, 양자 사이의 많은 저서에서 체계적인 상호작용의 관계를 고찰했다.[12)] 먼저 슈테

9) J. Kamerbeek, "Dilthey versus Nietzsche", in: *Studia Philosophica*, Bd. X. Basel, 1950, p.52.
10) Georg Misch, "Dilthey versus Nietzsche", in: *Die Sammlung. Zeitschrift für Kultur und Erziehung.* 7. Jg. 1952, pp.381-382.
11) Werner Stegmaier, *Philosophie der Fluktuanz. Dilthey und Nietzsche,* Göttingen, 1990.
12) Werner Stegmaier, 앞의 책, pp.33-126.

그마이어는 딜타이에게서 "물리주의적(physiologischen)이고 심리학적인 (psychologischen) 연구에 주목"[13]했고, 니체에게서는 양자 사이의 생애를 통한 인간학적 관점에 접근했다.[14] 따라서 우리는 딜타이와 니체의 삶 철학을 중심으로 조명해볼 것이다. 이런 관점에서 우리는 딜타이 삶의 철학적 해석을 니체의 삶 철학과 연관하여 그 의미를 고찰해 보자.

2. 니체의 삶 철학: 기념비적, 골동품적, 비판적 역사, 그리고 힘에의 의지

니체는 『반시대적 고찰 II (*Unzeitgemässe Betrachtungen*)』(1874)의 「삶에 대한 역사의 유익함과 해로움」에 대한 분석과 재해석을 통해 역사를 이해했다. 니체는 그 당시 바젤대학의 역사학과 교수였던 야콥 부르크하르트(Jacob Burckhardt, 1818~1858)의 강의를 듣고, 그들 사이에 첫 교분(Freundschaft)을 맺었다. 니체는 부르크하르트의 역사문화, 시대정신에 대한 역사적인 근본적 입장을 위의 저서에서 간접적으로 비판했다.[15]

---

13) 딜타이는 삶을 심리적-물리적 통일체에서 찾았다. "삶이라는 표현을 인간 세계의 한정해서 사용한다. 즉 여기서 삶이라는 표현은 사용되는 영역을 통해 규정된다. 삶은 삶의 통일성의 상호작용에 의해 존재한다. 왜냐하면 심리적-물리적 절차는 우리의 시간 파악에서 시작되고 끝나며, 외부의 관찰자에게는 그런 경과가 일어나고 있는 현상적인 신체의 자기성을 통해 그 스스로 정체성을 만들어내기 때문이다. 그러나 동시에 이러한 경과는 의식 속에 각 개별적인 부분들이 그렇게 경과하는 것의 연속성, 연관, 자기성에 대한 무엇인가 특징지어진 체험을 통해 다른 부분들과 진행시켜 결합되어 있다는 주목할 만한 사태에 의해 특성화된다."(Wilhelm Dilthey, *Gesammelte Schriften,* VII, Stuttgart, 1959(이하 GS라 약기하여 인용함.)

14) Vgl. Volker Gerhardt, "Selbsterkenntnis und Selbstbesinnung.-Zur anthropologischen Nähe Nietzsche zu Dilthey", in: *Nietzsche-Forschung*, Bd.1. 1994, pp.21-35.

15) Johannes Rohbeck, *Geschichtsphilosophie zur Einführung,* Hamburg, 2004, p.127. 부르크하르트와 니체에 관한 자세한 내용은 다음을 참조: 양해림, 「니체와 그리스 문화: 부르크하르트와 권력이론」, 『니체와 그리스 비극』, 한국문화사, 2017, pp.178-189.

하이데거는 그의 『존재와 시간』(1927)에서 역사학이 삶에 유익하거나 유해할 수 있는 가능성은 삶이 존재의 뿌리에서 역사적[16]이라 것에 있다고 본다. 그래서 그는 현사실적으로 실존한다는 것으로서의 삶이 각기 그때마다 이미 본래적 또는 비본래적 역사성에 대해 결단을 내렸다는 데 근거하고 있다.

니체는 역사의 중심을 삶으로 보았다. 니체는 『반시대적 고찰』에서 "나의 활동을 증가시키거나 직접 활기를 불어넣지도 않으면서 가르치려고만 하는 모든 것을 싫어한다."라는 괴테의 말을 빌려서 역사의 가치와 무가치에 대해 고찰을 시작한다.[17] 여기서 니체는 역사이해의 근본 척도를 역사가 삶에 유익할 것이지, 아니면 해로울 것인지에 대해 논의한다. 니체에게서 역사는, 삶과 역사가 관계 맺는 방식에 관한 사유이다. 그래서 그는 역사에서 삶이 약화되는 것에 대항하여 역사에 의한 삶의 강화를 모색했다. 특히 니체는 『반시대적 고찰Ⅱ』에서 삶과 연관된 역사의 세 가지 유형으로 '기념비적 역사(eine monumentalische Historie)', '골동품적 역사(eine antiquarische Historie)', '비판적 역사(eine kritische Historie)'를 고찰했다. 또한 니체는 『반시대적 고찰』에서 삶과 관련된 니체의 역사적 사유를 구상했다. 특히 그는 2부 「삶에 대한 역사의 유익함과 해로움」에서 "각각의 인간이나 민족은 자기 목표나 힘, 고난에 따라 과거에 대한 특정한 지식을 필요하다고 말한다. 어떤 때는 기념비적 역사, 다른 때에는 골동품적 역사, 그러다가 비판적 역사가 필요해진다"[18]라고 말한다. 여기서 역사는 행동하고 추구하는 '기념비적 방식', 보존하고 존

16) Martin Heidegger, *Sein und Zeit,* Tübingen, 1972, p.396.

17) Friedrich Nietzsche, *Sämtliche Werk, Kritische Studienausgabe,* in 15 Banden, Giorio colli/Mazzino Montinari, Bd. 1. Walter de Druyter: Berlin · New York, 1980('KSA'로 생략하여 표기함.) KSA, 1, p.248/프리드리히 니체, 『비극의 탄생 · 반시대적 고찰』, 이진우 옮김, 책세상, 2011, p.287.

18) KSA, 1, p.271./프리드리히 니체, 『비극의 탄생 · 반시대적 고찰』, 이진우 옮김, 책세상, 2011, p.316.

경하는 '골동품적 방식', 고통 받고 해방을 요구하는 '비판적 방식'[19]으로 구별된다.

하이데거는 니체의 「생에 대한 역사학의 유용성과 해에 대해」라는 두 번째 『반시대적 고찰』(1874)에서 역사의 본질적인 것을 인식하고 명확하게 했다고 말한다. 하이데거에 따르면 니체가 역사학을 기념비적 역사학, 골동품적 역사학, 그리고 비판적 역사학의 세 종류로 구분하고 있는데 세 가지여야 하는 필연성과 그 통일성의 근거를 명확하게 제시하지 않았다. 하이데거가 보기에 역사학의 삼중성(Dreifachheit)은 현존재의 역사성 속에서 제시되어야 한다. 현존재는 반복하면서 인간실존의 기념비적 가능성들에 활짝 열려 있다. 그러한 역사성에서 발원하는 역사성은 기념비적이다. 왜냐하면 기념비적 역사학으로서 본래적인 역사학이 골동품적인 것은 가능적인 것을 반복하여 자기 것으로 만들어 내고 실존을 보존할 가능성이 있기 때문이다. 그래서 니체의 기념비적, 골동품적 역사학은 필연적으로 현재에 대한 비판으로서 존재한다. 따라서 니체의 삶과 연관된 세 가지 역사 유형은 다음과 같이 살펴볼 수 있다.

첫째 **기념비적 역사**는 활동하는 자, 힘 있는 자가 현대에 자신의 지도자를 발견하지 못했을 경우, 역사는 체념에 대항하고 용기를 주는 수단으로서 삶에 봉사한다. 즉, "기념비적 방식은 과거를 신비적 허구"[20]로 취급한다. 그래서 "기념비적 역사는 그들이 그 시대의 강한 자와 위대한 자에 대한 증오를 지난 시대의 강한 자와 위대한 자의 감탄으로 포장하는 가면무도회의 의상이다. 이 의상을 입고 그들은 저 역사적 고찰의 진정한 의미를 정반대로 뒤집는다."[21] 따라서 니체는 "알든 모르든 간

19) KSA, 1, p.258./프리드리히 니체, 『비극의 탄생·반시대적 고찰』, p.301. 니체를 '비판적 방식'으로 해석하고 가치의 재평가와 관련하여 해석한 문헌은 다음을 참조: 엄인주, 「니체철학의 교육학적 해석: 니힐리즘 극복을 위한 '삶-예술'철학」, 성균관대학교 박사학위논문, 2017, pp.39-41.

20) KSA, 1, p.262./프리드리히 니체, 『비극의 탄생·반시대적 고찰』, p.306.

에 자신들의 표어가 죽은 자가 산자를 묻게 하라"[22]는 것처럼 행동하는 것이라고 비판한다.

둘째, **골동품적 역사**는 자기를 발생시킨 조건을 그의 배후에서 활동할 사람을 위해 보존하는 점에서 삶에 봉사한다. 즉, 골동품적 역사는 "충성과 사랑으로 자신이 태어난 자란 곳을 뒤돌아보고 보존하는 자에게 속한다. 이런 경건함으로 자신의 존재에게 감사함을 표한다."[23] 니체에게서 "골동품적 방식은 역사를 고찰하려는 역사에 대해 골동품적인 존경의 감정을 갖는 것이다. 이 방식은 생성 중에 있는 새로운 것을 거부하고 적대시하는 위험성이 있다. 역사적 지식은 현재를 약화시키거나 생명력 있는 미래의 뿌리를 말살하기 위해서가 아니라 미래의 현재에 봉사하기 위해서 탐구되어야 한다."[24] 하지만 골동품적 역사가 자신을 유일한 삶의 구원으로 만드는 토대를 잃지 않더라도, 언제나 위험은 도사리고 있다. 니체가 보기에 골동품적 역사가 너무 강력해져서 과거를 고찰하는 방식을 가려버릴 정도로 무성하게 자란다면 문제가 있다는 것이다. 골동품적 역사는 삶을 보존하는 것을 과소평가한다. 왜냐하면 기념비적 역사가 지닌 본능, 즉 생성하는 것을 어떤 것인지 탐지해내는 본능이 골동품적 역사에는 없기 때문이다.[25]

셋째, **비판적 역사**는, 인간은 살아가기 위해 과거를 파괴하고 해체하는 힘을 지녀야 한다. 또한 종종 그 힘을 실제로 행사해 보아야 한다는 점에서 역사는 삶에 봉사한다. 니체는 비판적 방식의 필요성을 다음과 같이 언급하고 있다.

---

21) KSA, 1, p.264. / 위의 책, p.308.
22) KSA, 1, p.264. / 위의 책, p.308.
23) KSA, 1, p.265. / 위의 책, p.309.
24) KSA, 1, p.265. / 위의 책, p.309.
25) KSA, 1, p.268. / 위의 책, p.313.

> 인간에게는 기념비적 역사와 골동품적 역사와 함께 과거를 고찰하는 세 번째 방식, 즉 비판적 방식이 필요하며, 그것도 삶에 대한 봉사를 위해 필요하다는 점이다. 인간은 살기 위해 과거를 파괴하거나 해체할 힘을 가져야만 하고 때에 따라 실제로 그렇게 해야 한다. 그렇게 하기 위해 그는 과거를 법정에 세우고 고통스럽게 심문하고 마침내 유죄를 선고해야 한다. (…) 그 다음 그것[왕조]의 과거를 비판적으로 고찰하고, 사람들은 그 뿌리에 칼을 대며, 잔인하게 모든 경건함을 짓밟고 넘어간다. 이것은 언제나 위험한, 즉 삶에게도 위험한 과정이다. 과거를 재판하고 파괴하는 방식으로 삶에 봉사하는 사람들이나 시대들은 항상 위험한 그리고 위험에 처한 사람들과 시대들이다. 왜냐하면 우리는 모두 과거 종족의 결과인 탓에 또한 그들의 과실, 열정과 오류, 심지어 범죄의 결과이기도 하기 때문이다. 이 연쇄 고리로부터 풀려난다는 것은 불가능하다. 우리가 그 과실에 유죄를 선고하고 거기서 벗어났다고 생각해도, 우리가 그것에서 유래한다는 사실이 없어지지는 않는다.[26]

위의 인용문에서 보듯이, 니체가 전통이나 역사 자체를 무시하는 것인가에 대해 생각해 볼 여지는 다분히 있다. 니체 자신이 인정하고 있는 바와 같이, 인간이 아무리 역사를 부정한다 해도 역사의 연쇄 고리로부터 풀려난다는 것은 불가능한 일이다. 니체 자신의 철학이 주체성을 근본으로 하고 있다는 점에서 전통이나 역사에 복종한다는 것은 니체 자신이 전적으로 수긍할 수 없었다. 즉, 니체가 보기에 삶은 역사와 관계맺는 중요한 방식이다. 이것은 삶의 세 가지 유형으로 구분된다. "이것이 역사가 삶을 위해 할 수 있는 봉사다. 각각의 인간이나 민족은 자기 목표나 힘, 고난에 따라 과거에 대한 특정한 지식을 필요"[27]로 한다. 이렇게 세 종류의 역사는 각각 삶의 일정한 필요성과 관심에 의해 선택하

26) KSA, 1, p.269. / 위의 책, p.314.
27) KSA, 1, p.271. / 위의 책, p.316.

여 가치 있는 삶을 살아간다.

> "위대한 것을 창조하려는 인간에게 과거가 필요하다면, 그는 기념비적 역사를 통해 과거를 소유한다. 그에 반해 익숙한 것과 예로부터 존경받아온 것을 고수하려는 자는 골동품적 역사가로서 과거를 돌보고 가꾼다. 현재의 고통에 가슴이 옥죄이고 어떤 대가를 치러도 이 짐을 떨쳐버리려는 사람은 비판적인 역사, 다시 말해 평가하고 형을 선고하는 역사에 대한 욕구를 가진다."[28]

니체는 죽어 있는 역사를 비판하면서 역사는 살아있는 것으로 보았다. 이렇게 세 부류의 역사는 각각 삶의 일정한 필요성과 관심에 의해 선택하여 비로소 가치 있는 삶을 살아간다. 무엇보다 니체는 과거의 역사를 현재 삶과의 연관성 속에서 고찰했다. 즉, 삶과 역사는 상호 긴밀한 상관관계에 있다. 인간적 삶의 조건으로서 역사성에 대한 사유는 당연히 현재의 삶을 과거와의 연관성에서 조명한다. 이러한 조명은 현재가 과거에 의해서 지배되는 것인지 아니면 현재가 과거를 자신의 관점에서 적극적으로 해석하려는 것인지의 여부를 드러낸다.[29] 즉, "우리는 삶과 행위를 위해서 역사를 필요로 하지만, 삶이나 행위를 평안하게 기피하기 위해서 또는 이기적인 삶이나 비겁하고 나쁜 행위를 미화하기 위해서가 아니다."[30] 니체에게서 모든 가치의 척도는 삶이다. 인간의 모든 실천적 활동 또한 삶이라는 척도에 의해 평가된다. 또한 역사는 인간 삶을 풍요롭게 할 경우에 의미가 있다. 역사는 "오로지 삶이라는 목표를 위해 또한 이 목표의 지배와 지도하에 필요로"[31]한다. 역사는 한 시대와 문화, 그리고 한 민족이 역사와 맺게 되는 자연스러운 관계이

---

28) KSA, 1, p.270. / 위의 책, p.309.
29) KSA, 1, p.251. / 위의 책, p.291.
30) KSA, 1, p.245. / 위의 책, p.287.
31) KSA, 1, p.271. / 위의 책, p.316.

다.[32] 즉, "비역사적인 것과 역사적인 것은 개인이나 민족이나 문화의 건강을 위해 똑같이 필요하다."[33] 따라서 "우리는 삶과 행위를 위해서 역사를 필요로 하지만, 삶이나 행위를 평안하게 기피하기 위해서 또는 이기적인 삶이나 비겁하고 나쁜 행위를 미화하기 위해서가 아니다. 역사가 삶에 봉사하는 만큼 우리도 역사에 봉사할 것이다."[34] 이렇게 니체는 본래 삶과 역사를 모든 가치의 척도로 삼았다. 니체에게서 인간의 모든 실천적 활동은 삶이라는 척도에 의해 평가되며 역사도 인간의 삶을 풍요롭게 할 때에만 의미 있었다.

그러나 니체는 "삶을 방관하기만 하는 순수한 사상가의 무리들", "지식에 의해 만족을 얻고 인식의 증대가 목적 그 자체인 지식에 굶주린 개인들"[35]과 같은 삶을 필요로 하는 것이 아니라고 말한다. 앞서 언급한 "존재하는 세 종류의 역사는 각각 단지 하나의 토양과 하나의 기후에서만 제대로 자랄 수 있다. 다른 토양과 기후에서 그것은 황폐화하는 잡초가 된다."[36] 따라서 니체는 "위대한 것을 이루어낼 능력이 없는 위대한 것의 애호가가 기념비적 역사를 통해 과거를 소유하고, 경건함이 없는 골동품 수집가가 골동품적 역사가로서 과거를 돌보고, 고난을 모르는 비판가가 비판적인 역사에 대한 욕구를 갖게 된다면, 그들은 무성한 잡초로 자라나 자연의 고향으로부터 소외되어 퇴화해 버린 식물"[37]과 다를 바가 없다고 주장한다. 이런 점에서 니체에게서 역사는 본질적으로 순수한 지식일 수 없으며, 삶과 분리해서는 더욱 설명할 수 없다. 니체

32) KSA, 1, p.271. / 위의 책, p.316.
33) KSA, 1, p.252. / 위의 책, p.294.
34) KSA, 1, p.245. / 위의 책, p.287.
35) KSA, 1, p.271. / 위의 책, p.316.
36) KSA, 1, p.270. / 위의 책, pp.308-309.
37) KSA, 1, p.270. / 위의 책, p.309.

는 삶이 역사와 관계 맺는 세 가지 방식을 제시함으로써 자연스럽게 현재적 삶의 세 가지 양태를 지적한 셈인 것이다.

이렇게 니체에게서 삶이란 세 종류의 역사가 균형을 이루고 거기서 삶과 역사가 분리하지 않을 때 힘의 원동력으로 작용한다. 삶은 "자신의 형태를 강제"[38]하지만, " 삶의 힘은 본질적으로 이질적인 것과 약자를 자신의 것으로 만들게도 한다. 삶의 힘은 상처를 입히고, 침해하고, 제압하고, 억누르고, 냉혹하다. 그들에게 자기 형식을 강요하여 자기 것으로 만드는 것이며, 가장 부드럽게 말한다 해도 적어도 착취"[39]가 깃들어 있다. 여기서 착취는 "타락하거나 불완전한 원시사회"에서 횡행하는 것은 아니다. 착취는 유기체의 근본기능으로서 생동적인 본질에 속한다. 그런데 니체에게서 삶의 힘은 타자를 지배하고 부정하고 파괴하는 것만을 뜻하지는 않는다. 이러한 관점은 1880년대의 『유고』에서 잘 묘사하고 있다.

> 힘의 축적된 자의 이상으로서의, 어린이다운 것으로서의 놀이.[40] 말하자면" (…) 힘들과 힘의 파동의 놀이로서 하나이자 동시에 다수이고, (…) 모순의 놀이로부터 조화의 즐거움으로 되돌아오고, (…) 이러한 세계가 힘의 의지다.[41]

하지만 니체의 관점에서 힘은 놀이를 기존의 방식과는 다소 다르게 다음과 같이 해석한다: "정복, 이것은 넘쳐흐르는 힘의 자연스러운 귀결이다: 그것은 마치 창조자와 목격자처럼 똑같은 것이며, 낯선 질료에 자신의 본래의 영상을 합체(合體)시키는 것이다. 그렇기 때문에 최고의

38) KSA, 5, p.207.
39) KSA, 5, p.207.
40) KSA, 12, p.129.
41) KSA, 11, p.610.

인간이 창조되어야 하는 것이다. (…) 우리가 정복하려는 넘쳐흐르는 힘은 도처에 있다."[42] 니체의 삶 철학에서 "의지"라는 단어를 눈여겨볼 필요가 있지만, 이는 아주 단순하다. 의지라는 단어 없이는 그의 삶 철학을 제대로 표현할 수 없다. 니체는 과잉된 목적론적 원리를 경계한다. 그래서 니체는 생물학적 자기보존의 충동을 딜타이와 같이 삶 일반의 원칙으로서 힘에의 의지(Wille zur Macht)에서만 의존하지도 않았다.[43] 니체는 "삶에의 의지"와 "힘에의 의지"를 다음과 같이 힘주어 말한다.

> "단지 삶이 어디에 있는가, 거기에 또한 의지가 있다. 그러나 삶에의 의지뿐만 아니라 오히려 나는 너에게 가르친다. —힘의 의지! 그리고 나는 생동적인 것을 발견했다. 거기서 나는 힘의 의지를 찾았다. 그리고 또한 봉사하는 의지에서 주인의 의지를 찾았다."[44] 그러나 삶은 무엇인가? 삶의 개념에 대한 새롭고 분명한 이해가 필요하다. 즉, 삶은 힘에의 의지다.[45]

위의 인용문에서 보듯이, 니체에게서 삶은 "힘에의 의지"이며, 삶의 의지는 힘에의 의지[46] 결과이다.[47] 여기서 삶은 "힘에의 의지에 지배를 받는다. 삶에의 의지, 거기서 나는 언제나 힘에의 의지를 발견한다."[48]

---

42) KSA, 10, p.278.

43) Werner Stegmaier, *Philosophie der Fluktuanz. Dilthey und Nietzsche,* Göttingen, 1990, p.187.

44) KSA, 4, p.148.

45) KSA, 12, p.161.

46) 힘에의 의지는 단순하게 해석하지 않는다. 힘에의 의지 개념이 모호하고 다양한 해석이 가능한 이유는 니체가 힘에의 의지를 명시적 논의하지 않았기 때문이다. 따라서 힘에의 의지는 텍스트의 연관관계에 따라 다르게 해석된다. 볼프강 뮐러-라우터는 "니체의 힘에의 의지는 다수성만이 실제로 존재한다"고 파악한다. 니체가 주장하는 힘에의 의지란 이 세계전체를 관통하는 오직 유일한 "한 가지 특징"(Wolfgang Müller-Lauter, "Nietzsches Lehre von Willen zur Macht", *Nietzsche-Studien,* Bd. 3. 1974, p.38)이다. 하지만 힘에의 의지는 언제나 다수로만 존재하지 않는다. 하이데거는 "니체가 힘에의 의지 사상에서 근대를 완성하는 형이상학적 근거를 미리 사유해야 한다고 주장한다. 힘에의 의지 사상 속에서 형이상학적 사유 자체가 미리 완성되었다. 즉 힘에의 의지를 사유하는 자는 서구 최후의 형이상학자다"(Martin Heidegger, *Nietzsche I,* Pfullingen, 1961, pp.479-480).

47) KSA, 12, p.208.

니체에 따르면, 이 세계는 힘에의 의지들에 대한 긴장과 싸움, 갈등이라는 관계에 의해 구성된다. 이 세계는 힘에의 의지다. 그 밖에 아무 것도 아니다! 너희 역시 이 힘에의 의지다. 그 밖에 아무 것도 아니다. 힘에의 세계는 본질적으로 관계-세계다.[49] 니체에게서 힘에의 의지는 개별적인 인간의 표현수단이며 다양한 형식으로 나타난다.[50] 하지만 니체가 힘을 단순하게 삶에서 나오는 착취나 억압, 착취 같은 부정적인 형식으로 이해하고 있지는 않다. 앞에서 언급했듯이, 삶은 힘의 의지에 의해 지배받는다. 그래서 니체는 힘에의 의지라는 개념으로 인간존재를 설명한다.[51] 즉, "삶에의 의지? 거기서 나는 언제나 힘에의 의지를 발견한다"[52]고 말한다. 니체는 1886년『유고집』에서 다음과 같이 기술하고 있다.

> 이러한 것은 모든 본능 가운데 가장 오래되고 가장 건강한 본능이다.: 나는 그 이상을 갖기 위해 지금 갖고 있는 것 이상을 가지려고 요구하지 않으면 안 된다는 것을 첨언하고 싶다. 살아있는 모든 것들에게 삶 그 자체를 통해 설해지는 가르침은 발전의 도덕이라 들리게 된다. -소유하고 더 많이 소유하려고 하는 것, 한마디로 성장- 이것은 삶 그 자체이다.[53]

니체가 보기에 삶이란 그 자체로 꾸준히 전진해 나가는 것이고, 지금까지 전승되어 왔던 형이상학의 개념으로 파악하지 않는다. 본래 삶이란 그 근본기능에서 보면, 다치기 쉽고, 폭력적이며, 착취적이고 파괴

---

48) KSA, 10, p.17.
49) 백승영,『니체, 철학적 정치를 말하다』, 책세상, 2018, p.52 재인용.
50) KSA, 10, p.17.
51) 정낙림,「놀이의 실천철학적 의미-니체 철학을 중심으로」, 제122집,『철학연구』, 대한철학회, 2012, p.331.
52) KSA, 10, p.17.
53) KSA, 11, p.586.

적이다. 이러한 삶의 특성 없이는 전혀 생각할 수 없는 것인 한에서, 당연히 침해, 폭력, 착취, 파괴란 그 자체로 불법적인 것이 될 수 없다. (…) 삶의 의지는 힘의 복합체의 투쟁에 사용되는 수단이 아니라 모든 투쟁 일반을 방지하는 수단으로 생각해 본다면, 이는 삶에 적대적인 원리가 될 것이며, 인간을 파괴하는 자이자 해체하는 자가 될 것이다. 그리고 미래를 암살하려는 기도, 파괴의 징후, 무에 이르는 사잇길이 될 것이다.[54)]

니체에게서 관점은 "모든 삶의 기본조건"[55)]이다. 즉, 삶은 관점적인 것에 의해 제한받는다.[56)] 세계를 해석하는 것은 바로 우리의 욕구이다: 우리의 욕망들의 동의와 반대, 각각의 욕망은 한 유형의 지배욕이다. 각각의 욕망은 자신의 관점을 가진다.[57)] 따라서 니체가 보기에 각각의 욕망은 모든 다른 욕망에게 자신의 관점을 규범으로서 강요하기를 원하고 있다.

3. 딜타이 삶의 철학: 역사 = 삶 = 체험

앞서 고찰하였듯이, 딜타이의 철학적 사유는 니체와 마찬가지로 삶이다. 또한 딜타이는 니체와 마찬가지로 역사에 대한 이해를 통해 삶을 이해했다. 하지만 니체와 딜타이는 서로 역사를 이해방식에는 상당한 차이가 있다. 딜타이가 해석학적 순환에서 개별성과 일반성의 화해를 모색했다면, 니체는 관점주의의 해석을 통해 주로 개성적이고 특수한

54) KSA, 5, pp.312-313.
55) KSA, 5, p.12.
56) KSA, 2, p.20.
57) KSA, 12, p.315.

것에 대해 고찰했다.

딜타이 정신과학에서 삶(das Leben)의 개념은 그의 철학을 형성하는 근본적 요소다. 그래서 딜타이에게서 "삶은 철학의 출발점을 구성하는 근본적 사태(Grundtatsache)(GS, Ⅶ, 261)"이다. 이런 관점에서 그는 삶 철학을 기반으로 정신과학의 철학적 근거를 정립했다. 딜타이는 삶의 개념을 "삶의 범주"에 관한 후기 유고들에서 그 근거를 찾고 있다. 하지만 1982년에 발간된 전집 19권에 포함된『삶과 인식』의 유고집에서 새롭게 해석해 나갔다. 따라서 딜타이 삶 철학의 출발점은 "인간을 어떻게 이해하고 있느냐?" 하는 물음에서 출발한다. 삶은 내부에서 이미 잘 알려져 있다.

철학이 무엇인가라는 물음은 내적 경험으로서의 의식이며, 그 내적 경험은 사유 안에서 배양된다. 삶은 체험, 즉 주체에서 일어나지만, 단지 주체 안에서만 이끌려 나오는 것은 아니다. 왜냐하면 체험 안에서 개별적인 주체들은 삶을 앞질러 나갈 수 있기 때문이기도 하다(GS, Ⅶ, 136). 그렇기 때문에 딜타이는 삶 체험의 개념에 집중하여 "여기서 삶을 파악"(GS, Ⅶ, 136)해야 한다고 말한다. 정신과학의 대상은 물리적인 것에서부터 정신적인 세계를 순서대로 다루어진다. 따라서 우리는 딜타이의 정신과학을 삶 철학이라 부르는 것이며, 삶 철학이란 명칭이 이제 일반화되었다. 그러나 우리의 주제는 삶 철학의 근간을 설정하여 다시 삶의 근본적인 물음을 제기하는 것이다.[58] 즉, 삶은 삶을 증명하는 것으로서 다양한 삶의 적용방법을 분석한다. 즉 '삶의 증거는 삶 자체다(GS, V, 131)'. 딜타이는 그의 저서 여러 부분에서 "심리적-물리적 삶의 통일체(psycho-physische Lebenseinheit)"(GS, I, 17-18)를 강조한다. 즉 그에게서 자연과

---

58) Vgl. Georg Misch, *Phänomenologie und Lebensphilosophie-Eine Auseinandersetzung der Diltheyschen Richtung mit Heidegger und Husserl,* Darmstadt, 1967, p.21.

정신이 통일을 이루고 있는 근원적 존재는 삶인 것이다.

하지만 딜타이에게서 삶은 단순히 심리적-육체적 통일성이라기보다는 역사적-현실성을 의미한다. 역사는 삶에서 나온다. 삶은 인간성의 관점에서 삶의 연관성을 형성한다(GS, Ⅶ, 256). 그래서 딜타이는 삶과 역사의 개념을 동일한 의미로 받아들인다. 이 양자는 첨예하게 그 한계를 설정하는 것이 아니라 서로 언제든지 넘나든다. 삶과 역사의 이중성은 통일적이며 분리할 수 없는 개념이다(GS, Ⅳ, 280, GS, Ⅶ, 256, 291). 지금까지 우리가 삶 철학과 그 방향을 분명하게 전개하려고 했다면, 삶 개념 그 자체를 체계적으로 정리해야 한다. 딜타이의 삶 철학은 다소 오해의 여지가 있다. 그는 삶을 규칙적이고 체계적인 것으로 보면서 철학을 널리 알리는 데 있지만, 삶 그 자체는 극단적인 개인주의로 치달을 수 있다. 이런 점에서 딜타이에게서 삶은 막연한 의미로 사용하지 않는다. 삶은 심리적-육체적 통일체로서 개인의 삶이며, 동시에 역사적-사회적 현실로서의 삶이다. 삶은 삶의 통일체로서 상호작용한다(GS, Ⅶ, 228). 삶은 개별적인 현존재가 아니라 인간적으로 연관된 총체성이다. 즉, 삶은 개별적인 삶의 통일체로 이해하지 않는다.[59] 딜타이의 정신과학의 목표는 삶의 복합적인 요소를 인식론을 다시 정립하는 데 있었다. 이런 의미에서 그는 칸트의 경험개념이 너무 협소하다고 비판한다.

딜타이가 보기에 칸트 시대의 형식논리학은 최후의 논리적 추상화, 사유 법칙 그리고 사유 형식들에서 모든 과학적 명제들의 정당성(Rechtsbeständigkeit)을 위한 논리적 근거를 마련하는 것이었다. 즉, 사유 법칙과 사유 형식들, 특히 범주들에서 주어졌던 판단은 칸트에게서 인식을 위한 조건들을 포함시켰다. 칸트는 범주를 통해 이런 조건들이 수학

59) Otto Friedrich Bollnow, *Dilthey. Einführung in seiner philosophie*, Stuttgart, 1955, p.44.

을 가능하게 해주는 것으로 확장시켰다. 그래서 그는 수학과 자연과학적 지식에 대한 분석을 통해 위대한 업적을 남겼다. 하지만 칸트 자신도 제시하지 못한 역사의 인식론을 그의 인식론적 개념 틀 안에서 가능한지의 여부는 여전히 의문으로 남아 있다.(GS, Ⅶ, 191-192) 즉, "로크와 흄, 그리고 칸트가 구성한 인식주체의 혈관을 흐르는 것은 진정한 피(血)가 아니다. 그것은 단순한 사유작용의 묽은 즙(汁)에 불과하다"(GS, I, xviii).

딜타이는 객관의 형식으로서 감성에까지 침투해 있는 칸트의 보편타당성에 대한 요청에 대해 다양하고 구체적인 경험을 제약하는 자연과학적인 방법모델에 근거하고 있다고 비판한다. 그래서 딜타이는 사회적-역사적 사실에 바탕을 둔 '역사이성비판'을 전개(GS, Ⅶ)했다. 그가 초기부터 말년까지 메모를 쓴 것을 보면, 일생의 과업으로 "역사이성비판"이라는 선도적 동기를 계획했다. 이렇게 딜타이는 자신의 학문적 최대의 과업을 "역사이성비판"을 계획하는 것에서 찾았다. 하지만 그는 이러한 제목으로 책을 출판하지도 않았을 뿐만 아니라 체계적인 논문을 쓰지도 않았다. 오히려 그는 정신과학을 정초하기 위해 다양한 시도를 통해 그 내용에 포함된 철학체계를 역사이성비판이라 지칭했다. 이런 점에서 딜타이는 "인간이 자기 자신과 자신에 의해 만들어진 사회와 역사를 인식하는 능력의 비판"(GS, Ⅷ, 264)을 역사이성비판이라 말한다. 여기서 역사이성비판은 자신의 삶을 인식하는 능력에 대한 검토를 의미한다.

또한 딜타이는 「인간, 사회, 그리고 국가에 관한 학문 역사연구에 대하여」(1875)라는 논문, 『정신과학 입문』 제1권, 그리고 『기술적 분석적 심리학의 이념』(1895)에 이르기까지 정신과학의 심리학적 기초 놓기라는 새로운 방법을 추구해 나갔다. 딜타이는 「해석학의 기원」(1900)이라는 논문에서 삶의 이해개념을 제시했다. 여기서 역사이성비판은 단순히 문헌해석이 아니라 삶(Leben)에 대해 해석하는 것으로 보았다. 딜타이의 해석학에서도 보듯이, "지속적으로 고정되어 있는 삶의 표현에 대해 기술적으로 이해(GS, V, 319)"하는 것을 정신과학의 목적으로 삼았다. 이러한 삶의 이해는 "외부로부터 감각적으로 주어져 있는 기호에서 내적인 것을 인식하는 과정(GS, V, 318)"으로 규정했다. 딜타이는 삶을 해석함으로써 정신과학을 다음과 같이 파악했다.

> 정신과학은 인간적-역사적-사회적 세계에서 인간의 체험을 지닌 삶의 연관에 관한 대상적이고 객관적인 인식을 추구한다는 점에서 통일적인 하나의 인식의 연관을 형성한다(GS, Ⅶ, 3).

이렇게 딜타이는 인간적-역사적-사회적 세계에서 정신과학의 삶을 구축하고자 했다. 딜타이가 그동안 일관되게 보여 주었던 관점은 단순하게 삶을 설명하는 방법이 아니라 이해하는 방법에서 새로운 부류의 심리학을 구상했다. 딜타이는 정신적 삶의 현상을 제한된 수치로 규정하려고 시도했던 환원적 방법의 설명심리학 대신에 심리현상에서 드러난 인과적 설명을 있는 그대로 기술했다. 다시 말해 그는 설명 심리학보다는 오히려 체험으로부터 나오는 삶의 연관을 이해심리학에서 찾았다. 즉 딜타이의 이해심리학은 정신적 현상들을 설명하거나 심리적 기본요소로서 되돌아가는 것은 아니다. 단지 그는 이해심리학을 정신적 삶에 대한 근원적인 구조연관으로 이해하고자 했다. 여기서 우리는 "**자연을 설명하고 정신적 삶을 이해한다**"라는 딜타이의 유명한 명제를 마주칠 수 있다.

무엇보다 딜타이는 이해와 설명의 구분을 유용하게 적용하고자 했는데, 이는 더 높은 단계의 자연과학과 정신과학의 인식하는 방법을 통해 형식적 조건을 먼저 이해하고자 했다. 그러나 정신과학에서 실재적인 범주는 자연과학과는 아주 다르다. 딜타이는 이런 자연과학 범주들의 성립과 관련된 문제에 관심을 두지 않았다. 하지만 그런 범주들의 구분이 과연 타당성이 있느냐 하는 문제에는 관심을 기울였다. 그 어떤 실재적인 범주가 자연과학에서 타당하다고 해서 정신과학에서도 자연과학의 요구가 타당한 요구라고 볼 수는 없었다. 자연과학에서 추상적으로 표현된 절차들이 그대로 정신과학으로 이양된다면, 자연과학적 사유의 경계를 뛰어넘는 일이 생겨나게 된다. 정확히 자연의 정신적 연관을 안으로 끌어들이는 자연과학의 내적인 것으로서 헤겔이나 셸링의 자연철학에서 이미 드러났던 것은 비난할 만한 것이다. 역사적인 세계에는 결코 자연과학적인 인과성이 없다. 왜냐하면 자연과학적 인과성이라는 의미에서 원인은 필연성의 법칙에 따라 결과를 수반하기 때문이다. 그러나 역사는 영향과 수난, 작용과 반작용의 관계에 대해 알고 있을 뿐이다. 그리고 미래의 자연과학은 사건의 담지자로서의 실체이거나 사건을 일으키는 작용인으로서의 힘과 같은 새로운 개념을 동일하게 지속하고자 한다(GS, VII, 197). 이렇게 그의 과업은 인식론적 관점에서 정신과학을 정당화시키는 것이었다. 딜타이는 정신과학의 대상을 **체험 · 표현 · 이해**의 관계에서 주목하고 이러한 관계가 성립되었을 때 정신과학의 고유한 관계를 다음과 같이 구성할 수 있다고 본다.

> 정신의 태도를 통해 자연과학적 인식과는 다른 정신과학의 대상이 형성된다. 지각과 인식에 의해 파악된 인간이란 우리에게 하나의 물리적 사실에 불과하다. 이것 자체는 단지 자연과학적 인식에 의해서만 접근 가능하다. 정신과학의 대상으로서 인간이 나타나는 것은 오직 인간적 상황이 체험되고, 이것이 삶의 표출 안에서 자신의 표현(Ausdruck)을 발견하고, 이 표현이 이해되는 한에서이다(GS, VII, 86).

위 인용문에서처럼, 딜타이 정신과학은 자연과학의 물리적 사실에 대한 방법론에 의해서가 아니라 정신과학의 보편타당한 인식론적인 기초를 정당화하고자 하는 데 있었다. 여기서 딜타이의 정신과학에서 이해는 삶의 의미성(Bedeutsamkeit)을 규명하는 데 있었다. 그래서 딜타이 자신은 정신과학을 역사학파의 방법론으로 이해했다.60)

정신과학의 방법론적인 근본개념은 이해이다. 딜타이에게서 이해는 삶의 의미성을 직접 파악하여 삶의 연관 속에서 드러내 보이는 것이다. 딜타이의 삶 철학은 "이해의 일반적 이론과 이해의 방법론"으로서 구별한다. 삶이란 외부 세계라는 조건에서 사람들 사이의 상호작용들의 연관이다. 이런 연관이 서로 교대로 시간과 장소에 독립적으로 놓여 있다. 딜타이는 정신과학에서 삶의 표현을 인간 세계에 한정해서 적용한다. 즉, 여기서 삶의 표현은 적용하는 영역에 따라 다르게 규정할 수 있으나, 그 어떤 오해가 있어서는 안 된다. 삶은 삶의 통일성으로 상호작용한다. 왜냐하면 심리적-물리적 절차는 우리가 시간을 파악하는 사이에 시작되고 끝나기 때문이다. 외부의 관찰자에게는 그런 경과가 일어나고 있는 현상적인 신체의 자기성을 통해 스스로 정체성을 만들어낸다(GS, VII, 228).

독일에서 역사적 의식을 향한 이런 해석학적 규칙은 프리드리히 슐레겔(Friedrich von Schlegel), 슐라이어마허(Friedrich Schleiermacher), 뵈크(A. Boeckh) 등에 의해 이상론으로 대체되었다. 이 이상론은 보다 심오한 이해를 통해 정신의 창작에서 기인한 직관에 근거한다. 즉 직관은 피히테의 이론에서 가능하게 했다. 또한 슐레겔이 비판학이라는 기획을 세우는 데 근거를 제공했다. 창작으로부터 이러한 새로운 직관에서 슐라이

60) 이한구, 『역사주의와 반역사주의』, 철학과 현실사, 2010, pp.52-53.

어마허의 대담한 명제가 근거하게 된다. 즉, "저자 자신이 스스로를 이해하는 것보다 그 저자를 훨씬 더 잘 이해할 수 있다(GS, Ⅶ, 207)"는 것이 통용하게 된다. 이 역설 안에 하나의 심리학적 토대를 가능하게 해 주었던 진리가 숨겨져 있다. 딜타이는 텍스트뿐만 아니라 예술작품이나 사회제도를 인간의 내적체험의 표현으로 파악했다. 딜타이는 시간 안에서 우리의 삶, 그리고 공간 안에서 삶의 부분과 전체와의 관계를 범주적으로 분류했다. 딜타이는 역사과정에서 진행되어가는 삶의 다양한 형태들을 전체에 대해 부분들의 내적인 관계를 맺고 있는 것으로 보았다. 따라서 이해는 전체와 부분의 관계로 맺어진 연관구조(Zusammenhang)이다. 항상 텍스트의 전체는 역사적인 차원을 함축한다. 즉, 내가 누구이고 텍스트의 의미가 무엇인지는 현재의 위치에서 관찰된 인간의 행동이나 언어의 의미를 다루는 방식만으로 올바르게 이해할 수 없다. 해석학의 이러한 입장은 인간의 의식을 자연과학적 방법에 의해 다루어진 학문과 차별성을 보여 왔다. 딜타이는 이러한 이해의 개념을 다음과 같은 세 가지 관점에서 파악한다.

첫째, 이해는 직접적인 체험에 근거하고 체험으로부터 나온다(GS, Ⅶ, 25). 체험은 그 자체에 내적인 반복을 통해 이해를 가능하게 한다. 체험은 내적인 연관을 맺고 있기 때문에 개인적인 생애의 한 부분에서 시작된다. 이러한 체험은 체험연관의 일반적 술어들이 일정한 개인을 불러낸다. 즉, 체험은 일반적 술어들을 이해하는 데 있어서 **"삶의 객관화"**61)

61) 딜타이는 "정신과학의 역사적 세계의 구성(1910)"에 대한 세 번째 장에서 삶의 객관화라는 표제어를 내걸고 구체적으로 삶의 객관화의 대상을 검토한다. 딜타이의 입장에서 삶의 객관화의 개념은 인간적 삶의 표현을 전체적인 의미로 설명하고자 하였다. 삶의 객관화는 외면화이며 동시에 개인의 사회적 삶을 명백하게 표현한다. 따라서 딜타이의 객관적 정신의 개념은 그의 후기 이론을 이해하는 데 중요한 단서가 된다. 삶의 객관화에 대한 자세한 논문은 다음을 참조: 양해림, 「딜타이는 삶의 객관화를 극복했는가?」, 『해석학 연구』, 제16집, 한국해석학회, 2005, pp.43-70.

와 정신과학에서 진술하는 모든 주체들에 대해 적용된다. 그 술어들의 타당성 범위는 정신적 삶이 어디에 있든지 간에 작용연관, 힘, 가치 등으로 확장된다. 이런 객관정신에서 과거는 우리에게 지속적으로 현존하는 현재이다. 객관정신은 삶의 양식, 교제의 형식들에서 사회를 형성해 나가는 목적연관, 즉, 인륜, 법, 국가, 종교, 예술, 과학, 철학 등에 이르기까지 점차 확장된다. 왜냐하면 천재의 작품도 한 시대와 환경에서 이념, 정서 생활, 이상 등의 공통성을 표상하기 때문이다.

우리의 자아는 아주 어린 시절부터 바로 이런 객관 정신의 세계로부터 자양분을 받아들인다(GS, Ⅶ, 192). 또한 그 객관세계는 타자에 대한 이해와 삶의 표현을 수행한다. 왜냐하면 정신의 객관화는 그 자체로 나와 너에게 공통적인 것을 포함하고 있기 때문이다. 개별적으로 꽃을 심어 놓은 장소, 의자를 정렬해 놓은 거실들은 우리가 어린 시절에도 알 수 있는 것이다. 왜냐하면 각각 공통적인 목적의 설정, 정리 정돈, 가치 규정 등은 방에 있는 개별적인 자리와 대상에 그 위치를 지정하고 있기 때문이다(GS, Ⅶ, 208). 삶은 근본적으로 삶의 첫 번째 범주적인 규정이다. 여기에 시간성이 포함되어 있다. 이러한 삶은 이미 '**생애**'라는 표현에서 부각된다. 시간성이란 우리 의식에서 파악한 통일성에 의해 가능하다. 삶과 삶 속에 등장하는 외적인 대상들, 즉, 동시성, 연속, 시간 간격, 지속, 변화 등과 같은 관계들은 모두 공통적인 개념이다. 이러한 관계에서 칸트는 시간의 **"현상성(現象性, Phänomenalität)"**[62]에 대해 자신의 근본적인 학설로 삼았다. 여기서 추상적인 관계들은 수학이나 자연과학에 근거를 두고 있다(GS, Ⅶ, 192-193). 개별적인 체험들은 모두 자기 자신과 관계

62) 딜타이에게 있어서 정신적 삶의 의식의 근원적 확실성은 "현상성의 명제"로 형식화된다. 즉 딜타이 철학의 상위 명제는 현상성의 명제이다. 딜타이는 나에게 어떠한 것이 거기에 존재하는가? 라는 물음은 "내 의식의 사실에서 존재한다"고 말한다. 모든 외부의 사물도 의식의 과정에서 주어지고 대상과 사물은 의식 속에 존재한다.

를 맺고 있으며, 바로 자기의 한 부분을 체험한다. 그래서 체험은 다른 부분들과의 구조연관의 관계에 있다. 따라서 우리는 심적인 측면에서 주로 연관구조를 목격하게 된다. 물론 딜타이에게서 체험은 칸트처럼, 선험적인 주관이 아니다. 그렇기 때문에 딜타이는 의식의 내면성에서 정신과학의 고유한 인식의 가능성을 찾아냈다. 이렇게 정신과학은 내적 체험에서 부여받은 체험 그 자체의 현상이다. 여기서 우리는 체험된 대상만을 생각하게 된다. 따라서 체험은 우리에게 실재하는 원초적인 방식이며, 역사인식의 궁극적인 전제조건이 된다. 즉 체험은 역사적 세계의 원세포(Urzell der geschichtlichen Welt)이며, 정신과학의 기본적인 경험자료인 것이다. 그러므로 정신과학을 경험과학이 되게끔 보증하는 것은 이러한 체험에서 나타난다. 반면에 자연과학은 우리와 독립된 물질적 세계의 현상에 관여한다.

둘째, 이해는 삶의 표현으로써 표현의 이해이다(GS, Ⅶ, 205, 207). 즉, "나는 삶의 표현에 의해 무엇인가 생각하거나 의도하고자 하는 데 있지는 않다. 오히려 삶의 표현은 우리에게 이해할 수 있는 정신의 표현으로서 어떤 의도가 없다는 것을 분명히 하고자 한다."(GS, Ⅶ, 205). 딜타이는 체험표현에 대해 다음과 같이 말한다.

> 전혀 다른 체험 표현이다! 체험표현이나 그것에서 나오는 삶의 표현 사이에서의 현존하는 특별한 관계는 삶에 작용을 가하는 이해에서 나온다(GS, Ⅶ, 206).

이를테면 삶의 표현은 그 어떤 내적인 것에서 보증될 수 있는 것보다 훨씬 많은 정신적 연관들을 함축한다. 삶의 표현은 의식이 조명 받지 못한 저 깊은 곳에서부터 의식을 점차 고양시켜 나간다. 하지만 체험표현에서 정신에서 표현된 의식과 의식의 정신 사이에서 드러난 관계는 매우 제한적으로 이해한다. 체험표현은 참과 거짓이라는 판단이 아니라 진실한가, 진실하지 않은가를 판단한다. 왜냐하면 여기에서 위조나 위장, 거짓, 기만 등이 표현과 표현된 정신적인 것의 관계를 파괴하기 때문이다(GS, Ⅶ, 206).

하지만 정신과학에서 체험표현의 최상의 의미는 바로 일상의 삶에서 우러나온다. 지나치기 쉬운 해석도 시간에 의해 규정된다. 이런 점에서 정신과학의 대상으로서 이해는 인간의 어떠한 상황을 체험하고, 그 삶을 표현하여 이해한다(GS, Ⅶ, 196). 우리는 이제 삶 그 자체의 흐름을 어떤 특정한 방식의 노력으로 인해 체험하는 것을 원한다. 헤라클레이토스에 따르면, 마치 강물이 언제나 똑같은 것처럼 보일지라도 강물에 많이 들어가든 한번 들어가든 똑같을 수가 없다. 그런 다음에 우리는 삶 그 자체의 각각의 순간을 관찰하는 것에 따라 다시 삶 자체의 법칙으로 돌아가게 된다. 또한 우리가 흐름의 의식을 강화시켰던 것처럼, 기억된 순간은 더 이상 흐름이 아니다. 왜냐하면 이제 그 순간은 그 자체로 흐르는 것을 꽉 붙잡아 주목(注目)한 것을 통해 확고히 하기 때문이다. 그래서 우리는 이러한 삶 자체의 본질을 파악할 수 없다(GS, Ⅶ, 196). 따라서 딜타이에게서 이해는 정신과학의 대상으로서 인간의 상황을 체험하는 것이며, 거기서 삶의 표현을 표출하여 그러한 표현을 이해하는 것이다.

셋째, 이해는 개별적인 것의 이해다(GS, Ⅶ, 207). 즉, 딜타이에게서 개별적인 이해는 객관적 정신을 통해 타자의 정신과 공동체의 역사를 이해하는 데 그 목적이 있다. 왜냐하면 개별적인 이해는 자신이 주체가 되어 공동체를 이해해야 하기 때문이다. 이해는 타자의 이해와 낯선 삶의 표현에 대한 이해 가능성(GS, I, 33 ; GS, V, 226 ; GS, Ⅶ, 225 ; GS, IX, 225)을 타진한다. 여기서 이해는 서로 불균등한 서로 다른 삶의 연관에서 드러날 수 있는 이해의 가능성(GS, Ⅶ, 252)에 주목한다. 이러한 관점에서 딜타이는 이해를 두 가지 측면에서 구분한다. 즉, 하나는 타자와의 낯선 삶의 표현 가능성, 다른 하나는 서로 불균등하게 나타날 수 있는 다른 삶과의 연관성 사이에서 상호 이해한 것이다. 삶은 체험에 의해 주어진다. 즉, "체험은 실재가 나에게 나타나는 특수한 방식이다. 체험은 지각의 내용이나 표상처럼, 나에게 대립해 있지 않다. 체험은 외부로부터 우리에게 주어지는 것이 아니라 내면을 지각함으로써 나타난다. 그리고 우리의 사유에 의해 비로소 대상화된다"(GS, VII, 313).

4. 니체와 딜타이 삶 철학의 과제

딜타이는 현대의 철학적 논쟁에서 해석학과 심리학 그리고 역사학에서 정신과학의 철학적 근거를 마련했다. 딜타이는 20세기 정신사에서 우리 시대의 정신적 그 유산을 남겨 주었다. 또한 니체는 19~20세기, 21세기에도 여전히 푸코, 데리다, 들뢰즈 등 프랑스 포스트모더니즘을 비롯한 다양한 영역에 걸쳐 니체의 르네상스를 활짝 열었다.[63] 딜타이의 궁극적인 기획은 역사적 삶에서 철학을 보편화하는 데 있었다. 즉 그는 "오늘날 삶 철학은 역사적 세계와 연관에 대한 지식의 가능성을 입증하고 그러한 가능성을 실현하기 위한 수단을 발견하기 위해 보편적인 인식론적 과제를 설정해야 한다"(GS, VII, 217)고 말한다.

---

63) 20세기 정신사에서 딜타이의 삶의 철학을 계승하고 발전시킨 하이데거와 미쉬(G. Misch), 블노브(O. F. Bollnow), 가다머(H.- G. Gadamer), 하버마스(J. Habermas), 리쾨르(P. Ricouer)와 같은 해석학의 철학자들도 기본적으로 정신과학의 방법론적인 계획을 설정하여 역사성의 보편성을 부각시켰다. 딜타이 이후의 해석학은 하이데거와 가다머를 거치면서 정신과학의 방법론만으로 제한되지 않는 존재의 이론으로 발전하였다. 또한 하버마스와 아펠(K.-O.Apel)을 통해서 사회과학과 실천철학의 방법론으로 전개하였다. 리쾨르와 푸코(M. Foucault)에게서 현상학과 정신분석학, 구조주의 등 다양한 계기와 접합하면서 초기의 해석학과는 다소 다른 모습으로 성장해 갔다.

니체와 딜타이는 삶의 철학자라는 데 상호 공통점이 있다. 니체는 그의 저서에서 딜타이를 직접 언급한 부분은 없지만, 딜타이는 그의 저서에서 니체를 종종 비판한다. 딜타이가 니체와 구별하는 가장 커다란 관점은 역사에 대한 이해이다. 그래서 역사의 지평에서 양자는 서로 만난다. 양자에게서 공통적인 문제는 역사주의 비판과 극복이라는 데 있다. 딜타이는 개별사실들을 개별성 속에서만 고찰하는 19세기 역사학의 이해방식을 그릇된 것으로 간주한다. 그래서 딜타이가 보기에 역사의식은 역사적 삶의 연구에 기반해야 한다.[64] 딜타이의 관점에서 역사학파와 니체는 삶과 역사의 관계를 제대로 이해하지 못하였기 때문에 유사한 오류를 범했다. 말하자면 역사학파는 역사서술에 있어서 개인의 삶에 대한 관계를 충분하게 고려하지 않았다. 그리고 니체는 인간의 본성과 삶을 이해함에 있어서 역사의 의미를 제대로 파악하지 못했다. 딜타이는 이것이 니체의 엄청난 기만이었다고 말한다. 역사의 포괄적인 과제는 헤겔에게서 암묵적으로 발견할 수 있다. 원시민족의 비교적(比較的) 무역사적인 삶에 대한 탐구를 통해 역사의식에 보다 근접해 있다 (GS, Ⅶ, 250).

무엇보다 딜타이는 니체의 삶 철학에 대해 역사의식이 결여되어 있다고 파악하고, 니체를 비역사적, 반역사적 인간, 비역사적 주관주의의 대표자로 간주한다. 딜타이는 고독한 자기성찰, 무역사적인 본질을 추구했다고 니체를 비판한다. 즉, "피부는 다른 것을 이끌어냈다. 그 이외에 무엇이 남아 있는가? 또한 역사적인 조건, 르네상스의 힘 있는 인간의 장점, 인간이 무엇인지는 역사에서 말한다.(GS, Ⅷ, 248)"[65] 그래서 딜

64) H. Schröter, *Historische Theorie und geschlichtliches Handelns,* Mittenwald, 1981, p.51.
65) Vgl. Garard Visser, "Dilthey und Nietzsche –Unterschiedliche Lesarten des Satzes der Phänomentalität", in: *Dilthey-Jahrbuch.* Bd. 10. 1996, p.225.

타이는 역사의 도전을 통해 니체를 다시 발견한다.[66] 니체가 도전한 역사는 19세기 역사주의의 역사이해를 의미한다. 니체가 인식과 지식의 속성으로서 역사가 아니라 삶에 기여하는 역사로서 인정받는 것이다. 그래서 니체에서 삶 철학은 비역사적인 것에서부터 역사적인 것으로서 인간존재와 삶을 이해하는 본질적인 요소이다.[67] 앞서 언급한 것처럼, 딜타이가 삶과 역사를 동일하게 보았다면, 니체에게서 역사는 삶의 표현이라기보다는 삶에 유용한 수단으로 간주했다.

앞장에서 살폈듯이, 딜타이는 체험의 생성에서 표현을 이끌어 냈고, 체험된 경험에 의해 인간의 정체성을 규명했다. 그래서 딜타이가 주로 체험에 한정하여 삶 철학에 집중했다면, 니체는 체험에만 한갓 머물러 있지 않았다. 1884년 니체는 다음과 같이 적고 있다. "나는 나에 대해 최고의 실망을 일깨우려고 한다. 나는 단지 체험된 사태만 말하고 육체의 과정에서만 표현하지 않는다."[68] 궁극적으로 니체와 딜타이는 체험을 출발점으로 자신들의 철학을 삶 철학으로 고양시켰지만, 서로 상이한 방법과 차이로 인해 자기인식과 상호 작용의 가능성을 모색해 나갔다.

---

66) J. Figal, "Nietzsche und die philosophische Hermeneutik des 20. Jahrhunderts", in; *Nietzsche-Studien,* Bd. 10/11(1981/1982), p.415.

67) 홍일희, 『니체의 생철학』, 전남대학교 출판부, 2002, p.84.

68) KSA, 11, pp.27, 77.

IV. 후설과의 대결: 생활세계

1. 딜타이의 삶의 철학과 후설의 현상학과의 관계

19세기 말~20세기 초엽의 서구 철학에 있어서 삶의 철학(Lebensphilosophie)은 딜타이를 시점으로 하여 베르그송(Henri Bergson, 1859~1941), 니체와 연결하여 거슬러 올라간다. 무엇보다 서구 철학에서 삶과 세계는 서로 다른 철학적 전통에서 만난다. 먼저 세계는 태초에 철학의 출발점부터 우주론과 존재론의 대상으로서 서양사상의 중심적인 주제였던 반면에, 삶의 개념은 한참 후인 19세기에 와서야 삶의 철학적 전통을 형성하면서 많은 의미를 부여받았다.[1] 이러한 삶의 철학은 후기 후설(Edmund Husserl, 1859~1938)의 현상학에 많은 부분이 유입되었다.

대표적으로 철학적 인간학자로서 우리에게 잘 알려진 쉘러(Max Scheler, 1874~1928)는, 후설의 현상학이야말로 삶의 철학을 철저히 계승한 이론이라 말한다. 즉 후설의 철학은 "삶을 체험하는 충족감에서 나왔으며, 거기서 철학의 대상은 인간의 근원성이나 시간성 및 역사성에서 체험된 삶을 경험하는 것이었다."[2] 다시 말해서 후설의 현상학은 내적인 의식의 체험을 통해 시간성과 역사성을 중심주제로 다루었다.[3] 여기서 후설의 내적인 의식은 반성적 의식을 의미하며, 반성적 의식은 체험을 이루는 구성요소를 뜻한다. 그에게서 의식은 대상의 의식, 즉

1) Hubert Hohl, *Lebenswelt und Geschichte,* München, 1972, p.25.

2) Max Scheler, "Versuche einer Philosophie des Lebens. Nietzsche-Dilthey-Bergson", in: ders., *Vom Umsturz der Werte,* Bern, 1955, p.313.

3) Ludwig Landgrebe, *Das Problem der Geschichtlichkeit des Lebens und die Phänomenologie Husserls,* Frankfurt a. M., 1968, p.30.

"무엇에 대해 의식하고 있다"는 지향적 관계 혹은 지향성을 의미하였다.[4] 따라서 후설 현상학에서 삶의 개념은 단지 구성적인 절차를 이루고 있는 존재론적인 규정만이 아니라 지향적인 삶을 파악하는 것으로 이해할 수 있다. 그렇기 때문에 그에게서 삶은 항상 세계[5]와 관련되어 있으면서도 세계와 긴밀한 긴장관계에 있다. 그렇지만 그의 현상학은 선험철학으로서 존재론과 주체철학을 삶과 서로 일치시키는 데 있었다.[6]

2. 생활세계의 출발점

미쉬는 후기 후설철학의 출발점을 두 가지의 주된 관점으로 파악한다. 하나는, 후설의 발생학적인 구성분석을 이론적 입장에서 다른 이론철학보다 그 우위성을 확립하는 것이며, 다른 하나는, 후설이 "선험적 주체성"[7]의 원리를 그의 후기철학에서도 데카르트적인 순수 정신에서 이해한 것을 근거로 하여 에고-코기토의 입장을 정착시키는 것이다.[8]

---

4) 이남인, 「후설의 기분현상학」, 『역사와 현상학』, 철학과 현실사, 1999, pp.263-264.

5) 후설의 세계개념은 생활세계를 이해하였을 경우에 "보편지평"과 "총체"의 세계로서 이해할 수 있다. 후설의 세계이해에 관한 논의로는 다음을 참조: 윤병렬, 「후설현상학에서의 세계이해」, 『철학』, 제62집, 한국철학회 2000 봄, pp.207-229.

6) Hubert Hohl, *Lebenswelt und Geschichte*, München, 1972, p.28.

7) 선험적 주체성은 세계의 존재에 관한 충분한 근거는 아니다. 세계의 구성은 선험적 주체성의 고유한 저작이 아니라, 오히려 선험적 주체성에 대한 무엇인가 근본적인 놀람이다(Iso Kern, *Husserl und Kant. Eine Untersuchung über Husserls Verhältnis zu Kant und zum Neukantianismus,* Den Haag, 1964, p.298). 현상학의 진정한 주제는 한편으로는 세계이며, 다른 한편으로는 단지 대립적인 선험적 주체성이 아니라 세계의 생성을 선험적 주체성의 구성과 연관되어 있다. 즉 세계의 존재에 대한 물음은 세계를 선험적 주체성의 본질에 대한 물음에 의해 현상학을 전환시키는 것이다(Eugen Fink, "Die phänomenologische Philosophie Edmund Husserl's in der gegenwärtigen Kritik", in; *Kant-Studien*, Bd. 38, 1933, p.370).

8) Georg Misch, *Lebensphilosophie und Phänomenologie. Eine Auseinandersetzung der Diltheyschen Richtung mit Heidegger und Husserl,* Darmstadt, 1967, p.205: Vgl. Alexander Haardt, "Lebensphilosophie versus genetische Logik. Differenzen und Affinitäten zwischen

후설의 현상학은 객관주의와 자연주의의 태도를 데카르트의 주체의 개념(ego cogito)을 수용하면서 칸트의 선험철학과 밀접한 관계를 맺고 있다. 즉 후설의 생활세계는 **"선험적 현상학의 환원방법"**[9]에서 그 출발점을 찾고 있다. 여기서 후설의 객관주의와 자연주의적 태도는 후기 후설의 철학에서 세계를 이해하는 것으로 서로 다르게 대립시키는 것이 아니라 오히려 이 두 관계를 동일한 방법으로 연관시키는 것이다.[10] 따라서 후설 현상학의 철학적 출발점은 데카르트의 전통을 계승하여 합리적인 인식의 철학으로 공고히 다져나가는 데 있었다.

이러한 관점은 그의 철학적 진리의 인식을 데카르트에게서 궁극적이고 절대적인 출발점으로 삼고 있는 데에서도 거듭 엿볼 수 있다. 이와 같이 후설은 데카르트를 출발점으로 하여 근대의 선험 철학을 주체주의의 관점에서 철학적 진리를 구하고자 하였고, 인간의 의식행위도 인식의 구성적인 조건에 맞는 답변을 찾으려 하였다.[11] 이러한 관점은 칸

den Projekten von Georg Misch und Edmund Husserl", in: *Dilthey-Jahrbuch,* Bd. 11, Göttingen, 1997/1998, p.64.

9) 후설철학의 환원개념은 현상학을 이해하는 데 있어서 중심적인 열쇠개념이다. 환원은 선험적 주체성(자아와 우리의 주체성)에서 수행된다. 환원은 세계의 구성과 세계의 영역을 발견하는 가운데서 처음으로 철학적인 세계의 지식을 가능하게 한다. 환원은 보편적인 이성비판(이성과 반이성의 문제)에서 다루는 근본적인 조건이다(Hans Wagner, "Kritische Betrachtungen zu Husserls Nachlass", in; *Philosophische Rundschau,* 1(1953/54), p.14: Vgl. 신귀현, 「현상학적 환원과 그 철학적 의미」, 『현상학이란 무엇인가』, 심설당, 1983, pp.59-79). 즉 후설 현상학의 근본방법은 현상학적인 환원이다. 현상학적 환원은 기본적인 철학의 방법을 인식하는 길이며, 모든 현상학의 문제에 놓여진 선험적인 주체성으로 접근한다(Eugen Fink, "Die phänomenologische Philosophie Edmund Husserls in der gegenwärtigen Kritik", in: *Kant-Studien,* Bd. 38, 1933, pp.322-333). 따라서 후설의 현상학은 선험적-현상학적 환원의 네 개의 다양한 길로 구분할 수 있다. ① 데카르트적인 길, ② 지향적인 심리학의 길, ③ 실증적인 과학비판에 대한 길, ④ 존재론에 대한 길이 그것이다(Iso Kern, "Die drei Wege zur transzendental-phänomenologischen Reduktion in der Philosophie Edmund Husserls", in: *Tijdschrift voor filosofi,* 24(1962), p.304).

10) Rüdiger Welter, *Der Begriff der Lebenswelt,* Freiburg, 1986, p.56.

11) Wilfrid Lippitz, "Der phänomenologische Begriff der Lebenswelt, -Seine Relevanz für die Sozialwissenschaften", in: *Zeitschrift für philosophische Forschung,* Bd. 32, 1978, pp.417-418.

트그레베(Ludwig Landgrebe)의 「후설의 데카르트주의 이별」이라는 논문에서 보다 분명하게 드러난다. 즉 후설의 선험적인 주체성의 시도는 절대적인 존재로 환원하고 있으며, 현상학적인 구성분석과 현상학적 환원을 위한 정체성(正體性)의 출발점으로 삼고 있다는 것이다.[12] 다시 말해서 후설의 생활세계는 현상학의 선험적인 관념론으로 요구하면서도 그것을 대상으로 하여 비판의 출발점으로 삼고 있다는 점이다. 요컨대 후설의 생활세계의 선험적 관념론에 대한 가능성의 비판은 현상학적 환원방법에 의한 주관적인 행위를 그에 상응하는 구성조건을 찾는 것이며, 또한 반성적으로 연역하는 것이다.[13] 란트그레베에 의하면, 후설의 『위기』에서 현상학적 환원은 교정할 필요는 있으나 그 환원을 모두 제거하는 것은 아니라는 점이다. 여기서 데카르트적 환원은 현상학적 관심을 완전하게 수행해 나가는 것은 아니지만, 다만 데카르트적 환원에 관한 관심은 이미 그리스시대 이후로 이론적 입장으로 전환하면서부터 시작되었다는 사실이다. 이런 관점에서 환원은 오랜 역사의 반성을 통해 당도하는 것이 아니라 근대에 이르러 칸트의 선험철학의 선험적 동기에 의해서 첨예하게 드러나고 있다.

이미 널리 알려져 있듯이, 후설에게 있어서 "생활세계"[14]는 그의 후

---

12) Ludwig Landgrebe, *Der Weg der Phänomenologie. Das Problem einer ursprünglichen Erfahrung,* Glütersoh, 1963, p.163: 후설의 데카르트에 관한 자세한 내용은 다음을 참조: 한전숙, 「Husserl에 있어서의 Descartes적 길과 非 Decartes적 길」, 『현상학의 이해』, 민음사, 1984, pp.107-215.

13) Wilfrid Lippitz, 앞의 논문, p.419. Vgl. Ludwig Landgrebe, *Der Weg der Phänomenologie. Das Problem einer ursprünglichen Erfahrung,* Glürsloh, 1963, p.163.

14) 후설의 생활세계에 관한 주제는 『위기』가 출판되기 이전에도 뤼벤(Löwen)에 소재해 있는 후설연구소의 소규모 그룹에서 논쟁되어 오다가 점차 광범위한 그룹으로 전개되었다. 이 주제는 하이데거, 사르트르, 메롤로 퐁티 등의 사상 속에서 제한적으로 알려져 왔다(Anna-Teresa Tymieniecka, "Dem Wendepunkt der Phänomenologie entgegen", in: *Philosophische Rundschau,* 14(1967), p.194). 후에 후설의 제자인 슈츠(Alfred Schütz)의 저서를 통해 사회이론에 적용하면서 부르멘부르그(H. Blumenburg), 뤼베(H. Lübbe), 가다머(H-G. Gadamer), 하버마스(J. Habermas), 루만(N. Luhmann), 거비취(A. Gerwitsch), 얀센(P. Jannssen), 크레스게스(U. Claesges), 오르트(W. Orth), 발덴휄스(B. Waldenfels) 등에 이르기까지 주요한 현대 철학의 관심분야로 떠오르고 있다.

기 작품인 『유럽학문의 위기와 선험적 현상학』(1936)[15]의 중심주제이다. 이 저서에서 후설은 생활세계의 새로운 과학을 근대 유럽위기의 탈출구로 인식하였다. 그는 『위기』의 논문에서 현상학을 새로운 길로 소개하였고, 거기서 생활세계의 근거와 역사적 필연성의 정당성을 부여하였다. 여기서 후설의 생활세계는 현상학적인 근원과 그 의미를 제대로 인식하는 것이다. 왜냐하면 생활세계는 과학에서 발생하는 근대과학의 근원에 관해서 질문을 설정하면서 역사적인 것이 체계적으로 조건에 부합하는지를 묻고 있기 때문이다. 다시 말해 『위기』에서 후설의 철학사적인 연구는 역사적으로 전체적인 관점을 새롭게 파악하고 있으며, 과학의 위기에 대해서도 심도 있고 통찰력 있는 방안을 체계화시켰다.

그의 현상학적 사유과정은 유럽철학과 과학을 역사철학적으로 분석함으로써 선험적 연구 및 역사의 문제를 한층 진일보시켰다.[16] 다시 말해 후설의 주제는 철학과 과학을 통해서 규정한 유럽의 위기가 무엇인가를 진단하고 극복하는 데 있었다는 사실이다. 그에게 있어서 갈릴레오의 위대한 성취는 근대과학을 자연의 수학화한 것으로 보았으며, 자연의 수학화는 수학적 자연과학의 이념을 새롭게 산출하는 것이었다. 이러한 관점에서 후설은, 자연의 수학화가 의미하는 것이 무엇이며, 그 자연의 수학화를 동기로 하여 일련의 사상을 어떻게 재구성할 수 있는가?(Kr. 20)[17]라고 묻는다. 이렇게 후설은 과학적 사고 유형에 의한 생활세계의 주제를 근대시대 이후로 변형된 역사적 운동의 역동성 속에서

---

15) Edmund Husserl, *Die Krisis der europäischen Wissenschaften und die transzendentale Phänomenologie*, Den Haag, 1962: 한글 번역본: 에드문트 후설, 이종훈 역, 『유럽학문의 위기와 선험적 현상학』, 이론과 실천, 1993(이하 Kr이라 생략하여 인용함).

16) Hermann Lübbe, "Husserl und die europäische Krise", in: *Kant-Studien*, Bd. 49, 1957/58, p.226.

17) Vgl. David Carr, "Husserl's problematic concept of the Life-World", in: *American philosophical Quarterly*, 7 (1970), p.332.

특별한 관심을 보였고, 특히 『위기』의 9장에서는 근대시대에서 근원적으로 변형된 생활세계를 어떻게 인식할 것인가를 갈릴레오에게서 찾았다. 생활세계는 근대과학의 엄청난 충격 속에서 갈릴레오를 선두로 하여 시작되면서, 과학의 객관성은 참되고 타당한 보편성을 전제조건으로 하고 있다는 데 기인한다.[18] 결국 후설은 갈릴레이가 자연과학을 최초로 수학적으로 객관화하였다고 파악하고, 객관화된 세계는 근원적으로 자연적이며 세속적인 세계 위에 있다고 보았다.

이러한 『위기』의 주제와 관련하여 후설은 생활세계와 관련하여 **진단의 기능이론과 치료의 기능이론**을 제시한다.[19] 진단의 기능은 생활세계의 이론을 통해서 충족한다. 근대의 객관적인 과학은 토대로서의 생활세계를 상실하였으나, 역사적으로 진행되어 오면서 체계적·항구적인 의미와 타당성의 요소를 제시한다(Kr. 123). 무엇보다 후설은 생활세계의 상실이 진행되어 왔더라도 과학의 객관성과 유럽위기의 진정한 근원지가 어디에 있는가를 찾으려 하였다. 특히 과학에서 드러난 생활세계의 입장은 **토대의 기능**이라 부르고, 과학에 대한 생활세계의 이중적 토대기능은 현상학의 중요한 부분을 형성한다. 생활세계의 **치료적인 기능**은 자기반성을 위한 도약의 기반으로 구성되며, 선험적 현상학으로서 삶의 보편적인 태도로 진행된다. 또한 후설은 생활세계의 기능을 **실마리의 기능**이라 불렀으며, 이러한 기능의 관계에서 생활세계는 토대를 구성하게 된다.[20] 따라서 후설의 생활세계는 선험적 주체성의 구성적

18) Aron Gurwitsch, "The Last Work of Edmund Husserl, -Lebenswelt", in: *Philosophy and Phenomenological Research,* 17 (1956/57), p.370.

19) Ulrich Claesges, "Zweideutigkeiten in Husserls Lebenswelt-Begriff", in: U. Claesges(Hg.), *Perspektiven transzendentalphänomenologischer Forschung,* Den Haag, 1972, p.85.

20) Ulrich Claesges(1972), p.85: Vgl. Bernhard Waldenfels, *In den Netzen der Lebenswelt,* Frankfurt a. M., 1994, p.16: Bernhard Waldenfels, *Sinneschwellen. Studien zur Phänomenologie des Fremden,* Frankfurt a. M., 1999, pp.180-181.

행위에서 설정하였던 문제들을 개별적으로 찾아내어 그에 상응하는 실마리를 구축하는 것이었다.

3. 생활세계의 개념

후설은 『위기』의 논문에서 역사적으로 광범위한 생활세계의 개념을 직관의 세계로 소개한다. 여기서 그는 좁은 의미에서 역사적이거나 구체적 생활세계의 개념을 직관의 토대(Anschauungsboden)로 파악한다.[21] 그러나 그의 저서에서 생활세계 개념의 기원을 확실하게 찾고자 하는 시도는 애매한 것처럼 보인다. 왜냐하면 처음부터 후설의 현상학적 선험철학의 체계는 역사적인 의미에서 동일한 것이 아니라 이중적이거나 애매힌 관점을 보이고 있기 때문이다. 후설이 생활세계라는 표현을 처음으로 사용한 것은 아니다. 먼저 생활세계의 개념은 후설이 아니라, 추측하건대 짐멜(Georg Simmel, 1856~1918)의 저서인 『종교』(1906)에서 가장 먼저 이 "생활세계"의 용어가 등장[22]하였고 1919년과 1921~1922년 사이에 하이데거에게서 다시 나타난다.[23] 벨터(Rüdiger Welter)는 후설의 생활세계의 개념을 짐멜로부터 영향을 받은 것이라 추측하고 있지만, 필자의 견해로는 그 개념의 기원은 그리 명확하지 못한 것처럼 보인다.

---

21) Klaus Held, "Husserls neue Einführung in die Philosophie: Der Begriff der Lebenswelt", in: C. F. Gethmann(Hg.), *Lebenswelt und Wissenschaft*, Bonn, 1991, p.108: 후설은 오스트리아 비인(Wien) 강연에서 근원적으로 생활세계를 "생활의 주변세계"(Kr. 342)나 "직관적 환경세계"(Kr. 343)로 가르쳤다.

22) Rüdiger Welter, *Der Begriff der Lebenswelt. Theorien vortheoretischer Erfahrungswelt,* München, 1986, p.13: Vgl. Ferdinand Fellmann, *Gelebte Philosophie in Deutschland. Denkformen der Lebensweltphänomenologie und der kritischen Theorie,* Freiburg, 1983, p.120: Franz Josef Wetz, *Edmund Husserl,* Frankfurt a. M., 1995, p.131.

23) Vgl. Franz Josef Wetz, *Edmund Husserl,* Frankfurt a. M., 1995.

짐멜은 프랑스의 삶의 철학자인 베르그송 사이에 주고받았던 1908년의 서신을 통해 "생활세계의 개념을 적극적으로 수용"[24]하면서 자신의 『종교』의 저서를 통해서 생활세계를 삶의 철학과 형식사회학으로 전개한다. 그런데 짐멜에게 있어서 삶의 철학에 중요한 역할을 하는 삶의 상호작용(Wechselwirkung)에 관한 개념은 이미 딜타이의 『정신과학 입문』(1883)의 저서에서 "사회의 삶을 개인과 사회의 작용으로 파악한다."[25]는 문구를 수용하면서 삶의 문제에 대해 적극성을 보였다. 그렇기 때문에 벨터에게서 후설에 대한 생활세계의 수용사적 개념은 시기적 전후 관계의 맥락에 따라 짐멜의 이론으로부터 유래한다고 추측할 수 없다. 왜냐하면 이 개념은 위의 관점으로 미루어 보았을 때 짐멜의 이론이 아니라 딜타이의 이론을 통해 추측할 수 있지만, 보다 더 엄밀한 고증과 논증작업을 필요로 하기 때문이다.

먼저 후설은 생활세계의 개념을 칸트의 근본적인 현상학적 통찰 및 제일철학의 지도적인 개념으로 도입하였다. 한편으로, 생활세계의 개념은 제일철학의 근거가 되는 단초로서 현상학적인 근본적인 통찰을 제시하였고, 다른 한편으로, 이러한 생활세계의 애매성이 발생하게 된 근본적인 근거를 어떻게 우리에게 전달할 것인가를 설명하는 개념으로 받아들였다.[26] 즉 후설의 생활세계 개념은 이미 그 내부에서 항상 논쟁[27]의 소지를 갖고 있었다. 이러한 생활세계의 개념은 많은 논쟁의 여

24) Vgl. Manfred Kauffmann, *Struktur und Dynamik sozialer Prozesse. Makrosoziologische Aspekte Kulturentwicklung bei Georg Simmel,* München, 1990, p.20.

25) 자세한 내용은 다음을 참조: 양해림, 「딜타이에 있어서 개인, 사회 그리고 상호작용의 변증법」, 『철학연구』, 제44집, 1999 봄호, 철학연구회, pp.296-305.

26) Guy van Kerckhoven, "Zur Genese des Begriffs "Lebenswelt" bei Edmund Husserl", in: *Archiv für Begriffsgeschichte,* Bd. 29, 1985, pp.182-183.

27) 벨터는 후설의 생활세계를 여섯 가지의 다양한 관점으로 파악한다. ① 생활세계는 우리가 살고 있는 구체적인 세계이다. 즉 생활세계는 어떠한 구성물로서 이루어진 것이 아니라 우리가 살고 있는 구체적인 세계이다(Brand). ② 생활세계는 우리가 살고 있는 세계만은 아니다(Blumenburg). ③ 생활세계는 이

지가 있지만, 슈피겔버그(Herbert Spiegelberg)는 그의 현상학적 운동의 역사연구에서 후설의 "미완성된 원고에서 제시된 가장 영향력 있거나 제안적인 이념은 생활세계이거나 생생한 경험세계"[28]라고 표현한다. 이러한 이유는 후설 사후에 성숙한 이념들이 현상학에 대해 근본적으로 통찰력 있는 공헌을 해 왔기 때문이라는 것이다.

그러나 가다머는 「현상학적 운동」[29]의 논문에서 슈피겔버그의 후설에 관한 이해는 현실적인 문제를 접근하는 데 실패했다는 것이다. 슈피겔버그는 후기 후설의 가장 영향력 있는 개념인 생활세계를 올바르게 접근하지 못했다. 즉 그는 생활세계의 개념을 선험적 환원의 이념과 관련하여 이해하거나 인식하지 못했다는 것이다.[30] 생활세계는 항상 공동체적인 세계이며 공동의 현존재를 다르게 포함하고 있다. 현상학의 선험적 환원이론은 진정한 의미에서 선험적 주체의 관념론을 수행하지만, 선험적인 주체는 근원적인 자아(Ur-ich)이지 자아는 아니다.[31] 후설의 선험적 주체성의 관점은 현상학적으로 구성한 연구에서 이미 드러나 있다. 후설의 진정한 의도는 의식이나 주체성을 주장하려는 것이 아니라 진정 어떻게 **삶을 파악**해야 하는지에 있었다.[32] 따라서 가다머는

른바 인간이 실천하는 총체적인 개념이다(Lübbe). ④『위기』에서 설정한 생활세계는 직접적인 직관에 의한 것이 아니라 반성의 특별한 방법을 간접적으로 우회하여 접근했다(Ricoeur). ⑤ 후설은 이러한 생활세계를 현실세계로 나아가기 위한 연구만은 아니다. 여기서 생활세계는 선험적 반성과 철학의 관점에서 새롭게 선보이고자 했다(Schulz). ⑥ 생활세계는 과학이론이 생성되기 이전에도 인간적인 그룹에서 드러난 역사적인 환경이다(Strasser). (Rüdiger Welter (1986), p.77: Vgl. Nikos Parros, "Der Begriff der Lebenswelt", in: Dirk Hartmann(Hg.), *Die Kulturalistische Wende,* Frankfurt a. M., 1998, p.336).

28) Herbert Speigelberg, *The Phenomenological Movement: A historical Introduction,* II, The Hague 1960, p.159: Vgl. 손봉호, 「생활세계」, 이영호 편, 『후설』, 고려대 출판부, 1990, p.161.

29) H-G. Gadamer, "Die phänomenologische Bewegung", in: *Philosophische Rundschau,* 11 (1963), pp.1-45.

30) H-G. Gadamer, 앞의 논문, p.8.

31) H-G. Gadamer, *Wahrheit und Methode,* Tübingen, 1960, p.252.

32) H-G, Gadamer, 앞의 책, p.251.

선험적 환원을 구성의 과제와 연결시키고 생활세계에 순수한 지식학을 부여한다. 이러한 생활세계의 본질구조는 역사주의의 문제에서 부딪히는 계몽을 통해 가능하다는 것이다.[33] 기본적으로 생활세계는 역사적인 개념이며, 이러한 개념은 생활세계와 역사의 주제를 추가적으로 보충해야 한다.[34] 이러한 역사의 주제는 현상학의 다음과 같은 결과를 이끌어 낸다. 즉 "우리의 역사란 처음부터 근원적인 의미형성과 의미침전이 서로 공존하고 있는 뒤섞인 생생한 운동일 뿐이다"[35](Kr. 380).

그러나 가다머는 『진리와 방법』(1960)[36]에서 후설의 후기철학을 역설적으로 설명하고 있다. 후설의 후기 철학에서 "생활세계"[37]는 가시적으로 역설적으로 보일 수 있다는 점이다. 한편으로, 인간존재의 수행형태는 현상학으로 나타나는데, 사사로운 관심들(Abzweckungen)에서 자유로운 이성은 논리적으로 전개된다. 다른 한편으로, 이러한 학문의 모든 현상은 주관적 믿음의 영역에서는 목적론적인 생활세계로 나아간다. 요컨대 후설의 자연적 · 일상적 생활세계의 토대는 과학이 가장 먼저 나타난다. 왜냐하면 객관적 · 과학적 세계에 관한 지식은 생활세계의

33) H-G. Gadamer, "Die phänomenologische Bewegung", in: *Philosophische Rundschau*, 11(1963), p.28.

34) H-G. Gadamer, 앞의 책, p.233: Vgl. Ferdinand Fellmann (1983), p.130.

35) Vgl. Hans Blumenburg, "Lebenswelt und Technisierung", in: H Blumenburg, *Wirklichkeiten in denen wir leben*, Stuttgart, 1996, p.21: 펠만(F. Fellmann)에 의하면, 후설은 『위기』에서 생활세계를 역사적인 개념으로서 이중적인 의미를 갖고 있다. 하나는 인식 비판적으로써 그 출발점을 일상적인 삶의 주변환경(alltägliche Lebensumwelt)이다. 다른 하나는 "순수한 본질학(reinen Wesenslehrer)"의 대상으로서의 생활세계이다(Ferdinand Fellmann (1984), pp.130-131).

36) 후설에게 있어서 근대시대의 경험 속에서 제시한 이념화의 과학은 어떻게 새로운 연구 과제를 수용할 것인지가 주된 업무였다. 즉 후설은 과학을 통해 이념화의 생활세계에 대한 경험을 제시한다. 후설이 비판하려는 의도는 단편적이다. 하지만 그는 엄밀한 과학경험에서 나타난 이념화된 세계를 계획하고 있다 (H-G. Gadamer, *Wahrheit und Methode*, Tübingen, 1960, p.353).

37) H-G. Gadamer, 앞의 책, p.252. 생활세계는 광범위한 영역에 걸쳐 있다. 반성적 자아는 그 자체가 체험하는 목적규정적이다. 먼저 생활세계는 토대를 기술한다. 여기서 생활세계의 구성과제는 (상호주관성처럼) 역설적이기도 하다.

명증성 속에서 그 근거를 설정하고 있기 때문이다(Kr. 133).

위의 관점에서 미루어 보아 후설에 관한 생활세계의 주제는 과학과 일반상식(Common sense) 사이의 철학적인 입장을 그렇게 새로운 상황으로 설정한 것은 아니다. 19세기 중엽에 후설이 생활세계를 설정하려는 의도는 두 가지 측면에서 이미 어렵게 나타난 과제였다. 한편으로, 생활세계는 심리학과 정신과학으로부터 독립하는 것이었으며, 다른 한편으로, 언어 · 문화 · 생활형식과 같은 일상적 개념을 갖는 것이었다. 즉 그에게서 생활세계의 이론과 실천, 역사와 전통의 관계는 **인식론적인 근본개념**을 제시하는 데 있었다. 여기서 후설은 생활세계를 그동안 잃어버리고 있었던 과학의 의미있는 토대(Sinnesfundament)라고 설명하였고, 육체적이고 심리학적인 존재의 세계를 과학의 객관화된 자기이해로서 반영하고자 하였다. 따라서 생활세계는 과학적인 객관영역에 의해 자연스럽게 실천을 하고 세계경험으로서 드러난 대립적인 개념을 이념화시켜서 구성하는 것이었다.[38)]

그 당시 우리가 후설에 관한 생활세계의 개념을 파악하고자 하려는 것은 과학적 합리주의와 삶의 비합리주의 사이에서 놓여있던 유럽문화를 이해하는 데 있었다. 여기서 현상학적인 자연주의적 태도는 가장 근원적인 문화의 자연적 형식이었고(Kr. 327-331), 유럽정신 문화의 형성은 유럽문화의 보편성을 의미하는 것이었다.[39)] 이러한 생활세계는 문화적 환경에서 드러난 특별한 동기를 매개로 하여 경험하는 것이었고, 문화환경과 보편적인 생활세계는 두 가지의 결과로 나타났다. 하나는, 생활세계는 후설이 문화적 환경에서 경험한 언어성과 역사성에 몰두하는

38) Jürgen Habermas, “Edmund Husserl über Lebenswelt, Philosophie und Wissenschaft”, in: J. Habermas, *Texte und Kontexe*, Frankfurt a. M. 1992, pp.34-35.

39) Rulun Zhang, “Lifeworld and Passibility of Intercultural”, in: *Phänomenologische Forschungen*, Sonderband, München, 1998, p.18.

것에서, 다른 하나는, 근대의 객관주의적 과학에 상응하는 토대를 유럽 문화위기의 환경 속에서 어떻게 생활세계의 물음을 설정할 것인가에 따라 그 결과가 드러났다.[40] 그렇지만 후설의 생활세계는 과학의 세계를 궁극적으로 하나로 통일하여 설정하는 것이 아니라 서로가 함께 살고 있는 생생한 세계이다.[41] 따라서 생활세계는 세 가지 의미에서 과학의 세계에 선행한다. 첫째, 생활세계는 역사적으로 선행한 것이며, 둘째로 인간의 역사에서 개인의 발전과 함께 일반화에 따르는 것에 선행하며, 셋째로 생활세계는 과학의 세계에서만 존재하는 보편성에 우선한다.

이런 관점에서 후설의 생활세계는 다음과 같이 요약할 수 있다. 첫째로, 생활세계는 선험적 환원의 비판적인 방법을 설정하여 과학의 객관적 입장을 설정하는 것이었고, 둘째로, 과학의 토대를 둔 생활세계는 그 위상을 높게 평가할 수 있는 이론으로 성장하였으며, 셋째로, 동시에 선험적으로 요구한 철학을 이론적인 최후근거의 설정 및 실천적 방향으로 나아가는 것이었다. 왜냐하면 생활세계의 현상학적 분석은 과학적 생활세계의 토대와 우리의 세계지식에 대한 근거를 해명하는 것이기 때문이다.

4. 딜타이의 삶의 경험

딜타이는 후설의 내부와 외부세계에서 파악한 생활세계를 그의 철학의 주제로 삼지는 않았다. 딜타이에게서 삶의 경험은 행위하는 실천의

40) Rüdiger Welter, 앞의 책, p.16.
41) Rulun Zhang, 앞의 논문, p.10.

영역을 넘어서는 것이며, 인간적 삶이 세계-내-존재에 관여하는 것이다. 삶의 경험은 "삶에 관한 반성"에서부터 시작되고, 그 경험을 분명하게 설정하는 것이다[42](GS, Ⅷ, 79). 그의 삶의 개념은 기본적으로 삶의 경험 · 삶의 연관성 · 삶의 관계 등과 밀접하게 관여한다. 그러면 딜타이는 삶의 철학에서 자신의 삶의 개념을 어떻게 파악하고 있는가?

먼저 딜타이의 삶의 개념은 초기 저작인 『괴테와 시적인 상상력』(1877), 『시인들의 구상력』(1886) 등에서 등장한다. 여기서 그는 삶을 어떻게 인간이 구체적인 상황에서 경험하고 있는가를 보여주고 있다. 즉 "우리의 표상에서 드러난 정신적 삶의 연관들은 우리의 감정이나 의지에 존재하고 있는 가치의 규정 및 목적으로 파악한다. 정신적 삶은 내용만을 지니고 있는 것이 아니라 그 내용을 서로 연결시키는 것이다"(GS, I, 94. Vgl. GS, I, 63, 143). 그런데 딜타이의 주요저작인 『정신과학 입문』(1883)에서는 삶의 개념이 중요한 관점으로 등장하고 있지도 않고, 부분적으로 『철학의 본질』(1907)에서도 삶의 개념을 분명하게 제시하고 있지도 않다. 그러나 그가 노년에 출판한 저작들인 『체험과 시학』(1905), 『역사적 세계의 구성』(1910)과 같은 저서에서는 이러한 삶의 개념들을 자주 만날 수 있다. 주지하듯이, 딜타이의 철학은 흔히 삶의 철학으로 부르고 있지만, 그의 이론을 단지 삶의 철학만으로 접근하려는 시도는 바람직한 것은 아니다.[43]

앞서 서술한 바와 같이, 그의 철학에서 삶의 개념은 근본개념으로 제시하고 있지만, 그 개념을 파악하기란 그렇게 쉽지만은 않다. 왜냐하면 그가 정신과학을 정초하려는 의도에서 삶의 개념을 아주 광범위하고

---

42) Wilhelm Dilthey, *Einleitung in die Geisteswissenschaften I,* in: *Gesammelte Schriften* I, Göttingen, 1959.

43) Vgl. O .F. Bollnow, *Dilthey. Ein Einführung in seine Philosophie,* Stuttgart, 1980.

포괄적인 의미로 쓰이고 있기 때문이다. 광의적으로 그에게서 삶의 개념은 인간적-역사적-사회적 세계의 현실을 통해 보여주었던 국가 · 법 · 경제 · 예술 · 종교 및 과학과 철학과 같은 학문을 총체적으로 일컫는다.[44] 즉 한편으로, 딜타이의 삶의 개념은 인식론과 심리학으로 고찰하고 있으며, 다른 한편으로, 정신적-역사적-사회적 세계의 객관성과 관련시켜 파악한다.[45] 그에게 있어서 삶의 개념은 이성적이고 사변적인 형이상학적인 개념이 아니라 삶의 구조로서 파악한 의식의 형식이다. 이러한 의미에서 그의 삶의 개념은 최소한 세 가지 영역에서 파악할 수 있다. 첫 번째로, 삶의 개념은 삶의 주변에서 생리학(Physiologie)을 서술하고 있듯이, 유기체로 파악한다(GS, V, 200). 두 번째로, 의식은 내부의 심리학에서 만나듯이, 의식의 상태를 체험의 통일성과 결합한다. 삶은 개인과 관련하고 있기에 외부의 물리적인 행위도 내적인 관계를 맺고 있다(GS, V, 408). 세 번째로, 외부의 경험은 외부의 대상에서만 진행되는 것이 아니라 그 상황을 설정한 주체에 의해 설정된다. 여기서 삶은 그 자체이며 자기를 증명하는 것이다(GS, V, 131).[46]

위에서 언급한 그의 내적인 경험 · 외적인 경험과 체험 그리고 삶의 연관성의 개념들은 그의 삶의 철학을 이해하는 데 중요한 개념들로 작용한다. 특히 그에게서 내적인 경험은 정신과학(GS, V, 363)과 관계하고 있으며, 외적인 경험은 자연과학과 연관되어 있다. 내적인 경험은 체험으로 나타나지만, 체험된 삶은 보편적이고 일반적인 삶의 근거라 할 수

---

44) Vgl. Wilhelm Lieber, *Wilhelm Dilthey. Eine Würdigung seines Werks zum 100. Geburtstag des Philosophen,* Berlin, 1933, p.55.

45) Helmut Johach, "Wilhelm Dilthey:Die Struktur der geschichtlichen Erfahrung", in: J. Speck(Hg.), *Grundprobleme der Großen Philosophie. Philosophie der Neuzeit IV,* Tübingen, 1986, p.55.

46) Vgl. Ferdinand Fellmann, *Lebensphilosophie,* Hamburg, 1993, p.110.

있는 우리의 개별적인 삶이다. 동시에 이러한 삶은 다시 우리에게 되돌아온다.[47] 여기서 내적인 경험은 **정신적인 삶**(Seelenleben)의 개별적인 분파로서 그 기능을 연결하여 성취하고자 하는 과정이다. 내적인 경험에서 체험된 연관성은 내적인 정신적 삶의 연관성이며 거기서 제일 철학이 부여된다(GS, V, 143-144).[48] 따라서 딜타이의 삶의 체험개념은 그 내적인 경험을 근거로 하여 모든 정신과학의 삶을 형성한다.

그에게서 정신적 삶과 의식의 근원적인 확실성은 "현상성의 명제"로 형식화된다. 즉 철학의 상위 명제는 현상성의 명제이다. 나에게 어떠한 것이 거기에 존재하는가? 라는 일반적인 물음은 **"내 의식의 사실(Tatsache meines Bewußtsein)"**에서 존재한다. 또한 모든 외부의 사물도 의식의 과정에서 주어지고, 대상과 사물은 의식 속에 존재한다(GS, V, 90). 그에게서 의식의 사실은 분명히 발생학적으로 객관적이며 주관적인 것으로 이해한다. 모든 대상은 "내 의식의 구성요소"에서 존재(GS, XIX, 54)한다. 그래서 나의 확실성은 사실 및 의식의 사실이다(GS, XIX, 54). 내가 확실히 존재한다는 사실만이 아니라 나의 확실성에 대한 사실과 의식의 사실이 존재한다는 것이다. 의식은 우리가 그러한 실재에서 고향을 갖고 있는 장소이며, 현실에서 얻어낸 소재이다(GS, XIX, 407. Anm. 87). **의식은 무엇인가 의식을 갖고 있다는 내면화의 행위**를 다룬다. 왜냐하면 이러한 심리적 행위는 내가 체험하고 있기 때문이다(GS, XIX, 53). 그는 여기서 삶의 내면화를 인식론의 근거와 삶의 행위에서 드러난 완전히 충족한 인간을 강조한다(GS, XIX, 343). 따라서 삶은 내면화 속에서 의식을 보존하게 한다. 이러한 현상성의 명제는 현상개념의 새로운 형식화를

---

47) Karl Albert, *Lebensphilosophie. Von den Anfängen bei Nietzsche bis zu ihrer Kritik bei Lukaçs,* München, 1995, p.71.

48) Vgl. K-O. Apel, "Das Verstehen. Eine Problemgeschichte als Brgriffsgeschichte", in: *Archiv für Begriffgeschichte,* Bd. 1, 1955, p.143.

진행시킨다(GS, XIX, 407). 현상성의 명제는 존재론적 사실에서가 아니라 체험된 것에서 보증된다(GS, XIX, 17).[49] 그러하기 때문에 그는 항상 삶의 경험을 "정신적 삶의 총체성"(GS, XIX, 77)으로 진행해야 된다고 말한다. 다시 말하면 삶의 경험은 사유하고, 원하고, 느끼고, 표상하고, 행위하는 구조연관으로 전개시켜야 한다는 것이다. 여기서 정신적 구조연관의 개념은 전체적인 삶의 의식적인 가능성에 따른 획득된 연관을 통해서 지배된다.

그에게서 구조연관의 요소가 어떻게 체험에서 구성되고 있는가? 하는 물음은 과거를 자기반성하고 현재에 충분할 정도로 체험하는 삶의 흐름 속에서 파악한다.[50] 즉 삶의 획득된 연관은 삶의 경험을 수행한다. 획득된 연관의 작용은 전체적으로 해명되지 않은 연상의 개념으로 기술하고 있으나, 연상적인 체험의 연결을 통해 구분하여 구조화된다. 이러한 삶의 경험은 행위하는 실천의 영역으로 나아가는 것이며, 여기서 실천적 영역은 삶의 세계-내-존재에 관계한다.[51] 여기서 우리는 "삶을 삶 그 자체로 이해하기를 원한다"(GS, V, 4)라는 딜타이의 문구를 종종 접하게 된다. 즉 "삶은 철학의 출발점을 형성하는 근본사실이다. 삶은 내부에서 잘 알려진 것이며, 내부의 뒤안길로 다시 되돌아 갈 수 없는 것과 똑같은 것이다. 왜냐하면 삶은 내부에서 잘 알려진 것이기 때문이다"(GS, Ⅶ, 369). 철학이 무엇인가라는 물음은 내적 경험으로서 냉정한 의식을 가져다주어야 하며, 내적 경험은 사유 안에서 자라난다. 삶은 체

49) Vgl. E. W. Orth, *Wilhelm Dilthey und die Phänomenologie Edmund Husserls,* in: *Reports on Philosophy,* 15 (1995), p.37.

50) Ludwig Landgrebe, "Wilhelm Diltheys Theorie der Geisteswissenschaft (Analyse ihrer Grundbegriffe)", in: *Jahrbuch für Philosophie und phänomenologische Forschung,* Halle, 1928, p.256.

51) Ludwig Landgrebe, 앞의 책, pp.262-263.

험, 즉 주체에서 제시되고 있지만, 그의 철학이 단지 주체적인 것만은 아니다. 왜냐하면 체험 속에서 개별적인 주체들은 삶을 앞질러 나갈 수 있는 것처럼 보이기 때문이다(GS, VII, 136). 그렇기 때문에 그는 삶의 체험 개념에 몰두하는 동시에 "여기서 삶을 파악"(GS, VII, 136)해야 한다고 말한다. 그런데 삶은 삶 일반의 부분(GS, VII, 359)으로 표현하고 있지만, 삶의 경험과 정신과학은 항상 상호작용을 한다. 이러한 삶의 개념은 삶 자체에 의해 역사과학과 사회과학 안에서 규정한다(GS, VIII, 174). 실제적으로 체험은 외부의 정신적 삶 속에서도 논리적으로 개념화되고 있으며(GS, VIII, 174), 삶의 경험 속에서 철학은 논리적인 사유를 조명해야 한다(GS, VIII, 32). 따라서 체험과 삶의 경험은 고유한 심리적 상태의 내적인 생성을 통해 분명하게 드러난다(GS, VII, 136).[52)]

그에게서 삶은 수수께끼이다. 즉 그의 삶의 철학은 삶의 수수께끼 · 낯섦 · 세계의 외경함에 관한 주제를 표현한다. 삶에 대한 수수께끼와 세계는 기본적으로 자연에서 찾지만, 삶의 문제는 인식의 문제로만 환원하는 것이 아니라 삶의 전체적인 방향으로 나아가려는 의미의 물음이다.[53)] 즉 철학은 삶의 수수께끼에 관한 질문에 대한 답변만을 제시하는 것은 아니다. 철학은 이러한 질문함과 대답함 일반인 것이다(GS, VIII, 211). 따라서 그는 자신의 철학을 "삶의 철학"(GS, XIX, 4, 39, 41)으로 가리키면서 "**삶과 현실의 철학**"(GS, XIX, 306), "**의식의 사실 및 삶의 철학**"(GS, XIX, 41), "**자기반성의 철학**"(GS, VIII, 178) 등으로 불렀다.

그는 삶의 개념을 종종 역사와 동일한 의미로 사용한다. 삶은 체험 · 이해 · 역사를 통해 존재하게 된다. 인간은 단지 개별적인 인간으로 존

---

52) Vgl. E. W. Orth, "Das Problem der Generalisierung bei Dilthey und Husserl als Frage nach Gegenwärt und Zeitlichkeit", in: *Dilthey-Jahrbuch,* Bd. 7, Göttingen, 1989, p.334.

53) Ferdinand Fellmann, "Lebenswelt und Lebenserfahrung", in: *Archiv für Geschichte der Philosophie,* 69(1987), p.86.

재하는 것이 아니라 역사적인 인간이다(GS, VII, 291). 즉 그는 삶과 역사를 똑같은 의미로 수용하는 동시에 삶의 범주와 역사의 범주를 상호 교차하면서 동일하게 취급하였다. 따라서 그에게서 삶과 역사의 개념은 첨예한 한계선을 긋지 않으면서 넘나들고 있다. "삶은 역사와 함께 하는 소재(素材) 중의 하나이다. 역사는 삶 속에서 인간의 총체성의 관점으로 파악하고, 총체성의 연관관계를 형성한다"(GS, VII, 256). 우리는 "인간이 무엇이며, 인간이 무엇을 의도하는가는 역사 안에서만 말한다"(GS, VII, 224). 인간은 역사 속에서 인식하지만 내적인 반성(Introspektion)에 의해서만 인식되는 것은 아니다(GS, VII, 250).[54]

그러나 역사는 우리에게 항상 인간의 본성과 똑같다고 말한다(GS, VII, 78, 80). 역사연구의 생성은 인간이 인식하려는 것에 대해 양보(Verzicht)하는 것을 의미하며, 탁월한 외부의 주체를 인식하려는 것에 대해서도 한 발 뒤로 물러서는 것을 뜻한다(GS, IV, 529. GS, VI, 57, 108). 그에게서 인간본성의 총체성은 단지 역사 속에 있다. 왜냐하면 인간은 구체적인 가능성의 조건 속에 존재하고 있거나, 인간의 모든 본질은 역사 속에서 파악해야 하기 때문이다(GS, VII, 279). 왜냐하면 인간본성이 어느 누구에게나 동일하다고 생각하는 것은 모두에게 공통적인 **삶의 경험**이 있기 때문이다. 이러한 인간본성은 이미 역사적 의식의 중요한 현상인 것이다(GS, VII, 279). 인간본성은 각 개체의 과거 속에 있는 정신을 집약시켰을 때 **의식**을 통해 드러난다. 이러한 삶은 삶의 통일체의 상호작용 속에서 지속된다(GS, VII, 228). 다시 말하면 딜타이게서 삶의 철학은 심리적-육체적인 삶의 통일체(Psycho-physische Lebenseinheit)로서 의식된 합리적인 기본요소를 포함하고 있다는 사실이다. 따라서 딜타이의 삶의 철학은

54) 이러한 문구는 먼저 괴테에서 발견된다. 어떻게 우리 스스로 인식하는 것을 배울 수 있는가? 이것은 숙고를 통해서만 배울 수 있는 것이 아니고 행위를 통해서 배울 수 있다.

역사의 문제와 결합한 독특하면서도 탁월한 연구실적들을 남겼다.[55)]

그의 사유 속에서 내부의 심리적 사건은 고립되어 있는 것이 아니라 광범위한 삶의 연관성과 관계하고 있다(GS, XIX, 318, 344). 그런데 삶의 연관성은 사유의 발생학적인 기초(Vgl. GS, V, 136)를 형성하고 있다. 여기서 그는 발생학적 기초(genetische Fundament)의 논리 및 사유의 법칙을 세 가지의 관점에서 파악한다. 첫째, 삶의 연관성은 개별적인 삶의 통일체의 연관성이며, 둘째, 타자와 사물의 통일체의 연관성이고, 셋째는 두 부류의 삶을 파악한 기원적인 연관성이다(GS, XIX, 353). 다시 말해서 우리의 삶은 삶의 통일체에서 출발점으로 삼아야 한다는 사실이다. 그에게서 삶의 통일체는 외부세계로부터 충족된 자기의식과 구분하면서 인간의 삶 속으로 들어간다. 게다가 삶의 모든 동기는 전체성 속에서, 그리고 이러한 삶의 통일체를 어떻게 파악하는가는 우리 삶의 연속성(Kontinuität)에서 가능하게 드러나야 한다(GS, XIX, 97).

무엇보다 나는 타자와의 삶의 통일체처럼 현실의 관점에서 전체적으로 조망한다. 우리 삶은 고유한 성질을 갖고 있으며 모든 지각하는 것을 부여한다(GS, XIX, 355)[56)]. 결국 삶의 연관성은 나와 타자의 심리학적인 삶의 통일체 안에서 전체적인 조망을 통해 그 주된 역할을 해야 한다(GS, XIX, 288). 따라서 보편적인 삶의 연관성은 사회적-역사적 세계와 대상의 세계를 삶의 통일체로써 상호상용관계를 형성해야 한다.[57)] 이런 관점에서 삶의 연관성은 단지 내면화(Innewerden)만을 경험하는 것이 아

---

55) O. F. Bollnow, *Dilthey. Eine Einführung in seine Philosophie,* Stuttgart, 1955, p.35.

56) Vgl. GS, XIX, 350; 자아는 타자 없이는 존재할 수 없으며 타자 또한 자아 없이는 존재할 수 없다. 이 두 관계 중의 하나는 일회적인 것으로만 생각할 수 있는 것은 아니다. 자아와 타자는 상호작용을 한다(GS, V, 200). 자아와 타자, 자아와 세계는 이러한 관계 속에서 존재한다. 주체-객체의 순수한 지성적 관계 속에서 관련된 것만이 아니라 외부의 인상에서 규정되거나 그 인상에서 반응하는 삶의 연관성 속에서 서로 관계한다(GS, XIX, 349).

57) Renate Knüppel, *Diltheys erkenntnistheoretische Logik,* München, 1991, p.105.

니라 현실의 범주 내에서 표현된다(GS, XIX, 360).

> "주체와 객체에서 파악한 **삶의 연관성**은 현실적인 범주에 대부분 표현되어 있다. 삶의 연관성은 우리가 현실에서 이해할 수 있는 모든 기관이다"(GS, XIX, 360).[58]

현실적인 범주는 단순히 추상적인 이성의 방식으로만 존재하는 것이 아니라 외부의 경험을 담고 있는 삶의 연관성에서 표출된다. 그런데 삶의 연관성은 외부에서 돌출되어 나오는 것만이 아니라 사유 안에서 지양되어 나타난다.[59] 다시 말해서 삶은 의식의 내부에서 생성되는 것이다(GS, XIX, 355). 요컨대 딜타이에게 있어서 현실적인 범주는 이성을 근거 지우는 것만이 아니라 삶의 연관성에서 설정되고 있기 때문에(GS, XIX, 361), 삶의 연관성은 현실을 파악하는 구조인 것이다.

5. 딜타이의 삶의 경험과 후설의 생활세계

앞장에서 필자는 후설의 생활세계와 딜타이의 삶의 철학을 개별적으로 살펴보았으나, 양자(兩者) 사이에 어떤 사상적 연결점을 제공하고 있는지에 그 주안점을 두었다.

후설의 생활세계가 실마리와 토대의 기능을 마련해 준다고 한다면, 딜타이에게서 삶(Leben)과 삶의 경험(Lebenserfahrung)은 선험철학적인 토대를 제공해 준다. 딜타이에게서 삶의 객관성 · 삶의 관계(Lebensbezug) ·

58) Vgl. Renate Knüppel, 앞의 책, p.111.

59) O. F. Bollnow, "Dilthey und die Phänomenologie", in: E. W. Orth(Hg.), *Dilthey und die Philosophie der Gegenwart,* München, 1984, p.33.

삶의 연관성(Lebenszusammenhang)과 같은 개념들은 후설의 후기 현상학적인 관점에서 가장 먼저 생활세계의 이념을 형식화하면서 잘 드러난다. 여기서 딜타이의 삶의 개념은 후설의 생활세계에 대해 내용적으로 충족시키는 것이 아니라 근거설정 문제에서 시간적으로 우선한다.[60] 하지만 후설의 생활세계와 딜타이의 삶의 경험은 인식론적으로 상호 논쟁의 여지가 있다. 왜냐하면 딜타이는 삶의 연관성 속에서 선험적인 최후의 근거설정을 한 것이 아니라 이론적 합리화의 관점에서 극복하기 어려운 한계를 보이고 있기 때문이다. 즉 그에게서 삶의 경험은 주어진 현실 속에서 나타난다. 후설은 삶의 개념을 내적인 체험의 의미로 변경시켰으며, 의식의 체험 · 사유의 삶 · 경험의 삶 · 삶의 흐름 · 자아의 삶 · 정신적 삶과 같은 개념들로 표현하고 있다.[61]

후설은 딜타이의 사유형태에서 "현상(Phänomen)"과 "기술적 심리학(deskriptive Psychologie)"의 "두 개념"[62]을 종종 사용하면서 그의 현상학을 엄밀한 철학으로 정립해 나갔다. 이와 같이 딜타이와 후설의 철학은 여러 저서에서 표현하고 있는 현상과 기술 심리학[63] 및 삶의 체험 · 의식의 체험 · 삶의 흐름 · 역사성 · 시간성과 같은 개념들도 단지 그 개념을 한갓 발견하는 데서 만족하는 것이 아니라, 그 "개념을 선취(先取)하여 자기의

60) Ferdinand Fellmann, "Lebenswelt und Lebnserfahrung", in: *Archiv für Geschichte der Philosophie*, 69(1987), p.78.

61) Vgl. Edmund Husserl, *Cartesianische Meditationen,* Hamburg, 1977: 후설의 삶의 개념은 다음과 같이 더 기술할 수 있다: 의식의 존재(60), 사유하는 삶(45), 경험적 삶(45), 삶의 흐름(59), 자아의 삶(64), 정신적 삶(64, 65, 149, 158, 162) 등이 그것이다.

62) 이러한 개념의 파악은 후설전집(Husserliana) 제9권의 현상학적 심리학(Phänomenologische Psychologie)의 제 1, 2장에 걸쳐 딜타이의 『설명심리학과 기술심리학』을 분석하는 데서 잘 드러난다(Vgl. 에드문트 후설, 신오현 역, 『현상학적 심리학 강의』, 민음사, 1992).

63) 후설현상학에서 심리주의의 개념은 딜타이의 다음과 같은 계획에서 형성되었다. 첫째, 사유는 심리학적 사건이며 광범위한 삶의 연관성에서 설정한다. 둘째, 인식론적인 논리는 삶의 연관성의 합법칙성에 근거를 둔다. 셋째, 인식론적 논리 연구는 삶의 연관성 연구에 전제조건이 된다. 넷째, 삶의 연관성 연구는 심리학 형식 속에서 인식의 인간학과 연관된다(Renate Knüpel, 1991, p.96).

사유형태로 수용하고 있다는 측면에서 그 개념의 중요성"64)을 찾을 수 있다.

후설의 생활세계는 철학적 근거를 선험적 주체의 행위 속에서 진리를 찾아낸다. 왜냐하면 후설에게서 삶과 체험은 선험적인 관점에서 받아들이고 있기 때문에, 또한 이러한 기능의 근본적인 차이점은 그 개념의 서로 다른 유래를 갖고 있기 때문이기도 하다. 딜타이에게 있어서 삶의 경험적 사유는 삶의 맥락에 대해 모든 과학을 위해 강조하고 있거나 자연과학의 요구에 대해 올바른 방향을 설정해 나가야 한다. 그에게서 삶의 경험은 의식의 영역으로서 인식론적 관점이다. 여기서 딜타이는 철학의 "상위의 명제"로서 현상성의 명제를 동일시한다. 후설은『위기』에서 자연과학을 삶에 대해서만 추상화하지 않았고 현실을 새롭게 설명하는 수학적 이념화를 도입한다. 그렇기 때문에 과학의 관념적인 수학의 구성은 일상적인 지각에서 드러나는 직관적인 근거에 의해서만 파악한다.

후설이 생활세계의 주제를 갖고 선험적 현상학으로 이해하려고 하였다면, 딜타이는 구체적인 "삶의 연관성"65) 속에서 삶의 철학을 조망한다. 주지하듯이, 딜타이가 중요한 과제로 파악했던 것은 삶의 경험이다. 딜타이에게서 삶의 경험이란, 현재의 과학이론이 과학의 경험을 분별하는 데 있어서 생활세계의 경험을 어떻게 부를 것인지에 대한 실천적인 경험만은 아닌 것이다.66) 후설의 생활세계와 딜타이의 삶의 경험

64) E. W. Orth, "Wilhelm Dilthey und die Phänomenologie Edmund Husserls," in: *Reports on Philosophy,* 15(1995), pp.31-32.

65) 딜타이에 있어서 삶의 연관성은 심령적(seelischer)·정신적(geistiger)·심리적 연관성·정신적 삶의 연관성 등을 동의어로 사용하였다(Renate Knüppel, 1991, p.99).

66) Vgl. Jürgen Mittelstraß, "Erfahrung und Lebenswelt", in: J. Mittelstraß, *Theoria und Praxis,* Wiesbaden, 1980, pp.69-84.

사이에서 우리가 유사점을 발견한다면, 그것은 역사의 관계이다. 딜타이가 삶 그 자체를 역사와 동일시하였다면, 후설은 철학을 "역사의 본질"(Kr. 73)로 제시하였고, "철학사와 함께 하는 필연적인 활동"(Kr. 495)을 강조했다. 딜타이가 주제로 한 구체적인 역사적 삶의 연관성은 후설의 생활세계에서처럼 그렇게 일반화한 것은 아니다. 하지만 딜타이의 삶의 역사성은 후설의 구체적인 선험적인 상호주관성의 이론에 동기를 제공해 주었다. 즉 후설의 역사가 주체의 선험적 현상학의 문제를 다루었다면, 딜타이의 역사는 삶의 역사성에 관한 질문을 한다. 이러한 후설의 생활세계와 딜타이의 삶의 연관성의 두 개념은 형이상학과 자연과학의 역사비판을 통해 상호 만날 수 있다는 점에서 유사한 관점을 갖고 있다. 이 두 개념은 선과학적인(vorwissenschaftliche) 삶의 경험에 근거를 둔다. 여기서 선과학적이란 과학적 문화에 살고 있는 우리들에게도 항상 제시될 수 있거나 적어도 이론적 사실로부터 유래하는 통각들을 방법론적으로 분명하게 제시하는 것이다.[67] 즉 후설은 생활세계에서 보든 과학을 근거 짓고 있는 반면에, 딜타이는 자연과학을 하나의 전제조건으로만 받아들이는 것을 비판한다. 동시에 딜타이는 정신과학을 고유한 인식론적 근거에 한정하여 언급하는 것도 비판한다.[68] 딜타이가 주장하는 삶에서 자연은 "현상성의 명제(Satz der Phänomenalität)"를 파악해야 한다. 우리가 자연을 알고자 한다면 "의식의 사실"에서 관찰해야 한다. 즉, 우리의 세계는 자연과학이나 철학적 의식의 분석을 통해 보다 잘 이해할 수 있다.[69]

---

67) Guy van Keckhoven, 앞의 논문, p.193.

68) Rudolf A. Makkreel, "Lebenswelt und Lebenszusammenhang", in: E. W. Orth(Hg.), *Dilthey und die Philosophie der Gegenwart,* Freiburg, 1985, p.382.

69) Hans Ineichen, *Erkenntnistheorie und geschichtlich-gesellschaftlichen Welt,* Frankfurt a. M., 1974, p.163.

후설은 자연적인 태도를 순수한 노에마적인 의식구조 속에서 지각된 세계를 변형시킨 판단중지(Epoche)의 개념으로 제시한다. 여기서 후설은 딜타이의 사유를 앞질러 나간다. 왜냐하면 의식은 현상학적으로 고찰하기 때문에 딜타이가 생각한 것처럼, 사실(Tatsache)의 개념을 그렇게 지루하게 서술하지 않는다. 즉 의식의 사실은 노에마적인 내용 속에서 변형된다.[70] 요컨대 후설에게서 의식은 지향성에 의해 특징된다. 대부분의 심리학적 체험은 자기충족인 것(selbgenügsam)은 아니다. 단지 심리적 체험은 심리학적 체험에 한정하지 않고 그 무엇인가를 지향하는 것이다. 즉 의식의 사실은 지향적 대상이다.[71] 따라서 후설의 현상학과 딜타이의 삶의 철학과의 관계는 실제적인 역사적인 만남관계가 아니라 학문적 연관성에서 그 관계를 찾아야 한다.

첫째, 후설의 현상학에서 엄밀한 학문으로서 체계성은 "역사이성비판"에 대한 딜타이의 기획이 단지 형식적인 결과만을 이끌어 내려는 것은 아니다. 딜타이의 저작은 그가 정신과학의 이론으로 정립하고자 했던 "역사이성비판"을 비롯한 많은 부분이 미완성의 상태로 남아 있으나, 그의 생각의 단편들은 여러 저서에서 정신과학의 체계적인 방향성을 정립했다. 다시 말해 딜타이의 원고는 상당부분 미완성된 기획의 유고로 남아 있지만, 그 당시 후설을 비롯한 하이데거의 『존재와 시간』의 기초존재론 및 해석학적 현존재의 분석을 체계화시키는 데 많은 영향력을 끼쳤다.

둘째, 미쉬는 딜타이의 철학에 대해 "개방적 기획"이라는 표현을 쓰고 있지만, 이것은 후설의 체계적인 계획을 다시 소환하고 있다. 즉 딜타이의 개방적인 기획은 후설의 현상학을 잉태(孕胎)시켰다. 여기서 딜

70) Rudolf A. Makkreel, 앞의 책, p.389.

71) Matthias Jung, *Dilthey zur Einführung*, Hamburg, 1996, p.144.

타이의 개방적 기획은 지나친 상대주의나 무관심주의를 의미하는 것은 아니다. 그것은 역사적 · 사회적 현실을 무시하면서까지 "해석의 다양성"만을 주장하는 해석학적 철학을 요구하는 것은 아니라는 점이다.[72] 이러한 관점은 향후 해석학적 방향성으로 이해할 수도 있지만, 어떤 무엇인가를 선택하도록 강요하는 것은 아니다. 따라서 후설은 딜타이로부터"체험된 인간적인 삶을 추종하고 있으며, 그의 삶의 개념에서 생활세계 개념을 이끌어냈고 우주의 인간세계"[73]를 꿈꾸고 있다.

결론적으로 딜타이는 삶의 경험을 삶의 연관성 속에서 자신의 입장을 취한 반면에, 후설의 생활세계는 선험적 주체에서 철학적 근거의 진리를 찾았다. 따라서 앞에서 우리가 살펴보았듯이, 딜타이 삶의 철학과 후설의 현상학적 사유는 상호 영향관계를 주고받고는 있으나, 역사적 의식이나 최후의 근거설정, 삶의 경험과 생활세계와 같은 표현들은 양자 간의 사유형식의 차이를 다소 보여주고 있다. 여기서 우리가 다루지 못한 양자 간의 비교적 분석은 다른 저서의 논증작업을 통해 좀 더 엄밀한 고찰과 지속적으로 풀어야 할 숙제로 남아 있다. 궁극적으로 두 철학가들이 삶의 개념이나 생활세계의 개념들을 통해 진정 무엇을 추구하려고 노력하였는지에 대한 구체적인 관점들은 향후 과제로 남긴다.

6. 생활세계의 현대적 수용: 하버마스의 생활세계와 의사소통행위

홀(Hubert Hohl)에 의하면 후설의 생활세계 개념 중에서 1924~1926년 사이의 관점을 새롭게 주목해야 한다고 주장한다. 그는 아주 상이한 전

72) 김의수, 앞의 논문, p.45.

73) Werner Marx, *Vernunft und Lebenswelt,* Den Haag, 1970, p.76.

통의 두 개념을 서로 연결시킨다. 서양 사유의 중심적 주제는 우주론과 존재론의 대상으로서 철학적 출발의 세계였다. 여기서 삶의 개념은 비로소 19세기에 이르러 이른바 삶의 철학이라 불리는 위대한 철학을 성취한다.[74] 이러한 후설의 생활세계 개념은 독일관념론의 사변적인 삶의 개념에 뿌리를 두었고, 키에르케고르의 실존의 개념, 니체나 쇼펜하우어의 삶의 철학, 독일 낭만주의에서 삶의 개념 등에 근거를 두었다.

무엇보다 삶 철학의 근본적 동기는 딜타이와 베르그송철학에 근접해 있었고, 계속해서 현상학을 통해 진행시켜 나갔다. 특히 후설은 딜타이의 『기술, 분석 심리학의 이념(*Ideen über eine beschreibende und zergliedernde Psychologie*)』의 기획에 대한 호의적인 반응을 보이며 딜타이와 비판적 논쟁을 통해 자신의 현상학적 방향을 분명하게 전개해 나갔다.[75] 후설의 연구가인 슈퇴르커(Elisabeth Störker)에 따르면, 생활세계는 두 개의 정신사적 두 축이 대립되어 있다고 다음과 같이 보았다.

> "현상학적 의도 속에서 역사적인 구분을 한 것은 문제를 분석하는 데 있어서 딜타이 해석에 대한 불충분한 요소에 근거한다. 19세기에서 딜타이의 원전은 1920~1930년의 후설의 원전과 더불어 형성되었다. 후설과 딜타이에게서 시대적인 간격이 있었는지 없었는지는 사유 형식에서 어떠한 차이를 분명하게 구분할 수 없다. 따라서 현상학의 측면에서 정신적 분위기(Aura)의 다양성 측면에서, 역사가 딜타이의 사유와 수학자 후설의 사유를 둘러싸고 있는 것은 단지 문제사적인 본질에 있다."[76]

위 인용문에서 보듯이, 후설은 딜타이의 삶의 개념을 수용하여 그의

---

74) Hubert Hohl, *Lebenswelt und Geschichte,* München, 1972, p.25.

75) Edmund Husserl, *Die Krisis der europäischen Wissenschaften und die transzendentale Phänomenologie,* Den Haag, 1962, pp.1-2.

76) Elisabeth Störker, "Systematische Beziehungen der Husserlschen Philosophie zu Dilthey", in: Orth, W.(Hg.), *Dilthey und die Philosophie der Gegenwart,* Freiburg/München, 1985, p.65.

생활세계 개념을 전개시킨다. 후설에게서 생활 세계의 개념은 토대(Boden)의 이중적 기능을 의미하였고 동시에 선험적인 마지막 근거의 "실마리(Leitfaden)"[77]를 뜻하였다. 후설은 마지막 근거의 실마리를 그의 에르고 - 코기토 - 코기타튬(Ergo-cogito-cogitatum)의 분석범주에서 노에티스적 - 노에마적 지향성을 연구과제로 삼는다. 즉 후설은 의식체험의 가장 일반적인 근본 구조를 에르고 - 코기토 - 코기타튬의 범주로써 서술한다.[78] 코기토나 코기토적인 삶은 데카르트에게서처럼 단순하게 "나는 생각한다"라는 문구로 한정된 것이 아니고, 오히려 행위형식, 의지형식, 사유형식, 감정형식을 모두를 포괄하는 것이다.[79] 후설은 선험적 토대에 대한 생활 세계적인 존재론의 의미에서 생활세계를 구분한다. 또한 그는 구체적인 선험철학적인 주체성 속에 내재해 있는 요소로서 선험철학적인 관계를 지평과 생활세계로 표현한다.[80] 이러한 관점은 후설의 후기 저작에서 볼 수 있는데, 특히 그의 방대한 후기 저서 『유럽 학문의 위기와 선험적 현상학』에서 생활세계를 전개한 바와 같다.

후설의 생활세계 출발점은 유럽 사람들에게서 확산되어가고 있는 근대 과학의 위기를 역사적 위기 상황으로 인식하는 데 있다. 여기서 그는 유럽 과학의 역사에 대한 의미와 문제를 서술한다. 그러나 후설은 과학적인 연구를 단지 비판하는 데 있는 것이 아니라 과학의 토대와 지평으

---

77) Vgl. Ulrich Claesges, Zweideutigkeiten in Husserls Lebenswelt-Begriff, in : ders(Hg.), *Perspektiven transzendental-phänomenologischer Forschungen*, Den Haag, 1972, pp.85-101. 생활세계에 대한 토대의 생성에 대해서는 다음의 문헌을 참조: Rudolf Böhm, Hurerls drei Thesen über der Lebenswelt, in : Elisabeth Ströker(Hg.), *Lebenswelt und Wissenschaft in der Philosophie Edmund Husserls*, Frankfurt a. M., 1979, pp.22-31.

78) Edmund Husserl, *Cartesianische Meditationen und Pariser Vorträge*, Husserliana, I. Den Haag, 1973, p.87.

79) Gerd Brand, *Die Lebenswelt*, Berlin, 1971, p.148.

80) Edmund Husserl, *Phänomenologie Psychologie*, Husserliana Bd. IX. Den Haag, 1962, p.172. Vgl. Ludwig Landgrebe, *Der Weg der Phänomenologie. Das Problem einer ursprünglichen Erfarung*, Gütersloh, 1963, pp.41-62.

로서 생활세계의 상실에서 오는 잘못된 자기 이해를 비판하는 데 있었다. 발덴휠스(Bernhard Waldenfels)는 이러한 잘못된 생활세계의 자기이해를 후설의 관점에서 다음과 같이 말한다.

> 이러한 상실로부터 직관적 경험의 과학적인 구성을 밀어내려는 객관주의의 결과가 나타나며, 일반적 구조 법칙으로 진행하지 않으려는 실증주의가 독립적으로 등장한다. 모든 진리 요구가 놀이 규칙으로 취급되어 기술주의로 전락되어 나타나고, 서로 개별적으로 동떨어진 채 세계의 기획을 이성으로 해결하려는 역사주의가 독립적으로 드러난다. 생활세계의 복귀는 일반적인 토대를 다시 획득하려는 기능을 갖고 있으며, 거기서 우리의 일상인 삶이 진행되며 모든 과학적인 절차가 그 자체에서 전제된다.[81]

이러한 관점에서 우리는 후설현상학을 세 부류로 구분할 수 있다. ① 선험적 이론(철학의 과제), ② 결정적인 대상 영역의 지엽적인 존재론(기술적-형상적(eidetischen) 사회과학), ③ 경험과학이 그것이다.[82] 후설의 이러한 관점을 하버마스는 생활세계의 맥락으로서 의사소통의 실마리 개념으로 현상학적 생활세계를 분석해 나간다(TKH, II, 183)[83]. 생활세계는 두 부류의 관점에서 파악할 수 있다. 하나는 보다 고차원적인 설명의 단계(TKH, II, 216)에서, 다른 하나는 생활세계 개념의 형식 화용론적 개념에서 파악할 수 있다.

> 생활세계의 의사소통적 개념은 의식철학에서부터 성장해 왔으며, 언제나 현상학의 선험적 생활 개념처럼 동일한 분석적인 수준에 머물러 있다. 생

81) Bernhard Waldenfels, *Der Spielraum des Verhaltens*, Frankfurt a. M., 1980, p.23.
82) Wener Bergmann, "Lebenswelt, Lebenswelt des Alltags oder Alltagswelt?" in: *Kölner Zeitschrift für Soziologie und Sozialpsychologie*, 33. Jg., 1981, p.62.
83) Jürgen Habermas, *Theorie des kommunikativen Handelns*, Bd. 1. Frankfurt a. M., 1985, p.7. (이하 TKH로 생략하여 인용함).

활세계 개념은 의사소통적으로 말하는 자(Sprechören)로부터 현상학을 재구성하려는 의도로서 선이론적인 지식을 얻는다. 생활세계는 참가자의 전망을 통해 의사소통 과정의 수평 구성적 맥락으로 나타난다(TKH, II, 205).

하버마스는 형식 화용론(Formale Pragmatik)의 개념을 현상학적 생활세계로 연결하고 수용하는 가운데서 어떤 상황에 대한 방향점을 찾아 나간다(TKH, II, 41-46, 163-169, 173-228). 하버마스에게 생활세계는 "의사소통행위에 대한 상보 개념"이다. 즉 하버마스는 생활세계 개념을 "의사소통행위의 지평과 배경으로서" 도입한다(TKH, II, 196, 197). 우리는 자주 의사소통행위라는 표현이 오해를 유발할 수 있다고 말한다. 하지만 하버마스의 의사소통행위는 말하는 자와 듣는 자가 서로 의견만 주고받고 합의만 추구하는 행위가 아니다. "오해를 피하기 위하 다시 언급한다. "의사소통행위 모델은 행위를 의사소통과 동일시하지 않는다"(TKH, I, 178).

미국의 퍼스나 미드의 실용주의 전통에 따라 하버마스는 행위를 "상황에 대한 대처"로 이해한다(TKH, II, 208). 우리가 어떤 상황에 대처한다는 것은 그 상황에 맞는 목적을 세우고 실현하는 것이다. "이런 점에서 목적론적 구조는 의사소통행위를 포함한 모든 행위 개념의 근저에 있다"(TKH, I, 178). 그런데 어떤 상황은 개별적인 개인 혼자서가 아니라 여러 사람이 대처해야 하는 경우가 많다. 이러한 사회적 행위의 경우 개별 행위자들의 목적과 계획 사이에 조정이 필요하고, 이 행위 조정의 방식에 따라 의사소통적 행위와 전략적 행위가 구별된다. "의사소통행위에서 참여자들은 그들의 계획을 일치된 의견 속에서 추진한다. 일반적으로 어떤 합의는 어떤 목표를 추구하기 위한 '조건'이다"(TKH, I, 208). 이렇게 하버마스는 사회 현상학적 전통에서 상황개념을 중요한 요소로 간주한다. 이를테면 어떤 상황은 주변의 지시연관(Verweisungszusammenhang)과 밀접한 관계를 갖고 있다. 하버마스는 생활세계를 지시연관으로 이해할 경우, 언어적으로 상호 주관적으로 처해 있음을 종종 목격하게 된다고 말한다. 즉 하버마스는 지시연관은 상호간에 어떤 상황의 구성 요소와 생활세계와 연결시키는 것이 필요함을 목격할 수 있다고 본다. 지시연관들은 직접적 관계나 의미지평으로 구성된 의사소통에 의한 의미연관으로 이해한다. 이러한 지시연관들은 언어적 측면에서 지식의 저장고에 담겨져 있는 언어 문법규칙을 적용할 수 있다(THK, II, 189).[84] 이런 언어 문법규칙에서 생활세계는 단순하게 이해과정의 지평을 구성하는 맥락이 아니라 해석의 자원(Interpretationsressource)으로 파악한다.[85] 이렇게 하버마스는 생활세계를 의사소통 행위로서 재결합해야 한다고 본다. 여기서 하버마스는 의사소통의 지시연관이 구조적으로 연결된 의미를 제시했을 경우, 문화의 전수나 언어를 수행해 나가는 저장고의 중심이라고 본 것이다. 즉 어떤 상황은 개인들 간의 "몸과 육체(Leib/Körper)"[86]와의 연관성에 의해 상호관계를 수행해 나간다. 이에 반해 형식 화용론적인 상황은 그 배후에 단순하게 베일에 가려진 상태에서 다음과 같이 전개된다.

---

84) Vgl. Karl Bauer, *Der Denkweg von Jürgen Habermas zur Theorie des kommunikativen Handelns*, Regensburg, 1987, p.291. ; Horst Holzer, *Kommunikation oder gesellschaftliche Arbeit? Zur Theorie des kommunikativen Handelns von Jürgen Habermas*, Berlin, 1987, pp.56-57.

85) Jürgen Habermas, *Vorstudien und Ergänzungen zur Theorie des kommunikativen Handelns*, pp.590-591.

86) 하버마스는 몸/육체의 분석의 입장을 상황, 집중, 지평의 현상학적 개념으로 전개한다(Ulf Matthiesen, *Das Dickicht der Lebenswelt und die Theorie des kommunikativen Handelns*, 1985, pp.53-54; Vgl. Alfred Schütz, "Das Problem der transzendentalen Intersubjektivität bei Husserl", in: *Philosophische Rundschau*. 5. Jg. 1957, p.93).

상호 작용 참여자들은 항상 상황 속에서 나타난다. 상황은 참여자들의 이해 방향으로 진행될 때, 기억을 제공해주는 공통적인 기반으로 정의된다. (…) 그렇기 때문에 의사소통을 표현하는 배경에는 현실적 이해 요구에 맞는 적당한 상황 개념이 구성되어야 하며, 거기에 상응하는 충분한 합의가 있어야 한다. 이러한 공통성(Gemeinsamkeit)이 전제되지 않는다면, 행위자는 이해 방향으로 설정된 수단과 더불어 전략적인 행위를 추구해야만 한다. 일반적인 상황 정의는 이렇게 해서 생겨난다(TKH, II, 185).

이러한 하버마스의 상황에 대한 정의(定義)는 의사소통행위이론에서 생활세계와 세계의 관계로 나타난다. 하버마스에게서 생활세계는 말하는 자와 듣는 자가 만나는 선험적인 장소다. 거기서 생활세계는 객관적 · 사회적 · 주관적 세계와 조화를 이루어 상호간에 요구하는 것을 충족시킨다. 즉 말하는 자와 듣는 자는 객관적 · 사회적 · 주관적 세계에서 무엇인가에 대해 공통적인 생활세계로 이해하는 것이다(TKH, II, 192).[87] 이렇게 생활세계의 구조는 상호 주관성의 형식을 기능하게 하는 이해를 확정해 나가야 한다(TKH, II, 192). 하버마스는 언어를 적용하는 방식에서 사회적 경험과 화용론적 관계를 명료하게 제시하기 위해 말하는 자와 듣는 자의 세 가지 언어 행위를 다음과 같이 파악한다.

① 객관적 세계의 어떤 것(진실된 전언이 가능한 실재의 전체로서)

② 사회적 세계의 어떤 것(합법적이고 규칙적인 개인의 내적 관계로서)

③ 주관적 세계의 어떤 것(듣는 자가 대중 앞에서 진실된 것을 표현할 수 있는 전권을 갖고 접근할 수 있는 결과의 전체로서)(THK, II, 184-185)으로 표현된다. 이것은 다음과 같이 도표화할 수 있다.

---

87) Vgl. Antje Linkenbach, *Opake Gestalte des Denkens, Jürgen Habermas und die Rationalität fremder Lebensformen*, Frankfurt a. M., 1984, pp.223-225; Bernhard Waldenfels, *In den Netzen der Lebenswelt*, Frankfurt a. M., 1994, pp.98-100. Ludwig Nagel, "Ungelöste Schwiergkeit in de Theorie des kommunikativen Handelns. Vier kritische Theorie zum neuen Buch von Jürgen Habermas", in: *Wiener Jahrbuch für Philosophie*. Jg.15, 1983, p.272.

행위 방식	타당성 요구	세계 관계
이론적 행위	진 리	객관적 세계
규범적 행위	정당성	사회적 세계
연출적 행위	진실성	주관적 세계

위와 같은 상황 맥락 속에서 하버마스는 공통적인 것으로 파악한 "조정체계"[88]로서 세 부류의 세계개념을 적용하고 있다. 이러한 세계에 대한 합의는 어떻게 참여자들에게 매 순간마다 사실적이고 타당한 규범과 주관적 체험 같은 것을 고찰할 수 있는지를 설정하여 체계화시키는 것이다(TKH, I, 107). 하버마스는 생활세계의 개념을 상호소통 과정의 상관 개념으로 도입하고 의사소통적으로 행위 하는 주체를 항상 생활세계의 지평과 연관시켜 이해하는 것이라 본다.

21세기 현대 사회는 복잡성의 수준이 정점에 다다랐다. 사회는 우리의 일상 생활인의 자연적 태도에서 더 이상 충분히 파악될 수 없다. 하버마스는 사회를 보다 잘 이해하고 설명하기 위해서는 사회적 행위를 분석한 막스 베버와 같은 사회과학적 방법이 필요하다고 본다. 하버마스가 사회과학의 방법으로서 제안하는 것이 사회를 단순하게 참여자의 내부 관점에서만이 아니라 "관찰자의 외부 관점"에서도 파악(TKH, II, 320)해야 한다는 것이다. 여기서 참여자와 관찰자의 두 관점을 상세하게 결합하고 분리하는 방법이 바로 "이 단계 사회구상"(TKH, II, 469)이다. 그리고 우리는 동시에 사회를 생활세계와 체계로 파악해야 하는 것

88) 행위의 조정 개념에 대해 다음의 저서를 참조. Helga Gripp, *Jürgen Habermas. Und es gibt sie doch - Zur kommunikationstheoretischen Begründung von Vernunft bei Jürgen Habermas*, München, 1984, pp.90-92. Hans-Peter Krüger, *Kritik der kommunikativen Vernunft*, Berlin, 1990, p.375.

이다(TKH, II, 194). 생활세계와 체계가 한 사회가 관점에 따라 "분석적으로 분리될 수 있는 두 측면"이다(TKH, II, 473). 동일한 사회가 전체로서 각기 두 측면에서 분석될 수 있고, 모든 현상이 두 측면에서 각각 다르게 기술될 수 있다.[89] 그러나 사회는 이해하고 설명하고자 하는 다양한 현상에 따라 차이가 있다.

89) Jürgen Habermas, *Vorstudien und Ergänzungen zur Theorie des kommunikativen Handelns*, p.381.

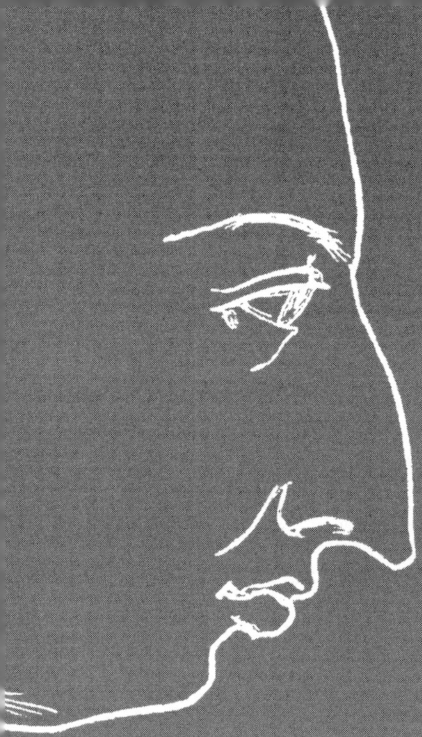

제4장

딜타이와 해석학적 사회체계

I. 딜타이와 해석학적 사회철학의 체계

II. 딜타이의 문화체계와 사회의 외부기관

III. 딜타이와 짐멜: 개인과 사회의 상호작용 체계

IV. 딜타이와 베버: 해석학적 사회과학의 체계

V. 딜타이와 미드: 상징적 상호작용의 체계

VI. 딜타이와 푸코: 해석학적 구조이론

VII. 딜타이와 루만: 해석학적 사회체계

제4장

딜타이와 해석학적 사회체계

I. 딜타이와 해석학적 사회철학의 체계

1. 개인과 사회의 관계

1) 개인의 개념

딜타이에게 있어서 개인(Individuum)의 개념은 그의 기본적인 사회철학의 출발점이다. 먼저 딜타이의 사회철학은 인간본성의 관계나 역사적인 개인을 자세히 설명해 나간다. 딜타이에게서 개인은 "심리적-육체적 통일체(Psycho-physische Lebenseinheit)"[1]로서 정신과학의 대상을 형성한다(GS, I, 15). 의심할 여지없이 딜타이는 개인에게서 정신과학의 근본적인 통일체가 드러난다고 강조한다.[2] 이런 점에서 딜타이는 정신과학

1) 딜타이는 『정신과학 입문(1883)』의 논문에서 인간을 심리적-육체적 통일체로서 계획한다. 각 개체는 개인이며 내부에서 삶의 통일체를 체험한다. 동시에 각 개체는 전체, 세계와 같은 개인으로서 표상된다. 심리적-육체적 삶의 통일체에서 개체의 현실은 자주 언급되고 있다(GS, I, 15, 35, 86. GS, V, 61).

2) 딜타이는 『정신과학 입문』에서 분명하게 독일적인 개인을, 칸트, 피히테, 슐라이어마허, 레싱 그리고 헤르더 등을 연결시키고 있다. 독일적인 개인주의는 사유의 다른 전환을 시도하려는 것이다. 여기서 이 개인들은 형이상학을 수행하며, 개인이 끊임없이 전개되는 과정과 개인들의 종족(Menschengeschlechts)간의 관계는 역사철학적인 문제를 해결하는 열쇠를 제공한다(GS, I, 101).

의 구성을 개인과 사회적-역사적 현실 속에서 그 대상을 다루었다. 따라서 딜타이에게 있어서 사회적-역사적 현실은 인간을 중심으로 그 요인들을 구성한다. 여기서 그 내용은 심리적-육체적 삶의 통일체를 제시한다(GS, I, 28). 이러한 제시는 삶의 통일체에서 심리적-육체적 개인으로부터 그 내부의 요소를 발견하는 것이며, 거기서 사회와 역사를 새롭게 구축하는 것이다. 따라서 딜타이에게서 개인은 정신과학의 중요한 기본적인 그룹을 정립하는 데 그 목적이 있다(GS, I, 28). 개인은 사회적-역사적 현실의 추상과정을 통한 개체로서 정신과학 연구의 대상을 형성하고 있으며, 직접 역사와 사회 속에서 정신의 광범위한 내용이 개별적인 형태로 등장한다.[3] 사회적-역사적 현실은 통일된 삶의 현실에서 나타나며 개인은 다른 개인과 함께 한다. 이렇게 딜타이에게 있어서 개인은 사회적-역사적 현실을 근거로 하여 구성된다.[4] 딜타이는 개인을 다음과 같이 광범위한 의미로 파악한다.

> "우리가 개인을 개별적인 삶의 시대적 경계(Zeitschranken)로부터 자유롭거나 혹은 아주 고립적인 것으로 소개할 때, 가치의 체험, 삶의 규칙에 따르는 부류의 구체화가 현실을 파악하는 데 드러나야 한다. 그러한 행위의 숙고는 삶 속에서 생성되거나 동일한 행위에 대한 보편적인 지식 안에서 수행되며, 현실구조를 파악하거나 가치의 내적 감정에 관한 경험, 삶의 목적을 현실화시키는 데 서로 연결되어 있다. 이러한 내적인 관계가 구조의 심연 속에서 어떻게 관계하고 있는가는, 보편타당한 지식 속에서 이해된다. 따라서 세계의 인식, 삶의 경험, 행위의 원칙은 사유하는 의식의 관계에서 적용된다. 그러므로 개인에게서 철학이 생성되고 철학은 인간의 구조에서 제시된다(GS, I, 50)."[5]

3) Christofer Zöckler, *Dilthey und Hermeneutik. Diltheys Begründung der Hermeneutik als Praxiswissenschaft und Geschichte ihrer Rezeption,* Stuttgart, 1975, p.54.

4) Werner Geidel, L*ebensphilosopie und Existenzphilosophie Ästheik,* Diss. Phil. Leipzig, 1973, p.83.

위의 인용문에서 보듯이, 각기 다른 인간에게서 개인과의 연관은 현실 속에서 드러난다. 무엇보다 개인은 우리의 역사에서 주어진 가장 내면의 심리학적인 문제이며 개인이 정열적으로 몰두하는 가운데서 문화체계의 목적연관을 연합(Verbände)하여 공동체적인 삶을 구성한다(GS, I, 100). 딜타이는 합목적성의 요소를 개인이 구성할 수 있다고 보았으며, 사회적-역사적 세계의 관계에서 객관적 현실을 표현해야 한다고 주장한다. 인간본성의 요소에서 드러난 개인의 합목적성은 심리적-육체적 요소에 내재한 목적연관이다(GS, I, 44). 이러한 관계 속에서 우리는 딜타이에게서 개인의 개념을 심리적-육체적 통일체로서 "전기(Biography), 개체(Individualität), 유형(Typus)으로 세분화"[6]시켜서 나눌 수 있다.

전기는 개별적인 심리적-육체적 삶의 통일체라 할 수 있다(GS, I, 33). 전기가 인간에게서 세계의 완전한 통일체로 파악하였을 경우, 인간이 어떤 순간에 어떻게 느끼는가를 서술한다. 전기는 기본적인 사태(Tatsache) 속에서 순수하고 전체적인 현실을 묘사하며 역사과학에서 인간학의 입장을 드러낸다(GS, I, 34). 한 실례로서 전기의 과제는 "문서(Dokument)"[7]에서 그 영향관계를 이해한다. 그 문서에서 개인은 환경에 의해 규정되거나 어떤 반응을 보인다(GS, V, 246). 전기에서 문서는 어떤 것을 경험하게 되며, 그 안에서 영향을 미치고 힘을 행사하는 중심으로

---

5) Werner Sacher, *Edward Spranger 1902-1935. Ein Erziehungsphilosophie zwischen Dilthey und Neukantianern,* Frankfurt a. M., /New York, 1988, p.96.

6) 개인의 개념에 대한 자세한 고찰은 다음을 참조: Philibert Secretan, "Individuum, Individualität und Individuation nach Edith Stein und Wilhelm Dilthey", in: *Phänomenologische Forschung.* Bd. 26/27, 1991, pp.148-169; Yang, Hae-Rim, *Wilhelm Diltheys Sozialphilosophie: Das Verhältnis von Individuum und Gesellschaft,* Phil. Diss. Humboldt Universität zu Berlin, 1998, pp.29-67 참조.

7) 자료(Material)는 광범위한 의미에서 문서 속에 있다. 명백히 전기에 의한 문서는 개인의 영향과 개인에 대한 표현(GS, VII, 246)을 하며, 역사적인 개체성을 이해하고 추체험을 구성한다(그러한 문서는 편지, 보고서, 저서, 업적표에서 찾는다). 편지는 한때의 삶을 파악하는 것이며, 그 속에서 개인은 한 상황의 가치를 발견하거나 과거의 개별적인 부분에서 그 의미를 보증 받는다(GS, VII, 246).

서 개인을 제시한다. 그러나 동일한 의미에서 문서는 역사적인 연관에 의해 개인과 함께 일반적인 연관관계로서 수행된다(GS, Ⅶ, 250). 이러한 문서에서 개인의 전기는 추체험에서 이해된 삶의 진행(Lebensverlauf) 과정을 개별적인 상태, 체험, 사건의 의미를 보다 분명하게 파악한다.[8] 분명하게 딜타이는 개인의 전기를 단순이 고립되어 존재하는 것이 아니라 환경에서 규정된 역사적인 것이라 강조한다. 전기는 개인과 깊숙이 연루되어 있으며 상호 영향을 받으면서 형성화된 역사적인 삶의 전체 속에서 이해해 나간다(GS, Ⅶ, 246). 여기서 딜타이는 환경을 육체적-정신적 전체의 조건 요인이 되며, 이러한 환경은 주체에서 영향을 받는다(GS, Ⅶ, 161)고 말한다.

개별적인 개인은 역사적인 본질이며 개인에 대한 경험의 관점에서 과거사를 고찰한다. 개인은 역사의 원세포(GS, Ⅶ, 246)이며, 역사와 관련된 환경 속에서 개인적인 삶의 과정을 구성한다. 즉 개인은 역사적 영향관계 속에서 학적으로 탐구를 수행해 나가야 한다. 왜냐하면 개인은 인식하는 역사적인 힘 안에서 정신의 조건을 구성하여 행동해 나가며, 그 안에서 영향을 받은 역사적인 평가를 통해 역사적 객관성을 인식해야 하기 때문이다.[9] 따라서 딜타이에게 있어서 역사적-전기적 방법은 두 가지의 관점으로 제시한다. 첫째, 관계의 가능성에 대한 개인의 질적인 동일성을 수용하여 탐구하는 것이다.[10] 둘째, 각 개인의 삶의 진행과정을 현재의 가능성의 한도 내에 한정시켜 항구적인 결정을 수행하도록 하는 것이다(GS, Ⅶ, 215). 이러한 개인은 종교, 예술, 국가, 정치적, 종교적 기관과 같은 거대한 연관 속에서 이해할 수 있다. 각 개인의 "개체"[11]는

8) Jochim Müller, "Dilthey und das Problem der historischen Biographie", in: *Archiv für Kulturgschichte.* 23. Jg. 1933, p.99.

9) Hans Herbert Deißler, *Geschichtlichkeit bei Wilhelm Dilthey,* Diss. Phil. Freiburg, 1949, p.78.

10) Güntrer Pflug, *Der Aufbau des Bewusstsein bei Dilthey,* Phil. Diss. Bonn, 1959, p.241.

어떻게 중심점을 형성하는지를 묻는다. 심리적-육체적 삶의 통일체는 개체의 특성에 대한 개별적 인간은 물론이거니와 정신과학에서 이념적인 것을 정립하고자 한다. 그렇게 하여 심리적-육체적 통일체는 단일체로서 개인의 개체, 개별적 인간의 관계를 구성한다(GS, I, 6, 15, 28. Vgl. GS, V, 408).

딜타이는 『개체성에 관한 연구의 기여(1895/96)』라는 논문에서 유형(GS, V, 27)을 중심개념으로 기술한다. 유형은 근본형식에서 항상 어떤 변화된 놀이를 새롭게 전환시킬 수 있다. 즉 "유형은 근본적으로 현실의 개체이기 때문에 우리가 유형으로서 제시하기를 원하거나, 항상 변화하는 놀이에서 새롭게 전환되는 근본적인 형식이다. 그러한 유형은 수많은 특징, 부분, 기능 등이 규칙적으로 서로 연결되어 있다"(GS, V, 270). 그런데 유형(Typus)은 쉽게 정의하기 어려운 다양한 의미를 갖고 있다. 먼저 유형은 삶과 역사적 삶의 과정을 수용하는 데서 그 근거를 두고 있다. 우리에게서 유형은 삶 속에서 조형적 예술, 묘사, 시, 역사서술, 과학적 사유와 같은 관련성에 의해 파악한다(GS, V, 275). 이러한 딜타이의 유형개념은 세 가지로 나눌 수 있다. 첫째, 유형은 역사적 삶 속에서 나타난 모든 정신의 토대이며, 둘째, 이해사회학의 형식 속에서 심리학적 근거에 대한 요구이다. 셋째로는 이러한 전제조건에서 과학적 인식의 방법을 근본적인 요소로서 필연적으로 부여한다.[12] 이렇게 딜타이는 유형을 정신의 토대, 이해사회학에서의 심리학적 근거마련, 그리고 여

---

11) 딜타이에게서 개체의 파악은 독일의 관념론적 전통철학의 전통 속에서 18세기 말~19세기 초엽의 예술을 통해서 설정하고 있다. 특히 딜타이는 개체를 쉴러(Friedrich Schiller)나 괴테(Wolfgang Goethe)의 문학작품의 예술에서 나타난 모든 자연의 관계로서 이해하고 있다(Vgl. *Briefwechsel zwischen Schiller und Goethe*, hg von Graf u. Leitzmann, Bd. 9. Leipzig, 1912, p.59).

12) Karl Heltrich, *Die Bedeutung des Typusbegriffs im Denken der Geisteswissenschaften,* Diss. Phil. Gießen, 1938, p.47.

기에 과학적 인식방법을 부여해야 하는 것으로 정리하고 있다.

2) 사회의 개념

딜타이는 「인간, 사회, 그리고 국가에 관한 학문 역사연구에 대하여」(1875)라는 논문에서 사회이론의 방향을 반성하고 그의 관점을 형식화했다. 여기서 딜타이는 사회(Gesellschaft)의 개념을 시대의 표상에서 수용한다. 즉 그는 사회의 개념을 당시 "영국과 프랑스 사회학"[13]에서 한 시대에서 나타났던 인간의 문화적, 경제적 통일체의 개념에서 찾았다. 딜타이는 『정신과학 입문』저술에서 사회의 심리학적 구조를 개별적인 심리적-육체적 통일체를 분석하고 그러한 구분을 통해 사회적-역사적 현실의 전체 대상으로 삼는다. 광범위한 의미에서 영국과 프랑스의 사회학은 독일의 국가법 이론가들인 "스타인(Lorenz von Stein)과 몰(Robert von Mohl)"[14]의 사회학 이론과 대립되어 있었다. 특히 스타인은 사회의 개

---

13) 딜타이는 1860년에 이미 꽁트의 실증주의 철학을 잘 알고 있었다. 딜타이는 「인간, 사회, 그리고 국가에 관한 학문 역사연구에 대하여」(1875)라는 논문에서 꽁트를 비판적으로 파악한다. 딜타이는 꽁트의 사회학에서 제시한 세 가지 연구법칙(Dreistudiengesetze: 신학, 형이상학, 실증과학)을 언급한다. 딜타이는 세 가지 연구법칙의 역사철학적 요구는 『정신과학 입문』에서 제시하고 있다. 역사적 전체연관의 연구에 개별적으로 가능한 길은 개별적인 연관의 분석에 놓여 있다(GS, I, 111). 딜타이는 꽁트의 과학의 진보에 서열을 매긴 법칙(Hierarchiegesetzee: 수학, 천문학, 물리학, 화학, 생물학, 사회학)에 역사철학적인 세 가지 연구법칙과 결합하고 먼저 근본적으로 인식하는 것이라 파악한다(Vgl. GS, V, 50. GS, I, 239). 딜타이는 스펜서의 저작을 그의 정신과학의 입문이 서술되기 전부터 알고 있었고, 밀과 꽁트와 마찬가지로 스펜서의 경험주의 사회학에 대립되어 있었다(GS, I, 90). 그러나 꽁트나 밀보다는 경미한 영향을 받고 있었다(GS, I, 135).

14) 스타인은 여러 해에 걸쳐서 진리의 연관성(사회의 일반적 법칙과 개념의 근거)을 전개시킨다. 스타인에게서 사회는 인간 공동체의 모든 상태에서 파악한 지속적이고 일반적인 양상 혹은 모든 세계사의 근본적이고 강력한 요소를 지니고 있다고 본다(GS, I, 85. Vgl. Stefan Koslowswi, *Die Geburt de Sozialstaats aus dem Geist des Deutschen Idealismus. Person und Gemeinschaft bei Lorenz von Stein*, Weinheim, 1989). 몰에게서 사회는 현실적인 삶으로서 외부의 모든 힘을 지닌 국가의 권력을 가진 삶의 영역으로 이해한다(GS, I, 85). 몰은 사회의 개념을 여러 저서에서 분석한 프랑스 혁명의 사회사나 그 사회의 개념 속에서 파악한다. 몰에게서 사회의 개념은 개인, 국가, 사회라는 서로 다른 삶의 영역으로 이해한다(Vgl. E. W. Böckenförde, *Recht, Staat, Freiheit. Studien zur Rechtsphilosophie, Staatstheorie und Verfassungsgeschichte*, Frankfurt a. M., 1992, pp.172-174).

념을 마르크스(K. Marx)와 엥겔스(F. Engels)의 『자본론 I, II, III』저서에 영향을 받고 사회를 이해한다. 딜타이도 추측하건대 사회의 개념을 마르크스의 『자본론』저서에서 영향을 받았을 것이라 생각할 수 있으나(GS, XVII, 186)[15] 단지 스타인이나 몰의 이론에서 나타난 어떤 일치점을 자신의 이론적인 과제로 형식화하지는 않았다. 자주 인용되는 문구인 "인간의 개념은 이전에 서술했던 사실에서 역사와 사회로서 기원을 설명하고자 하며, 이에 대해 분석적인 과학의 대상을 갖고 있는 인간은 사회의 요소로서 개인이다"(GS, I, 31)라는 문구는 딜타이의 개인과 사회의 관계를 이해하는 데 중요한 토대가 된다. 그런데 이 문구는 마르크스의 『도이치 이데올로기』 저서에서 표현한 포이에르바하에 관한 6번 테제인 **"인간의 본질은 각 개인에게 내재하는 추상물이 아니라 현실 속에 있는 사회적 관계의 총체이다"**[16]라는 주장에서 유래한다.

딜타이에 있어서 스타인과 몰이 주장하는 사회학은 현실적 과학이 아니라고 말한다. 그 이유는, 그들은 사회를 인간의 역사적-정신석 세계의 전체로 파악하고 있으나, 사회는 국가의 한 부분을 이루고 있으며, 하나의 전제조건으로서 외부의 공동체 속의 삶의 기관이거나 한 부분에 속해 있기 때문이다. 다시 말하면 딜타이의 사회에 대한 반대의 입장은 현실적으로 인간사회에 일어나는 모든 현상을 하나의 학문으로 포괄하려는 시도에 이의를 제기한다. 딜타이에 의하면, 영국의 꽁트와 프랑스의 스펜서 사회학도 전체사회의 입장에서 종교성 · 윤리 · 예술 · 법 등을 설명한다. 특히 딜타이에 따르면 사회에서 진행되는 분화와 통합, 이해관계의 결속, 공동체의 질서와 같은 개념들을 전체사회로 보는 관

15) Wilhelm Dilthey, *Seine Rezen.* Bd. 44., 1878, p.223.

16) K. Marx, "Deutsche Ideologie(1845/46)", in: ders., *Frühschriften*, hrsg. v. S. Landshut. Stuttgart, 1964, p.340.

점에서 형이상학적이라는 것이다(GS, I, 420-421).

한쪽 측면에서, 근대사회의 출발은 프랑스 혁명의 엄청난 해방운동에서 속행되었으며, 다른 측면에서는, 근대사회는 새로운 미래상황을 만들려는 산업혁명으로부터 촉발되었다. 이러한 사회적 상황에서 영향을 받은 딜타이는 사회의 개념을 **국민영혼**(Volksseele), **민족**(Nation), **국민정신**(Volksgeist), **유기체**(Organismus)와 같은 개념을 통해 신비적으로 표현한다. 딜타이에게 있어서 위에서 언급한 사회개념들은 사회에서 드러난 개인의 통일체개념으로 자리매김하고 있으며, 역사적 대상을 잠정적으로 고찰한다(GS, I, 31).[17] 그런데 사회개념에서 초래된 개인의 통일체는 어떠한 구성물로 설정된 것은 아니며, 일반적으로 심리적-육체적 통일체를 말한다. 우리가 사회개념을 구체적으로 분석하여 제시했을 때, 다양한 국민생활의 측면을 언어 · 종교 · 예술 등을 통해서 파악한다(GS, I, 42).

이러한 고찰은 먼저 사회적-역사적 현실을 분석하는 데 중요한 단서가 된다. 딜타이는 국민영혼과 국민정신의 개념(GS, I, 31)을 형이상학적인 사변으로서 기술하고 있으며 동시에 현실적인 경험영역을 넘어서 있다. 특히 딜타이는 라자루스와 스타인탈의 사회적-역사적 현실의 과학을 국민심리학(Völkerpsychologie)으로부터 영향을 받고 전개한다.[18] 국민정신은 모든 개별적인 정신의 총체이며, 모든 개체의 공통성을 내적인 활동으로 규정한다.[19] 여기서 국민심리학은 언어 · 신화 · 글자 · 예술 ·

17) 쾬케는 그의 교수자격논문에서 딜타이와 짐멜의 개인과 사회의 영향사적 관계를 연대기적으로 자세히 묘사하고 있다. 이에 대해서는 다음을 참조: Vgl. Klaus Christian Könke, "Der junge Simmel", in: *Theoriebeziehungen und sozialen Bewegungen,* Frankfurt a. M., 1996, pp.382-383.

18) Hans-Ulrich Lessing, "Dilthey und Lazarus", in: *Dilthey-Jahrbuch.* 3. Bd. 1985, p.73.

19) M. Lazarus, "Über den Begriff und die Möglichkeit einer Völkerpsychologie", in: *Deutsche Museum*(1851), p.118.

과학과 같은 국민생활의 지성적 측면은 물론이거니와 윤리 · 법 · 교육과 같이 객관화된 국민정신의 실천적 삶 속에 내재해 있다.[20] 국민정신은 한편으로는 자기의식의 통일체이며, 다른 한편으로는 상호 연관된 생활의 활력소(Lebenskraft)가 되는 전체이며 개별적 인간을 형이상학적인 통일적 요소로서 서술한다(GS, I, 31). 민족의 개념은 단지 국민적 통일을 위한 신비적-상징적 관계가 아니라 고대 그리스의 폴리스 개념과 같은 정신적 범주를 규정한다(GS, I, 42). 딜타이는 민족을 통해 다양한 생활영역을 최초로 통일할 수 있는 활력소로 보았고, 민족 안에서 그 친밀성을 드러내 보였다. 여기서 딜타이는 삶의 표현 속에서 경제 · 전쟁 · 헌법 · 언어 · 신화 · 시 · 종교와 같은 개념에서 일치와 조화의 관계를 주목한다. 우리일상사에서 삶의 조화와 일치는 다양한 생활영역의 경제생활, 전쟁의 행위, 그 밖의 기능에서 조건화되어 겉으로 드러나는 것이 아니다. 또한 각 개인이 서로 다른 영역에서 상호작용하는 요소로 부각되는 것도 아니다(GS, 172). 하지만 각 개인의 삶은 민족과 국민이라는 결속체에서 그 유래를 찾을 수 있다.

유기체의 개념은 유추(Analogie)를 통해 가설적으로 설정하기 때문에 사회 내에서 체험된다.[21] 우리가 유기체와 사회의 유추를 확정하고자 할 때, 우리는 체험과 이해의 가능성을 통해 인간사회의 장점을 파악한다. 딜타이는 유기체의 개념을 주어진 문제의 해결을 위해 타자를 대용하는 것이라 본다. 예를 들어 유기체는 동물과 식물의 합목적성의 모델을 통해 대상을 관찰하고 사회를 이해한다(GS, I, 31). 유기체로써 사회를 고찰하는 것은 처음부터 등장한 것은 아니다. 유기체는 과학사적인 고

20) 위의 논문, p.55.

21) Othmar Spann, "Zur sozialogischen Auseinandersetzung mit Dilthey", in: *Zeitschrift für die gesamte Staatswissenschaft*. Bd. 59, 1903, pp.200-201.

찰을 통해 자연과학의 생물학 연구에서 나타난 법칙성에서 수행된다.[22] 우리가 내적인 경험에서 수행된 합법칙성의 모델을 고찰하였을 때, 사회에서 이해한 문제를 해결하려는 것이다. 먼저 우리가 문제를 해결하고자 할 경우, 동물의 유기체적 활동을 설명해야 한다. 우리가 유기체와 사회를 합목적성이라 기술할 때, 이러한 개념은 내적인 체험에서 고찰한다. 왜냐하면 부분과 전체의 관계는 현실세계에서 합목적성의 특성을 포함하고 있기 때문에 이러한 세계는 감정과 충동적 삶을 경험한다(GS, V, 207). 따라서 딜타이는 합목적성을 인간적-사회적 세계 및 인간적-역사적 세계를 통한 확고한 방식과 현재의 충동적인 삶(GS, V, 208-209) 속에서 드러난다고 보았다.

3) 개인과 사회의 상호작용

앞에서 언급한 개인과 사회의 개념은 딜타이 사회철학의 출발점이다. 그의 철학의 근본문제는 어떻게 개인과 사회가 관계를 형성하고 있는지에 대해 초점을 맞춘다. 즉 개인과 사회의 관계에서 딜타이 사회철학의 근본문제가 마주친다. 딜타이는 「인간, 사회, 그리고 국가에 관한 학문 역사연구에 대하여」(1875)라는 논문에서 개인과 사회의 상호작용(Wechselwirkung)을 연구하였다. 여기서 그는 개인과 사회의 관계에 대해 역사와 사회가 상호작용을 하듯이, 현재를 기점으로 부분과 전체[23]의 근본관계를 서술하는 것이라 말한다. 다시 말해 딜타이에게 있어서 사

22) Othmar Spann, 앞의 논문, p.200.

23) 딜타이는 사회적인 삶의 개별적 측면, 개인에 대한 역사, 일회적인 인간의 모든 것들을 일정하게 생성되는 것으로 보지 않고 끊임없이 뒤섞여진 비밀로 구성된 것으로 본다. 사회가 개별적인 상태와 과정으로 합성된 개별적인 부분이거나 고유한 내적인 지각으로 인식하거나, 어느 정도 전체를 모방하고 있거나, 그 자체로 전체의 현실적인 요소의 의식으로 형성되어 있다고 하더라도 사회는 비밀스럽게 구성되었다는 것이다(GS, V, 62).

회와 역사는 현재로서의 사회이며, 시간적-역동적인 관점에서 삶을 파악한다. 딜타이는 전기나 후기작품에 이르기까지 인간적-사회적-역사적 세계의 삼각형의 구도[24](GS, Ⅶ, 4, 159)를 인간의 창조적 주체로써 이해해야 한다고 말한다. 이러한 관계는 인간적-사회적-역사적 세계를 부분과 전체, 전체와 부분, 이러한 연관성과 상호작용에 의해 심리적-육체적인 삶의 통일체를 밝혀낸다(GS, Ⅶ, 159). 따라서 사회와 역사의 상호작용은 두 가지 관점에서 서로 연결되어 있다. 첫째로, 보편적인 역동성과 역사적인 문화의 수많은 다양성을 인식할 수 있고, 둘째로, 윤리와 정치에서 도덕적 정언명법에 의해 진리에 대한 확고한 타당성을 보증할 수 있어야 한다.[25] 이러한 설명은 근본적으로 사회의 개념을 이해하는 데서 일반적으로 주장한다.

딜타이에게 있어서 심리적-육체적 개인은 사회와 역사를 구성하는 요소이며 심리적-육체적 삶의 통일체는 정신과학의 근거를 형성한다(GS, I, 28).[26] 특히 딜타이는 사회의 요소로서 윤리 · 법 · 경제 · 국가와 같은 질서체계를(GS, V, 61) 사회의 실천적(행위 하는) 삶으로서 파악한다(GS, V, 58).[27] 이러한 사회질서는 개인의 심리적-육체적 통일체 안에서 발생

---

24) Vgl. Manfred Riedel, *Wilhelm Dilthey: Der Aufbau der geschichtlichen Welt in den Geisteswissenschaften,* Frankfurt a. M., 1993, p.194.

25) Uta Gerhardt, “Die Konzeption des Verhaltens und der Begriff der Gesellschaft bei Georg Simmel im Verhältnis zu Wilhelm Dilthey”, in: *Annali di Sociolgia.* 8, 1992-I. p.246.

26) Vgl. GS, V, p.273. 딜타이는 정신과학의 근거를 심리학(GS, VIII, 265-266)에서 찾았고 정신적 통일체의 상호작용이라 파악한다(GS, VII, 282. Vgl. Helmut Diwald, *Wilhelm Diltheys Erkenntnis und Philosophie der Geschichte,* Göttingen, 1963). 여기서 심리적-육체적 삶의 통일체는 그 자체의 체험과 이해의 이중관계를 통해서 알게 되고, 내적인 역사, 과거의 기억 속에서 다시 발견한다. 정신과학은 이러한 관계에서 삶, 체험, 이해에 그 근거를 둔다(GS, VII, 86).

27) 요하흐(Helmut Johach)에 따르면, 딜타이 초기와 후기작품에 이르기까지 사회의 실천적 삶과 관련된 학문을 하고 있다고 파악한다(Helmut Johach, *Handelner Mensche und objektiver Geist. Zur Theorie der Geistes- und Sozialwissenschaften bei Wilhelm Dilthey,* Diss. Phil. Meisenheim am Glan, 1974, p.137). 특히 후기 작품에서 체계적인 정신과학은 행위하는 세계와 관련된 관심에 집중하고 있다는 것이다(H. Johach, 앞의 책, p.137). 즉 정신과학은 무엇보다도 국가와 정치경제학, 법과

하는 상호작용하는 것으로 이해한다. 무엇보다 상호작용은 사회에서 심리적-육체적 요소에서 진행되는 법칙을 기술한다(GS, V, 61-62). 딜타이는 이러한 상호작용을 "영향관계의 항구적인 본질"(GS, V, 60)이라 불렀으며, 궁극적으로 사회현상에서 목격할 수 있다(GS, V, 62)고 보았다. 따라서 딜타이에게 있어서 심리적-육체적 삶의 통일체는 서로 밀접한 영향관계를 형성하고 있으며, 지성·감정·충동적 삶·의지행위와 같은 정신적 삶(Seelenleben)의 모든 행위와 연결되어 있다. 따라서 딜타이의 심리적-육체적 상호작용은 지각·사유·감정·의지의 작용에 의해 분리되거나 사회의 삶 속에서 개인적인 "삶의 윤택함(Lebensreichtum)"[28]을 그 매개로 한다(GS, I, 50). 이러한 딜타이의 상호작용의 관계는 사회와 역사를 통해서 전체를 구성하는 과정이다. 이런 점에서 개인은 사회에서만 그 특성을 다음과 같이 형성한다.

> "이미 지나간 사실의 역사와 사회로서 인간은 유전학적인 설명의 픽션이다. 즉 건전한 분석적인 과학의 대상을 지니고 있는 인간은 사회의 요소로서 개인이다(GS, I, 31-32)."

이러한 관계는 인간적 삶의 통일체 속에서 주체의 특성을 형성한다. 여기서 주체는 사회적으로 서로 연관된 개인적인 삶의 통일체(GS, V, 340)[29]이며 개인은 역사와 사회에서 정신의 광범위한 내용 중에서 잠정적

사회과학에 관심을 보이고 있다(GS, VII, 5, 70. Vgl. Hans Ineichen, "Von der ontologischen Diltheyinterpretation zur Wissenschaftstheorie in praktischer Absicht", in: *Philosophische Rundschu.* 22. Jg., 1976, pp.209-221).

28) 딜타이가 삶의 윤택함이나 완전성과 같은 개념을 어떻게 표현했는지는, 심리학 안에서 목적론적으로 전개된 인간본성의 개념에서 다시 전환시키고 있다. 삶의 유택함 속에서 자기 현실화는 인간 스스로 제시한 힘으로써 현실화와 다른 의미가 아니다(Helmut Johach, "Dilthey, Freud und die Humanistischen Psychologie", in: *Dilthey-Jahrbuch.* Bd. 9, 1994/1995, p.58).

29) Vgl. Herbert Marcuse, "Wilhelm Dilthey", in: F. Rodi/H-U. Lessing(Hg.), *Matrerialien zur Philosophie Wilhelm Diltheys,* Frankfurt a. M., 1984, pp.218-219.

으로 등장하는 개별적인 형태이다. 그러나 개인은 고립되어 있는 것이 아니라, 가족 · 연결된 연합체 · 국가 · 시대 · 궁극적으로는 인간과 관계하여 존재한다(GS, V, 341).

딜타이는 개인의 관점을 육체적-심리적인 사실에서 드러난 관계에서 사회의 이론을 구성한다. 그런데 딜타이는 지금까지의 사회학이 지속적인 과학으로서 기능하고 있는가를 의심한다. 개인과 사회를 서술하는 관계는 고립된 개인을 수용하는 것이 아니라, 근본적인 현실로서 인식하고 개인과 사회의 개념을 밀접한 상관관계로서 파악한다. 개인과 사회의 상호작용은 비밀스럽게 머물러 있기는 하지만, 정신적 삶(Seelenleben)의 구조연관을 통해 파악한다.[30] 정신적 삶에서 제시된 표상 · 감정 · 의지행위 · 사유 과정의 구조연관은 상호 영향 관계 속에서 작동한다. 그런데 엄밀한 의미에서 이러한 영향관계는 인과율 없이 발견되거나 증명된다.[31] 우리가 주목할 사항은 구조연관에 의해 딜타이 심리학의 중심개념이 자리 잡고 있다는 것이다. 딜타이 자신은 정신적 삶을 분리된 전체로 불렀으며 정신적 삶이 근본적으로 개별적 인간에게서 만나는 유형적인 것에서 구조연관을 분석한다.[32] 구조연관은 체험되는 것(GS, V, 206)이며, 그 안에서 결정적인 모습을 드러낸다. 이러한 구조연관은 동시에 목적론적이다. 즉 삶의 충족, 충동의 만족, 기쁨에 도달하려는 경향을 갖고 있는 측면은 목적연관이다. 우리는 "구조연관"[33]

---

30) Nina Baring, *Wilheilm Diltheys Philosophie der Geschichte,* Leipzig, 1936, pp.53-54.

31) Annelise, Liebe, *Die Ästhetik Wilhelm Diltheys,* Halle/Saale, 1938, p.20.

32) Max Horkhermeier, "Psychologie und Soziologie im Werk Wilhelm Diltheys (1940)", in: *Gesammelte Schrieften.* Bd. 12, p.361.

33) 제시된 심리학적 구조학은 세 가지 주요부분으로 이해한다. ① 정신적 삶의 구조연관은 충동적 삶, 감정적 삶, 인간적인 의지행위에서 드러난 사유(표상, 인식)의 통일체로서 제시되며 ② 정신적 삶은 무엇보다 근본적 사유행위에서 나타나며 ③ 정신적 삶은 역사적으로 축적된 경험을 발견하거나 개인이 획득한 정신적 관계의 분석을 통해서 파악한다(Friedhelm Brüggen, *Strukturen pädagogischer Handlungstheorie, Geisteswissenschaftliche Pädagogik, Mead, Habermas, Erlanger Schule,*

에서 부분이 충동의 충족감, 기쁨 등의 개념들과 연결된 것을 합목적론적이라 부른다(GS, V, 176). 말하자면 이러한 구조연관은 감정 · 충동 · 의지 · 지성과 같은 건축술에서처럼 서로 긴밀하게 연결되어 있다(GS, V, 176). 원하고, 느끼고, 표상하는 구조연관과 심리적-육체적 삶의 통일체는 어떤 행위와 동일한 경험 속에서 내재해 있다.[34] 따라서 딜타이가 인간본성을 강조하는 바는 개별적인 인간을 정신적 삶에서 제시된 구조연관에 근거를 두고자 한다. 딜타이 관점에서 정신과학의 사회 철학적 근거는 「인간, 사회, 그리고 국가에 관한 학문 역사연구에 대하여」(1875)라는 논문에서 상호작용의 개념을 발견한다. 딜타이는 이 논문에서 개인과 사회의 관계를 다음과 같이 변증법적으로 파악한다.

> "사회적 상호작용의 요소 속에서 개인이 본래의 충동과 함께 있는 것은 잘못된 개인주의이다. 우리의 경험영역은 기본적으로 고립된 개인주의의 구성물에서 존재하거나 수용하는 것은 아니다. 모든 개인은 정확히 한정된 그룹에서 형성되거나 사회적 상호작용 속에서 구체적으로 주어진 엄밀 과학의 전언을 위한 주체이다"(GS, V, 60).

이러한 사유는 다시 딜타이 『정신과학 입문』의 논문에서 새롭게 전환점을 마련한다(GS, I, 36, 42, 60). 딜타이는 기회가 있을 때마다 고립된 주체는 무사유적인 것을 뜻한다고 말한다. 이에 반해 엄밀한(exakte) 의미에서 심리학은 유기체의 한 부분(Glieder)이거나 전체의 부분에서처럼 개인을 의미한다. 그런데 심리학은 단지 사회의 경험에서 상호작용하

Freiburg/München, 1980, pp.66-67).

34) Vgl. H. M. Baumgartner, *Kontinuität und Geschichte. Zur Kritik und Metakritik der historische Vernunft,* Frankfurt a. M., 1972, p.105; Julius Frankenberger, "Objektiver Geist und Völkerpsychologie", in: *Zeitschrift für Philosophie Kritik.* 154(1914), p.68; Renat Wanstrat, "Das sozislwissenschaftliche Verstehen bei Dilthey und Weber", in: *Schmoller Jahrbuch.* 70. Jg., 1950, p.26.

는 것은 아니다(GS, I, 30). 한편에서 딜타이는 이러한 변증법적인 사회모델을 일반적인 것과 특수적인 것으로 제시하였고, 이러한 모델은 사회적-역사적인 역동성 및 규칙연관을 의미하였다. 다른 한편으로 이러한 사회모델은 개인의 개별적인 욕구와 원함(Wollen)의 속성을 파악하는 것이 있다.[35] 그런데 개인과 사회의 상호작용은 단지 사회적-역사적 현실의 연관성 속에서만 드러나는 것은 아니다(GS, I, 35). 딜타이에게 있어서 개인과 사회의 상호작용은 느끼고, 표상하고, 원하는 것으로서 전체적으로 분리될 수 없는 인간일반과 연관되어 있으나, 모든 삶의 연관 및 본질의 총체성을 단순히 인식하는 것은 아니다(GS, I, XⅧ).[36] 인간본성의 총체성은 역사 속에서 나타나며 그 총체성 속에서 심리학적, 역사적 현실을 받아들인다. 따라서 딜타이는 정신과학의 대상을 인간본성의 총체성과 인간에게서 발견한다. 딜타이는 정신과학의 **전체적인 인간본성(ganzen Menschennatur)**을 다음과 같이 기술한다.

> "나는 현재의 추상적, 과학적인 사유의 개별적인 요소를 전체적인 인간본성에 포함시키고 그것들의 연관관계를 추구한다. 즉 우리 형상의 가장 중요한 요소와 우리의 현실인식, 개인적인 삶의 통일체, 외부세계, 우리 외부에서의 개인, 시간 속에서의 삶과 그것으로 인한 영향작용을 밝혀낸다. 이것들은 모든 인간본성에서 원하고, 느끼고, 표상하는 다양한 측면에서 실제적인 삶의 과정을 설명할 수 있다"(GS, I, XVIII).

여기서 딜타이는 인간본성을 전체적인 인간의 철학으로 불렀고, 육

35) Günther Fütterer, *Historische Phantasie und praktische Vernunft,* Würzburg: K & N, 1985, p.39.

36) Vgl. Frithjof Rodi, "Diltheys Kritik der historischen Vernunft. Program oder System", in: *Dilthey-Jahrbuch.* 3.Jg., 1985, p.147; Johanes Weiß, "Das Verstehen des Lebens und die verstehende Soziologie(Dilthey und Weber)", in: *Annali Sociologia.* 8. 1992-I. p.358; Othmar Spann, "Zur soziologischen Auseinandersetzung mit Wilhelm Dilthey", in: *Zeitschrift für gesamte Staatswirtschaft.* 2.(1903), p.204.

체적, 역사적 현실의 총체성 속에서 보았다. 예컨대 우리가 원하고, 느끼고, 표상하는 것은 인간본성을 통해 파악하고 실제적인 삶의 과정을 주시해야 한다.[37] 사회적-역사적 현실은 인간의 삶을 단지 개별적인 것으로 보지 않고 궁극적인 통일체로서 개인 사이의 다양한 상호작용에 의해 수행된다. 이러한 상호작용은 마음대로 교체할 수 있는 것이 아니라 객관성의 확고한 단초로써 사회적-역사적 현실을 주시하는 것이다(GS, I, 29, 42).[38] 우리가 이해에 대한 모든 행위의 총체를 파악할 경우, 삶의 객관성은 체험의 주체성에 대립하여 드러내 보이는 것은 아니다. 이러한 객관성은 일반적인 체험에 대한 이해와 관련되어 있다(GS, VII, 148). 언제나 활발하게 활동하고 있는 정신 안에는 목적 · 가치 · 의미에 응고된 객관성의 구조를 말할 수 있어야 한다. 그리고 정신이 실제적으로 삶의 과정과 독립되어, 정신적 · 역사적 · 사회적 과정을 분석해야 하는 것이다.[39]

딜타이에게서 정신과학은 삶의 객관성을 광범위한 범주로서 이해한다. 그렇기 때문에 딜타이에게서 사회적-역사적 현실의 개념은 사회적인 것을 필요로 한다. 왜냐하면 인간은 이러한 정신세계의 가장 의미 있는 활동을 하기 때문이다. 사회적-역사적 현실은 역사적인 것을 필요로 한다. 왜냐하면 인간은 역사적인 정신활동을 하고 있기 때문이다. 딜타이는 삶을 지속적으로 다양한 객관성의 방법에 의해 경험하고 이해하

---

37) Herbert Schnädelbach, *Philosophie in Deutschland 1831～1933,* Frankfurt a. M., 1991, p.74; Vgl. Manfred Riedel, *Verstehen und Erklären?,* Stuttgart, 1978, pp.73-74; ders., "Wilhelm Dilthey und das Problem der Metaphysik", in: *Philosophisches Jahrbuch.* 2. Jg., 1976, pp.196-169; Wolfgang Bassler, "Zur Wissenschaftsmethodik der Psychologie: Dilthey, Nietzsche, Jung", in: *Analytische Psychologie,* 1982, p.287.

38) Vgl. Hans-Joachim Lieber, "Geschichte und Gesellschaft im Denken Diltheys", in: *Kölner Zeitschrift für Soziologie und Sozialpsychologie.* 17. Jg., 1965, p.713; Christofer Zöckler, *Dilthey und Hermeneutik,* Stuttgart, 1975, p.57.

39) Jürgen Habermas, *Erkenntnis und Interesse,* Frankfurt a. M., 1981, p.187.

는 것이라고 말한다. 따라서 딜타이는 정신이 객관화된 모든 것을 정신과학의 대상(GS, Ⅶ, 148)[40]이라 파악하고, 인간의 사태(Tatsache) 즉 인간적-사회적-역사적 현실을 발견한다.

딜타이는 「정신과학의 역사적 세계의 구성」의 논문에서 정신과학의 대상을 삶의 객관화로 이해한다(GS, V, 409, GS, Ⅶ, 146, 205). 삶의 객관화는 헤겔적인 의미의 객관적 정신에서 수용한다. 그래서 딜타이는 헤겔의 "객관적 정신"[41]의 개념을 삶의 객관화로 받아들인다. 딜타이는 분명하게 삶의 객관화를 헤겔의 역사 속에서 전개한 정신의 객관화 개념에서 도입하고 헤겔의 철학을 역사의 모방에서만 발견하는 개념적인 시학(Begriffsdichtung)에 불과하다(GS, Ⅶ, 109)고 본다. 여기서 딜타이는 객관화의 개념을 시간적, 경험적, 역사적 관계로 전개시키기를 원한다(GS, Ⅶ, 149). 즉 우리는 객관적 정신을 이성에서만 이해하는 것이 아니라, 삶의 통일에 대한 구조연관이나 공동체 속에서 진행되어야 한다는 것이다(GS, Ⅶ, 150).

한편으로, 객관화는 역사적 현상의 형식, 삶의 구조연관에 있는 질서의 통일, 분화된 질서의 다양성 속에 있으며(GS, Ⅶ, 147), 다른 한편으로, 객관화는 역사적 소여가 투명한 인간의 구조에서 본질적인 특징을 갖고 있기 때문에 철학적 범주로 머물러 있다[42]. 딜타이는 정신과학 인식의 가능성에 대한 객관적 정신의 의미를 다음과 같이 서술한다.

"개인 간의 다양한 형식은 현재의 공통성을 감각세계에서 객관화시킨다.

---

40) Vgl. Bernhard Hoff, *Die Psychologie Wilhelm Diltheys*, Zürich, 1926.

41) 객관적 정신의 이론은 딜타이에서부터 리트(Theodor Litt), 프레이어(H. Freyer)에 이르기 까지 구성적인 세계에 놓여있는 활발한 정신에서 드러나는 역사적 전통과 신헤겔학파의 전통에서 전개되어 왔다(J. Habermas, *Theorie des kommunikativen Handelns,* Bd.I. Frankfurt a. M., 1981, p.116; K-O. Apel, *Transformation der Philosophie,* Bd. 1. Frankfurt a. M., 1976, p.37).

42) Nina Baring, *Wilhelm Diltheys philosophie der Geschichte,* Leipzig, 1936, p.85.

> 이러한 객관적 세계에서 과거는 우리에게 지속적인 현재이다. 객관적 세계의 영역은 삶의 양식, 교제의 형식, 사회를 구성하는 목적의 관계, 윤리, 법, 국가, 종교, 예술, 과학, 철학에 걸쳐서 광범위하게 펴져 있다"(GS, Ⅶ, 208. Vgl. GS, Ⅶ, 86, 147, 151, 233).

이러한 객관적 정신에서 역사의 전체적 힘은 과거와 현재에서 드러난다. 삶의 객관화의 개념은 특히 인간의 전체적인 삶의 표현에 대한 의미나 범위를 갖고 있으며, 객관적 정신과 개인의 힘을 정신세계로 규정한다. 이러한 관계는 역사에서 유래하며, 삶의 표현에서 동일한 인간본성을 인식한다(GS, Ⅶ, 213). 객관적 정신의 체계적인 토대는 사회의 외부기관과 문화체계에서 객관성의 구분을 통해 확정된다. 딜타이는 다양한 두 영향관계의 분석을 통해서 일반적인 인간본성의 기반을 마련한다. 문화체계와 사회의 외부기관은 인간본성의 요소에 기인하며, 개인에 대한 목적관계에서 현실화된다(GS, V, 376-378). 즉 이 두 그룹은 목적관계로서 우리가 이해하는 관계이며, 이 두 그룹의 과학에서 개인의 일반적인 인간본성을 파악할 경우, 개인의 영향관계는 사회에 기인한다. 개인은 사회의 상호작용으로서 체험에 근거하고 있으며 다양한 기관과 체계의 교차점으로서 얽혀있다. 문화체계는 법, 종교, 예술, 과학, 경제, 인륜성, 언어, 교육 등이 이에 속한다. 역사와 사회의 현상을 연구하는 사람은 추상적 본질을 어디서나 마주치는데, 그것은 예술, 과학, 국가, 사회, 종교 등에서 제시된다.

무엇보다 딜타이는 인식론적인 출발점을 사회적-역사적 현실에서 어디에서나 원초적이고 직접적인 총체성으로 두고 있으며, 이러한 인식은 항상 개별적인 부분에서 추상적인 부분으로 전개된다. 이것은 한편으로, 인식론은 사회적-역사적 현실에서 인간본성에 대한 지적인 요소의 올바른 한계와 가치에 그 근거를 두고 있으며, 다른 한편으로, 심

리학적인 근본물음을 다루고 있다.[43]

이러한 관점에서 인식론적 근거를 수용한 딜타이의 근본적인 답변은 사회과학의 궁극적이고 일반적인 질문을 설정하려고 한다. 즉 이것은 반복해서 표현하고 있듯이, 사회적-역사적 현실의 전체를 직접 인식하는 것이다.[44] 딜타이는 이러한 관계의 이념을 집중적으로 통찰하면서 항상 자명한 진리에 도달하려고 노력한다.[45] 딜타이는 『정신과학 입문』의 논문에서 개인의 영향관계를 우연적이고 서로 연관성이 없는 것이라 말한다. 사회의 삶은 우연하게 영향 받는다. 또한 개인의 관심으로부터 반복되는 놀이에 의해 서로 영향관계를 확인한다.

그러나 현실 속에서 개별적인 개인의 영향관계는 개인의 격정, 고독, 관심, 인간사의 필연적인 목적연관을 통해 현실화된다(GS, I, 53). 그러할 경우, 모든 체계적인 연구 작업에서 개인과 사회의 관계를 경험한다. 그것은 일반적인 인간본성과 역사적인 개인이다. 이러한 관계를 딜타이는 다음과 같이 표현한다.

> "나는 나의 상태를 체험하고, 다양한 체계의 교차점으로써 혼재된 사회의 영향관계 속에 있다. 이러한 체계는 동일한 인간본성에서 드러나며, 내 자신을 체험하며 타자를 이해한다(GS, I, 53). (…) 먼저 이러한 인간본성의 요소에 만족하는 것은 상호활동의 결과, 인간본성과 동일한 일반적인 요소의 근거인 한에서, 사회 속에 있는 개인의 상호작용에 기인한다. 개별적인 개인은 진보된 문화의 과정 속에서 항상 전문화되면서 체계의 다양한 교차점과 만난다. 개인의 동일한 삶의 행위는 이러한 다양성에서 제시된다. 추상적인 과학은 이제 역사적-사회적 현실에서 서로 혼재된 체계를 설정한다. 따라서

43) Hans-Ulrich Lessing, "Die zeitgenossischen Rezenision von Diltheys Einleitung in die Geisteswissenschaften", in: *Dilthey-Jahrbuch.* 1988. Bd. I, p.147.

44) Othmar Spann, 앞의 논문, p.205.

45) Hans-Ulrich Lessing, 앞의 논문, p.147.

개인은 인간본성의 요소에 대한 결과이다(GS, I, 49, 51)."[46]

개인과 사회의 관계는 일회적인 것이 아니라 이중적(변증법적)으로 파악한다.[47] 개인은 다른 개인과 함께하는 상호작용을 통해 사회와 동시에 공존한다. 왜냐하면 개인은 사회의 상호작용 속에 있는 요소이며(GS, V, 60), 상호작용의 다양한 체계의 교차점(Kreuzungspunkt)과 연결되어 있기 때문이다(GS, V, 63; GS, Ⅶ, 278). 따라서 딜타이에게 있어서 개인과 사회의 관계는 다음과 같이 이해할 수 있다.

> "나는 사회의 삶을 이해한다. 개인은 사회의 상호작용 속에 있는 요소이고, 상호작용의 다양한 체계의 교차점이며, 모든 것을 주시하고 연구하는 지성에 대해 의식적인 의지의 방향과 행위 속에 있는 요소이다"(GS, I, 37).

이러한 딜타이의 상호작용의 개념은 동시대 인물인 짐멜의 형식사회학[48], 베버의 상호작용(Interaktion)의 의미로 쓰이는 사회적 행위, 미드의 상징적 상호작용(Symbolischen Interaktionsmus),[49] 또한 현대에 와서 하버마스의 의사소통행위이론을 형성하는 데 중요한 계기를 마련한다. 앞에서 살펴본 바와 같이, 개인과 사회의 상호작용은 근본적으로 고립된 개

---

46) Vgl. Jürgen Habermas, *Erkenntnis und Interesse*, Frankfurt a. M., 1981, p.231.

47) H. Johach, *Handeln der Mensch und ojektiver Geist*, p.108.

48) 짐멜에 의하면, "개인은 사회에서 유래하며, 사회는 개인에게서 나온다. 각 요소 사이에는 상호작용하는 규정이 다르다(G. Simmel, "Die Kreuzung sozialer Kreise", in: ders., *Soziologie*, München, 1923, pp.325-326). 사회의 삶은 각 요소의 상호작용 안에서 드러나며, 모든 사회적 상호작용은 일정한 관심, 목적, 충동의 근거를 포함하고 있다(G. Simmel, *Die Religion*, Frankfurt a. M., 1906, p.17). 이러한 상호작용은 충동이나 목적에서 야기된 개인적 담지자로 부터 사회의 통일체가 실현된다. 즉 사회의 대상에서 과학이 주어지며, 이러한 사회화(Vergesellschaftung)의 형식과 부류 속에서 상호작용을 연구한다(G. Simmel, *Soziologie*, op. cit. pp.4-6. Vgl. Horst Jürgen Helle, *Soziologie und Erkenntnis bei Georg Simmel*, Darmstadt, 1988, p.38; ders., *Dilthey, Simmel und Verstehen*, Frankfurt a. M., 1986, p.31).

49) 짐멜, 베버, 미드의 상호작용에 관해서는 다음을 참조: Yang, Hae-Rim, 앞의 논문, pp.103-108, 108-119, 146-153.

체에서 구성된 것이 아니라 항상 개인으로부터 사유하고, 느끼고, 원하고, 행위하는 전체로서 드러난다. 개인은 심리적-육체적 통일체로 서술되며 목적을 규정한 심리구조에서 제시된다. 사회는 인간의 행위에서 구성되며, 심리적-육체적 및 역사적 동기를 통해서 상호작용을 한다. 그러나 사회의 상호작용은 무질서하게 진행되는 것이 아니라 체계적인 특성을 지니고 진행된다.

결론적으로 딜타이의 사회철학은 인간의 근본적인 반성과 인간적-역사적-사회적 세계를 이해하는 데 있다. 자기반성은 사유를 통해 정신과학을 정초하여 이론적인 것을 토대로 하여 실천적인 구조의 역사를 인식해 나간다(GS, Ⅶ, 279). 딜타이에게 있어서 인간은 삶의 표현을 반성적으로 이해해 나간다. 이를 통해 딜타이는 정신과학을 어떻게 방법론적으로 수행할 것이며, 어떻게 실천의 규준을 마련할 수 있는지를 묻고 있다. 이러한 정신과학의 실천적 측면은 반성적 행위로 다시 되돌아간다. 결국 개인과 사회의 상호작용은 인간이 삶을 표현하는 가운데서 구성되며, 그것은 인간행위의 요구로써 나타난다. 여기서 삶의 표현의 의미는 항상 딜타이가 강조하고 있듯이, 인간의 심리적-육체적 통일체 속에서 추구되며, 공동체에 대한 역사의 구성물을 통해 객관적 정신과 연관되어 있다(GS, V, 60). 그러나 인간의 삶과 인간적-역사적-사회적 현실은 정체되어 머물러 있는 것이 아니라 항상 역동적으로 움직인다.

딜타이의 체계적이고 역사적 인식은 경험적, 이론적, 규범적 자기반성(Selbstbesinnung)의 이념 안에서 수용한다. 특히 사회 철학적인 자기반성은 개인과 사회적 수준의 근본원리에 따라 고양된다. 딜타이가 인식론에서 밝히고자 하는 자기반성이란, 정신과학 이론은 물론 행위 하는 삶의 실천으로 나아가고자 하는 데 있다. 자기반성의 이론적-실천적 원리에서 사회의 역사이론이 발생하며 실천철학의 과제로 나아간다. 따라서 딜타이에게 있어서 자기반성은 정신과학 정초의 출발점인 것이다. 이러한 관계 속에서 딜타이는 사회적-역사적 현실을 언급하고 있으며, 사회적-역사적 현실의 물음에서 철학적 자기반성의 관계가 성립된다. 그렇기 때문에 딜타이의 자기반성은 현실과 삶에 근거를 둔 철학을 요구하고 있는 것이다. 결론적으로 딜타이 철학의 중요한 부분은 인간과 역사, 개인과 사회, 심리구조와 이를 포괄한 체계의 관계로써 통합적인 근본적인 사유로 파악할 수 있는 것이다.

II. 딜타이의 문화체계와 사회의 외부기관

1. 사회의 실천적 삶

21세기 들어 문화에 관한 담론들이 무성하게 오가고 있다. 앞으로 전개될 21세기는 문화의 세기가 될 것이라고 하고, 문화의 갈등도 첨예하게 전개될 것을 전망하고 있다. 현재 우리 사회에서 문화의 담론이 무성하게 전개되고 있지만, 그 이론적 단초를 형성하고 있는 사상가들의 연구는 그 내용면에서 여전히 미흡하다. 다양한 문화의 담론이 현재 진행되고 있지만, 특히 정신과학을 정초한 딜타이의 문화에 대한 관심은 그 당시 막스 베버나 신칸트학파와의 문화 이론의 논쟁을 통해 공고한 기틀을 형성한다.

특히 이 장의 목적은 딜타이의 국가관과 이러한 그의 국가관에 영향을 받은 칼 슈미트의 국가관을 통해 인간본성의 특징을 보다 구체적으로 파악하는 데 있다. 딜타이는 목적연관의 관점에서 인간본질을 인간의 전체성에서 파악하고 있으며, 슈미트는 딜타이의 목적연관을 통해 인간본질을 적과 동지로 구분하여 정치적 대립의 측면으로 파악한다.

먼저 딜타이는 「인간, 사회, 그리고 국가에 관한 학문 역사연구에 대하여」(1875)의 논문에서 사회의 실천적 삶으로서 인륜, 법, 경제 그리고 국가에 대해 말한다. 거기서 딜타이는 국가의 본질적인 구성과 관련하여 중요한 언급을 했다. 먼저 딜타이에게서 사회적 측면에서 자기성찰은 철학 그 자체의 필요에서 나왔다. 즉 그에게서 실천적 삶의 필요성에서 불거졌던 과제는 순수이론과의 부딪힘에서 생겨난다. 먼저 딜타이는 문화체계와 사회의 외부기관을 구분한다.[1)] 딜타이 연구자인 요하흐

(Jihach)는 딜타이의 저서에서 체계적인 정신과학의 입장을 다음과 같이 기술한다.

> 딜타이 초기저서에서 사회의 실천적 삶과 관련된 과학에 대해 역사를 우위에 설정해 놓고 대립시켰다.[2]

위 인용문에서 보듯이, 요하흐는 딜타이 후기 저서의 모든 비판적 경향에서 역사과학과 사회과학의 실천적 주문(Auftrag)을 강조했다고 주장한다. 딜타이는 예술, 종교, 법, 경제, 국가와 같은 거대한 문화체계에서 전문적인 특징이나 형태들을 분석한다. 딜타이는 정신과학의 철학적 고찰을 통해 객관적 정신의 문화철학이나 문화체계의 형태를 이끌어냈다. 그래서 딜타이는 예술, 종교, 법, 경제, 국가와 같은 현상을 통해 삶의 연관성을 밝혀낸다. 여기서 딜타이는 예술, 인륜성, 종교와 같은 본질을 전문화된 형태로 이해한 역사의 영향연관을 강조한다.[3] 딜타이는 "삶이나 현실 속에서 법 없는 경제, 국가 없는 법, 경제 없는 국가는 더 이상 존재할 수 없다"(GS, V, 58)고 말한다. 또한 딜타이는 자연과학과 정신과학의 구분을 통해 사회의 실천적 삶을 찾고자 했다.

딜타이는 지금까지 정신과학자들은 어떤 경계도 없이 실증주의자들의 자연과학적 방법을 차용하여 실천적 삶의 영역으로 바꾸어 놓았다고 주장한다, 그래서 정신과학은 삶과 학문 사이에 언제나 부조화가 내재해 있다.[4] 딜타이가 보기에 사회의 실천적 행위를 분석하는 데 있어서 체계의 연구를 정치적 체계의 연구와 분리될 수 있는 사안은 아니다.

---

1) Walther Kohl, *Diltheys Lehre vom Wesen des Rechts,* Heidelberg, 1940, p.10.
2) Helmut Johach, *Handelner Mensch und objektiver Geist,* p.137.
3) Arthur Stein, *Der Begriff des Verstehen bei Dilthey,* Tübingen, 1926, p.3.
4) Choi, Jong-Uk, *Die geistig-gesellschaftliche Krise des 19. Jahrhunderts und die Aufgaben der Diltheyschen "Kritik der historischen Vernunft",* Trier, 1987, p.297.

왜냐하면 내적인 물음을 던지는 개인은 개인의 의지에 모든 외적인 행위도 영향을 받고 있기 때문이다(GS, I, 52). 딜타이가 「인간, 사회, 그리고 국가에 관한 학문 역사연구에 대하여」의 논문에서 문화체계와 사회의 외부기관을 구분하고 있지만, 이러한 구분은 형식적인 의미만을 갖고 있을 뿐이다. 이 장에서 우리는 문화체계의 속성인 법 · 인류 · 예술 · 과학 · 경제 · 종교 등의 자세한 분석은 지면관계상 생략하고, 사회의 외부기관 가운데 사회외부기관인 국가관을 선별하여 중심으로 살펴볼 것이다.

딜타이가 종종 여러 논문에서 언급하고 있는 이 두 그룹의 과학은 개인과 사회의 상호 작용에서 기인한다. 여기서 이 두 그룹은 인간 본성의 공통적인 요소를 밝혀내는 데 있다(GS, I, 49). 개인과 사회는 상호작용 속에서 다양한 문화체계와 사회의 외부기관의 교차점을 통해 각각 체험해 나간다.[5] 즉 딜타이에게서 문화체계와 사회의 외부기관에서의 목적연관은 구조와 그 절차에 따라 각기 다르게 나타난다(GS, I, 172). 주지하듯이, 딜타이는 정신과학의 철학적 정초작업을 파악하기 위한 예비적 단계를 세 가지로 파악 한다.첫째는 역사적 세계의 요소이며, 둘째는 문화체계와 사회의 외부기관이며, 셋째는 개별 과학의 인식론적 정초에 의한 철학적 자기반성이다. 위의 세 단계 가운데 두 번째 요소를 한정하여 살펴보도록 하자.

우리는 현재 우리사회에서 전개되고 있는 문화 이론을 이해하는 데 도움이 되고자 딜타이 문화체계와 사회의 외부기관에 관한 이론을 살펴 볼 것이다. 여기서 딜타이의 문화해석은 사회적-역사적 세계의 목적연관에 근거를 두고 구체화한다. 따라서 우리는 19세기 말부터 20세기

5) Thomas Kornbicher, *Deutsche Geschichtsschreibung im 19. Jahrhundert. Wilhelm Dilthey und die Begründung der modern Geschichtswissenschaften,* Pfaffenweiler, 1986, p.278.

초에 독일의 딜타이와 베버, 짐멜, 리케르트 등을 중심으로 활발하게 일어났던 다양한 문화이론 가운데 딜타이의 문화이론에 한정하여 고찰하고자 한다.

또한 우리는 딜타이의 정신과학에서 문화체계와 사회의 외부기관을 구분한 목적연관을 통해 딜타이가 어떻게 국가론을 이해하였는지 고찰할 것이다. 또한 딜타이의 목적론적 국가론에 영향을 받은 칼 슈미트가 어떻게 국가론을 전개해 나갔는지를 구체적으로 살펴보고자 한다. 따라서 우리는 딜타이의 국가론과 그의 국가론에 많은 영향을 받았던 현대 헌법학자였던 칼 슈미트의 『정치적인 것의 개념』을 중심으로 그의 국가론을 고찰해 보도록 하자.

2. 문화체계와 사회의 외부기관

딜타이는 정신세계에서 삶의 객관화를 가치의 영향 관계(Wirkungszusammenhang)로 인정하고 그 목적을 현실화시켰다. 딜타이가 보기에 삶의 객관화는 여러 저서에 산재해 있는 정신과학의 영향 관계를 가치의 정신구조로 확인시키고 목적을 현실화시켜 그 과제를 구체적으로 설정하는 것이다(GS, Ⅶ, 153). 그는 사회적-역사적 세계의 근원적 토대를 정립하는 것에서부터 심리적 삶의 통일체에 이르기까지 개별적인 문화체계를 다양한 영향관계에서 상호 상존해 있다고 생각한다(GS, Ⅴ, 131).

무엇보다 딜타이가 삶의 객관화에서 고찰한 영향관계는 정신과학에 가치를 부여하여 그 구조 및 상호 발전(Entwicklung)관계를 설정해 내는 것이다(GS, Ⅶ, 166), 그가 문화체계와 사회의 외부기관을 구분하여 삶의 객관적 정신을 체계적으로 구축하려는 의도는 개별적인 행위의 객관성을 새롭게 정초하고자 하는 데 있다. 그는 종종 정신세계의 영향관계를 인간본성에서 공통적으로 구성해야 한다고 말한다. 그는 학문은 사유하지만, 사회의 외부기관을 구체적으로 무엇인가를 원하며, 어떠한 문화체계를 향유할 것인가를 숙고한다고 말한다.6) 여기서 딜타이에게서 문화체계와 사회의 외부기관은 정신적 삶의 객관화를 구체화하여 그 다음 과제를 설정해야 하는 것이다(GS, II, 157). 딜타이에게서 우리 살고 있는 사회적-역사적 세계는 일정한 목적을 위해 지속적으로 탐구함으로써 전체적인 삶의 영향관계를 규명해 내야 한다. 이렇게 딜타이는 지속적으로 개인적인 삶의 영향관계에서 그리고 사회적-역사적 현실에서 삶의 객관화를 가능하게 탐구할 수 있는지 모색해야 한다(GS, I, 43).

딜타이가 언급하고 있는 가장 기본적인 형태의 영향관계는 인간적 삶, 즉 개인이다. 개인의 기본적인 형식은 현재 및 과거, 더 나아가 미래의 가능성을 삶의 과정 속에서 충족시켜 나가야 한다. 왜냐하면 모든 개인에게서 일어나는 많은 사건들은 개별적인 자기 충족감이나 이념적인 학문과 관련되어 있기 때문이다. 이런 점에서 딜타이는 개인적인 삶을 가치로써 표현(GS, VII, 212)하였고, 언제나 개인적 삶은 상호 영향관계에 있다고 보았다. 따라서 개인의 상호 영향관계는 각자의 기분상태(Gemützusände)나 정신적 삶을 총체적으로 파악하는 데서 서로 다르게 드러난다(GS, VI, 304). 여기서 딜타이는 개인적 삶의 영향관계를 역사적 과정으로 다시 불러낸다. 삶의 역사적 과정에서 각 개인은 공통적인 요소를 폭넓게 계획하고, 가치를 현실화시켜 그에 상응하는 목적을 설정해

6) Werner Stegmeier, "Phänomonologische und spekulative Ontologie bei Dilthey und Nietzsche", in: E. W. Orth(Hg.), *Dilthey und der Wandel des Philosophibegriffs self dem 19. Jahrhundert,* Freiburg/Munchen, 1984, p.101.

야 한다(GS, VII, 156). 이러한 점에서 각 개인이 자기 자신이 스스로 중심이 되어 거대한 연합체를 형성하거나 공동의 목적을 실행할 계획을 세워 나가야 한다(GS, VII, 166). 왜냐하면 개인의 삶은 상호 목적의 영향관계를 규정하고자 하기 때문에 이러한 관계를 "목적연관"[7]이라 일컫는다. 즉 개인의 삶은 목적연관에서 일상적인 충동들을 수행해 나간다. 하지만 각각 개인들의 목적연관은 자기 자신의 활동에서 마주치는 충동들을 밝혀내야 한다(GS, I, 53). 무엇보다 개인적 삶의 영향관계는 목적을 현실화시킴으로써 체험되는 것이기 때문에, 그 안에서 삶을 계획하고자 하는 수단과 목적의 관계로 나타난다(GS, VII, 249). 왜냐하면 정신과학은 인간의 역사적-사회적 현실 속에서 모든 대상을 표출하고 있기 때문에 어떠한 동기로 인한 목적수행은 개인의 의지에 따라 다르게 발생한다(GS, I, 53, Vgl. GS, VII, 257). 이렇게 정신과학은 어떠한 동기의 목적을 갖고 개별적인 삶을 설명해 낼 수 있어야 한다. 개인은 광범위한 영역에 걸쳐 자신의 내적인 경험을 각기 다르게 표명하고 있지만, 자신의 수동적인 목적연관에 대해서는 그렇게 중요하게 고려하지 않아도 된다(Vgl, GS, XVIII, 49).

딜타이는 목적연관에 의한 개별적인 영향관계에 한갓 수동적인 자세로 머물러 있는 것이 아니라 개인적 삶의 다양성 안에서 일정한 사회 및 문화체계와 연관시킨다(GS, VII, 167). 그래서 각 개인의 영향관계는 역사적-사회적 세계와 언제나 연관되어 있다. 역사적-사회적 현실 속에서 드러나는 각 개인의 영향관계는 단순한 "인과관계"[8]뿐만 아니라 현실

7) 목적연관은 두 개의 수단으로 수행된다. 하나는 문화체계에서 드러나는 다양한 개인의 개별적인 행위의 올바른 협업이다. 다른 하나는 개별적인 의지에 근거를 두고 사회 내부의 지속적인 행위에서 나타나는 역사의 거대한 의지의 통일에 대한 힘이다(GS, I, 53-54).

8) 자세한 내용은 다음을 참조: Hans Michael Baumgartner, *Kontinuität und Geschichte. Zur Kritik und Metakritik der historischen Vernunft,* Frankfurt a. M., 1972, pp.88-114.

의 존재방식을 특성화시킨다(GS, Ⅶ, 157). 따라서 개인의 영향관계는 개인적 삶의 법칙을 스스로 담아내어 특별한 구조를 밝혀내야 한다(GS, Ⅶ, 172-173). 이런 점에서 딜타이에게서 모든 삶의 영향 관계는 목적론적 방향으로 접근한다.

어떻게 개별적인 인간이 삶의 영향관계 속에서 자기 자신에게 몰두할 수 있는가? 이러한 딜타이의 물음은 문화체계와 사회의 외부기관이라는 공동체의 설정을 통해 성립된다(GS, Ⅶ, 157). 즉 딜타이는 문화체계와 사회의 외부기관의 영향관계를 두 부류로 구분한다. 그렇게 해서 딜타이는 두 부류의 관계를 분석하여 삶의 진리를 발견하고자 한다(GS, I, 48). 딜타이에게서 인간적 삶의 역사적-사회적 관계는 세 부류의 거대한 그룹의 과학으로 다음과 같이 구분된다.

① 각 사회 내부의 문화체계의 과학(GS, I, 49).
② 사회의 외부기관으로서의 과학(GS, I, 64).
③ 인류의 기본적 부류 및 개별 민족들의 과학적 연구(GS, I, 40).

여기서 세 번째 부류의 개별 민족들의 과학적 연구는 가족 사이의 유대감이나 혈통에서 나온다. 또한 딜타이는 집단화된 영역에서 친족관계를 구분한다(GS, I, 40-41). 딜타이가 세 부류의 과학으로 구분한 이유는 정신과학의 영역을 보다 의미에 맞게 정립하고자 했기 때문이다. 이렇게 딜타이는 문화체계와 사회의 외부기관을 대비(對比)시켜 정신과학의 체계를 사회과학으로 확대해 나간다. 그가 이러한 과학의 기본적인 부류를 구분한 이유는, 정신적 삶의 부분과 지상에서의 다양한 존재들의 관계를 밝혀내고자 했기 때문이다.

딜타이는 「인간, 사회, 그리고 국가에 관한 학문 역사연구에 대하여」

(1875)의 논문과 『정신과학의 서설』(1883)에서 인간정신을 중심으로 사회적-역사적 세계의 행위하는 존재로서 사회와 개인에 초점을 맞춘다.[9] 그래서 그는 문화체계와 사회의 외부기관에서 사회적 현실의 사태를 분석한다. 그런데 이러한 두 그룹을 구분하는 것은 기본적으로 형식적인 의미만 갖고 있을 뿐이다. 이 두 관계는 사회의 두 사태 안에서 존재한다(GS, I, 43). 우리가 전자(前者)의 사태를 설명하는 한, 우리는 문화체계의 사회를 구분한 것이며, 후자(後者)를 고찰하는 한, 인간에게 주어진 사회의 외부기관을 구분한 것이다. 즉, 딜타이는 국가가 어떤 연합의 공동체를 형성해 나갈 때, 영향관계 속에서 개인의 의지와 연관되어 있는 지배 · 종속 · 자산 · 공동체 · 국가와 같은 개념들을 대비시킨다. 그래서 딜타이는 이러한 개념들에서 근본적 관계를 구체적으로 이해하고자 했다(GS, I, 43).

딜타이가 언급한 두 그룹의 과학은 개인을 넘어선 역사적-사회적 관계의 기본적인 유형에서 성립한다. 즉, 과학은 두 부류의 이론 체계 안에서 개인을 넘어선 사회현상에서 작동한다. 여기서 문화체계와 사회의 외부기관은 우리의 삶을 수행하기 위해 개별적으로 유대관계를 맺는다. 하나가 공동체이며, 다른 하나는 개인들의 의지에서 파생되는 모든 지배와 종족의 관계에서 성립한다(GS, I, 66). 예컨대 공통감 · 돌봄의 감정 · 지배 · 종속 · 자유 · 강압 등과 같은 개념에서 심리적 및 심리적-육체적인 사실을 밝혀낸다(GS, I, 68). 이러한 심리적 현상에서 우리 삶의 공통적인 존재의 방법을 찾아내어 우리의 주변 환경 및 인간의 현존재를 설정해 나간다. 딜타이는 이러한 문화체계와 사회의 외부기관의 관계에서 인간의 근본상태를 내적인 존재 및 내적인 공간을 수행해 나가는

---

9) Ulrich Hermann, *Die Pädagogik Wilhelm Dilthey,* Gottingen, 1971, p.191.

것으로 이해한다. 다시 말해서 딜타이에게서 문화체계와 사회의 외부기관은 인간본성을 파악한다. 여기서 각 개인은 광범위한 목적연관을 현실화시킨다(GS, I, 44). 특히 딜타이는 문화체계와 사회의 외부기관의 구분을 통해서 목적연관의 관계에 주목하고 있는데, 역사와 사회, 의식적이거나 무의식적이든 우리 인간본성을 삶의 목적에 맞게 현실화시키고자 했다. 이를테면 인간본성은 동종성(Gleichartigkeit)을 규명하고 목적수행에 중요하게 작용한다(GS, I, 44).

앞서 언급했듯이, 개인은 문화체계와 사회의 외부기관에서 인간의 현존재와 연관된다. 여기서 그는 새로운 범주나 삶의 형태를 구성하는데 개인을 강조한다. 하지만 이러한 삶의 구성형태는 역사운동을 이해하기 위해 탐구하는 것이지 개인만을 이해하기 위해서 고찰하는 것이 아니다(GS, VII, 251).[10] 문화체계는 과학 · 법 · 인륜 · 종교 · 예술 · 경제 등을 지칭한다. 그리고 사회의 외부기관은 가족의 유대감 · 공동체 · 교회 · 국가와 같은 활동적인 인간정신과 연관된다. 궁극적으로 딜타이에게서 정신과학은 이러한 두 부류의 과학을 제대로 이해하는 데 있다(GS, V, 147-148, GS, V, 157).[11] 따라서 딜타이에게서 문화체계와 사회의 외부기관은 역사적-사회적 세계의 역동적인 목적연관 속에서 존재한다. 여기서 두 부류의 과학은 개인의 개별적인 행위들을 새롭게 전환시키는 것이다(GS, I, 54). 요컨대 딜타이에게서 문화체계와 사회의 외부기관과

---

10) Wolfgang Erxleben, "Wilhelm Diltheys Grundlegung der Geisteswissenschaften", in: *Kant-Studien*, Bd. 42. 1942/43, p.232.

11) Vgl. Dietrich Bischoff, *Wilhelm Diltheys geschichtliche Lebensphilosophie,* 1935, p.11: Giosua Thöny, *Philosophie und Pädagogik bei Wilhelm Dilthey und Hermann Nohl,* Bern/Stuttgart, 1992, p.111: Klaus Bartels, *Die Pädagogik Hermann Nohls in ihren Verhältnis zum Werk Wilhelm Diltheys und Wissenschaft von der Dichtung,* München, 1950, p.18: Walter Heynen, *Diltheys Psychologie des dichterschen Schaffens,* Halle, 1916, p.8: Walter Voigländer, *Die Begriffe "Volk" und "Staat" in den neueren Theorien über Geschichte und Geschichtsunterricht,* Diss. Phil. Chemnitz, 1932, p.70.

의 관계는 개인을 자유롭게 해 주는 것이며 거기에 상응하는 적합한 행위를 근본적으로 확인하고 보충해 나가는 것이다(GS, I, 54).

이렇게 그가 문화체계와 사회의 외부기관을 구분한 것은 단지 그 관계들을 고립된 의미로 해석한 것은 아니다. 그는 역사적-사회적 현실에서 욕구와 관심, 노동 및 노동 작업의 실적, 법칙 및 규율, 개인재산과 같은 개념에서 목적을 설정하는 것과 같은 이치이다. 특히 딜타이는 문화체계 가운데 법을 중요한 요소로 간주한다. 하지만 반드시 법의 개념에서 문화체계와 사회의 외부기관을 엄밀하게 구분하지는 않았다.[12] 따라서 딜타이에게서 문화체계와 사회의 외부기관은 인간학과 함께 심리적 및 심리적-육체적 사실과 연관되어 있고, 이 두 부류를 통해 상호교류 한다(GS, I, 114). 하지만 딜타이가 이러한 문화체계와 사회의 외부기관을 두 부류로 나누어 분석한 것은 개인과 사회가 인간학 중심으로 나아가는 것이 아니라 개별과학의 엄밀성을 분류하고 조건화시켜 새로운 삶의 유형으로 나아가는 데 있었다.

1) 문화체계

딜타이는 문화라는 낱말을 개별적으로 즐겨 사용한 적은 없다. 단지 그는 문화체계라는 용어로 그 시대의 정신적 흐름을 파악하고자 하였다. 그는 광범위한 의미에서 정신적 생동성(Lebendigkeit)을 인간적-역사적-사회적 현실로써 그 토대를 세우고 자신의 정신과학의 과제를 분석한다. 다시 말해 딜타이의 정신과학은 객관화된 연구 영역을 기초로 한 정신적 삶을 내적인 객관화로 파악한다(GS, VII, 146). 이런 점에서 그의 정

12) Hans Joachim Lieber, "Geschichte und Gesellschaft im Werk Wilhelm Dilthey", in: *Kölner Zeitschrift für Soziologie und Sozialpsychologie*. Jg. 17. 1965, p.714.

신과학의 철학적 과제와 방법은 삶의 객관화를 주석(註釋)하는 것으로 규정한다(GS, Ⅱ,152).

먼저 딜타이는 문화체계를 다루면서 각 영역에 걸친 사회적 현실 속에서 개인을 연관시키고 있다. 과학의 한 그룹은 이러한 체계속에서 발생한 문화의 목적연관을 생산적으로 파악하는 것이다. 문화체계의 과학은 목적연관으로서 다양한 개인의 심리적 요소를 고찰한다. 앞에서도 언급하였듯이, 문화체계는 인간 본성의 항구적인 요소를 만족스럽게 하는 목적연관이다. 그에 따르면, 현존하는 문화체계는 사회적-역사적 세계의 목적연관을 매개로 하여 체험의 관계를 현실화시키는 것이다. 특히 체험을 인식하는 것은 정신에서 생겨난다. 즉, 체험의 목적연관 속에서 정신세계가 구성되며, 이해의 수단 · 판단 · 개념적 사유 등을 통해 관계하고 작용한다(GS, Ⅶ, 307). 다시 말해서 문화체계는 사회 속에서 개인의 직간접적인 상호 작용에 기인한다(GS, I, 50)는 것이다. 개인의 상호 작용은 전체적인 자연의 조건, 역사적인 사실에서 발생하고, 이러한 문화적 관계는 목적의 요소로서 심리적-육체적 삶의 통일체와 연결되어 있다. 여기서 개인은 인륜 · 법 · 경제 · 과학과 같은 체계에 의해 다른 개인과의 사회적 상호 작용은 사회의 심리적-육체적 통일체로써 진행된다. 개인의 정신세계는 자연처럼 측량하기 곤란한 것이기도 하고 삶의 통일체의 일부분이기도 하다(GS, Ⅴ, 61). 따라서 개인은 자신의 현존재와 연관된 문화체계와 사회의 외부기관의 교차점으로서만 존재한다. 그러면 문화체계는 개인을 어떻게 이해할 수 있는가?

개인은 다양한 체계의 교차점으로 파악한다. 왜냐하면 개인은 모든 현실 관계에 있는 삶의 연관 속의 통일체로 형성되는 것이기 때문이다.[13] 개별적인 개인은 체계의 교차점으로 작용하며, 점차적으로 문화의 과정을 구체화시킨다(GS, I, 51). 개별적인 개인은 다양한 문화체계 및 사회의 외부기관을 통하여 각인된다. 따라서 이러한 전개 과정은 다양한 삶의 영역을 수용한다. 문화체계는 인간 본성의 요소에 기인하고 개별적인 개인은 심리적 행위의 지속적인 목적에 서로 관계하거나 목적연관과 연결을 맺었을 때, 지속적인 다발(Gebilde) 및 사회적 분석의 대상으로 생성된다(GS, I, 43).

문화체계의 과학은 즉자존재 · 지배 · 종속 · 자유 · 개인의 강압(GS, I, 51, 64) 및 개인의 행위를 통해서 현실화된다(GS, I, 54). 여기서 문화적 토대 및 인간의 외부기관은 국가 · 법 · 경제적 삶 · 언어 · 종교 · 예술 · 과학 등을 통해서 구체화된다(GS, I, 127). 즉, 문화체계는 서로 연관된 개인적 활동들의 맞물린 체계에 의해 전개된다는 점이다. 다시 말해서 문화체계는 거대한 목적연관을 두 개의 수단(Mittel)으로 제시한다. 하나는 다양한 개인의 개별적인 행위가 적절하게 맞물린 문화체계에서 발생한다(GS, I, 53). 왜냐하면 이러한 행위는 외부 세계의 변화에 따라 반응을 보이고 있기 때문이다. 다른 하나는 역사의 거대한 의지의 통일체적인 힘이다. 거기서 개인의 의지에 의해서 사회는 지속적으로 행위와 결합되게 활발한 목적연관으로 작용한다(GS, I, 53-54). 따라서 개인의 동종성(Gleichartigkeit)은 삶의 공통적인 조건에서 진행된다. 그렇기 때문에 문화체계는 인간 본성의 공통성의 요소에 의하여 개별적인 개인의 행위를 충족시킬 수 있도록 접근해 간다(GS, I, 49). 따라서 개인은 직간접적인 상호 작용 속에서 주변 환경을 매개시킨 방법으로 수행되어 간다.

문화체계는 인간 본성의 항구적인 요소 속에서 만족스럽게 도달하려는 목적연관이다. 그의 역사적 세계의 분석은 또 다른 문화체계의 목적

13) Mattis Jung, *Dilthey zur Einführung*, Hamburg, 1966, p.62.

연관을 발견하고, 강력하고 영향력 있는 힘에 대해 개별적인 의지를 확대시켜 의지의 연합으로 서로 가능하게 하는 것이다. 주지하듯이, 개별적인 목적연관은 목적에 근거를 두고 인간의 활동성으로 인해 현실화된다. 즉, 경제적인 삶·법학·예술 등은 서로 우리의 활동성 속에서 유래한 목적연관인 것이다. 이와 같이 문화체계는 법(GS, I, 56, 77)·경제(GS, I, 57)·인륜성/인륜(GS, I, 56, 60, 63)·언어(GS, I, 42,58,59) 그리고 교육(GS, I, 63) 등이 이에 속한다. 따라서 딜타이는 다음과 같이 문화체계를 말한다.

> "역사와 사회의 현상을 연구하는 사람들은 동일한 예술, 국가, 사회, 종교와 같은 추상적 학문을 마주치게 된다"(GS, I, 42).

위 인용문에서 볼 수 있듯이, 그는 과학·국가·사회·종교·법과 같은 학문적 분석을 통해 추상적인 본질을 추가적으로 밝혀내려고 하였고, 어떻게 인간의 행위를 이해하고 현실속에서 기여할 수 있는가를 보여주려고 하였다. 또한 그는 이러한 추상적인 본질을 인간학의 근거를 마련하기 위해 구체적인 역사적 현상으로 이해하였고, 인간 본성의 요소를 개별적인 개인과 연관된 행위의 지속적인 목적연관으로 간주하였다. 문화체계에서 개인적 의지의 지속적인 원인은 모든 심리적 사실과 연결되고 있고, 이러한 원인에서 목적은 인간본성을 움직인다. 즉, 우리가 목적연관을 파악하였을 때, 사회 속의 문화체계를 구별하는 것이다. 따라서 그는 문화체계를 추상적인 본질 속에 있는 상호 작용의 연결고리로서 그 근거를 세우고, 개인의 다양한 목적연관에 기인하는 것이라 설명한다. 이러한 목적연관은 원하는-느끼고-표상하는 인간 본성의 다양한 요소에 근거한다. 이렇게 생성된 다발이 목적연관인 것이다. 이러한 목적연관을 근거로 한 심리적-육체적 통일체의 상호 작용은 정신세계와 깊은 연관 관계를 맺고 있으나 쉽게 헤아려 볼 수 있는 것은 아니다(GS, I, 42). 이제 추상적 과학은 역사적-사회적 현실 속에서 상호 연관된 체계다(GS, I, 51). 여기서 추상적 과학은 역사적-사회적 삶의 현실 및 모든 자연의 조건 속에 내재해 있는 심리적-육체적 삶의 통일체의 상호 작용으로 작용한다(GS, I, 42). 따라서 정신과학에서 추상적 · 역사적 고찰에 의해 마주치는 갈등은 구체적인 행위의 조건이나 공통적인 영역을 규정한다. 즉, 이러한 체계는 정신과학의 공통적인 근거를 사회적 연관의 목적 체계로서 파악하는 것이다.[14)]

문화체계는 마치 역사적 사건의 구조와 같다. 문화체계 안에서 인간의 활동은 지속적인 목적을 갖고 진행되고 있지만, 객관적인 행위를 보다 확고하게 진행시키는 데 있다. 그러하기에 문화체계는 개인의 외부 세계와의 영향을 받고 확립된다. 이러한 연결은 활발한 외부 체계의 목적에 따르는 것이기에, 개인의 행위는 외부와의 지속적인 관계를 확인시킨다(GS, I, 50-51). 이러한 문화체계는 개별적인 개인을 삶의 공간으로서 만나고 또한 헤어진다. 왜냐하면 이러한 체계는 개인을 구성하는 요소이자 체계를 변형시키는 것이기 때문이다. 각 개인은 딜타이가 조정자(Richter)[15)]로 제시한 것처럼, 그러한 다양한 체계의 영향 관계로 이행하거나 동시에 문화체계인 과학 · 경제 · 법 · 행정 등과 결합한 개별적인 행위를 구분하기도 한다. 그에게서 문화체계의 영향 관계는 때로는 일치하기도 하며 대립된 상태로 구분되기도 한다. 그가 여러 차례 반복하고 있듯이, 문화체계는 역사의 의미를 파악하는 데서 확고하게 제시된다(GS, VII, 172). 즉, 그것은 역사적 세계의 본질을 가능한 한 극복하는 데

14) *Fragment zur Einleitung(1883) bei Misch,* XCIX.

15) 딜타이는 문화체계의 영향관계에 대해 두 개의 속성을 지닌다고 보았다. 조정자는 상이한 영향관계 안에서 법의 본질적 기능을 파악한다. 한편으로 문화체계는 가족의 관심을 다루며, 다른 한편으로는 경제적인 업적 및 정치적 기능을 수행한다(GS, VII, 167).

있다(GS, Ⅶ, 176). 그렇기 때문에 개인은 그러나 영향 관계를 전체적으로 연결하는 것뿐만 아니라 다양한 영향 관계들을 일정한 체계로 서로 연관시키는 것이다(GS, Ⅶ, 167). 주지하듯이, 딜타이에게서 문화체계가 사회 속에서 개인의 공통적인 삶의 통일체로써 직간접적인 영향 관계를 통한 인간 본성을 목적연관이라 언급하는 것이었다. 이러한 문화체계의 다양성 곁에는 지각과 사유, 감정과 의지 행위를 구별하면서 개인적인 삶의 풍부함(Lebenereichtum)으로 접근해 나간다(GS, I, 50). 따라서 딜타이는 삶의 풍부함을 다음과 같이 말한다.

> 영원한 삶의 풍부함은 그 주변의 환경 및 타자와 사물의 관계를 개별적인 개인의 현존재에서 발전한다. 그러나 개별적인 개인은 동시에 연관의 교차점이다. 그것은 개인을 통해서 수행되고 동일하게 존재하지만, 그 삶을 풍부하게 하고 내용 · 가치 · 목적을 통해서 현실화시키고, 독립적인 현존재와 자신의 발전을 독차지하는 것이다(GS, Ⅶ, 134).

딜타이에게서 개별적인 개인은 복잡한 체계의 교차점이며, 점차 문화의 과정을 구체화시키는 것이다. 즉, 이러한 체계는 삶으로 고양되거나 발전되어가는 과정이다. 그가 저서에서 파악하고 있듯이, 이러한 과정은 여러 학문을 다양하게 연결하면서 삶의 진리를 찾는 것이다(GS, I, 51).[16] 이러한 점에서 개별적인 개인은 다양한 문화체계를 구성하거나 외부기관에서 형성된다(GS, X, 118). 그러므로 개인은 더 이상 개별적인 영향 관계뿐만 아니라 언제나 다양한 체계의 교차점인 것이다(GS, I, 37). 따라서 모든 체계는 개인을 매개로 한 문화체계의 교차점과 서로 만난다(GS, Ⅶ, 251). 하지만 문화체계는 단지 개인에 한정하여 파악할 수 있는

16) Vgl. Helmut Johach, "Die Struktur der geschichtlichen Erfahrung", in: Josef Speck(Hg.), *Grundproblem der großen Philosophie der Neuzeit. IV.* Göttingen, 1986, p.79.

것은 아니다. 특히 그는 「인간, 사회, 그리고 국가에 관한 학문 역사연구에 대하여」(1875)라는 논문에서 인륜·법·경제 그리고 국가를 사회의 실천적 삶으로써 파악한다. 이제껏 이러한 사회의 측면은 철학적 자기반성에 대한 욕구였지만, 철학적 과제는 실천적 삶으로 가기 위한 과정인 것이다.

요하흐(Helmut Johach)에 의하면, 딜타이의 초기 저작은 체계적인 과학을 사회의 실천적 삶의 과학과 관련한 역사의 과정으로 파악하고 있으며,[17] 후기 저작에도 관심의 집중을 역사로 회귀하고 있다는 것이다. 따라서 요하흐는 딜타이의 후기 작품의 경향도 역사와 사회과학의 실천적 측면을 강조하였다고 보고 있다. 앞에서 이미 언급하였듯이, 딜타이는 거대한 문화체계를 예술·종교·법·과학과 같은 구체적인 본질의 내용으로 파악하였다. 즉, 그에게서 정신과학의 철학적 의미는 객관적 정신의 문화철학적인 내용을 분석하는 것이었다. 단지 예술·종교·법·경제와 같은 현상을 삶의 연관의 측면으로 고찰하였고, 이러한 구체적인 본질은 세분화된 내용으로 전개하여 역사의 영향 관계를 이해하는 것이다.[18]

현실과 삶 속에서 법 없는 경제나 국가 없는 법이나 경제 없는 국가는 현실적으로 존재하지는 않는다. 그가 사회의 실천적 삶 속에서 자연과학과 정신과학의 한계를 긋고 있지만, 실증주의의 자연과학적 방법은 직접적으로 어떠한 한계를 정하지 않고 실천적 삶의 영역을 전달하고 있다. 실천적인 삶과 과학 사이에는 간혹 보조화가 나타나기도 한다.[19]

---

17) Helmut Johach, *Handelner Mensch und objektiver Geist. Zur Theorie der Geistes_ und Sozialwissenschaften bei Wilhelm Dilthey,* Meisenheim am Glan, 1974, p.137.

18) Arthur Stein, *Der Begriff des Verstehens bei Dilthey,* Tübingen, 1926, p.3.

19) Choi, Jung-Uk, Die geistig-gesellschaftliche Krise des 19. Jahrhunderts und die Aufgaben der *Dilthyschen "Kritik der historischen Vernunft",* Trier, 1987, p.297.

그러나 문화의 체계는 사회의 실천적 삶을 제시하는 데 있으며, 정치적 토대와 분리하여 있는 것은 아니다. 왜냐하면 외부의 행동은 개인에 의해 영향받고 있기 때문이다.

2) 사회의 외부기관: 국가

앞서 언급했듯이, 딜타이에게서 두 과학의 그룹은 먼저 사회의 외부기관의 영향관계에서 파악한다. 사회의 외부기관은 공동체 · 외부와의 연계 · 지배와 종속과 같은 개념들을 탐구한다(GS, I, 64). 즉, 그에게서 사회의 외부기관은 사회적 통일체이며, 사회는 개인과 언제나 연관되어 있다. 한편으로, 사회의 외부기관은 심리적인 기본사실에 근거한 공동체이며, 다른 한편으로, 지배와 종속의 관계가 교제하는 충동감(Geselligkeitstrieb) 같은 것이다. 딜타이는 사회의 외부기관을 다음과 같이 설명한다.

> "주체에서의 체험은 동일한 의지를 외부와 연관시키거나 사람과 사물 및 공동체의 표시에 대한 지배와 종속의 관계에서 발견된다. 우리가 개인을 사회에서 객관적으로 보려는 것은 행위의 연관에 의해서만 파악하는 것이 아니라 사회를 공동체와의 연결(Bindung) 매개체의 관계 안에서 개인을 접목시키고 연관시키는 것이다. 게다가 사회는 엄청난 속도로 이미 빠르게 진행되고 있다. 그 속에서 의지를 통일시키는 연관관계가 나타난다. 그러나 무엇보다 가족·국가와 교회·단체·조직 등을 통해 의지를 연결하여 접목시키고 그것을 통하여 부분적인 일치를 이루어낸다"(GS, I, 64-66).

위 인용문에서 보듯이, 딜타이에게서 한편으로 사회의 외부기관은 주체의 체험에서 드러난 의지를 외부와 연결된 관계 속에서 찾아가는 것이다. 다른 한편으로 사회의 외부기관은 객관적 사실을 개인의 의지와 다양하게 연관시킨다. 여기서 사회의 외부기관은 가족·단체·조직·교회·국가와 같은 다양한 삶의 관계를 지속적으로 연관시킨다. 특히 딜타이는 사회의 외부기관을 개인의 정신적 삶의 범주에서 역사적 관계를 추론하고 있지만, 모두 삶의 범주로 동일시하지는 않았다. 먼저 그는 복잡한 삶의 현상을 심리적 사실에 대해 개별인간을 연관시킨다(GS, I, 45). 즉, 하나는, 인간이 심리적 사실로써 공동체에 대한 사회의 개별과학에 대해 그 근거를 마련하는 것이다. 다른 하나는, 인간이 사회의 외부기관을 정립하여 심리적 및 심리적-육체적 사실을 규명하는 것이다. 여기서 개인의 의지에서 드러난 지배와 종속의 관계를 다시 구성하는 것이다(GS, I, 66). 따라서 그는 사회의 외부기관에서 사회를 구성하는 기본개념들을 찾고자 했다. 하나는 공동체의 부류를 제대로 인식하는 것이며, 다른 하나는 의지의 지배와 종속의 관계를 정확하게 구분하는 것이다(GS, I, 66). 따라서 딜타이는 사회의 외부기관에서 공통적인 감정·타자를 위한 감정·지배·종속·자유·강압 등과 같은 개념을 통해 심리적 및 심리적-육체적 사실을 규명해 내고자 했다. 동시에 그는 사회의 외부기관에서 공동체를 연구하기 위한 근거를 마련하고자 했다(GS, I, 69). 여기서 딜타이는 심리적 사실 및 지배와 종속의 관계에 의해 정신과학의 근거를 새롭게 정립한다.

사회의 외부기관은 의지의 통일체(GS, I, 53, 70)에서 목적관계를 설정한다. 즉, 사회의 외부기관은 공동체에서 개인의 감정 및 의식(GS, I, 54, 64)·지배와 종속(GS, I, 43, 67)의 관계·관심과 강압(GS, I, 47)과 같은 개념들을 근본적으로 새롭게 규정했다(GS, I, 54). 다시 말해서 그에게서 사회의 외부기관은 국가(GS, I, 65, 73, 82)가 여기에 속해 있으며, 다양한 연합·가족의 유대감·공동체와의 연대(GS, I, 73, 82)·교회(GS, I, 65, 75)·단체(Körperschaft)와 조직 및 정치적 그룹 등이 여기에 속해 있다. 말하자면 사회의 외부기관은 가족들의 의지 통일체·공동체·연합·국가·교회·지배와 종속의 관계, 재산의 관계 그리고 기초과학(정치학·정치경제학·정치·역사)과 같은 근거를 이루어 낸다(GS, I, 64, GS, Ⅶ, 169, GS, Ⅵ, 72)는 점이다. 다시 말해 사회의 외부기관은 공동체의 심리적 사태에서, 그리고 지배와 종속의 관계에서 가장 확고한 정신과학의 체계를 구성하고자 한다.

무엇보다 사회의 외부기관은 인간 사이의 상호작용을 객관화하는 것으로서 모든 것을 성숙하게 사유하고자 하는 사회에서 존재한다는 사실이다. 이를테면 사회의 외부기관은 생동감 있는 인간정신에 의해 이해할 수 있다. 여기서 인간의 심리적 사실은 문화체계와 마찬가지로 가장 중요한 요소로 작용한다. 왜냐하면 심리적 사실은 정신적 삶과 긴밀하게 연관되어 있기 때문이다. 이런 점에서 사회의 외부기관은 내적인 체험과 연관하여 정신적 삶의 인식을 조건화시킨다(GS, Ⅴ, 147. Vgl. GS, Ⅴ, 157).[20] 그렇기 때문에 사회의 외부기관은 가족·종족·공동체의 구성·민족과 국가 등 다양하게 구분된다. 동시에 사회의 외부기관은 최상의 조건들을 마련할 수 있도록 하는 데 있다(GS, Ⅹ, 76).

딜타이에 의하면 국가는 사회의 외부기관 속에서 공동체·지배와 종속 등의 심리적 사실에서 그 연결 관계를 찾는 것이라 본다(GS, Ⅴ, 139). 딜타이는 국가과학을 사회의 외적인 기관으로 행위하는 것, 즉 공동체, 지배, 종속관계로부터 심리적 사실의 연합관계에서 마주치는 것으로 파악한다(GS, I, 39). 국가에서 사회의 외부기관은 사회적-역사적 현실의 대상에서 설정한 연구자들의 관심을 적극적으로 수용한 것이다(GS, I,

20) Vgl. Hans-Hemmann Groothff, *Wilhelm Dilthey –Zur Ernererung der Theorie der Bildung und des Bildungswesen,* Hannover, 1981, p.93: Klaus Bartels, Die Pädagogik Hermann Nohls in ihrem Verhältnis zum Werk Wilhelm Diltheys und zur heutigen Erziehungswissenschaften, Weinheim, 1968, p.57: Walter Louis, Minnigerode, *Die Begründung des psychologischen Strukturgedankens durch Wilhelm Dilthey.* Phil. Diss. Würzburg, 1940, p.67.

233). 국가는 전체를 이끌어갈 수 있는 것, 즉 이러한 전체를 우위에 두고 사회를 재구성하는 능력인 것이다(GS, VI, 72-73). 그러나 국가는 의지의 통일체, 사회의 외부기관, 조직, 지배관계, 의지의 외적인 속박으로부터 결합을 생성한다(GS, I, 47). 이와 함께 딜타이는 국가의 본질을 문화체계의 영역에서 획득되는 개념이라 간주한다. 딜타이는 국가는 본성상 신뢰하거나 정당화될 수 있는 수단이어야 한다고 본다. 먼저 국가는 근본적으로 문화체계에서 나누어진다. 왜냐하면 문화체계에서 그 스스로 행위하고, 사태의 본질을 적절하게 개인의 행위를 다루기 때문에, 국가는 권력을 기반으로 하여 개인의 의지를 연관시킨다(GS, I, 65). 비로소 개인의 의지는 국가의 보호아래 사회의 문화적 삶으로 전개된다(GS, I, 68). 그래서 사회는 국가가 보호하는 영역 안에서 자유스러워야 하고, 국가의 자유로운 권력에서 개인과 사회관계의 고유한 체계를 형성하게 된다. 물론 국가는 현존하는 국가권력의 내부의 지배영역을 마주하게 된다(GS, I, 86).

딜타이는 국가와 사회적 권력 사이의 논쟁을 통해 보수주의와 자유주의 사이의 정파성에 대한 저항을 체험하게 된다. 여기서 딜타이는 국가권력을 지배계층의 도구로 인식하지는 않는다.[21] 앞에서 언급한 바와 같이, 사회의 외부기관은 가족·종족의 질서·지역적인 유대감·지배적인 연결·교회나 그 밖의 종교적 연대 등 다양한 구성체의 변화 속에서 삶의 목적을 통해 전개한다(GS, I, 75). 즉 국가는 체계의 광범위한 삶의 객관성을 확립해 나가야 한다. 국가와 국민적 공동체는 목적 및 목적연관을 통해 수행되어 나가야 한다. 딜타이에게서 국가는 "사회적 질서"(GS, V, 209)를 의미하였고, 상식적 의미에서 "인간과 인간 사이에서

21) Christor Zöcker, *Dilthey und Hermeneutik,* p.240.

생겨난 이론"이다. 따라서 가족 · 국가와 교회와 같은 다양한 사회의 외부 구성체는 공동체의 일치된 목적을 설정하여 최고의 교육을 이루어 내야 한다(GS, Ⅶ, 135). 이런 점에서 그는 국가는 사회의 외부기관을 통해 사회적-역사적 현실의 대상을 구축해 나가야 한다(GS, I, 233)고 말한다. 국가는 전체를 수행하는 능력을 요구하며 전체를 신뢰할 만하게 구축해야 한다(GS, VI, 72). 그렇기 때문에 국가는 의지의 통일체 · 외부의 기관 · 조직 · 의지를 외부기관과 연결시키고 그 지배를 위해 새롭게 구성돼야 한다(GS, I, 47). 따라서 국가의 본질은 문화체계의 영역을 공존하게 하는 동시에 국가의 본질을 신임하는 수단으로써 정당화된다. 또한 그는 삶의 목적을 국가와 연결시켜 구분한다. 국가는 국민들에게 인간의 본질적인 목적을 설정하여 인간본성을 움직이는 역할을 한다(GS, I, 43). 즉, 그에게서 인간의 본질은 국가라는 배경 속에서 마주친다. 그러나 국가는 어떤 목적을 위해 수행해 나가지만, 국민들을 일치시킨다는 의미에서는 모두 피부로 와 닿는 것은 아니다. 다만 국가는 목적 및 복석연관의 관계와 결합하여 구체화시켜야 한다. 여기서 인간적 삶의 기본적 목적이 인간본성의 요소에서 기인한다. 따라서 국가는 새롭게 인간을 삶의 풍족하게 하고 인간본성을 근본적으로 두 그룹(문화체계와 사회외부기관)의 체계와 연관시켜 놓는다(GS, I, 50).

우리가 앞서 고찰했듯이, 딜타이는 삶의 목적으로부터 국가의 연합을 구분한다. 국가는 국민들로부터 자연스러운 조직에 근거를 두는 것도 아니고 인간본성을 움직일 수 있는 어떤 분명한 목적에 근거한 것도 아니다(GS, I, 43). 딜타이에게서 자연스러운 조직은 그 사회의 외부기관이라는 배경에서 출발한다. 국가는 아주 분명하지 않은 목적설정에 근거를 두고 있을 수 있다. 왜냐하면 국가는 국민적인 통일체라는 의미에서 봉사한다고 생각하고 있기 때문에 국민적인 통일체의 개념을 목적과 목적연관과 반드시 연관시켜서 말하지는 않는다. 하지만 국가는 각 개별적인 목적 이외에도 인간 삶의 본질적인 목적에 부합할 수 있는 인간본성의 요소에 기인해야 한다(GS, I, 43). 그래서 각 세대가 현재와 관계를 맺고 있는 한, 새로운 내용과 인간성의 풍부함을 넘쳐흐르게 해야 한다(GS, I, 50). 그러나 국가가 인간의 자연스러운 조직과 공동체에 분명한 관계를 분명하게 만들어 낼 수 있는 것은 아니다(GS, I, 51). 하지만 국가는 실질적으로 체계의 객관성을 이끌어 낼 수 있어야 한다. 딜타이에게서 국가의 개념과 국민적인 공동체의 의미가 상실해 버린다면, 국가가 어떤 목적을 갖고 있다고 말할 수 없다. 다만 국가에 의한 목적개념은 문화적 목적연관만으로 정박하고 있는 셈이다.22) 여기서 딜타이는 인간에게 주어진 가시적인 사회의 외부기관을 국가와 연합한다(GS, I, 43). 국가의 질서는 필연적이며 인간적 영혼의 타고난 결합을 통해 북돋아 준다. 즉 개인적인 격정, 즉, 딜타이에게서 국가는 최초의 역사적 국가의 형식에 의해 현실화되지는 않는다. 오히려 국가는 이미 인간 내부기관에 있는 세포, 즉 가족, 연대에 의한 과업들을 함께 충족시켜 나갈 수 있다. 강력한 국가를 확대시켜 권력의 영역을 오랫동안 유지해 나가는 것도 필요하다. 거기서 국가는 주권의 영역을 확대할 수 있다. 마치 국가가 가족관계, 성(性)의 정체성, 공동체를 연결하거나 국가의 기능을 연합체와 분간하게 하는 것과 같다. 국가는 무엇인가 의지에 의한 과업을 충족시키는 것은 아니다.

그 이외에도 국가는 개별적 행위의 협력을 통해 염려를 최소화시켜 나간다(GS, I, 77). 즉 딜타이에게서 국가이론은 인간과 자연, 인간과 인간 사이에서 불거지는 적과 동지의 선택을 통한 사회적 질서를 유지하

22) Wolfgang Erlebnis, *Verstehen und geschichtliche Wahrheit,* Berlin, 1937, p.31.

는 것을 의미한다. 사회적 질서는 충동감이나 행복감과 상관관계이다. 예컨대 사회적 질서는 삶의 충족감, 충동감, 행복감과 같은 목적연관의 경향으로 이끌어 내야 한다(GS, V, 207). 따라서 딜타이는 정신적 삶의 연관, 삶의 만족에 의한 활동, 삶의 충족감, 행복감 등을 수행해 나가는 것을 합목적성이라 부른다. 정신적 삶을 지배하는 합목적성은 정신적 삶의 연관요소와 언제나 익숙한 특성에서 나온다(GS, V, 215). 국가는 충동감이나 조절능력을 이끌어 냄으로써 사회의 외부기관을 통제하게 되고 계획에 맞게 조직하고 제도의 합목적적인 기관을 수행해 나간다. 하지만 놀랄 만하게 이 전체를 수용하는 것은 아니다.[23]

국가는 이러한 정신적 충동, 긴장감 그리고 감정의 광범위한 계획에 따라 어디에서나 합목적성에 부합하게 즐거움과 고통, 개인과 사회를 위해 유익하게 나가야 한다. 여기서 가족, 공동체, 교회, 국가는 합당한 권리의 담지자나 권력의 조절자로서 그 스스로를 나타나 보여야 한다. 딜타이에게서 국가라는 매력은 누구에게나 꾸준한 관심, 돌봄의 상태여야 한다(GS, IX, 29, 80. GS, IX, 197). 이런 점에서 국가는 가족이나 교회에서, 학문적 삶에서, 사회적 · 국가적 관계에서, 함께 호흡하게 되는 것이다(GS, IX, 118). 따라서 딜타이에게서 국가는 생동적인 관계를 맺는 출발점이며 활짝 열려진 공간인 것이다.

---

23) Hans-Johachim Liber, Geschichte und Gesellschaft im Denken Diltheys, in: *Kölner Zeitschrift für Soziologie und Sozialpsychologie,* 17. Jg. 1965, p.720.

3. 칼 슈미트의 딜타이 국가론의 영향

1) 정치적인 것과 국가: 적과 동지의 구분

앞서 언급했듯이, 딜타이에게서 "국가는 체험하여 합목적적으로 인간의 본성을 균형 있게 하는 것이다. 즉 국가는 각 개인의 삶의 조건에 따라 정치적 행복을 추구하고 삶의 다양한 행위를 평가하는 데 있어서 합목적적으로 규정한다. 그리고 이러한 삶에 대한 행위의 평가는 지배의 능률과 분배 사이에서 균형에 맞게 효율적으로 영향을 받아야 한다. 이러한 관계에서 삶은 정치적 전체의 구조를 구성하게 된다(GS, I, 233)." 여기서 정치적 전체의 권력으로 참여자들의 체험으로부터 말함과 체험을 최고의 인간적 가치에 당도하게 된다(GS, Ⅶ, 170). 이러한 딜타이에게서 정치적 근저에는 고유한 권력의 의지가 가능한 문화체계일반을 형성하는 조건을 이루게 된다. 그래서 국가는 현실적 삶에서 다양한 결합체와 만나게 된다. 이러한 것은 최고의 통일성에 부합하는 목적체계로부터 권력관계, 그 밖의 다양한 개인적 삶의 관계와 결합하게 된다(GS, Ⅶ, 170). 이에 대해 칼 슈미트(Carl Schmitt, 1888~1985)는 『정치적인 것의 개념』의 저서에서 딜타이의 국가개념을 선취(先取)하게 된다. 슈미트는 딜타이의 저서에서 인간본성을 다음과 같이 도출해 낸다.

> 마키아벨리에 의하면 인간의 본성은 악한 것은 아니다. 많은 구절들이 이를 뒷받침하고 있다고 생각한다. 그가 도처에서 표현하려는 것은 오히려 인간은 단지 대항하는 힘을 행사하지 않는 한 욕망에 이끌려 악으로 향하는 저항하기 어려운 성향을 가진다는 것뿐이다. 즉 동물성, 충동, 감정은 인간 본성의 핵심이다. 특히 사랑과 공포가 그렇다. 감정의 움직임에 관한 마키아벨리의 심리학적 고찰은 끝이 없다. 그것은 우리 인간 본성의 이와 같은 본질

에서 모든 정치생활의 기본법칙을 도출해 낸다(GS, II, 31).[24]

위 인용문에서 보듯이, 슈미트는 딜타이가 인용한 마키아벨리의 정치이론에서 인간의 본성이 악한(böse) 것인가 혹은 선한(gut) 것인가라는 문제는 도덕적·윤리적 의미를 갖고 있는 문제는 아니라고 본다. 즉, 그는 인간이 악하다는 것은 인간의 동물적 속성(충동, 공격성, 탐욕 등)을 지칭한다. 여기에 도덕적·윤리적 의미가 포함된 것으로 볼 수 없다. 슈미트는 이러한 의미의 악한 인간의 속성으로 인해 진정한 정치이론이란 모든 인간을 위험한 존재로 바라보는 전제를 두고 출발한다.[25] 그리고 슈미트는 딜타이의 제자이자 독일의 교육학자인 슈프랑어(Eduard Spranger, 1882~1963)의 『생활의 형식(*Lebensformen*)』 저서에서 '권력적 인간(Der Machtmensch)'이란 장에서 무엇보다 정치가에는 인간학이 관심의 전면에 있다고 말한 것은 매우 적절하다는 것이다. 슈프랑어는 인간본성을 인간의 충동기구에 대한 권모술수적 조작(der taktischen Handhabung)에 대한 관심으로서만 파악하고 있는 것처럼 보인다. 예컨대 권력추구형의 위험은 그 영향력에 미치는 영역에 비례하여 증대하는 것처럼 보이는 것이다.[26] 여기서 슈미트는 철학적 인간학자 플레스너(Helmut Plessner, 1892~1985)의 『권력과 인간 본성』에서 거대한 정치적 인간학을 옹호한다. 즉 정치와 관련을 갖지 않은 철학이나 정치는 없다. 또한 철학과 관련을 갖지 않는 정치도 없다. 특히 철학과 인간학은 특수하게 전체와 관련을 갖는 학문에서 측정한 영역에 국한된 전문지식과는 다르게 삶을 결정하

---

24) Carl Schmitt, *Der Begriff des politischen,* München/Leipzig, 1932, p.47. Vg. W. Dilthey, *Weltanschauung und Analyse des Menschen seit Renaissance und Reformation(GS, II, 31)*, Mathias Schmitz, *Die Freund-Feind Theorie Carl Schmitts,* Köln/Opladen, 1965, p.41.

25) C. Schmitt, BP, pp.59-68.

26) C. Schmitt, BP, p.47.

는 데 있어서 중립적인 것을 알 수는 없다.

슈미트가 보기에 플레스너에게 인간이란 1차적으로(primaär) 거리를 두는 존재이며, 그 본질은 어디까지나 불확정적이고 풀 수 없는 미해결의 문제(offene Frage)이다.[27] 플레스너는 선과 악의 구별에 입각한 정치적 인간학의 단순한 용어로 번역한다. 플레스너의 인간본성에 대한 미해결은 위험과 위험한 것의 관련성으로 인해 선(善)보다는 악(惡)에 가까운 입장이라 할 수 있다. 헤겔과 니체도 마찬가지로 악 쪽에 속하며 결국 권력 자체는 악한 어떤 것이다.[28] 따라서 슈미트는 인간이란 근원적으로 악하고, 위험한 존재라고 본다. 인간 사이의 관계는 호혜적인 관계가 아니라 현실적으로 적대적이며 투쟁적인 관계의 가능성이 언제나 상존하고 있다. 이러한 경험적 · 실존적 사실은 어떠한 근거도 필요로 하지 않는 '직접적으로 자명한' 것이었다. 말하자면 슈미트의 정치적인 것의 개념은 인간의 실존적 삶 속에서 현상학적으로 '발견'된 것이다.

> 나는 나에게 고유한 하나의 방법을 갖고 있다. 즉 현상들을 나에게로 오게 하여, 그것을 기다린다. 말하자면 미리 확정된 기준에 의해서가 아니라 대상으로부터 생각하는 것이다. 이것을 당신은 현상학적이라 말할 수 있을지 모른다. 그러나 나는 그러한 일반적인 방법론적 선결문제에 사로잡히고 싶지 않다. 그렇게 되면 아마도 그것은 끝이 없는 길로 나아가게 될 것이다."[29]

슈미트는 이러한 '발견'을 통해 자신의 정치적인 것의 개념에 시민의 공동체라는 폴리스(polis) 개념과 대립되는 당파적 · 투쟁을 한다. 슈미트는 정치적인 것의 개념을 통해 엄밀하게 그의 입장을 표명한다. 그에게

27) C. Schmitt, BP, p.47.
28) C. Schmitt, BP, p.47.
29) C. Schmitt, BP, p.18.

서 모든 정치적인 것의 개념은 논쟁적인 의미의 표상 및 개념을 함축하고 있다. 그것은 외면적으로도 구체적인 대립과 구체적인 상황과 연관되어 있다.[30]

슈미트에 따르면 '정치적인 것'의 개념규정은 특수한 정치적 범주의 발견과 확정에 의해서만 획득될 수 있다. 즉 '정치적인 것'은 상대적으로 독립된 영역, 예를 들면 인간의 도덕적 · 미적 · 경제적 영역에 대비되는 그것에 특수한 기준이 있다. 따라서 정치적인 것은 특수한 의미에서의 모든 정치적인 행동이 귀속될 수 있는 고유한 최종적인 구별이어야만 한다."[31] 이러한 "정치적인 행동이나 동기의 원인으로 여겨지는 특수한 정치적 구별이란 적과 친구의 구별이다. 즉 적과 친구의 구별은 '완벽한 정의나 내용진술'로서의 개념적 정의가 아니라 '기준'(Krieterium)으로서의 개념 정의이다."[32]

슈미트는 현대에 이르면서 고전적인 국가와 사회의 이원적 구조가 붕괴되면서 국가는 "사회의 자기조직"(Selbstorganisation der Gesellschaft)[33]이 되어 버렸다고 진단한다. 이러한 '사회의 자기조직'이 붕괴되어 버린 국가에서는 "모든 사회적, 경제적 문제는 직접 국가적 문제가 되어 버린다. 사회조직의 붕괴는 국가적-정치적 영역과 사회적-비정치적 영역을 더 이상 구별할 수 없게 된다."[34] 따라서 현대국가는 '정치적인 것의 편

30) Carl Schmitt, *Der Begriff des politischen,* p.18. Vgl. Leo Strauss, Annerkungen zu Carl Schmitt, Der Begriff des politischen, in: *Archiv für Sozialwissenschaft und Sozialpolitik.* 67. Bd. 1971, p.732, Karl Löwith, Marx Weber und seiner Nachfolge, in: *Sämtliche Schriften.* Bd. 5. Stuttgart, 1988, p.417, Walter Reese-Schäfer, *Grenzgötter der Moral. Der neuer europäisch-amerikanische Diskurs zur politischen Ethik,* Frankfurt a. M., 1997, pp.21-21.

31) C. Schmitt, BP, p.26.

32) C. Schmitt, 위의 책, 같은 쪽.

33) C. Schmitt, "Die Wendung zum totalen Staat", in: ders., *Positionen und Begriffe*(Hanseatische Verlagsanstalt, 1940), p.151.

34) C. Schmitt, 위의 논문, 같은 쪽.

재성', 즉 모든 영역에서의 투쟁이 잠재적으로 정치적인 것으로 전화될 수 있는 특징을 갖게 된다. 이와 같이 슈미트의 정치적인 것의 개념은 고유한 영역을 가지고 있지 않으며 단지 "결합과 분리, 연합과 분열의 극단적인 강도(Intensitätgrad)"[35]를 나타낸다. 따라서 적과 동지의 구분은 외부와 연관시키거나 분리하는 강도(强度)의 차이, 연합하거나 이탈하는 것을 가리키는 것을 의미한다.[36] 말하자면 정치적인 것의 개념은 더 이상 고유한 영역이 아니며 연합의 강도이거나 인간을 분리하거나 종교적, 국가적, 경제적인 또 다른 종류의 동기라 할 수 있다. 그리고 다양한 시대에 다양하게 결합하고 분리하는 데 영향을 끼친다.[37] 또한 적과 동지의 구분, 특별한 정치적 구분은 정치적 행위와 동기를 갖게끔 한다. 이러한 구분은 규준을 정하는 의미에서 개념규정을 하는 것이며 창조적인 정의와 내용을 부여하는 데 단순히 그치지 않는다.[38]

이와 같이 슈미트의 정치적인 것의 개념은 통상적인 개념의 정의와 다르게 개념 속에 포섭될 수 있는 실체적 내용을 정의하는 방식으로 규정하지 않는다. 정치적인 것은 다른 영역에 대비되는 특수한 기준, 즉 적과 친구의 구별이라는 기준에 의해서만 규정된다. 다시 말해 슈미트의 정치적인 것의 개념은 고유한 기준을 가지고 있으나, 고유한 실체나 고유한 영역(Sachgebiet)을 가지고 있지 않다.

정치적인 것의 기준은 오늘날 여전히 새로운 실체, 새로운 재료(Materie)

35) C. Schmitt, BP, p.27.

36) C. Schmitt, BP, p.14. Vgl. Gunter Figal, Der Intensitätsgrad des politischen, in: Volker Gerhardt (Hg.), *Politisches Denken, Jahrbuch,* 1993, pp.105-116.

37) C. Schmitt, BP, p.38.

38) C. Schmitt, BP, p.14. Vgl. Matthias Kauffmann, *Recht ohne Regel? Die philosophischen Prinzipien in Carl Schmitts Staats- und Rechtslehre,* p.46, Mathias Schmitz, *Die Freund-Feind-Theorie Carl Schmitts,* Köln/Opladen, 1965, p.94. Reinhard Mehring, *Pathetisches Denken. Carl Schmitts Denkweg am Leitfaden Hegels,* Berlin, 1989, p.178.

혹은 새로운 독자적인 고유영역일 수 없다.[39]

그런데 슈미트는 '정치적인 것의 개념'의 처음 논문에서 정치적인 것은 고유영역을 가진다고 기술한다. "정치적인 것은 인간의 다른 상대적인 것으로 독자적인 사고와 행위영역이외의 독자적인 고유한 영역으로 존재한다."[40] 이렇게 슈미트에게 정치적인 것은 어떠한 실체적 내용이나 영역을 함축하지 않는 '인간 상호간의 갈등과 대립관계'를 가리킨다.[41] 따라서 인간의 모든 삶의 영역에서 '정치적인 대립'이 발생할 수 있다.

> 모든 종교적, 도덕적, 경제적, 인종적 혹은 다른 대립은 그것이 인간을 친구와 적으로 효과적으로 가를 수 있을 만큼 충분히 강력하면 정치적 대립으로 바뀌게 된다.[42]

이를테면 경제적 영역에서 경제적 이해다툼이 이해집단간의 극단적인 대립으로 심화 내지 고양되면 이는 정치적인 대립으로 전화될 수 있다. 처음부터 국가의 개념은 정치적인 개념에 전제조건이 된다. 슈미트는 국가의 개념을 정치적인 개념과의 관계에 정의를 내린다. 슈미트의 이러한 테제는 정치적인 개념에 대한 연구에서 출발한다. 이러한 원칙은 다음과 같은 문장에서 볼 수 있다. 즉 "정치적인 것은 국가보다도 먼저 일어난 영원한 진리가 아니라 오히려 현재의 진리를 표현하려고 하

---

39) C. Schmitt, *Politische Theologie* II (Duncker & Humblot, 1970), p.25.

40) C. Schmitt, BP(1927), p.3.

41) 슈미트의 "정치적인 것은 획정될 수 있는 대상영역을 갖고 있지 않으며 그것은 단지 인간 내지 인간집단 상호간의 공적인 관계의 장(場)만을 서술할 뿐이다." E-W. Böckenförde, "Der Begriff des Politischen als Schlüssel zum staatsrechtlichen Werk Carl Schmitts", in: H. Quaritsch 엮음, *Complexio Oppositorum*(Duncker & Humblot, 1988), pp.284-285.

42) C. Schmitt, BP, p.37.

는 것이다." 왜냐하면 정신은 단지 "현재적인 정신"[43]이다. 모든 정신적 영역의 개념은 다원론적이거나 구체적인 정치적 실존이라는 정신의 개념으로 이해된다.[44] 국가는 정치적인 것을 독점하지만, 정치적인 것의 구체적인 연구의 특징과 연관하여 그 기반을 형성한다. 전체적으로 국가를 더 이상 중립적인 영역으로 인식하는 것이 아니나 이러한 가능성으로 빠져 들어가는 것도 아니다.[45] 국가가 정치적인 것을 독점하면 없어져 버리는 것이 많다. 정치적인 논쟁거리의 주제를 새롭게 하는 것은 국가 없이 함께하거나 국가의 행태 없이도 함께하는 것을 전제로 한다. 국가가 정치의 독점을 상실했을 경우의 다른 물음들이 뒤따라온다.[46] 그래서 어떠한 국가의 개념규정은 변형하여 주어지는 것은 아니다.[47]

슈미트는 논쟁적인 테제로서 적과 동지의 구분을 통해 상세하게 정치적인 기준을 마련했다. 또한 그는 적과 동지의 구분을 통해 정치적 기준을 규정한다. 여기서 그는 도덕적 영역에 대한 선과 악의 궁극적인 구분, 미학적인 아름다움과 추함, 경제학적인 유익한 것과 유해한 것의 구분을 통해 동일한 것이거나 유사한 것을 부인하였다. 이러한 사태의 영역은 선과 악, 아름다움과 추함, 유익한 것과 유해한 것의 최종적인 구분을 근거로 하여 적과 동지의 구분을 통해 정치적인 규준을 이끌어 냈다. 슈미트에게서 적과 동지의 구분은 어떤 고유한 구분이 아니며 종교, 도덕, 경제와 같은 인간적 삶의 사태영역도 아니며 인간을 구분하거나

43) C. Schmitt, BP, p.66. Vgl. Jürgen Habermas, *Die Einbeziehung des Anderen, Studien zur politischen Theorie,* Frankfurt a. M., 1996, pp.160-163.

44) C. Schmitt, BP, p.71. Vgl. Ernst Vollrath, Politik und Existenz, in: Volker Gerhardt(Hg.), *Politisches Denken,* Jahrbuch, 1991, pp.156-169, Herbart Schnädelbach, "Zur Rehabiliterung des politische gekommen?", in: *Zeitschrift für Politik,* 36. Jg. 2/1, 1989, p.152.

45) Mathias Schmitz, *Die Freund-Feind-Theorie Carl Schmitt,* Köln/Opladen, 1965, p.85.

46) Ernst Vollrath, Wie ist Carl Schmitt an seinen Begriff des politischen gekommen? in: *Zeitschrift für Politik,* 36. Jg. 1989, p.152.

47) C. Schmitt, BP, p.7.

연관시켜 특별한 강도(强度)로써 서술하는 것이다.[48] 그는 정치적인 것의 규준을 다음과 같이 확장해 나갔다.

정치적인 것은 투쟁 그 자체가 아니라 고유한 정치적 과제 놓여 있는 적과 동지를 구분하는 것이다.[49] 그래서 적과 동지를 정치적 개념으로 받아들인다. 적은 공적인 적이며, 우리가 격한 감정으로서 증오하는 사적인 대립은 아니다. 진정한 정치적 구분은 친구와 적을 구분하는 것이다.[50] 정치적 적은 타자이며 낯설고 거기서 그것의 본질을 충족시킨다. 정치적 적은 특히 집중적인 의미에서 극단적인 경우에 갈등을 일으킬 수 있는 실존적인 무엇인가의 타자이며 낯선 것이다.[51] 친구와 적의 구분은 영원히 사적인 감정이 아니라 총제적인 관계에서 다루어진다. 그래서 친구와 적의 구분은 정치적 총체성으로서 삶과 관계한다.[52] 그리고 국제적인 우정의 조건에 맞게 확대해 나간다. 아주 적게는 정치적인 것의 의미내용에 맞는 상황에서 벗어나서 나아간다.[53]

정치적인 것의 개념은 슈미트에게서 정치적인 것의 개념을 설정하고 규정한 자료를 벗어나 있다고 제시한다.[54] 따라서 슈미트에게 있어서

---

48) C. Schmitt, BP, p.26. Vgl. Helmut Kuhn, Besprechungen, Schmitt, in: *Kant-Studien.* 38. Bd. 1933, p.190.

49) C. Schmitt, BP, p.16.

50) C. Schmitt, BP, p.16. Bern Wirkus, "Freund-Feind-Gegensatz: Carl Schmitt", in: Bern Wirkens, *Deutsche Sozialphilosophie in der ersten Häfte 20. Jahrhunderts.* Darmstadt, 1996, p.303.

51) C. Schmitt, BP, p.14.

52) C. Schmitt, BP, p.40. Vgl. Volker Gerhardt, Politisches Handeln über einen Zugang zum Begriff der Politik, in: Volker Gerhardt(Hg.), *Der Begriff der Politik. Bedingungen und Gründe politischen Handelns,* Stuttgart, 1990, p.300.

53) Volker Gerhardt, 앞의 책, p.300. Vgl. Volker Gerhardt, Mensch und Politik. Anthropologie und politische Philosophie bei Hannah Arendt, in: *Hofgeismar,* 1989, pp.44-68.

54) 하버마스는 지난 사유구조에서 독일의 국가법에 사로잡혀 있다고 말한다. 슈미트가 독일 국가법이론에서 주장했고, 그동안 다른 기원의 보수주의적 사고방식과 결합한 특이한 홉스주의가 영향을 끼쳤다고 보았다. 특히 칼 슈미트는 독일 홉스주의의 요점을 정교하게 활용했다. 국가의 정의권을 통해 확정된 경제, 법과 폭력 사이에 그어진 경계를 존중하지 않는 사람은 파괴적으로 행동하는 사람이며 도덕적으로 존경받을 자격을 잃어버린다. 칼 슈미트에게서 문제되는 점은 두 가지이다. 이미 과거에 속하는 의례화

정치적인 것의 개념은 아주 상세한 국가개념으로서 독일의 국가법이론 체계를 인정하고 있다.

2) 국가의 정치적 통일체

슈미트에 따르면 다양한 국민의 다양한 정치적 통일체가 복수로 존재하는 것이 이제껏 세계사가 제시해 왔듯이, 현실적이고 이성적이다. 슈미트는 『정치적인 것의 개념』에서 정치와 국가를 전통적으로 동일시하고자 하는 것에 논쟁을 불러일으켰다.[55] 슈미트에게서 "국가개념은 정치적인 것의 개념을 전제로 한다."[56] "오늘날 정치적인 것은 국가로부터 더 이상 정의될 수 없으며, 오늘날 여전히 국가로 명명될 수 있는 것은 거꾸로 정치적인 것으로부터 규정되고 파악되어야만 한다."[57] 즉, 국가와 정치가 동일한 수준에 있는 범주가 아니라 정치적인 것의 범주가 국가에 앞서 존재하는 '독자적' 범주이다. 이 명제의 함의는 정치적인 것은 국가에 선행하는 범주이기 때문에 국가가 소멸된다고 해도 정치적인 것은 인간세계에서 사라질 수 없다. 동시에 정치적인 것의 본질

된 작전 유형을 실존주의적으로 평가 절상하는 반면에, 국가의 정의권에 항의하면서 자신들의 정치문화적 경험으로부터 경쟁적 정의를 주장하는 사람들은 가차 없이 배척하는 것이다.(Jürgen Habermas, *Die neue Unübersichtlichkeit,* Frankfurt. a. M., 1985, pp.107-109 (Vgl. Carl Schmitt, *Der Leviathan in der Staatslehre des Hobbes. Sinn nd Fehlschlag eines politischen Symbols,* Köln, 1982) Ellen Kennedy, "Carl Schmitt und die Frankfurter Schule, Deutsche Liberalismuskrtik im 20. Jahrhundert", in: *Deschichte und Gesellschaft,* 12. Jg. 1986, pp.403-404, Hermuth Becker, *Die Parlamentarismuskritik bei Carl Schmitt und Jurgen Habermas,* Berlin, 1994, p.101.)

55) 하버마스는 정치적인 것의 본질에 대한 전통철학에 대해 질문을 해 왔다. 그가 보기에 아리스토텔레스가 언급한 전략적인 정치적인 것의 본질의 물음에 대한 답변은 설명이 필요하다(Jürgen Habermas, "Die Schrecken der Automie. Zu zwei frühen Publikationen des deutschen Staatsrechtlers Carl Schmitt", in: *Babylon.* Heft. 1986, p.109).

56) C. Schmitt, BP, p.20.

57) C. Schmitt, *Politische Theologie* II, p.25.

에 대한 이해 없이 국가의 본질을 이해할 수 없다.

슈미트가 보기에 국가는 정치적인 것으로부터 분리되어 생각할 수 없는 정치적인 것을 그 본질적 속성으로 가지고 있는 "특수한 종류의 국민의 상태"[58]이다. 즉, 국가는 "국민의 정치적 통일의 상태(Status)"[59]를 의미한다. 그는 국가란 자연 상태의 무질서를 극복하기 위해서 인간이 인위적으로 만들어낸 정치적 장치이다. 국가의 존재이유는 평화와 질서의 보장이다. 국가의 평화와 질서가 보장되려면 국가 내부의 정치적 분열이 '억제'되고 강력한 정치적 통일체가 병행되어야 한다.

> 정치적 통일체란 가장 강력한 통일의 강도를 표현한다. 그 정치적 통일체의 강도로부터 가장 강력한 적과 친구의 구별, 편가르기가 결정된다. 정치적 통일체란 최고의 통일이다. 왜냐하면 정치적 통일체는 전능한 명령을 발하거나 모든 다른 통일체를 평준화하기 때문이 아니라, 결정을 하고 그 내부에서 모든 다른 대립적 편가르기가 극단적인 적대관계(내전)에 이르러 자신이 해체되는 것을 막을 수 있기 때문이다.[60]

한편으로 적과 동지의 구분은 하나의 정치적 통일체를 다른 정치적 통일체로써 이루어 내는 것이다. 다른 한편으로 적과 동지의 구분은 정치적인 것을 타자로부터 경계를 짓는 것이다. 슈미트에게서 국가는 이러한 궁극적인 정치적 통일체에서 고유한 정치적 실체로 규정하는 것이 아니라 각각의 정치적 실체의 관점을 획득하는 것이다. 그렇게 해서 슈미트에게서 국가의 개념은 국민들의 정치적 통일체이자 국가의 개념으로 지속적으로 결과를 이끌어내는 것이다.[61] 정치적 통일체가 현존

58) C. Schmitt, BP, p.20.

59) C. Schmitt, *Verfassungslehre*, p.205.

60) C. Schmitt, "Staatsethik und pluralistischer Staat", in: ders., *Positionen und Begriffe* (Hanseatische Verlagsanstalt, 1940), p.141.

하는 한, 언제나 존재하며 전체적이며 자발적인 것이다. 정치적 통일체가 전체적인 이유는 첫째, 모든 기회에 강렬한 정치적인 것이 필요하기 때문에 정치적 결정으로부터 만나야 한다. 두 번째로 정치적 참여를 하는 데 있어서 인간은 전체적이고 실존적으로 파악한다.[62]

슈미트에게서 정치적인 통일체의 이름 아래 국가는 정치적인 것의 정의(Definition)를 내리는 데서 한걸음 물러났다. 정치적인 통일체는 항상 집중된 통일체의 정도, 집중적인 연구, 적과 동지의 집단화로 규정한다. 정치적인 통일체는 최상의 통일체가 아니다. 왜냐하면 정치적 통일체는 직접 혹은 모든 다른 통일체로부터 규정하는 것이 아니라 내부의 다른 대립적인 집단이 지금까지 극단적인 적으로 와해시키고 방해한 것을 결정할 수 있기 때문이다.[63] "모든 정치적 대립은 가장 강렬하고 극단적인 대립이다. 모든 구체적 대립은 적과 친구의 편가르기가 극단적인 지점으로 근접할수록 더욱 더 정치적으로 된다."[64] 이러한 정치적 적대관계가 극단화된 상태는 바로 타자의 존재자체를 부정하는 상태, 즉 전쟁상태를 의미한다.

슈미트에 의하면 전체로서의 국민과 국민이 투쟁하는 전쟁상태에서 국가는 교전권(jus belli)을 가진다. 이러한 "교전권은 자국민에 대하여는 죽을 각오와 살인할 각오를 요구한다. 이는 적측에 서 있는 인간을 죽일 수 있다는 이중의 가능성을 의미한다."[65] 슈미트에게서 본질적인 정치적 통일체로서 국가의 기능은 교전권에 속한다.[66] 이러한 권능은 주어

---

61) Reinhard Merhring, *Carl Schmitt zur Einführung,* Hamburg, 1992, p.83.

62) C. Schmitt, BP, p.26. Heinrich Meier, *Carl Schmitt, Leo Strass und der Begriff des Politischen,* p.24.

63) Ernst Vollrath, Wie ist Carl Schmitt an seinen Begriff des politischen gekommen? p.154.

64) C. Schmitt, BP, p.39.

65) C. Schmitt, BP, p.46.

66) C. Schmitt, BP, p.33.

진 경우에 자신의 결정한 권력을 적으로 규정하여 투쟁하는 것이다. 슈미트에게서 적은 '잠재적으로' 그 실제적 가능성에 따라서 생과 사를 걸고 싸우는 상대방으로 등장한다. 슈미트의 정치적 통일체의 설명방식은 급진적(radikal)이다. 슈미트는 극단적인 경우로부터 출발할 때 비로소 개념을 얻을 수 있다고 본다. 그래서 국가는 결정적인 정치적 통일체로서 가장 최고의 권위에 집중하는 것이다.[67] 우리가 국가를 적과 동지의 집단화를 위한 것으로서 결정적인 통일체로 정의를 내릴 경우에 — 또한 그러한 외부에서 사적인 교전권으로 차지하거나 내적으로 모든 적을 상대화하거나— 우리는 의심할 여지없이 국가의 내부의 구성에서 본질적인 동기에 마주친다.[68]

그러나 이러한 정치적 통일체의 상태는 저절로 이루어지는 것은 아니다. 왜냐하면 인간의 적대관계는 근본적으로 해소될 수 없기 때문이다. 이를테면 정치적 통일체로서의 국가는 그 내부의 적대관계로부터 자유로울 수 없다. 예컨대 현대국가는 다원적인 사회적 권력집단, 즉, 정당, 노동조합, 콘체른, 교회, 각종 이익단체들의 등장으로 국가의 정치적 통일체가 위협받고 있다. 즉, '국가의 정치독점'이 위태로울 수 있게 되었다. 슈미트가 보기에 다원주의를 기초로 한 국가이론은 진정한 국가이론이 아니다. 슈미트는 이러한 다원적 국가이론의 등장을 "국가해체의 징조"[69]로 파악한다. 슈미트는 국가해체의 상황을 극복하기 위해 자신의 독자적인 '예외상태론'에 기반한 주권이론을 제시한다. 슈미트는 국가의 정치적 통일체가 국내 · 국외적으로 위협받고 있는 상황, 즉 전쟁, 내전, 혁명, 폭동 등에 의해 국가의 안전과 질서가 위협받고 있

---

67) C. Schmitt, BP, p.33.

68) C. Schmitt, BP, p.27.

69) C. Schmitt, "Zu Friedrich Meineckes Idee der Staatsräson", in: ders., *Positionen und Begriffe*(Hanseatische Verlagsanstalt, 1940), p.52.

는 위기상황을 '예외상태'로 규정한다. 그는 이 예외상태를 극복하는 권력을 주권이라고 본다. 특히 국가는 주권자로서 이러한 "예외상태에 대해 결정"[70]해야만 한다. 그러나 이러한 예외상태는 국가가 기존의 실정법에 의한 구성요건으로 규율할 수 없다. 예외상태에서 이 상태가 예외상태인지 아닌지에 대한 판단이나 극복하기 위한 어떠한 조치가 필요한 것인가에 대한 판단은 그다지 쉽지 않다. 이는 합법성의 측면에서가 아닌 합목적성의 관점에 따라 이루어진다. 예외상태에서 주권자의 결정은 '사태의 본질'에 따라 각기 다르게 진행될 수밖에 없다. 이 주권자의 결정은 어떠한 법적·도덕적 근거를 요구할 수 없다. 즉 "규범적으로 본다면, 주권자의 결정은, 무(Nichts)로부터 나오는 것이다."[71]

앞에서 언급했듯이, 국가의 존재이유는 자연 상태의 무질서를 극복하고 질서와 평화를 유지하는 것이다. 이를 위해서 국가는 그 정치적 통일체를 유지해야만 한다. 또한 국가는 그 정치적 통일체를 파괴할 수 있는 내부의 다원적 권력을 초월하는 권력과 권위를 가져야만 한다. 또한 이러한 국가의 정치적 통일체는 타국의 정치적 간섭이나 군사적 침략 등에 의해 위협받을 수도 있다. 이때 국가가 위기상태를 극복하기 위한 정치적 결단을 할 수 있는 능력과 의지가 결여되어 있다면, 그 국가와 국민은 정치적인 의미에서 존재한다고 볼 수 없다.[72] 이와 같이 주권자의 결정은 법적 한계에 속박되어 있는 결정이 아니며, 동시에 이러한 주권자의 결정은 교정의 가능성이 없는 최종적인 심급의 결정이다. 따라서 "주권자의 결정은 규범적 무와 구체적 무질서에 그 기원을 가진다.

홉스에 있어서 자연 상태는 만인의 만인에 대한 투쟁의 상태이다. 이

---

70) C. Schmitt, *Politische Theologie*, 7판(Duncker & Humblot, 1996), p.13.
71) 위의 책, p.42.
72) C. Schmitt, BP, p.50.

러한 완전한 무질서와 불안한 무정부상태로부터 시민사회(societas civilis)의 평화와 안전과 질서의 국가적 상태로의 이행은 주권자의 의사에 의해서만 가능한 것이며, 그 의사의 명령과 질서가 법률이다."[73] 따라서 "정당하지 않은 결정이나 오류의 결정도 법적 효력을 가진다."[74] 이렇게 슈미트는 전통적인 주권개념에 예외상태를 기입함으로써 주권개념을 국가의 정치적 통일이 붕괴되는 상황을 극복하는 개념으로 재구성했다.

4. 문화체계와 딜타이 · 슈미트 국가관의 현대적 의미

우리는 앞서 고찰한 딜타이 문화체계와 사회의 외부기관의 구분에서부터 그 사이의 관계를 살펴보았다. 그리고 지금까지 우리는 슈미트에게서 국가는 적과 동지의 구분에 의해 정의된다는 것을 살펴보았다. 딜타이에게서 국가는 가치를 향유하고 목적을 현실화시키고 국가의 본질을 제대로 설정해야 한다. 여기서 국가는 현존재를 보존하고 진홍에 기여하게 된다(GS, Ⅶ, 135).

딜타이는 문화체계와 사회의 외부기관으로부터 단지 심리학적 개념과 원칙들과 함께 분석해 왔다(GS, I, 52). 그렇기 때문에 우리는 딜타이 정신과학 정초문제의 중심에는 심리적 삶의 통일체라는 인식가능성이 있다고 본다. 여기서 딜타이 정신과학의 정초는 심리적 인식의 관계나 사회의 이론적 학문의 본성을 밝혀내기 위해 두 그룹의 질서체계를 분

73) C. Schmitt, *Über die drei Arten des Rechtswissenschaftlichen Denkens*(Hanseatische Verlagsanstalt, 1934), p.28.

74) C. Schmitt, *Politische Theologie*, p.37.

명하게 제시했다.75) 그래서 딜타이에게서 문화체계와 사회의 외부기관은 역사적-사회적 세계에서 생동적으로 존립한다. 거기서 개인의 지속적인 행위의 조건을 세우고 문화체계와 사회의 외부조건은 다양한 관계를 맺게 되었다(GS, I, 54).

그러면 딜타이에게서 문화체계와 사회의 외부기관은 어떤 의미가 있는가? 사회의 외부기관과 내부의 문화의 특징 사이에 불거진 대립은 양자(兩者)를 단순하게 구분하려고 했던 것은 아니다. 딜타이 자신이 개별적인 입장으로서만 핵심적인 개념으로 적용하였을 뿐이다. 그래서 딜타이에게서 국가는 일정한 사회적 질서를 연결시키는 그 밖의 다른 문화체계는 아니다. 그렇기 때문에 내부의 문화와 사회의 외부기관 질서를 세우려고 했던 대립적 구도는 딜타이가 의도한 대로 설정할 수 있는 것만은 아니다. 왜냐하면 인간의 내부와 외부의 심리적-육체적 본성의 이론으로부터 항상 부응해 나가야 하기 때문이다(GS, I, 57).

딜타이는 문화체계에서 개인의 행위는 내적인 적응을 위해 형식화시켰다. 즉, 그에게서 문화체계는 전문적인 사회의 연합을 통해 개인의 목적을 현실화시킬 수 있게 광범위하게 연계하여 나가야 한다. 따라서 딜타이에게서 문화체계와 사회의 외부기관은 단순하게 도식적으로 분화(分化)된 것이 아니라 개인의 내적인 관계를 새롭게 설정해 나가는 데 있다. 이제까지 살펴보았듯이, 딜타이는 문화체계와 사회의 외부기관을 구분하여 두 그룹의 관계를 전개시켰다. 또한 여러 차례 언급하였듯이, 그의 문화체계와 사회의 외부기관은 심리적 개념과 명제를 분석하여 정신과학의 근거를 형성하는 데 있었다. 즉, 그의 정신과학의 중심에는 심리적 인식의 관계를 위의 두 부류의 사실과 사회의 이론적 과학이라

---

75) Thoms Kornbicher, *Deutsche Geschichtsschreibung im 19. Jahrhundert*, p.382.

규정하였고, 심리적 삶의 통일체를 인식하기 위한 가능성을 분명하게 제시하는 데 있었다.[76] 따라서 문화체계와 사회의 외부기관은 개인의 역사적-사회적 세계의 활발한 목적연관을 구체화시켰다. 이러한 두 분류의 관계에서 개인에 관한 모든 지속적인 행위의 조건을 구분하여 설명하였다. 그렇기 때문에 문화체계와 사회의 외부기관은 사회적 현실의 사태를 분석하였고 인간 본성의 요소와 관련되어 있다. 그러면 우리가 문화체계와 사회의 외부기관을 구분하는 것은 어떠한 의미를 지니는가?

사회의 외부기관의 속성은 내적인 문화와 대비시켜 연결하고 있으나, 전체적으로 사실적인 근거 없이 아무렇게나 구분하여 나눈 것은 아니다. 물론 딜타이 자신은 개별적인 입장에서 두 부류의 개념을 적용시켰다. 즉, 인륜 및 내적인 문화는 법과 같이 강압적인 기구로 연결되어 있는 것이 아니라 사회적 차이를 통한 개별적인 이념 체계를 적용하는 것이었다. 따라서 두 부류의 관계는 다른 문화체계(경제, 법, 종교)와 같은 정연한 사회적 질서와 반드시 연결되어 있는 것은 아니다. 그렇기 때문에 딜타이가 의도로 하는 내적인 문화와 외부의 사회 질서는 그렇게 간단하게 대조하여 구성된 것도 아니다. 왜냐하면 그의 정신과학 이론은 인간의 심리적-육체적 본성을 내부와 외부로서 서로 복잡하게 연관시키고 있기 때문이다(GS, I, 57).

궁극적으로 딜타이에게서 개인의 자유로운 행위는 한편으로는 문화체계로서, 다른 하나는 사회의 외부기관을 각기 구성하고 있지만, 서로가 대립적인 특면으로 형성된 것은 아니라는 사실이다. 오히려 이 부류의 관계는 민족 공동체와 같은 광범위한 영역의 통일체와 연결되어 있

76) Thomas Kornbicher, *Deutsche Geschichteschreibung im 19. Jahrhunderet,* Pfaffenweiler, 1986, p.282.

으며, 특히 문화체계는 사회적-역사적 관계의 목적을 현실화시킴으로써 수행해 나가야 하는 것이다. 앞서 살펴보았듯이, 딜타이의 국가론은 삶의 목적론적 관점에서 슈미트의 국가론에 영향을 주었다. 슈미트는 국가의 개념을 딜타이와 마찬가지로 삶의 목적론적 관점, 즉 실존적으로 존재하는 모든 것은 그 자신의 존재를 방어하고 보존하는 고유한 권리가 있다고 본다. 슈미트는 국가의 목적을 딜타이의 인간본성에 찾았다. 딜타이에게서 국가는 각 개별적인 목적 이외에도 인간 삶의 본질적인 목적에 부합할 수 있는 인간본성의 요소에 기인한다. 여기서 각 세대는 현재와 관계를 맺고 있으며 인간성의 풍부함을 넘쳐흐르게 해야 한다. 딜타이가 마키아벨리의 정치이론에서 인간의 본성이 악한(böse) 것인가 혹은 선한(gut) 것인가라는 문제를 도덕적 · 윤리적 의미를 갖고 있는 문제는 아니라고 보고 있다는 데서 슈미트의 국가론은 출발한다. 즉, 그는 인간이 악하다는 것은 인간의 동물적 속성(충동, 공격성, 탐욕 등)을 지칭한다. 여기에 도덕적 · 윤리적 의미가 포함된 것으로 볼 수 없다. 슈미트는 이러한 의미의 악한 인간의 속성으로 인해 인간은 위험한 존재라고 하였다. 즉 동물성, 충동, 감정은 인간 본성의 핵심이며 우리 인간본성의 이와 같은 본질에서 모든 정치생활의 기본법칙을 도출해 냈다. 슈미트는 정치적인 것의 개념에서 적과 동지는 부정되어야 할 악한 존재가 아니라 그 존재가치가 긍정되어야 할 존재이다. 이러한 관점에서 그는 적의 개념에 도덕적 혹은 종교적 관점을 주입하여 적을 말살되어야 할 존재로 규정하는 '절대적 적'의 개념을 부정한다. 인간의 삶의 어떠한 영역에서 발생하는 문제라 할지라도 그 문제를 둘러싼 인간의 적대적 투쟁의 정도가 심화 내지 격화된다면 정치적 문제로 전환될 수 있다(정치적인 것의 편재성). 또한 이는 정치적인 것은 인간의 실존적 삶의 다른 영역을 지배하는 원리(도덕적 · 경제적 원리 등)와 무관한 그 자신의 고유한 자율적 메커니즘을 가지고 있다는 것을 의미한다.

주지하듯이 슈미트는 국가주의자이다. 그는 근대국가의 위대함은 '주권을 가진 국가'라는 형식을 통해 국가 내부적으로는 내전을 극복하여 평화와 질서를 확립해야 한다고 보았다. 즉 국가 외부적으로는 동등한 주권적 인격체 상호간의 국제법 질서를 수립해야 한다. 따라서 그는 딜타이와 같이 개인과 사회가 상호관계를 통해 나아가는 것이 아니라 근대이후 나타난 자유주의 · 개인주의 세계관이 국가를 내부로부터 붕괴하여 오히려 그 결과로 인해 국가는 그 존재이유를 알 수 없게 되어버린 허약한 존재로 떨어지게 되었다고 진단한다. 또한 슈미트가 보기에 모든 정치적 문제는 딜타이처럼 인간의 내적인 상호관계의 삶에서 나오는 것이 아니라 인간의 적과 동지의 정치적 대립관계로부터 출발한다. 이러한 적대관계는 인간의 도덕적 진보가 이루어지지 않는 한 해소될 수 없다. 그러나 이러한 도덕적 진보는 종교나 도덕의 영역에서 다루어질 문제이지 정치적 영역에서 다룰 수 있는 문제가 아니다. 정치는 인간의 적대를 관리하기 위한 기술이므로 인간의 적대가 사라진다면 정치의 존재이유도 사라지게 된다.

그러나 현실적으로 적대는 해소되고 있지 않고 오히려 다양한 새로운 적대관계가 나타나고 있다. 이는 인간세계에서 국가와 정치가 사라질 수 없다는 것을 반증하는 것이다. 따라서 슈미트에게 "정치란 운명이다."77)

77) C. Schmitt, BP 3판(1933), p.21.

III. 딜타이와 짐멜: 개인과 사회의 상호작용 체계

1. 딜타이 정신과학의 논쟁점

딜타이의 저서들은 현대의 철학적 논쟁에서 종종 해석학이나 심리학에서 정신과학의 근거를 설정하는 데 다양한 의미를 부여해 왔다. 딜타이는 20세기 철학사에서 정신과학을 정립하는 데 현저하게 많은 영향을 끼쳤고 우리의 삶에 관한 사유에 철학적 관심을 불러일으켰다. 딜타이가 선취한 삶의 철학은 한편으로 딜타이 직계 학파(미쉬, 놀, 스프랑어, 그로에튀엔, 헤르만, 로탁커, 프리샤이센-퀼러, 리트, 립스, 블노브, 루카치, 로디)[1]와 같은 광범위한 흐름을 형성했다. 다른 한편으로 삶의 철학은 철학의 영역을 점점 확장해 나갔다. 딜타이 정신과학은 20세기 이후 후기 실존철학(하이데거, 야스퍼스)[2], 철학적 인간학(플레스너, 겔렌, 쉘러)[3], 철학적 해석학(가다

---

1) Vgl. Carl Friedrich Gethmann, “Phänomenologie, Lebensphilosophie und konstruktive Wissenschaftstheorie”, in: *Lebensphilosophie und Wissenschaft,* Bonn, 1991, pp.41-42, Frithjof Rodi, Zum gegenwärtigen Stand der Dilthey-Forschung, in: *Dithey-Jahrbuch,* Bd. 1, 1983, pp.260-261. H-G Gadamer, “Die hermeneutigen Stand der Dilthey-Forschung”, in: *philosophische Rundschau.* Heft. 3. 1991, pp.161-177, Hans Ineichen, Wilhelm Dilthey in Lebensphilosophie: O. Höffe(Hg.), *Klassiker der Philosophie,* Bd. 2. München, 1981, p.202, Otto Friedrich Bollnow, “Lebensphilosophie und Logik”, in: *Zeitschrift für philosophische Forschung.* 34.(1980), pp.421-440, Otto Friedrich Bollnow, *Studien zur Hermeneutik* Bd.1. Freiburg, 1983, pp.159-160, Rudolf Lasshan, “Neue Quellen und Literatur zur Dilthey-Forschung”, in: *Zeitschrift für Pädagogik.* 20 Jg. 1974, pp.129-139.

2) Vgl. Chr. Erter, “Von der Phänomenologie und jünger zur Exisistenzialphilosophie M. Heidegger”, in: *philosophisches Jahrbuch.* 51. Bd. 1938, pp.14-16. Chr. Jamme, “Heideggers frühe Begründung der Hermeneutik”, in *Dilthey-Jahrbuch,* Bd. 4, 1986/87, pp.72-90, Dieter Thomää, *Die Zeit des Selbst und die Zeit, Zur Kritik der Textgeschichte Marti Heideggers 1910-1976,* Frankfurt a. M., 1990, pp.95-102: Michael Großheim, V*on George Simmel zu Martin Heidegger,* Berlin, 1991, pp.10-36: Otto Pöggeler, “Neue Wege mit Heidegger”, in: *Philosophische Rundschau,* 29.Jg. 1982. pp.62-65: Otto Pöggeler, “Heideggers Begegung mit Dilthey”, in: *Dilthey-Jahrbuch.*4, 1986/1987, pp.121-160.

머, 인아이헨)[4], 그리고 해석학적 철학(푀겔러)[5]에 많은 영향을 끼쳤다.

딜타이의 청년헤겔에 대한 연구는 독일에서 신헤겔주의의 출발점이 되었다. 또한 딜타이는 미학, 종교, 교육학, 역사학, 사회학 그리고 심리학 등에 이르기까지 광범위한 영향을 끼쳤다. 먼저 딜타이는 삶의 철학에 대한 전통 속에서 미쉬와 블노브를 비롯한 실존철학 연구자들에 의해 그 영향력을 점차 확대해 나갔다. 특히 딜타이학파의 직계 제자였던 "루카치(George Lukács)"[6]는 『이성의 파괴』(1954)[7]에서 독일 제국주의의 시민적 이데올로기를 삶의 철학으로 묘사했다. 이 저서는 독일 이데올

3) Vgl. Hans Ineichen, "Wilhelm Dilthey, Logische und anthropologische Grundlegungen der Geisteswissenschaften", in: Friedhelm Decher(Hg.), *Philosophische Anthropologie 19. Jahrhundert,* K&N, 1991, pp.169-179: Odo Marquard, "Leben und Leben, Anthropologie und Hermeneutik bei Dilthey", in: *Dilthey-Jahrbuch.* Bd. 2. 1984, pp.128-139. Peter Krausser, "Diltheys philosophische Anthropologie", in: *Journal of the History of Philosophy*, 1963, pp.211-221.

4) H-G. Gadamer, *Wahrheit und Methode,* Tübingen, 1972: Hans Ineichen, *Philosophische Hermeneutik,* Freiburg, 1991, Dommic Kargi, "Was heißt und welchem Ende man philosophische Hermeneutik?", in: *Philosophische Rundschau* Jg. 41. Heft.2. 1994, pp.116-132: Grundin, *Einführung in die philosophische Hermeneutik,* Darmstadt, 1991.

5) Otto Pöggeler, *Hermeneutische Philosophie,* München, 1972: Otto Pöggeler, Hermeneutische Philosophie und Theologie, in: *Man and World.* Vol.4. 1974, pp.3-19: Otto Pöggeler, *Heidegger und die hermeneutische Philosophie,* Freiburg, 1981.

6) 루카치는 베를린 학창시절에 딜타이를 만났다. 루카치는 그의 처녀작, 『영혼과 형식』(1911), 하이델베르크 미학, 낭만주의 이론(1920)에 이르기까지 딜타이 정신과학에 근본적으로 많은 영향을 받았다 (Manfred Riedel, "Ästheten und Hermeneutik der Natur. Zur Stellung des Naturschonen bei Dilthey und dem jungen Lukács", in: *Manfred Riedel, Hören auf die Sprache,* Frankfurt a. M., 1990, p.184). 1906년～1907년에 루카치는 베를린대학에 공부하러 가서 짐멜의 문화철학과 역사철학에 대한 가치의 물음에 몰두해 있었다. 또한 1921년에 루카치는 하이델베르크로 가서 독일가치철학으로 잘 알려진 막스 베버의 사회학적 이념(Idee)에 동조했다. 그리고 루카치는 하이델베르크로 가서 에밀 라스크의 현상학적 직관과 딜타이 삶의 철학에서 많은 영감을 얻었다. 그리고 루카치는 수년 동안 서남학파인 신칸트학파에서 짐멜의 우수한 학도였다. 루카치는 교수자격논문을 취득할 목적으로 미학의 중심테마로서 형식개념을 수용하여 가치이론을 정립했다. 이미 리케르트나 짐멜이나 막스 베버가 표현했던 것처럼, 루카치의 첫 번째 작업도 행복(Wohltat)을 궁극적으로 수행하는 데 있었다(Werner Jung, *Georg Lukács,* Stuttgart, 1989, p.58: Werner Jung, *Georg Simmel zur Einführung,* Hamburg, 2016, p.124).

7) George Lukács, *Die Zerstörung der Vernunft, Der Weg des Irrationalismus von Schelling zu Hitler,* Berlin, 1954.

로기의 거대한 체계가 붕괴한 이후의 사회 철학에 대한 내용을 함축하고 있다. 딜타이의 저서는 시민적 해방이데올로기와 후기 사회철학 사이에서 루카치의 저서에 제한적 영향을 받고 있었다.[8] 루카치의 『이성의 파괴』는 딜타이 후기 사회철학과 함께 이데올로기적 논쟁 사이에서 특별한 위치를 차지하고 있었다. 루카치는 한편으로 딜타이 철학의 비합리주의에 영향을 받아 딜타이 후기철학에 주안점을 두었고, 다른 한편으로 루카치는 그 당시 철학의 수용사에서 주관적 의향을 어느 정도 한정시켜 자신의 철학을 전개해 나갔다. 루카치는 과거의 파시스트적인 논쟁에서부터 후기 시민적 이데올로기와 더불어 딜타이 삶의 철학을 심도 있게 연구했다. 루카치는 후기 딜타이 저서에 대한 연구를 더 이상 영향사의 관점에서만 한정하여 접근하지 않았다. 먼저 루카치는 딜타이를 제국주의적 삶 철학의 창시자로 평가했고, 그를 국가사회주의적 이데올로기의 선구자로 보았다. 그리고 루카치는 딜타이 삶의 철학에 대해 그 당시 독일에서 모든 제국주의시대에 지배적인 이데올로기였다고 간주했다.[9] 따라서 딜타이는 가장 많은 영향력을 행사했던 제국주의적 삶 철학의 선구자였던 것이었다.

그러나 니체가 제국주의적 삶의 철학에 대해 결정적으로 전환을 수행하는 동안에 루카치는 역사적 진보의 새로운 담지자의 대척점에 서서, 그리고 프롤레타리아의 대척점에 서서 전환점을 기획했다. 그리고 루카치는 개별학문의 과학성에 대한 공격을 수용하고 있었다. 그 당시 딜타이의 정신과학은 전환점에 서 있던 진정한 의미에서 삶 철학의 선구자였다.[10]

---

8) Manfred Buhr(Hg.), *Enzyklopädie zur bürgerlichen Philosophie im 19. ind 20.Jahrhundert*, Koln, 1988, pp.13-15, 113-115.

9) George Lukács, *Die Zerstörung der Vernunft, Bd. 9.* Luchterhand, 1962, p.351. Vgl. Frithjof Rodi, *Morphologie und Hermeneutik,* Stuttgart, 1969, p.16.

그 당시 서남학파 신칸트주의자였던 루카치 그리고 루카치의 스승벌이었던 짐멜은 개인과 사회의 상호작용이론을 정립하는 데 딜타이 삶의 철학에서 많은 부분 영향을 받았다. 특히 짐멜과 루카치는 삶의 객관화에 대한 딜타이의 이해(Verstehen)이론에 영향을 받고 있었다. 짐멜에게서 이해의 상호작용은 딜타이 정신과학의 전통에 접목되어 있었다. 짐멜의 사회학적 구성이나 역사적인 구성은 딜타이의 해석학적 전통에서 있다. 또한 딜타이 정신과학적 해석학의 전통은 지속적으로 문화과학과 사회과학의 영역으로 점차 확대하여 전개해 나갔다.[11]

위에서 언급한 것처럼, 20세기 딜타이의 철학적 사유는 현대철학에 중요한 정신적 유산을 남겼다. 우리는 다양한 현대철학의 논쟁에 대한 의미, 특히 짐멜의 사회학 이론에 대한 딜타이의 영향을 한정하여 고찰할 것이다. 특히 우리는 딜타이의 개인과 사회의 상호작용을 통해 짐멜의 상호작용의 교차점을 중심으로 살펴볼 것이다. 그리고 우리는 딜타이의 「인간, 사회, 그리고 국가에 관한 학문 역사연구에 대하여」(1875)에서 개인과 사회의 상호작용의 근본문제를 중심으로 그 당시 짐멜이 강조했던 사회화의 변증법적 관계를 파악할 것이다. 따라서 우리는 딜타이의 사회적 상호작용의 관계에 영향을 받은 짐멜의 사회화의 형식이론을 중심으로 고찰해 보자.

---

10) George Lukács, *Die Zerstörung der Vernunft, Bd. 9.* p.363. Vgl. George Lukács, *Beiträge zur Kritik der bürgerlichen Ideologie,* Berlin, 1986, p.281: Ki-Shik, Lee, *Sehnsucht nach Heimat: Zur Entwicklung des Totalitätsbegriffs in den Frühschriften von George Lukács,* Frankfurt a. M., 1990, p.14: Sung-Wan Ban, V*erhältnis der Asthetik George Lukács, zur, 1989, deutschen Klassik und Thomas Mann,* Frankfurt a. M., 1977, pp.12-13.

11) Horst Jürgen Helle, *Dilthey, Simmel und Verstehen,* Frankfurt, am. Main, 1986.

2. 딜타이와 짐멜의 사회적 상호작용체계의 교차점

딜타이에게서 사회와 개인 사이의 관계는 개별적으로 규정하는 것이 아니라 변증법적인 관계에서 파악한다.[12] 딜타이에게서 개인은 타자와 함께 하는 상호작용의 관계이다(GS, V, 60). 또한 개인은 상호작용의 다양한 체계의 교차점(Kreuzungspunkt)과 연결되어 있다(GS, V, 63 ; GS, VII, 278). 이런 관점에서 딜타이는 개인과 사회의 관계를 다음과 같이 말한다.

> 나는 사회의 삶을 이해한다. 한편으로 개인은 모든 직관적이고 탐구적인 지성에 대해 의식적으로 의지를 설정하고 행위한다. 이러한 상호작용의 다양한 체계의 교차점은 사회의 상호작용에 있다. 우리가 영혼 없이 작용하는 원인(본성)에 대한 놀이를 여기서 표상하고 감촉하고 운동을 통해 풀고자 한다. 그리고 무한정한 상호작용의 놀이에서 개별성과 충만함이 여기서 나타난다.[13]

위 인용문에서 보듯이, 짐멜(Georg Simmel, 1858~1918)은 딜타이가 언급한 지성개념에 주목했다. 지성은 개별적인 개인을 파악하는 것이 아니라 인간전체를 통괄하는 과정이다. 이러한 과정은 스스로 지성의 주체를 인식하는 것이다.[14] 호르크하이머는 딜타이의 저서에서 심리적 실재와 우리가 개인적 삶의 경험을 이해하는 것 사이에서 심리학과 삶의 역사에 대한 상호작용의 관계를 아주 상이하게 다루어져야 할 절차라고 보았다. 호르크하이머는 딜타이에 대해 인간의 여러 측면 가운데

12) H. Johach, *Handelner Mensch und objektiver Geist,* p.108.

13) GS, I, p.37.

14) GS, VIII, p.172. Vgl. Hermann Ebbinghaus, "Über erklärende und beschreibebde Psychologie", in: *Zeitschrift für Psychologie der Sinnedrgane,* Bd. IX., 1895, p.173.

"통일적 인간본질을 역사"에서 수용한다. 호르크하이머는 "심리학과 역사학의 연관관계를 실제로 영향력을 발휘할 수 있는 철학적 탐구의 대상"[15]으로 딜타이가 격상시킨 동시에 "역사탐구를 위해 심리학을 보조학문"으로 수용하는 데 불과했다고 비판한다. 즉, 딜타이는 "본질적으로 인간인식을 위한 수단으로서 역사 그 자체"[16]를 상정했다.

호르크하이머는 딜타이가 역사를 이해하는 과정에서 삶 자체를 배제하지는 않았지만, 인간의 삶을 "특정한 역사적 단계에서 항상 나타나는 고유한 반응양식"[17]에는 무관심했다고 비판한다. 이러한 인간적 삶의 비판은 호르크하이머가 역사적 실제와 이해를 "당연히 인간의 활동이 항상 삶의 필연성에 연계"[18]되어야 한다는 입장을 반영한 것이다. 이렇게 호르크하이머의 딜타이 삶과 역사에 대한 비판은 칸트가 인식하는 주체를 수학적 자연과학에서 구현하고자 했던 것과 마찬가지로, 딜타이가 "실제의 역사 안에서 인간상"[19]이라고 제시한 것은 단지 갈등을 배제한 문화에 기초되는 피상적인 발상이라고 간주하는 것에서 기인한다. 이러한 의미에서 호르크하이머는 딜타이를 비롯한 철학적 인간학에서의 역사이해를 인간 삶을 "너무 조화롭게만 보는 관찰방법"[20]의 낙관주의적 태도에 문제가 있다고 주장한다. 호르크하이머가 "심리학을 역사학 탐구의 보조학문"[21]으로 간주했던 딜타이의 주장에 어느 정

15) M. Horkheimer, "Geschichte und Psychologie(1932)", GS. Bd.4. Frankfurt am Main, 1988, p.57, Ibid. p.66.
16) 위의 책, p.67.
17) 위의 책. p.58.
18) 위의 책, p.58.
19) M. Horkheimer, "Psychologie und Soziologie im Werk Wilhelm Diltheys(1940)", GS. Bd.4. Frankfurt am Main, 1988, p.356.
20) M. Horkheimer, "Bemerkungen zur philosophischen Anthropologie(1935)", GS. Bd3, Frankfurt am Main, 1988, p.67.
21) M. Horkheimer, "Geschichte und Psychologie(1932)", GS. Bd.4. Frankfurt am Main, 1988, p.57,

도 동조할 수 있지만, 그가 심리학을 역사 이해의 방법론으로 수용하는 내재적인 딜타이 의도와는 상이하다는 점을 보여준다.

그러나 호르크하이머는 "역사연구에 대한 심리학적 관점에서 딜타이의 이해방법이 아무리 정당성을 갖고 있는 것처럼 보인다 할지라도, 통일적인 정신적 연관관계가 어느 특정한 시대의 문화시스템 위에 기초한다는 것이다. 이러한 정신적 측면에서 이해되는 연관관계를 총체적 인간본질의 한 단면으로 제시한 것은 그다지 설득력이 없는 모습으로 나타난다."[22] 이런 이유에서 호르크하이머는 "딜타이에 의해 요청된 심리학은 당연히 이해의 심리학이며, 역사는 이러한 철학 안에서 본질적으로 정신사(Geistesgeschichte)에 해당된다"[23]고 폄하한다. 호르크하이머에 의하면 딜타이가 종종 언급하는 '정신적 통일체(eine geistige Einheit)'는 단지 자연과학에서 주장하는 객관성에 대비시킬 수 없는 이해 불가능한 것으로 간주한다.[24] 딜타이가 종종 언급하는 '구조(Strukture)' 혹은 '유형(Typus)' 등의 개념에서 삶이라는 개념을 전제했음에도 불구하고 역사이해를 구체화한 것이 아니라 오히려 추상화된 모습으로 이해할 수 있다고 호르크하이머는 간주했다.[25] 결국 딜타이의 '역사이성에 대한 비판'은 이상주의(理想主義)에 빠질 수밖에 없었다고 호르크하이머는 다음과 같이 말한다.

> 딜타이는 사회적 역사적 세계를 구체적이고 실천적 목표 때문에 탐구하는 것이 아니고, 또한 자의적이고 맹목적으로 탐구하는 것은 아니라고 한다.

---

p.59, p.67 참조.

22) 위의 책, p.67.

23) 위의 책. p.67.

24) 위의 책, p.67.

25) M. Horkheimer, "Materialismus und Metaphysik(1933)", GS. Bd.3. Frankfurt am Main, 1988, pp.70-71 참조.

오히려 그러한 탐구는 우리가 무엇인지를 경험하기 위해, 즉 우리 자신을 (오로지) 인식하기 위한 것이라고 주장한다. 이러한 의미에서 딜타이는 이 상주의의 적자(適者)인 것이다.[26]

이러한 호르크하이머의 입장은 아도르노(Th. W. Adorno)가 딜타이를 "극단적인 유명론자"로 간주하는 주장에 동의하면서 딜타이가 정의하고 있는 "사회학 혹은 역사학은 단지 개별적인 영역인 것을 근거 없이 총체적인 것으로 끌어 올려놓은 시도"[27]일 뿐이라고 비판한다. 아도르노도 개인과 사회의 관계를 변증법적으로 파악한다. 이것은 개인과 사회가 긴장과 대립관계이자 상호 규정적인 관계라는 뜻이다.[28] 아도르노는 이러한 긴장과 대립의 관계를 개인과 사회발전의 원동력으로 보았다.[29] 개인과 사회의 관계는 "사회와 개인의 대립이 핵심 테제"[30]이다. 여기서 아도르노에게서 긴장과 대립의 상실이 근본 문제가 나타나게 된다. 따라서 호르크하이머가 보기에 딜타이 상호작용의 이해는 원인과 결과(자연과학처럼)에 따라 그 대상을 고찰하는 것이 아니라 내부와 외부, 전체와 부분의 관계에서 인간정신을 탐구하는 것이었다.[31] 짐멜은 아도르노나 호르크하이머의 개인과 사회의 긴장과 대립관계를 선취(先取)하여 『사회학: 사회화의 형식에 관한 연구』[32]에서 "사회적 영역의

---

26) M. Horkheimer, "Psychologie und Soziologie im Werk Wilhelm Diltheys(1940)", GS. Bd.4. Frankfurt am Main, 1988, p.356.

27) Diskussionsprotokolle, M. Horkheimer u. Th. W. Adorno, "Verhältnis von Tatsache und Theorie(III): unabgeschlossene Dialektik oder bestimmte Negativität?" GS. Bd.12. Frankfurt am Main, 1985, p.484.

28) Theodor W. Adorno, *Gesammelte Schriften*(GS.), hrsg. von R. Tiedemann, Frankfurt a. M., 1998, GS. 6, p.322.

29) 이하준, 『부정과 유토피아-아도르노의 사회인식론-』, 세창출판사, 2019, p.248.

30) H-F. Schiller, "Philosohie und Gesellschaft bei Adorno", in: *Soziologie in Spätkapilism. Zur Gesellschaftstheorie Theodor W. Adorno,* G. Schweppenhäuer(Hg.), Darmstadt, 1995, p.213.

31) Max Horkheimer, "Psychologie und Soziologie im Werk", Wilhelm Diltheys, in: *Gesammelte Schriften.* Bd. 12. p.357.

교차점" 표제어에서 딜타이의 상호작용을 다음과 같이 받아들였다.

> 그래서 우리는 말할 수 있다. 개인으로부터 사회가 형성되고, 사회에서 개인을 형성한다.[33] 각 개별적인 요소와 타자와의 상호작용 관계를 규정한다.[34]

위 인용문에서처럼, 짐멜에게 있어서 개인과 사회의 상호작용에 대한 이해는 동시에 딜타이의 사회학 비판을 인정하고 극복해 나가는 것이었다. 딜타이는 1860년에 이미 콩트의 실증주의 철학 및 사회학이론에 주목했다. 딜타이는 「인간, 사회, 그리고 국가에 관한 학문 역사연구에 대하여」(1875)라는 논문에서 콩트를 비판적으로 파악한다. 즉, 딜타이는 콩트의 사회학에서 제시한 세 가지 연구법칙(Dreistudiengesetze)인 신학, 형이상학, 실증과학을 비판한다. 딜타이는 세 가지 연구 법칙의 역사철학적 요구를 『정신과학 입문』에서 제시했다. 즉 그는 역사적 전체의 연구를 개별적인 연관과 관련하여 분석했다(GS, I, 111). 딜타이는 콩트의 학문의 진보에 서열을 매긴 법칙(Hierarchiegesetze), 즉 수학, 천문학, 물리학, 화학, 생물학, 사회학에 역사철학적인 세 가지 법칙과 결합하여 근본적으로 새롭게 인식했다(Vgl. GS, V, 50. GS, I, 239).

딜타이는 스펜서의 저서를 그의 『정신과학 입문』을 서술하기 이전(以前)부터 주목하여, 밀과 콩트, 그리고 스펜서의 경험주의 사회학과 대립된 입장에 있었다(GS, I, 90). 딜타이에 따르면, 콩트와 스펜서의 사회학은 전체 사회의 입장에서 종교성·윤리·예술·법 등을 제시했다. 또한 그들은 사회에서 진행되는 분화와 통합, 이해관계의 결속관계·공동

---

32) Georg Simmel, *Soziologie. Untersuchungen uber die Formen der Vergesellschaftung(1908)*: Georg Simmel Gesamtausgabe 11, Frankfurt am Main: Suhrkamp, 1992.

33) G. Simmel, "Kreuzung sozialer Kreise", *Soziologie*, pp.325-326.

34) G. Simmel, "Kreuzung sozialer Kreise", *Soziologie*, p.343.

체의 질서 등을 전체 사회적 관점에서 형이상학적인 이론을 제공했다 (GS, I, 420-421).

하지만 딜타이는 콩트나 밀의 사회학에 경미한 영향을 받고 있었다 (GS, I, 135). 광범위한 의미에서 영국과 프랑스의 사회학은 독일의 국가법 이론가들인 스타인(Lorenz von Stein)과 몰(Robert von Mohl)과 같은 사회학의 이론에 첨예하게 대립하고 있었다. 특히 스타인은 사회의 개념을 마르크스(K. Marx)와 엥겔스(F. Engels)의 『자본론』에서 영향을 받고 사회를 이해했다. 스타인은 수년에 걸쳐 진리의 연관성(사회의 일반적 법칙과 개념의 근거)에 주목했다. 스타인에게서 사회는 인간 공동체의 모든 상태에서 지속적이고 일반적인 양상이었고, 세계사에서 근본적이고 강력한 요인을 끌고 있었다(GS, I, 85). 몰은 사회를 현실적인 삶으로서 외부의 모든 힘을 지닌 국가의 권력을 가진 삶의 영역으로 이해한다(GS, I, 85). 그래서 몰은 사회의 개념을 그의 여러 저서를 통해 프랑스혁명의 사회사에 주목했다. 몰이 보기에 사회의 개념은 개인, 국가, 사회라는 서로 각기 다른 삶의 영역이었다. 딜타이가 보기에 스타인과 몰이 주장하는 사회학은 현실과학이 아니었다. 그 이유는, 그들은 사회를 인간의 역사적-정신적 세계의 전체로 파악하고 있으나 사회는 국가의 한 일부분을 이루고 있으며, 외부 공동체에 적합한 기관이거나 한 소속기관의 일부에 불과하다고 보았기 때문이다. 말하자면 딜타이가 사회에 대해 반대하는 입장은 현실적으로 인간사회에 일어나는 모든 현상을 하나의 학문으로 포괄하려는 시도에 이의를 제기한 것이다.

짐멜은 『사회학』에서 "사회적 영역의 교차점(Kreuzung sozialer Kreise)"의 장(章)을 통해 일반적인 것과 특수한 것 사이의 변증법적 관계에 주목했다. 거기서 짐멜은 그러한 사회화 형식의 범위를 객관화하고자 했다. 짐멜은 『사회학』의 마지막 장에서 일반화와 특수화, 연관성과 차별화사이의 관계를 동일한 과정이라 보았다. 왜냐하면 짐멜은 딜타이가 파악한 입장에 동의하여 체험대상의 심리적 기능과 내부 세계의 형태를 구성해야 한다고 보았기 때문이다. 그렇게 하여 짐멜은 그의 『사회학』에서 심리학적 원리를 설정했다.[35] 짐멜에게서 개인과 사회의 관계는 사회학의 근본문제였던 것이다.[36] 물론 짐멜이 보기에 사회는 실체하는 존재가 아닌 개인들 사이에서 전개되는 상호작용들의 총합이다. 그리고 상호작용은 딜타이가 주장한 것처럼, 객관적 구조물로 응축되거나 결정화된 제도, 조직, 체계, 구조 등을 포괄한다. 여기서 사회가 사회적 상호작용 혹은 사회화를 해체하여 다시 재구성한다.[37]

먼저 짐멜에게 있어서 상호작용은 사회적 삶을 근본적으로 파악하는 데 있다. 사회적 삶의 요소는 상호작용에 의해 사회를 다시 형성하게 된다. 모든 사회학적 상호작용은 일정한 관심, 목적, 충동에 기반으로 해서 고양된다.[38] 그래서 짐멜은 사회적 상호작용을 다음과 같이 말한다.

> "모든 사회적 삶은 상호작용하여 영향 받는 개체이다. 여기서 모든 집요함과 융통성, 모든 다채로움과 통일성을 분명하게 한다."[39]

그래서 그는 사회의 수수께끼와 같은 사회의 삶을 받아들인다. 이러한 사회적 상호작용은 언제나 일정한 충동과 목적에 의해 다시 생성해 나간다. 즉, 사회적 상호작용은 관심, 목적, 동기 그리고 형식이나 개인 사이에서 발생하는 각각 모든 내용에 질서를 부여하여 사회적 현실 속

---

35) Uta Gehardt, "Die Konzeption des Verstehens und der Begriff der Gesellschaft bei George Simmel im Verhältnis zu Wilhelm Dilthey", in: *Annali Di Sociologia,* 1992-1, pp.249-250.

36) G. Simmel, "Franment einer Einleitung", in: Georg Simmel Gesamtausgabe 20. Postume Veröffentlichung Ungedrucktes, Schulpädagogik, Frankfurt a. M., 2004, p.304.

37) 김덕영, 『사회의 사회학』, 도서출판 길, 2016, p.225.

38) G. Simmel, *Die Religion,* p.44.

39) G. Simmel, *Grundfragen der Soziologie,* Berlin, 1984, p.13. Vgl. G. Simmel, *Soziologie,* p.15.

에서 드러내 보인다. 이러한 사회적 상호작용은 각 개인의 충동과 어떤 목적을 향해 사회를 구성한다. 여기서 학문이 주어지고, 사회가 형성된다. 그래서 이러한 사회화의 형식이 상호작용을 서로 원(願)하고 있는 것이다.[40]

짐멜에 따르면, 개인은 사회의 내적 존재인 동시에 사회의 외적 존재이다. 즉 개인은 사회화된 존재인 동시에 비사회화된 존재이다.[41] 개인은 "호모 듀플렉스"(Homo Duplex), 곧 이중적 존재인 것이다.[42] 모든 개인은 그가 지닌 특성에 근거해 자신의 환경 내에서 특정한 위치를 점유한다. 또한 개인의 이상(理想)적인 위치는 실제로 사회 전체에 속한다.[43]

개인은 사회의 내적 존재 또는 사회화된 존재로서 다양한 사회적 집단과 영역의 교차점이 된다. 다시 말해 다양한 사회적 집단과 영역이 개인에서 교차하거나 결절되면서 개인의 사고와 행위를 규정하고 결정한다. 이에 반해 사회의 외적 존재 또는 비사회화된 존재로서의 개인은 사회적으로 조건 짓지 않으면서 내적으로 완결된다. 그리하여 외적으로 폐쇄적이고 배타적인 존재로서의 개인을 가리킨다.[44]

짐멜은 사회학적 영역에 대한 분석과 관련하여 정신적 사태의 과학

---

40) G. Simmel, *Soziologie*, pp.4-6: Vgl. G. Simmel, "Die Kreuzung sozialer Kreise", in: *Soziologie. Untersuchungen über die Formen der Vergesellschaftung*, München/Leipzig, 1923, pp.305-344: Horst-Jürgen Helle, *Soziologie und Erkenntheorie bei Simmel*, Darmstadt, 1988, p.38: Horst-Jürgen Helle, *Dilthey, Simmel und Verstehen*, Frankfurt a. M., 1986, p.31. Petra Christian, *Einheit und Zwiespalt, Zum hegelianisierenden Denken in der Philosophie und Soziologie Georg Simmel*, pp.121-133: Michael Großheim, "Georg Simmel –ein Klassiker der Moderne?", in: *Philosohische Rundschau*. 43. Jg. Heft 1. 1996, p.14: Uta Gerhardt, "Die Konzeption des Verstehens und des Begriff der Gesellschaft bei Georg Simmel im Verhältnis zu Wilhelm Dilthey", in: *Annali Di Sociologia*, 8. 1992-1, pp.221-270.

41) Georg Simmel, *Soziologie*, p.46.

42) Regina Mahlmann, *Homo Duplex. Die Zweiheit des Menschen bei Georg Simmel*, Würzburg, 1983.

43) Georg Simmel, *Soziologie*, p.46.

44) 김덕영, 『사회의 사회학』, 도서출판 길, 2016, p.226.

적인 절차를 더 이상 심리학에서는 필요로 하지 않는다고 본다. 그는 형식의 묘사로서, 정신과정의 내용에 주목하는 것이 사회학이라 보았다.[45] 딜타이는 『정신과학 입문』에서 문화적 체계의 교차점[46]으로서 개인을 언급한다. 마찬가지로 짐멜도 『사회학』에서 개인이 현상의 사회적 영역의 교차점으로서 상호 만난다고 보았다. 개인은 사회적 영역으로서 객관적 문화에 관여한다는 사실은 그의 사회학의 모든 장(場)에 걸쳐 있다. 짐멜은 개인을 사회의 이질적인 영역에서부터 동질적인 요소에 이르기까지 연합적인 관계의 다양성으로 기술했다.[47] 먼저 짐멜은 딜타이의 상호작용 개념을 이러한 사회적 영역의 형식에서 받아들였다. 특히 짐멜은 막스 베버의 "사회적 행위"라는 유명한 정의에서 상호작용의 관계를 설명했다.[48] 이에 대해 요하흐(Helmut Johach)는 베버의 사회적 행위와 연관하여 다음과 같이 기술한다.

> 그래서 우리가 딜타이의 개념에서 상호작용의 내용에 몰두할 경우, 그에 상응하는 충분한 의미를 설명해야 한다. 이에 대해 베버가 사회적 행위를 강조하여 그 정체성을 드러냈듯이, 오늘날 상호작용(Interaction)의 개념을 사용한다."[49]

이러한 딜타이 상호작용의 개념은 짐멜, 미드의 사회이론에서 그 의

45) G. Simmel, *Soziologie,* p.21.

46) 문화체계에 대한 자세한 내용은 다음을 참조: 양해림, 「딜타이의 문화해석학」, 『문화와 해석학』, 철학과현실사, 2000, pp.99-122 참조.

47) G. Simmel, *Soziologie,* p.404. Vgl. Uta Gerhardt, "Immanenz und Wiederspruch. Die philosophischen Grundlagen der Soziologie Georg Simmel ihr Verhältnis zur Lebensphilosophie Wilhelm Diltheys", in: *Zeitschrift für philosophische Forschung,* 2. Bd. 1971, p.287.

48) Karl Acham, "Diltheys Betrag zur Theorie der Kultur- und Sozialwissenschaften", in: *Dilthey-Jahrbuch.* 3.(1982), p.13.

49) Helmut Johach, *Handelner Mensch und objektiver Geist,* p.33.

미를 고양시켰다.50) 이렇게 딜타이의 상호작용의 내용과 형식은 사회학의 대상으로 확산해 나갔다.

3. 짐멜: 사회화의 형식

짐멜은 1908년에 출간된 그의 주저인 『사회학: 사회화의 형식에 관한 연구』에서 다음과 같이 기존의 사회학을 비판한다.

> 전체적으로 사회학은 본래 상호작용하는 세력들이 이미 그 직접적인 담지자로부터 증발되어 최소한 이념적 단위가 되어버린 사회적 현상들에 한정했다. 국가와 노동조합, 성직자 집단과 가족형태, 경제구조와 군대조직, 길드와 지역 공동체, 계급구성과 산업적 노동분업 —이 모든 것과 이와 유사한 거대한 조직과 시스템이 사회를 구성하고 사회에 대한 과학의 영역을 형성하는 듯하다.51)

위 인용문에서처럼, 짐멜은 전통적인 사회학이 거시적인 사회현상에 한정해 버려 현대의 사회적 삶에 과학적으로 접근하지 못했다고 본다. 예컨대 이전의 생명과학이 "심장, 콩팥, 허파, 위 등과 같이 명백하게 분리되어 있고 비교적 커다란 신체기관에 한정되었으며, 일반적으로 명명되지 않았거나 알려지지 않은 무수한 조직을 무시했던 상황과 유사하다."52) 짐멜은 사회학이 사회의 보편과학이라는 생각은 버려야 한다는 입장이다. 이에 관해 짐멜은 다음과 같이 주장한다.

---

50) Helmut Johach, 앞의 책, p.33.

51) Georg Simmel, *Soziologie. Untersuchungen uber die Formen der Vergesellschaftung (1908)*: Georg Simmel Gesamtausgabe 11, Frankfurt am Main: Suhrkamp, 1992, p.32.

52) George Simmel, 앞의 책, p.32.

> 인간의 사고와 행위가 사회에서 그리고 사회에 의해서 결정된다는 사실이 사회학을 사회에 관한 보편과학으로 만들 수는 없는데, 이는 화학, 식물학 그리고 천문학의 대상이 궁극적으로 인간 의식 속에만 인식되고 그 전제조건에 예속된다는 사실 때문에 이 과학들이 심리학의 내용이 될 수 없는 이치와 같다.[53]

위의 인용문에서처럼, 짐멜은 사회학을 사회의 보편과학으로 파악하는 입장을 거부한다. 그리고 사회학을 다수의 개인들 사이에서 일어나는 다양한 상호작용의 내용이 아니라 형식을 연구하는 과학으로 규정한다. 바로 이러한 이유로 인해 짐멜의 사회학은 형식사회학이라고 일컫는다. 짐멜은 사회에 대한 실체론적 개념을 거부하면서 딜타이와 같이, 사회를 개인들 사이의 다양한 상호작용의 총체와 동일시한다. 따라서 사회보다는 사회화라는 개념을 선호한다. 그래서 그는 사회가 아니라 사회화라고 말한다. 사회란 단지 상호작용에 의해서 결합된 개인들을 지칭하는 이름에 지나지 않는다. 또한 짐멜은 사회를 그 자체로 존재하는 실체가 아니라 사건이자 과정이라고 규정한다.

사회란 개인들과 그들의 운명 그리고 발전이 서로 영향을 주고받는 기능에 다름 아니다. 사회를 사회적 상호작용으로 해체하고 이 사회적 상호작용으로 사회를 구성하는 사회학, 사회의 실체화가 아니라 사회의 사건화와 과정화를 추구하는 사회학이 의미심장한 패러다임의 전환인 것이다.[54] 짐멜은 형식의 개념을 초월적이고 실제적으로 종합을 중재하는 이중적 의미의 방법론적으로 보증하는 개념으로 묘사했다. 형식개념은 한편으로, 사회적-문화적 맥락에서 현실적인 관계의 일정한 행위와 내용으로부터 실제적인 가능성을 의미했다. 다른 한편으로, 형

53) George Simmel, 앞의 책, p.15.
54) 김덕영, 『게오르그 짐멜의 모더니티 풍경 11가지』, 도서출판 길, 2014, p.120.

식개념은 개념적인 규정의 통일성을 의미하고 거기서 사회학적 인식을 산출해 낸다. 인식의 결과로서 형식은 사회학적으로 상대적인 현실의 유형이다. 거기서 사회화의 경험과 분석을 통해 제대로 나누어질 수 없는 것을 개념적으로 근거를 세우고자 했다.55) 그래서 짐멜의 형식사회학은 그의 인식이론과 함께 고유한 연관관계로 보아야 한다.56) 짐멜은 상호작용 형식의 주제화를 통해 딜타이에게서 "개인에 속해 있는 문화 속성들의 부분적인 체계를 설정"57)하는 직접적인 관계로 구분했다.

> "과학적인 추상에서 그리고 구분된 현실에서 구분될 수 없는 결합의 이러한 둘은 상호작용하거나 사회화의 형식을 내용으로부터 사유하는 해결책으로서 그리고 내용을 통해 사회화한다."58)

짐멜은 그의 『사회학』에서 사회화의 형식에 대한 연구를 표제화했는데, 사회의 개념 대신에 먼저 사회적 관계의 역동성을 강조했다. 앞서 언급했듯이, 짐멜에게서 사회는 점진적인 개념이다. 왜냐하면 사회는 개인과 집단 사이에 점차 강렬한 상호작용으로 나아갈 수 있기 때문이다.59) 짐멜에게서 사회학은 사회화의 형식을 발견하는 데 있다. 사회화의 형식은 사회학적 고찰 안에서 그것들의 부류와 집중도를 구분한다.60) 개인과 집단, 모든 민족 사이에서 상호작용의 형식으로서 이러한

---

55) Karin Schrader-Klebert, "Der Begriff der Gesellschaft als regulative Idee. Zur transzendentalen Brgründung der Soziologie bei Georg Simmel", in: *Soziale Welt,* 19. 1968, p.108.

56) Felicitas Dörr, Der Kunst als Geganstand der Kultureanalyse im Werk Georg Simmel, in: P.U. Hein(Hg.), *Auslegungen Georg Simmel,* Frankfurt a. M., Bern/New York, 1990, pp.243-288.

57) F. H. Trenburck, Georg Simmel(1858-1918), in: *Kölner Zeitschrift für Soziologie und Sozialpsychologie,* 10(1958), p.597.

58) G. Simmel, *Soziologie,* p.6.

59) A. M. Berver, *Dynamak der Formen bei Georg Simmel,* Berlin, 1985, p.80.

60) Nicola Ebers, *Individualisierung Georg Simmel, Nobert Elias, Ulrich Beck,* Wüzburg, 1995, p.59.

역사에 의한 형식은 언제나 동일한 것으로 머물러 있다. 짐멜은 형식에서 모든 가능한 관계를 이해했다. 그러나 형식은 개인 사이의 관계에서 언제나 마주칠 수 있다. 그래서 형식은 개인과 집단 사이에서 또는 집단과 집단에서 종종 마주친다. 각각 이러한 형식에서 우리는 자신의 통일체를 보게 되고, 그 통일체에서 요소의 작용을 마주친다.[61] 사회화의 형식으로서 상호작용은 개인의 고립된 측면과 사회의 총합을 동시에 받아들인다. 이러한 사실은 통일체의 대상을 통합하는 것이다. 짐멜의 관점에서 보자면, 이는 심리학적 세계에서 가능하다.[62] 한편으로, 심리적 세계는 시간적-공간적 현실에서 절차를 밟거나 사실적인 구조에서 그 법칙성을 목도한다. 다른 한편으로, 심리적 세계는 사회화의 형식에서 "거기에 그리고 그때에(Dann)" 우선시하여 나타난다. 그리고 심리적 세계는 일정한 집단 안에서 그리고 역사적으로 드러난다. 먼저 심리적 세계는 법칙성을 찾아내서 연역적인 자료를 발굴하여 역사적인 자기목적을 찾아나간다.[63]

사회화는 심리적인 현상이다. 즉, 모든 사회적인 과정과 본능은 정신적인 입장을 갖고 있으며, 정신적인 연속성에서 전개된다. 우리는 본능적으로 그리고 방법론적으로 심리학의 정신적 연속성을 구축한다.[64] 그리고 정신적 연속성은 정신적 필연성의 감정에 불확실하게 영향을 받거나 내적인 접근성(납득할 만한 이유)을 불러일으킨다.[65] 여기서 짐멜은 사회화의 과정을 심리학적으로 파악한다. 심리적 현상으로서 사회화는 심리적 현상의 심리적 내용으로서 다른 존재의 수준을 각기 다르

61) G. Simmel, *Grundfragen der Soziologie(Individuum und Gesellschaft),* Berlin, 1984, p.52.
62) G. Simmel, *Soziologie,* p.21.
63) G. Simmel, 앞의 책, p.13.
64) G. Simmel, 앞의 책, p.13.
65) G. Simmel, 앞의 책, p.2.

게 설정하는데, 하나는 철학적 관점을 결정하고, 다른 하나는 사회학적으로 결정한다.[66] 물론 짐멜의 사회학은 이러한 새로운 자료를 대상으로 하지 않고 오히려 새로운 형식 대상, "새로운 고찰방식"[67], "새로운 관점"[68], "새로운 추상"[69]에 근거한다. 그는 『사회학』에서 상호작용의 과학적 추상의 형식 혹은 그 내용을 개별적으로 표출했다. 그리고 그는 그러한 사회로부터 세분화된 과학의 모든 가능성은 형식사회학에 근거한다고 보았다.[70] 형식의 대상은 사회화에 근거하지 않는 추상화된 형식이 아니라 사회화에 기반한다.[71] 사회학이 상호작용의 기관으로 작동하면서 경험적 사태의 변증법적 원동력을 만들어 낸다.[72] 거기서 언제나 사회화의 본질은 심리학적인 보편적으로 타당한 형식원리에 따르는 형태를 언제나 의식하게 된다.

4. 딜타이와 짐멜의 사회적 상호관계의 현대성

앞서 언급했듯이, 딜타이는 육체적-심리적인 사실에 기반한 개인과 사회이론체계를 구축했다. 그런데 딜타이는 사회학이 항구적인 과학으로서 기능하고 있는지에 대해 의구심을 갖는다. 딜타이에게서 개인

---

66) Maria Steinhoff, Die Form als soziologische Grundkategorie bei Georg Simmel, in: *Kölner Vierteljahreshefte für Soziologie,* IV. Jg. 1924/1925, p.237.

67) G. Simmel, 앞의 책, p.10.

68) G. Simmel, Über soziale Differenzierung, in: *Staats- und sozialwissenschaftliche Forschungen,* Bd. X. Heft. I., Leipzig, 1890, p.2. Vgl. G. Simmel, *Grundfragen der Soziologie,* p.12.

69) G. Simmel, *Grundfragen der Soziologie,* p.16: G. Simmel, *Soziologie,* pp.5, 7, 10.

70) G. Simmel, *Soziologie,* p.7.

71) G. Simmel, *Soziologie,* p.11.

72) Uta Gerhardt, 앞의 논문, p.288.

과 사회의 관계는 사회의 사실 앞에 있는 홀로 고립된 개인을 수용하는 것이 아니라, 근본적인 현실을 주시하여 개인과 사회의 상호상관성을 파악하는 데 주된 목적이 있었다. 그래서 딜타이에게서 개인과 사회의 상호작용은 정신적 삶(Seelenleben)의 내적 구조연관에서 파악했다.[73] 예컨대 표상·감정·의지 행위·사유과정과 같은 정신적 구조연관은 상호 영향을 받고 활동한다.[74] 여기서 우리가 딜타이의 상호작용에 주목할 점은 육체적-심리적 사실에서 그 중심개념을 구조연관으로 파악한다는 사실이다. 딜타이 자신은 구조연관을 정신적 삶의 전체로 불렀으며 정신적 삶이 개별적 인간과 만난다고 보았다.[75] 딜타이에게서 구조연관은 체험되는 것(GS, V, 206)이며, 그 안에서 다양한 양상들을 결합한다. 그래서 "구조연관"[76]은 부분과 전체가 상호 연결되어 있다(GS, V, 176). 말하자면 원하고, 느끼고, 표상하는 구조연관과 심리적-육체적 삶의 통일체는 어떤 행위, 그리고 동일한 경험에서 나온다.[77] 그렇게 하여 구조연관은 개인과 사회의 상호작용이 유기적으로 연결되어 있는 것이다.

앞서 고찰하였듯이, 딜타이의 정신과학 이론은 종종 정신과학의 심리학주의, 추체험으로서의 이해, 그리고 개인과 사회의 상호작용과 같은 범주로 집약할 수 있다. 그리고 이 모든 것은 삶의 이해라고 하는 개념으로 축약된다. 또한 딜타이에게서 삶의 이해란 정신과학 인식의 방

---

73) Nina Baring, *Wilheilm Diltheys Philosophie der Geschichte,* Leipzig, 1936, pp.53-54.

74) Annelise, Liebe, *Die Ästhetik Wilhelm Diltheys,* Halle/Saale, 1938, p.20.

75) Max Horkhermeier, Psychologie und Soziologie im Werk Wilhelm Diltheys(1940), in: *Gesammelte Schriften.* Bd. 12. p.361.

76) Friedhelm Brüggen, S*trukturen pädagogischer Handlungstheorie, Geisteswissenschaftliche Pädagogik, Mead, Habermas, Erlanger Schule,* Freiburg/München, 1980, pp.66-67.

77) Vgl. H. M. Baumgartner, *Kontinuität und Geschichte. Zur Kritik und Metakritik der historische Vernunft,* Frankfurt a. M., 1972, p.105; Julius Frankenberger, "Objektiver Geist und Völkerpsychologie", in: *Zeitschrift für Philosophie Kritik.* 154 (1914), p.68; Renat Wanstrat, "Das sozialwissen- schaftliche Verstehen bei Dilthey und Weber", in: *Schmoller Jahrbuch.* 70. Jg. 1950, p.26.

법을 개별적인 것, 개인적 또는 개체적인 것을 지양(止揚)한다. 여기서 딜타이는 개인과 사회의 상호작용에서 개별성이나 개체성 또는 개인주의보다는 가족, 집단, 국가, 그리고 궁극적으로는 전(全) 인류라고 하는 집합주의적 존재와 삶을 염두에 두었다. 여기서 그의 정신과학과 이해의 방법이 지니고 있는 사회적-실천적 의미가 있다.

앞서 고찰하였듯이, 짐멜은 딜타이의 개인과 사회의 상호작용에 많은 영향을 받고 사회학을 근본적으로 상이하고 상호독립적인 개별 분과의 과학적 인식형식의 틀을 제공했다. 또한 짐멜의 『사회학: 사회화의 형식적 문제들 연구』에서 "어떻게 사회가 가능한가?"라는 질문은 사회학적 인식론과 밀접한 논리적 · 인식론적 연관관계에 있다. "어떻게 사회가 가능한가?"라는 짐멜이 던지는 질문은 칸트의 인식론이 자연과학적 인식과 관련해 던지는 "어떻게 자연이 가능한가?"라는 문제를 사회학적 인식에 적용한 것이었다.[78] 이는 인식론적이면서 사회 존재론적 주제이다. 인간사회는 개인들 사이의 상호작용으로 구성된다. 사회는 상호작용을 하는 개인들을 가리키며, 사회 존재론적 논의의 대상이다. 짐멜의 관점에서 순수하게 인식론적 측면에서 보자면, 사회에서 상호작용하는 개인들은 정신적 작용에 의해 종합적으로 구성된다. 즉, 사회학적 인식의 대상이 되는 개인들은 그 자체가 "독립적 존재, 영혼의 중심, 인격적 통일성"[79]을 이룬다.

짐멜은 그의 『사회학』의 저서를 비롯해 미국의 시카고학파로 대표되는 미드, 콜리와 같은 학자들의 사회학이론에서 다른 전통의 유사한 관계를 꾸준히 제시해 왔다. 특히 그들은 시카고학파의 사회학 제1세대일 뿐 아니라 짐멜에게서 많은 영향을 받았다. 그들의 학파는 사회개

78) G. Simmel, *Soziologie,* p.45.
79) G. Simmel, *Soziologie,* p.46.

념을 정립하는 데 많은 도움을 받았다. 사회는 개별적으로 환원되는 것도 아니며 각 개인에게 놓여진 실재를 성숙하게 꽃피우는 데 있다.[80] 짐멜이 "사회적 영역의 교차점"의 장(場)에서 딜타이가 사유한 것처럼, 그 방법을 따라 전개해 나갔듯이, 짐멜은 후기의 "역할이론에서 자신의 모형"[81]을 제공했다. 여기서 짐멜의 역할이론은 알프레드 슈츠(Alfred Schutz)의 사회구조이론에 이론적 토대를 마련했다. 이후 짐멜의 역할이론과 사회학이론은 후기 시카고학파의 상징적 상호작용이론, 루만의 체계이론, 하버마스의 의사소통행위이론 등 사회학 및 철학의 기여도를 확산시켜 나갔다.

---

80) H. Joas, *Pragmatismus und Gesellschaftstheorie,* Frankfurt a. M., 1992, p.38: H. Joas, "Symbolischer Interaktionismus", in: *Kölner Zeitschrift für Soziologie und Soziolpsychologie,* vol. 40. No.2. 1988, p.419.

81) Friedrich Tenbruck, Geoorg Simmel(1858-1918) in: *Kölner Zeitschrift für Soziologie und Sozialpsychologie,* 10(1958), pp.598, 600-601. 짐멜은 역할이론을 어떤 하나의 역할은 언제나 두 개가 서로 의존해 있다고 파악했다. 하나의 역할은 다른 하나의 역할을 이해하는 데 있다. 각자가 어떤 역할을 맡고 있는 한, 그에 상응하는 역할을 할 수 있다. 어떤 누구도 그의 역할을 단지 선택하거나 변경할 수 없다. 역할은 모방, 습관의 형성, 사회적 압박으로서 유기체적으로 이해한다. 그리고 인간존재는 스스로 그러한 행위를 창조한다.

IV. 딜타이와 베버: 해석학적 사회과학의 체계

1. 딜타이의 합목적성에 대한 물음

딜타이의 해석학적 "이해 이론"[1]은 근본적으로 수단/목적의 양태와 연관되어 있다. 여기서 딜타이는 감정적 삶(Gefühlslebens)의 목적론에 관해 주목한다. 수단/목적의 관계는 미적인 감정 상태와 그렇게 낯설지 않다. 이러한 관계는 단지 가치 있는 목적을 위한 무관심적인 수단으로 나타나지 않는다. 목적은 구조화된 전체다. 그러나 이러한 전체는 추상적인 개념, 괴리된 요소의 범주화된 형식화가 아니라 체험 속에서 전체화된 것이다(GS, VII, 59). 자아와 세계는 삶의 통일체에 주어져 있고, 환경에 의해 조건 짓는다. 그 안에서 환경에 반응하는 나 자신을 발견하게 된다. 이때 삶의 내적인 상태가 분절되어 나타나는데 이것을 심적인 삶의 구조라고 부른다.

심적인 삶의 "구조연관"[2]은 합목적성의 특성을 근원적으로 주어져 있다. 예컨대 우리가 유기체나 세계에 합목적성이 있다고 생각한다면, 이러한 관념은 내적인 체험으로부터 나온다. 왜냐하면 체험의 부분으로부터 전체로의 관계는 실현된 가치로부터 합목적성의 특성을 포함하는 것이며, 이러한 가치는 감정의 삶과 충동적인 삶에서 경험되기 때문

---

1) 19세기로부터 20세기의 전화기에 이르는 독일에서의 지성적 논쟁은 자연과학과 정신과학 간에 이해의 개념을 둘러싼 차이 노선의 논점으로 딜타이, 리케르트, 빈델반트 같은 사상가에게 고양되었다(Dirk Käsler, Max Weber, in: ders, *Klassiker des soziologischen Denken*, 2. Bd. München, 1978, p.496).

2) 구조에 관한 자세한 내용은 다음을 참조할 것: 양해림, 「구조의 독해 -딜타이와 푸코의 연속과 불연속의 역사상」, 『철학연구』, 제84집, 대한철학회, 2002, pp.353-379.

이다(GS, V, 207). 이러한 관점에서 합목적성은 이성의 선천적인 원리에서 나오는 것이 아니라 내적 체험에서 유래한다. 따라서 합목적성과 목적론의 개념은 삶의 연관에서 경험한 것만 표현한다. 그렇기 때문에 합목적성은 객관적인 자연의 개념이 아니라 인간적인 충동, 쾌락과 고통에서 경험하는 삶의 연관의 방식을 일컫는다. 즉 합목적성은 자연 속에서 있는 것이 아니라 삶 속에 내재해 있다(GS, V, 210). 딜타이에 따르면, 우리가 정신 구조의 연관 속에서 삶의 충족·충동의 쾌감·기쁨 등을 성취하려는 경향은 목적연관의 의도를 갖고 있을 경우이다(GS, VII, 176, 207, 215, 218). 즉, 딜타이는 삶의 전체성을 설명하기 위해 삶의 구조에서 나오는 삶의 충만함, 충동감, 행복의 성취감 등을 목적연관(GS, V, 207)에 의해 찾아간다. 즉 합목적성은 심적인 연관의 체험 속에 포함되어 있다. 그러나 합목적성은 체험에 의해 인식할 수 있는 것이지 논리적인 개념에 의해 알아낼 수 있는 것이 아니다(GS, V, 213). 딜타이는 이러한 심적 구조의 합목적성을 다음과 같이 언급한다.

> "합목적성은 체험되고 내적인 경험 속에서 주어져 있기 때문에 주관적이다. 또한 이 합목적성은 내적인 경험의 외부에 있는 어떠한 목적성에도 근거하지 않기 때문에 내재적이다"(GS, V, 217).

이렇게 심적인 삶의 구조 연관 속에서 합목적성은 주관적이고 내재적인 개념을 표현한다. 이런 점에서 합목적성은 자기 자신을 넘어선 외부의 목적을 향해서 전개되는 것이 아니라 내부의 독자적인 가치를 지니는 것이다(GS, V, 218). 그런데 딜타이는 이해하는 것의 어려움을 다음과 같이 말한다.

> "가장 어려운 경우는 행위와 목적 설정의 영역에서 구성된다. 목적 설정

의 관계와 수단과 행위를 찾아냈던 것은 합리적이고 분명한 것일지라도, 몇몇의 다른 경우는 목적을 설정하여 명백하게 규정하려는 동기다. 그러나 이러한 동기들은 목적 체계나 외부 제도에서 제시한 실제적인 필요에 의해 명백한 관계 속에서 설정된다"(GS, Ⅶ, 260).[3)]

이렇게 딜타이는 행위와 목적 설정 및 그 동기를 밝혀내려는 것에 어려움을 호소한다. 인간의 행위 속에서 목적 설정의 동기를 어떻게 찾아낼 수 있을 것인지가 관건이라는 것이다. 이해하는 데 어려움이 있다 할지라도, 딜타이는 이해의 종류를 다양한 삶의 표현의 등급으로 나누었다. 삶의 표현의 세 등급은 넓은 의미에서 ① 명제(개념, 판단, 위대한 사유 형성), ② 행위, ③ 체험 표현이다. 여기서 우리는 수단/목적의 관계를 살펴보기 위해 삶의 두 번째 등급인 행위에 대해서만 한정시켜 고찰해보자.

딜타이는 행위의 본질을 목적 달성의 수단으로 파악하고 그의 이론을 전개한다. 행위는 일상 생활적인 도구 사용에서부터 사회활동의 모든 영역에 걸쳐 광범위하게 펴져 있다. 행위는 표현의 부류이기는 하지만, 단지 전달의 의지에서가 아니라 무엇인가를 획득하려는 의지에서 비롯되기 때문에, 우리는 행위에서 목적과 목표를 이해한다. 여기서 행위는 목적이나 의도의 실현인 것이다(GS, Ⅶ, 320). 딜타이에 따르면 행위와 그 행위의 지속적인 외부의 영향은 행위에서 발생한 내부를 재구성하려는 것으로 나타난다(GS, Ⅶ, 320).[4)] 딜타이는 그러한 행위의 예로서 수공업자의 행위를 든다. 그는 대상의 지양(Aufheben), 망치의 낙하 상태(Niederfallenlassen), 톱을 통한 목재의 절단 등을 말한다. 수공업은 여러 나

3) 딜타이의 수단/목적은 다음을 더 참조할 것: GS, VII, pp.206, 321.

4) Ansgar Bechermann(Hg.), *Analytische Handlungstheorie, Handlungser-klaerungen*, Bd. 2. Frankfurt a. M., 1985, p.7: Carl Theodor Glock, *Wilhelm Diltheys Grundlegung einer wissenschaftlichen Lebensphilosophie*, Berlin, 1939, p.115: Herbert Schnaedelbach, *Philosophie in Deutschland 1831~1933*, Frankfurt a. M., 1991, pp.154-155.

라에서 목표 달성을 위해 하나의 일정한 절차와 도구들을 발전시켰다. 그러나 절차와 도구를 통해 우리는 어떠한 수공업자가 망치나 톱을 사용했을 때, 그의 목적을 이해하게 된다. 여기서 목적으로 엮어낸 질서를 통해 삶의 표현과 정신적인 것의 관계가 확정된다(GS, Ⅶ, 320). 또한 가장 간단한 경우는 공구(Werkzeug)의 사용을 들 수 있다. 우리는 어떤 사람이 공구를 사용하는 것을 볼 때, 단순히 지각하는 것과는 다른 어떤 목적이나 의도가 있음을 파악할 수 있다. 행위는 내면적인 것이 실현됨으로써 가시적인 세계로 나타난다. 여기서 우리는 보이는 것에서 보이지 않는 내면성을 추구해 간다. 따라서 우리가 행위를 이해 가능한 것으로 만드는 것은 행위 속에 내재해 있는 목표나 목적 때문이다. 행위는 단지 전달의 의도에서 나타나는 것만은 아니다.

그렇기 때문에 행위는 목적을 성취하고자 관계에 따라 각기 다르게 나타난다. 이러한 각기 다른 목적 성취에 따라 인간행위에 내재해 있는 것과는 다른 행위가 외부로 나타나는 결과가 생길 수 있다. 종종 행위는 행위하는 사람에 따라 활발하게 움직이는 총체성과 긴밀하게 관계한다. 여기서 목적의 설정은 일정한 조건에 의해서 드러난다(GS, V, 321). 이러한 행위의 전달에 대해 딜타이는 다음과 같은 표현의 형식을 전한다.

> 행위는 동시대나 후 세대에게 무엇인가 전달하려는 것이 아니고 무엇인가를 얻기 위한 의도의 충동에서 나타난다"(GS, Ⅶ, 320. Vgl. GS, Ⅶ, 206).[5]

---

5) Otto-Friedrich Bollnow, *Dilthey, Eine Einführung in seine Philsophie*, Stuttgart, 1967, p.183. 의도(Wollen)에 관해서는 다음의 문헌을 참조할 것: Dimiter Jwantscheff, *Die ethischen Auffassungen W. Dilthey*, Diss. Phil. Tübingen, 1942, pp.71-75: Michael Heinen, *Die Konstitution der Aesthik in Wilhelm Diltheys Philsophie*, Bonn, 1974, pp.23-24: Rudolf Dietrich, *Die Ethik Wilhelm Diltheys*, Duesseldorf 1937, pp.53-76: Walter Heynen, *Dilthey Psychologie des dichterischen Schaffens*, Halle, 1916, pp.24-29.

딜타이는 여기서 지향적인 행위를 고려하고 있다. 즉 행위는 행위자가 일정한 방향을 향해 나아가고자 하는 규범 속에서 존재한다. 우리가 그 속에서 행위를 어떻게 이해할 수 있을 것인지의 문제는 지향하고자 하는 목적에서 나타난다. 의지에 관한 이론들은 어떤 목적을 지향한다. 그러나 현실 속에 아직 존재하지 않은 어떤 것을 실현하겠다는 의도의 성립, 많은 가능성 하나를 선택하는 것과 특정한 목표의 표상을 실현하겠다는 의도, 그러한 것을 수행하기 위해 수단의 선택과 수행을 삶의 연관에서 행하는 것이다(GS, Ⅶ, 203). 우리는 상호 연관된 행위 속에서 아주 복잡하게 얽혀 있지만, 이러한 실타래는 어떠한 목적을 향해 나아가기 위한 것이다. 이러한 목적은 우리에게 행위가 무엇인가 이해할 수 있다거나, 함축성을 갖고 있다는 것을 암시해 준다. 그러나 우리는 행위를 세심하게 관찰해야만 한다. 행위에서 표현된 정신적인 행위의 관계는 규칙적인 것이든 추측할 수 있는 것이든 간에 모두 받아들일 수 있다. 행위가 어떻게 고려되든지 간에 그것은 우리들의 본질의 한 부분만을 표현해준다. 이러한 행위의 본질 속에 잠재해 있던 가능성은 어떤 행위를 통해서 사라지게 된다(GS, Ⅶ, 206). 딜타이는 우리가 이러한 행위 가능성의 한계를 어떻게 행위의 상태나 수단/목적 그리고 삶의 연관에 관해 관련되어 있는지의 해명 없이는 행위에서 발생하는 내부의 그 어떤 종류의 규정도 받아들일 수 없다는 것(GS, Ⅶ, 206, 321)을 암시한다.

따라서 딜타이는 이해를 궁극적으로 행위의 목적론적 재구성이 아니라, 동기를 재구성하는 것으로 파악한다. 이것은 행위는 다양한 행태에서 나타나는 행위의 원인과 규칙에 관련되어 있음을 말해준다. 따라서 딜타이가 행위이론에 강조하는 수단/목적의 관계는 베버의 사회과학 이론에 중요한 영향을 미쳤다.

2. 신칸트학파의 문화과학

베버(Max Weber, 1864~1920)의 사회이론은 헤겔, 콩트, 마르크스, 딜타이, 밀, 빈델반트, 리케르트, 드로이젠, 짐멜, 분트와 같은 학자들의 이론체계와 비교하여 분류되는 경향이 종종 있어 왔다. 우리가 베버의 사회학이나 사회과학 방법론적 연구를 이해하기 위해서는 위에서 나열한 학자들의 저작을 이해하는 것은 불가피하지만 그다지 쉽지 않다. 예컨대 베버는 드로이젠의 『역사연구』(1868), 딜타이의 『정신과학 입문』(1883), 빈델반트(Wilhelm Windelband, 1868~1936)의 『역사와 자연과학』(1894), 리케르트(Heinrich Rickert, 1848~1915)의 『자연과학적 개념 구성의 한계』(1901)에서 많은 영향을 받고 그들의 사회과학이론을 수용한다.

먼저 베버가 주장하는 사회적 행위는 인과적으로 설명하는 데 주안점을 두었다. 베버는 사회과학을 확립하는 데 있어서 먼저 딜타이와 짐멜이 그 단초를 제공했다고 본다. 베버는 국민경제학과 역사학을 적극적으로 해석하여 그 이론에 초석을 다졌다. 딜타이 사후 사회과학 방법론에서 전개해 왔던 이해와 설명의 논쟁사를 현대철학자 아펠(K- O. Apel)은 다음과 같이 말한 바 있다. "딜타이에게서 구분원칙은 방법론에 관한 것이다. 신칸트학파의 빈델반트, 리케르트, 베버는 정신과학과 문화과학의 기반을 딜타이의 정신과학의 개념에서 끄집어냈다."[6] 그 당시 베버는 딜타이의 정신과학이론, 신칸트학파였던 리케르트의 사상에 많은 영향을 받고 그의 사상을 전개했다. 딜타이의 「역사이성비판」은 삶의 과학적 개념에 대한 전체로 규정한다. 하지만 딜타이의 정신과

6) Karl-Otto Apel, *Die Erklären: Verstehen-Kontrovers*, Frankfurt a. M., 1970, p.18.

학과 베버의 사회과학을 정립하기 위한 시도는 생활세계를 명확히 규정하지 않는 채 미완으로 남아있다.7)

딜타이가 칸트의 『순수이성비판』을 역사이성비판으로 확충하여 정신과학의 철학으로 발전시킨 이후부터 베버는 자신의 사회과학 방법론을 현실에 적용할 수 있는 부분을 적극 활용했다. 즉 베버는 딜타이에게서 정신과학의 방법론을 사회 현실에 적용하기 위해 필요한 이론만을 수용했던 것이다.8) 여기서 베버는 그의 사회과학 방법론의 수용을 단순히 이해의 학으로 파악한 것이 아니라 이해와 설명의 결합으로 제시했다. 베버가 이러한 시도를 한 이유는 인과관계 및 의미를 분명하게 제시하는 데 있었다.

딜타이와 동시대의 인물인 신칸트학파라 불리우는 리케르트와 빈델반트는 자연과학과 정신과학의 명칭대신에 자연과학과 문화과학(Kulturwissenschaft)의 방법론의 과제에 공통적인 명칭이 필요하다고 본다. 빈델반트는 자연과학의 법칙정립적 방법에 대립하여 문화과학의 개성기술적 방법을 주장한다. 그는 자연과학과 정신과학과의 전통적 긴장관계를 『역사와 자연과학』(1894)9)의 저서에서 방법론적인 설명을 다음과 같이 말한다.

> 경험과학은 현실 안에서 자연법칙적 형태의 보편적인 것을 찾거나 역사적으로 결정적인 형태의 개별적인 것을 찾는다. 즉 경험과학은 한편으로 항상 동일하게 머무는 형태를 고찰하며, 또 다른 한편으로 실제적인 사건의 일회적이고 내적인 내용을 고찰한다. 그 가운데 한 가지는 법칙과학이고, 다른 한 가지는 사건과학이다. 전자는 항상 있는 것을, 후자는 언젠가 있었던 것

---

7) Kurt Wuchterl, *Bausteine zu einer Geschichte ser Philosophie des 20.* Jahrhunderts von Husserl zu Heidegger, Stuttgart, 1995, p.65.

8) Johnanes Weiß, *Max Webers Grunglegung der Soziologie*, München, 1975, p.47.

9) Wilhelm Windelwand, *Geschichte und Naturwissenschaft*, Straßenburg, 1894.

을 가르쳐 준다. 과학적 사고는 -만일 새로이 인위적인 표현을 만드는 것이 허용된다면-한 경우에는 법칙 과학적이고, 다른 경우에는 개성 기술적이다. 또는 그냥 익숙한 표현을 고수한다면, 우리는 더 나아가 이러한 의미에서 자연과학적 분과들과 역사학적 분과들 사이의 대립에 이야기할 수 있을 것이다.[10]

위 인용문에서처럼 빈델반트는 경험과학은 현실 안에서 자연법칙적 방법과 개성기술적 방법들이 대립되어 있다고 말한다. 베버에게 지대한 영향을 주었던 리케르트의 저서 『자연과학적 개념구성의 한계』(1900)[11]는 부제를 '역사과학의 논리적 서언'으로 붙였다. 빈델반트의 논의를 철학적으로 정당화한 리케르트는 경험적 학문에 대한 인식론적 근거를 마련한다. 그리고 그는 자연과학과 정신과학에 대한 방법론적 근거를 선험적-형식적인 것에서 찾았다.[12]

리케르트는 『자연과학적 개념구성의 한계』저서에서 문화과학과 자연과학과의 관계를 밝히는 데 초점을 맞춘다.[13] 그에게서 문화과학은 일체의 문화사상에는 인간에 의해 승인된 어떤 가치가 구체화되어 있고, 가치로 인해 존속되는 것이다. 따라서 그에게서 문화란 가치의 표현 이외에 다른 것이 아니다. 다시 말해 리케르트에 의하면, 가치가 없다는 문화현상이란 존재할 수 없다. 문화는 기본적으로 주어진 자연을 인간이 필요한 가치에 따라 형성한 것이다. "종교·교회·법률·국가·도덕·과학·언어·문학·예술·경제 및 그것을 경영하는 데 필요한 기술적 수단들은

---

10) Wilhelm Windelwand, 위의 책, p.364.

11) Heinrich Rickert, *Die Grenzen naturwissenschaftlichen Begriffsbildung*, Tübingen/Leipzig, 1902.

12) 신호재, 『정신과학의 철학-신칸트학파, 딜타이, 그리고 후설의 현상학과 역사적 인문·사회과학의 철학적 토대-』, 이학사, 2018, p.249.

13) Erich Rothacker, "Die traditionallen Spannungen zwischen Natur- und Geisteswissenschaften", in: *Studium Generale*, 6. Jg. 1953, p.384.

그것들에 부속된 가치가 한 공동체의 전 구성원들에 의해서 타당하다고 인정된다는 의미에서 문화적 객체나 재화이다."[14] 그의 관점에서 문화란 일반적으로 타당하게 승인된 가치나 그 가치에 의해서 구성된 의미형성의 총체이다.[15]

앞에서 언급했듯이, 자연과학은 보편적인 법칙을 다루고 있고, 문화과학은 역사의 법칙을 취급하는 것으로 이해한다. 그러나 이것은 절대적 대립이 아니며 상대적인 구별인 것이다.[16] 역사과학의 관심은 단지 풍부한 데이터를 통해서 나오는 것이 아니라 사실 속에서 나타난 가치의 관계에서 이해하여 나타난다. 특히 리케르트는 문화과학에서 드러난 이해의 문제에 많은 관심을 보이면서, 문화과학이 반드시 정신과학을 규정하기 위한 이해의 개념에서 출발한 것이 아니라 자연과 정신의 구별을 새롭게 제시하려는 데 있다고 하였다. 우리는 자연을 단지 물질적 세계로 이해하기나 정신을 개인의 심리적 삶으로 이해하는 것은 아니다. 우리가 정신을 심리적 존재로 파악하는 측면과는 기본적으로 다른 것이며 비정신적인 심리적인 삶을 자연으로 생각할 수 있을 것이다.[17] 리케르트는 자연과학과 문화과학의 방법론에서 개별 연구자들 사이에 공통된 명칭이 필요하다고 생각한다. 특히 리케르트는 문화과학과 자연과학의 관계를 밝히는 데 주력한다. 즉 자연과학은 보편적 법칙을 다루고, 문화과학은 역사의 법칙을 다루는 것으로 이해한다. 그렇지만 이러한 구분은 대립되어 있는 것이 아니며 상대적인 구분일 뿐이다.[18] 역사과학은 풍부한 데이터에서 나오는 것이 아니라 사실에서 드

14) Heinrich Richert, *Kulturwissenschsft und Naturwissenschsft*, Tübingen, 1915, p.21.
15) 이한구, 「문화과학과 설명의 논리」, 『인문과학의 이념과 방법론』, 성균관대 출판부, 1995, p.114.
16) Heinrich Rickert, 앞의 책, pp.7-17.
17) Heinrich Rickert, 앞의 책, pp.10-11.
18) Heinrich Rickert, *Kulturwissenschaft und Naturwissenschaft*, pp.7-17.

러난 가치의 관계를 밝히는 데서 나온다. 이러한 가치의 학설은 "베버를 역사적 관심"[19]으로 이끌어내는 데 중요한 이론적 역할을 한다. 이러한 이분법은 설명과 이해에 대한 단순한 이분법에 비교된다.

리케르트의 이러한 방법론에 상당히 많은 영향을 받은 베버는 이해의 문제를 자신의 사회과학 방법론으로 채택한다. 베버는 리케르트의 방대한 저서인 『자연과학적 개념형성의 한계』에서 리케르트의 생각과 많은 부분을 공유하고 있다고 생각한다. 그러나 베버에 의하면, 리케르트의 이론은 사회과학(Sozialwissenschaft)의 방법론으로 적용할 경우, 상당 부분 검토되어야 한다. 베버는 자신의 입장을 「사회과학적, 사회정치적 인식에 대한 객관성」이라는 논문에서 문화과학을 이중적 과제로 다음과 같이 정의한다.

> 우리가 추구하려는 사회과학은 현실과학이다. 한쪽 측면으로 우리가 현실과학을 현재에 구축하려 할 때 개별적인 문화의미와 관계를 현실과학의 특성에 맞게 이해하는 것이며, 다른 측면으로 현실과학이 역사적으로 어떠한 생성의 근거로 설정될 수 있기를 원하고 있는 것이다.[20]

위의 인용문에서 보듯이, 베버는 문화 의미를 인식하는 과제에 대해 문화과학을 부여한다. 즉 그는 문화과학을 그의 방법론 연구로서 다룬다. 즉 베버에게 있어서 사회과학은 자연과학과 문화과학을 논리적으로 구분하는 데서 출발한다. 그에게 있어서 사회과학은 문화과학에 속한다. 왜냐하면 사회과학은 문화적으로 의미 있는 인간 행동의 일정한 측면을 대상으로 하며, 그 인식 목표는 보편적 개념 법칙의 체계가 구체

---

19) Fritz Loos, *Zur Wert- und Rechtslehre*, Tübingen, 1970, p.7: Vgl. Johannes Weiss, *Max Webers Grundlegung der Soziologie,* Bern, 1975, pp.33-34.

20) Max Weber, *Gesammelte Aufsätz zur Wissenschaftslehre*, Tübingen, 1968, p.170.

적 현상 및 관련들의 특성으로서 이 경우에 발생하는 사상의 개념, 질서와 같은 개념들을 수단으로 이용하게 된다.[21]

3. 베버의 사회과학 체계

베버는 사회과학에서 사회학은 사회적 사실을 문화적 의미로 이해하는 것이며, 동시에 문화적 조건 안에서 설명하는 것이라 말한다. 여기서 설명과 이해의 관계는 사회과학의 목적과 밀접한 연관을 맺고 있다.[22] 베버는 딜타이 경우와 마찬가지로 이해와 설명을 구분하지 않고, 서로의 인과관계로 파악하면서 그의 사회과학 이론을 전개한다. 말하자면 베버의 사회과학 방법론은 단지 이해이론으로만 보는 것이 아니라, 이해와 설명의 결합으로 보아야 한다. 여기서 그는 인과론을 통해 이해와 설명을 구분한 것이다. 따라서 베버는 자신의 과학으로서 이해와 설명에 대한 경험사회학을 "**사회적 행위를 분명히 해석하고 이해하고, 사회적 행위의 과정과 결과를 인과적으로 설명하는 학문**"[23]이라 말한다. 베버가 주장하는 사회적 행위는 개인들의 의미 있는 행태로서 존재하고 주관적으로 의도된 의미라는 측면에서 이해하고 다루어져야 한다는 의미를 포함하고 있다.

베버에게 있어서 사회과학은 이해를 목적론적인 설명의 도구로 필요로 할 때, 사회적 행위의 구조로서 그 의미를 지닌다. 베버가 누차 강조한 사회학은 사회과학의 목적을 달성하는 데 이해와 설명의 관계에 깊

---

21) Max Weber, *Gesammelte Aufaätzs zur Wissenschaftslehre*, Tübingen, 1922, p.170.
22) Max Weber, 앞의 책, p.193.
23) Max Weber, *Wirtschaft und Gesellschaft*, Tübingen, 1947, p.1.

숙이 연루되어 있다. 이러한 이해와 설명에 대한 베버의 시도는 사회과학의 철학으로 관심을 고조시키는 데 중요한 역할을 했다. 따라서 베버는 사회적 행위를 설명하기 위한 방법으로 정신과학과 자연과학의 대립된 측면보다는 사회과학의 방법으로 사회를 설명했다.

사회적 행위는 우리에게 항상 객관적 상황에 처해 있는 행위라는 사실을 알려준다. 베버는 사회적 행위가 발생하고 있는 객관적 상황을 다음과 같이 말한다. ① 객관적 상황은 사회적 행위를 위한 조건이며 ② 사회적 행위를 촉발시키며 ③ 사회적 행위를 조장하는 환경이며 ④ 사회적 환경을 방해하는 환경이자 사회적 행위의 결과이다. 베버에게서 이해 사회학은 인간의 행위를 역사적 상황에 처해 있는 인간의 주체와 관련된다. 이를테면 경험 사회학이 의미-이해의 사회학으로 정의하고자 할 경우, 지속적인 가능성을 갖고 있어야 하는 것과 같은 이치다. 또한 사회적 행위는 주관적인 동시에 객관적이어야 하며, 그 행위에 포함된 주관적 의미가 다른 개인이나 집단과 관련성을 맺고 있어야 된다.

베버는 이해와 설명의 관계를 분석한다. 물론 이해와 설명의 연계는 서로 상이한 규칙을 포함하고 있으나, 그의 기본적인 입장을 인식하는 데 중요한 사안이다.[24] 그런데 베버의 이러한 이해와 설명의 방법론은 새로운 내용을 담고 있어야 강조하고 있는 사회학에서 사회과학의 목적을 잘 다루고 있다.

베버에게 있어서 "목적은 어떤 행위의 원인이 되는 결과의 개념이며, 그 목적을 통해서 중요한 결과가 나타날 가능성의 원인을 고찰하는 것이다. 그런데 그 결과의 특별한 의미는 우리가 인간의 행위를 단지 고정시키려는 데 있는 것이 아니라 그 행위를 이해할 수 있기를 바라는 마음

24) Jürgen Habermas, *Zur Logik der Sozialwissenschaften*, Frankfurt a. M., 1971, p.83. Vgl. Dirk Käsler, *Einführung in das Studium Max Webers*, München, 1979, p.175.

에서 나타난다."[25] 여기서 베버는 이해를 가능하게 하는 목적/수단의 관계가 있다는 것에 주시한다. 이러한 것은 우리가 이해를 행위의 사실적 과정에 대한 설명으로 생각하여 이해하려는 의미연관이다. 베버는 사회학을 사회적 행위와 사회적 관계로 파악하고 인과적으로 설명하는 학문이라 말한다. 즉, 베버의 사회적 행위에 대한 설명은 행위의 의미와 더불어 파악된 학문을 의미한다. 말하자면 행위를 주관적으로 생각한 의미에 따라 의미관계의 파악을 현실적으로 이해할 수 있는 행위로 수반되는 것이다.[26] 즉 베버의 사회적 관계는 상호주관적인 방식으로 합목적론으로 활동하는 가운데서 가능하다. 넓은 의미에서 그는 사회적 행위를 인간 행위의 설명에 의해 사회학에서 사회과학의 인식을 새롭게 수용하는 것이다. 이러한 새로운 인식의 방법은 행위하는 행위자가 인간의 행태(Verhalten)를 제대로 이해하는 데 그 목적이 있다.[27]

베버는 무엇 때문에 어떠한 행위가 일어났는가에 관한 고찰은 행위의 행태에서 드러난 행위의 근거와 행위에 대한 규칙과 연관되어 있다고 하였다. 즉 행위는 그 행위의 목적, 그 행위의 근거에 대한 규정, 실제적으로 행위의 원인과 연관되어 있다.[28] 여기서 베버는 현실적 이해와 설명적 이해의 두 부류로 나눈다. 먼저 현실적 이해는 무엇 때문에 행위

25) Max Weber, *Gesammelte Aufsätze zur Wissenschaftslehre*, op. cit. p.183.

26) Max Weber, *Wirtschaft und Gesellschaft*, Tübingen, 1947, p.4. ders, *Soziologische Grundbegriffe*, Tübingen. 1960, p.25; Vgl. Helmut Johach, *Handelner Mensch und objektiver Geist, Zur Theorie der Geistes- und Sozialwissenschaften bei Wilhelm Dilthey*, Meinsenheim am Glan, 1974, p.22; Harry Kunneman, *Der Wahrheitstrichter, Habermas und Postmoderne*, Frankfurt a. M., 1991, p.123.

27) Max Weber, *Wirtschaft und Gesellschaft*, p.1; ders, Soziologische Grundbegriffe, Tübingen, 1960, p.19.

28) Max Weber, *Gesammelte Aufsatze zur Wissenschaftslehre*, Tübingen, 1968, pp.546-551; Vgl. Emil Angehren, *Handlungserklärung und Rationalität. Zur Methodologie Max Weber*, in: *Zeitschrift für philosophische Forschung*, 37. Bd. p.346; Karl Acham, Diltheys Beitrag zur Theorie der Kultur- und Sozialwissenschaften, in: *Dilthey-Jahrbuch*. Bd. 1985, p.24.

가 발생하게 되었는가를 설명적 이해의 영역에서 규명하는 것이다. 현실적 이해는 행위를 이해한다. 그런데 이 개념은 이해의 주관적인 근거에 의해 행해진다. 여기서 현실적 이해는 주어진 행위에 의해서 의도된 의미를 파악하는 것이다.[29] 베버는 현실적 이해를 표현이해(관념유형적: 언어이해) 및 행위이해로 표현한다. 여기서 현실적 이해는 지향적인 이해로 나아가야 한다.

반면에 설명적 이해(동기적 이해)는 현실적으로 이해된 행위를 통해 주관적으로 의도된 의미 속에 의미관계(Sinnzusammenhang)를 파악하는 것이다. 즉 설명적 이해는 행위자가 자신의 행동에 대해 어떠한 의미를 부여하고 있는가를 이해하는 것이다. 베버는 이것을 동기관계의 이해 내지 의미관계의 이해라고 불렀다. 여기서 설명함이란 의미관계를 파악하는 것과 동일한 뜻이다. 이것은 사회학을 경험의 규칙에 적용할 때 중요한 의미를 함축한다. 베버에게서 의미관계라는 것은 행위 그 자체이거나 행태의 중요한 근거가 되는 관찰에 의한 동기를 통해 이해하는 것이다.[30] 설명적 이해에서 의미연관은 행위의 주관적 의미에 의해 드러난 대립관계를 어떠한 의미에 관계없이 행위의 동기가 무엇이었는지 이해하려는 것이다.

그러나 우리가 행위의 주관적 의미를 그다지 손쉽게 파악하지는 못한다. 왜냐하면 우리가 외적 행위를 관찰할 수는 있지만, 현실적 이해에서는 행위자가 실제로 어떤 의미를 그 행위에 부여하고 있는지를 잘 알 수 없기 때문이다. 이러한 점에서 베버는 현실적 이해에서 파악한 행위자의 외적 행위과정에서 파악하는 의미연관을 주관적 의미연관에 대립

29) Max Weber, *Wirtschaft und Gesellschaft*, p.4. ders, *Soziologische Grundbegriffe*, op. cit. p.25. Vgl. Alfred Schütz, *Der sinnhafte Aufbau der sozialen Welt, Eine Einleitung in die verstehende Soziologie*, Wien, 1932, p.25.

30) Max Weber, *Wirtschaft und Gesellschaft*, op. cit. p.5.

시켜 객관적 의미연관이라 불렀다.[31)]

베버가 주장하는 행위 그 자체는 행위의 현실적 이해와 설명적 이해로 구분한다. 설명적 이해는 현실적 이해를 보완하였을 경우에 행위의 기본개념을 습득할 수 있다. 이러한 관점에서 우리는 베버의 현실적 이해(직접적 이해)를 다음과 같이 정리할 수 있다.

① 사유의 합리적인 현실적 이해(전언(傳言)의 의미내용의 이해. 가령, 2 × 2 = 4 라는 명제)
② 정서의 비합리적인 현실적 이해(흉내 내서 운동하는 표현내용과 음성표현의 이해. 가령, 몸짓이나 손짓을 통해서 감정을 직접적으로 이해하는 것)
③ 행위의 합리적인 현실적 이해(행위 수행에 대한 의향의 이해. 가령, 수공업자의 확실한 수행, 즉 어떤 행위를 보고 그것이 벌목하는 행위라 직접적으로 이해하는 것)[32)]

베버는 이러한 현실적 이해를 통해 인간의 행위 행태는 의미연관의 기능적인 부분에 대해 현실적으로 이해한 의미내용을 입증해 보인다.[33)] 행위의 유형은 우리가 현실적 이해와 설명적 이해에서 보듯이, 행위의 목적과 그 행위의 근거를 파악하는 중요한 단서가 된다. 즉 그 행위는 목적/수단과의 인과론 문제에 중요한 단서를 제공해 준다. 베버는 행위의 유형을 네 가지로 구분한다. 즉 목적 합리적 행위, 가치 합리적 행위, 전통적, 정서적 행위가 그것이다. 이러한 행위는 목적 · 수단 · 가치 · 결

31) Alfred Schütz, *Der sinnhafte Aufbau der sozialen Welt. Eine Einleitung in die verstehende Soziologie*, Wien, 1932, p.25.
32) Max Weber, *Wirtschaft und Gesellschaft*, pp.3-4.
33) 앞의 책, p.6.

과의 관점을 통해 형성된다. 베버는 그의 행위의 유형론 가운데 목적 합리적 행위를 가장 주된 행위로 간주한다. 베버의 목적 합리적 행위는 다음과 같다.

① **목적 합리적 행위**는 "외부 세계의 대상이나 다른 사람 사이의 관계에 대한 기대를 통해서 그리고 이러한 조건으로서 기대에 대한 이용을 위해서 혹은 합리적인 것을 위한 수단으로서 추구하고, 저울질하는 자기의 목적의 결과로서"[34] 나타난다. 베버는 목적 합리적 행위를 사회과학의 방법론에서 수단을 목적에 대립시킨다. 즉 그는 목적을 부차적인 결과로, 이것을 상호 다양한 가능한 목적의 대립에 저울질하는 것으로 정의(定義)한다. 합리적으로 완전히 조절된 행위는 목적 합리적으로 전개해 나간다.[35] 여기서 개인은 행위의 가능한 결과가 목적을 위한 수단의 계산된 관계로 좌우된다. 주어진 목표를 달성하기 위한 많은 대안들이 그 수단으로 존재하게 된다. 이 대안들의 해결을 위해 개인들은 목적 달성의 가능한 수단들을 각자의 상대적 효율성에 견주어 저울질한다. 목적 합리적 행위는 객관적으로 미리 주어진 내부의 결과 속에서 행위 영역 및 행위하는 개인이 자기의 목적에 따라 방향을 정해야 한다.[36] 이러한 관점에서 목적합리적 행위는 다음과 같은 요구를 충족해야 한다.

Ⓐ 목적 합리적 행위는 개인적 행위의 주관적 의미 속에서 타자의 행위에 관련되어야만 한다.

---

34) 앞의 책, p.12.

35) Max Weber, *Wirtschaft und Gesellschaft*, p.13; Vgl. Gero Lanbardt, *Theorie der Rationalisierung und Sozialismuskritik bei Max Weber*, in: *Leviathan*, 9. Jg. 1980, p.297; Jürgen Habermas, *Theorie des kommunikativen Handelns*, Bd. 1. Frankfurt a. M., 1981, p.380.

36) Max Weber, *Gesammelte Aufsatze zur Wissenschaftslehre*, op. cit. p.565.

Ⓑ 목적 합리적 행위는 행위로부터 타자가 그 자신이 영향을 받아야만 한다.

Ⓒ 목적 합리적 행위는 목적 합리적으로 조건화되어야만 한다. 즉 우리가 행태 속에서 타자를 신중히 생각할 때, 우리 자신도 이해되는 것이다.

이러한 베버의 목적 합리적 행위는 인과론의 관계를 설명하는 데 충족되어야 한다.[37] 반면에 목적 합리적 행위는 행위목적을 가능하게 성취하려는 목적이나 그때그때마다 수단을 처리하려는 것과 관련되어 있다. 또한 목적 합리적 행위는 기대하는 행위결과와 관련하여 저울질하기도 하고, 그것을 측량한 근거에 대해 구체적인 목적을 설정하기도 한다. 베버는 목적 합리적 행위가 두 가지 방법에서 모두 이용된다고 보았다.

하나는, 주관적인 목적합리성과 주어진 상황에 대한 올바른 정보와 주어진 행위목적에 도달하려는 행위 가능성을 적용하는 것이다. 다른 하나는, 단순하게 주관적인 목적합리성의 의미로 의도된다.[38] 말하자면 목적 합리적 행위는 주관적 행위다. 여기서 주관적 행위는 합리적 행위를 표현하기 위한 행위에 근거를 둔다. 이것은 그러한 근거설정을 통해 보다 합리적인 개념의 형식을 찾는 것이다.[39] 그러므로 목적 합리적 행위는 합목적성의 일부분이며 이해사회학의 출발점이 된다. 즉, 베버에게 있어서 목적합리성은 개인의 능력과 목적 그 자체를 설정하거나 수단의 합목적적인 동원을 통해 그때마다 가능성의 영역으로 현실화시

---

37) P. J. Boman, “Kausalität und Funktionalzusammenhang in der Soziologie Max Weber”, in: *Zeitschrift für die Gesamte Staatswissenschaft*, 105. Bd. 1947, pp.469-470.

38) Max Weber, *Wirtschaft und Gesellschaft*, p.13.

39) Anthony Giddens, *Interpretative Soziologie*, Frankfurt a. M., 1984.

키려는 것이다. 그는 누차 합리성과 자율성은 서로 밀접한 관계를 맺고 있다고 본다. 이러한 베버의 행위유형은 행위의 합리성과 서구의 합리화 과정을 설명하는 도구로 활용한다.

② **가치 합리적 행위** : "윤리적 · 미학적 · 종교적 혹은 그 밖의 것이 의미하는 것처럼, 그러한 것으로서 순수하게 분명한 사태의 무조건적인 고유 가치나 결과로부터 독립된 의식적인 믿음을 통해서 규정된다."[40] 가치 합리적 행위에서 행위자는 외부의 결과를 고려하는 것이 아니라 윤리적 · 종교적 명령 등의 절대 명령을 따른다. 그러나 가치 합리적 행위는 목적을 설정하는 데 상대주의 관점에서 좀 낯설게 나타난다. 왜냐하면 순수한 가치 합리적 행위는 어떤 사람이 전제된 결과에 개의치 않고 그것을 그의 신념에 대한 봉사로 생각하고 의무 · 존엄 · 아름다움 · 종교적 훈령 · 경건 또는 사태의 중요성 등이 어떤 방법으로 그에게 요청하여 나타나는가를 다루고 있기 때문이다.[41] 한 예로 기독교인은 올바르게 행할 뿐이며 결과는 신(神)의 뜻에 맡긴다. 이러한 관점에서 가치 합리적 행위는 어떤 사람이 위와 같은 행위를 통해 힘들여 얻은 기준점(Richtpunkt)을 갖고 거기서 철저하게 통제된 방향에 의해서 분위기를 고조시키는 데 있다.

서로 경쟁적인 목적을 갖고 결정을 하고자 하는 것은 가치 합리적인 정향으로 나아갈 수 있으며, 행위는 단지 그것의 수단 안에서만 존재한다. 베버는 다른 경우도 예견한다. 행위는 그 행위에 대해 의식적으로 저울질한 것에 절박성의 눈금을 잰다거나, 주어진 주관적인 욕구감에 사로잡혀 단순한 명령이나 요구에 대해 가치 합리적인 방향 없이 경쟁적이고 충돌적인 목적을 가져다줄 수 있다.[42] 즉 베버에게서 가치 합리

---

40) 앞의 책, p.12.
41) 앞의 책, p.12.

적 행위는 수단이 아니라 그 자체가 목적인 것이다. 그런데 목적 합리적 행위와 가치 합리적 행위는 더 이상 대립적인 것이 아니라 상호 보완하는 관계에 있다. 이러한 두 행위 유형은 아주 명백하게 처음의 정의에서 기대하는 것으로서 일반성과 연결되어 있다. 따라서 두 행위 유형은 서로 목적 합리적 행위에서 가치 합리적인 정향으로 나아가야 한다. 따라서 목적 합리적 행위는 가치의 기준점에 따라 현재의 목적을 보다 더 많이 헤아리는 한도 안에서 동시에 가치 합리적인 것이 될 수 있다는 것이다.[43)]

③ **정서적, 특히 감정적인 행위**는 현실적 행위와 감정의 상태(Gefühlslagen)로 나타난다. 정서적 행위는 한 목적이 다른 목적을 위해 지각되어 좋지 못한 결과가 나타나도 목적을 추구하는 어떤 질문도 설정되지 않은 채로 있다.

④ **전통적 행위**는 익숙해진 습관을 통하여 결정된다. 전통적 · 정서적인 자기 행태는 어떻게 우리가 의미 있는 방향으로 행위 일반으로 나아갈 수 있는가? 정서적이거나 전통적인 행위는 우리의 의식적인 의도나 그 근거를 통해 목적 설정을 제시하는 결과로 드러난다. 정서적이거나 전통적인 행위는 전통과 관련된 특별한 반성 없이도 정감이나 정서로 나타난다. 전통적 행위는 최종적으로 나타난다. 왜냐하면 전통적 행위가 어떤 행위를 제시하는 것이 아니고 오히려 전통적 · 정서적인 행태만 제시하는 것이기 때문에 행위는 인간적인 행태를 단지 지향해야 한다.[44)]

위에서 제시된 베버의 네 가지 유형은 합리성의 차등에 따라 정리하

---

42) 앞의 책, p.13.

43) Johannes Rohbeck, 앞의 책, p.128.

44) 앞의 책, p.12.

였고, 차등화의 기준은 행위 구성의 요소인 수단 · 목적 · 가치 · 행위 결과 등에 대한 합리적인 조절이 이루어져야 한다. 여기서 베버는 합리적으로 조절된 행위는 목적 합리적 행위에서 부각되어야 한다고 보았다. 그러나 베버는 그 이외의 행위 유형에서는 아주 최소한 합리적인 조절의 가능한 관점들이 경시되고 있다. 다른 유형에서는 합리적 조율의 대상이 축소된다. 즉 가치 합리적 행위에서는 결과가 고려되지 않았고, 정서적 행위에서는 결과와 가치가, 그리고 익숙해진 습관의 전통적 행위에서는 결과 · 가치 · 목적을 고려하지 않았다.[45] 위의 행위들은 행위의 합리성 정도에 따라 규정할 수 있다. 이것은 행위의 구성 요소들의 내용들이 자구적으로 결정할 수 있는 가능성이 크면 클수록 그 행위는 합리적인 것이고 이 행위의 자율성도 함께 늘어난다. 그러므로 합리성과 자율성은 서로 밀접한 관계를 갖고 있다. 이러한 베버의 행위 유형은 행위의 합리성과 서구의 합리화 과정을 측정하는 중요한 토대를 제공하였다.

베버는 그의 합리화 이론을 전개시키는 과정에서 목적 합리적 행위를 가장 중요한 요소로 파악한다. 베버의 목적과 수단은 동일한 의미에서 목적 합리적으로 수행되며,[46] 목적은 수단을 설정하거나 선택할 수 있고, 동시에 행위의 조건인 그 대상과 토대를 형성할 수 있다. 이러한 행위 유형에서 수단의 선택은 무엇보다 수단의 합리적인 적용을 통한 목적 합리적 행위로 제시하며 합리성의 방법을 주장하는 데 결정적인 역할을 한다. 그것은 베버가 아주 일반적으로 윤곽을 그리는 합리적인

---

45) Wolfgang Schluchter, *Die Entwicklung des okzidentalen Rationalismus*, op. cit. p.191 ; Vgl. Jürgen Habermas, *Theorie des kommunikativen Handelns*, Bd. I. op. cit. p.380.

46) Karl-Siegbert Rehberg, *Rationalität als Grossbürgerliches Aktionsmodell.* Thesen zu einigen handlungstheoretischen Implikationen der "soziologischen Grundbegriffe" Max Webers, in : *Kölner Zeitschrift für Soziologie und Sozial- psychologie*, 31. Jg. 1979, p.199.

기술의 영역을 다루고 있다.[47]

특히 하버마스(Jürgen Habermas)는 베버의 합리화 이론을 일반적으로 이해시키기 위해 목적 합리적 행위에 주목하여 그의 의사소통행위이론[48]으로 발전시킨다. 그런데 이러한 베버의 행위 이론에 하버마스는 다음과 같이 의문점을 제시한다. 하버마스는 베버의 "행위를 주관적으로 생각한 의미에 따라 의미 관계의 파악을 현실적으로 이해할 수 있는 행위로 수행할 때"라 본 것에 비판을 한다. 즉 하버마스에 의하면 베버는 이해이론 속에서 나타나는 두 개의 논쟁적인 의도를 명백하게 결합하지 않았다고 보았다.

베버는 서로 다르게 사용되는 의미(Sinn/Bedeutung)의 범주를 충분히 설명하지 못하였고, 더욱이 자신의 애매한 태도에서 벗어나지 못하였다는 것이다. 또한 베버는 사회적 행위의 주관적 의미를 다시 수행하는 동기 이해와 작품의 사건 속에 객관화되어 있는 의미를 자기 것으로 만드는 데 해석학적 의미를 철저하게 구분하지 못했다.[49] 단지 그는 의미 이론이 아니라 지향론적 의식 이론에 의지하고 있다. 베버는 의미를 언어 의미의 모델로 설명하지 않고 고립되어 있는 행위 주체의 의도로 관련시켰다. 따라서 베버의 목적론적 행위 이론은 합리화의 측면에서 수단 합리성과 목적합리성에 한정되어 있으며, 사회적 상호 작용의 개념 속

47) Johannes Rohbeck, *Technologische Urteilskraft.* op. cit. p.128.

48) Vgl. Hans Haferkamp, Interaktionsaspekte, *Handlungszusammenhänge und die Rolle des Wissenstransfers.* Eine handlungstheoretische Kritik der Theorie des kommunikativen Handelns, in : *Kölner Zeitschrift für Soziologie und Sozialpsychologie*, Jg. 36. H. 4. 1984, pp.782-798; Thomas Schmid-Schoenbein, Zwecktätigkeit und Verständigung. Über des kommunikativen Handelns. in: *Ökonomie und Gesellschaft.* Jahrbuch 2. 1984, pp.173-199; Rüdiger Bubner, "Rationalität als Lebenssform. Zu Jürgen Habermas' Theorie des kommunikativen Handelns", in: *Merkur.* 34. Jg. 1982, pp.341-355.

49) Jürgen Habermas, *Zur Logik der Sozialwissenschaften*, op. cit. p.87; ders, *Theorie des kommunikativen Handelns*, Bd. I. op. cit. pp.378-379.

에 행위의 합리화가 그 이면에 어떤 역할을 담당할 것인지는 계속 숙제로 남아 있다.[50] 결국 베버는 행위 유형을 목적론적인 근거로 보고 있으며, 목적/수단의 관계는 합리화를 위한 목적론적인 자기 독백적 행위만 포함하고 있다는 것이다.

그러나 베버의 목적 합리적 행위 이론은 하버마스의 의사소통행위이론의 정초를 세우는 데 결정적인 역할을 하고 있으며 현대의 기술 윤리의 합리화 이론의 토대를 마련하는 데 중요한 몫을 담당하고 있다.

따라서 우리가 지금까지 살펴보았듯이, 베버는 그의 합리화 이론을 전개해 나가는 과정에서 목적 합리적 행위를 가장 중요한 요소로서 보았다. 베버가 언급하는 목적과 수단은 동일한 의미에서 목적 합리적으로 수행되어야 한다.[51] 목적은 수단을 설정하거나 선택하며, 동시에 행위의 조건이다. 무엇보다 이러한 행위유행에 의해 수단을 선택하는 것은 목적 합리적 행위로 제시하는 것이었고 합리성의 방법을 찾아내는 데 주요한 단서가 된다.[52] 따라서 베버가 강조하는 목적 합리적 행위는 현대 과학기술시대에 합리적인 기술영역의 중요성이 강조되면서 그 개념을 이전보다 더 눈여겨보고 있다.

4. 딜타이와 베버: 사회과학의 현대성

딜타이와 베버의 사회과학이론에서 이해와 설명을 바탕으로 한 수단/

---

50) Jürgen Habermas, *Theorie des kommunikativen Handelns*, Bd. I. op. cit. pp.378-379.

51) Karl-Siegbert Rehberg, Rationalität als Grossbürgerliches Aktionsmodell. Thesen zu einigen handlungstheoretischen Implikationen der "Soziologieschen Grundbegriffe" Max Webers, in: *Kölner Zeitschrift für Soziologie und Sozialpsychologie*, 31. Jg. 1979, p.199.

52) Johannes Rohbeck, *technologische Urteilskraft*. Frankfurt a. M., 1996, p.128.

목적의 관계는 서로 다르고 동일한 측면이 동시에 존재한다. 따라서 양자의 수단/목적의 관점에서 공통점과 차이점은 다음과 같이 말할 수 있다.

첫째, 딜타이가 추구한 정신과학의 근거를 마련하고자 하는 입장과 베버가 사회과학을 정립하고자 하는 시도는 많은 부분에서 완성된 이론이 아니라 미완성의 구상으로 남아 있다. 딜타이는 정신과학의 제1 근거로서 칸트의 『순수이성비판』을 다루었을 때, 과학적 개념(실증주의 과학)의 한계로서 삶을 규정했다. 또한 베버도 사회과학의 방법을 딜타이 및 리케르트 등의 이론을 빌려 설명하고 있으나, 지속적으로 그의 이론을 완성하지 못했다. 이러한 관점을 하버마스에 의하면, 베버의 이론에서는 이해와 설명의 두 가지의 논쟁적인 관점을 명백하게 결합하지 않았다고 비판한다. 베버는 서로 다르게 사용되는 의미(Sinn/Bedeutung)의 범주를 충분히 설명하지 못하였고, 더욱이 자신의 애매한 태도에서 벗어나지 못하였다는 것이다. 또한 베버는 사회적 행위의 주관적 의미를 다시 수행하는 동기 이해와 작품의 사건 속에서 객관화되어 있는 의미를 자기 것으로 만드는 데 해석학적 의미를 철저하게 구분하지 못했다.[53] 단지 그는 의미이론이 아니라 지향론적 의식이론에 의지하고 있다. 베버는 의미를 언어 의미의 모델로 설명하지 않고 고립되어 있는 주체와 연관시켰다. 따라서 베버는 독백의 고립된 행위모델에서 출발하기 때문에 사회 행위의 개념에 대한 의미 개념을 제대로 해명하지 못했다.

그는 오히려 사회적 상호작용의 조건들을 충족하기 위해 합목적성의 모델을 두 가지 규정으로서 확장시켜야만 했다. 즉 Ⓐ다른 행위 주체들의 행태에 대한 방향과, Ⓑ 상호작용의 참여자들이 행위방향의 반성적 계기로서 나타났다. 베버는 조건 Ⓐ가 사회적 상호작용을 위해 충분하

53) Jürgen Habermas, *Zur Logik der Sozialwissenschaften,* 앞의 책, p.87: Jürgen Habermas, *Theorie des kommunikativen Handeln.* Bd. I. 앞의 책, pp.378-379.

게 주장한 것인지, 아니면 Ⓑ도 요구해야만 하는 것인지에 대해서도 혼동하고 있다는 것이다. 결국 베버의 목적론적 행위이론은 합리화의 측면에서 수단적 합리성과 목적 합리성에 한정되어 있으며, 사회적 상호작용의 개념 속에 행위의 합리화가 그 이면에 어떤 역할을 담당할 것인지는 과제로 남아 있다.[54] 따라서 베버는 행위 유형을 목적론적 근거로 파악하고 있으며, 수단/목적의 관계는 합리화를 위한 목적론적인 자기독백에 불과하다.

둘째, 딜타이가 분류한 정신과학의 이해와 자연과학의 설명의 방법, 그리고 그의 사회적 행위로서의 이해사회학은 사회적-역사적 현실에 근거하여 삶을 이해하는 데 그 목적을 두었다. 주지하듯이, 딜타이가 자연과학을 설명하는 것으로서 이해와 대립시킨 방법에서, 하나의 대상은 자연이며, 다른 하나의 대상은 정신으로 파악하는 것이었다. 베버는 딜타이의 이러한 이해의 방법론을 수용하여 사회학에 적용시켰다. 특히 베버는 딜타이의 체험 · 직관 · 추체험 · 추인상 등의 개념을 확대시켰다. 이러한 관점을 반스트라트(Renate Wanstrat)에 의하면, 베버의 관점은 딜타이와의 밀접한 연관성을 통해 삶의 이해나 사회학의 이해하는 방법을 수용하였다. 여기서 삶은 체험과 이해를 통해 역사적 고찰들을 조명해 보는 것이다.[55] 또한 몸젠(Wolfang Mommsen)에 따르면, 베버가 딜타이로 향한 사회과학의 방법은 역사적 세계의 구성을 통해 이해의 직관 추체험의 정신과학의 방법을 추구하고자 하는 데 있었다.[56]

그 안에서 베버는 사회적 행위의 주관적 의미를 감정이입과 추체험

---

54) Jürgen Habermas, *Theorie des kommunikativen Handeln.* Bd. I. pp.378-379.

55) Renate Wanstrat, "Das sozialwissenschaftliche Verstehen bei Dilthey und Max Weber", in: *Schmoller Jahrbuch.* 70. 1950, p.43.

56) Wolfgang Mommsen, *Max Weber, Gesellschaft, Politik, Geschichte,* Frankfurt a. M., 1974, p.219.

을 통해서 이해하였고, 딜타이와는 다른 의미로 과학을 객관적인 인과적 설명에 통합하는 범위 안에서만 과학적인 것으로 받아들였다. 베버 연구자 텐부룩(Friedrich H. Tenbruck)에 의하면, 딜타이의 정신과학과 자연과학의 차이는 단지 방법론적 수준에 머물러 있다고 보았다. 이러한 방법론적 의미(Deutung)는 현실의 일정한 부분을 고려했거나 수정을 통해 구분한 것이기에 우리의 현실과 반드시 일치하는 것은 아니다. 특히 베버가 강조하는 존재론적인 전향은 자연과학과 정신과학을 자신의 이론에 맞게 변형하여 받아들인 것이다. 이렇듯 베버는 의식적으로도 딜타이의 방법론을 거부한 적이 없으며, 단지 실제적인 이장의 변화만 조금씩 보이고 있을 뿐이다.57)

셋째, 딜타이와 베버의 이해문제들은 이원론적 과학이론을 포함하고 있다. 왜냐하면 딜타이와 리케르트를 비롯한 신칸트학파는 자연과학과 정신과학 또는 자연과학과 문화과학의 분리를 주장하는 이원론을 설명과 이해의 측면에서 대립시켜 기술하고 있기 때문이다. 이와 마찬가지로 베버도 사회적 행위를 설명하기 위한 방법으로서 정신과학과 자연과학의 대립된 측면보다 사회과학과 문화과학의 방법론으로서 사회적 행위를 설명하고자 하였다. 딜타이와 베버의 이해 행위이론 중에서 수단/목적의 관계는 합목적적으로 사회적 행위를 이해하는 데 중요한 역할을 한다. 앞장에서 살폈듯이, 딜타이는 심적인 삶의 구조 속에서 합목적성을 규명하였다. 그는 합목적성을 인간의 충동 · 쾌락 · 고통 등의 개념에서 경험하는 삶의 연관성이라 하였다. 그에게 있어서 합목적성은 인간의 내적 상태에서 경험하게 되는 체험에서 나타난다고 간주

57) Friedrich H. Tenbruck, “Die Genssis der Methodologie Max Weber”, in: *Kölner Zeitschrift für Soziologie und Sozialpsychlogie,* II. Jg. 1959, p.628: Gerhard Wagner/Heinz Zipprian, Tenbruck, Weber und Wirklichkeit”, in: *Kölner Zeitschrift für Soziologie und Sozialpsychologie,* 39.Jg. 1987, pp.152-153.

한다. 그는 행위의 본질을 목적 달성의 수단을 뜻하며, 행위는 단순히 전달하는 것이 아니라 무엇을 획득하고자 하는 의지에서 발생한다고 보았다.

베버는 그의 합리화 이론을 전개시키는 과정에서 목적 합리적 행위를 가장 중요한 요소로 간주한다. 베버의 목적/수단의 개념은 동일한 의미에서 목적 합리적 행위로 수행되며,[58] 목적은 수단을 설정하거나 선택할 수 있고 동시에 행위의 조건이 되는 그 대상과 토대를 만들어 낸다. 주지하듯이, 베버는 사회학을 사회적 행위와 사회적 관계로 파악하고 인과적으로 설명하는 학문이라 말한다.

넷째, 현대에 딜타이와 베버의 합리화 이론에 대한 자신의 사회과학의 입장을 하버마스가 확고하게 구축했다. 하버마스에 따르면, 베버는 왜 설명의 과정 속에서 반드시 이해를 삽입시켜야 했는가? 라는 물음에 설득력 있게 근거를 제시하지 못했다.

즉 하버마스에 의하면, 베버가 언급하는 설명과 이해는 어떻게 그것이 서로 밀접하게 연관되어 있는지를 모호하게 서술하고 있으며 의미의 범주를 설명하지 못했다는 것이다. 하버마스에 의하면 베버는 이해이론에서 나타나는 두개의 논쟁적인 의도를 명백하게 결합하지 않았다.

따라서 하버마스가 보기에 베버가 의미를 언어의미의 모델로 설명하지 않고 고립되어 있는 행위주체로 관련시켰기 때문에 사회적 행위의 개념을 의미개념으로서 해명하지 못했다. 그러나 하버마스는 베버의 사회과학적인 사회적 행위 이론을 근거로 하여 언어를 통한 상호주관적인 의사소통행위 이론으로 전개한다. 다시 말해 하버마스는 베버의

---

58) Karl-Siegbert Rehberg, "Rationalität als Großbürgerliches Aktionsmodell. Thesen zu einigen handlungstheoretischen Implikationen der "Soziologischen Grundbegriffe" Max Webers", in: *Kölner Zeitschrift für Soziologie und Sozialpsychlogie,31.* Jg. 1979, p.199.

목적 합리적 행위이론에 대해 이론적인 비판을 가하고 있으나 그의 『의사소통행위이론』의 정초를 세우는 데 결정적인 역할을 하고 있다. 그래서 의사소통행위이론은 현대의 사회과학의 합리화이론의 토대를 마련하는 데 중요한 역할을 했다. 무엇보다 하버마스는 의사소통행위이론에 의한 사회과학의 근본적인 범주로서 이해를 설명하고 있다.

V. 딜타이와 미드: 상징적 상호작용의 체계

1. 상징적 상호작용의 출발점

이 장은 미국의 실용주의 철학자이자 시카고학파(Chicagoer Schule)의 철학자인 "미드(Georg Hebert Mead, 1863-1931)"[1])의 사회이론을 딜타이와 연관시켜 살펴보는 데 목적이 있다. 미드는 사회심리학의 거장이자 상징적 상호작용론의 창시자로서, 그의 대표작이라 할 수 있는 『정신·자아·사회』(1931)는 사회심리학의 체계를 담고 있다. 또한 그의 논문 「생리적 심리학에 대한 대응으로서의 사회심리학(*Social Psychology as Counterpart to physiological Psychology*)」(1900)은 선행된 사회심리학을 체계적으로 구성한 시

1) 미국 매사추세츠 주의 사우스 해들리에서 목사의 아들로 태어난 미드는 1887년에 하버드대학에 입학해 철학을 전공했다. 미드는 듀이와 더불어 사회이론에 있어서 시카고학파의 주동적인 인물이었으며, 사회적 행동주의 사상을 발전시켰다. 그는 하버드에서 조이스와 제임스의 지도아래 공부하고, 베를린과 라이프치히에서 연구한 뒤 미시간 대학에서 가르치다가 듀이를 만났다. 미드는 대학을 마친 후 장학금을 통해서 독일에서 연구할 수 있는 기회를 얻었을 때, 심리학자 분트(Wilhelm Wundt)가 실험연구소를 운영하는 그 당시 실험심리학의 중심지였던 라이프치히 대학을 선택하였다. 1889년 미드는 베를린으로 옮겨 그곳에서 에빙하우스(Ebbinghaus), 파울젠(Pausen), 시몰러(Schmoller), 딜타이(Dilthey)의 제자가 된다. 미드는 딜타이에게서 박사학위를 한다. 그는 박사학위의 제목을 경험적인 공간개념의 비판에 대해서, 즉 눈과 손의 협력을 통한 정신의 구성적인 해명을 하기 위해 박사논문을 준비한다. 하지만 이 논문은 완성되지 못했다. 그 후 두 사람은 스몰(Albin Small), 터프츠(J.H. Tufts), 토마스(W. I. Thomas), 베블린(Torstein Veblen) 등과 더불어 사회이론의 시카고학파를 형성하여 활동하였다(Harald Wenzel, *George Herbert Mead zur Einführung*, Hamburg, 1990, pp.7-8). 그는 근대심리학의 창시자인 제임스(William James)의 철학과 심리학에 몰두했고 무의식 개념을 부정한 심리학자 분트(Whilhelm Wundt)의 사상에 심취했다. 1891년 미시간대학에서는 사회학자 듀이와 쿨리 등을 만났다. 미드의 관심사였던 헤겔의 관념철학에 듀이가 몰두했기에 둘은 서로 교류할 수 있었고, 쿨리의 '거울 이미지 자아' 개념은 미드의 자아론과 일맥상통하는 상징적 상호작용 이론의 대표개념으로까지 자리매김한다. 이렇게 미드는 젊은 시절, 세기의 사상가들과 친분을 쌓으며 철학·심리학·사회학을 두루 섭렵할 수 있었다. 1894년에는 듀이를 따라 미국 실용주의의 중심지인 시카고대학으로 옮겨 40년 동안 학생들을 가르쳤다. 그곳에서 행동주의심리학의 창시자 왓슨(J.B. Watson)의 이론 중 일부만을 받아들여 '사회적 행동주의'를 제시했다. 미드의 주요저서로는 사회철학과 사회심리학의 정점을 보여주는 『정신·자아·사회』를 비롯해 사상사를 다룬 『19세기 사상의 흐름』과 실용주의 사상이 담긴 『행위의 철학』 등이 있다(Harald Wenzel, 앞의 책, 1990, pp.9-10).

발점이었다. 미드의 상징적 상호작용론은 독창적으로 만들어진 것이 아니라 그가 독일에 유학했을 당시, 라이프니츠, 베를린 대학 시절에 분트와 헤겔, 딜타이 등의 이론에 받은 영향이 컸다. 미드의 상징적 상호작용론은 시카고학파의 사회과학이론을 변형하여 새롭게 다시 구성한다. 다시 말해 우리는 미드의 상징적 상호작용론을 오랜 시카고학파의 전통에서 이해할 수 있다. 여기서 미드의 상징적 상호작용론은 시카고학파의 이론가들, 사회연구자들, 사회개혁가들의 상호연관 속에서 그의 이론을 진행시켜 왔다. 그리고 이론은 1890~1940년 사이의 미국사회학의 제도화된 전공영역에 의해 설정되어 왔다.[2] 이렇게 미드의 상징적 상호작용론은 중요한 사회과학이론과 경험적 연구를 통해 실용주의의 변형된 모습으로 다시 재구성되었다. 이와 같이 상징적 상호작용론은 시카고학파의 주요배경이 된 실용주의 철학을 새롭게 구성하는 것이었다.[3]

따라서 미드의 사회심리학은 첫째, 헤겔의 변증법 및 딜타이의 정신과학이론, 둘째, 볼드윈과 쿨리 등의 자아의 발생 연구, 셋째, 분트의 제스처 심리학에 영향을 받았다. 이러한 미드의 사회심리학을 관통하는 사회적 행동주의는 이 세 가지의 사상 또는 연구방법들에 의해 서로 얽혀서 구성되어 있다.[4] 후에 미드는 실용주의의 철학자라 일컫는 퍼스

---

2) Hans Joas, "Symbolischer Interaktionismus", in: *Kölner Zeitschrift für Soziologie und Sozialpsychologie.* vol. 40. No. 2. 1988, p.419. Vgl. Karl-Sigbert Rehberg, "Sozialphilosophie und Theorie der Intersubjektivität. Zur neueren deutschen Mead-Literatur", in: *Philosohischer Literanzeiger.* Jg. 38. 1985, p.71.

3) H. Joas, *Pragmatismus und Gesellschaftstheorie,* Frankfurt a. M., 1992, p.27: Ernst Tugendhat, *Selbstbewußtsein und Selbstbestimmung,* Frankfurt a. M., 1993, p.246.

4) L. L. Berard, "Social Psychology", in: *Encyclopedia of Social Science,* vol. 7. p.153. 미드의 연구는 시대에 따라 세 가지 분과로 요약할 수 있다. 첫 번째는 중요한 예비연구인 기능심리학(1903년까지)에 대한 연구이고, 두 번째는 사회심리학의 발달에 대한 연구이고, 세 번째는 제 1차 세계대전 이후의 사회심리학에서 발전한 사상을 근거로 한 철학적 질문에 방향을 돌린 시기이다. 미드의 사회심리학은 첫째, 헤겔의 변증법, 둘째, 볼드윈과 쿨리 등의 자아의 발생 연구, 셋째, 분트의 제스처 심리학이다. 미드는

(Charles Sanders Perice, 1889~1914), 제임스(William James, 1842~1910) 그리고 듀이(John Dewey, 1859~1952)의 방법을 이어받아 사회심리학으로 전개해 나갔다. 특히 미드는 듀이와 퍼스의 근본문제를 실용주의 방법으로 해결하고자 하였다.[5)]

막스 베버 연구자인 텐부룩(F. H. Tenbruk)에 의하면, 「독일과 미국 사회학의 근원과 조오지 허버트 미드」[6)]라는 논문에서 미드가 살았던 시대의 실용주의는 단순히 철학의 이론이 아니라 모든 국가의 철학이었다고 회고한다. 미드가 보기에 모든 인간은 다른 사람의 행동과 의도를 판단하기 위해 그 사람의 역할을 떠맡고, 그렇게 해서 적절한 대응방법을 만들어 낸다. 미드의 사회심리학의 핵심 질문은 "이해가 어떻게 가능하고 또한 충돌을 극복하는 동의가 어떻게 가능한가? 또한 상호주관성의 가능성에 대한 결과는 무엇일까?"라는 의문이었다. 본 장에서는 후자의 관점에서 미드의 상호주관성의 가능성 및 상호작용론에 초점을 맞추어 고찰해 보자.

과학적으로 사회심리학자이고 철학적으로 실용주의자였다(L. L. Berard, "Social Psychology", in: *Encyclopedia of Social Science*, vol. 7. p.153). 사회적 행동주의는 이 세 가지 사상 또는 연구방법이 서로 얽혀서 구성되어 있다. 그는 행동주의의 영향을 받으면서 인간 내부에서의 자아 활동을 중시하여, 객체적 자아(사회에 의해 만들어지는 자아)와 주체적 자아(사회에 작용하는 자아)의 상호 과정을 명확히 밝혀서 사회행동주의를 제창했다.

5) Harald Wenzel, *George Herbert Mead zur Einführung*, Hamburg, 1990, pp.7-8: Axel Honneth, *Kampf um Anerkennung. Zur moralischen Grammatik Sozialer Konflikte*, Frankfurt, a. M., p.115.

6) F. H. Tenbruk, George Herbert "Mead und die Ursprunge der Soziologie in Deutschland und Amerika", in: H. Joas(Hg.), *Das Problem der Das Problem der Intersubjektivität, Neuere Beiträge zum Werk George Herbert Meads*, Frankfurt a. M., 1985, p.200.

2. 딜타이의 상호작용론

앞에서 언급했듯이, 미드는 헤겔의 관념론, 분트의 실험심리학, 딜타이의 정신과학이론에서 많은 영향을 받았다.[7] 미드는 상징적 상호작용론의 창시자로서 그의 독일 유학시절에 "딜타이의 직접적인 제자"[8]였다. 미드의 상징적 상호작용론은 개인과 사회를 연결할 수 있는 가능성을 제시하고 있다. 또한 미드는 상징적 상호작용론의 사회구조적 논의에 초점을 두어 자아에 대한 개인과 사회를 연결시키는 데 중요한 이론적 토대를 제공해 준다. 그는 자아에 대한 다양한 측정도구가 경험적 연구에 적용되어 상징적 상호작용론을 활성화시키고자 했다.

미드는 『정신 · 자아 · 사회』에서 '과연 사회는 개인에게 어떠한 방식으로 무엇을 반영하는가'라는 질문을 던지며, 정신의 존재를 부정하지 않고 행동으로 정신의 존재를 설명하고자 했다. 이는 고전심리학은 물론, 기존 행동주의 심리학의 관점과도 달랐다. 이 장에서는 미드의 상징

7) 딜타이는 정신과학의 토대를 후기 19세기 기능적 심리학, 즉 의식이론(Bewußtseinstheorie)을 전개한다. 우리가 딜타이에게서 상징적 차원을 이해할 때, 인간의 이중적 본성에 대해 상징적 정의(定義)를 내릴 수 있다. 즉 상징적 차원은 내부와 외부의 상태가 서로 연관되어 있듯이, 이는 인간의 심리적-물리적 본질에 근거를 둔다. 딜타이는 상징개념을 근본적으로 괴테와 셸링의 이론으로부터 받아들인다(F. Rodi, *Der Begriff der Einbildungskraft bei Wilhelm Dilthey,* Tübingen, 1958, p.112). 딜타이의 상징적 실용주의에 대한 자세한 내용은 다음을 참조: F. Fellmann, *Symbolischer Pragmatismus. Hermeneutik nach Dilthey,* Hamburg, 1991.

8) 미드는 딜타이가 1883년 이래로 정신과학체계의 프로그램을 전개한 이론에 많은 영향을 받았다. 미드는 지금의 훔볼트 베를린대학교의 철학과에서 1889년 4월 23일부터 1891년 10월 24일까지 딜타이를 지도교수로 하여 박사과정에 등록하였다.(Hans Joas, *Praktische Intersubjektivität,* Frankfurt a. M., 1989, pp.24, 214) 미드는 "눈과 손의 협력을 통한 경험적 공간개념의 비판"이라는 박사학위 제목을 준비한다. 이러한 박사학위 논문의 시도는 공간지각 및 공간구성 그리고 경험적-심리학적인 것을 구체적으로 밝혀내기 위한 조건이 아니라 칸트의 현상론에서 벗어나기 위한 것이었다. 마치 딜타이가 지각의 분석을 위해 심리적-물리적 행위개념에 의해 정신과학의 대상을 통일체로 보고자 한 것과 같다. 하지만 미드는 이 논문을 완성하지 못했다.(Karl-Siebert Rehberg, "Die Theorie der Intersubjektivität als Lehre vom Menschen", in: Hans Joas(Hg.), *Das Problem der Intersubjektivität,* Frankfurt a. M., 1985, p.64).

적 상호작용론을 알아보기 이전에 그 예비적 단계로서 딜타이의 개인과 사회의 상호작용론을 간략히 고찰해 보기로 하자.

개인과 사회의 관계는 딜타이 사회이론의 출발점이다. 그의 근본적 문제는 어떻게 개인과 사회가 서로 관계를 형성하고 있는지에 초점을 맞춘다. 즉 개인과 사회의 관계에서 딜타이 사회이론의 근본 문제가 마주친다. 딜타이는 「인간, 사회, 그리고 국가에 관한 학문 역사연구에 대하여」(1870)라는 논문에서 개인과 사회의 상호작용(Wechselwirkung)을 강조한다. 그는 개인과 사회가 역사와 사회에 상호작용을 하듯이, 현재의 시점에서 "부분과 전체"[9]의 근본 관계를 서술한다. 딜타이에게 있어서 사회와 역사는 현재로서의 사회이며, 삶의 시간적-역동적인 영역이다. 딜타이는 후기 저서에 이르기까지 인간적-사회적-역사적 세계의 구도(GS, Ⅶ, 159)[10]를 인간의 창조적 주체의 관점에서 이해해야 한다고 말한다. 이러한 이해는 인간적-사회적-역사적 세계를 개체와 전체의 관계, 그리고 전체와 부분의 상호연관성 및 상호 작용을 심리적-육체적인 삶의 통일체로서 파악하는 데서 드러난다(GS, Ⅶ, 159). 따라서 딜타이의 사회와 역사의 상호작용은 두 가지 관점에서 연관된다. 첫째, 사회와 역사는 보편적인 역동성을 지니는 동시에 역사·문화의 다양성을 인식해야 하며, 둘째, 도덕적 정언 명법을 통해 윤리 및 정치에 대해 확고한 타당성을 보증할 수 있어야 한다.[11] 이러한 설명은 근본적으로 사회와 역사

9) 딜타이는 사회적인 삶의 개별적 측면, 개인에 관한 역사, 일회적인 인간의 모든 것들을 일정하게 생성되는 것으로 보지 않고, 끊임없이 뒤섞인 비밀로 구성된 것으로 파악한다. 사회가 개별적인 상태와 과정으로 합성된 개별적인 부분이거나 고유한 내적인 지각으로 인식하거나, 어느 정도 전체를 모방하고 있거나, 그 자체로 전체의 현실적인 요소의 의식으로 형성되어 있다고 하더라도 사회는 비밀스럽게 구성되었다는 것이다(GS, V, 62).

10) Vgl. Manfred Riedel, *Wilhelm Dilthey : Der Aufbau der geschichtlichen Welt in den Geisteswissenschaften,* Frankfurt a. M., 1993, p.194.

11) Uta Gerhardt, "Die Konzeption des Verhaltens und der Begriff der Gesellschaft bei Georg Simmel im Verhältnis zu Wilhelm Dilthey", in : *Annali di Sociolgia.* 8. 1992-I. p.246.

를 이해하고자 하는 데서 출발한다.

딜타이는 『정신과학 입문』(1883)에서 개인의 영향 관계를 우연적이고 서로 연관이 없는 것이라 말한다. 사회의 삶은 우연적으로 개인의 관심으로부터 언제나 반복되는 놀이에서 상호 영향 관계를 살핀다. 그러나 현실 속에서 개별적인 개인의 상호관계는 개인의 어떤 격정, 고독, 관심, 인간사 등에 대해 필요한 목적연관을 통해 현실화된다(GS, I, 53). 딜타이가 표현한 바와 같이, 모든 체계적인 연구 작업에 의해 개인과 사회의 관계를 알아내야 한다는 것이다. 즉, 그것은 보편적인 인간 본성을 역사적인 개인에게서 찾아내는 것이다. 이러한 인간본성에 대해 딜타이는 다음과 같이 표현한다.

> "나는 나의 상태를 체험하고, 다양한 체계의 교차점으로써 혼재된 사회의 영향 관계에 있다. 이러한 체계는 동일한 인간 본성에서 드러나며, 내 자신을 체험하며 타자를 이해한다(GS, I, 53). (…) 먼서 이러한 인간 본성의 요소에 만족하는 것은 상호 활동의 결과, 인간 본성과 동일한 일반적인 요소의 근거인 한에서, 사회 속에 있는 개인의 상호 작용에 기인한다. 개별적인 개인은 진보된 문화의 과정에서 언제나 전문화되면서 체계의 다양한 교차점과 만난다. 개인의 동일한 삶의 행위는 이러한 다양성에서 제시된다. 추상적인 과학은 이제 역사적-사회적 현실에서 서로 혼재된 체계를 설정한다. 따라서 개인은 인간 본성의 요소에 대한 결과다"(GS, I, 49, 51).[12]

위의 인용문에서 보듯이, 딜타이의 관점에서 개인과 사회의 관계는 단순히 일회적인 것이 아니라 변증법적 관점으로 파악한다.[13] 개인은 타자와 더불어 상호작용에 의해 사회에 소통한다. 왜냐하면 개인은 사회

12) Vgl. Jürgen Habermas, *Erkenntnis und Interesse,* Frankfurt a. M., 1981, p.231.
13) H. Johach, *Handeln der Mensch und ojektiver Geist,* p.108.

의 상호작용 속에 있는 요소이며(GS, V, 60), 상호 작용의 다양한 체계의 교차점(Kreuzungspunkt)과 연관되어 있기 때문이다(GS, V, 63 ; GS, Ⅶ, 278). 따라서 딜타이에게서 개인과 사회의 관계는 다음과 같이 이해할 수 있다.

> "나는 사회의 삶을 이해한다. 개인은 사회의 상호작용 속에 있는 요소이며, 상호 작용의 다양한 체계의 교차점이며, 모든 것을 주시하고 연구하는 지성에 대해 의식적인 의지의 방향과 행위 속에 있는 요소이다"(GS, I, 37).

이러한 딜타이의 상호 작용의 개념은 동시대 인물인 짐멜의 형식사회학,[14] 베버가 상호작용(Interaktion)의 의미로서 언급하는 사회적 행위, 미드의 상징적 상호작용론(Symbolischen Interaktionsmus)은 현대에 와서 하버마스의 의사소통행위 이론의 토대를 구축하는 데 중요한 계기를 마련한다.[15] 하버마스는 『의사소통행위이론(I, II)』(1981)에서 미드의 형태론적 근본개념에 주목하여 미드의 사회심리학의 패러다임으로 돌아가야 한다고 주장한다.[16] 이런 관점에서 미드는 사회행태주의 이론을 통해 그의 사회심리학을 전개해 나갔다. 특히 미드는 사회행태주의라는 이름아래 전개한다. 사회적 상호작용은 문장과 상징적 구조를 형성

---

14) 짐멜에 의하면, "개인은 사회에서 유래하며, 사회는 개인에게서 나온다. 두 요소 사이에는 상호 작용하는 규정이 각기 다르다(G. Simmel, "Die Kreuzung sozialer Kreise", in: *Soziologie,* München, 1923, pp.325-326). 사회의 삶은 각 요소의 상호작용 안에서 행해지며, 모든 사회적 상호 작용은 일정한 관심, 목적, 충동의 근거를 마련하는 데서 드러난다(G. Simmel, *Die Religion,* Frankfurt a. M., 1906, 17). 이러한 상호작용은 충동이나 목적에서 야기된 개인으로부터 사회의 통일체가 실현된다. 즉 짐멜은 사회의 대상에서 학문이 생성되며, 사회화(Vergesellschaftung)의 형식을 통해 상호 작용을 이해할 수 있다고 보았다(G. Simmel, *Soziologie,* pp.4-6. Vgl. Horst Jürgen Helle, *Soziologie und Erkenntnis bei Georg Simmel,* Darmstadt, 1988, p.38; Horst Jürgen Helle, *Dilthey, Simmel und Verstehen,* Frankfurt a. M., 1986, p.31).

15) 하랄드 벤첼(Harald Wenzel)은 미드의 행보를 다음과 같이 추적한다. 첫째, 다른 실용주의자들이 미드의 관계를 연구하고 있으며, 둘째, 미드를 사회이론의 고전적 접근방식들과 연관시키고 있다. 셋째, 현대 철학자 및 사회학자들, 즉 하버마스, 요아스(Hnas Joas) 등에 의해 수용되었다(Harald Wenzel, *George Herbert Mead zur Einführung,* Hamburg, 1990, p.19).

16) J. Habermas, *Theorie des kommunikativen Handelns,* Bd. 2. Frankfurt a. M., 1985, pp.12-13.

하는데, 이 상징적 구조는 객체적인 것과 같은 방식으로 분석될 수 있다.

> 사회심리학에서 우리는 사회집단의 행동을 그 집단을 이루는 개별적 존재들의 행동으로 구성되지 않는다. 오히려 우리는 사회적 전체, 복잡한 집단 활동으로부터 출발하며, 그 안에서 각 개별 개체의 활동을 분석한다.[17]

또한 요아스(Hans Joas)가 파악한 바와 같이, 미드는 사회심리학의 토대를 개인의 개별적인 유기체의 행태가 아니라 상호 협력하는 집단의 특별한 인간적인 유기체로 파악했다.[18] 따라서 미드에게 있어서 한 집단에서 행위하는 개인은 단순히 동물적인 진행과정이 아니라 인간 행위의 협력관계에서 근본적으로 획득한 산물이라 보았다.[19] 이런 점에서 미드는 인간들의 커뮤니케이션의 유래에 대한 인간학적 이론을 폭넓게 설정하였다.

3. 미드의 상징적 상호작용론

1) 사회적 제스처

상징적 상호작용론은 미국의 실용주의 철학에 바탕을 둔 사회학적 관점을 말한다. 실용주의 철학의 전통은 실제적인 것에 대한 공통된 의

---

17) G. H. Mead, *Mind, Self, and Society,* Chicago University Press, 1934, p.291.(Deutsch: Geist, Identitat, und Gesellschaft, Frankfurt a. M., 1988) Vgl. J. Habermas, *Theorie des kommunikativen Handelns,* Bd. 2. p.19.

18) H. Joas, *Praktische Intersubjektivität, Die Entwicklung des Werkes von G. h. Mead,* Frankfurt a. M., 1989, p.111.

19) H. Joas, “Georg Herbert Mead”, in: Dirk Kasler(Hg.), *Klässiker des soziologischen Denkens,* Bd. 2. München, 1978, p.20.

미에 주안점을 둔다. 상징적 상호작용에 의하면, 인간은 다른 사람의 영향에 단순히 반응하는 수동적 존재가 아니라, 상호작용을 통해 다른 사람의 영향을 해석하고, 정의하고, 의미를 부여하는 능동적 존재이며, 인간은 이러한 내면의 해석에 따라 행동한다는 것을 강조한다. 따라서 미드의 상징적 상호작용이론은 인간의 내면적 사고 행위를 강조한다.

미드의 사회심리학에서 상징적 상호작용론은 윌리엄 맥도갈(William McDougall, 1871~1938), 분트(Wilhelm Wundt, 1832~1920)의 정신적 유산에 힘입은 바 크다. 특히 그는 분트의 저서에 절대적인 영향을 받았다. 미드는 고전적인 이론으로서 분트의 생리 심리학(Physiologischer Psychologie)과 민속심리학(Völkerpsychologie)을 연관시켜 그가 갖고 있는 문제의식들을 구체화시켰다. 분트의 민속심리학은, 미드가 사회심리학의 토대를 마련한 선구자적인 이론이었다. 분트는 민속심리학을 인간의 공동생활을 심리적 과정으로 연결하는 데서 찾았다.[20] 이리하여 미드의 민속심리학은 마음에 대한 탐구를 과학적 탐구의 영역으로 들어오게 했다. 그는 경험과학으로서의 심리학을 출발시켰음에도 불구하고 심적 경험이 지니는 '의미내용'의 문제와 연관하여 마음의 인문학적, 사회과학적 측면을 심리학적 탐구를 인식하여 오늘날의 사회문화 심리학의 중요성을 주장하였다.[21] 미드는 분트의 민속심리학의 의식의 방법을 정통한 이론으로 보고 제스처와 태도의 사회적 특성에 대해 구체적인 분석을 통해 이제까지의 사회적 본능론, 모방이론을 극복하는 사회심리학을 수립하였다. 미드의 또 다른 관심은 상징적 정신과 상징적 발생(Genesis)에 대해 어떻게 받아들이는가에 있었다. 그는 「의미 있는 상징」(1922)이라

---

20) H. Joas, *Praktische Intersubjektivität,* Frankfurt a. M., 1989, p.95.

21) 이정모, 「인지과학 패러다임의 새 변화가 학문간 융합에 주는 시사」, 김광수 외, 『융합인지과학의 프런티어』, 성균관대학교 출판부, 2010, p.22.

는 소논문에서 "의미 있는 상징은 그다음에 제스처이며 부호이다."22) 라고 말한다. 즉 그에게 있어서 "의미 있는 상징은 또 다른 개인이며, 어떤 개인에게서도 형성된다. 그것은 자아라고 이름붙이며, 상징은 자아의 이름붙인 것 중의 하나에서 적용하는 것이다."23)

미드가 주장하는 정신적 행위의 개념은 사회적 제스처의 이해에 바탕을 두고 있으며, 이것이 인간 언어 분석의 기초가 된다. 다윈(Charles Darwin)은 사회적 제스처를 내적 감정의 표현으로 보았으나, 분트는 바깥세상에 존재하는 외적 실재를 반영하는 것으로 생각하였다. 다시 말해 미드는 다윈보다도 분트의 이론에서 **동물의 사회적 제스처**에 대한 중요성을 보다 명백히 다루었다고 보았다. 분트는 동물들의 사회적 제스처를 내적 감정의 표현보다는 외재적 실재를 반영하는 것으로 간주한다. 사회적 제스처는 개개인이 타자의 행위에 반응하는 복잡한 행위이다. 즉 그것은 개인의 감정표현이 아니라 사회적 상호작용의 한 부분으로서 파악해야 한다는 것이다. 사회행위는 둘 이상의 개인을 포함하며 각각의 행위는 동시에 타자에 영향을 미친다. 제스처는 "타자의 반응에 적응하도록 하는 행위의 측면이다."24) 여기서 미드는 사회적 제스처가 자아의식의 출발점이라 보았다. 사회적 상호작용이 의미하는 상징이나 언어를 통해서 커뮤니케이션하는 과정에서 정신이 생겨나고, 인간이 자신을 반사적으로 바라볼 수 있는 시각이 생긴다는 것이다. 사회적 상호작용에 근거한 상징의 공유를 바탕으로 습관, 역할, 공동체 등이 개념이 하나의 틀 속에서 논의된다.25)

22) G. H, Mead, "A behavioristic Account of the significant symbol", in: *Journal of Philosophy,* vol. 19. 1922, p.162.
23) G. H, Mead, 앞의 논문, p.162.
24) George H. Mead, *Mind, Self, and Society,* Chicago University Press, 1934, p.45.
25) 조지 허버트 미드, 나은영 옮김, 「미드의 상징적 상호작용론의 가치」, 『정신 · 자아 · 사회』, 한길사, 2010,

미드는 제스처의 개념이 기능하는 사회적 맥락을 봄으로써 제스처의 개념을 분리한 분트의 이론에 많은 도움을 받았다. 분트는 단순히 다윈적 의미에서의 정서의 표현 대신에 제스처는 한 유기체 행위의 초기 단계로 간주되는 방식에 근거를 두고 있다. 사회적 행위의 후기 단계를 나타내는 것으로서 다른 유기체가 반응한다. 미드는 특히 제스처를 사회적 용어로 생각했으며, 그러한 제스처로부터 확실한 언어 커뮤니케이션의 발달을 추적한다. 이런 의미에서 미드는 분트의 길을 따랐다. 그리고 분트는 사회적 범주를 적용하면서 미드가 개인심리학의 미흡함을 수정하는 데 도움을 주었다.[26] 분트는 제스처를 행위의 일부로서 분석하지는 않는다. 그는 행위의 부분들을 생리학자가 아닌 해부학자의 입장에서 다루었다. 분트는 정서 표현의 사회적 기능을 후기 단계의 문제로 만든다. 처음에는 분트가 정서 표현의 사회적 기능들을 단지 심리적 과정들과 병행하는 것으로 간주한다. 미드는 정신의 존재를 부정한 것이 아니라 정신을 행동주의적 용어로 설명할 수 있다고 주장한다.

주지하듯이, 미드는 사회적 행동주의(social behaviorism)를 발전시킨 실용주의자이다. 그는 사회를 개인의 집합체로 보는 환원주의 방법론을 비판한다. 그는 사회적 과정 속에 놓인 개인과 그 행동의 연구에서는 언제나 전체가 부분에 선행한다고 강조한다. 개인은 항상 사회적 전체의 일부로서 생각하기 때문이다. 그는 내적 심리의 접근방식을 무시하고 자극과 반응의 도식에만 따르는 행동주의도 비판한다. 자극과 반응이란 의사소통의 과정으로 이해될 때에만 의미를 지닌다. 개인은 의도를 가지고 환경과 교섭하여 자극을 선택하는 능동적인 행위자이므로, 내면의 의식은 행위를 주도하는 계기를 제공한다. 그래서 **자극과 반응**은

---

pp.8-9.

26) 조지 허버트 미드, 나은영 옮김, 「편집자 모리스의 서론」, 『정신·자아·사회』, 한길사, 2010, p.47.

행위가 발생하는 사회적 과정으로부터 추상화되면 의미가 왜곡되거나 불충분하게 된다. 미드는 동물사이의 자극과 반응의 제스처를 통해 매개되는 상호작용을 두 마리의 개싸움에서 설명한다.

> 내가 싸우는 개들의 예를 든 것은 제스처의 개념을 도입하기 위해서이다. 한 마리 개의 제스처는 다른 개의 반응을 나오게 하는 자극 역할을 한다. 그러면 두 마리 개 사이에 관계가 형성된다. 그리고 상대 개의 행위에 대해 처음 개가 또 반응을 하기 때문에, 두 마리 개는 교대로 변화를 겪는다. 한 마리의 개가 다른 개를 공격할 준비가 되어 있다는 사실 자체가 다른 개로 하여금 자기 위치나 태도를 변화시키도록 자극한다. 한 마리의 개가 이 제스처를 하자마자 이것은 다시 다른 개가 태도를 변화시키는 원인이 된다. 우리는 여기서 제스처의 대화를 볼 수 있다. 그러나 이것은 의미 있는 제스처는 아니다. 만약 저 개가 이 방향에서 오면 내 목 쪽으로 튀어 오를 것이다. 상대 개의 접근 방향을 보고 처음 개가 자기 위치를 변화시킨다.[27]

위 인용문에서처럼, 미드가 자연적 의미로부터 동물들 사이의 제스처를 통해 매개된 상호작용은 발생적 고찰에서 그 중심점을 갖게 된다. 이런 입장에서 미드는 정신과 자아가 사회적 행위와 경험을 통해 출현하는 과정을 발생심리학적으로 설명하고 있다.[28] 미드의 행동주의는 순수한 심리적 행태에서 지식의 단계로 심층적으로 전개된다. 행동주의는 외부의 관찰된 행위에서 나오는 것이 아니라 의식하고, 사유하고, 반성하는 **정신**의 개념에서 나온다.[29] 이런 점에서 미드의 행동주의는 실용주의적 행위이론의 관점에 영향을 받았다. 그는 고전적 행동주의

---

27) George H. Mead, *Mind, Self and Society,* ed. Charles W. Morris(University of Chicago press, 1934, pp.81-82.

28) 김동식, 『프래그머티즘』, 아카넷, 2003, p.224.

29) Gary Allan Cook, "G. H, Mead's social Behaviorism", in: *Journal of the History of the Behavioral Sciences,* 13(1977), pp.307-316.

에서 자극과 반응에 대한 행위의 복잡성을 환원시켜 전개시켰다.30) 자극과 반응은 원인과 결과의 의미에서 파악하는 것이 아니라 상호 함축적인 관계로서 받아들인다. 이러한 함축적인 관계는 지각을 통해 전체적인 행위연관으로 설정된다. 미드는 "지각은 와해된다"고 하면서, 언제나 지각은 경험과 멀리 떨어진 대상이라 말한다. 왜냐하면 지각은 경험과의 접촉을 통해서는 확정되기 때문이다.31)

미드의 사회적 행동주의는 정신을 부정하는 것이 아니라 정신을 행동으로 설명하고자 한다. 즉 정신과 태도는 인간의 아주 중요한 본질적인 현상이지만, 이것은 사회 속에서 다른 사람들과 상호작용하면서 형성되는 것이기 때문에 바로 이러한 상호작용 과정에서 정신과 자아의 본질을 이해할 수 있다. 미드에 의하면, 인간에게 있어서 상황은 각기 다르다고 말한다. 첫째, 인간들의 주요한 제스처는 언어이다. 인간은 언어를 소유하고 그들의 행동은 이러한 맥락에서 발생한다. 우리는 다른 사람들의 외부의 육체적 움직임에 의해 조절되는 것이 아니라 행동에 부수적으로 따르는 복잡한 음성체계에 의해 조절된다. 둘째, 음성적 제스처, 즉 말하는 것으로서의 행위는 어떠한 삶이 다른 사람에게 말할 때, 똑같은 반응을 불러일으킨다는 속성을 갖고 있다. 특히 미드는 언어의 음성적 제스처의 중요성을 강조한다. 이는 보다 간결한 형태만으로도 무수히 많은 공유된 의미를 전달할 수 있으며, 보다 축약된 형태를 통해 의미의 전달자로 사용되기도 한다. 다른 사람의 겉으로 드러난 반응에 대한 어떠한 것을 암시하는 암묵적인 반응을 보이는 제스처에 대한 타인들의 태도를 예견, 생각하는 데에 달려 있다고 한다.32) 이는 미

30) Fiehlem Brüggen, *Struktuen pädagogischer Handlungstheorie, Dilthey, Geisteswissenschaflische Padagogik, Meads, Habermas, Erlanger Schlue,* Friburg/ München, 1980, p.147.

31) G. H. Mead, *Philosophie der Sozialität,* Frankfurt a. M., 1969, p.114. Vgl. G. H. Mead, *The Philosophy of the Act,* Chicago/London, 1936, p.365.

드의 용어로 **의미 있는 상징**(significant symbol)이라 한다. 예컨대 누군가가 불이야! 하고 외치면 그 말은 그 상황에서 어떻게 행동하고 어떠한 태도를 취해야 하는가를 지시한다. 개인으로부터 그들의 행동을 통제하도록 하는 것은 바로 상징을 사용하는 사람과 상징을 받는 사람 사이에 만들어지는 공통된 태도에 있다. 의미 있는 상징들은 사람들에게 동물들이 소유하지 못한 자신의 향동을 통제하는 능력을 부여하며 의식의 한 형태, 즉 자아에 대한 의식을 부여한다.

우리의 행동에 대한 다른 사람들의 반응을 상상하는 데 있어서 상징들을 사용하는 능력은 우리에게 우리 자신을 인식하게 하는 능력을 준다. 이와 같은 의미 있는 상징들은 인간이 사고할 수 있는 기반이 된다. 왜냐하면 정신 혹은 지성은 내재적인 대화를 통해서만 존재하기 때문이다. 의미 있는 상징들에 의해 전달되는 의미는 본질상 항상 사회적 속성을 지닌다. 왜냐하면 상징은 "그것을 발생시킨 사회행위와 사회 경험 과정을 전제"[33]로 하기 때문이다.

분트는 어떤 자극에 대응하는 정신적 조건이 있고 이들 사이에 연합이 있다고 가정하는 것에서 출발한다. 보는 것, 냄새, 특히 소리가 어떤 생각과 연합되어 있다는 것이다. 만약 어떤 사람이 어떤 소리를 사용하여 자기 마음속에 그 생각을 지니고 있을 때, 그가 사용하는 제스처, 예컨대 목소리 제스처가 다른 개체와 똑같은 제스처를 불러일으킨다면, 다른 사람에게 그 제스처는 그 사람이 지니고 있는 것과 같은 생각을 불러일으킬 것이다. 또한 적이라는 단어는 적대적인 반응을 불러일으킨다. 내가 적이라고 말할 때 그것은 당신의 마음속에서도 내마음속에서 떠오르는 것과 똑같은 반응이 떠오른다. 여기서 우리는 공통의 의미를

32) George H. Mead, 앞의 책, p.47.
33) George H. Mead, 앞의 책, p.89.

지니는 특별한 상징을 갖게 된다. 만약 집단의 모든 구성원이 잘 이해하여 같은 것을 뜻한다면, 의미 있는 상징을 통해 커뮤니케이션의 기반을 만드는 것이다.[34)]

하지만 미드가 보기에 분트는 언어의 설명을 제대로 설명하지 못했다고 비판한다. 분트는 한편으로 개체의 행위에 가지고 들어오는 물리적 성향을 가정하였고, 다른 한편으로 어떤 의미에서 생리적 또는 생물학적 가치를 표현하는 생각의 정신적 복합체를 가정하였다. 그의 문제점은 이러한 상황에서 의미 있는 커뮤니케이션의 언어를 배제했다는 것이다.[35)] 따라서 미드는 분트의 제스처이론을 발전시켜나가면서 이를 결합시켜 그의 독자적인 커뮤니케이션의 이론으로 전개해 나갔다.

2) 자아

사회심리학에서 미드의 중요한 업적은 타인들과의 상호관계를 통하여 어떻게 자의식이 발생하는가를 보여주려는 시도이다. 다시 말해 미드의 가장 주목할 만한 업적중의 하나는 의식과 자아(self)의 발생에 대한 설명이다. 미드는 다른 사람의 역학을 취득하고 다른 사람의 관점으로부터 자기의 행위수행을 보는 능력을 유년기에 점차적으로 발전시킴으로써 의식과 자아가 발생한다고 말하였다. 이러한 측면에서 인간의 의사소통은 오직 다른 개인에게 일어나는 상징이 자기 자신 안에서 일어날 때에만 가능한 것이다.[36)] 그는 특히 언어가 이러한 상호관계에 중심역할을 한다고 생각하였으며 상징적 상호작용론에 큰 영향을 주었다. 어린아이들은 언어를 통하여 타인의 역할을 받아들일 수 있고, 그

---

34) George H. Mead, 앞의 책, p.135.
35) George H. Mead, 앞의 책, p.131.
36) George H. Mead, 앞의 책, p.149.

효과를 바탕으로 자신의 행동을 지도하고 자신의 생각된 행동이 타인에게 영향을 미친다는 관점에서 언어가 행동을 지도한다는 것이다.

미드에 의하면, 자아는 육체와는 다르게 스스로에 대한 대상이라고 말한다. 그것은 반성적이므로 주관이자 객관이 될 수 있다. "자아라는 것은 본질적으로 사회적 구조를 가지며 사회적 경험에서 형성된다."[37] 그러한 자아 발생의 기초는 사회적 행위, 특히 제스처와 상징 등 언어의 사용에서 기인한다. 의사소통을 위해 일정한 반응을 기대하고 이루어지는 유의미한 몸짓이 제스처이고, 그것은 복잡한 의도아래 의식적으로 행해지는 것이 상징이다. 제스처나 상징 등의 행위들이 사회적 과정에서 이루어지고 어린아이는 스스로를 대상화하면서 자아를 형성한다. 미드는 정체성의 형성을 주격 나(I)와 목적격(Me) 사이의 관계라는 제목을 다룬다.[38]

미드는 I(주체적 자아)와 Me(객체적 자아) 사이의 구분을 도입함으로써, 자아의 사회적 기반에 대한 자기의 견해와 "자아는 단순히 사회적 태도들의 단순한 조직 속에 존재하는 것이 아니다"라는 그에 수반하는 자기 신념을 명료화하려고 시도했다. I와 Me의 양자는 반드시 사회적 경험과 관련을 맺고 있다. 미드는 이를 설명하기 위해 행동의 주체인 '주체로서의 자아(I/Ich)'와 타인의 반응으로 이루어진 '객체로서의 자아(Me/Mich)' 사이의 상호작용을 설명하였다. 그는 알버트 아인슈타인의 상대성이론의 영향을 받았으며, 그가 제시한 개념인 '도출(emergence)'은 사물의 속성이 객관적 속성으로 도출되지만 이것은 특정한 환경에 의해서만 가능하다는 것이다. 미드는 개별성의 두 가지 측면을 제임스에

---

37) George H. Mead, *Mind, Self and Society*, ed. Charles W. Morris(University of Chicago press), 1934, p.182.

38) George H. Mead, *Mind, Self and Society*, 제22, 23, 24, 25, 26, 27장 참조.

의해 강조된 개념 쌍, I와 Me(I의 4격)로 바꾼다. 미드는 자아의 Me에 대한 국면 전환을 고유한 정체성을 객체로 만드는 능력을 직접적으로 동일한 인간의 경험과 관련 있는 것으로 본다. 다른 사람들은 우리의 경험에서 제1차적 객체들이다. 이들은 말하자면, 죽어있는 구체적인 대상들이 아니다. 우리는 스스로에게 말을 걸지만 자기 자신을 보지 않는다.

I는 타인의 태도를 받아들임으로써 생겨나는 자아에 반응하며 반응한다. 타인의 태도를 받아들이며 Me가 등장하여 그 Me에 대해 우리는 I로 반응한다.[39] 어떤 의미에서 I는 우리가 자기 자신과 동일시하는 것이다. 경험 속에서 그 I를 얻는 것이야말로 우리의 의식적인 경험의 대부분을 점하는 문제들 가운데 하나이다. 그것은 경험 속에서 직접적으로 부여되는 것이 아니다. I는 타인의 태도에 대한 유기체의 반응이며 Me는 스스로 가정하는 타인의 태도를 조직화하는 세트다. 타인의 태도가 조직화된 Me를 구성하고, 사람은 그 Me에 I로 반응한다.[40] Me는 타인의 태도에 대한 유기체의 반응이다. Me는 자아 가운데 사회적 측면이며, I는 개인적 측면이다. 여기서 I와 Me가 논리적으로 융합되는 부분이 미드의 자아론, 즉 사회적 자아론의 중요한 관점으로 전개된다.

Me라는 표현은 어린이가 스스로 자신에 대한 일반화된 타자의 기대를 취함으로써 내적 행동통제체계를 형성하는 시각을 나타낸다. 사회적 역할들은 내재화하는 과정에서 행위자가 규범적 타당성 주장에 따라 생각할 수 있게 하는 통합된 초자아 구조가 점차 형성된다. 이런 초자아, Me와 동시에 '나'는 특권적으로 접근할 수 있는 체험들로 이루어진 주관적 세계가 성립한다. "나"는 타자들의 태도를 수용함으로써 발전되는 자아에 반응하여 형성된다. 우리가 타자들의 태도를 수용함으

39) George H. Mead, 앞의 책, p.266.
40) George H. Mead, 앞의 책, p.266.

로써 Me가 형성되고, 이에 대해 우리는 나로서 반작용하는 것이다.[41] 다시 말해 자아는 2중 구조로서, 주체로서의 자아와 대상으로서의 자아로 구분된다. 후자는 사회적 산물이고, 전자는 사회적 경험을 재구성하거나 창의성을 발휘하거나 참신한 것을 이루는 조건이므로 전자는 후자를 전제로 한다. 사회적 과장에 물리적, 생물학적 조건들이 개입되어 있기 때문에 그 과정에서 형성된 자아도 단지 사회적일 수만은 없다. 따라서 자아나 정신에 의한 행위란 사회적이면서도 환경적 조건과 언제나 연관된다.

그는 사회적 행동주의의 관점에서 언어의 기원을 포함해 개개인이 사회적 자아를 형성하는 과정과 함께 사회가 형성되는 과정도 세세하게 분석한다. 특히 행동의 주체인 '주체로서의 나'와 타인의 반응으로 이루어진 '객체로서의 나' 사이의 상호연관성을 설명한 미드는 "자아는 태어나자마자 존재하는 것이 아니라, 사회적 경험과 활동과정에서 등장하는 것"이며 "완전한 자아는 '주체로서의 나'와 '객체로서의 나'의 조화에서 온다"고 주장한다. 미드에게 있어서 인간은 환경과 교섭하면서 그것을 조정 통제하는 존재로 파악된다. 하지만 자아와 그 의식의 출현은 물론이고 그와 같은 통제나 조정을 행할 때 개인은 벌써 사회의 일원으로 행위한다는 점을 미드는 강조한다.[42] 미드는 인간 외부에 존재하는 실재는 정신에 반영되며 그러한 정신은 객관적으로 연구될 수 있는 대상이다. 여기서 객관성은 단순히 개인 외부에서 객관적인 것이 아니라 정신에 반영된 것들이 사회성원들에 의해 공유된 사회성을 내포하고 있으며, 그것은 사회관계 속에서 사회성원들에 의해 공유된 관점

---

41) George H. Mead, 앞의 책, p.217.

42) George H. Mead, *Mind, self and Society*, ed. Charles W. Morris(University of Chicago press, 1934.

이라는 것을 의미한다.

3) 역할이론

사람과 사람과의 상호작용 가운데에서 내면적 사고행위로서의 역할과정은 미드의 상징적 상호작용이론에 중요한 역할을 한다. 역할담당이란 상호작용을 하는 데 있어서 다른 사람과의 역할관계에서 자기 자신을 바라보고 다른 사람의 입장에서 자기 자신을 해석하는 과정을 말한다. 이러한 역할 담당과정은 개인 자신의 자아개념을 형성하는 데 가장 중요한 과정이다. 자아개념은 중요한 타자들과의 역할담당과정에서 형성되며 이러한 과정을 통해 형성된 자아개념은 중요한 타자들과의 역할담당과정에서 형성된다. 예컨대 중요한 타자로서 부모는 자녀의 행위에 직접 영향을 주는 것이 아니라 자녀가 부모의 입장에서 자기 자신을 해석하고 정의하는 과정이 자신의 행위에 영향을 준다는 것이다 이러한 과정을 통하여 개인의 준거집단(부모, 선생, 친구집단), 혹은 중요한 타자들(부모, 선생, 친구)이 개인의 행위와 연결되며 집단, 타자와의 관계에서 역할담당과정과 자아는 개인의 사회적 위치에 의해 규정된다고 보기 때문이다.[43] 미드는 역할담당을 통해서 **자아가 발전하는 단계**를 설명하였다. 여기서 의미 있는 상징들을 사용하는 초기의 단계, 놀이단계(play), 게임(game)단계가 그것이다.[44]

첫째로 자아가 출현하기 위해서는 개인이 자신에 대해 객관적이고 비개인적인 태도를 지녀야 한다. 즉 자아는 자기 자신에 대한 객체, 대상이 되어야 한다는 것이다.[45] 아이들이 언어를 사용하게 될 때 그들은

43) 손장권 외 편저, 『미드의 사회심리학』, 일신사, 1994, pp.223-233.

44) George H. Mead, 앞의 책, pp.144-146.

45) George H. Mead, 앞의 책, p.138.

매우 단순한 형태로 역할담당을 시작한다. 아들은 자기 자신이 사용한 **의미 있는 상징**들을 객관적으로 형태로 듣게 되고 그 자신들의 생각이나 말들을 객관적인 입장에서 보게 된다.[46] 개인들이 자기 자신을 대상으로 보게 되는 것은 의미 있는 상징들을 사용하게 되고 역할담당을 하게 되면서부터이다. 다른 사람들의 역할을 가정할 때에만 개인에게 자아는 존재하게 된다. 다른 사람들이 우리에게 취하는 태도를 알게 될 때에만 우리의 자아는 나타난다.[47]

둘째, 어린이들이 역할을 수행하기 시작한 이후에 그들은 더욱 자신의 인성과 자아들을 발전하게 된다. 아이들이 다른 사람들의 역할을 수행하면서 이를 자아 형성의 일부분으로 사용한다.[48] 이 단계에서 개인의 자아는 그가 참여하는 특정한 사회행위에서 자신에 대한 다른 개인들의 특정한 태도를 조직함으로써 단순히 구성된다. 이 단계에서 종종 놀이(play)라고 불린다. 이는 개인 간에 주고받는 수준을 말한다. 가정에서의 역할을 수행할 때 아이들은 부모의 역할을 담당하게 되고 그렇게 하여 부모들의 관점을 얻게 된다. 아이들은 이렇게 함으로써 전체적인 자아를 갖게 된다.

셋째, 어린이들은 게임을 통해 통합되거나 단일화된 인성의 발전을 이루어 낼 수 있다. 사회화에 있어서 게임의 단계에 도달하기 전에 어린이들은 전체로서 조직되지 않는다.[49] 하지만 어린이들은 게임을 수행하게 되면서 그들은 집단과 융합하고 게임의 규칙과 전체 집단의 행위와 관련된 그들의 반응을 조직하는 것을 배우게 된다. 이전 놀이단계에

46) George H. Mead, 앞의 책, p.139.
47) George H. Mead, 앞의 책, p.284.
48) George H. Mead, 앞의 책, p.150.
49) George H. Mead, 앞의 책, p.169.

서는 자아의 부분적인 측면들만을 얻게 되지만, 게임단계에서는 전체로서의 자아를 얻게 된다. 게임을 통해서 어린이들은 구조화된 사회의 상황들을 다룰 수 있도록 배우게 된다. 즉 그들은 조직화된 전체 안에서 기능할 수 있게 되며 그들이 속해 있는 집단과의 관계 속에서 자기 자신을 결정하게 된다. 이것이 인성의 발달과정이다.50) 다른 사람의 태도를 조직할 수 있는 능력은 즉시 발전되는 것이 아니다. 이는 두 단계의 중요한 과정을 거친다. 이 게임(game)의 단계에서는 다른 사람들의 태도가 일관된 일반화된 타자로 동화된다. 이때 사회적 태도나 집단의 태도가 개개인의 직접적인 경험의 영역 안에 들어오게 되고 나아가 자아의 구조 혹은 구성요소를 포함하게 된다.51)

한 개인이 그와 관련된 타자의 역할을 담당할 수 있는 능력으로부터 일반화된 타자가 나온다. 일반화된 타자란 한 집단의 보편적인 태도가 조직된 것으로서 각 개인에 의해 행위의 기준으로 받아들여지게 된다. 이는 단순히 특정한 타자의 역할을 받아들이는 것은 아니다. 왜냐하면 "각 개인은 자신이 속한 사회집단의 조직화된 태도를 받아들임으로써만이 완전한 자아를 발전시킬 수 있기 때문이다. 더 나아가 사회는 모든 개인들의 일반화된 타자의 태도를 받아들일 수 있을 때 존재할 수 있는 것이다.52)

따라서 미드의 역할담당이란 다른 사람들과의 상호작용 속에서 개인이 다른 사람들을 의식하고 다른 사람들과의 역할관계 속에서 다른 사람들의 관점을 담당하게 된다는 것을 말한다. 즉 다른 사람들과의 상호작용 속에서 다른 사회성원들이 단순히 존재하기 때문에 개인의 행위

50) George H. Mead, 앞의 책, p.160.
51) George H. Mead, 앞의 책, p.158.
52) George H. Mead, 앞의 책, p.155.

가 사회적이 되는 것이 아니라 역할담당 과정이라는 내재적인 상호작용의 과정을 통해 다른 성원들이 개인의 의식 속에 존재하며 그럼으로써 사회전체의 관점이 개인에게 반영된다는 것을 의미한다. 사회전체가 개인에게 반영될 수 있는 것은 개인의 성찰적인 의식과정을 통해서이며 이는 개인의 내재적인 대화의 과정, 즉 상징의 사용을 통해서 가능한 것이다.[53] 이러한 점에서 그의 이론을 상징적 상호작용이론이라 일컫는다.

4. 상징적 상호작용론의 현대적 의미

미드의 사회심리학 및 상징적 상호작용론은 현대에 새로운 의미를 불어 넣어준다. 이에 대해 우리는 미드의 상징적 상호작용론의 현대적 의미를 다음과 같이 살펴 볼 수 있다.

첫째, 미드에 의하면, 분트는 어떻게 사회적 제스처가 자아의식의 출발점이 되는지를 이미 인정했다. 이러한 견해를 발전시킨 미드는 사회심리학의 이론에 뛰어난 공헌을 했다. 미드의 『정신·자아·사회』를 비롯한 여러 저작은 그 이후의 역할론이나 준거 집단론에 큰 영향을 주었다. 또한 현재 미드를 재평가하는 움직임 속에서 상징적 상호작용론이라는 사회학적 및 사회심리학, 사회철학의 흐름을 주도하였다.

둘째, 미드의 사회심리학이 다른 사회학과 다른 점은 개인을 능동적인 존재로 보았다. 이러한 주장은 결정적으로 미드를 나(I)의 주제의 대상으로 삼게 만들었다. 미드의 사회심리학이 다른 사회학적 관점과 다

53) 손장권 외 편저, 『미드의 사회심리학』, 일신사, 1994, p.3.

른 점은 사회가 개인에게 영향을 준다는 측면 이외에 개인들은 자아의식적인 행위자이며, 결국 개인은 사회를 재생산할 수 있는 능동적인 존재라는 점을 주장하는 데에 있다. 즉 과도한 결정론적 입장이 아닌 자아에 기반한 사회변화의 가능성을 제시하는 것이다. 자아는 사회구조의 변화에 따른 산물이라는 점에서 더 나아가 자아가 사회변화의 근원이 되는 중심점이 된다는 것을 강조하여야 하는 것이다."[54]

피아제에 의하면, 발달과정에서 아이들은 사회관계를 수립하기 위해 다른 사람을 '읽는' 일에 점점 능숙해진다고 한다. 이런 인지과학자들은 공감을 하나의 도구적 가치로 보아, 공감이 자신의 사회적 관심을 높이고 적절한 사회적 관계를 유지하기 위해 다른 사람에게 취하하는 조치라는 입장을 취했다. 피아제의 생성구조적인 접근방식과 연관 지으려는 사회적 행위능력의 발달이론이라 주장하기도 한다. 공감은 뇌에 내재된 인식 기능이지만, 문화적 조율을 거친다. 미드는, 모든 인간은 다른 사람의 행동과 의도를 판단하기 위해 그 사람의 역할을 떠맡고, 그렇게 해서 적절한 대응방법을 만들어낸다고 주장했다.[55] 사회적 관계에서 공감은 리프킨의 『공감의 시대』[56]라는 방대한 저서를 통해 많은 반향을 불러일으키고 있다.

셋째, 미드의 사회적 상호작용론은 하나의 검증 가능한 이론이라기보다는 광범위한 사회과학적 관점 내지는 사회철학이라고 평가받는다. 미드의 이론이 높게 평가를 받는 까닭은, 인간의 상호작용 과정이 인간 정신과 자아의 선행요건이라는 미드의 주장이 커뮤니케이션 이론에서부터 언어학과 사회언어학, 심리학과 사회심리학, 실용주의 철학

54) 손장권 외 편저, 앞의 책, p.14.
55) 제레미 리프킨, 이경남 옮김, 『공감의 시대』, 민음사, 2010, p.20.
56) 제레미 리프킨, 이경남 옮김, 『공감의 시대』, 민음사, 2010.

과 인식론, 사회학과 사회철학에 이르기까지 그 영향을 넓고 깊게 미쳤기 때문이다. 첨단 디지털미디어가 사람들의 상호작용에 깊이 침투한 21세기의 사회 속에서 미드의 이론은 과연 어떤 내용을 담고 있을까? 21세기 키워드라 할 수 있는 상호작용성과 네트워크 개념이 개입될 수 있는 1930년대의 미드의 이론에서 발견할 수 있다는 것은 미드 사상이 그만큼 인간에 대한 보편적 진리를 담고 있음을 알아차릴 수 있다. 따라서 미드의 사상을 오늘날의 미디어 환경에 적용하는 것도 흥미로운 향후 작업의 과제로 진행할 수 있을 것이다. 사회적 연대와 소통에 대한 개인의 욕구가 날로 커지고 그것에 대한 논의와 연구가 활발하다. 따라서 미드의 상징적 상호작용론은 현재 우리가 당면한 네트워크 패러다임을 이해하고 향후 초래할 새로운 상호작용 시스템을 예측하기 위한 우리 시대의 고전임이 분명하다.

VI. 딜타이와 푸코: 해석학적 구조이론

1. 딜타이와 푸코의 해석학적 구조이론

이 장에서 우리의 목적은 딜타이와 푸코(Michel Fiucault, 1926~1984)의 광범위한 이론 중에서 구조이론(Strukturstheorie)을 중심으로 역사의 역사성과 불연속성의 관계를 밝혀내는 것이다. 즉 양자(兩者)의 역사의 연속성과 불연성의 내용을 구체적으로 살펴봄으로써 양자(兩者) 사이의 역사적 입장과 차이점 및 동일성을 조명해 볼 것이다. 먼저 우리는 이 장에서 딜타이가 칸트의 순수이성이성을 계승하여 자신의 평생의 작업으로 삼았던 역사이성비판의 기획과 프랑스의 구조주의 철학자인 푸코가 『광기의 역사』(1956)에서부터 『성의 역사 I, II, III, VI』(1976~1984)에 이르기까지 거의 모든 저서에서 암시하고 있는 바와 같이 그들의 역사적 관점을 조명해 봄으로써 양자(兩者) 사이의 상이한 이론을 조명해 보고자 한다.

딜타이와 푸코의 구조이론은 시기적으로 보아 그들이 동시에 같이 생존하여 활동하지 않았기 때문에, 양자가 전개해 온 이론의 영향사(影響史)도 대체로 상이하다고 말할 수 있다. 우리는 단지 역사의 연대기적 관점에서 푸코의 구조이론이 딜타이의 정신과학을 어느 정도 영향을 받았을 것이라 추측할 수 있을 뿐, 문헌적으로도 영향관계를 분명하게 제시한 내용을 발견하기가 쉽지 않다. 그렇기 때문에 이들 양자 간의 구조이론을 비교, 고찰하는 측면은 다소 어려움이 뒤따른다. 잘 알려져 있듯이, 딜타이와 푸코는 정신과학과 자연과학을 총체적으로 통괄하는 광범위한 영역에 걸쳐 많은 저서와 논문들을 남겼다. 따라서 이들의 이론을 한정된 연구영역 안에서 세밀하게 살필 수는 없다. 이런 측면에서 우리는 이제껏 이들 양자의 이론사이에서 잘 다루어지지 않았던 연속과 불연속의 역사성이라는 관점을 주제로 선택하여 그들의 미개척의 연구들을 제한하여 살펴볼 것이다. 따라서 우리는 주로 딜타이의 여러 저서나 논문에서 드러난 정신과학의 이론과 푸코의 『지식의 고고학』(1969)을 중심으로 양자 간의 구조적 역사이론을 한정하여 다루어 볼 것이다.

2. 딜타이의 해석학적 구조이론

1) 삶의 연관성으로서의 구조

딜타이는 『정신과학 입문』을 출간한 이후로 정신과학이론을 보완하기 위해 "구조 개념"1)을 전개해 나갔다. 이미 딜타이는 1882년에 인식론적 논리의 기획을 통해 삶의 연관성에 대한 모든 구조적 특성을 기술했다. 그 이후에도 그는 정신적 삶(GS, V, 211)을 강조하면서 "구조 개념"을 분명하게 밝혀낸다. 딜타이 구조이론은 삶의 연관성을 중심으로 심

---

1) 1883년에 출판된 딜타이의 『정신과학 입문』은 많은 부분에 걸쳐 구조의 분석 내용이 포함되어 있지 않다. 그는 블레스라우(Breslau) 시절 동안에 집필한 "블레스라우 기안(Draft)(GS, XIX, 58)"의 제6장과 12장에서 구조의 개념을 연관시켰다. 특히 블레스라우 기안 6장에서 "의식의 사실구조"라는 주제어로 이러한 연결점을 설명하였다(Frithjof Rodi, "Dilthey's concept of strukture with the context Nineteenth-century science and philosophy", in: Rudolf A. Makreel, *Dilthey and Phenomenology*, Washington. D. C. 1987, p.107). 또한 6장에서 새로운 생리학적 근거에 의해 심리적 삶의 순환(GS, XIX, p.101)으로 표현한다. 그의 구조 개념은 인간학적이고 심리학적인 개념으로 나타난다. 구조 개념은 독일어의 Gefüge 혹은 Gliederung과 같은 용어의 동의어 개념으로 대치된다. 또한 구조 개념은 수학적인 자연과학에서 제시되고 있다. 우리는 자료의 구조, Molekuels, 원자, 수정적인 구조, 화학적 구조형식을 언급한다. 우리는 구조를 어떻게 제시할 수 있는가를 분석해야 한다. 수학적인 자연과학의 표현(Auszeichende)은 수학적으로 구성하는 구조와 함께 파악한다(Margarete von der Groeben, *Konstruktive Psychologie und Erlennis,* Stuttgart, 1934, p.84).

도 있게 분석하였으며, 그 개념의 오용에 대해서도 정확하게 지적하고 있다. 먼저 딜타이의 구조 개념은 정신과학의 심리학에서 마주치는데, 그는 광범위한 정신세계의 구조를 기획한다. 그는 구조를 인간학·심리학·역사와의 다른 과제들(GS, XVII, 239)과의 연관성을 다음과 같이 시도한다.

> 나는 심리적 구조 속에서 구조를 이해한다. 그렇게 전개된 정신적 삶은 서로 내적으로 체험하는 관계를 통해 규칙적으로 다양한 특성의 심리적 사실과 연결시킨다(GS, V, 201).

여기서 정신의 내적 관계는 사유하고, 느끼고, 원하는 심리학적 의식의 사실과 연결되어 있다. 그래서 정신적 삶은 서로 중단할 수 없는 과정을 기술하는 연속성이다.[2] 주지하듯이, 딜타이 철학의 출발점을 정신과학의 정초를 위해 자연과학을 대립시킨다. 즉 정신과학은 이해하고 자연과학은 설명한다. 이러한 관점에 의해 딜타이는 구조 개념을 자연사건의 원인연관에 대립된 측면을 표명하여 정신적 연관을 내적 체험을 통해 규명해 낸다. 이렇게 구조 개념은 내적으로 구성하는 부분과 전체로부터 관계의 접합점이며 전체의 분기점을 뜻한다.[3] 예컨대 정신과학의 용어들, 즉 정신적 본질에 관한 근본계획, 획득연관, 정신적 삶의 구조, 정신적 구조, 삶의 연관, 정신적 삶의 연관, 목적연관, 영향관계, 구조연관과 같은 개념들이 그것이다.[4]

---

2) Bernhard Hoff, *Die Psychologie Willhelm Dilthey,* Zürich. Phil. Diss. 1926, p.35.

3) H-G. Gadamar, *Wahrheit und Methode,* Tübingen, 1960, p.210.

4) 딜타이의 구조이론을 연대기적으로 주요 목록을 정리한 문헌은 다음을 참조: Peter Krausser, *Kritik der endlichen Vernunft,* Frankfurt a. M., 1968, pp.107-108. Peter Krausser, "Diltheys Revolution in theory of Strukture of scientific inquiry and rational Behavior", in: *The Review of Metaphyics,* vol. 22. 1969, pp.265-270.

그런데 딜타이는 구조의 개념은 정신과학의 개념에 한정된 것이 아니라 자연과학의 용어로 확장시켜 나갔다.[5] 먼저 구조의 개념은 수학적인 자연과학에서 제시된다. 즉 자료의 구조, 분자(Moleküls) 및 원자, 수학적 구조, 화학적 구조들과 같은 개념들이다.[6] 하지만 구조는 수학적 지식과 자연과학을 어떻게 정확하게 분석하여 제시할 수 있을지가 언제나 문제의 소지로 남을 수 있다. 우리는 종종 수학적 자연과학의 표현을 수학적으로 구성된 구조에서 인식하는 것이라 말한다. 그렇지만 이러한 구조의 분석은 추상적인 언어의 표현이 아닌 구체적인 분석을 요구한다. 특히 그의 구조 개념은 자연과학의 생물학에서 관심을 표명하고 그 내부에서 전체를 형성한다.[7] 이를테면 생리학과 생물학적 연구가 이에 해당한다. 그렇지만 딜타이는 무비판적이고 포괄적인 생물학주의를 잘못된 관점이라 비판한다.[8] 그의 생리학적인 연구와 관련된 심리학의 수용은 다음과 같이 그의 주된 분석대상이다.

> 마치 육체의 주변을 에워싸고 있는 자아 사이에 놓여 있는 상호작용은 그 대상을 모든 내적인 삶의 구조로 표현한다. 그 안에서 우리는 삶의 경험을 하게 되고, 그 대상은 다시 그 밖의 다른 삶의 본질을 찾아 나간다(GS, IV, 3).

왜냐하면 딜타이에서 구조 개념은 개인적인 삶을 강조하였기 때문에 목적성 · 영속성 · 통일성 · 분리성(GS, VII, 330)과 같은 개념을 통해 그 의미와 구조의 연관성을 설명해 낸다. 그 안에서 이와 관련된 삶의 의미와 구조의 연관성을 설명해 나간다. 따라서 개인과의 연관성에서 일반적

---

5) Bollnow O. F., *Dilthey. Eine Einführung in seine Philosophie,* Leipzig, 1936, p.157.
6) Margarete von der Groeben, *Konstruktive Psychologie und EArlebnis,* Stuttgart, 1934, p.84.
7) H_J. Lieber, *Die Psychishe Strukture,* Berlin, 1945, Phi;. Diss. p.56.
8) Helmut Johach, *Handelner Mensch und objektiver Geist. Zur Theorie der Geist und Sozialwissenschaften bei Wilhelm Dilthey,* Meisenheim, 1974, p.100.

인 경험을 생성해 간다(GS, Ⅶ, 330). 결국 우리가 의미 있는 각 개개인의 삶의 진행과정을 어떻게 체험할 것인지에 대해서는 구조연관에 의한 삶의 경험에서 파악할 수 있다.[9] 딜타이는 삶의 진행과정을 다음과 같이 전개한다.

> 삶의 진행과정은 내적인 관계에서 상호 부분적인 체험을 한다. 더 나아가 개별적인 체험은 자아와 연관을 맺고 있는 부분에서 전개된다. 따라서 체험은 구조에 의해 다른 부분과의 연관성 속에서 결합된다(GS, Ⅶ, 195).

위의 인용문에서 보듯이, 딜타이는 내적인 정신 안에 모든 부분적인 체험을 하고 개별적인 체험은 자아와 연관을 맺고 있다고 보았다. 또한 내적인 정신은 삶에서 발생하는 삶의 범주와 연관되어 있다. 우리는 "의식의 통일 속에서 그러한 관계를 찾아낸다(GS, Ⅶ, 195)."이러한 관점에서 딜타이는 구조를 다음과 같이 언급한다.

> "나는 구조를 전체의 부분이거나 분절(Artikulation)이라 부른다"(GS, V, 200).[10]

우리가 구조의 개념을 삶의 연관성[11]에 적용하였을 경우, 개별적인 개인에게서 드러난 "심리적 구조연관에 대해 단순화시켜 그 한계점"[12]을 설정할 수 있다. 여기서 딜타이는 심리주의를 다음과 같은 내용으로

---

9) Anz Heinrich, "Hermeneutik dwe Individualität", in: H. Brus(Hd.), *Hermeneutische Position*, Göttingen, 1982, p.74.

10) Vgl. Peter Krausse, *Kritik der endlichen Vernunft, Wilhelm Diltheys Revolution der allgemeinen Handlungstheorie,* Frankfurt, 1968, p.108.

11) 딜타이에 있어서 삶의 연관성은 심령적(seelischer)·정신적(geistiger)·심리적 연관성·정신적 삶의 연관성 등을 동의어로 사용하였다(Renate Knüppel, 1991, p.99).

12) Bollnow, O.F., 앞의 책, p.152.

형식화했다.

첫째, 삶의 연관성에서 파악한 사유는 심리학적 사건이며 광범위한 삶의 연관성에서 설정된다. 둘째, 인식론적인 논리는 삶의 연관성의 합법칙성에 근거를 둔다. 셋째, 인식론적 논리는 삶의 연관성에 관한 연구의 전제조건이 된다. 넷째, 삶의 연관성에 관한 연구는 심리학의 형식은 물론 인간학과도 밀접하게 연관된다. 어떻게 이러한 연구를 개별적으로 규정할 것인지는, 딜타이가 주장한 6가지의 삶의 연관성 내용에서 다음과 같이 살펴 볼 수 있다.

① 삶의 연관성은 서로 분리되지 않고 개별적이고, 낯선 삶의 통일체를 연관적으로 파악한다. 이것은 독립적인 연구의 목적을 위해 고찰한다. 따라서 삶의 연관성은 상호 역설적인 관점을 수용하지만 분리된 것이 아니라 긴밀하게 연관된 것으로 분석한다(GS, XIX, 32).

② 삶의 연관성은 육체적인 물체, 삶의 통일체, 세계 등과 같은 개념을 서로 고립시키는 것이 아니라 상호작용을 하는 것으로 분석한다(GS, XIX, 309, 350).

③ 삶의 연관성은 부분이 전체와 관계하듯이, 기본적인 기능관계로서 설정한다(GS, V, 258. GS, XIX, 353, 355). 딜타이는 이러한 삶의 연관을 기능관계로서 표현하였고(GS, XIX, 348, 353), 이러한 요소를 다루는 것은 정체적으로 머물러 있는 용량(Größe)이 아니라 분리될 수 없는 상호작용에 있는 변화된 기능의 원칙에서 항상 통일하고자 하는 것으로 설정한다.[13]

④ 심리적인 삶은 유기체와 연결되어 있고 그 구조는 동물과 인간세

13) Knüpel Renate, *Diltheys erkenntnisstheoretische Logik*, München, 1991, p.108.

계에서 나타난다(GS, XIX, 308, 344, GS, VI, 167).

⑤ 삶의 연관성은 그 자체로 분명해진다(GS, XIX, 345). 즉 그것은 삶의 본질을 전개하는 데 있어서 점진적인 형태를 구성한다. 내외적인 유기체적인 삶의 전개는 구조화된 의식에서 상이한 등급을 내리는 단계에서 수행한다.[14]

⑥ 삶의 연관성은 체험의 방식에서 내면화와 관련하여 경험하거나 현실적인 범주로 표현한다. 따라서 이러한 것은 구조의 정의 조건을 충족하며 분리된 전체를 명료하게 한다.[15] 딜타이에게서 **삶의 연관성**은 나와 타자 사이의 심리학적인 삶의 통일체라는 전체적인 조망을 통해 그 주된 역할을 수행한다. 이러한 광범위한 보편적인 삶의 연관성은 사회적-역사적 세계와 대상의 세계를 삶의 통일체로서 상호작용을 형성해 낸다.

이런 관점에서 삶의 연관성은 단지 인간의 내면화(Innewerden)만을 경험하는 것이 아니라 현실적 범주에서 표현한다. 요컨대 삶의 연관성은 우리가 현실에서 이해할 수 있는 모든 기관을 포함하고 있는 것이다.

이런 점에서 현실적 범주는 단순히 추상적인 이성의 방식으로만 존재하는 것이 아니라 외부의 경험을 담고 있는 삶의 연관성에서 표출된다. 그런데 삶의 연관성은 외부에서 돌출되어 나오는 것만이 아니라 사유 안에서 지양되어 나타난다. 다시 말해 삶은 의식의 내부에서 생성된다. 즉 딜타이에게서 현실적인 범주는 이성에 의해 삶의 연관성을 설정되기 때문에, 그러한 삶의 연관성은 현실을 파악하는 구조인 것이다. 따라서 딜타이에게서 삶(Leben)과 삶의 경험(Lebenserfahrung)은 선험 철학적

14) Knüppel Renate, 앞의 책, p.109.
15) 앞의 책, p.109.

인 현실성을 제공해 준다. 그에게서 삶의 경험은 행위하는 실천의 영역을 넘어서서 인간적 삶이 세계-내-존재에 관여하는 것이다. 삶의 경험은 "삶에 관한 반성"에서부터 출발하여, 그 경험을 분명하게 설정하는 것이다. 따라서 그의 삶의 개념은 기본적으로 삶의 경험·삶의 연관성·삶의 관계 등과 밀접하게 관여한다. 그러면 딜타이는 삶의 철학에서 자신의 삶의 개념을 어떻게 파악하고 있는가? 먼저 그의 삶의 개념은 삶을 어떻게 인간이 구체적인 상황에서 경험하고 있는가를 보여준다. 즉 "우리의 표상에서 드러난 정신적 삶의 연관성들은 우리의 감정이나 의지에 존재하고 있는 가치의 규정 및 목적으로 파악한다. 정신적 삶은 내용만을 지니고 있는 것이 아니라 그 내용을 서로 연결시키는 것이다".

위에서 언급한 바와 같이, 딜타이의 정신과학에서 삶의 개념이 그의 정신과학의 근본개념이라는 것을 제시하였지만, 그 개념을 파악하기란 그렇게 쉽지 않다. 왜냐하면 그가 정신과학을 정초하려는 의도에서 삶의 개념을 아주 광범위하고 포괄적인 의미로 쓰고 있기 때문이다. 다시 말해서 그의 삶의 개념은 인간적-역사적-사회적 세계의 현실을 통해 제시한 국가·법·경제·예술·종교 및 과학과 철학 등의 이론을 총체적으로 일컫는다. 한편으로, 딜타이의 삶의 개념은 인식론과 심리학으로 고찰하고 있으며, 다른 한편으로, 정신적-역사적-사회적 세계의 객관성과 관련시켜 파악한다. 그에게 있어서 삶의 개념은 이성적이고 사변적인 형이상학적인 개념이 아니라 삶의 구조로서 파악한 의식의 형식이다. 이러한 의미에서 그의 삶의 개념은 최소한 세 가지 영역에서 파악할 수 있다. 첫 번째로, 삶의 개념은 삶의 주변에서 생리학(Physiologie)을 서술하듯이, 유기체로서 파악한다. 두 번째로, 의식은 내부의 심리학에서 만나듯이, 의식의 상태를 체험의 통일성과 결합한다. 삶은 개인과 관련하고 있기에 외부의 물리적인 행위도 내적인 관계를 맺고 있다. 세 번째로, 외부의 경험은 외부의 대상에서만 진행되는 것이 아니라 그 상황을 설정한 주체에 의해 설정된다. 여기서 삶은 그 자체이며 자기를 증명하는 것이다.

위에서 언급한 그의 내적인 경험 · 외적인 경험과 체험 그리고 삶의 연관성의 개념들은 그의 삶의 철학을 이해하는 데 중요한 개념이다. 특히 그가 주장하는 내적인 경험은 정신과학과 관계하고 있으며, 외적인 경험은 자연과학과 연관되어 있다. 내적인 경험은 체험으로 나타나지만, 체험된 삶은 보편적이고 일반적인 삶의 근거라 할 수 있는 우리의 개별적인 삶인 것이다. 동시에 이러한 삶은 재차 우리에게 되돌아온다. 여기서 내적인 경험은 정신적인 삶(Seelenleben)의 개별적인 분파로서 그 기능을 연결하여 성취하고자 하는 과정이다. 내적인 경험에서 체험된 연관성은 내적인 정신적 삶의 연관성이며 거기서 제일 철학이 부여된다. 따라서 딜타이의 삶의 체험개념은 그 내적인 경험을 근거로 하여 모든 정신과학의 삶이 형성된다.

그는 항상 삶의 경험을 "정신적 삶의 총체성"으로 진행해야 된다고 말한다. 다시 말해 딜타이에게 있어서 삶의 경험은 사유하고, 원하고, 느끼고, 표상하고, 행위하는 **구조연관**으로 전개시킨다. 여기서 정신적 구조연관의 개념은 전체적인 삶의 의식적인 가능성에 따른 획득된 연관을 통해서 지배된다. 그에게서 구조연관의 요소가 어떻게 체험에서 형성되는가? 하는 물음은 과거를 자기반성하고 현재를 충분하게 체험하는 삶의 흐름 속에서 파악한다. 즉 삶에서 획득된 연관은 삶의 경험을 수행한다. 획득된 연관의 작용은 전체적으로 해명되지 않은 연상의 개념으로 기술하고 있으나, 연상적인 체험의 연결을 통해 구분되어 구조화된다.

"자아는 이 세계를 의식 속에서 포착하고, 확실하게 감성적으로 인식한다. 이 삶의 단위는 그것이 사는 환경에 의해 반응하는 자신을 발견함으로써 그것의 내적 상태의 구성이 나타난다. 이것을 나는 정신적 삶의 구조(Struktur ses Seelenlebens)라고 부른다. 이 구조를 포착함으로써 기술 심리학은 심적 과정을 전체로 연결시키는 연관을 발견한다. 이 전체가 삶이다"(GS, V, 220).

위에서 인용한 해석학적 구조이론은 논리적으로 인과적인 연속이 아니라 내적인 관계에 의한 전체이다.[16] 딜타이는 삶의 개념을 역사와 동일한 의미이지만, 체험·이해·역사를 통해 파악하는 순환론적으로 본다. 인간은 단지 개별적인 인간으로 존재하는 것이 아니라 역사적인 인간이다. 이런 점에서 그는 삶과 역사를 똑같은 의미로 수용하였고, 삶의 범주와 역사의 범주를 서로 혼용하면서 사용하였다. 그에게서 삶과 역사의 개념은 첨예한 한계선을 긋지 않으면서 넘나든다. "삶은 역사와 함께 하는 소재(素材) 중의 하나이다. 역사는 삶 속에서 인간의 총체성의 관점으로 파악하고, 총체성의 연관관계를 형성한다." "**인간이 무엇이며, 인간이 무엇을 의도하는가는 역사 안에서만 말한다.**" 인간은 역사 속에서 인식하나, 내적인 반성(Introspektion)에 의해서만 인식하는 것은 아니다.

그러나 역사는 우리에게 항상 인간의 본성과 똑같다고 말한다. 역사 연구의 생성은 인간이 인식하려는 것에 대해 양보(Verzicht)하는 것을 의미한다. 또한 역사연구는 탁월한 외부의 주체를 인식하는 것에 대해서 한발 뒤로 물러서 고찰하는 것을 뜻한다. 그에게 있어서 인간본성의 총체성은 역사 안에서만 존재한다. 왜냐하면 인간은 구체적인 가능성의 조건 속에 존재하고 있으며 모든 본질은 역사 안에서 파악해야 하기 때문이다. 또한 인간본성이 어느 누구에게나 동일하다고 생각하는 것은

16) G-H. Gadamer, *Wahrheit und Methode*, p.210.

모두에게 공통적인 **삶의 경험**이 있기 때문이다. 이러한 인간본성은 이미 역사적 의식의 중요한 현상인 것이다. 인간본성은 각 개체의 과거 속에 있는 정신을 집약시켰을 때 의식을 통해 드러난다. 이러한 삶은 삶의 통일체의 상호작용에 의해 지속된다. 말하자면 삶의 철학은 심리적-육체적인 삶의 통일체(Psycho-physische Lebenseinheit)로서 의식된 합리적인 기본요소를 함축한다. 따라서 딜타이의 삶의 철학은 역사의 문제와 결합한 독특하면서도 탁월한 성과물을 남겼다고 볼 수 있다.

딜타이에게서 삶의 경험은 인식론적으로 서로 논쟁의 여지를 갖고 있다. 왜냐하면 딜타이는 삶의 연관성 속에서 선험적인 최후의 근거설정을 한 것이 아니라 이론적으로 합리화하기 어려운 시도를 비판적으로 보고 있기 때문이다. 즉 그에게서 삶의 경험은 주어진 현실 속에 있다. 딜타이 정신과학은 현상과 기술 심리학 및 삶의 체험 · 의식의 체험 · 삶의 흐름 · 역사성 · 시간성과 같은 개념들을 발견하는 데서 그치는 것이 아니라, 그 "개념을 선취(先取)하여 자기의 사유형태로 수용하였다는 데서 그 중요성"을 발견하는 데 있다. 그에게서 삶의 경험은 의식의 영역으로써 인식론적으로 분석한다. 여기서 딜타이는 철학의 "상위의 명제"로서 현상성의 명제를 동일화시킨다. 딜타이는 구체적인 삶의 연관성 속에서 자신의 삶의 철학을 보려고 하였다.

주지하듯이, 딜타이가 중요한 의미로 파악했던 것은 삶의 경험이다. 딜타이에게서 삶의 경험이란, 현재의 과학이론이 과학의 경험을 분별하는 데 생활세계의 경험을 어떻게 지칭할 것인지에 대해 실천적인 경험만은 아닌 것이다. 딜타이의 역사는 삶의 역사성에 관한 질문 속에서 자연과학이 하나의 전제조건으로만 받아들이는 것을 비판한다. 동시에 정신과학이 고유한 인식론적 근거로서만 파악하는 것도 비판한다. 따라서 딜타이에게서 구조의 개념은 전체의 부분에 대한 관계의 구조를 다룬다.

> "삶의 전체는 구조이다. 이러한 전체의 연관성은 외부세계의 현실적 관계를 통해서 조건화된다"(GS, Ⅶ, 238).

위에서 인용한 것처럼, 딜타이는 "구조는 모든 것(GS, XIX, 446)"이라는 관점을 종종 강조한다. 즉 구조는 모든 것을 적용하는 데 있어서 구성요소를 형성하는 것을 뜻하며, 구체적으로 내적인 구성을 의미한다. 이렇게 딜타이는 구조의 개념을 규정하고 그의 구조심리학을 전통적인 심리학과 구분한다. 왜냐하면 내적인 관계가 부분으로부터 전체의 필연적인 관계로 구분된다면, 부분을 전체의 부분으로서, 간주해야하기 때문이다.

그런데 내적인 관계가 반드시 "전체를 인식하는 것은 아니다(GS, V, 200)."[17] 여기서 내적인 전체와 부뷰의 관계는 목적연관(Zweckzusammenhang)으로서(GS, V, 207) 나타난다. 왜냐하면 이러한 관계는 정신적 구조연관의 주관적이고 내적인 합목적성에 근접해 있기 때문이다(GS, V, 210). 즉 우리는 부분에서 전체의 진행과정을 직접 체험할 수 있다. 그렇게 때문에 구조연관은 체험되는 것이다(GS, V, 206). 그래서 내적으로 체험된 대상은 의학적 생리학, 바이오 사이버네틱(Biokybernetik), 행태의 연구, 경험심리학의 모델 및 방법의 연구들을 통해 전체적인 관련성 속에서 생성된다.[18] 위의 관점에서 볼 때, 삶의 구조는 복잡한 주변세계에서 분화된 체계를 역동적으로 자기를 보존하게 된다. 이렇게 구조 개념은 인간

17) Vgl Heinrich Küntzel, "Über Wilhelm Diltheys Begriffe der Strukutur und des Erkenntnisausdrucks", in: *Deutsche Vierteljahrschrift für Literaturwissenschaft und Geistesgeschicht,* Jg. 41(1973), p.4.

18) Helmut Johach, "Diltheys Philosophie des Subjekt und die Grundlwgung der Geistes und Sozialwissenschaften", in: *Dilthey-Jahrbuch.* Bd. 2. 1984, p.112.

적-정신적 삶에 대해 특별한 것으로 의식하게 된다.

딜타이에게서 내적인 정신적 삶의 구조연관은 네 부류의 근본적인 특성을 포함하고 있다. 즉, 생동성(Lebendigkeit), 역사성(Geschichtlichkeit), 자유(Freiheit), 발전(Entwicklung)(GS, V, 196)의 개념 등이 그것이다. 먼저 인간적 삶의 독특한 성격은 생동성, 획득한 자유(GS, V, 192), 역사성의 개념 등에서 긍정적으로 형식화된다. 이러한 특성은 점차 합법칙적인 절차를 거쳐 발생의 메커니즘(Auslösemechanismen)을 구성한다. 예컨대 이러한 형식은 문화적 세계의 언어 · 신화 · 종교 · 인륜 · 인간의 창조성이 그것이다. 이런 개념들은 사회의 외부기관(GS, 180)과 연결되어 주변 환경을 다시 설정하게 된다.

그렇지만 충전(vollen)된 정신활동이 근본적으로 심리학과 일치하여 만나는 것은 아니다. 그래서 딜타이는 인간의 삶을 역사와 매개한다. 먼저 그에게서 인간이란 무엇인가? 라는 물음은 "역사를 통해 체험되는 것"(GS, V, 177, 180, 194)이라고 단언한다. 그는 역사적인 인식에 관해 삶과 역사의 동일성을 주장한다. 즉 역사의 개별적인 관점은 삶이다. 삶은 다양한 관점에서 전체의 삶에 의해 역사를 구성한다. 역사는 단지 삶이고 인간의 전체와의 관련 속에서 파악한다(GS, Ⅶ, 256). 여기서 역사는 인간 본성과 마찬가지로 동일하게 드러난다(GS, V, XCI, Vgl. GS, Ⅶ, 78, 80, 85, 140). 그런데 어떻게 인간본성이 역사와 동일한 것인가? 이는 삶의 경험에서 각 개인의 특성에 따라 일반적인 현상으로 나타난다(GS, Ⅷ, 79). 따라서 역사는 인간본성을 이해하는 "삶의 수수께끼(GS, Ⅷ, 211)"와 같은 짙은 안개 속에 싸여 있다.

2) 연속성의 역사

딜타이에게서 삶의 역사적 연속성과 역사구성의 문제는 영향관계(Wirkungszusammenhang)[19]라는 근본개념과 마주친다. 딜타이가 종종 언급하는 삶의 연속성(Kontinuität)은 삶의 내적인 연관으로 나타난다. 여기서 연속성은 부분과 전체의 변증법적 관계로 전개된다. 여기서 삶의 내적인 연관은 체험하는 삶의 진행과정에서 진행된다.

내부의 심리적 사건은 고립되어 있는 것이 아니라 광범위하게 삶의 연관성과 관계한다. 여기서 삶의 연관성은 사유의 발생학적인 기초를 형성한다. 이런 점에서 딜타이는 발생학적 기반(genetische Fundament)의 논리 및 사유의 법칙을 세 가지 관점에서 파악한다. 첫째, 삶의 연관성은 개별적인 삶의 통일체이다. 둘째, 삶의 연관성은 타자와 사물의 통일체의 연관성이다. 셋째는 삶의 연관성은 두 부류의 삶을 파악한 발생학적인 기반이 되는 연관성이다. 다시 말해 삶은 삶의 통일체에서 출발해야 한다. 딜타이에 있어서 삶의 통일체는 외부세계로부터 충족된 자기의식과 구분하여 인간의 삶 안으로 깊숙이 들어간다. 그래서 삶의 모든 동기는 전체성 안에서 파악해야 한다. 이러한 삶의 통일체를 어떻게 파악하는가는 **삶의 연속성**에 의해 가능하다. 따라서 인간은 타자와의 삶의 통일체를 구성하듯이, 현실의 관점에서 전체적으로 조망하여 고유한 성질을 지각해 나간다. 삶의 연관성은 개별적인 요인 그 자체에서 이해하는 체험이다. 예컨대 우리가 지나간 기억을 과거와 현재가 연관되어 있다고 말하는 것과 같다.

---

19) 딜타이에게서 영향관계의 개념은 정신과학의 대상을 구성한다(GS, VII, 154). 여기서 영향관계의 새로운 기본적 관계를 형성한다. 이러한 영향관계는 다소 복잡하게 전개된다(GS, V, 158). 영향관계는 기능, 구조, 합법칙성에 의해 전개하려고 하기 때문에 시간의 흐름과 연계한다(GS, VII, 154). 형식적인 관점에서 영향관계는 역사적 관점에서 문화를 수행해 나가도록 한다. 즉 교육, 정책적 삶, 법, 정치적 기능, 종교, 예술, 철학, 경제(GS, VI, 166) 등이 그것이다.

무엇보다 딜타이가 강조한 영향관계의 형식은 개인을 중심으로 과거·현재·미래로 나아가는 가능성으로서의 연속성이다. 즉 영향관계는 현재라는 현실과 함께 시간의 순간들을 충족시켜 나간다. 말하자면 삶의 영향관계는 현재를 과거의 기억과 대립하는 현실이거나 미래의 표상인 것이다. 예컨대 우리는 현재를 통해 무엇인가를 원하거나, 기다리거나, 바라거나, 두려워하는 것과 같은 내적인 작용들을 표출한다(GS, VII, 193). 우리는 현재에서 이러한 내적인 작용들을 충족시키기도 하고 현재와 함께 이런 작용들을 인지하기도 한다. 그렇기 때문에 우리는 현재에서 어떻게 체험의 내용을 충족시킬 수 있는지에 대해 지속적인 변화를 이끌어 낼 수 있어야 한다(GS, VII, 193, 194, 195).[20]

따라서 현재라는 시점은 과거로부터 충족되고 그것을 발판으로 미래를 향해 점진적으로 나아가는 것이다(GS, VII, 232). 즉 우리는 현재를 통해 과거의 일시적 순간에서부터 전체성(temporaen Ganzheit)으로의 자기반성을 통해 점차 미래로 나아간다고 말한다. 우리가 과거에 대한 자기성찰을 통해 현재를 이해하는 것처럼, 동시에 현재를 통해 미래에 대해 예측하여 무엇인가 바라는 것을 손쉽게 이룰 수 있는 것은 아니다. 결국 현재는 지나간 과거의 의미를 되새겨 목적론적인 설정을 새롭게 해 나갈 수 있어야 한다. 그렇기 때문에 "우리가 미래에 대해 어떻게 목적을 설정해 나갈 수 있는가?" 하는 물음은 과거의 의미를 되살려 다시 규정하면서 조건화시킬 수 있다(GS, VII, 233).[21] 여기서 딜타이는 "문화체계와 사회의 외부기관"의 두 부류로 나누고, 이 두 부류의 영향관계에서 정신과학을 다시 정립하는 발판을 마련한다. 예컨대 우리의 정신세계는

---

20) Vgl. Karl Albert, *Lebensphilosophie. Von den Anfangen bei Nietzsche bis zu ihrer Kritik bei Lukás,* Freiburg/München, 1995, pp.82-83.

21) Karl Archam, "Diltheys Beitrag zur Wissenschaftstheorie und Weltanschauungsanalyse", in: Manuskripte, 23. Jg.83. Heft. 1984, p.82.

영향관계, 에너지, 시간의 흐름, 사건과 같은 개념들을 통해 정신과학을 정립하고 특성화시켜 나가는 것이다(GS, Ⅶ, 156). 또한 우리는 문화체계에서 그 자체가 복잡하고 역동적인 구조를 볼 수 있다. 즉 우리는 문화체계에서 그 당시의 역사적 상황과 역사적으로 전개해 왔던 것을 유동성에 따라 설정한 것을 볼 수 있다. 사회의 외부기관에서도 각기 다른 영향관계를 파악해 낼 수 있다. 따라서 딜타이는 역사의 연속성과 불연속성을 다음과 같이 이끌어 낸다.

> 우리는 역사적 세계의 다른 측면에서 시간의 흐름과 변화의 계열에서 지속적으로 영향관계를 연속적으로 파악하고, 역사적 세계가 회귀운동(Rückgang)을 하면서 분리되어 전체 시간의 단면들만을 이해한다(GS, Ⅶ, 152).

여기서 딜타이는 역사적 세계를 전체적인 영향관계로서 연속성으로 파악하여 목적을 다시 설정한다. 그래서 딜타이는 역사의 영향관계를 전체로서 이해한다. 그런데 딜타이가 주장하는 영향관계의 생산적인 논의를 하기 위해서는 연속적인 시대 · 시기 · 보편사에 대한 가치와 목적설정(GS, Ⅶ, 155) 등을 어떻게 중심에 두어야 하는지를 숙고해 보아야 한다.

이러한 역사의 연속성은 내적인 연관성 속에서 삶의 진행과정을 규정하고, 부분적인 체험을 하게 된다. 이렇게 역사의 모든 영향관계는 내적인 체험에 강조점을 두고 있기에 체험의 연속성인 것이다. 다시 말해 개인적 삶의 진행과정 속에서 연속성을 전개해 나가는 것이다. 따라서 역사의 연속성은 영향관계의 연속성이자 개별적인 삶에 관한 역사의 연속성인 것이다. 하지만 역사적 진행과정은 문화체계, 국가, 시대와 같은 삶의 역사를 연속적으로 진행되어 왔을지라도 각기 불연속적인 독립된 영향관계로 남아 있을 수 있다.[22] 따라서 이러한 딜타이의 삶과 역사의 연속성의 관점은 현대에 들어오면서 불연속성의 역사관에 직면하게 된다.

3. 푸코의 해석학적 구조이론

1) 구조의 역사

서양에서 구조주의는 촘스키의 언어학, 인류학에서의 레비-스트로스, 정신분석학의 라깡, 알튀세의 마르크스주의적 구조주의, 수학의 부르바키학과 등을 지칭한다. 특히 인류학에서 레비-스트로스(Lévi-Strauss)의 주도로 서양의 타자에 대한 연구가 추진되는 것과 거의 같은 시기에 푸코는 서양적 이성의 이면을 탐구하는 작업에 착수한다. 레비-스트로스가 원시문명을 서양적 이성의 타자로서 연구하는 것과 마찬가지로, 푸코는 서양적 이성의 이면을 『광기의 역사』(1956)에서 광기를 탐구함으로써 구조주의의 새로운 지평을 제공한다. 바르트는 1961년의 『서평(Critique 17호)』지(誌)에서 푸코의 저서가 "역사학에 구조주의를 적용한 첫 번째 경우"[23]라고 높이 평가한다. "푸코가 기술한 역사는 구조적 역사이다. 이 역사는 두 차원, 분석의 차원과 계획의 차원에서 구조적이다."[24]

우리는 여기서 푸코의 현재의 역사적 방법을 구조적이라는 사실에 주목해 볼 필요가 있다. 푸코가 추구하고자 하는 역사는 기존의 법칙도

---

22) Hans Michael Baumgarther, *Kontinuität und Geschichte. Zur Kritik und Metakritik der historischer Vernunft,* Frankfurt a. M., 1972, p.103.

23) 송기형, 「구조주의 혁명의 연대기」, 임봉길 외, 『구조주의의 혁명』, 서울대학교 출판부, 2000, p.30.

24) R. Barthes, *Essais critiques,* Le Seuil, 1971, p.171.

아니고 과거의 제도, 이해관계나 정치적 상황 등을 염두에 둔 것은 더더욱 아니다. 푸코는 단지 "**현재의 역사**(l'histoire de présent)"를 쓰기 위해 과거를 분석할 뿐이라고 말한다.[25] 그래서 푸코는 자신의 철학을 "현재의 역사"라고 부르기를 주저하지 않는다. 그래서 그의 철학을 종종 "역사·철학적 비판"이라 부른다. 이를테면 푸코는 자신의 철학을 지칭하여 "현재의 역사"라고 규정하였기 때문에 많은 주석가들은 그의 철학을 "역사·철학적 비판"이라 평가한다. 그의 사상에는 정신병과 육체병의 역사, 감옥의 역사, 과학사, 성욕의 역사 등이 진술한 언어의 구조적 방법을 통해 새롭게 해석한다.[26] 따라서 그는 자신의 구조의 역사를 다음과 같이 말한다.

> 나는 새로운 방법을 발견하는 것을 말하지 않는다. (…) 내가 시도하려는 것은 많은 다른 동시대의 미국 영국 프랑스 그리고 독일의 노력가와 그다지 다르지 않다. 나는 결코 원본을 요구하는 것이 아니다(AK, 225-227).[27]

상징 인류학자인 기어츠(Clifford Geertz)[28]에 의하면, 푸코는 "반역사주의적 역사가이며, 반인간주의적 구조주의자이다"[29]라고 말한다. 첫 번째 이유는, 그가 이제까지의 역사를 하나의 중심, "하나의 원리·의미·정신·세계관 등을 연결시키는 총체적 역사"(AK, 10)로 간주하고 이러한

25) 푸코의 현재의 역사가에 대한 자세한 내용은 다음을 참조: 사라 밀스, 『현재의 역사가 미셸 푸코』, 임경규 옮김, 앨피, 2016,

26) 김형효, 『구조주의 사유체계와 사상』, 인간사랑, 1989, p.301.

27) M. Foucault, *The Archaeology of Knowledge*, New York, 1972(이하 AK라 생략하여 인용함).

28) 기어츠는 문화에 대한 관심을 발전시켜 "인간은 자신의 경험에 의미를 부여하는 상징체계"라고 생각하였다. 기어츠는 자신의 접근법을 원주민의 견지에서 인류학을 보는 것이라 말한다. 기어츠는 네덜란드의 식민지였던 발리섬 생활(주로 남성의 생활)에서 닭싸움을 보고 그들의 문화의 흔적을 읽었다. 즉 닭싸움의 대부분이 위계사회와 식민상황에 대한 반항심을 보여주는 것에 중점을 두었다(크리스 고스돈, 성춘택역, 『인류학과 고고학』, 사군자, 2001, pp.207-211 참조).

29) Rainbow, 앞의 책, p.18.

것을 허구로 보기 때문이다. 두 번째 이유는, "전통적인 철학의 사유는 모든 지식의 기초와 의미의 원칙을 의미의 주체에서 찾는 주체 철학, 예를 들어 헤겔의 정신 현상학, 데카르트 주의, 사르트르의 실존주의 등에 의해 지배되어 왔다"[30]고 간주한다. 푸코는 "역사란 인간의 우월성을 주장하는 사람들의 마지막 요새"[31]라고 지적한다. 구조주의가 언어와 무의식의 연구에서 주체의 독창적인 역할을 제거한다 할지라도 여전히 인간의 우월성을 주장하는 사람들은 인간이 스스로의 역사를 지배한다고 말한다. 그들에게는 역사의 절대적인 주체가 역사를 만들고, 역사의 연속성을 보장한다는 점이다. 이것은 구조주의적 분석으로 말한다면, 역사의 연속성의 동시대적 단면의 일부분이다. 이것은 인간의 지배에 종속된다. 푸코는 이러한 학자들을 사르트르 · 골드만 · 루카치 · 딜타이 및 19세기 헤겔주의자들이라 말한다.

푸코가 이처럼 전통적인 역사가들의 작업이 질적인 면에서 부적합하기 때문에 그들의 작업을 거부한 것은 아니다. 이제까지 전통적인 방식에 의존하여 역사서술을 궁극적인 기원이나 기원의 시간적 진행에 초점을 맞춘다면, 그에 대한 인과성은 단선적이거나 일시적으로 한정되어 버린다. 푸코는 인과관계도 시간의 전후관계보다 훨씬 더 복잡할 수 있다는 것이다. 따라서 딜타이를 비롯한 전통적인 역사가들이 역사를 지배하는 정신이나 원리, 역사의 기원, 단선적이고 연속적인 역사를 구성하는 것에 주목하고 있다면, 푸코는 개별적인 역사적인 사건들 및 사건들 사이에 형성되는 관계, 사건들의 계열, 사건들 간의 불연속성에 주목하고 있다는 점이다. 이런 관점에서 메길(Megil)은 푸코의 구조주의적 사유를 광범위한 의미에서 말한다. 우리는 언어에 상당한 관심을 보이

---

30) K. Racevskis, *Michel Foucault and Subversion of intellect,* Cornell University, 1983, p.26.
31) 개리 거팅, 홍은영 외 역, 『미셸 푸코의 과학적 이성의 고고학』, 백의, 1999, p.297.

고 있다. 잘 알려져 있듯이, 언어는 문학적, 사회-과학적 분석을 하는 20세기 사상의 가장 중요한 요소이다. 언어에 대한 그의 관심은 그의 저서의 여러 부분에서 전개된다.[32] 주체철학자들은 절대적인 주체가 역사를 만들고, 그 안에서 역사의 연속성을 보장할 수 있다고 강조한다. 이것은 구조주의 분석하는 의미에서 역사의 연속성의 한 단념일 뿐이다. 푸코는 이러한 학자들을 사르트르 · 골드만 · 루카치 및 19세기 헤겔주의자들이라고 언급한다. 그래서 주체철학의 해체를 자신의 전략으로 취한다. 이런 측면에서 반역사주의의 역사가 전통적인 역사가들과 많은 점에서 분명히 다르다. 푸코는 연속적인 역사적 작업을 레비-스트로스 · 알튀세 · 소쉬르 · 마르크 블로흐 · 루시앙 페브르 · 브로델을 비롯한 "아날학파"[33] 역사가들, 바슐라르 · 깡그렘과 같은 과학사가들, 드메질(Dumézil)과 같은 비교종교와 사회의 역사가들의 사상들을 상당부분에 걸쳐 수용하였다.

잘 알려져 있듯이, 푸코는 구조주의를 새로운 방법이 아니라, 현내 시식에 대해 깨어있고 불안해하는 의식이라고 규정하고, 철학이 사유의 다른 분야들로 분산되어 소멸될 것이라고 단언한다. 이러한 관점은 푸코의 『지식의 고고학』에서 과학 · 지식 · 이성간의 관계를 정의하면서 드러난다. 푸코의 구조주의는 구조의 존재에 근거하지 않는다는 점에서 장 피아제는 "구조 없는 구조주의"라 언급하고 있으며, 어떤 논자들은 푸코가 결코 구조주의자가 아니라 오히려 구조주의를 타파하는 자

32) Allan Megill, "The Reception of Foucault by Historians", in: *Journal of the History Ideas,* Vol. 48. 1987, p.119.

33) 아날(Annales)은 1929년 루시앙 페브르(Lucian Febvre)와 마르크 블로흐(Marc Bloch)가 공동 창간한 역사학 잡지(Annales d'histoire économiques et sociale) 를 말한다. 이 잡지는 "경제사회연보"로 번역되기도 하며, 시대적 변화에 따라 여러 차례 잡지의 이름을 바꾸었다. 자세한 내용은 다음을 참조 할 것, 김응종, 『아날학파의 역사체계』, 아르케, 2000, pp.19-32.

라 주장한다. 그러나 인간을 역사의 주체로서 설정한 인간주의를 철저히 거부한다. 그는 불연속적인 시간성에 근거하여 『말과 사물』(1966)에서 역사의 해체를 주장하고 기회가 있을 때마다 자신은 구조주의자라 확언한다. 이러한 구조주의는 전혀 새로운 방법이 아니라 현대과학에서 제기된 이론이라는 점이다.

푸코는 그 비판옹호자들이 받아들일 수 있는 방식으로 인문과학을 비판하면서 새롭게 정의하여 그 이론을 보다 쉽게 다가설 수 있게 가다듬는다. 푸코는 역사가의 인식론적 순진함을 고발한다. 역사가가 역사의 연속성을 추적하고 그에 어떤 원인을 부여할 때, 그는 과거에 대해서 "**역사는 知의 한 형태이자 동시에 권력의 한 형태**이다."[34] 우리가 지식을 요구하는 것도 모든 권력 행사와 고질적으로 결탁되어 있다. 우리가 객관적 지식이라 부르는 것도 실제로 존재하는 것이 아니며, 눈앞에 보이건 안보이건 간에 유무형의 권력을 행사하려는 시도에 불과할 뿐이다.[35] 다시 말해서 지식은 과거에 대한 것을 안다고 하는 형태로 그러한 지식을 조절하고 순화시키는 데 있다. 그는 자신의 인식론적 방법을 "에피스테메(episteme)라는 개념"[36]을 사용하여 그 개념을 인식론적인 구조주의로써 받아들인다.

> 주어진 시기에 있어서 인식론적 구조들, 과학의 공식화된 체계들을 발생시키는 진술적 실천들을 묶어줄 수 있는 관계들의 집합, 진술적 형식들의 인

---

34) Mark Poster, Foucault and History, in: *Social Reserch*, Vol. 1982, p.119. Vgl. 마크 포스터, 이정우 역, 『푸꼬, 마르크스, 역사』, 인간사랑, 1990, p.91.

35) 앨런 메길, 정일준 외 역, 『극단의 예언자들: 니체, 하이데거, 푸코, 데리다』, 새물결, 1996, p.325.

36) 푸코의 에피스테메의 개념은 쿤(Thomas Kuhn)의 저서인 『과학혁명의 구조(The Struktur of Scientific Revolutions)』에서 패러다임(Paradigm)의 개념으로 나타남을 볼 수 있다. 에피스테메의 개념은 자료수집(Archiv)으로 인한 새로운 범주로 나타남을 볼 수 있다. 자료 수집은 담론적인 규칙성의 체계로서 일반적인 가능성의 조건으로 정의된다. 그것은 주어진 역사적 시기에 대해 말할 수 있거나 말해질 수 없는 것으로 결정될 수 있다(Lois Mcnay, *Focault. A critical Introduction*, New York, 1994, p.66).

식론 및 과학성의 방식, 상호일치 또는 그에 부속된 시간 속에서 비켜갈 수 있는 문턱의 배분, 인식론적 구조들 사이에 존재할 수 있는 측면들이 그것이다. 즉 에피스테메란 다양한 과학들을 관통함으로써 어떤 한 시대의 지고한 통일성을 드러내는 인식의 형태나 합리성의 유형이 아니라 주어진 시대에 있어서 진술 형성의 층위에서 분석할 때 발견 가능한 문제들의 총체이다 (AK, 250).

푸코에게서 에피스테메는 선험적 범주라는 칸트의 체계에 영향을 받고 있지만, 역사의 전개과정은 전적으로 다르다. 에피스테메는 지적 습관으로 오는 관찰 가능한 체계가 아니며, 주어진 특정한 과학사의 한 시점에서 실현되는 사유일반에 대한 제약요인도 아니다. 그것은 칸트의 지식조건의 초월적 형태와 마찬가지로 "역사적 선험성"이지만, 칸트와는 다르게 제한적으로 적용되고 있으며, 그 명맥이 끊어졌을 때는 다른 것에 종속되는 조건들이다.[37] 에피스테메는 질서의 구조에 있다. 즉 푸코는 에피스테메를 경험적 인식 · 삶 · 언어 · 노동하는 과학 토대를 두는 것 속에서 불렀다. 근대사유에서 결정하는 질서는 고전적인 에피스테메에 근거를 두고 나누어진다.[38] 이처럼 역사의 불연속성에 대한 푸코의 선호는 하나의 에피스테메에서 다른 에피스테메로 이행이나 변이 (Mutation)를 설명하기를 거부하는 것과 명백하게 조응한다.[39] 따라서 푸코에게서 에피스테메는 해석학적 주조의 역사를 이해하는 데 중요한 개념으로 작용한다. 특히 인간과학을 가능하게 했던 인간이라는 근대적 에피스테메는 바로 고전 시대의 지식과는 다른 새로운 지식들을 만

37) 장 삐아제, 김태수 엮음, 『구조주의의 이론』, 인간사랑, 1990, p.127. 칸트와 푸코의 문제를 자세히 다룬 논문은 다음을 참조할 것: S. Parsons, Foucault and The problem of Kant, in: *Praxis International*. vol. 8. 1988/1989, pp.317-328.

38) Urs Mari, *Michel Foucault,* München, 1988, p.25.

39) 앨런 메길, 앞의 책, p.339.

들어냈다.[40)]

푸코는 구조를 가능성의 조건, 무의식적인 지식의 근거, 동시에 긍정적인 지식의 내용이라고 파악한다. 푸코의 구조는 매끈하게 연결되어 있는 과거라는 직물(織物)이 어떻게 현재로 침투해 오는가를 말하지 않는다. 그는 현재에 대해 과거의 모든 의미들을 모아 현재를 지지하고 과거를 현재에 마침내 도달하도록 하는 필연성의 선을 추적해 내는 전통적 역사가의 입장을 부정한다. 현재로부터 과거를 단절시켜 과거의 낯섦을 보여주는 동시에 현재의 합법성을 상대화시켜 허물어버리는 것이다. 그에게서 구조는 자율적인 논리적 장치가 더 이상 아니다. 연속적인 구조주의자의 관점에서 그가 차이를 서술한 것은 인간학적인 이데올로기 속에 숨겨져 있는 것이다. 푸코는 구조주의의 다양한 이성중에서 한 부분의 이성을 설정한다. 구조주의는 형식적 언어를 구성하며 과거의 경험적 이성을 순화시키기 위한 순수이성에 대한 제2의 비판을 수행하는데, 그것은 새로운 수학적 선험론의 형태에서 출발한다. 구조는 언어의 힘을 일반화시키는 가운데서 경험적 이성의 순화 가능성을 확장하고 인간의 한계를 설정한다.

푸코의 구조주의를 구조 없는 구조주의라 부르는 것은 단순한 도표이지 변형적 체계가 아니다. 구조주의는 첫째, 무대에 전혀 등장하지 않는 개인적 주체와 같은 수준으로 모든 주체에 공통적인 에피스테메의 주체사이에 구분을 필요로 한다. 둘째, 의식에 관해 단편적이고 때때로 왜곡되어 있기에 주체의 활동과는 별개로 다루어진다. 그 주체를 아는 것은 주체의 지적 활동의 결과이지 그 활동의 메커니즘의 결과는 아니었다.

---

40) 문성훈, 『미셸푸코의 비판적 존재론』, 도서출판 길, 2010, p.81.

2) 불연속성의 테제

푸코 자신은 『지식의 고고학』에서 독자들에게 방법론적 작업을 통해 그가 진정 무엇을 할 것인지를 묻는다. 그러나 그의 『지식의 고고학』은 몇몇 중요 작품에 관해서는 분명한 답변을 제시하지 않았지만, 점차 역사철학에 의해 고양되어 왔다. 따라서 철학자나 역사가들도 과거와 현재 사이의 관계를 푸코의 고고학적 기획에 의해 각기 다른 방법을 설정할 수 있다.[41] 푸코가 1960년대 이후 의존해 온 방법은 고고학적인 방법[42]이다. 그가 「현재의 역사」라 부르는 것은 르네상스 이후부터 현대에 이르기까지 서양사의 구조를 자신의 특유한 고고학적 방법으로 규명하는 것이다. 특히 그는 서양근대문화의 사유와 그 하부구조를 냉엄하게 비판하고 현대문화와 사상을 동시에 비판적으로 분석한다. 이것은 역사의 직물이라는 점에서 여러 가지 언설들이 출현하는 시기와 조건을 발견해 내는 방법이다.

사실상 푸코는 그 밖의 많은 학자들이 1960년대에 유행시켰던 단절·절단·변이·불연속성 등의 개념을 바슐라르(Gaston Bachelard, 1884~1962)로부터 직접 빌려온 것이다. 다시 말해 구조적 역사의 과학에 대한 푸코의 견해는 많은 측면에서 바슐라르적이다. 여기서 푸코는 과학적 개념의 본질적인 역사성 및 단절의 불연속성적 역사성을 이해하여 받아들

41) Michael S. Roth, "Foucault'S Histiry of Present", in: *History and Theory.* Vol. 21. 1981, p.32.

42) 고고학(考古學)이란 단어는 영어 Archaelogy의 번역어이다. 이 낱말은 Archaeos(과거, 古)와 Logos(논리, 학문)이라는 말의 합성어로써 문자 그대로 옛 것을 생각하는 학문이다. 고고학은 19세기 중엽부터 서구에서 도입되면서 "과거 인류가 남긴 물질적인 자료(고고학적 자료)를 연구하는 학문"으로 정의되었으나, 현재의 고고학은 "과거 인류들이 남긴 물질적인 자료를 통해서 당시의 문화, 즉 행위, 사회적 조직, 이념 등을 복원하고, 그들의 문화가 어떻게 그리고 왜 변화되었는가를 연구하는 학문으로 정의"한다(최몽룡·최성락, 「고고학사의 개요」, 『인물로 본 고고학사』, 한울, 1997, p.11). 푸코는 고고학을 관념의 역사(사상사)와 비교하려 했으며, 사상사가 전통적으로 주로 다루고 있는 발생, 연속성, 총체성 등의 거부였다(E. S. Shaffer, "The Archaelogy of Michel Foucault", in: *Studies in History and Philosophy of Science*, 7, 1976, p.269).

인다. 즉 푸코는 바슐라르를 통해서 역사를 다음과 같이 세 가지 인식방법에서 새롭게 찾는다.

첫째, 과학사에 대한 불연속적인 고찰이다. 바슐라르 이전의 철학자들은 과학사를 거의가 연속적인 역사로 파악하였다면, 바슐라르는 과학사의 가장 의미심장한 순간들을 불연속적인 순간들로 고찰한다. 주지하듯이 푸코의 불연속성은 사상사에 대한 접근에서 중심적 역할을 한다. 그는 『지식의 고고학』의 머리말에서 "새로운 역사의 가장 본질적인 특징 중의 하나는 아마도 불연속에 대한 이런 전위일 것(AK, 8)"이라 언급한다. "불연속성의 개념은 역설적으로 보인다. 왜냐하면 그것은 역사탐구의 도구로서 작용하기도 하지만, 동시에 발견해야 할 목표로서 여겨지기 때문이다(AK, 8)." 그래서 푸코는 『지식의 고고학』에서 우리에게 쉽게 헤아릴 수 없을 것 같은 암묵적인 담론으로서 역사의 불연속성의 도표를 제시하였다. 후기의 저작에도 그는 우리에게 측량할 수 없을 것 같은 언어를 동일화시킴으로써 철학적 문제를 인지하였고 불연속성에 초점을 맞추었다.[43] 즉, 장애물로부터 작업자체로의 전이, 역사가가 가진 담론의 통합, 그 담론에서 불연속성은 더 이상 제거되어야 할 외적 조건의 역할이 아니라 작업개념의 중요한 구실을 한다. 불연속성은 더 이상 역사적 독해의 부정이 아니라 대상을 결정하고 분석을 유용하게 하는 긍정적인 요소이다. 무엇보다 불연속성의 강조는 사상사를 쓰기 위한 현재의 전략으로서 특별한 중요성을 지닌다.

둘째, 인식론적인 단절이다. 기존의 과학을 상식의 연장선상에서 이해하는 관점이다. 과학이란 단지 우리의 경험을 체계화한 것이며 경험적인 자료들에 대한 경제적인 기술일 뿐이다.

---

43) Jonathan Arac, *After Foucault*. The State University, 1988, p.30.

셋째, 인식론적 장애(障礙)이다. 이것은 인식론적 단절을 다른 측면에서 언급한 말이다. 잘못된 과학은 처음의 경험에 고착되어 표면상의 외관에만 집착하였기에 호기심만을 만족시켰고 지식과 사상보다는 이미지만을 불러일으켰다.[44] 이러한 관점에서 푸코는 과학사에서 지식과 실천을 재조직화하는 불연속성에 새로운 조명을 시도하여 전통적인 역사 서술론과 단절할 것을 천명한다. 이 같은 단절을 통해서 구조주의는 이중적인 화해를 겨냥했다.

그가 고고학으로 살펴보고자 하는 해석학적 구조의 역사는 "근거 규정적인 주체정신의 작용 속에서 이루어지는 연속성의 역사가 아니라 우연히 결합된 층위들의 계열인 것이다. 그러나 역사의 시기들은 그 자체의 전개 과정들에서만 불연속적인 것은 아니다. 단지 그들 자체 내에서도 불연속은 존재한다."[45] 푸코가 이처럼 전통적인 역사가들의 작업이 질적인 면에서 부적합하기 때문에 그들의 작업을 거부한 것은 아니다. 이제까지 역사가들의 전통적인 방식에 의존하여 역사서술을 궁극적인 기원이나 기원의 시간적 진행에 초점을 맞춘다면, 그에 대한 인과성은 단선적이거나 일시적으로 한정될 수 있다. 그렇기 때문에 푸코는 인과관계도 시간의 전후관계보다 훨씬 더 복잡할 수 있다는 것이다.

그는 독자들에게 말한다. "나는 내 자신이 관념의 역사(AK,136)로 부터 단절될 때까지 만족스러울 수가 없다." 그리고 실천가들의 "보수적인 목적"(AK, 138)에 격렬하게 공격한다. 푸코는 바슐라르와 깡그렘 이후로 수평적으로 진정한 관념사 속에서 역사를 발견하였고 인식의 연속적인 발전이라는 관심을 보이는 것에서 단절에 대한 현상을 요구하였다. 전통과 흔적을 묻는 것 대신에 단편과 전체에 대한 그의 주의를 불

44) G. Bachelard. *La formation de prit scientifigue,* The State University, 1988, p.30.
45) 만프레드 프랑크, 김윤상 역, 『신구조주의란 무엇인가 2』, 인간사랑, 1999, p.25.

연속성의 사유에 집중시켰다.[46)]

먼저 관념사에 있어서 이러한 불연속성의 특권은 실제 역사에서 오랜 구조에 대한 편애인 것처럼 보인다. 푸코는 다음과 같이 말하고 있다.

> "연속적인 역사는 주체의 자기중심적 구성의 필수적인 상관물이다. 그것은 그를 비켜간 그에게 반환하도록 해주는 보증서이며, 시간의 재구성된 통일성 속에서 모든 것을 복귀시킴으로써 아무것도 흩뜨리지 못하도록 해주는 확실성이며, 어느 날엔가 주체가 역사의식이라는 형태아래에서 -차이성에 의해 격리되어 있는 모든 것을 다시 한번 전유할 수 있고 지배할 수 있도록, 그들 중에서 그의 주거 속에 담을 수 있는 것을 찾아낼 수 있도록 해 줄 약속이다(AK, 12).

위에서 인용한 것처럼 역사를 수용하는 것은 "주체로서의 행위(Aktion), 기능, 인간을 이해하는 것과 밀접히 연관되어 있다."[47)] 이러한 방법의 역사는 헤겔학파적인 과거와 현재의 전체화를 수행하는 것이다. 포스터(Poster)에 의하면, 푸코가 헤겔적인 연속성의 역사를 거부한 것은 물론이거니와 그가 제기한 "불연속성의 테제의 힘은 명백해지고 가장 적절한 것"[48)]이라 말한다. 푸코는 주체의 기능을 발견하려는 시도를 거부하였고, 연속적인 역사의 개념을 거부하였다. 즉 그는 주체로서의 역사의 연속성, 주체의 단절들과 같은 구조적 불연속성을 주장했다. 따라서 그는 구조들이나 역사가 없는 구조주의적 방법론, 즉 순수한 언어를 찾고자 했다[49)].이런 점에서 푸코에게서 역사의 토대는 이미 불연속의 원리를 언급하는 것이었고, 불연속성은 정치적·윤리적 관점의 기

46) Claudia Honegger, "Michel Foucault und die serielle Geschichte", in: *Merkur* 407(1982), p.507.

47) Wilhelm Schmid, "Die Geburt der Geschichte", in: *Deutsche Zeitschrift für Philosophie,* 39. Jg. 1991, p.367.

48) Mark Poster, "Foucault and History", in: *Social Research,* Vol. 49. 1982, p.121.

49) 에디츠 쿠르츠웨일, 이광래 역, 『구조주의의 시대, 레비-스트로스에서 푸코까지』, 종로서적, 1980, p.204.

초가 된다. 그러나 불연속성의 원리는 현상 속에서 변화한다. 거대한 역사적 규모에 따라 불연속성은 아주 복잡한 변화의 계열을 거치면서 점차 작은 규모로 축소하여 다시 등장하게 된다. 그는 『지식의 고고학』을 시점으로 하여 불연속성에 관한 그의 논증을 역사적 사건이나 담론의 배열에서부터 지식과 권력, 지성적인 역할에 이르기까지 모든 영역에 초점을 맞춘다.[50] 그는 불연속성의 목적을 다음과 같이 말한다.

> 나의 목적은 불연속성 속에서 역사를 어떤 목적론적으로 진보하여 환원하려는 데 있는 것이 아니다. 익명성 속에서 어떠한 선험적 구성없이 주체의 형식을 부여하려는 것을 허용한 것이다. 그것은 일시적으로 어떤 전통의 환원을 약소하지 않고 문호를 개방하여는 것이다. 나의 목적은 선험적인 나르시시즘을 일소시키는 것이다(AK, 202-203).

푸코는 『지식의 고고학』에서 역속적인 역사는 주체의 기본적인 기능과 상호관계에 있다고 발한나. 이세껏 회피해 왔던 주체에 대해서 어떻게 원래대로 돌아갈 수 있는지도 물어야 한다. 주체는 연속적인 시간을 재구성하여 새롭게 통합하여 복원시켰을 경우에, 분산되지 않을 확신을 갖고 있어야 한다. 따라서 언제가 주체는 역사의식이라는 형식으로 어떤 차이에 의해 서로 멀어져 있는 것을 다시 자신이 지배할 수 있는 거처를 발견하는 것이다. 그러나 푸코는 "나는 역사를 부정하지 않는다. 역사는 서른 다른 국면에서 다양한 변형들을 밝혀내기 위한 것이다. 여기서 변화라는 일반적이고 공허한 범주에 대해서는 의혹을 떨쳐버릴 수가 없다(AK, 200)"고 한다.

주지하듯이, 그는 연속성의 역사가 아니라 불연속성의 역사가이다. 단지 그는 과거가 어떻게 다르고, 현재와 어떻게 차이가 나며 위협적인

---

50) Clare O'Farrel, *Foucault-Historian or Philosopher?*, Macmillan, 1989, p.47.

가를 보여 주고자 했다. 그는 과거를 현재로부터 단절시키고자 하며, 현재와 과거의 관계에 있어서 전통적으로 역사가들이 견지해 왔던 것처럼 손쉽고 편안하고 익숙한 것과 단절을 선언한다. 그는 현재에 대해 과거의 모든 의미들을 모아 놓고 현재를 지지하고 과거를 현재로부터 연속적으로 지속시키려는 기존의 전통적 역사의 입장을 부정한다. 즉 현재로부터 과거를 단절시켜 과거의 낯섦을 보여주는 동시에 현재의 합법성을 상대화시켜 허물어버리는 것이다. 요컨대 푸코의 해석학적 구조이론은 연속성의 역사를 말하는 것이 아니라 불연속성의 역사인 것이다. 궁극적으로 푸코는 단지 과거의 역사를 서술하는 데 관심이 있었던 것이 아니라 우리가 현재로 존재하는 불연속성에 관심을 집중하였다. 지금까지 살펴본 딜타이와 푸코의 역사이론을 다음과 같이 몇 가지 측면에서 정리해 볼 수 있다.

첫째, 이제까지 연속성의 역사와 불연속성의 역사가 개별적이고 서로 무관하다는 기존의 인식의 차원에서부터 벗어나는 계기를 마련해 주었다. 어떻게 이 양자 사이의 관계에서 변증법적으로 서로 긴밀한 긴장관계를 형성하고 있는가를 새롭게 보여줄 때, 현재의 다원화된 세계에서 미래의 역동적인 역사관의 청사진을 설계할 수 있을 것이다.

둘째, 과거 · 현재 · 미래의 역사의 연속성이라는 딜타이의 역사관과 과거와의 단절에 의해서도 현재의 역사를 파악할 수 있다는 푸코의 불연속성의 역사, 즉 이성의 역사와 지식의 역사, 과학의 역사를 통해 새로운 인식의 탐구를 추적할 수 있다. 푸코가 언급하고 있는 "역사철학비판"과 딜타이가 강조하고 있는 "역사이성비판" 사이에 어떻게 상이한 차이와 동일함을 보여주고 있는지는 향후 역사연구에도 새로운 모델을 제시해 볼 수 있을 것이다.

4. 딜타이와 푸코의 역사성: 연속성과 불연속성의 현대적 의미

앞장에서 살펴보았듯이, 삶의 철학자인 딜타이와 지식의 고고학자 푸코는 역사라는 개념을 중심으로 하여 그들의 연속성과 불연성의 역사이론을 전개했다. 따라서 양자(兩者) 간의 역사의 연속성과 불연속성 사이에는 좁힐 수 없는 시간적 간격이 존재한다. 그럼에도 불구하고 양자간의 연속성과 불연성의 역사적 관점은 어떠한 차이점과 동일성이 존재하는가?

첫째, 딜타이는 독일의 전통적인 역사가들인 드로이젠 · 랑케 · 헤겔 · 비코 등의 노선을 충실하게 전수하여 삶의 연속성의 역사를 주장하였다면, 푸코는 딜타이의 영향보다 니체 · 레비-스트로스 · 알튀세 · 소쉬르 · 마르크 블로흐 · 루시앙 페브르, 페르낭 브로델을 비롯한 아날학파 등의 이론을 유산으로 간직하면서 과학과 이성의 불연속성의 역사 및 반(反) 역사성을 강조했다. 다시 말해 딜타이는 과거와 현재 · 미래라는 삶의 연관성에 기반하여 총체성의 역사를 주장하였다면, 푸코는 전통적인 역사가들이 구축했던 과거의 문화적 전체성에 대한 총체적 이해를 거부한다. 이런 점에서 이들 양자 사이에 많은 진술과 실천을 해부했다는 점에서 많은 차이를 보인다. 두 철학자는 역사라는 낱말을 서로 즐겨 사용하고 있지만, 그 역사의 내용적 사유패턴은 연속성과 불연속성의 역사라는 점에서 서로 현격한 입장의 차이를 보이고 있다. 다시 말해서 딜타이는 역사의 측면을, 삶을 중심으로 하여 과거와 현재, 그리고 미래에 대한 연속성의 역사라고 말한다면, 푸코는 현재의 역사라는 측면에서 과거와의 단절에 주안점을 맞추고 있다. 즉 랑케(Ranke)나 드로이젠, 딜타이와 같은 전통적인 역사가들은 과거의 사실을 근거로 하여 진정 어떠한 사실에 근거하여 현재를 재현해 낼 것인지에 관해 주목한다. 특히 랑케나 딜타이는 역사적 삶 · 법 · 종교 · 경제 · 예술 · 정치 · 과학 윤리 등의 개별적인 영역에 대해 동일한 시대 및 동일한 국가, 그리고 외적인 연대를 통해 서로 유대관계를 강조한다.51)

하지만 푸코는 랑케나 딜타이처럼 "과거를 있는 그대로 보여준다"는 전통적인 역사서술의 방법을 거부한다. 그래서 푸코는 역사적 작업이 과거에 대한 기술이 아니라 현재의 역사에 대한 분석과 진단을 하는 것이라고 단언한다. 그래서 푸코는 현재의 역사와 현재주의의 역사를 구분해야 한다고 말한다. 현재주의는 현재로부터 모델 · 개념 · 제도 · 정서 · 상징 등을 선택한다. 그 밖의 다른 일반적인 모델은 자민족중심주의(Enthnocentrism)이다.52) 하버마스에 의하면, 푸코의 해석학적 구조이론은 현대성의 현재주의적 시대의식을 극복해야만 하는 것이었다. 푸코는 오래 전에 분해된 동일성을 확립하고자 하지만, 그 안에서 적용된 역사서술의 현재주의를 청산하고자 했다. 그렇기 때문에 푸코는 역사를 기술하는 주체 자신의 추정된 동일성과 동시대인들의 동일성을 해체해야 한다고 말한다.53)

앞장에서 언급하였듯이, 딜타이와 푸코는 역사의 내용을 주축으로 하여 구조를 분석하면서 자신들의 독특하고 독창적인 사상을 전개했다. 푸코에 있어서 역사의 불연속성의 문제는 더 이상 전통의 문제를 하나의 일관된 계열에서 찾는 것이 아니라 분할과 한계 단절들의 문제를 새롭게 설정하여 진행시키는 것이다.

---

51) Jochim Richer, "Über die antinomische Struktur der geistswissenschaftlichen Geschichtsauffassung bei Dilthey(1931)", in: *Dilthey-Jahrbuch*. Bd. 9. 1994/95, p.185.

52) Hubert L. Dreyfus and Paul Rabinow, *Beyond Structuralism and Hermeneutics*, The University of Chicago, 1982, p.118.

53) 하버마스, 『현대성의 철학적 담론』, 이진우 옮김, 문예출판사, 1994, p.298.

"불연속성의 개념은 역설적으로 보인다. 왜냐하면 그것은 역사탐구의 도구로서 작용하기도 하지만, 동시에 발견해야 할 목표로 여겨지기 때문이다."(AK, 8)

딜타이는 삶의 연관성 속에서 과거 · 현재 · 미래와의 연속성을 강조했다면, 푸코는 현재의 역사에서 과거와의 단절과 불연속성을 주장한다. 비록 그들이 주장하는 내용들이 서로 많은 차이점이 있다고 할지라도 양자 사이의 첨예한 역사의 관계를 다루는 것은 의미 있는 작업이라 생각된다.

둘째, 딜타이의 역사관은 헤겔과 신헤겔학파의 객관적 관념론을 계승한다. 딜타이를 비롯한 전통적 역사가들이 역사를 지배하는 정신이나 원리에 단선적이고 연속적인 역사를 구성하는 것에 주목하였다면, 푸코의 역사관은 어떤 하나의 생산양식이 다른 생산양식에서 변증법적으로 도출되는 헤겔의 역사철학 및 딜타이의 역사이성비판을 비롯한 헤겔주의자들의 목적론적 모델을 거부한다. 푸코는 니체적 비판전략을 선호하면서 니체적인 역사의 관점에서 출발하고 있다. 푸코는 니체가 수행했던 것과 마찬가지로 아폴론적인 이성적 측면보다 감성적인 디오니소스적인 입장을 언급한다.

슈미트(Schmid)는 푸코의 입장을 일컬어 "아폴론적인 전환"[54]이라 부르기를 주저하지 않는다. 푸코는 자신의 저서 여러 곳에서 계보학이라 부르는 역사관의 윤곽을 니체에게 많을 빚지고 있음을 고백한다. 니체는 그의 저서인『도덕의 계보』에서 현재를 과거와 의도적으로 단절시킴으로써 현재와의 단절을 시도한다. 이런 점에서 그의 계보학은 현재의 역사에서 출발한다. 니체에게서 계보학은 역사적 사건들이 지향해야

54) Wilhelm Schmid, *Die Geburt der Philosophie im Garten der Lüste*, Frankfurt, 1987, p.100.

할 목적에 의한 발전과정을 확립하거나 역사적 순환을 입증하기 위한 사건의 비교에 몰두하지 않는다. 니체의 의도는 체계성에 대한 비판이고 통사와 같은 역사해석의 총체적 작업에 대한 거부인 것이다.[55] 푸코는 개별적인 역사적 사건 및 그 사건들 사이에서 형성되는 일련의 관계·사건들의 계열·사건 사이의 불연속성에 주시하고 있다. 이것이 바로 푸코 저작의 과제였으며 딜타이를 비롯한 역사의 불가피성의 계열에서 추구하는 입장과 다른 점이다. 딜타이를 비롯한 전통적인 사상가가 인간의 사상들을 하나의 마음 혹은 집합적인 정서의 동질적인 표현들을 이해함으로써 수세기에 걸쳐 삶의 연속성의 역사를 강조해 왔다. 이런 연속성을 제기하는 관점이 이제껏 역사의 전통적인 관점이었다. 그렇지만 푸코의 입장은 사상의 거대한 연속성 속에서 단절의 사건을 찾기 위해 노력해야 한다고 강조한다. 말하자면 푸코는 과거를 현재로부터 단절시키고 과거의 이질성을 증명함으로써 현재의 합법성을 상대화시키고 약화시킨다. 이런 점에서 푸코의 역사관은 딜타이와 심히 대립된 측면을 보였다.

여기서 우리는 푸코의 현재적 역사의 방법을 구조적이라고 말한 사실에 주목해 볼 필요가 있다. 그에게서 구조주의의 결과가 철학적으로 어떤 시대의 문화와 이념의 해석과 결부되어 있기 때문에 해석학의 경향을 지니고 있다. 따라서 그의 구조주의사상은 후기에 접어들면서 해석학적 경향을 짙게 풍겼다. 물론 그가 구조주의자이거나 해석학자이냐 하는 형식론적 분류는 현재 학자들의 견해에 따라 분분하기 때문에 그의 사상을 이해하는 본질적인 요소는 아니다. 다만 푸코사상의 기본

---

55) 이광래, 「니체와 푸코: 니체의 상속인으로서의 푸코」, 한국니체학회 편, 『니체와 현대의 만남』, 세종출판사, 2001, p.23. 푸코의 니체에 관한 프랑스 구조주의의 영향사는 다음을 참조: EAric Biondel, “Nietzsche und der Französische Strukturalismus”, in: *Nietzsche-Studien*. Bd. 10/11, 1981/1982, pp.518-564.

적인 방법은 분명히 구조주의적 특성과 이념을 강조하고 있다는 사실이다.[56] 그의 역사 철학비판은 한결같이 현대 서구 자본주의와 부르주아 사회를 비판하면서 로고스와 히브리스(hybris; 열정, 정열)가 갈등을 일으키지 않는 문명과 사회, 즉 그에게서 고대 신화의 희랍 사회와 문명를 갈구하는 근원회귀 사상을 함축하고 있다. 푸코에게서 유용한 신화들이란 질서를 무질서하고 현존하는 것을 파괴하며, 현재를 과거로 바꾸는 신화들이다. 이런 그의 구조주의적 고고학적 방법 계열과 사실상 일란성 쌍생아와 같은 관계를 유지한다. 그러한 이유는 푸코가 **역사철학적 비판** 사상에 구조적 방법을 내면에 적용하고 있기 때문이다. 또 다른 이유는 푸코의 구조적 고고학이론도 종국적으로 인간의 죽음을 말하고 있기 때문에 은연중에 니체가 그의 철학전반에 걸쳐서 언급하고 있는 디오니소스적인 광기의 환상에 의한 초현실적 세계에로의 몰입을 구가하고 있다.

셋째, 딜타이는 정신과학을 정초할 목적으로 인문과학의 토대를 구축하였다. 그는 정신과학을 정립하는 것에 인간본성을 탐구대상으로 삼았다. 그는 정치·경제·윤리·인륜·법·예술·종교와 같은 삶의 총체적인 연관성을 요구했다. 이런 관점에서 푸코의 입장도 딜타이와 마찬가지로 구조주의적 원칙들로써 인문과학의 통일을 갈구하였다. 물론 푸코는 개별적인 연구대상을 혼동하지 않으면서 인류학·언어학·정신분석학·사회학과 같은 학문들이 텍스트와 담론의 우위에 두는 공통적인 공간 속에서 다루었다. 우리는 푸코에게서 제반지식들과 실천들의 화해를 목표로 했다는 고고학적 인식을 주목할 필요가 있다. ① 고고학적 인식은 역사에서 단절을 가능한 한 증대시켜 보는 방식이다. 역사의

56) 김형효, 같은 책, p.301.

연속성이라는 관점에서 가급적이면 개별적인 요소들을 정의하고, 그 한계를 고정시켜서 유사한 종적 계열들을 확보하여 공통적인 법칙을 찾는 것이다. ② 이와 동시에 역사를 불연속성의 개념으로 인식하는 것이다. 이러한 불연속성의 개념은 역사가들이 그동안 제거하려고 노력했던 것이지만, 역사연구의 개념이자 도구이기도 하다. 푸코가 역사의 연구에서 다루는 담론 형성의 내용들은 고전주의적 경험과학, 즉 일반 문법 · 자연사 · 부의 분석과 근대의 언어학 · 생물학 · 경제학 등 광범위한 영역에 걸쳐 있다.

더욱이 이제껏 고전 사상과 근대사상 사이의 날카로운 단절은 19세기 경험과학들이 각기 분리된 담론 형성이었고, 거기에 대응하는 고전주의 학문과 담론 형성의 일부분이 아니라는 사실이 반영되어 있다. 푸코의 역사적 분석 작업이 『지식의 고고학』에서 발전한 담론형성의 일반적 개념에 조응하지 않는 원인이 있을 수 있다. 먼저 그가 분석한 어떤 것도 담론 형성의 요소들이 같은 수준으로 다루지 않았다는 것이다. 그리고 그의 담론 형성에 대한 푸코의 초기 논의는 『지식의 고고학』에서 언급했던 것처럼 "분산의 체계"로서의 역할에 초점을 맞추고 있지 않다. 담론 형성에 대한 푸코의 일반적 분석은 담론형성을 지배하는 규칙에 대한 상세한 분류로 구성된다. 푸코는 『지식의 고고학』에서 연속적인 역사는 주체의 기본적인 기능과 필수 불가결의 관계에 있기에, 그것은 주체를 회피해 온 모든 것을 회복할 수 있다는 보증이요, 시간은 재구성적 통일성으로 복원된다는 아무 것도 분산시키지 않을 것이라는 확실성이요, 언젠가는 주체는 역사의식이라는 형식으로 차이에 의해 소격(疏隔)되었던 모든 것을 자신의 지배 속에서 자기의 거처지를 발견하는 것이라 말한다.

그러나 푸코는 "나는 역사를 부정하지 않는다. 그런 서로 다른 국면에서의 여러 변형을 밝혀내기 위한 것으로서 변화라는 일반적이며 공허한 범주에 대해서는 의혹을 떨쳐 버릴 수가 없다(AK, 200)"고 한다. 푸코의 『지식의 고고학』(1969)에서 잘 보여주고 있듯이, "딜타이가 자연과학과 구별되는 정신과학의 인식론적 가치에 관한 독일에서 있었던 논쟁이 전개된 이후로 지성사는 이보다 혹독한 재검토를 받은 적이 없었다. 푸코의 노력은 그 당시 지성사가들부터 열렬한 환영을 받지 못하였기 때문에 자신들의 영역을 쓸데없이 침범한 주범"57)으로 몰았지만, 지금은 가장 각광받는 이론이 되었다. 딜타이를 비롯한 전통적인 사상사가 인간의 사상들을 하나의 마음 혹은 집합적 정서의 동질적 표현들로 이해함으로써 수세기에 걸쳐 연속성을 강조해 왔다. 이런 종류의 연속성을 제기하는 것이 새로운 사상사의 필수적인 부분이다. 그런데 푸코에게서 사상의 거대한 연속성 밑에서 사람들은 단절의 사건을 찾기 위해 노력해야 한다는 것이다. 이런 기획에서 커다란 문제는 연속성이 어떻게 형성되었는가, 혹은 매우 상이하고 연쇄적인 사상들에 대해 어떻게 하나의 지평을 제시할 수 있는가를 언급하는 것은 아니다. 결국 역사의 비연속성의 문제는 더 이상 전통의 문제를 하나의 노선에서만 찾는 것이 아니라 분할과 한계 · 단절들의 문제를 설정하여 진행시키는 것이다.

넷째, 푸코에게 있어서 구조의 과학사적인 담론과 딜타이에게서 구조의 삶의 정신과학적인 담론은 인문학 위기의 극복을 위한 방책으로 적극적으로 활용할 수 있다. 끊임없이 반복되는 인문학의 위기설과 관련하여 국내학자들 사이에 딜타이의 정신과학이론을 적용하려는 글들이 눈에 띄게 등장하고 있으나 그의 정신과학 이론을 개괄적으로 소개하는 수준에 머물러 있다. 잘 알려져 있듯이, 우리가 딜타이의 학설에

57) 마크 포스트, 「푸코의 지식의 고고학과 지성사의 미래」, 라카프라 카프란(편), 『현대유럽지성사』, 강원대 출판부, 1986, p.168.

주목하고자 하는 이유는 그의 정신과학의 방법론이 우리현실, 더 정확히 말해서 인문학과 관련하여 적용하려는 의도를 다분히 내포하고 있기 때문이다. 무엇보다 딜타이의 정신과학적인 이해는 삶의 연관에 뿌리를 둔 총체적인 학문이다. 딜타이는 삶의 총체적인 연관성 속에서 모든 인간본성의 제 현상을 체험과 이해로서 표현하여 정신과학을 바르게 정립하는 데 일차적인 목적을 두었다. 이러한 관점에서 딜타이는 정신과학을 인간적-역사적-사회적 현실을 대상으로 갖는 학문의 전체를 가리켰다. 주지하듯이 우리 사회에서 인문학 내지 인문과학의 위기에 관한 많은 담론이 오고 갔고 그에 대한 진단도 다양한 측면에서 진행되었다. 이러한 인문학 위기에 대해 각계각층에 걸쳐서 많은 진단과 처방책이 나왔지만 아직 속 시원하게 그 해결책이 나온 것은 더 더욱 아니다. 여전히 인문학의 위기에 대한 담론은 계속 진행되고 있는 양상을 보이고 있고 그 위기의 증후군도 가라앉지 못하고 있는 실상이다. 다시 말해서 우리상황에서 인문학 위기의 징후군도 보는 이의 주관적 관점에 따라 제 각기 서로 다른 양상을 보이고 있다는 사실이다.

21세기 현재, 인문학의 위기가 우리 대학사회에 전반적으로 만연해 있다고 한다면, 인간의 정신과학의 정초를 확립하려고 시도했던 딜타이의 명제를 출발점으로 삼아 시작할 수 있을 것이라 생각된다. 딜타이가 언급하고 있는 삶의 진행과정은, 부분과 전체의 관계를 부분은 전체로, 전체는 부분의 의미로 포함시키는 것이며, 이해는 개체를 단순히 일반적인 것으로 인식하는 것이 아니라 개체에서 전체로, 다시 전체에서 개체가 드러난다고 보고 있다. 개별적인 낱말은 전체를 통해서 이해하고, 개별적인 부분을 충분히 이해하였을 때 전체의 전제조건이 될 수 있다. 그런데 현시점에서 삶의 진행과정 및 인문학의 과정은 부분과 전체의 관계를 상호작용으로 본 것이 아니라 개별적으로 동떨어진 관계로 생각해 왔다는 사실이다. 이러한 순환이론을 적용했을 때, 우리가 지금까지 행하고 있던 개별학문은 하나의 전체가 아니라 하나의 부분이었다는 사실을 분명히 인정하고 그것을 다시 전체의 연관성 속에서 생각해야 한다는 것이다. 이러한 인식의 과정에서 출발하여 우리의 "부분을 어우르고 있는 전체의 과정이 진정 무엇인가"를 물을 때, 문제의 본질을 점차 해결하여 앞당겨 나갈 수 있을 것이다. 무엇보다 이러한 방향의 측면은 개별전공에서만 한정하여 머무르는 것이 아니라 통합전공으로 나아가는 것, 즉 더 큰 전체를 주제로 삼는 인문학으로 나아가는 것이 될 것이다. 흔히 우리가 생각하듯이 "주제가 좁을수록 구체적인 것이 아니라 오히려 주제의 범위가 넓을수록 구체적이라는 것"은 우리의 일상적이고 구체적인 삶 속에서 찾을 수 있다.

한편 푸코는 인문과학에 부과한 지식의 유형과 질서의 구조가 변화되면서 생겨났다고 말한다. 푸코에 의하면, 인간의 주체는 근대 경험의 발달과 학문의 객체가 등장하게 되면서 등장했다고 본다. 푸코는 우리가 구체적인 지식을 잘 인식하지 못하더라도, 근대의 인문과학을 낳게 한 지식의 기본적인 성질들이 변화면서, 즉 인문과학의 변화가 위기로 나타났다는 것이다. 그래서 푸코는 과학사적인 서술을 통해 인문과학의 여러 모형을 제시한다. ⓐ 수학과 자연과학의 근거를 제공하고, ⓑ 노동, 언어와 삶과 같은 실증적인 과학을 제시하고, ⓒ 철학적인 반성(Reflexion)을 형성한다. 특히 푸코의 언어의 구조분석은 해석학의 이론과 많은 연관성을 지닌다. 이러한 관점은 딜타이의 해석학의 이해를 통해서 푸코와 서로 재해석할 수 있는 이론적 틀을 제공해 주었다.

다섯째, 이미 20세기를 걸쳐 새로운 21세기에 이르는 우리의 역사의식은 상당한 저항을 받아 왔고, 그 위기감마저 느끼고 있다. 이와 같은 저항의 결과로 인해 역사학은 19세기 랑케에 의해 근대 역사학이 생겨난 이래로 그렇게 열망해 오던 지적(知的) 중심의 연속성의 역사관을 수정해야 하는 상황에 직면하게 되었다. 딜타이는 산업사회가 "삶에 대한 과학이 지배(GS, I, 21)"하게 되면서 정신과학의 위기를 맞게 되었다고 진단한다. 역사학자 후쿠야마를 비롯한 많은 철학자나 역사학자들이 주장하는 것처럼, 오늘날 역사의식이 위기 및 『역사의 종말』(1992)[58]을 맞이하고 있다면, 이러한 위기의 증후군들은 훨씬 오래 전부터 계속 있어왔다. 왜냐하면 19세기 말이나 20세기 초엽만 해도 그 당시 역사학자들이 지녀온 선입견은 폭넓게 비판받아 왔기 때문이다.[59] 푸코는 인간의 종말 · 역사의 종말 · 과학의 종말 · 지식의 종말을 주장하고 있으나, 문화적 위기를 예측하는 데 많은 관심을 보였다.[60] 이는 딜타이가 19세기 말~20세기 초엽의 유럽학문의 위기에 대해 잘못 왜곡된 실증주의 과학과 심리학주의에서 그 위험성을 정신적 자기반성을 촉구하는 것과 유사한 맥락을 지닌다.

여섯째, 딜타이와 푸코에게서 역사의 연속성과 불연속성의 역사관을 고찰해 봄으로써 다시 현대의 역사의 시점에서 자기 성찰성(Reflexivity)을 통해 새로운 패러다임으로 나아갈 수 있는 발판을 기획할 수 있다. 특히 딜타이의 정신과학의 삶의 역사성에서 주목할 점은 그가 누차 반복하고 있듯이, 정신과학의 정초를 인간본성에 근거를 두고 있다는 사실이다. 또한 개인의 관점에서 사회적-역사적 현실을 어떻게 파악할 것인가를 고민해 왔다는 점이다. 그의 체계적이고 역사적 인식의 보충체계와 그와 관련된 이론은 경험적 · 이론적 · 규범적 자기반성(Selbstbesinnung)의

58) 프랜시스 후쿠야마, 『역사의 종말』, 이상훈 옮김, 한마음사, 1999.

59) Hayden V. White, "The Burden of History", in: *History and Theory.* vol. 5. 1996, pp.114-115. vgl. 이광래, 「미셸 푸코의 구조주의 연구」, 『철학』, 제19집, 1983, 한국철학회, p.82.

60) Allan Megil, "Foucault, Strukturalism and Ends od History", in: *The Journal of Modern History,* 51(1979), p.490.

이념 안에서 수용하였다는 사실이다. 따라서 그가 정신과학에서 밝히고자 하는 자기반성이란, 인식론적인 자기반성과 더 나아가 행위하는 삶의 실천으로 도약하고자 하는 출발점이었다. 역사에서 자기반성이란 이미 잘 알려진 유래뿐만 아니라 잘 알려지지 않았거나 낯선 것 들을 추적하는 것이다. 과거는 인간에게서 직접적인 것만이 아니라 오히려 단계적으로 의식적으로 획득하거나 매개의 토대를 개방하는 것이다. 인간의 역사는 근본적으로 인간정신을 구성하며 인간의 자기반성을 소중히 여긴다. 그러나 자기반성은 최종적인 결과만을 드러내는 것은 아니다.

일곱째, 푸코에게서 언어의 구조적 분석은 전통적인 계열의 해석학 이론과 많은 연관성을 갖고 있다. 이러한 관점은 딜타이의 해석학적 언어의 이해에 의해 푸코의 해석학적 구조이론을 재해석할 수 있는 이론적 틀을 제공해 준다. 딜타이는 문화의 체계에서 언어를 중요한 요소로 간주한다. 딜타이는 사회적 행위를 이해하는 데 중요한 수단은 언어라고 강조한다. 언어는 삶의 연관성 속에서 현실의 지적인 절차의 내용을 담아내고 있다(GS, XIX, 290). 우리가 푸코의 구조주의에 대해 어떤 시대의 문화와 이념을 해석하는 것은 상호 연관되어 있기 때문에 해석학적 경향을 띠고 있다고 말한다. 왜냐하면 푸코의 구조주의가 후기 사상에서 특히 해석학적 경향을 짙게 풍기고 있기 때문이기도 하다. 물론 그가 후기 구조주의자이냐 해석학자이냐 하는 형식적 분류는 본질적인 요인은 아니다. 하지만 그의 사상의 기본적인 고고학적 방법은 분명 구조주의적 특성과 이념을 강조한다. 따라서 딜타이의 해석학적 구조분석은 삶의 내적 연관성을 언어로 간주한다면, 푸코에게서도 구조주의의 분석을 언어를 통해 이해하고 있다는 점에서 강한 해석학적 성향을 띠고 있다고 하겠다.

VII. 딜타이와 루만: 해석학적 사회체계

1. 이해의 반성이론으로서 해석학: 자기반성(Selbstbesinnung)

딜타이와 루만의 이해이론은 학제적 연구의 표준적인 모델을 제시해 준다. 종종 학제적 연구의 특성은 이질적 성질이 결합된 복합체라 말한다. 딜타이는 당시대에 정신과학의 위기라는 절박한 시대적 상황에서 전통적 학문체계를 과감히 탈피하여 학제적 연구의 기틀을 마련하였다. 딜타이에 의하면, "철학은 과학 · 예술 · 사회와 합법칙적으로 연관되어 있다. 이러한 관계에서 철학의 과제가 등장했다. 따라서 우리의 과제는 분명하게 주어졌다"(GS, V, 27). 이해의 대상은 결코 문자로 표현된 작품에만 제한되지 않고 인간이 만들어낸 모든 문화적 표현, 즉 사회 · 법 · 제도 · 종교 · 예술 등의 개별과학과 인간의 행위는 지금까지 내려 온 모든 역사에 걸쳐 있다.

특히 딜타이와 루만의 문화체계와 사회체계는 부분체계로서가 아니라 전체의 체계로 본다. 즉 정치 · 경제 · 법 · 과학 · 인륜 · 예술 · 종교 · 교육 등 개별분과가 아니라 통합학문으로 파악한다. 이는 현대의 다원화된 사회에서 학문의 통합 내지 분과학문을 재구성하려는 시도에 견주어 보았을 때, 여전히 중요한 관점을 제공해 준다. 또한 루만의 사회체계는 우리 학계에서 다소 낯설기는 하지만, 학제적 통합에 필요한 고도로 발전된 이론이다. 루만의 자기준거 내지 아우토포이에시스의 체계이론은 "거대이론의 모델"이 된다. 열역학으로부터 유기체이론, 생물학 · 신경생리학 · 컴퓨터 이론 및 정보이론 · 사이버네틱스 등과 연관시켜 학제적 연구의 기본적 토대를 제시해 준다. 따라서 우리는 두 이론의 학제적 연구의 장점을 최대한 살려 인문학 위기를 극복할 수 있는 계기를 마련할 수 있을 것이다.

먼저, 루만의 체계이론은 단순한 체계가 아니라 "체계와 환경"이다. 이를테면 체계 그 자체가 아니라 "체계와 환경의 관계"에 있는 것이다. 따라서 루만의 체계이론은 의식의 사실(die Tatsache des Bewußtsein)을 근거로 하여 체계/환경이라는 지식의 본질을 규명한 것이다. 루만은 사회적 체계들에 관한 일반 이론의 기본개요들을 다음과 같이 세 층위로 분류한다.

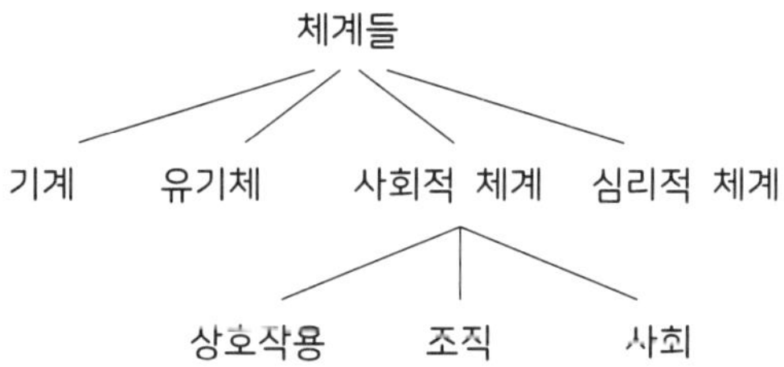

루만은 체계이론의 발전을 다음의 4단계로 구별했다.

(1) 과거에서 전승되었고 오늘날에도 개념의 정의에서 유지되는 체계개념. 그 개념은 **전체/부분**이라는 범주들로 체계들을 규정하려고 시도한다. 체계를 부분들 사이의 관계라는 순수한 내적 질서로 이해하고, 환경과 어떤 관계도 맺지 않는 전체로 이해하는 체계이론이다.

(2) **균형이론**: 이 이론은 체계들을 스스로 유지되는 것으로 보았다. 하지만 여전히 환경을 체계 안에서 보상이 이루어지거나 그렇지 않을 수 있는 장애의 근원으로 고려했다.

(3) **환경에 개방 체계이론:** 이 이론은 체계들이 환경과의 교환과정들의 유지와 선택적 조정을 통해서만 유지 가능한 것으로 전제했다. 여기서는 체계와 환경의 상호의존이 이미 정상적인 어떤 것으로 간주되었으며 결합으로 간주되지 않았다.

(4) **사이버네틱스 체계이론:** 이 이론은 체계와 환경의 관계를 복잡성(Komplexität)의 차이로 파악한다. 이 경우 환경은 지나치게 복잡한 것으로 간주된다. 체계는 자신을 유지하려면 자신의 고유한 복잡성을 환경의 복잡성과 일치관계로 옮겨야 하며, 그 밖에도 강화된 선택권을 통해 자신의 낮은 복잡성을 보충해 나가야 한다.[1]

루만은 체계이론에서 의식(Bewußtsein)의 철학에 연관시켰다. 루만의 체계이론은 커뮤니케이션으로서 의식을 통해서 생겨난다. 즉, 루만의 체계이론은 "커뮤니케이션 이론에 중요한 이론적 토대[2]"를 제공한다. 그런데 이러한 사회의 이해는 실제적으로 부차적인 의미에서 의식에 반영되든지 그렇지 않든지 간에 상호간에 상당 부분 의존해 있다.

먼저 루만은 체계 및 의미의 한계를 다양한 행위에 의해 주어진 수많은 체계를 정렬한다. 행위의 다중성은 행위하는 자의 주관적으로 의도된 의미와 행위관찰자의 선택적인 의미에 관한 명료성의 차이에 의해서만 나타나는 것은 아니다. 행위의 통일체로서 어떤 문화의 내부에서 이해된 것은 행위에서 드러난 그때마다 동일한 의미연관을 변화시킨다. 루만의 체계이론은 단순히 헤겔의 변증법적이고 논리학적인 사유, 후설 현상학에서의 의식의 지향성 개념, 니체의 디오니소스적 이성비판,

1) Niklas Lumann/Jürgen Habermas, *Theorie der Gesellschaft die oder Sozialtechnologie -was leistet die Systemforschung?,* Frankfurt a. M.: Suhrkamp, 1971, pp.10-11.

2) 루만의 커뮤니케이션이론에 관한 자세한 내용은 다음을 참조: 정호근, 「의사소통과 매체」, 김상환 외, 『매체의 철학』, 나남출판, 1998, pp.373-404.

마르크스의 자기준거, "사이버네틱스"[3])와 마투라나(Humberto Maturana, 1928~)와 바렐라(Francisco Varela, 1946~2001)의 생물학적 유기체 이론 등 의식의 철학을 주축으로 하여 결합시켰다. 하버마스의 따르면, 루만은 고전 사회학의 전통보다는 칸트(I. Kant)에서부터 니체(F. Nietzsche), 후설(E. Husserl)에 이르는 "의식철학의 역사"[4])를 계승하고 있다. 특히 루만의 체계이론에서 자기 자신과 세계를 밑받침하는 주체는 칸트의 비판철학을

---

3) 사이버네틱스라는 용어는 1948년 미국의 저명한 수학자 위너(Nobert Winer)가 처음으로 사용했다. 위너는 사이버네틱스의 개념들은 그 단시 개발하고 있던 디지털 컴퓨터와 결합시켜 현재 우리가 정보 커뮤니케이션 기술이라고 부르는 기술에 관한 통찰력 있는 이론을 이끌어 냈다. 위너는 2차 세계대전 동안 사격통제장치를 설계하고 분석하면서 인공두뇌이론(사이버네틱스)을 고안해 냈다. 사이버네틱스는 어원상으로 키잡이를 뜻하는 그리스어 kubernetes(항해사, 키잡이)에서 유래한 것이며, 후에 로마로 건너가 "governor"라는 용어를 만들어 냈다. 어원상 사이버네틱스는 조정(steer, pilot)과 통제(control, govern)의 두 가지 의미를 지닌다(양해림 외, 『사이버공간과 윤리-개정3판』, 충남대학교출판문화원, 2019, pp.21-22).

4) 후설의 의식철학에 대해서는 다음을 참조: 양해림, 『현상학의 대화』, 서광사, 2003, pp.17-65. 후설의 지향성은, 의식이 대상의 의미를 지닌 대상성으로 구성하는 의식작용으로 발전시킨다. 따라서 후설의 지향성은 단순하게 의식과 대상을 연결하는 관계이거나 그 관계를 규정하는 것도 아니다. 후설에게서 현상이란 언제나 "의식현상"이다. 현상 즉 나타남이라는 말은 언제나 "~이 ~에게 나타난다"는 이중적 구조를 갖는다. 의식현상이라는 표현은 "의식에게 나타난 것"이라고 바꾸어 말할 수 있다. 또한 "의식에게 주어진 것"이라고도 이야기된다. 현상학의 탐구대상은 "의식에게 주어진 것"을 탐구의 대상으로 삼는다. 의식현상은 "~이 의식에 주어졌다"는 이중적 구조를 갖는다. 이 이중구조는 작용의 측면뿐만 아니라 그 내용을 문제시한다는 것을 뜻한다. 따라서 후설은 의식을 "지향적 체험 내지 "지향성"으로 규정한다. 지향성은 그 구조가 매우 복잡하고 다층적이며 많은 변양의 모습을 보이고 있어서 마치 미로와 흡사하다. 지향성이란 의식의 임의적인 활동을 가리키는 개념이 아니라, 의식은 벌써 대상에 의존하고 있으며 대상은 의식에 대한 대상임을 일컫는 개념이다. 후설은 의식을 다름과 같은 세 가지의 개념으로 설명한다. ① 의식은 경험적 자아의 내실적(reell) 현상학적 구성요소의 총체를 의미한다. ② 의식은 자신의 심리적 체험에 관한 내적인 각성을 의미한다. ③ 의식은 모든 종류의 심리적 작용 혹은 지향적 체험을 일컫는다. 이러한 작용을 의식작용(noesis-행위)과 의식내용(noema)라고 칭한다. 의식은 노에마와 노에시스의 상관구조를 갖는다. 노에시스와 노에마가 상관관계에 있다는 것이 바로 지향적 의식의 근본구조이다. 즉 주관이 대상을 형성하는 작용을 후설은 노에시스라고 부른다. 노에시스는 의식이 의미된 대상에로 시선을 향하며 이 대상을 파악하고 시선이 또 다른 대상에로 향할 때, 먼저 파악했던 대상을 기억 속에 확보하며, 대상을 설명하고, 대상에 관계하며, 대상을 확신하거나 평가하는 등의 작용을 의미한다. 이렇게 노에시스의 기본적인 신념은 "지각의 확실성"이다. 이러한 사고 작용은 감각적 질료와 지향적 형상이라는 두 계기로 구분된다. 감각적 질료는 우리의 오관이 사물로부터 받아들이는 감각내용들, 즉 색의 자료·촉각자료·쾌감·고통감 등을 의미하며, 이것들은 색성·조잡성·진동·쾌감·고통감을 주는 물리적이거나 생리적인 원인과는 구별된다. 이들 감각내용은 아무런 지향성의 작용도 포함되어 있지 않은 순전한 감각적 질료에 불과하다. 이것은 감성적으로 받아들인 질료(Hyle)에 의미를 부여하는 작용을 말한다(양해림, 『현상학과의 대화』, pp.45-47).

중심으로 한 선험철학의 유산을 계승하고 있다. 선험적이라는 말은 칸트에게서 주로 등장한다. "나는 대상들이 아니라 대상들에 관한 우리의 인식방식을, 선험적으로 가능한 점에서 일반적으로 다루는 모든 인식을 선험적이라 부른다."[5] 후설에 의하면, 선험적이라는 말은 "데카르트에게서 시작되었으며 모든 인식 형성의 궁극적 원천으로 되돌아가려는 동기"라고 말한다. 즉 인식하는 자기 자신과 자기를 인식하는 삶을 성찰하려는 근원적 동기이다. 후설은 주관으로 되돌아가려는 동기를 모두 선험적이라 말한다. 이를 극복하려고 루만의 체계이론은 많은 주체들을 설정하고 있지만, 사회는 넓은 의미에서 생물학적 체계/환경을 구분한다. 루만의 입장에서 의식의 사실 및 의식철학에 관한 이해의 인식론은 현대의 인공지능의 공학에 이론적 토대를 제공해 준다. 루만은 의식의 사실, 의식의 철학에서 지식의 본질이 무엇인가를 묻는다. 이들은 이제까지의 이론들을 추상적 생각에 머무는 것이 아니라 구체적으로 사유하고, 느끼고, 행위하는 사회의 실천적 삶의 관계에서 출발한다고 말한다. 왜냐하면 이들의 이론은 현실적인 삶 속에서 이해에 관한 인식론을 분석하고 있기 때문에 인간의 내적인 의식을 역동적으로 파악한다. 따라서 루만의 삶과 의식은 사회체계를 구성하는 전제조건이 된다.

루만의 의식철학으로서 탈주체는 자동생산적인 생명과 의식, 사회체계들의 재생산 방식을 가리키며, 사이버네틱스의 제2단계를 받아들인다. 여기서 루만은 생물학적 자동생산의 개념을 특수한 조작방식을 수행하는 모든 체계로서 확대하여 적용한다. 따라서 특수한 조작방식을 수행하는 자동생산을 세 종류로 나누어 설명한다. ① 신진 대사나 신

5) I. Kant, *Kritik der reinen Vernunft,* Hamburg, 1958, p.55.

경활동의 연속으로 이루어지는 살아 있는 체계, ② 사유 및 감정의 연속으로 이루어지는 심리체계, ③ 커뮤니케이션으로 이루어지는 사회체계를 들고 있다. 이런 점에서 탈주체로서의 의식철학은 컴퓨터 공학 내지 인지공학에 이론적 토대를 제공한다. 먼저 루만은 현대사회의 복잡성 증대와 분화에 대한 문제의식에서 출발한다. 그리고 그의 체계이론은 주체로부터 해방된 사회이론이다. 그는 『사회적 체계들(*Soziale System. Grundriss einer allgemenies Theorie*)』(1984)에서 체계이론을 다음과 같이 말한다.

> 체계이론은 어떠한 주체개념을 적용하지 않고 출발점으로 삼는다. 이것은 주체개념을 자기준거적 체계개념으로 대체한다. 이러한 체계에 적용된 각각의 통일체를 형식화시킨다.[6)]

루만이 보기에 주체개념은 오래전에 폐기해야 할 개념이었기 때문에 주체의 개념은 더 이상 유효한 철학이나 사회학적 범주가 아니었다. 그래서 루만은 전통적으로 철학에서 주체개념을 제거해야 한다고 다음과 같이 보았다.

> 체계이론에 의한 주체의 거부는, 이 세계는 하나의 관점에서 기술될 수 없다는 관념과 밀접하게 연관되어 있다. 이를 행하고자 했던 마지막 시도가 주체이론이었다.[7)]

이제 철학의 전통에서 주체개념이 지양됨에 따라 주체는 더 이상 인식과 행위의 토대가 될 수 없다. 루만 체계이론의 근원은 주체가 아니지만, 그 자체를 관찰하는 체계가 그의 이론의 근원을 이룬다. 과거의 전

---

6) Niklas Luhmann, *Soziale System,* p.51.

7) Niklas Luhmann, *Archmimedes und wie.* Interview, hrsg. von Dirk Baecker/Georg Stanizek, Berlin, 1987, p.120.

통철학은 모두 관찰과 인식의 전제로 관찰하는 주체를 설정한다. 그럼에도 불구하고 루만은 "인간", "개인", "인성"과 같은 개념을 버리지 않았다는 점에서 유교와 유사한 측면이 많다. 루만의 방법론적 휴머니즘은 체계 이론적 분화를 시도하여 인간을 사회자체의 부분이 아니라 사회 환경의 부분으로 본다.[8)]

하지만 루만의 체계이론은, 주체를 설정하지 않고 체계적인 사회이론을 설정했고 그의 탈휴머니즘적 구상아래 전개한다. 이를테면 그는 인식 단위를 보장하는 것으로서, 그리고 사회에 대한 요구로서 단수의 인간인 주체를 지양하는 것이며[9)], 사회를 이해하기 위해 이러한 주체를 더 이상 필요로 하지 않는다. 이것은 특수한 인간으로서 보다 추상적인 정체성이라는 관점을 필요로 한다.[10)] 왜 루만은 인간과 주체에서 출발하지 않고 체계와 환경에서 출발하는 탈휴머니즘적, 탈주체적 관점에서 출발했을까? 그것은 사회의 자기기술 때문이다. 루만에 따르면, "사회가 구체적인 인간들과 인간들 사이에 관계들로 구성된다"[11)]고 전제하는 것은 인식을 봉쇄하는 것이다. 루만은 다음과 같이 주장한다.

> 우리가 인간을 (사회 자체의 부분이 아니라) 사회 환경의 일부분으로 간주한다면, 이는 모든 전통적인 문제 제기의 전제조건을, 그리하여 고전적 인본주의의 전제조건까지도 변형할 것이다. 그렇다고 해서 전통에 비해 인간의 가치를 덜 평가한다는 뜻은 아니다. 그렇게 추측하는 사람은 (사실 이러한 제안에 대한 모든 논박에는 그와 같은 비방이 공공연하게도 은밀하게 깔려 있다.) 체계이론에서의 패러다임 전환을 이해하지 못한 것이다.[12)]

---

8) Niklas Luhmann, *Soziale System,* p.288.
9) Niklas Luhmann, *Soziale System*, p.428.
10) 위의 책, p.429.
11) Niklas Luhmann, *Der Gesellschaft der Gesellschaft,* Suhrkamp: Frankfurt a. M., 1997, p.24.
12) Niklas Luhmann, *Soziale System,* pp.288-289.

루만은 인간을 자기준거적이고 자기폐쇄적인 체계나 단위로 보지 않는다. 하지만 각각의 개인은 자기준거적이고 자기생산적인 폐쇄적 체계 또는 단위이다. 루만이 개인과 사회를 사회학적 논의의 대상으로 파악하고 있다는 점에서 유교와의 상호 소통가능성을 자연스럽게 접근할 수 있다. 루만은 유교와 마찬가지로 개인은 심리적 체계로서 사회적 체계와 상호의존 관계에 있다고 본다. 왜냐하면 개인의 심리적 체계는 한 체계가 다른 체계의 환경이 되기 때문이다. 우리는 개인이고자 하는 요구만으로도 이미 다른 개인이 된다. 이 개인의 존재형식인 요구는 사회분화와 배치되는 것이 아니다. 오히려 이 양자는 서로 맞물리고 정초되고 상승됨으로써 공생관계를 이룬다. 개인들은 이 욕구의 원리에 따라 정보를 획득하고 세계를 검사하고 자기 결정을 할 수 있다.[13)]

루만의 관점에서 주체를 먼저 보지 않고 환경과 체계를 우선적으로 보았다는 측면에서 유교의 전통과 다소 차이가 날 수 있지만, 유교도 기본적으로 개인의 도덕적 신념을 정치체계에 반영하고 있다는 점에서 크게 다르지 않다. 다만 루만은 인간 및 주체와 결별을 고하고 인간이 주체와 관련된 기존의 모든 사고와 단절한다.[14)] 따라서 루만의 이론들은 생물학, 의학, 사이버네틱스와 같은 자연과학으로서 이러한 이론들은 사실상 주체와 거리가 동떨어진 인식체계인 반면, 유교는 주체를 중심으로 전체사회를 포괄하는 사회의 부분체계 중의 하나인 것이다.

정신과학의 방법론적인 근본개념은 이해이다. 딜타이의 해석학에서 이해는 삶의 의미성(Bedeutsamkeit)을 규명하는 것이다. 이러한 딜타이의 이해이론은 사회적 연관에 따라 인식론적인 자기반성(Selbstbesinnung)을

13) Niklas Luhmann, “Die Tücke des Subjekts und die Frage nach dem Menschen”, in: Soziologische Aufklärung, Bd. 6.: *Die Soziologie und der Mensch,* Opladen: Westdeutscher Verlag, 1995, pp.149-161.

14) 김덕영, 『사회의 사회학』, 도서출판 길, 2016, p.465.

시도한다. 여기서 인식론적 자기반성이란 사유하고, 느끼고, 행위를 수행하는 과정이다. 즉 딜타이는 정신과학을 사유하고, 느끼고, 행위를 수행하는 인식론적 자기반성을 통해 구성된다고 본다. 철학사에서 자기반성은 현실과의 관계를 통해 드러난다(GS, I, 4, Vgl. XIX, 57).[15] 특히 딜타이는 사회적 연관 속에서 선행 철학자 및 사회학자들과의 논쟁을 통해 인식론적 자기반성을 수행한다. 그래서 딜타이는 당시대에 프랑스 실증주의자인 꽁트, 스펜서를 비롯하여 영국의 밀, 벤담 등의 공리주의 사회학자들과의 사회학 논쟁, 독일의 몰(Robert von Mohl)과 스타인(Lorenz von Stein), 라자루스(Lazarus) 등 국가사회주의자들과의 논쟁, 짐멜 · 막스 베버 · 미드를 비롯한 고전 사회학자들과의 "개인과 사회에 관한 논쟁"들은 루만의 사회체계이론을 이해하는 데 모범적인 사례를 제공한다.

딜타이의 사회이론은 18세기 무렵 스타인, 몰 등의 사회 개념에서 많은 영향을 받고 있다는 사실은 잘 알려져 있지 않다. 딜타이는 스타인의 "오늘날 프랑스에서의 사회주의와 공산주의"에 관한 논문의 첫 구절에서 운동의 법칙과 사회를 설명하는 데서 많은 자극을 받는다(GS, I, 85).[16] 스타인은 프랑스와 영국에 있었던 초기 사회주의 이론과 운동들에 대한 반응을 적극적으로 독일에 알렸다. 그래서 딜타이는 스타인과 같은 근대의 법학자나 역사학자의 이론에 힘입어 사회적 관계를 분석하고, 과거와 현재를 이해하는 모델로서 파악한다. 따라서 그는 17~18세기에 헤겔이 시도했던 사회의 개념을 차용하여 사회 철학의 관점을 정립

---

15) Wilhelm Dilthey, *Gesammelte Schriften,* VII, Stuttgart, 1958(이하 딜타이의 전집을 GS로 생략하여 표기함).

16) Vgl. E. W. Böckenförde, *Recht, Staat, Freiheit, Studien zur Rechtsphilosophie, Staatstheorie und Verfassungsgeschichte,* Frankfurt a. M., 1992, pp.172-174: S. Koslowski, *Die Geburt des Sozialstaats aus dem Geist des Deutschen Idealismus, Person und Gemeinschaft bei Lorenz von Stein,* Weinheim: Acta Humaniora, 1989, pp.63-74.

하는 데 많은 영향을 받는다(GS, XVII, 186-187).[17]

무엇보다 그는 헤겔이 진단한 그 시대의 현실 철학에 가장 접근하고 있었다. 딜타이는 이해를 사회적 연관에서 출발하여 개인의 삶에서 나온다고 파악하고, 삶의 중심을 원자(原子)론적으로 고찰한다. 여기서 개인은 사회를 이해하는 데 다소 대립적(antagonistische) 요소로서 작용하고 있지만, 사유하는 의식과 관련하여 이해한다. 그 이후에 딜타이는 『정신과학에 있어서 역사적 세계의 구성』(1910)이라는 논문에서 이해의 개념을 "우리는 외부나 내부에서 주어진 인식한 부호 속에 있는 과정"이라 파악한다. 즉, 딜타이의 입장에서 이해의 개념은 사회적 연관에 따라 문화의 대상, 객관적 정신, 삶의 객관성, 사회적-역사적 현실을 해명하려는 것으로 표현한다. 정신이 어떻게 사회적 관계 속에서 행사하게 될 것인지의 여부는 먼저 정신을 이해하는 데 있다(GS, VII, 87).

딜타이는 이해를 행위의 단계로서 확충된 역사적 세계의 객관적 지식을 통해서 삶 속에서의 이념적인 연관이라 말한다. 즉 이해는 "나는 너에게서 새롭게 재발견한다. 정신은 점점 높은 단계들의 연관에서 자신을 다시 발견한다. 나 안에서, 너 안에서, 공동체의 모든 주관 안에서, 문화의 모든 체계 안에서, 종국적으로는 정신의 총체성과 보편사 안에서 정신과학의 다양한 기능들의 협력을 가능하게 해 준다"(GS, VII, 191). 이렇게 이해는 삶을 표현하는 데 있어서 다양하게 나타나고 있지만, 어떠한 충분한 전제조건을 구체적으로 제시하는 것은 아니다. 이러한 이해는 딜타이의 『정신과학 입문』(1883)에서 주체와 대상과의 관계를 연결시키고 있다. 딜타이의 관점에서 "자연은 우리에게 낯설다. 왜냐하면 자연은 우리의 외부에 있는 것이지 내부에 있지는 않기 때문이다. 사회

17) Vgl. Paul Vogel, *Hegels Gesellschaftsbegriff und seine geschichtliche Fortbildung durch Lorenz Stein, Marx und Lasselle,* Berlin, 1925, pp.126-127.

는 우리의 세계이다. 사회 속에 있는 우리는 영향관계를 맺고 다양한 놀이를 체험하며, 또한 우리의 모든 본질의 힘을 체험한다. 왜냐하면 우리는 우리스스로 가장 잘 체험하고 있다고 파악되는 불안정의 상태, 어떤 힘들을 보증하는 요인들도 내부에서 나오기 때문이다." 거기서 우리의 사회이론체계를 구성한다. 딜타이는 이러한 입장을 확충시켜서 "사회의 삶을 이해한다"(GS, Ⅶ, 191). 따라서 사회성은 내적인 이해의 가능조건으로서 수정하게 된다. 딜타이의 사회적 관심은 사회적 연관 속에서 정신적 · 윤리적 가치를 논쟁적인 관심의 대상으로 촉발시키고 경제적 삶의 대상으로 확장시킨다.

딜타이는 이러한 사회의 관심을 마르크스(K. Marx)와 엥겔스(F. Engels)의 『자본론 I, II, III』(1867~1894)에 많은 영향을 받고 전개한다. 그래서 딜타이는 마르크스의 초기저작에서 나타난 마르크스주의의 입장을 수용한다. 즉, 딜타이는 마르크스와 스타인의 계급 · 노동 · 노동 분업의 개념을 받아들인다. 이런 관점에서 딜타이는 사회에서의 노동자의 계급은 통합되어야 한다고 본다(GS, X, 89. Vgl. GS, I, 84. GS, X, 85, GS, XⅦ, 186). 그 이유는, 모든 사회질서는 개별적인 질서를 통해 가능하기 때문이며, 노동자에게는 어떠한 상황이든 노동의 노예라는 것이 주어져서는 안 된다는 입장이다. 다시 말해서 각자의 노동자들이 사회의 분파(Glieder)로서 나타날 수 있지만(GS, X, 89), 육체적으로 심한 일을 하는 노동자 계급이 희망을 통해 최선의 삶을 누려야 한다는 주장이다. 딜타이는 독일 사회민주주의의 재산 · 부부 · 가족과 같은 사회적 행위에 대해 잘 변화되지 않고 있는 근거들에 대해 논쟁을 시도한다(GS, X, 67). 여기서 딜타이는 마르크스의 『자본론 I, II, III』을 리카르도(David Ricardo, 1772~1823)의 고전 국가경제학으로부터 가치학설을 이론적 근거로서 수용한다. 마르크스에게서 사회주의의 가치이론은 그 자체에 동일한 내용들을 포함하고 있다(GS, XVII, 186). 이른바 마르크스는 자본이 기계를 이용하여 생산한 노동을 지배하려고 한다는 사실은 "실질적인 부의 창조가 노동시간이나 고용된 노동력에 의해 의존하기보다는 과학의 일반적인 발전 상태와 기술혁신에 의존하게 된다는 의미가 될 것"[18]이라 예언한다. 즉 생산의 핵심요소가 과학기술의 혁신에 필요한 사회적 지식이 될 것이라 본다. 하지만 딜타이는 마르크스적 사회주의의 역사철학적 입장으로 인해 오히려 사회를 이해하는 데 오류를 범했다고 진단한다. 이렇듯 딜타이의 모든 학문의 대상은 사회적 연관 속에서 인식론적 자기반성을 요구한다. 따라서 자기반성은 사회의 행위를 인식하는 것뿐만 아니라 의식의 사실과 관련하여 사유하고 행동하는 근거를 마련한다. 궁극적으로 딜타이의 사회의 인식론적 근거의 첫 번째 테마는 칸트의 선험철학(Transzendentalphilosophie)에 대한 비판과 마르크스의 경제와 사회에 대한 비판에서 인식론적 자기반성을 수행한다.

2. 사회의 실천적 삶으로서 문화체계

딜타이는 『정신과학 입문』(1883)에서 사회적 현실의 사태(Tatbestand)를 분석한다. 그러나 이러한 분석은 기본적으로 형식적인 의미만 갖고 있다. 딜타이의 사회의 실천적 삶으로서의 문화체계는 사회의 사태와 인간 본성의 요소와 관련되어 있다. 그의 문화체계는 사회적-역사적 세계에서 인간정신을 표명하고 행위하는 정신으로서 목적연관을 현실화시킨다. 그래서 사회적 현실은 인간을 형성하는 객관적 전제 조건에서

18) 닉 다이머-위데포드, 신승철 외 옮김, 『사이버-맑스』, 이후, 2003, p.26.

의 행위가 아니라 심리적-육체적 삶의 통일체로서 개별적인 개인의 영향관계(Zusammenwirken) 속에서 일반적인 인간본성을 형성하게 된다. 역사와 사회현상을 연구하는 사람은 추상적인 과학을 어디서나 마주치는데, 그 대상은 법(GS, I, 55, 75), 종교·예술·과학(GS, I, 54, 57), 경제(GS, I, 57), 인륜성/인륜(GS, I, 57, 60, 63), 언어(GS, I, 42, 58, 69)와 같은 개별 과학이다(GS, I, 42, 49, 51). 그 대상은 문화의 과정 속에서 항상 전문화되며, 그러한 문화의 과정은 목적의 요소로서 심리적-육체적인 삶의 통일체와 연결된다.[19] 다시 말해서 딜타이가 문화체계라 부르는 것은 종교·경제·과학·예술과 같은 개별과학의 개인적인 것을 넘어선 객관적인 의미연관이다. 경제적인 삶·법학·예술 등은 우리의 활동에서 나타나는 목적연관이다.

이렇듯 문화체계는 추상적인 본질 속에 있는 상호작용의 연결고리로서 그 근거를 세운다. 문화체계는 마치 역사적 사건의 구조와도 같다. 문화체계 안에서 인간의 활동은 지속적인 목적과 객관적인 행위를 확고하게 진행시키는 것이다(GS, I, 50-51). 문화체계는 사회적-역사적 세계의 목적연관을 매개로 삼아 체험의 관계를 현실화시킨다. 특히 체험을 인식하는 것은 정신에서 생겨난다. 체험의 목적연관 속에서 정신의 세계가 구성되며, 이해의 수단·판단·개념적 사유 등이 정신세계에 관여한다(GS, VII, 307). 따라서 문화체계는 사회 안에서 개인과의 상호작용에 기인한다(GS, I, 50). 딜타이의 역사적 세계의 분석은 각기 다른 문화체계의 목적연관을 찾아내고, 점차 영향력 있는 개별적인 의지를 확대하여 의지의 연합을 가능하게 한다. 모든 문화체계는 공통성, 즉 일상 언어를 매개 삼아 상호연관시킨다. 상호연관성은 객관적 사실을 현실화시키

---

19) Arthur Stein, *Der Begriff des Verstehens bei Dilthey*, Tübingen, 1926, p.3.

기 때문에 목적론적인 성격을 갖는다. 이러한 상호연관성은 문화체계에서 기능주의적인 관점(GS, VII, 188)과 의미영역의 분화를 분석한다. 특히 문화체계는 목적연관으로서 사회의 실천적 삶으로서 행위한다. 그러나 사회의 실천적 삶으로서 목적연관은 분화된 의미영역의 전체를 구성하는 것은 아니다. 즉, 개별적인 개체의 행위는 다양하게 분화된 영역을 일컫는다. 딜타이는 다양한 문화체계의 동일한 행위의 관계를 삶의 객관화라는 측면에서 객관적인 정신을 말한다: "나는 객관적 정신의 개념을 삶의 객관화라 이름 붙인다(GS, VII, 148)." 객관적인 정신은 외부대상에 의해 역사적인 삶의 통일체를 다양하게 표출한다. 즉 개체성과 삶의 통일체는 문화체계에서 파악하고 총체성으로서 삶을 표현한다. 개별적인 목적연관은 목적에 근거를 두고 있기 때문에 더욱 인간의 활동을 현실화시킨다. 여기서 목적연관이라 함은 원하고, 느끼고, 표상하는 인간본성의 다양한 요소를 말한다. 이러한 목적연관을 근거로 하여 심리적-육체적 통일체의 상호작용은 정신세계와 깊은 연관을 맺는다(GS, I, 42).

따라서 딜타이는 문화체계 안에서 역사의 의미를 제시하고자 한다(GS, VII, 172). 즉 문화체계는 역사적 세계의 본질을 가능한 한 극복하고자 하는 것이다(GS, VII, 176). 그렇기 때문에 문화체계는 사회적-역사적 세계의 본질적인 토대를 구성하며 삶의 형식을 인식한다. 이렇게 딜타이의 사회의 실천적 삶은 목적연관을 구성하며 규칙에 연결되어 있는 모든 행위를 현실화시킨다. 문화체계로서 법 · 예술 · 인륜 · 종교 · 과학과 같은 개별학문들은 항구적으로 작용하는 심리학적 사실에 근거한 목적연관으로서 작용한다. 이러한 관점에서 딜타이의 문화체계의 객관성은 개인을 통해서 수행된다. 궁극적으로 우리는 문화체계에서 모든 삶의 흐름을 경험하며, 역사적 세계에서 삶에 대한 자기반성을 수행하는 것이다.

3. 삶과 역사의 이해: 의식의 사실

딜타이의 화두는 의식의 사실과 관련하여 사유하고 행위하는 데서 주안점을 둔다. 그가 종종 언급하는 의식의 철학은 칸트의 선험철학(Transzendentalphilosophie)에서 근거를 찾는다. 주지하듯이, 의식의 철학은 내면화의 방법을 적용한다. 여기서 딜타이는 칸트의 내부/외부의 구별을 인용하여 논증을 시도 한다: "자연은 인식될 수 있다. 왜냐하면 수학이 선천적인 보조수단으로서 자연을 인식하기 위해서 사용될 수 있기 때문이다. 이에 반해 내부의 사실은 엄밀한 과학으로서의 접근이 불가능하다. 왜냐하면 수학은 내적 상태에 적용할 수 없기 때문이다"(GS, XX, 411). 칸트의 선험철학은 현실을 구성하는 개념에서 나오며, 그리고 우리가 의도하고자 하는 조건으로 되돌아가고자 한다. 여기서 딜타이는 칸트의 『순수이성비판』(1781)에서 자연과학의 인식론적 근거를 정신과학과 대비시킨다. 딜타이에게서 인식론의 출발점은 칸트처럼, 추상적인 인식대상에서가 아니라 무엇인가 생각하고, 느끼고, 의지하는 한에서의 인간이다(GS, I, 118). 여기서 딜타이는 정신적 삶을 내적인 관계, 즉 무엇인가 의식을 갖고 있다는 내면화의 행위에서 사회이론을 출발한다. 딜타이는 주체와 객체에서 파악한 삶의 연관을 현실적인 범주에 포함시킨다. 여기서 우리는 현실에서 이해할 수 있는 모든 내·외적인 제도들을 밝혀낸다.[20]

딜타이는 독일관념론의 유산을 르네상스에서 근대시대에 이르기까지 개인의 삶의 연관을 정신세계로서 파악하고, 각 개인을 인간

20) 딜타이에게서 "내면화의 인식론"에 관한 자세한 내용은 다음을 참조: Renate, Knüppel, *Diltheys Erkenntnistheoretische Logik,* München, 1991.

(Menschheit)의 삶으로서 표현한다. 딜타이는 쉴러(Friedrich Schiller)의 시적인 의미를 세계에 숨겨진 비밀을 개체성으로 표현하였고, 이것을 삶의 역사로 확장시켰다(GS, V, 92). 개인은 심리적-육체적 삶의 통일체로서 개체의 특성뿐만 아니라 정신과학의 이념적인 대상을 찾아 나간다. 개인의 삶은 환경의 영향(GS, Ⅶ, 161)을 다분히 받고 있는 육체적-심리적 조건의 요소라 말할 수 있다. 이러한 개인은 환경의 영향에 따라 인간본성의 역사적 삶의 보편적 관계로 나간다. 그렇게 하여 삶과 역사의 근원적인 관계가 성립된다. 딜타이에게서 개인의 역사적 대상은 삶의 객관화의 총체성이다. 이런 점에서 개인은 삶의 진행과정 속에서 역사적 세계의 영향사를 수용하고 그 세계로 다시 돌아간다. 그래서 삶의 진행과정이 역사적인 힘에 영향 받아 인간적 행위를 수행한다.

주지하듯이, 이러한 개인의 역사적인 힘은 역사적인 객관적 자료를 통해 역사적인 입적을 인정받는다.[21] 한 실례로서 한 인물의 전기(傳記)는 역사를 기술하는 출발점이 된다(GS, I, 239). 딜타이가 『정신과학 입문』에서 서술한 전기는 현실 속에서 근본적인 역사적 사실을 기술하는 것이었다. 개인이 역사의 주체가 되고자 한다면, 복잡한 현실을 이해하도록 강요받는다. 여기서 우리는 누구나 납득할 수 있게 현실을 올바로 직시하는 체험을 해야 한다. 이렇듯 딜타이는 개인의 역사적인 근거를 전기에서 이해한다(GS, V, 225). 전기는 역사적 세계의 거대한 연관을 이해하였을 때, 그 의미를 비로소 깨닫는다. 전기는 개별적인 심리적-육체적 삶의 통일체이다. 왜냐하면 전기는 인간세계에 대한 완전한 통일체로 파악하기 때문에 인간이 어떤 하여 순간에 어떻게 느끼는가를 서술한다(GS, I, 34). 전기는 일반적인 역사과학 안에서 인간학의 입장과 만난

21) Hans Herbert Dreißler, *Geschichtlichkeit bei Wilhelm Dilthey*, Freiburg, 1949, p.78.

다. 전기의 과제는 서류(Dokument)에서 드러난 영향관계를 이해하는 것이고, 그렇게 하여 개인은 환경에 대해 민감한 반응을 보인다(GS, V, 246). 이렇게 딜타이에게서 역사 인식론의 가장 최고의 과제는 "정신세계의 범주"에서 발견하는 것이며 삶의 이해를 매개로 하여 수행하는 것이다.

이렇게 딜타이에게 있어서 "개인의 삶은 역사의 원세포이며(GS, Ⅶ, 246)", 역사와 관련된 환경 속에서 삶의 과정을 구성한다. 이러한 개인의 삶은 종교 · 예술 · 국가 · 정치적 · 종교 기관(機關)과 같은 거대한 연관관계 속에서 이해된다. 그가 언급하는 모든 정신과학은 인간의 자기이해와 함께 역사와 심리학, 삶 속에서 파악한 인간의 문화적 능력과 그 부산물로 드러난 것들을 총체적으로 다루고 있다. 딜타이는 부분과 전체의 관계를 부분은 전체의 의미로서, 다시 전체는 부분의 의미로 포함시켰다. 이러한 해석학적 순환은 목적론적으로 현실화된 제도의 구조연관을 포함하고 있는 개념이다. 이해는 개체에서 전체에로 나아가며, 다시 전체에서 개체로 순환되는 것이다. 따라서 이해는 전체와 개체의 순환관계를 통해서 형성된다. 그러므로 이해는 딜타이의 순환구조로서 전체와 부분의 상호 의존적인 관계로서 분명하게 드러나게 된다.[22] 이런 관점에서 딜타이 이해이론의 근본테제인 "삶을 삶 자체로 이해하기를 원한다."라는 표현으로 집약한다.

---

22) John C. Maraldo, *Der hermeneutische Zirkel,* Freiburg/München, 1974, p.73.

4. 이해의 반성이론으로서 사회체계: 자기준거(Selbstreferenz)

1) 자동생산(Autopoiesis) 개념

루만의 체계이론은 자동생산을 삶의 개념체계로서 중요하게 다루고 있다. 여기서 루만은 자동생산의 개념을 삶의 개념 속에서 찾아내고 정의(定義)를 내린다.[23] 그리고 그는 거기서 드러난 한계를 찾아내어 사회현실에 적용시킨다. 이러한 사회현실이 삶과 의식에 관계하고 있다는 측면에서 유교와 연결시킬 수 있다. 즉, 루만의 자동생산은 삶과 의식의 사회체계를 구성하는 전제조건이 된다.

루만의 "자동생산의 개념"[24]은 생명과 의식, 사회체계들의 재생산 방식을 가리키며, 그것의 기본적인 개념은 인지생물학자인 마투라나와 바렐라에 의해서 창안되었다. 루민의 자기준거적 체계개념은 의식철학의 모형을 수용하기보다는 일반적인 체계이론과 사이버네틱스의 제2단계를 받아들인 것이며, 궁극적으로 마투라나의 자동생산의 개념을 변형시킨 것이다. 이들은 1973년에 자기생산 개념을 도입했다. 이것은 역사적 두 생물학자가 고대 그리스어를 조합해서 만든 것이다. Autopoiesis(αὐτό=self, ποίησις=to produce)[25] 즉, 그리스어 autos(자기)와

---

23) Niklas Luhmann, "Die Autopoiesis des Bewußtseins", in: *Soziale Welt*. 36. Jg. 1985, 402. Vgl. Danilo Zolo, "Reflexive Selbstbegrüdung der Soziologie und Autopoiesis", in: *Soziale Welt*, 36. Jg. Heft. 4. 1985, p.520.

24) H. Maturana, *Erkenntnis. Die Organisation und Verkörperung von Wirklichkeit*, 1982, p.58. 하이데거에 따르면, 테크놀로지에 의한 생산은 사물에 대한 존재론적 이해 방식을 말하는 테크네(techne: 제작)의 역사 안에서 해석된다. 그것은 테크네가 원래 그 속에 귀속해 있던 포이에시스(poiesis: 짓기)와 유리되는 과정에서 파악되어야 한다. 포이에시스는 플라톤 철학 이전의 그리스적 존재이해의 방식에 해당한다(M. Heidegger, *Vorträge und Aufsätze*, Pfullinge: Neske, 1954, pp.16-34).

25) Humberto R. Manturana, "Autopoiesis: Reproducion, Heredity and evolution, in: Milan

poiesis(창작, 시작)를 합성하여 표현한 조어이다. 글자 그대로 번역하면 "자기창작"이나 "자기생산"이라 할 수 있다. 예컨대 세포처럼 살아 있는 체계는 자동생산 체계에 속한다.

> 하나의 세포는 분업적 그물망으로서 세포를 이루고 있는 특수한 구성요소(복합적인 분자 유기체)를 생산한다. 동시에 세포의 구성 요소들은 환경과의 경계(세포막)를 이루고 있는 생산의 그물망의 존속을 가능하게 한다. 세포 내부에서 일어나는 모든 과정은 자기 생산과 세포의 유지, 즉 자동 생산성을 지속하기 위해 수행된다. 세포 내부에서 진행되는 과정은 요소들간의 상호작용을 통해 서로 제한하기 때문에(=재귀성), 세포는 강력한 역동성을 지니고 있다. 환경의 영향이 세포를 교란시키지만, 곧 반작용에 의해 다시 균형을 이룬다. 생물체는 영양분이나 에너지를 받아들이고 폐기물을 환경에 배출하기 위해 환경을 필요로 하지만, 그렇다고 생물체가 환경에 순응하는 것은 아니다.[26]

여기서 바렐라가 주장하고 있는 자기생산 개념은 체계의 고유한 역동성으로부터 체계의 존속을 유지해야 한다는 것을 설명하기 위해 사용한 개념이다. 따라서 마투라나와 바렐라가 언급하고 있는 자기생산적 체계란 그 체계를 구성하는 요소들이 첫째, 상호작용을 통해 재귀적으로 자신들을 생산했던 것을 재생산하며, 둘째, 자신들이 내부에서 존재하는 체계의 공간적 영역을 구성하고 구체화함으로써 이 생산의 네트워크에 통일성을 부여하는 체계이다.[27] 자기생산체계란 커뮤니케이션의 자동생산체계로 작동한다.

Zeleny(Ed), *Autopoiesis, Dissipative Structures and Spontaneous Sacial orders*, Boulder, Colo.: Westview Press 1980, p.80.

26) Francisco J. Varela, "Autonomie und Autopoiesis", in: Siegfried J. WSchmidt(Hg.), *Der Diskurs des Radikalen Konstruktivismus,* Frankfurt a. M., 1987, p.119.

27) 위의 책, p.53.

이렇게 루만의 체계이론은 사회체계와 유기체와의 일반체계이론을 생물학자 마투라나의 자동생산의 개념과 접맥시켜 자기준거적 · 자동생산적인 체계이론을 보다 명확하게 규정하고자 했다. 제2의 사이버네틱스는 다른 관찰하는 체계들을 관찰하는 관찰체계들의 이론을 나타낸다. 여기서 루만은 관찰을 "하나의 구별을 통해 구별된 어떤 것을 지칭한다."[28] 이를테면 관찰되는 모든 대상, 즉 한 이론이 이용될 수 있는 모든 의미적 대상은 이러한 구별과 지칭이 여러 상황에서 반복된다. 즉, 관찰하는 체계들은 모두 그 체계의 출발점이 되는 구분법을 따른다. 여기서 체계 밖에서 관찰되는 유교는 현대사회와의 또 다른 구별을 통해 현대사회를 규정한다. 따라서 체계는 상식적으로 볼 수 없는 오랜 전통의 유교사회를 당연히 보지 못할 수 있다. 체계는 구분을 변경시키는 데 충분할 만큼 복잡성에 이르게 되면, 사용하는 구분법을 변경할 수 있다.

> 체계는 복잡성으로부터 환원되며, 이는 내부/외부 자이의 안정화에 의해 진행된다. 체계에 관한 모든 진술, 즉 부분들의 분화, 위계 형성, 경계유지, 구조와 과정의 분화, 선택적 환경체계 등은 내가 여기서 개별적으로 제시할 수 없지만, 기능적으로 분석해 보면, 복잡한 환원이라 할 수 있다.[29]

여기서 복잡성으로부터 환원(Reduktion von Koplexität)은 복잡함으로부터의 질서의 원리, 즉 어떤 기계가 작동하려면 그 환경으로부터 들어오는 자극을 선택적으로 처리해야 한다는 원리에서 착안한 것이다. 위에서 언급한 내용은 체계/환경의 차이보다 체계를 중심에 놓고 본다는 관점이 강하다. 현대사회의 유교를 기술하기 위해 바로 현대사회가 기능

---

28) Niklas Luhmann, *Wissenschaft der Gesellschaft,* Frankfurt a. M: Suhrkamp, 1988, p.79.

29) Niklas Lumann/Jürgen Habermas, *Theorie der Gesellschaft die oder Sozialtechnologie -was leistet die Systemforschung?,* Frankfurt a. M.: Suhrkamp, 1971, p.11.

적으로 분화된 사회라는 사실이다. 현대사회에서 유교는 사회의 기능 분화로 인해 재구성된 유교라는 점이다.30) 그렇지만 현대사회에서 유교가 체계와 그 스스로 환경을 구분하지 못한다면, 체계는 제대로 관찰할 수 없다. 또한 현대사회에서 유교의 자기 관찰은 자기 자신의 체계를 환경으로부터 구분하였을 때 가능하다. 또한 다른 체계들은 관찰하는 체계를 관찰하기 위해 유교사회라는 다른 구분법을 사용할 수 있다.

루만은 사회체계를 삶과 의식의 자동생산을 확증(確證)해 나가면서 다시 본래의 재생산 과정을 현실화시킨다. 하지만 루만의 의식체계 및 사회의 개념이 체계로서 살아 숨 쉬는 삶의 의식으로 되어 가는 과정은 그렇게 간단하게 전제조건화되지 않는다. 이러한 의식은 정신적인 표상의 힘으로만 존재하는 것이 아니라 현실적이고 개별적인 삶의 본질에서 발견될 수 있다. 이러한 루만의 자동생산적 체계이론의 패러다임 전환은 원래 부분과 전체의 구분으로부터 출발했다.31) 사회는 다양한 부분체계들로 구성되어 있으며, 모든 부분 체계들은 복잡성의 환원을 통해 독자적인 실재를 구성하고 있다. 이를 다음과 같이 도표로 단순화시켜 볼 수 있다.32)

기능체계	부호	매체
경제	소유/무소유	화폐/생산
법	합법/불법	법률 ← 법규, 의사결정
학문	진리/허위	과학적 인식
정치	정부/야당	권력(공직)
종교	내재성/초월성	믿음

30) 이윤미, 앞의 논문, p.66.

31) Walter Reese-Schäfer, *Luhmann zur Einführung*, Hamburg: Junius, 1992, p.54.

32) 위의 책, p.127.

교육	좋은 성적/나쁜 성적	권력의 기대
대중매체	정보/미정보	전달
도덕	선함/악함	가치관
예술	전통적: 미/추 근대적: 혁신/진부	미학적 형태

예컨대 위 표에서 보듯이, 경제는 화폐 문제로, 학문은 과학적 인식문제로 현실을 구성한다. 만약 각각의 부분체계들이 이와 다른 방식으로 접근한다면, 그 어떠한 반향이 생기지 않을 것이다. 루만은 체계와 체계의 관계를 전체체계와 부분체계, 혹은 전체체계와 하위체계라고 언급한다. 그래서 루만은 체계가 전체와 그 부분으로 이루어진다는 전통적 관념을 체계와 환경 사이의 경계 설정으로 다룬다.[33] 따라서 이러한 전체와 부분으로 이루어진 의식들은 인간본성의 요소에 근거한 체계이다. 이를테면 체계는 고유한 매체, 코드, 프로그램을 통해 그 자신의 고유한 기능을 담당한다. 여기서 고유한 코드와 프로그램은 기능 체계들의 결과이며, 그 조건이 된다.[34] 루만이 언급하는 코드는 이항(二項)코드로서, 긍정값 내지는 부정값으로 할당되는데, 이러한 할당이 제대로 구성되는지를 정하는 기준이 프로그램이다. 체계에서 "구조적으로 결정적인 것은 고정된 코드와 가변적인 프로그램의 차이"[35]이다. 이러한 코드화는 한 매체가 다른 매체들과 구별, 분화, 독립, 특수화되는 것을 보장한다. 현대사회의 각각의 기능 체계들은 코드로 인해 고유한 자기생상으로 작동하며, 이로 인해 비로소 독립분화, 즉 정치체계, 경제체계, 법체계, 과학체계 등으로 나아간다.[36]

---

33) Niklas Luhmann, *Gesellschaft des Gesellschaft,* Frankfurt a. M., 1997, p.856.

34) 니콜라스, 루만, 『사회의 사회 1』, 장춘익 옮김, 새물결, 2014, p.655.

35) 위의 책, pp.426-427.

분화된 기능체계들은 체계 작동상의 폐쇄성을 갖는다. 체계는 전적으로 자기준거에 기반을 두고 내재적으로 작동한다.[37] 즉 기능체계들은 상호 닫힌 체계로서 작동하지만, 상호간에 환경이다. 경제체계는 '소유/비소유'라는 고유한 이항코드, '희소성/가격'이라는 조건화, 즉 프로그램, '화폐 · 소유 · 권력'이라는 매체를 가지며 사회에 '물질적 재생산'이라는 기능을 수행한다. 정치체계는 '여당/여당'이라는 고유의 이항코드, '정치사상과 이데올로기'라는 프로그램, '권력(경쟁)'이라는 매체에 근거해 '집합적 의사 결정의 산출'이라는 기능을 수행하고, 과학체계는 '진리/거짓'이라는 고유의 이항코드, '학문연구'라는 프로그램, '과학적 인식'이라는 매체에 근거해 새로운 인식 생산이라는 기능을 수행한다. 이런 점에서 루만은 "이론은 법률이 아니고, 연애관계에 투자하는 사람은 기업가처럼 행위하지 않는다"[38]고 말한다. 이는 특정한 체계가 다른 체계에 대해 일정한 폐쇄성을 가진 닫힌 체계라는 것, 즉 체계 간의 독립성과 자율성을 설명해 근대의 분화된 특정한 기능체계들의 고유의 기능을 설명하는 것이다.

이러한 관점은 인간본성의 전체성(Naturganzen)의 조건하에 개인의 상호작용과의 관계 속에서 더욱 고양된다. 루만의 체계이론에 관한 사회적 문제는 과학적인 법칙으로서 인식한다. 여기서 시민사회운동을 통해 보다 쟁점화되고, 경제적 효율성이라는 측면에서 비용이 계산되면서, 정치적으로 합의를 통해 중재되는 과정을 거쳐 법적으로 제도화된다. 또한 교육적인 계몽으로 내면화되었을 때, 사회 전체적인 대응이 가능하다. 특히 정치와 경제는 기능적으로 분화된 체계이다. 정치가 가격

36) 니콜라스 루만, 『사회의 사회 2』, 장춘익 옮김, 새물결, 2014, p.863.

37) 디르크 베커 편집, 『체계이론 입문』, 윤재왕 옮김, 새물결, 2014, p.121.

38) 니콜라스, 루만, 『사회의 사회 1』, p.443. 자세한 내용은 다음을 참조. <표 1: 기능체계의 도표>(Reese-Schäfer, Walter, *Luhmann zur Einführung*, Hamburg: Junius, 2002, pp.184-185).

형성 과정에 개입하면, 정치는 경제적 문제를 정치적 문제로 변형시킨다. 그렇지만 여전히 두 체계 사이의 차이는 남아 있다. 이러한 기능영역과 코드는 동시에 작동되어야 하는 과제를 안고 있다.[39]

오늘날 사회생활을 하는 어떠한 개인도 경제 · 교육 · 법 · 종교 · 예술과 같은 기능체계에 참여하는 것을 포기할 수 없다. 루만은 위에서 언급한 이분법적 코드가 사회적 진화 과정에서 생기며, 조작이 될 경우에는 상응하는 체계들이 "완전분화(Ausdifferzierung)"[40]되는 경향을 갖고 있다고 파악한다. 여기서 완전분화는 기존의 조작방식의 해체를 통해서 이루어지는 것이 아니라, 전체사회체계 내에서 한 코드의 지도아래 다른 부분체계가 완전 분화됨으로써 구성된다. 따라서 체계는 코드화와 프로그램의 분화를 통해 폐쇄체제로서 조작될 수 있는 가능성을 획득한다. 그렇기 때문에 분화는 다른 분화를 통해서 얻게 된 표출능력과 함께 환경을 위협하는 사회문제를 해결하는 단서가 될 수 있다.[41]

앞서 언급한 기능체계들의 독립분화가 이루어진 근대사회를 전제한다면, 현대사회에서 유교는 자신의 고유한 자기생산을 수행하는 기능체계로서 존재하고 있는지 의문을 제기할 수 있다. 지난 한국의 전통사회에서 유교의 재생산은 전체 사회의 영역에서 전개되어 왔다고 볼 수 있다. 전체사회로서의 유교는 서양사회에서 기독교가 그래왔던 것처럼, 사회전체에 확실성을 제공하지 못했다. 왜냐하면 사회는 첨예하게 기능체계들로 분화되었고, 그것들은 독자적 자율성을 갖고 재생산하고 있기 때문이다. 19세기 말부터 유교는 종교라는 기능체계와 학문이라

39) 여기서 정치 · 경제 · 법 · 종교 · 교육과 같은 기능체계의 상세한 논증은 다음을 참조: N. Luhmann, *Funktion der Religion,* Frankfurt a. M., 1977; Ders., *Öklologische Kommunikation,* Opladen, 1986(이남복 옮김, 『현대사회는 생태학적 위협에 대처할 수 있는가』, 서울: 백의, 2002, pp.87-169).

40) 여기서 Ausdifferzierung은 한국어 번역본에는 탈분화로 번역되어 있으나, 문맥상 완전분화로 번역한다.

41) 니클라스 루만, 『현대사회는 생태학적 위협에 대처할 수 있는가』, 이남복 옮김, 서울: 백의, 2002, p.79.

는 기능체계로 분화되었다.[42] 따라서 유교는 현대 한국사회에서 대학으로 대표되는 학문체계 내에서도 하나의 분과 학문을 이루고 있으며 동시에 학문체계로서 고유한 커뮤니케이션을 재생산해 나가고 있다.

루만은 사회체계의 인식론적 복잡성을 자기준거(Selbstreferenz)의 행위로서 관찰한다. 여기서 그는 체계/환경에 대한 차이를 이해하고 설명한다. 이러한 체계/환경의 구분은 자기반성이론을 다루기 위해 이를 구체화시킨다. 루만의 사회체계이론에 따르면, 이해는 자기준거의 행위를 관찰한다. 루만의 자기준거의 개념은 체계이론의 중요한 개념으로 제시된다.[43] 사실상 루만에게 있어서 이해의 자기준거는 마르크스의『정치경제학 비판』(1859)에서 정식화하였으며, 이것은 그의 자본주의 체계를 이해하는 데 주된 열쇠개념이다.[44] 마르크스에 의하면, 사회적 노동은 유적 존재와 환경세계로부터 객관화된 외부자연과의 신진대사과정을 매개함으로써 나타난다. 이것은 노동력의 힘든 수고의 대가로부터 출발하여 생산과 생산품의 소비를 노동력의 재생산 과정으로 되돌아가는 순환의 유적 존재의 자기생산으로 간주된다.

루만의 사회체계이론은 이러한 순환과정을 통해 아우토포이에시스(Autopoiesis)의 개념을 매개하여 특별한 경우로서 다룬다. 이러한 관점에서 마르크스가 주장하는 사회의 물질적 재생산의 체계와 밀접한 연관을 맺는다. 주지하듯이, 19세기 마르크스의 사회분석은 이미 그의 작품에서 다양한 자본주의의 비판을 통해 나타났다. 마르크스의 자본주의 비판은 그 당시의 시민 사회적(봉건적), 소시민적-낭만주의적 혹은 유토

42) 이윤미,「니클라스 루만의 체계이론을 통해 바라본 현대 유교의 텍스트 중심성」, p.69.

43) Niklas Luhmann, *Soziale Systeme. Grundriß einer allgemeinen Theorie*, Frankfurt a. M., 1993, pp.591-595.

44) Karl Marx, Das Kapital, Bd. I, in: Karl Marx/F. Engels, Werk, Bd. 23, 1969, p.169. Vgl. Niklas Luman, *Beobachtungen der Moderne*, Opladen, 1992, p.23.

피아적-공산주의적 자본주의 비판으로부터 대립적이다.[45] 여기서 루만의 자기준거는 딜타이와 마찬가지로, 마르크스의 사회이론에 영향을 받고 다음과 같이 세 부류를 구분한다.

Ⓐ 사유결과에 대한 자기준거는 개별적인 사유자체를 타자의 타자로서 수행할 수 있도록 구성한다.

Ⓑ 관찰의 자기준거는 낯선 준거/자기준거의 차이에 대한 일치점을 재구성하여 형성한다.

Ⓒ 자유롭게 주어진 자기준거/낯선 준거의 구분은 자기의식의 도움을 통해 정체성에 관한 반성을 수행한다. 즉 자기준거/낯선 준거의 구분은 두 질서의 가능 조건들로서 언제나 열려 있다.[46] 이런 관점에서 루만의 사회체계이론은 두 가지 질서의 생성 및 작용연관이라는 점에서 마르크스의 사회이론과 공유한다. 흔히 사회가 아주 복잡한 형태로 변화해 나간다는 것은 법·정치·경제·과학의 체계 등으로 분화되어 가는 것을 가리킨다. 현대사회는 정치·경제·법·과학·종교와 예술 등 다양한 기능 체계들이 탈분화되어 나간다. 이 모든 영역은 전체의 사회체계가 이미 구성되어 있다는 것을 전제로 한다.

이러한 관점에서 루만은 전체사회를 커뮤니케이션이라고 말하고, 전체사회는 의사소통으로 이루어진다고 파악한다. 따라서 전체사회는 의사소통적 행위를 통해서만 성립되고 지속된다. 따라서 루만은 탈분

45) Hans-Peter Krüger, *Perspektiven Wechsel. Autopoiese, Moderne und Postmoderne im Kommunikattionsorientierten Vergleich,* Berlin, 1993, p.97.

46) Niklas Luhmann, *Soziale Syseme,* p.591. Vgl. Hermann Pfütze, "Theorie ohne Bewußtsein. Zu Niklas Luhmanns Geankenkonstrucktion", in: *Merkur.* 42. Jg. Heft. 467-468. 1988, pp.305-306.

화 개념을 상대화하고 부분체계와 사회적 환경으로서 고유한 체계를 형성하는 전체사회의 측면을 가정한다. 그렇기 때문에 사회가 부분체계의 환경으로서 혹은 이러한 부분체계의 전체로서 작용하는지의 여부는 언제나 사회가 분화되건 분화되지 않건 간에 지속적으로 전개해 나간다.

2) 체계/환경의 구분

루만은 『사회적 체계(*Soziale Systeme*)』의 5장에서 체계와 환경의 차이를 언급한다. 여기서 그는 "자기준거적(selbstreferentielle) 체계들이 있다"[47]고 교정한다. 자기준거란 "체계들이 그 요소들과 요소적 작동들을 구성함에 있어서 자기 자신과 관련을 맺는 것"[48]이라 규정한다. 여기서 자기 자신이란 동일한 체계의 요소일 수 있고, 동일한 체계의 작동일 수 있고, 동일한 체계 자체일 수 있다. 그래서 루만의 자기준거적 체계들이란 체계 자신과 그 환경 사이의 경계를 스스로 긋는 체계들이다. 이 두 테제는 다음과 같은 새로운 출발점을 담고 있다. 첫째, 체계이론이 체계와 환경의 구분을 이용하여 그 구별의 지정된 한 측면인 체계를 탐구 대상으로 한다는 것이며, 둘째, 이 구별을 통해 이론의 대상이 되는 체계들이 실재라는 점을 말하고자 한다.[49]

먼저 루만은 사회에 대한 인식, 즉, 사회란 무엇이며, 사회에 대한 인식은 어떻게 가능한가라는 문제를 추적해 나간다. 사회에 대한 개념이 명백해지면서 현대 사회학은 언제나 민족적 · 문화적 · 지역적 그리고 정치적인 차이에 의해서 종종 좌절되어 왔던 포괄적인 체계이론을 필

47) Niklas Luhmann, *Soziale System,* p.242.
48) 위의 책, p.25.
49) 위의 책, pp.242-243.

요로 하게 되었다. 그래서 사회는 사람들 사이의 커뮤니케이션에 의해 재생산하는 포괄적인 체계다. 하지만 사회는 자기 준거적이며 폐쇄적인 체계일 수 있고 마찬가지로 오랜 유교사회에서도 자기준거적이며 폐쇄적일 수 있다. 즉, 모든 커뮤니케이션은 사회내적인 조작이 가능하며 사회에서 경험적인 사건으로서 연속성을 갖고 있지만, 다른 커뮤니케이션에 의해 방해를 받는다. 사회는 체계 내의 체계에로, 사회에서 다른 사회로 이동해 가는 올바른 이동 경로를 포기해야 된다는 것을 의미할 수 있다. 현대 사회에서 유교는 커뮤니케이션 체계로 존재하는 사회체계의 한 부분이며, 정보로 구성되는 커뮤니케이션에 의해 지속적으로 동일한 유형의 커뮤니케이션을 재생산한다.

루만이 마르크스의 사회이론을 근거로 체계이론을 형성하고 있지만, 마르크스가 아시아 사회, 즉 중국을 비롯한 유교사회를 언급하고 있다는 점은 눈여겨 볼 만하다.[50] 물론 마르크스가 보기에 중국을 비롯한 아시아적 유교사회는 토지에 대한 사적 소유의 결여와 부족(部族)재산, 공동체재산에 기초하는 자족적인 촌락공동체이며, 계급관계의 미흡한 발전, 독재자에 대한 동양의 보편적인 노예 신분이 일반화되어 있었다. 또한 일반적으로 촌락의 주민이 있을 뿐 아시아적 유교사회는 사유지를 소유하고 있지 못했기 때문에 공동체의 소유는 독재자에 의탁하여 생계를 유지할 수밖에 없었다고 본다. 중요한 사실은 역사발전의 원동력인 사유재산과 계급투쟁이 없는 아시아적 생산양식의 개념이었다는 것이다.[51] 하지만 니담(J. Needam)은 『중국의 과학과 문명』(1954~2004)에서 유교중심의 아시아적 사회를 보는 관점은 "중국에 대한 편견이며,

50) 마르크스의 아시아적 유교사회에 대한 자세한 내용은 다음을 참조. 양해림: 「동양과 서양의 생산양식 구성은 어떻게 이루어졌나?-마르크스의 아시아적 생산양식을 중심으로-」, 『동서철학연구』, 제90집, 한국동서철학회, 2018, pp.379-407.

51) 존 M. 홉슨, 『서구문명은 동양에서 시작되었다』, 정경옥 옮김, 에코리브르, 2005, p.33.

많은 점에서 중세 중국의 사회적, 경제적 체제는 중세 유럽의 체제보다도 합리적이었다"[52]고 기술한다.

루만은 사회에 대한 인식을 체계이론에 적용하여 분석한다. 그의 체계이론은 칸트의 주장처럼, 경험적/선험적인 구분이 아니라 체계/환경의 구분을 통해 진행한다. 그래서 루만의 이해이론은 일종의 체계/환경을 중심으로 하여 형성된다.[53] 이러한 이해는 환경에 의해 구조화되어 규정된 것이 아니기 때문에 왜곡될 수 있다. 루만은 체계의 내부와 외부의 모델을 아주 복잡한 구조로 다루고 있기 때문에, 행위뿐만 아니라 목적/수단의 도식과 같은 동일한 주제를 체계이론 안에서 다룬다.[54] 이런 점에서 루만은 근대의 계층적 사회로부터 기능적으로 분화된 사회에로의 변화를 내화조건(Inklusionsbedingung)으로 진행시킨다.

그러나 개인은 단지 내화조건에 의해서가 아니라 사회로부터 나오는 외화조건(Exklusion)에 의해 전개된다.[55] 따라서 루만은 체계/환경의 구분을 사소한 기계(Trivialmaschine)와 자기 준거적 기계(Selbstreferenzielle Maschine)로 나눈다. 여기서 기계는 전환기능을 의미하지만 반드시 기계장치는 아니며, 두뇌나 수학적 계산이 이에 해당한다. 그는 이러한 기계의 구분을 투입(Inputs)과 산출(Outputs)기능으로서 설명한다.[56] 따라서 루만은

52) 고사키 시로, 『근대라는 아포리아』, 최재목 외 옮김, 이학사, 2007, p.20.

53) Niklas Luhmann, "Systeme verstehen Systeme", in: ders/K. E. Schorr(Hg.), *Zwischen Intransparenz und Verstehen. Fragen an die Pädagogik,* Frankfurt a. M., 1986, pp.72-112. Vgl. Hartmut Esser, "Der Doppelpaß als soziales System", in: *Zeitschrift für Soziologie,* Jg. 20. Heft. 2. 1991, p.53.

54) Niklas Luhmann, "Neuere Entwicklungen in der Systemtheorie", in: *Merkur.* 42 Jg. Heft. 467-478, 1988, p.292. Vgl. Frank Beckenbach, "Die Wirtschaft des Systemtheorie", in: *Das Argument.* 31. Jg. 1989, p.889: Niklas Luhmann, *Das Recht der Gesellschaft,* Frankfurt. a M. 1993, pp.52-53.

55) N. Luhmann, *Gesellschaftsstruktur und Semanik,* Bd. 3. Frankfurt a. M., 1989, pp.149-258.

56) Niklas Luhmann, "Neuere Entwicklung in der Systemtheorie", in: *Merkur.* 42 Jg. H.467-478, 1988, p.292: ders, "Am Ende der kritischen Soziologie", in: *Zeitschrift für Soziologie,* Jg. 20.

사소한 기능은 항상 같은 방식으로 투입을 산출로서 전환한다는 것이다. 투입이 반복되면 똑같은 산출이 나온다. 이에 반해 자기 준거적 기계는 각기 다른 산출을 내 보인다. 각기 다른 상태는 그 이전에 진행된 동작에서 나온다. 이 기계들은 자신의 상태에 따라 동일한 투입에도 불구하고 전혀 다른 결과를 낳는다. 사소한 기계들은 고장이 나도 예측 가능하게 작동하지만, 자기 준거적 기계들은 믿을 수 없으며 기분에 의해 좌우된다.57) 그러나 자기 준거적 기계들은 역사적이며, 우연한 방식으로 창조된다. 이와 같은 기계의 구분은 환경과 연결되어 전개된다. 여기서 기계의 투입/산출기능은 그 자신 내부에서 작동하는 폐쇄성 및 순환성 사이를 구분하는 것이다.58) 이러한 구분은 루만의 독창적인 생각이라기보다는 앞서 언급한 바렐라의 구분법을 따랐다. 바렐라는 신경계는 작업적 폐쇄성을 지닌다고 본다.

흔히 신경계란 활동적 구성요소들의 그물체이다. 이러한 구성요소들 사이의 흥분관계에 생기는 변화는 언제나 그 틈에서 또 다른 변화를 불러온다.59) 신경계의 연관성은 역동성과 상호작용을 근거로 삼아 진행되기 때문에 변함없이 유지된다. 이러한 신경계는 구성요소들의 흥분관계가 맞물려서 변화하는 닫힌 그물체로서 작동한다.

주지하듯이, 루만의 체계이론은 세계를 다루면서 체계/환경을 구분한다. 이러 점에서 루만의 체계이론은 하나의 거대한 세계이론(Welttheorie)이다. 그런데 그의 이러한 체계이론은 다른 구분법과는 다소 다르다. 그

H.2. 1991, p.149.

57) 니콜라스 루만, 노진철·최재현 옮김, 「체계이론의 최근경향」, 최재현 엮음, 『현대 독일 사회학의 흐름』, 형성사, 1991, pp.196-197.

58) Niklas Luhmann, *Zweckbegriff und Systemrationalität,* Frankfurt a. M., 1973, p.258.

59) 움베르토 마투라나/프란시스 바렐라, 『인식의 나무-인식활동의 생물학적 뿌리』, 최호영 옮김, 자작 아카데미, 1995, p.170.

의 구분법은 어떠한 체계준거(Systemreferenz)로부터 출발하며, 특정한 체계의 입장에서는 무엇이 그 환경을 밝힐 수 있을 것인가를 묻는다. 이른바 이해는 타자와 관련되어 있기 때문에 사회적 차원의 관찰방법과 사회적 결과를 중요시한다. 이해는 특별한 방식의 체계적 관찰이다. 그의 이해는 환경을 통해 체계를 관찰하며 그 밖의 또 다른 체계로서 나타난다. 이러한 관점에서 이해는 체계적인 작용의 현실로서 설명하는 전제조건이 되며, 체계/환경이 새로운 체계이론의 중심적인 패러다임을 형성한다.[60] 그런데 루만의 사회체계이론은 체계/환경의 차이에 의해 다른 의미를 지닌다.

그러나 이러한 차이는 자기준거적인 폐쇄성을 지니는 한에서 인식된다. 이러한 차이는 외부환경의 복잡성을 축약시킨다. 여기서 체계의 커뮤니케이션을 가능하게 하는 의미의 처리과정이 어떤 주체나 실체로 나타나는 것이 아니라 자기 준거적인 체계의 속성으로 작용한다. 다시 말해서 자기준거적 체계이론은 주체뿐만 아니라 생명의 유기체와 함께 사회체계에로 적용된다. 더 나아가 자기준거의 체계는 두 체계 사이의 상호작용으로서 진행된다. 다른 체계를 관찰하는 체계는 다른 가능성을 지닌다. 모든 체계와 마찬가지로 체계자체는 항상 환경을 필요로 한다. 마투라나는 다른 체계에 의한 어떤 체계의 관찰을 이차적 질서의 관찰이라 불렀다. 이러한 "관찰은 체계의 고유한 조작방식"[61]에 의해 부여받아 제한적으로 관찰한다. 체계는 관찰된 체계의 지평선을 관찰할 수 있기 때문에 지평선이 배제된 것을 또한 인식한다.[62] 이를 통해서 체

60) Niklas Luhmann, *Soziale Systeme*, p.242.

61) 관찰과 조작사이의 구분은 외부의 측면에서 분화된다. 자세한 내용은 다음을 참조: Urs Stäheil, "Das Populäre in the Systemtheorie", Günter Burkart/Gunter Runkel(Hg.), *Luhmann und die Kulturtheorie*, Frankfurt a. M., 2004, pp.181-186.

62) Niklas Luhmann, *Soziologie des Risikos*, Berlin/New York, 1991, pp.241-242.

계는 일종의 "이차적 질서의 사이버네틱스"에서 관찰된 체계/환경의 작용방식을 선명하게 드러낸다. 루만의 이차적 질서의 관찰은 아주 다양한 작용을 한다. 이런 점에서 루만의 이차적 질서의 관찰은 우리가 유교라는 다른 관찰을 억지로 설정하거나 자체적으로 환경을 구분하여 연구할 수 있는 것이다.

루만은 사회에 대한 인식을 체계이론에 적용하여 분석한다. 그의 이해이론은 칸트의 주장처럼, 경험적/선험적인 구분이 아니라 체계/환경의 구분을 통해 진행한다. 루만의 체계이론은 일종의 체계/환경을 중심으로 하여 형성된다.[63] 이러한 이해는 환경에 의해 구조화되어 규정된 것이 아니기 때문에 왜곡될 수 있다. 루만은 체계의 내부와 외부의 모델을 아주 복잡한 구조로 다루고 있기 때문에, 행위뿐만 아니라 목적/수단의 도식과 같은 동일한 주제를 사회체계이론 안에서 다룬다.[64] 이런 점에서 루만은 근대의 계층적 사회로부터 기능적으로 분화된 사회에로의 변화를 내화조건(Inklusionsbedingung)으로 진행시킨다. 그러나 개인은 단지 내화조건에 의해서가 아니라 사회로부터 나오는 외화조건(Exklusion)에 의해 전개된다.[65] 따라서 루만은 체계/환경의 구분을 사소한 기계(Trivialmaschine)와 자기 준거적 기계(Selbstreferenzielle Maschine)로 나눈다. 여기서 기계는 전환기능을 의미하지만 반드시 기계장치는 아니며, 두뇌나 수학적 계산이 이에 해당한다. 그는 이러한 기계의 구분을 투입

---

63) Niklas Luhmann, "Systeme verstehen Systeme", in: ders/K. E. Schorr(Hg.), *Zwischen Intransparenz und Verstehen. Fragen an die Pädagogik,* Frankfurt a. M., 1986, pp.72-112. Vgl. Hartmut Esser, "Der Doppelpaß als soziales System", in: *Zeitschrift für Soziologie,* Jg. 20. Heft. 2. 1991, p.53.

64) Niklas Luhmann, "Neuere Entwicklungen in der Systemtheorie", in: *Merkur.* 42 Jg. Heft. 467-478, 1988, p.292. Vgl. Frank Beckenbach, "Die Wirtschaft des Systemtheorie", in: *Das Argument.* 31. Jg. 1989, p.889: Niklas Luhmann, *Das Recht der Gesellschaft,* Frankfurt.a M. 1993, pp.52-53.

65) N. Luhmann, *Gesellschaftsstruktur und Semanik,* Bd. 3. Frankfurt a. M., 1989, pp.149-258.

(Inputs)과 산출(Outputs)기능으로서 설명한다.[66] 따라서 루만은 사소한 기능은 항상 같은 방식으로 투입을 산출로서 전환한다는 것이다. 투입이 반복되면 똑같은 산출이 나온다.

이에 반해 자기 준거적 기계는 각기 다른 산출을 내 보인다. 각기 다른 상태는 그 이전에 진행된 동작에서 나온다. 이 기계들은 자신의 상태에 따라 동일한 투입에도 불구하고 전혀 다른 결과를 낳는다. 사소한 기계들은 고장이 나도 예측 가능하게 작동하지만, 자기 준거적 기계들은 믿을 수 없으며 기분에 의해 좌우된다.[67] 그러나 자기 준거적 기계들은 역사적이며, 우연한 방식으로 창조된다. 이와 같은 기계의 구분은 환경과 연결되어 전개된다. 여기서 기계의 투입/산출기능은 그 자신 내부에서 작동하는 폐쇄성 및 순환성 사이를 구분하는 것이다.[68] 이러한 구분은 루만의 독창적인 생각이라기보다는 바렐라(Francisco Varela)의 구분법을 따랐다. 바렐라는 신경계는 작업적 폐쇄성을 지닌다고 본다. 흔히 신경계란 활동적 구성요소들의 그물체이다. 이러한 구성요소들 사이의 흥분관계에 생기는 변화는 언제나 그 틈에서 또 다른 변화를 불러온다.[69] 신경계의 연관성은 역동성과 상호작용을 근거로 삼아 진행되기 때문에 변함없이 유지된다. 이러한 신경계는 구성요소들의 흥분관계가 맞물려서 변화하는 닫힌 그물체로서 작동한다.

주지하듯이, 루만의 사회체계이론은 세계를 다루면서 체계/환경을

66) Niklas Lumann, “Neuere Entwicklung in der Systemtheorie”, in: *Merkur.* 42 Jg. H.467-478, 1988, p.292: ders, “Am Ende der kritischen Soziologie”, in: *Zeitschrift für Soziologie,* Jg. 20. H.2. 1991, p.149.

67) 니콜라스 루만, 노진철·최재현 옮김, 「체계이론의 최근경향」, 최재현 엮음, 『현대 독일 사회학의 흐름』, 형성사, 1991, pp.196-197.

68) Niklas Luhmann, *Zweckbegriff und Systemrationalität,* Frankfurt a. M., 1973, p.258.

69) 움베르토 마투라나/프란시스 바렐라, 최호영 옮김, 『인식의 나무-인식활동의 생물학적 뿌리』, 자작 아카데미, 1995, p.170.

구분한다. 이러 점에서 루만의 사회체계이론은 하나의 거대한 세계이론(Welttheorie)이다. 그런데 그의 이러한 사회체계이론은 다른 구분법과는 다소 색다르다. 그의 구분법은 어떠한 체계준거(Systemreferenz)로부터 출발하며 특정한 체계의 입장에서는 무엇이 그 환경을 밝힐 수 있을 것인가를 묻는다. 이른바 이해는 타자와 관련되어 있기 때문에 사회적 차원의 관찰방법과 사회적 결과를 중요시한다. 이해는 특별한 방식의 체계적 관찰이다. 그의 이해는 환경을 통해 체계를 관찰하며 그 밖의 또 다른 체계로서 나타난다. 이러한 관점에서 이해는 체계적인 작용의 현실로서 설명하는 전제조건이 되며, 체계/환경이 새로운 체계이론의 중심적인 패러다임을 형성한다.70) 그런데 루만의 사회체계이론은 체계/환경의 차이에 의해 다른 의미를 지닌다. 그러나 이러한 차이는 자기준거적인 폐쇄성을 지니는 한에서 인식된다. 이러한 차이는 외부환경의 복삽싱을 축약시킨다. 여기서 체계의 의사소통을 가능하게 하는 의미의 처리과정이 어떤 주체나 실체로 나타나는 것이 아니라 자기 준거적인 체계의 속성으로 작용한다. 다시 말해서 자기 준거적 체계이론은 주체뿐만 아니라 생명의 유기체와 함께 사회체계에로 적용된다. 더 나아가 자기준거의 체계는 두 체계 사이의 상호작용으로서 진행된다.

하버마스는 자기준거의 개념을 사회 전체의 합리성과 연결시켜 말한다. Ⓐ 자기준거의 개념은 모든 경험적인 자기생산체계로 이송하며 Ⓑ 합리성에 대한 자기준거의 추론을 포기해야 하며 Ⓒ 합리성이 더 이상 이성의 자기준거에서 주어질 수 없으며, Ⓓ 분화의 역설에 대한 모든 합리성의 노력과 기능 체계적 차이의 코드화를 조화시킨다.71) 따라서 체계들은 복잡한 환경세계의 우연한 조건에서 생산되고 보존된다. 따라

70) Niklas Luhmann, *Soziale Systeme*, p.242.

71) 위르겐 하버마스, 『현대성의 철학적 담론』, 이진우 옮김, 문예출판사, 1994, p.433.

서 주변세계의 체계/환경의 관계들은 복잡성을 형성하게 되며, 나아가 이러한 복잡성을 통해 과제를 수행하게 된다. 우리는 체계/환경의 차이에 대해 관찰하여 보다 잘 이해하기를 원한다. 이런 점에서 체계/환경의 구분은 반성을 통해 다루어지며 환경에서의 체계를 일체화시키는 계기를 마련해야 한다.

이런 점에서 사회는 체계와 체계의 내적인 환경을 위한 "이차적 질서의 개념"이 된다. 체계/환경은 직접 관찰할 경우 체제에 적용된다. 이와 반대로 다른 체계를 관찰하는 체계는 다른 가능성을 지닌다. 모든 체계와 마찬가지로 체계자체는 항상 환경을 필요로 한다. 마투라나(H. Maturana)는 다른 체계에 의한 어떤 체계의 관찰을 "이차적 질서의 관찰"이라 불렀다. 이러한 관찰은 체계의 고유한 조작방식에 의해 부여받아 제한적으로 관찰한다. 체계는 관찰된 체계의 지평선을 관찰할 수 있기 때문에 지평선이 배제된 것을 또한 인식한다.[72] 이를 통해서 체계는 일종의 "이차적 질서의 사이버네틱스"에서 관찰된 체계/환경의 작용방식을 선명하게 드러낸다. 루만의 이차적 질서의 관찰은 아주 다양한 작용을 한다. 이런 점에서 루만의 이차적 질서의 관찰은 우리가 다른 관찰을 억지로 설정하거나 자체적으로 환경을 구분하여 연구한다.

3) 기능체계로서의 아우토포이에시스(Autopoiesis)

루만의 체계이론은 아우토포이에시스를 삶의 개념체계로서 중요하게 다룬다. 루만은 아우토포이에시스의 개념을 삶의 개념 속에서 찾아내고 정의(定義)를 내린다.[73] 그리고 거기서 드러난 한계를 찾아내어 사

72) Niklas Luhmann, *Soziologie des Risikos,* Berlin/New York, 1991, pp.241-242.

73) Niklas Luhmann, "Die Autopoiesis des Bewußtseins", in: *Soziale Welt.* 36. Jg. 1985, 402. Vgl. Danilo Zolo, "Reflexive Selbstbegrüdung der Soziologie und Autopoeisis", in: *Soziale Welt,* 36.

회현실에 적용시킨다. 여기서 아우토포이에시스는 삶과 의식의 사회체계를 구성하는 전제조건이 된다. 루만의 아우토포이에시스의 개념은 생명과 의식, 사회체계들의 재생산 방식을 가리키며, 그것의 기본적인 개념은 마투라나에 의해서 창안되었다. 자기준거적 체계의 개념은 의식철학의 모형을 수용하기보다는 일반적인 체계이론과 사이버네틱스의 제2단계를 받아들인 것이다.

앞에서 언급하였듯이, 루만의 체계이론은 궁극적으로 마투라나의 아우토포이에시스의 개념을 변형시킨 것이다. 그의 사회체계이론은 사회체계와 유기체와의 일반체계이론을 생물학자 마투라나의 아우토포이에시스의 개념과 접맥시켜 자기 준거적 · 아우토포이에시스적인 체계이론을 보다 명확하게 규정해 나간다. 제2의 사이버네틱스는 다른 관찰하는 체계들을 관찰하는 관찰체계들의 이론을 나타낸다. 관찰하는 체계들은 모두 그 체계의 출발점이 되는 구분법을 따른다. 따라서 체계는 상식적으로 볼 수 없는 것을 당연히 보지 못한다. 체계는 구분을 변경시키는 데 충분할 만큼 복잡성에 이르게 되면, 사용하는 구분법을 변경할 수 있다. 그렇지만 체계가 자기 스스로의 환경을 구분하지 못한다면, 체계는 관찰할 수 없다. 또한 자기 관찰은 자기 자신의 체계를 환경으로부터 구분하였을 때 가능하다.

그러나 다른 체계들은 관찰하는 체계를 관찰하기 위해 다른 구분법을 사용할 수 있다. 그는 사회체계를 삶과 의식의 아우토포이에시스를 확증해 나가면서 다시 본래의 재생산 과정을 현실화시킨다. 하지만 루만의 의식체계 및 사회의 개념이 체계로서 살아 숨 쉬는 삶의 의식으로 되어 가는 과정은 그렇게 간단하게 전제조건화되지 않는다. 이러한 의

Jg. Heft. 4. 1985, p.520.

식은 정신적인 표상의 힘으로만 존재하는 것이 아니라 현실적이고 개별적인 삶의 본질에서 발견될 수 있다. 따라서 이러한 의식들은 인간본성의 요소에 근거한 체계이다. 이러한 관점은 자연의 전체성(Naturganzen)의 조건아래서 개인의 상호작용과의 관계 속에서 더욱 고양된다. 루만의 이해이론에 관한 사회적 문제는 과학적인 법칙으로서 인식하여, 이것이 시민사회운동을 통해 좀 더 쟁점화되고, 경제적 효율성이라는 측면에서 비용이 계산되면서, 정치적으로 합의를 통해 중재되는 과정을 거쳐 법적으로 제도화되어 교육적인 계몽으로 내면화되었을 때, 사회 전체적인 대응이 가능하다. 특히 정치와 경제는 기능적으로 분화된 체계이다. 정치가 가격형성 과정에 개입하면, 정치는 경제적 문제를 정치적 문제로 변형시킨다. 그렇지만 여전히 두 체계 사이의 차이는 남아 있다. 이러한 기능영역과 코드가 동시에 작동되어야 한다.

오늘날 기능체계들이 본질적으로 생태학적 위협에 대한 반향을 일으키고 있으며, 부차적으로 도덕적 문제일 수밖에 없다는 사실에서 출발한다. 따라서 정치 · 경제 · 과학이나 법 · 종교 · 교육과 같은 기능체계들은 높은 자기 역동성과 감수성에도 불구하고 환경문제를 교란시킬 수 있다. 그렇기 때문에 루만은 이러한 기능체계들은 사회문제의 분쟁소지를 없애기 위해 전체사회로 통합되어야 한다고 본다.

5. 딜타이와 루만 이해이론의 현대적 의미

딜타이와 루만의 이해이론은 복잡성 이론으로 대변된다. 우리가 앞장에서 살펴보았듯이, 딜타이와 루만의 이해이론에서 다음과 같이 현대적 의미를 찾아볼 수 있다.

첫째, 딜타이와 루만의 이해이론은 의식의 사실(die Tatsache des Bewußtsein)을 근거로 하여 문화체계와 체계/환경의 사회체계라는 지식의 본질을 규명한 것이다. 딜타이는 이해이론을 의식의 사실로서 파악하였고, 루만은 사회체계이론에서 의식(Bewußtsein)의 철학으로서 연관시켰다. 루만의 이해이론은 의사소통으로서 작용하는데, 이는 의식을 통해서 생겨난다. 즉 딜타이의 이해이론은 의식의 사실을 통해 역사적 삶의 보편적 철학을 실현시켰고, 루만의 사회체계이론은 "의사소통이론에 중요한 이론적 토대[74)]"를 제공하였다.

그런데 이러한 이해는 실제적으로 부차적인 의미에서 의식에 반영되든 그렇지 않든지 간에 상호 의존하는 관계에 있다. 딜타이로부터 출발한 체계분화이론은 루만의 이론에서 다시 발견된다. 딜타이와 루만은 체계 및 의미한계를 다양한 행위에서 주어진 수많은 체계를 정렬시킨다. 행위의 다중성은 행위 하는 자의 주관적으로 의도된 의미와 행위관찰자의 선택적인 의미에 관한 명료성의 차이에 의해서만 나타나는 것은 아니다. 행위의 통일체로서 어떤 문화의 내부에서 이해된 것은 행위에서 드러난 그때마다 동일한 의미연관을 변화시킨다. 루만의 이해이론은 단순히 헤겔의 변증법적이고 논리학적 사유, 후설 현상학에서의 의식의 지향성 개념, 니체의 디오니소스적 이성비판, 마르크스의 자기준거, 사이버네틱스와 마투라나/바렐라의 생물학적 유기체 이론 등 의식의 철학을 주축으로 하여 결합시켰다. 하버마스의 의하면, 루만은 고전 사회학의 전통보다는 칸트에서부터 니체, 후설에 이르는 의식철학의 역사를 계승하고 있다고 파악한다. 특히 루만의 이해이론에서 자기자신과 세계를 밑받침하는 주체는 칸트의 비판철학을 중심으로 한 선

74) 루만의 커뮤니케이션이론에 관한 자세한 내용은 다음을 참조할 것. 여기서는 지면관계상 생략함: 정호근, 「의사소통과 매체」, 김상환 외, 『매체의 철학』, 나남출판, 1998, pp.373-404.

험철학의 유산을 계승하고 있다. 이를 극복하려고 그의 사회체계이론은 많은 주체들을 설정하고 있지만, 사회는 넓은 의미에서 생물학적 체계/환경을 구분하였다. 딜타이와 루만의 입장에서 의식의 사실 및 의식철학에 관한 이해의 인식론은 현대의 **인공지능의 공학**에 이론적 토대를 제공해 준다. 딜타이와 루만은 의식의 사실, 의식의 철학에서 지식의 본질이 무엇인가를 묻는다. 이들은 이제까지의 이론들을 추상적 생각에 머무는 것이 아니라 구체적으로 사유하고, 느끼고, 행위하는 사회의 실천적 삶의 관계에서 출발한다. 이들의 이론은 현실적인 삶 속에서 이해에 관한 인식론을 분석하고 있기 때문에 인간의 내적인 의식을 역동적으로 파악한다. 따라서 양자 사이에서 삶과 의식은 사회체계를 구성하는 전제조건이 된다.

앞장에서 살펴보았듯이, 딜타이는 의식의 사실에서 인간의 본성을 찾고 있으며 그의 해석학적 순환의 세 요소, 즉 체험·표현·이해는 삶의 내적인 표현을 외면화, 객관화한 것으로서 예술·법·도덕·인륜·종교·교육 등이 이에 해당된다고 보았다. 이러한 딜타이의 해석학을 비롯한 생철학의 인간과 기계관은 인공지능의 가능성을 비판적으로 논의하는 데 중요한 토론의 장을 마련한다. 딜타이에게서 인간은 사회적-역사적 현실로서 과거에 체험된 사회관습과 언어 등을 지니고 있지만, 현재의 컴퓨터에게서는 삶이 없기 때문에 합리성을 찾을 수 없다.[75)]

루만의 의식철학은 아우토포이에시스적인 생명과 의식, 사회체계들의 재생산 방식을 가리키며, 사이버네틱스의 제2단계를 받아들인다. 여기서 루만은 생물학적 아우토포이에시스의 개념을 특수한 조작방식을 수행하는 모든 체계로서 확대하여 적용한다. 따라서 특수한 조작방

75) 이초식, 「지식표현과 생철학적 비판-딜타이」, 『인공지능의 철학』, 고려대출판부, 1993, pp.42-43.

식을 수행하는 아우토포이에시스를 세 종류로 나누어 설명한다. ① 신진 대사나 신경활동의 연속으로 이루어지는 살아 있는 체계, ② 사고인지, 감정의 연속으로 이루어지는 심리체계, ③ 의사소통으로 이루어지는 사회체계를 들고 있다. 이런 점에서 양자 사이의 의식철학은 컴퓨터공학 내지 인지공학 등에 이론적 토대를 제공한다.

둘째, 딜타이와 루만의 이해이론은 삶을 매개로 하여 심리적-육체적 삶의 통일체와 아우토포이에시스(Autopoiesis)의 개념을 규명한다. 딜타이는 삶의 연관을 통해 개인의 삶을 역사와 동일시한다. 딜타이는 삶의 진행과정을 내적으로 체험하는 관계를 통해서 규명한다. 삶은 내적인 관계에서 부분적으로 체험을 한다. 더 나아가 개별적인 체험은 자아와 연관을 맺고 있는 부분으로서 드러난다. 정신은 삶에서 발생하는 범주와 연관되어 있으며, 의식의 통일성 속에서 그러한 관계를 맺는다. 루만의 이해이론은 아우토포이에시스를 삶의 개념체계로서 이해하였다. 루만의 입장에서 이해이론의 특별한 문제는 사회체계의 아우토포이에시스적인 근본작용으로서 의사소통을 받아들인다. 그러나 개별적인 개인의 의사소통은 정보와 전달 그리고 이해를 구성하게 된다. 이러한 이해는 의사소통 체계의 아우토포이에시스적인 동기로서 작용한다. 그런데 이러한 기능은 반드시 의식의 실마리로서 요구되는 것은 아니며, 의식은 그렇게 새로운 의미를 부여하는 것은 아니다. 왜냐하면 우리가 이해하는 의식이 우리와 상관없이 멀리 떨어져 표상되어 나타나는 것은 아니기 때문이다.

셋째, 딜타이와 루만의 많은 작품들은 독립적으로 구성되어 있지 않다. 즉 딜타이의 이해이론은 루만의 사회체계이론처럼, 서로 혼재하여 복잡하게 얽혀져 있다는 사실이다. 딜타이는 초기의 정신과학의 체계를 사회의 실천적 삶에 관련된 학문으로서 파악하고 삶을 역사보다 선재(先在)하는 개념으로 간주해 왔다. 그런데 후기 작품에서는 역사에 관해 많은 관심을 보이면서 역사와 삶을 동일한 맥락으로 파악하였다. 딜타이의 이러한 경향은 사회와 역사과학에서 실천적 학문을 강조하는 것이었다. 이러한 문화체계는 목적연관(Zweckzusammenhang)으로서 사회에서 개인의 공통적인 삶의 통일체에 대한 직·간접적인 인간본성의 요소로서 나타난다. 이러한 경향은 루만의 사회체계이론에서 드러난 **복잡성(Komplexität)의 개념**을 적용하여 현대사회를 이해한다.

우리가 농경사회나 산업사회, 그리고 정보사회를 거치면서 체험하는 세계는 "가능한 사건들의 전체로서의 복잡성으로 가득 차 있다."[76] 이런 점에서 루만의 체계이론은 체계의 복잡성의 구조에 대한 이해와 오해의 역할을 분석한다. 이러한 복잡성의 체계는 현실 생활에서 드러난 여러 문제들에 대해 진단을 한다. 그러한 복잡성의 체계는 복잡성의 경험과 덜 체계화된 환경사이에서 경험을 통해 드러난다. 루만의 사회체계의 이론은 자기준거의 행위관찰을 통해 복합성의 작용으로 이해한다. 자기준거의 행위는 옛 자아를 통제하며 새로운 사회적 체계를 구성한다. 자기준거의 행위는 의미 있는 외부의 영향력을 인간적 행태로서 이해하는 것이다. 이해하고 이해 받은 체계는 인간의 작품, 의식의 존재, 심리적 혹은 사회적 체계와 더불어 모든 인간의 의식작용에 관계한다. 따라서 딜타이에서부터 출발한 체계분화의 이론을 사회학자 루만의 이론에서 다시 새롭게 발견하게 된다. 루만의 기능주의는 부분요소들의 재생산의 단절이나 지속성의 작동이 어떻게 아우토포이에시스와 연관되는가는 중요한 관점을 형성한다.

---

76) Niklas Luhmann, "Das sind Preise. Ein soziologische-systemtheoretischer Klärungsversuch", in: *Soziale Welt,* 34. Jg. H.3. 1983, p.159. Vgl. ders. "Soziologie als Theorie sozialer Systeme", in: *Kölner Zeitschrift für Soziologie,* 19(1967), p.615: Heinrich Rombach, *Phänomenlogie des sozialen Lebens,* Freiburg/München, pp.253-254.

넷째, 딜타이와 루만의 이해이론은 우리의 남북 분단 상황 속에서 남북의 생활세계에 대한 이해의 인식론적 패러다임의 전환을 새롭게 제시해 줄 수 있다. 현재 우리의 남북한의 상황은 분단이후로 동일한 환경의 조건에서 사는 것이 아닐 뿐만 아니라 정치·사회·경제·문화적으로 각기 다른 환경을 지니고 있다. 뿐만 아니라 각기 다른 사회적 요구를 갖고 있다. 딜타이는 해석학적 순환이라 부르는 체험·표현·이해를 통해 삶의 의미성을 올바르게 볼 것을 촉구한다. 현재 남북의 분단 상황은 그 어느 때보다 남북 주민들의 삶을 객관적으로 이해하는 자세가 필요하다. 해석학의 이해는 전체와 부분의 관계가 어울려 순환하듯이, 남북 체제의 이해도 남북의 생활세계를 부분과 전체체계의 삶을 개별적으로 독립시켜 보는 것이 아니라 함께 어우르는 전체의 삶으로서 이해해야 한다. 남북의 체계는 상대를 "자기안의 타자로 인식하여 일종의 해석학적 전환"[77]의 사세가 필요한 시점이다.

루만은 사회를 넓은 의미로 생물학적 체계/환경으로서 파악한다. 우리는 루만의 체계와 환경의 관계를 통해서 세계정세와 관련하여 남북의 통일로 향하는 통로를 열어 넣을 수 있다. 한반도의 통일은 남북이라는 체계가 환경에 조응해서 전체적으로 복잡성을 띠고 전개하고 있기 때문에 미국을 비롯한 주변 강대국들의 정세와 우리의 분단 상황의 체제/환경과의 관계를 세심히 고찰하여 새로운 패러다임을 만들어 나가야 할 것이다.

다섯째, 딜타이와 루만의 이해이론은 현재의 생태위기를 극복할 수 있는 생태 철학의 새로운 이론적 대안으로 활용할 수 있다. 딜타이에게

77) 남북통일에 관한 해석학전 전환의 자세한 내용은 다음을 참조: 송두율, 「통일시대를 맞아보는 철학적 소록」, 『철학과 현실』, 철학문화 연구소, 2000, 겨울, p.37: 송두율, 『경계인의 사색』, 한겨레 신문사, 2002, p.91.

서 사회의 실천적 삶은 자연과학과 정신과학의 한계를 구분하는 것이었다. 주지하듯이, 딜타이는 정신과학을 이해, 자연과학을 설명으로 구분하고 있지만, 이는 자연과학의 설명을 통해 사회의 현상, 즉 인간과 인간, 인간과 자연, 인간과 사회의 관계를 새롭게 조명한다. 정신과학의 이해와 자연과학의 설명은 생태위기를 심각하게 맞이하고 있는 인류의 현실적 삶에 새로운 이론적 토대를 제공한다. 딜타이는 역사적-사회적 현실을 강조하면서 인간과 사회, 인간과 환경, 인간과 자연, 자연과 사회와의 관계를 조명한다. 여기서 우리는 딜타이의 이해이론에서 인간의 행위를 주목한다. 딜타이에게서 모든 삶은 역사를 통해서 되풀이 되며, 그 삶은 인간의 행위에서 나온다. 역사적 삶과 나의 행위는 긴밀한 관계를 맺는다. 또한 삶은 역사와의 연관 속에서 환경과 관계한다. "나의 삶은 환경과 하나의 연관관계이다." 살아있다는 것은 어떤 충동이고, 충동이 있는 곳에 저항이 있다. 세계를 통해 끊임없이 되풀이되는 개인의 유형을 밝히는 것이 세계관이다. 여기서 딜타이의 환경 친화적 세계관을 발견할 수 있다.

루만은 인간과 사회를 성찰하는 역사적 차원의 관점에서 생태학적 커뮤니케이션, 사회적 커뮤니케이션의 주제를 사회와 환경과의 관계를 새롭게 설정한다. 최근 들어 사회생활이 더욱 복잡해지면서 생태학적 조건 및 사회체계의 환경에 관해 공적인 토론이 급속하게 증가하였다. 이런 점에서 루만의 환경/체계의 구분은 생태철학에 많은 주목을 받고 있다. 즉 지구 곳곳에 만연해 있는 환경오염 및 생태위기, 지구상의 인구폭발, 핵 방사능 물질의 오염 등 이러한 모든 현상들이 사회적 커뮤니케이션의 주제로 각광받고 있다. 현대사회가 인간의 환경을 변화시키면서 환경 고유의 지속적 생존조건을 파괴시켜 왔다. 이러한 현상은 예전부터 있어왔으나 오늘날은 그 정도가 심각하여 심히 인간의 커뮤니케이션을 왜곡하는 상황이 되었다. 이런 점에서 루만의 체계/환경의 구분은 새로운 인간의 체계를 자기반성의 도구로 삼게 되기에 이르렀다.

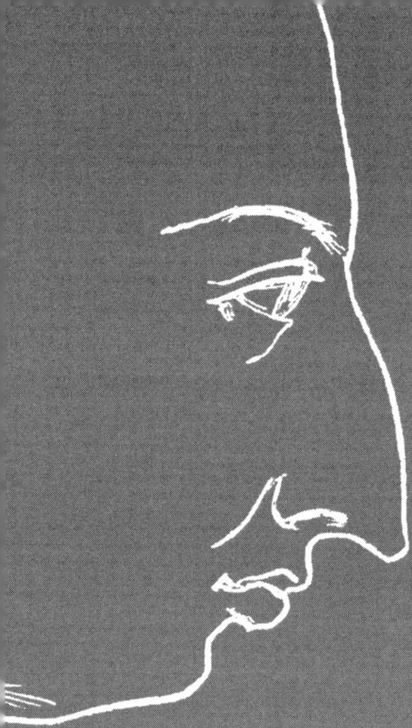

제5장

딜타이와 해석학적 역사성의 사회체계

제5장

딜타이와 해석학적 역사성의 사회체계

I. 딜타이와 하이데거: 해석학적 세계관의 체계

1. 해석학적 존재물음

이 장에서는 하이데거가 『존재와 시간』(1927)에서 딜타이의 역사성, 심리학, 인간학, 현존재의 의식, 현존재의 세계관, 삶과 역사의 관계들을 수용하여 자신의 존재론적 물음을 실존론적 존재론으로 어떻게 정립해 나갔는가를 규명하는 데 그 목적이 있다.

먼저 하이데거의 존재론적인 물음은 서양의 전통에 공격을 감행했던 근·현대철학자들의 영향 속에서 기인한다. 먼저 하이데거는 딜타이의 삶의 철학적 사유와 키에르케고르(Søren Kierkegaard, 1813~1844)와 같은 실존적 믿음의 증언에서 나오는 자극들을 상당부분 수용했다. 물론 하이데거의 초기 프라이부르크대학교에서의 강의는 딜타이, 사도 바울, 아우구스티누스, 루터, 베르그송, 키에르케고르, 후설과 같은 철학자들뿐만 아니라 나아가 아리스토텔레스도 상세하게 다루고 있다.[1] 특히 하

1) Otto Pöggeler, *Der Denkweg Martin Heidegger,* Tübingen, 1983, p.29.

이데거는 루터와 키에르케고르와 같은 신앙의 증언들을 통해 그리스도교 신앙을 전적으로 새로운 근원성에 대한 경험의 중요성을 강조한다. 바로 이러한 근원성의 증언들이 청년 하이데거의 철학에 보다 가까이 다가설 수 있는 계기를 마련했다. 딜타이에게서 철학적 성찰을 고양시켰던 근대의 역사적 사유는 하이데거와 서로 다르게 출발했지만, 상호 연관된다. 즉 양자(兩者)의 철학자에게서 역사적 사유의 근대적 형식의 자리에 초기 그리스도교의 신앙이 보여주었던 역사의 경험이 놓이게 된 것이다.[2)]

퇴겔러(Otto Pöggeler)는 딜타이의 전집에서 다음과 같은 물음들을 하이데거가 주목했다고 강조한다. 즉, "형이상학적 사유는 역사적 삶을 올바르게 다루어 본 적이 없기 때문에 종말을 향해 치닫고 있는가? 형이상학적 사유는 믿음이 인도하는 삶의 내면에 어떻게 도달할 수 있는가?"[3)] 이러한 딜타이적인 삶의 역사적 물음들이 하이데거의 형이상학적 사유에 한걸음 전진한 것은 분명해 보인다. 지금까지 딜타이는 『정신과학 입문』(1883)을 비롯한 여러 저서에서 해석학적 역사성의 문제나 현실적 삶의 문제들을 심도 있게 제기했다. 반면에 하이데거는 딜타이와는 다소 다르게 실존론적 존재론의 관점에서 현존재에 대한 역사성의 물음을 제기했다. 1919년 여름학기 강의에서 하이데거는 "개별자에 대한 의미를 중시한 것"[4)]이 딜타이 역사철학의 성과라고 강조한다. 또한 하이데거는 딜타이의 『정신과학 입문』의 구절을 인용하여 하이데거 사상의 단초를 읽어내려 갔다.

---

2) Otto Pöggeler, 위의 책, p.29.

3) 위의 책, p.29.

4) M. Heidegger, *Zur Bestimmung der Philosophie,* hrsg. von B. Heimbüchel Frankfurt a. M., 1987, p.164.

"자기성찰에서만 우리는 우리 안에 있는 삶의 통일성과 그것의 연속성을 발견한다. 그것은 지나간 정신적 삶의 형식들의 모든 연관을 담아 유지하고 있다.[5]

이러한 하이데거의 자기성찰은 그의 믿음에서 불거졌던 삶의 진지함과 진지한 신앙적 믿음 사이의 종교적 갈등에서 시작됐다. 이렇게 하이데거의 철학적 자기성찰은 종교적 경험과 밀접하게 연관되어 있다. 이는 역사적 관점에서 하이데거가 해결하고자 했던 철학에 대한 근본적 물음이었다.[6] 하이데거는 그의 『존재와 시간』에서 딜타이의 삶과 역사성의 문제에 많은 영향을 받았음을 부인하지 않는다.[7] 하이데거의 역사적 세계관은 『존재와 시간』에서 현존재의 실존적-시간적 분석을 통해 잘 드러나 있다. 하이데거는 『존재와 시간』에서 그의 실존론적 시간의 존재이해를 딜타이의 『기술분석적 심리학』(1894), 『정신과학 입문』 등에서 역사성, 삶과 역사의 관계, 심리학, 인간학과 같은 연구에 많은 영향을 받았다. 즉, 하이데거는 딜타이 정신과학의 이론 및 자연과학과 정신과학의 구분에 대한 연구, 인간·사회 및 국가에 관한 다양한 학문들의 역사에 대한 탐구, 학문이론적, 학문역사적, 해석학적-심리학적 탐구들이 끊임없이 침투하고 교차한다는 관점을 전개했다.

우리는 하이데거의 이러한 딜타이의 삶과 역사적 고찰의 선이해(先理解)를 통해 하이데거의 『존재와 시간』, 『빌헬름 딜타이의 탐구작업과 역사적 세계관』의 저서를 한정하여 살펴볼 것이다. 따라서 우리는 하이데거의 『존재와 시간』과 『빌헬름 딜타이와의 탐구작업과 역사적 세

---

5) 위의 책, p.164.

6) 권터 피갈, 『하이데거』, 김재철 옮김, 인간사랑, 2008, p.31.

7) 하이데거는 개별자 및 개인에 대한 파악의 의미를 중시한 것이 딜타이의 성과라고 강조하고 있다(권터 피갈, 『하이데거』, 김재철 옮김, 인간사랑, 2008, p.29).

계관의 투쟁』을 중심으로 살펴볼 것이다. 즉 우리는 하이데거가 파악한 딜타이의 삶과 역사성, 정신과학, 심리학, 인간학을 중심으로 다루어 볼 것이다. 이렇게 우리가 딜타이 분석을 통해 하이데거가 현존재의 역사성을 어떻게 극복해 나갔는지를 살펴보기로 하자.

2. 하이데거의 딜타이 역사적 세계관: 삶과 역사성

하이데거에 따르면 딜타이는 '삶'의 체험들을 구조연관과 발전연관에 의한 삶의 전체성으로 이해했다.[8] 즉, 딜타이는 삶의 체험 문제들을 단순하게 수동적으로 인식하는 정도로만 생각하지 않았다. 그에게서 삶의 체험은 자연과학처럼 단순하게 설명하는 것이 아니라 정신과학처럼 각 개인의 삶을 이해시키는 데 있었다. 하이데거는 1925년 4월 16일~4월 21일 카셀에서 10회에 걸쳐 "빌헬름 딜타이와의 탐구작업과 역사적 세계관의 투쟁(Wilhelm Diltheys Forschungsarbeit und der Kampf um eine historische Weltanschuung)"이라는 제목을 붙여 대중 강연을 한다.[9] 이 강연에서 하이데거는 딜타이가 파악했던 삶의 이해는 역사적 세계관(historische Weltanschauung)을 둘러싼 끊임없는 역사와 삶과의 투쟁이었다고 말한다. 왜냐하면 딜타이에게서 삶과 역사에 대한 이해는 세계와 현존재의 역사적 성격에서 불거졌던 앎에 대한 투쟁과 동일한 것으로 보았기 때문이다.[10] 이를테면 딜타이에게서 역사와 삶과의 투쟁은 역사

8) M. Heidegger, *Sein und Zeit,* Tübingen, 1972. p.72.(이하 SZ라 생략하여 표기함.)

9) M. Heidegger, "Wilhelm Diltheys Forschungsarbeit und der gegenwärtige Kampf um eine historische Weltanschuung"(10 Kasseler Vorträge 16.4-21.4. 1925)(=KV) Nachricht von Walter Bröcker Hrsg. von Frithjof Rodi, in; *Dilthey-Jahrbuch* 8(1992/1993) pp.143-180.

10) 요르크 백작은 딜타이의 철학적 대화 친구였으며 편지 상대자였다. 두 사람 사이의 편지교환이 1923년

의 힘을 확신하고 현존재의 의식(Daseinsbewußtsein)을 원초적으로 파악한다.[11] 따라서 하이데거가 파악한 딜타이의 역사적 세계관은 역사와 현존재의 세계관을 의미한다. 즉, 딜타이의 역사적 세계관은 세계의 발전과정과 인간 현존재의 역사적 성격을 규정한다. 그래서 하이데거는 본래 철학적 경향을 지닌 역사적인 것의 현존재 개념에 몰두한다. 이런 측면에서 딜타이는 삶과 역사의 전개과정을 인간적 삶의 의미에서 찾았다.[12]

이러한 하이데거의 딜타이 역사적 세계관의 파악은 그의 『존재와 시간』에서 현존재의 실존적-시간적 분석에서 잘 드러난다. 즉, 하이데거는 인간에 대한 역사적 분석을 딜타이가 급진화(Radikalisierung)시켰다고 기술한다.[13] 지난 1925년 딜타이와 요크 백작(Paul Yorck von Wartenburg)과의 서신교환에서 드러났듯이, 하이데거는 딜타이를 대화상대자로 찾았으나, 그가 다소 급진성과 불명료한 심장을 가진 철학자로 간주한다.[14] 그래서 하이데거는 바르텐부르크의 파울 요크 백작이 이해한 딜타이의 역사성 및 역사철학에 대해 자신의 비판적 입장을 취한다. 하이데거는 정신적 삶의 역사연구에 관해서 딜타이가 섬세하게 해석했다고 칭송하고 있지만, 요크 백작이 딜타이의 삶에 대한 역사적 본질을 보다 더 훌륭하게 소화했다고 평가한다. 이런 측면에서 하이데거는 『존재와 시간』의 77절에서 요크 백작의 딜타이 비판을 인용하여 언급한다. 즉 딜타이의 정신과학에서 비교의 방법이 "언제나 미학적이며 어떤 형태에 사로잡혀 있기 때문에"[15] 역사에 대한 딜타이의 통찰은 다소 오해의

에 책으로 출간된다. 하이데거, 『빌헬름 딜타이의 탐구작업과 역사적 세계관』, 김재철 옮김, 누멘, 2010, p.77.

11) 하이데거, 『빌헬름 딜타이의 탐구작업과 역사적 세계관』, p.10.

12) 위의 책, p.10.

13) SZ, p.403.

14) Otto Pöggeler, "Heideggers Begegung mit Dilthey", in: *Dilthey-Jahrbuch*. Bd. 4. 1986/1987, p.141.

소지가 있다고 말한다.

> 미학적-기계적 사유방식이 "직관의 배후로 소급해 가는 분석보다도 쉽게 낱말의 표현을 발견하는 것은, 낱말의 폭넓은 출처가 시각성에 있다는 것으로 설명될 수 있습니다. (…) 이에 반해서 생명성의 근거로 파고들어 가는 것은 통속적인 서술을 벗어나 있습니다. 그렇기 때문에 모든 용어들이 쉽게 이해될 수 없으며, 상징적이 되고 불가피하게 됩니다. 철학적 사유의 특수한 양식에서부터 그 언어적 표현의 특수성이 귀결되는 것입니다."[16]

위의 인용문에서 보듯이, 요크 백작의 딜타이 비판에도 불구하고 하이데거는 딜타이를 위대한 역사가로 간주할 뿐만 아니라 정신과학을 정립한 사상가로 여긴다. 특히 하이데거는 『존재와 시간』에서 요크 백작의 딜타이에 대한 역사적 해석을 긍정적으로 인용하고 있다. 그래서 하이데거는 딜타이의 저서를 이해하기 위해 요크 백작의 딜타이에 대한 역사적 관점을 적극적으로 수용한다.[17] 따라서 하이데거는 역사문제에 대한 딜타이의 정신과학 이론을 상당 부분 수용하면서 자신의 이론을 성숙하게 만드는 계기를 마련했다고 회고한다.[18] 즉, 이제까지 딜타이의 역사적 탐구 작업은 삶에 대한 대결적 논쟁들을 전개하고 있는데 이에 대해 인내가 필요했다고 고백한다. 즉, 하이데거의 역사적 탐구 작업은 딜타이에게 보냈던 요크 백작의 여러 편지에서 발견할 수 있다. 다시 말해 하이데거는 딜타이의 친구였던 요크 백작과 딜타이와의 서신교환에서 딜타이의 독창성을 발견한다. 즉, 요크 백작이 "언젠가 **우리의 공통된 관심사인 역사성**"을 서로 이해하게 될 것이라는 견해에 대

15) SZ, p.397.
16) SZ, p.70.
17) SZ, p.404.
18) SZ, p.397.

해 하이데거는 주목한다.[19] 하이데거가 보기에 딜타이와 요크백작과의 서신교환 사이에서 있었던 중요한 사실은 역사적인 것의 존재를 이끌어 냈다는 데 있었다.

하이데거에게서 "철학적 탐구는 근본적인 의미에서 역사적 인식"[20]을 파악하는 것이다. 더 나아가 하이데거는 이제까지 철학적 탐구주제로 삼았던(thematisches Worauf) 대상양식과 존재양식"을 삶의 근본구조 안에서 이해했다. 그러나 하이데거는 삶에 대한 근본계획을 "역사인식"과 "역사적인 것"[21]을 서로 다른 방식으로 바라본다. 이러한 하이데거의 삶에 대한 역사인식의 근본적인 방식은 모든 대상을 과거로 회귀하고자 하는 기존의 철학적 인식과는 다소 다르다. 이런 측면에서 하이데거는 역사의 의미에 대한 딜타이의 근본적인 물음을 심도 있게 통찰해 나갔다. 딜타이의 역사의미에 대한 올바른 물음은 낯선 현실에서 삶을 파악하는 것이 아니라 먼저 자기 자신의 삶을 이해하는 것에서부터 시작한다. 이러한 관점에서 딜타이적인 삶의 방식은 인간을 이해하는 데 중요한 역할을 했다.

딜타이는 삶의 근본적인 특성을 역사적 존재(Geschichtliche-Sein)라는 사실에서 발견한다. 즉 그는 현존재를 인간적 삶과 역사, 이를테면 인간적 삶의 역사를 인간의 의식에서 찾았다. 딜타이에게서 정신과학의 근본 문제는 사회적-역사적-인간적-현실(gesellschliche-geschichtliche-menschliche Wirklichkeit)의 대상 속에서 정신과학의 철학적 근거를 발견한다. 여기서 딜타이는 사회적-역사적-인간적 현실을 세 가지의 부류로 나누어 고찰한다. 첫

---

19) SZ, p.398.

20) M. Heidegger, "Phänomenologische Interpretationen zu Aristoteles (Anzeige der hermeneutischen Situation) hrsg. von H-U. Lessing, in: *Dilthey-Jahrbuch.* Bd.6. Göttingen, 1989, p.249.

21) 귄터 피갈, 앞의 책, pp.38-39.

째, 사회적-역사적-인간적 현실은 지각 속에서 주어진 인간의 삶의 현실에 근거한다. 삶의 현실은 삶에 대한 역사적 현실을 인식하게 된다. 둘째, 사회적-역사적-인간적 현실은 추상 속에 담겨져 있는 현실의 부분을 동일한 부류의 행태로 기술한다. 추상은 현실의 이론적 요소를 구성한다. 셋째로, 사회적-역사적-인간적 현실은 가치판단을 규정한다. 그래서 정신과학의 실천적 요소를 파악한다. 위에서 언급한 딜타이의 사회적-역사적-인간적 현실, 현실이론, 가치판단 및 규칙의 세 명제들은 모두 정신과학을 구성하는 요소이다(GS, 26). 따라서 딜타이에게서 인간의 삶은 사회적-역사적-인간적 현실에서 출발하기 때문에 삶이 단순히 개별적인 현존재로 머물러 있는 것이 아니라 상호 밀접하게 연관된 총체인 것이다. 곧 딜타이에게서 삶은 역사이고 역사는 곧 삶이었다.

따라서 딜타이는 여러 책에서 삶과 역사는 동일한 의미라고 반복하여 강조한다. 하지만 하이데거에 따르면, 딜타이는 역사적 존재가 무엇인지에 대한 물음을 구체적으로 제시하지 않았고, 삶이 어느 정도까지 역사적인 것인지에 대해서도 구체적으로 규명하지 못했다.[22] 그래서 하이데거는 딜타이의 삶과 역사에 대한 관점을 세 단계로 나누어 설명한다. 첫째, 역사의 역사성, 둘째, 역사성과 역사학, 셋째, 역사적-존재의 가능성으로서 역사학적 인식의 사례: 철학적-역사적 탐구가 그것이다.[23]

그러면 삶과 역사는 어떻게 특정한 영역으로 규정지을 수 있을까? 우리가 역사의 성찰을 통해 어떻게 새로운 철학으로 정립할 수 있는가? 우리는 지금까지 전승되어 왔던 철학개념을 어떻게 역사적으로 규정할 수 있는가? 우리는 기존의 형이상학적 개념을 통해 어떻게 역사의 근원

22) 마르틴 하이데거, 『빌헬름 딜타이의 탐구작업과 역사적 세계관』, p.77.

23) 마르틴 하이데거, 위의 책, pp.77-78, 이에 대한 자세한 내용은 다음을 참조: 김재철, 「초기 하이데거의 역사철학 -딜타이 철학의 한계극복을 중심으로-」, 하이데거학회 엮음, 『하이데거와 현대철학자들』, 살림, 2003, pp.117-144.

과 존재론적 사유의 단초를 정립할 수 있는가? 하이데거는 『존재와 시간』에서 이러한 물음들에 대해 딜타이와 그의 친구 요크 백작과의 서신 교환을 통해 다음과 같이 분석한다.

첫째, 역사성(Geschichtlichkeit)에 대한 물음은 역사적 존재자의 존재구성 틀에 대한 존재론적 물음이다. 하이데거는 요크 백작의 딜타이에 대한 역사적 존재자의 관점을 존재적이라고 일컫는 것은 우연적인 요소가 아니라는 데 동의한다. 이를테면 딜타이에게서 역사성은 단절되지 않은 전통적 존재론에 대한 단순한 반영일 뿐이다. 하이데거가 보기에 전통적 존재론은 존재에 대한 고대의 물음에서부터 그 유래를 거슬러 올라갈 수 있지만, 딜타이는 존재론적 문제들을 협소화시켰다. 그래서 딜타이는 존재론적인 것과 역사(학)적인 것의 차이를 존재 일반의 의미에 대한 물음을 규명하기 이전부터 그 매듭을 풀어야 했다.[24] 요크 백작은 역사의 근본적 성격에 대한 딜타이의 명확한 통찰이 있었기 때문에 하이데거가 현존재의 존재성격을 인식할 수 있었다고 본다. 하지만 딜타이의 역사의 근본적 성격은 단순히 객관적인 역사적 고찰에 의해 획득된 것은 아니었다. 이런 점에서 하이데거는 모든 거짓된 역사의 근본성격에 대한 관계규정과 기반 없는 상대주의를 주시했던 요크 백작이 현존재의 역사성에 대한 견해를 다음과 같이 이끌어냈다고 말한다.

"자기의식의 내적 역사성의 경우에는 역사학으로부터 분리된 체계성은 방법론적으로 적합하지 않습니다. 생리학이 물리학을 도외시할 수 없듯이, 철학—그것이 더욱 비판적 철학이라면—은 역사성을 도외시할 수는 없습니다. (…) 자기관계와 역사성은 마치 호흡과 기압과 같으며 그리고—이것이 약간은 역설적으로 들리겠지만— 철학함의 비역사화가 세계는 법적인 연관

24) SZ, 이 책 5절과 6절 p.32 이하 참조.

에서 일종의 형이상적 찌꺼기같이 보입니다."[25]

위 인용문에서 보듯이, 하이데거는 존재적인 것과 역사(학)적인 것 사이의 종적인 차이를 요크 백작이 잘 끄집어냈다고 파악한다. 이러한 존재적인 것과 역사학적인 것의 차이에 의해 딜타이가 "삶의 철학"의 기본목표를 정립할 수 있었다. 그럼에도 불구하고 딜타이는 삶의 철학에 대한 근본적인 물음을 제기하기 이전에 이론적 철저함을 필요로 했다. 또한 딜타이 삶의 철학은 "존재적인 것뿐만 아니라 역사적인 것"[26]을 비교론적 관점에서 역사성을 존재적인 것과 구별해서 철학적 범주로서 근본적인 관점으로 이끌어내야 했다. 하지만 딜타이는 이러한 시도에 성공하지 못했다.

둘째, 존재적인 것에 대한 물음은 가장 넓은 의미에서 눈앞의 것의 존재구성 틀에 관한 것이다. 하이데거는 『존재와 시간』에서 딜타이 역사성의 비판에 대한 근본적인 물음을 "존재론적인 것"으로 파악했다. 즉 하이데거의 관점에서 딜타이는 눈앞의 존재자로서의 존재자의 방향으로 나아가는 형이상학적 · 표상적 사유에 대해 어느 정도 거리를 두고 있었지만, 근본적으로 극복하지는 못했다. 즉, 하이데거는 존재자체에 대한 물음을 딜타이처럼 근본적으로 형이상학적 · 표상적 사유에 한갓 머물러 있지 않았다. 딜타이가 눈앞의 존재자로서 대립시켰던 삶의 개념들은 존재론으로 그다지 차별이 없다.[27] 하이데거가 보기에 딜타이의 삶에 대한 근본개념에 개념적 한계가 드러나면서 형이상학의 문제설정을 새롭게 조건화시켜야 했다.[28]

---

25) SZ, p.402.
26) SZ, p.399
27) SZ, p.209.
28) SZ, p.406.

셋째, 존재적인 것은 단순한 존재자의 범주에 불과할 뿐이다. 하이데거는 존재자의 이념에 대해 존재적인 것과 역사적인 것을 포괄한다. 곧 존재자의 이념은 자신을 종적으로 차별화시켰어야 했다.[29] 하지만 요크 백작에 따르면 딜타이의 역사성 연구는 "존재론적인 것과 역사적인 것 사이에서 종적인 차이를 강조하지 않았다."[30] 이런 점에서 요크 백작은 존재론적인 것과 역사적인 것 사이를 비교하여 다음과 같이 말한다.

> 특히 비교의 절차가 정신과학의 방법으로서 주장하고 있습니다. 이 점에서 저는 선생과 의견을 달리합니다. (…) 비교는 언제나 미학적이며 형태에 사로잡혀 있습니다.[31]

위 인용문에서 보듯이, 요크 백작이 파악한 "존재적인 것과 역사적인 것의 차이"는 불확실한 미학적 본능적 감각의 형태에 사로잡혀 있다. 그동안 전통적인 역사연구가 미학적이고 형태적인 것을 겨냥한 "순수 시각적인 규정"[32]에 얽매여 있었는가를 알아차려야 했다.[33] 하지만 전통적인 역사연구는 그동안 전승되어 왔던 역사적 인식의 합리성을 표면적으로 역사적인 의미로 인식하는 데 그쳤다. 역사연구는 역사적 경험을 근원적이고 통합적 사유의 틀 안에서 제대로 정립할 수 있을지 우려를 갖지 않을 수 없다. 실제로 역사주의학파는 역사의 문제를 다소 간과해 왔다. 따라서 하이데거는 요크 백작의 역사주의학파에 대한 발언을 다음과 같이 주목한다.

29) SZ, p.403.
30) SZ, p.399.
31) SZ, p.400.
32) SZ, p.400.
33) SZ, p.400.

저 학파는 결코 역사학파가 아니라 골동품적인 학파일 뿐입니다. 따라서 그 학파는 거대한 지배적 운동이 기계적 구성의 운동인 데 반해서 미학적으로 구성할 뿐입니다. 그러므로 그 학파가 방법적으로 추가한 것, 즉 합리성의 방법에다 덧붙인 것은 단지 전체 감정뿐입니다."34)

위 인용문에서 요크 백작이 언급하고 있듯이, 합리성의 방법에 덧붙여 감정이입하려는 역사학파의 인식은 역사의 현실을 올바르게 파악한 것이 아니다. 이 때문에 하이데거는 역사를 객관화하여 단순히 지나간 과거로만 보려고 하는 시도에 대해 경계한다. 이는 미래를 예견하고 역사를 지배해야 한다는 하이데거의 혁명적 사유가 잘 반영되어 있다. 따라서 요크 백작과 하이데거는 이러한 혁명적 견해를 다음과 같이 제시한다.

"학자는 혁명운동 당시의 정밀하게 형성된 프랑스 사회와 같이, 시대의 힘과 대립해 있다. 여기에서나 거기에서나 형식주의와 형식숭배가 지배적이다. 지배의 관계규정이 지혜의 최후의 말이다. 그러한 사유의 방향은 물론 —내 생각으로는— 아직 쓰여지지 않은 나름의 역사를 갖고 있다. 그러한 사유의 방향은 사유와 믿음의 바탕 없음은 —이것은 인식론적으로 보자면 하나의 형이상학적인 태도로서— 역사적인 산물이다. 더 날카롭게 표현하면, "근대인, 즉 르네상스의 인간은 매장될 준비가 되어 있다." 35)

딜타이는 역사주의학파의 사유에서 자기반성의 계기를 마련했다. 이러한 딜타이의 자기반성에도 불구하고 역사주의학파는 많은 한계점을 드러냈다. 하이데거는 그의 초기 강의에서 딜타이가 역사의 연관을 작용연관으로 경험하지 못했다고 비판한다. 즉 딜타이의 작용연관은

---

34) SZ, p.400.
35) SZ, p.400.

그의 인문주의적인 이념과 그의 미학적인 방식에 따라 단지 상대적이고 외적인 것에 불과했다. 하이데거는 이론적 대립자로서 딜타이로부터 역사의 접근방법을 수용한 것이 아니라 역사주의와 상대주의를 이해하고자 하는 측면에서 딜타이 정신과학에 접근했다.[36]

우리가 존재자체를 문제 삼을 경우, 역사적 사유는 그 근원성에 있어서 여전히 논란의 여지가 있다. 하이데거에 따르면 근대의 역사학은 이러한 역사적 사유의 근원을 정립하는 데 소홀히 했고, 고대로부터 전승되어 왔던 불명료한 존재 파악에만 사로잡혀 있었다. 요크 백작은 르네상스 이후의 새로운 인간이해에 대해 1889년 8월 29일 딜타이에게 보낸 편지에서 다음과 같이 쓰고 있다.

> "400년도 훨씬 이전에 새로운 시대를 이끌어 왔던 탈중심적 원칙이 불러일으킨 파동은 극단적으로 평이해졌다고 생각합니다. 인식은 자기 자신을 지양할 정도까지 진보했고, 인간은 더 이상 알아볼 수 없을 정도로 자기 자신으로부터 빠져 나갔습니다. 근대인간, 다시 말해서 르네상스 이후의 인간은 묻혀버릴 지경에 이르렀습니다."[37]

하이데거는 "랑케(Leopold von Ranke)"[38]에 대한 요크 백작의 견해에 다음과 같이 말한다.

> 랑케는 거대한 접안 렌즈입니다. 이 접안 렌즈에게는 사라져버린 것이 현

36) Otto Pöggler, Heideggers Begegung mit Dilthey, in: *Dilthey-Jahrbuch*. Bd. 4. 1986/1987, p.141.

37) SZ, p.401.

38) 랑케에 따르면, 역사가는 보편적인 것에 대해 자신의 눈을 개방하는 것이 필요하다. 그는 철학자들처럼 이를 미리 숙고하는 것이 아니라 개별적인 것을 고찰해 가는 동안 세계의 발전이 일방적으로 취하게 되는 것을 본다. 하지만 이 발전은 특정한 시대에 지배적이었던 보편적 개념들과 관계하는 것이 아니라 완전히 다른 것에 관련된다(L.v. Ranke, *Über die Epochen der neueren Geschichte*, Darmstadt, 1970, p.64).

실이 될 수는 없습니다. (…) 역사의 소재를 정치적인 것에 국한시키고 있는 것도 랑케의 전체 기질로부터 설명됩니다. 오직 정치적인 것만이 극적인 것입니다."[39]

랑케는 역사를 단순하게 현실성으로만 파악하지 않는다. 왜냐하면 그가 역사를 작용연관에서 작동하는 역사 안에 자신을 들여다보지 않고, 역사를 객관적인 역사학자로서 순수하게 표상할 수 있고 표상해야 한다고 믿고 있었기 때문이다. 그러나 사람들은 "눈앞의 존재자"를 대물렌즈나 접안렌즈를 통해 표상할 수 있어야 한다고 말한다. 하지만 역사는 단지 표상만을 할 경우에는 가장 고유한 현실성을 간과할 수 있다. 역사주의학파에서 역사는 오직 내용을 표상하거나 판단하지만, 역사를 인식하는 것만으로 파악할 수 없다. 물론 역사주의학파가 요구했던 것은 개체와 전체성으로의 감정이입이었다.[40] 요크 백작은 존재적인 것(시각적인 것)과 비교하여 역사적인 것을 범주적으로 파악했다. 즉, 요크 백작은 "삶"을 합리적인 학문으로 끌어 올리려고 시도했던 딜타이의 역사적 탐구 유형에 대해 다음과 같이 지적한다.

> 참으로 살아있는 삶을 장식하기만 하지 않는 역사학은 비판입니다. 그러나 역사지식의 중요한 부분은 숨어있는 사료의 지식입니다. 역사에서는 장관을 이루고 눈앞에 눈에 잘 띄는 것은 주요사항이 아닙니다. 본질적인 것이 대체로 보이지 않듯이, 핵심은 보이지 않습니다. 그리고 '너희가 잠잠이 있으면, 힘을 얻을 것이다'라고 하듯이, 이를 변형해서 인지하게 될 것입니다.

---

39) SZ, p.400.

40) 역사주의(Historismus/Historism/Historicism/Historiismus)의 출현이 개인적인 것을 위한 의미의 출현으로 기술될 수도 있다. 역사주의는 용어상 역사와 철학분야에서 19세기 중엽부터 20세기 초·중반에 이르기까지, 현재는 인문사회과학을 아우르는 광범위하게 다의적인 용어로 사용되어 왔다. 마이네케(F. Meineke)는 『역사주의의 부상』(1936)에서 역사주의의 정수에 대해 "개인의 관찰과정을 역사에서 차지하는 인간의 비중을 일반화시키는 관점으로 대체한 것"이라 주장한다(Friedrich Meinecke, *Die Entstehung des Historismus*, Munich, 1936).

그렇게 되면 저는 고요히 자기대화와 역사의 정신과의 교류를 즐길 것입니다. 이 역사의 정신은 숨어 있어서 파우스트에게도 나타나지 않았고, 거장 괴테에게도 나타나지 않았습니다. 그 나타남이 아무리 엄숙하고 감동적이었다고 해도 파우스트와 괴테는 그 정신 앞에서 놀라 도망치지는 않을 것입니다. 그 나타남은 수풀과 들판의 저주지와는 다른 더 깊은 의미에서 형제 같고 친하기 때문입니다. 그 노력은 야곱의 씨름과 비슷한 점이 있어서 씨름하는 자에게는 확실한 이득일 것입니다. 이것이 바로 일차적으로 중요한 것입니다.[41]

위 인용문에서 보듯이, 하이데거는 살아 움직이는 삶의 역사학에 대한 요크 백작의 검토를 통해 역사의 정신과 역사를 존재하는 현존재의 방향으로 나아가야 한다고 말한다.

하지만 딜타이로부터 출발한 근대의 역사적 사유는 여전히 불명료하게 남아 있다. 근대의 역사적 사유가 골동품으로 매장되어야 한다면, 존재 및 역사에 대한 물음은 어디서부터 이끌어 내야 할 것인가? 하이데거는 초기 그리스도교의 신앙에서 이러한 역사적 사유의 물음을 이끌어 냈다. 딜타이는 역사적 삶과 역사에 대한 이해의 본질적인 원동력을 신학에서 찾았다.[42] 푀겔러에 따르면 신학에서 딜타이의 신념은 하이데거가 가톨릭주의로 돌아서게 되는 결정적인 계기를 마련했다.[43] 따라서 요크 백작은 딜타이에게 다음과 같이 써 보냈다.

"교의학(教義學)은 더 높은 차원의 존재론, 즉 역사적 삶의 존재론의 시도였다. 그리스도교는 최고의 생명성이기 때문에 그리스도교의 교의학은 지성적 삶의 투쟁이 포함하고 있는 모순에 찬 침전물이어야 했다."[44]

---

41) SZ, p.401.

42) 마르틴 하이데거, 『빌헬름 딜타이의 탐구작업과 역사적 세계관』, p.98.

43) Pöggler, "Heideggers Begegnung mit Dilthey", p.132.

44) 위의 논문, p.132.

요크에 따르면, "각각 인간의 생명을 위한 보편적인 삶의 가치로서"[45] 딜타이가 교의학을 자신의 과제로 삼았음이 틀림없다. 딜타이에 따르면 그리스도교의 역사적 사실에 제한적인 그리스도교의 교의는 지탱될 수 없다. 그럼에도 불구하고 그리스도교의 교리는 "보편적인 의미"에서 "모든 역사의 가장 생생한 내용"[46]을 담아내고 있다. 이런 점에서 요크 백작은 딜타이와의 서신교환을 통해 딜타이의 역사적인 관심을 근본적으로 새롭게 상기시켰다. 딜타이 자신은 신학자로서 신학적인 연구로부터 출발했지만, 1860년에 자신의 삶에 대해 다음과 같이 회고한다.

> "나의 소명은 역사 속에서의 종교적 삶의 가장 내적인 것을 파악하고, 오로지 국가와 학문에 의해서만 독점적으로 움직여지고 있는 우리 시대에 그것을 역동적으로 서술하는 일이다.[47]

신학에서부터 출발한 딜타이의 역사적 물음은 삶과 역사를 동일한 관점으로 파악하였고, 근대적 사유가 극복해 나가야 할 과제라고 보았다. 따라서 하만(Hamann)을 비롯한 헤르더, 헤겔, 하이데거도 마찬가지로 "성서의 고찰"을 통해 실존론적 사유의 길로 나아갔다.

---

45) Bernhard Casper, *Martin Heidegger und die theologische Fakultat, 1910-1913*. Otto Pöggler, 앞의 논문, p.132.

46) Erich Rothacker, *Brifwechsel zwischen Wilhelm Dilthey und dem Grafen paul Yorck von Wartenburg 1877-1897*, Halle, 1923, p.154, p.158.

47) *Der junge Dilthey*. Ein Lebensbild in Briefen und Tagebüchern 1852-1870, zusammengestellt von Clara Misch geb. Dilthey. Leipzig/Berlin, 1933, p.140.

3. 하이데거의 딜타이 역사적 세계관: 정신과학, 인간학, 심리학과의 관계

하이데거는 딜타이가 자연과학과 정신과학의 구분에 대한 연구, 인간, 사회 및 국가에 관한 학문들의 역사에 대한 탐구, 인간이라는 전체의 사실을 서술해야 하는 '심리학에 공들인 노력'[48]을 높이 평가한다. 비록 딜타이가 현존재를 존재론적으로 문제 삼지 않았다고 할지라도, 하이데거는 "삶을 삶 그 자체로 이해해야 한다"는 딜타이적인 삶의 철학적 의미를 제대로 규명하고자 했다.[49] 그래서 하이데거는 역사성에 대한 물음, 존재의미에 대한 물음, 존재자의 존재에 대한 물음들을 명확하게 답변하기 위해 현상학적 방법을 해법으로 제시한다.[50] 이러한 현상학적 방법에 의해 하이데거는 존재적인 것과 역사적인 것 사이의 차이를 존재일반의 의미에 대해 물었고 기초 존재론의 실타래를 풀어내고자 했다.[51] 이러한 하이데거 현존재의 실존론적 분석은 딜타이 삶의 철학적 작업을 계승한 것이었다.

따라서 하이데거는 『존재와 시간』에서 딜타이의 탐구 작업을 세 영역으로 나누어 살폈다. 첫째, 정신과학의 이론 및 자연과학과 정신과학의 구분에 대한 연구, 둘째, 인간, 사회 및 국가에 관한 다양한 학문들의 역사에 대한 탐구: 인간이라는 전체사실을 서술해야 하는 심리학에 공들인 노력, 셋째, 학문이론적, 학문역사적 그리고 해석학적-심리학적

48) SZ, p.398.
49) 박찬국, 『하이데거의 존재와 시간 강독』, pp.90-91.
50) SZ, pp.27-31.
51) SZ, p.404.

탐구들이 끊임없이 침투하고 교차한다.[52] 또한 하이데거는 카셀 강연에서도 딜타이의 철학의 연구를 학문-역사의 길, 인식이론의 길, 그리고 심리학의 길로 분류한다.[53]

첫째, 정신과학의 이론 및 자연과학과 정신과학의 구분에 대한 딜타이의 연구이다.

하이데거는 『존재와 시간』 77절 현존재의 실존적-시간적 분석에서 특히 딜타이가 문헌사의 연구를 섬세하게 해석한 연구자로 평가한다. 즉 딜타이는 자연과학과 정신과학의 구별을 위해 많은 노력을 기울여 왔다. 하이데거가 보기에 딜타이는 정신과학과 심리학에 탁월한 역할을 수행해 왔으며, 상대주의적 삶의 철학자로 평가한다.[54] 하지만 하이데거는 딜타이의 저서 가운데 상호 침투되고 교차되어 왔던 많은 단서들이 은폐되어 왔다고 파악한다. 즉 어떤 시선이 우세하면 다른 시선들은 동기와 수단이 될 수 있다. 딜타이의 저서에서 분열된 것처럼 보이거나 불확실한 것처럼 보이는 것은 어떤 분명한 목적을 갖고 삶의 철학을 이해하는 데 있다. 이런 점에서 딜타이에게서 삶 그 자체는 삶의 이해에 의한 해석학적 기틀을 마련하는 데 분명한 목적을 갖고 있지만, 기본적으로 불안정하게 보인다.[55] 딜타이의 정신과학은 대부분 심리학에 집중했다. 왜냐하면 딜타이가 보기에 심리학이 "삶"을 역사적인 발전연관과 작용연관 안에서 인간의 존재방식을 잘 규정해 놓았기 때문이다. 딜타이에게서 삶은 정신과학의 대상이자 정신과학의 근거이다. 해석학은 이러한 이해의 자기해명이자 역사학의 방법론인 것이다.[56]

---

52) SZ, p.398.
53) 마르틴 하이데거, 『빌헬름 딜타이의 탐구작업과 역사적 세계관』, p.27.
54) SZ, p.397.
55) SZ, p.397.
56) SZ, p.397.

하이데거는 교수임용 강연 '역사과학에 있어서의 시간개념'에서 학문의 시간개념 및 자연과학과 역사과학을 구별한다. 이러한 두 영역에 대한 하이데거의 구별은 빈델반트와 리케르트가 시도했던 영역을 수용한 것이다. 1894년 빈델반트는 그의 총장연설에서 딜타이가 제시했던 철학적 동기를 말한다. 즉, 하이데거는 딜타이의 정신과학이론에서 자양분을 받았고 역사에 대한 철학적 접근을 시도했다. 동시에 하이데거는 빈델반트와 리케르트의 시간개념 및 자연과학과 역사과학의 구분에 많은 영향을 받았다.[57]

빈델반트는 딜타이의 삶의 철학적 의도를 가장 내면적으로 표현했고, 리케르트도 공허하고 형식적인 자연과학과 역사과학을 대립시켜 구별했다.[58] 무엇보다 하이데거는 역사에 대한 물음을 통해 신칸트학파를 극복하고자 했다.

> 빈델반트는 역사에 형태를 지정하고 있습니다. 유형(Typus)이라는 선생의 개념은 철두철미 내적인 개념입니다. 거기에서 문제가 되고 있는 것은 성격이지 형태가 아닙니다. 전자(빈델반트)에게 역사는 일련의 새별 형상들, 즉 미학적 요구입니다. 자연 과학자에게는 과학이외에 오직 일종의 인간진정제로서 미학적 향유만이 남아 있을 뿐입니다. 선생의 역사라는 개념은 힘들의 연결의 개념, 즉 힘의 단위에 해당하는 것으로 거지에 형태라는 범주는 오직 변형된 방식으로만 적용되어야 할 것입니다.[59]

하이데거에 따르면 역사과학을 학문 이론적으로 정초하여 자연과학과 구별해야 한다면, 과연 역사가 근원적으로 우리의 시선 안으로 어떻

---

57) Otto Pöggler, "Heideggers Begegung mit Dilthey", in: *Dilthey-Jahrbuch*. Bd. 4. 1986/1987, p.132.

58) Heinrich Rickert, "Zwei Wege der Erkenntnistheorire", in: *Kant-Studien*, Bd.14. 1909, pp.169-298. 마르틴 하이데거, 『빌헬름 딜타이의 탐구작업과 역사적 세계관』, 김재철 옮김, 누멘, 2010, p.20.

59) SZ, p.399.

게 들어올 수 있는가 하는 의문이다. 하이데거는 "동시대의 논의를 고려"[60]하여 딜타이가 오랫동안 수고를 기울여 왔지만, 편향적으로 학문을 이끌어 왔다고 주장한다. 이러한 딜타이의 편향적인 학문의 방법으로는 학문을 중심에 세울 수 없다고 하이데거는 비판한다. 실제로 딜타이는 자신의 저서를 처음에는 「역사이성비판」으로 설정했지만, 개별과학의 인식론적 연구였거나 정신과학을 정초하여 이해한 것에 불과했다. 딜타이가 정신과학을 정립하고자 시도한 것도 단순히 자연과학과 대립시켜 정립한 정도였으며 칸트의 인식론에 비판을 가하는 정도에 불과했다.[61]

딜타이는 자연에 대한 칸트의 비판적 개념, 역사에 대한 비판적 개념들을 확장시켜 보려 했던 신칸트학파의 기획과 종종 마주하는 데 불과했다. 딜타이는 포괄적인 삶의 역사적 성찰을 통해 삶의 객관화가 필요하다고 파악하고 있지만, 그의 『정신과학입문』에서 형이상학의 지배와 몰락을 서술하는 방식에 불과했다. 또한 딜타이는 형이상학을 어떤 방식으로 소멸해야 하는 이론으로 서술한 것이 아니라 단순히 삶의 개별적인 탐구를 이해하는 데 그쳤다. 이런 점에서 딜타이는 초월론적이고 인식론적 반성을 통해 형이상학을 극복해 나간 것이 아니라 개별과학의 연구를 수행하는 데 그쳤다. 하이데거가 보기에 딜타이가 자신의 생애에서 완성하지 못한 『역사이성비판의 기획』은 이러한 이유에서 『경험과학과 인식론에 관한 연구, 오늘날에 있어서 정신과학의 과제』라는 명칭을 부여한 것에 지나지 않는다(GS, VI).

둘째, 인간, 사회 및 국가에 관한 여러 학문들의 역사에 대한 탐구, 즉

---

60) SZ, p.398.

61) 딜타이 역사이성비판에 대한 자세한 논의는 다음을 참조: 양해림, 「딜타이의 칸트 인식론 비판」, 『현대유럽철학연구』, 제56집, 한국현대유럽학회, 2020, pp.56-163.

인간이라는 전체사실을 서술해야 하는 심리학에 공들인 딜타이의 노력이다. 하이데거는 『존재와 시간』에서 딜타이와 요크 백작과의 서신교환가운데 기초분과인 분석심리학의 과제에 대해 요크 백작이 정확히 표명했다고 말한다. 따라서 요크 백작은 딜타이의 「기술, 분석심리학의 이념들」(1894)의 학술원 발표논문에 대해 다음과 같이 적고 있다.

> "일차적 인식수단으로서의 자기성찰, 일차적 인식절차로서의 분석은 확고하게 설정되었습니다. 여기에서부터 독자적인 판단이 검증되고 있는 명제들이 정식화됩니다. 구성적 심리학과 그 가정의 비판적 요소, 해명 그리고 그로써 내적인 반박까지는 나지 못했습니다. (…) 비판적인 해소=심리학적 출처 증명을 상세하게 개별적인 것까지 상론하지 않는 것은 제 생각으로는 선생께서 인식이론에 지정하고 있는 개념 및 위상과 연관이 있습니다."[62]

하이데거는 딜타이의 정신과학을 수용하여 딜타이와 지속적으로 함께 할 것을 다짐한다. 하이데거가 보기에 딜타이의 "정신과학의 논리학"은 심리적인 것에 대한 단순히 실증과학을 개선하기 위해 계획된 것은 아니었다.[63] 하이데거는 카셀강연에서 자연과학적 심리학의 근본태도의 구성 및 대립을 딜타이의 심리학에서 보여주었다고 말한다. 자연과학적 심리학은 물리학처럼 최종적으로 어떤 요소를 환원시킨다. 물리학이 자연을 어떤 요소에서 구성해 나가는 것처럼, 일반적으로 사람들은 자연과학적 방식을 인간의 정신에도 그대로 적용할 수 있을 것이라 말한다.

궁극적으로 자연과학적 요소는 감각에서 나온다. 자연과학적 심리학은 관찰이나 실험, 측정을 통해 가능하기 때문에 본질적으로 감각심

62) SZ, p.399.
63) SZ, p.399.

리학일 수밖에 없다. 그래서 자연과학적 심리학은 심리적 연관을 설명하는 방식으로 이루어진다. 이러한 자연과학적 설명에 대립하여 딜타이는 심리적 연관을 중요시하여 전체적인 삶 그 자체에서 파악했다. 즉 딜타이가 강조했던 심리적 삶은 근원적으로 삶의 전체성에서 나온다. 즉 딜타이가 주장했던 심리적 삶은 근원적으로 전체성으로서 하이데거는 다음과 같이 심리적 삶을 파악한다. 첫째, 심리적 삶은 발전해 나간다. 둘째, 심리적 삶은 자유롭다. 셋째, 심리적 삶은 획득된 연관에 의해 규정된다. 이를테면 심리적 삶은 역사적이다.[64] 딜타이는 이러한 심리학의 인식을 철학적 인간학, 또는 인간학이라 지칭했다. 딜타이에게서 심리학과 인간학과의 관계는 정신과학의 인식론적 방법론과 연결되어 있다. 첫째, 딜타이는 심리학과 인간학을 엄밀하게 구분하지 않았다. 심리학과 인간학을 구분하지 않은 이유는 철학에서와 마찬가지로 과학에서도 가능한 한, 인간적-사회적-역사적 현실에서 그 원인을 찾고자 했기 때문이다. 둘째, 딜타이에게서 인간학과 심리학은 근본적으로 정신과학을 체계적으로 연구하는 데 있다. 왜냐하면 인간학과 심리학은 개인을 다루고 있거나 사회적-역사적 현실에 그 토대를 두고 있기 때문이다. 셋째, 딜타이의 심리학적-인간학과 논리적-인식론적 고찰은 언제나 긴장관계를 형성한다. 넷째, 딜타이에게서 역사성의 관계는 사회적-역사적 현실의 출발점의 근거가 된다.[65]

---

64) 마르틴 하이데거, 『빌헬름 딜타이의 탐구작업과 역사적 세계관』, pp.34-35.

65) Hans Ineichen(Hg.), *Philosophische Anthropologie in 19. Jahrhundert,* Würzburg: K & N, 1991, pp.169-170; Vgl. Peter Krausser, "Dilthey's philosophische Anthropologie", in: *Journal of the History of Philosophie,* 1963, pp.211-221; Volker Gerhardt, "Selbsterkenntnis. Zur anthropologischen Nähe Nietzsches zu Dilthey", in: *Nietzsche-Forschung.* Bd. I. 1994, p.33. 딜타이는 인간학과 역사 사이에 철학적 결합을 추구하고 있다(Georg Misch, "Die Idee der Lebensphilosophie in der Theorie der Geisteswissenschaften", in: *Kant-Studien.* 31. Bd. 1926, p.539).

딜타이는 『정신과학 입문』에서 역사와 사회의 현실을 근거로 하여 개인의 심리학적 탐구방법을 강조한다. 딜타이는 전후기 저서에서 정신과학이 사회의 실천적 삶과 관련된 학문임을 주장한다. 특히 딜타이는 후기 저서에서 인간의 행위하는 실천적 삶을 말한다. 즉, 그는 국가, 정치경제학, 법, 사회과학 등 광범위한 영역에 걸쳐 실천적 학문을 늘 강조해 왔다(GS, VII, 5, 70).[66] 말하자면 딜타이는 현실에 발을 딛고 삶의 실천적 요소를 개인의 심리적-육체적인 총제성에서 찾았다. 먼저 딜타이는 사회적-육체적 요소에 근거하여 개인과 사회의 상호작용으로 나아가야 한다고 보았다.(GS, V, 61-62). 그래서 그는 역사와 사회를 외면하고 인간을 파악하려는 시도를 "발생론적 설명의 허구"에 지나지 않는다고 말한다. 즉 그에게서 역사와 사회 속에서 현존하는 인간, 즉, 구체적인 현실적 개인이 심리학적 탐구의 대상인 것이다(I, 30). 따라서 딜타이의 정신과학의 대상은 심리적-육체적 삶의 통일체(psycho-phsische Lebenseinheit)(GS, I, 29)로서의 인간인 것이다. 인간은 자연을 벗어나서 존재할 수 없지만, 인간의 삶은 단순히 자연적 산물이 아니다(GS, VII, 19).[67] 인간적 삶의 연구는 자연에 대한 탐구, 인간행위, 그리고 정신적 탐구가 동시에 병행되어야 한다. 이것을 수행하는 것이 바로 심리적-육체적 삶의 통일체에 대한 이론이라 할 수 있는 **심리학과 인간학**이다(GS, I, 29). 딜타이에게서 심리적-육체적 개인은 사회와 역사를 구성하는 요소다. 여기서 딜타이는 정신과학의 근거를 구성했다(GS, I, 28).[68] 즉 딜타이는 정신과학의 근거를 심리학(GS, VIII, 265-266)에서 찾았고, 그 안에서 심리적-육체적 통일체의 상호작용의 관계를 밝혀내고자 했다(GS, VII, 282).[69] 그

66) Helmut Johach, *Handelner Mensch und objektiver Geist. Zur Theorie der Geistes - und Sozialwissenschaften bei Wilhelm Dilthey,* Diss. Phil. Meisenheim am Glan, 1974, p.137.

67) 귄터 피갈, 앞의 책, pp.38-39.

68) Vgl. GS, V, p.273.

에게서 심리적-육체적 삶의 통일체는 체험과 이해의 이원론적 관계에서 나온다. 여기서 딜타이는 개인의 내적 체험의 역사, 과거의 기억 속에 담겨진 삶의 통일체 등을 재발견한다. 정신과학은 이러한 관계에서 삶 · 체험 · 이해를 하게 된다(GS, Ⅶ, 86). 예컨대 심리적-육체적 상호작용은 지각 · 사유 · 감정 · 의지작용들과 각기 분리되어 있기도 하지만, 개인적인 삶의 만족함(Lebensreichtum)에 따라 서로 다르게 나타난다(GS, I, 50). 딜타이는 삶의 충족감에서 자기 자신을 구체화했다.[70] 즉 딜타이는 삶의 충족감이나 삶의 완전성과 같은 개념을 어떻게 표현해야 하는지, 그리고 삶을 어떻게 목적론적으로 부여해야 하는지에 대해 숙고했다. 그래서 딜타이는 인간본성의 삶의 개념을 새롭게 전환시키고자 했다. 따라서 딜타이는 정신과학에서 완전한 인간 본성(Ganzen Menschennatur)의 문제를 새롭게 설정해 나갔다.

딜타이 정신과학이론은 심리학주의, 추체험으로서의 이해, 그리고 정신적 삶과 같은 범주로 집약할 수 있다. 이러한 범주는 삶의 이해라는 개념으로 축약된다. 딜타이에게서 삶의 이해란 정신과학 인식의 방법을 개별적인 것, 개인적 또는 개체적인 것을 기점으로 가족, 집단, 국가, 더 나아가 전(全) 인류의 삶으로 확대해 나간다. 이런 점에서 딜타이는 정신과학의 이해는 개인과 사회의 상호작용에 의한 사회적-실천적 학문으로 정립하는 데 목표를 두었다. 따라서 딜타이가 강조하고 있는 심리적-육체적 삶의 통일체는 개인과 사회의 상호영향관계에 있다.[71] 예컨대 지성, 감정, 충동적 삶, 의지행위와 같은 정신적 삶

69) Vgl. Helmut Diwald, *Wilhelm Diltheys Erkenntnis und Philosophie der Geschichte,* Göttingen, 1963.

70) Helmut Johach, "Dilthey, Freud und die Humanistischen Psychologie", in : *Dilthey-Jahrbuch.* Bd. 9. 1994/1995, p.58.

71) Vgl. 최성환, 「딜타이 철학에서의 심리학적 연구와 의의」, p.31.

(Seelenleben)의 모든 행위가 상호 밀접하게 연관되어 있는 것과 동일하다. 특히 딜타이는 사회를 구성하는 요소로서 윤리·법·경제·국가 등을 상호작용(Wechselwirkung)의 본질적인 요인(GS, V, 61)이라 생각한다. 즉, 그는 윤리·법·경제·국가의 질서를 통해 사회의 실천적으로 행위 하는 삶을 추구했다(GS, V, 58).[72] 딜타이는 당시의 심리학을 '인간에 관한 자연과학'이라고 비판하고 있지만, 의학과 생리학과 같은 자연과학의 인식을 모두 부인하지 않는다. 그는 "개별적인 심리적-육체적 삶의 통일체를 서술"하는 개인의 전기(Biographie)에 특별한 의미를 부여한다(GS, I, 32-33). 딜타이는 인간 본성의 총체성으로서 역사적-사회적-인간적 현실에 토대를 두고, 근본적으로 민족, 정신, 국가 등의 개념을 확대해 나갔다.

딜타이의 인식론적 연구는 포괄적인 인식인간학(eine umfassende Erkenntnisanthropologie)이라 일컫는다. 딜타이 인간학의 특징은 정신적 삶의 세 가지 기본요소와 함께 육체에 의해 결합된 '실재성의 경험(Realitätserfahrung)'을 고려한다. 그래서 딜타이가 보기에 인간학의 대상은 "우리의 정서적, 육체적 체험의 전체 계층이다"(GS, XIX, XXII). 그러나 인간학은 심리학의 대상으로서 인간의 정신적 삶을 완전하게 규명할 수는 없지만, 탐구의 과정을 통해 그 비밀을 벗겨내고자 했다.

그러면 딜타이가 언급하는 삶, 즉 체험된 자기이해의 '실재'란 무엇인가? 실재는 무엇인가에 '작용하는 것(das Wirkende)'이다. 즉 하이데거에 따르면, 딜타이에게서 실재는 외부의 대상이 의식에 작용하는 것을 수용한 방식이다. 즉, 실재적인 것은 충동과 의지에 의해 경험하게 된다. 실재성(Realität)이란 저항(Widerstand), 정확히 말해 저항성(Widerständigkeit)이다. 하이데거가 보기에 저항의 현상을 분석적으로 파악한 것이 딜타

72) Vgl. Hans Ineichen, "Von der ontologischen Diltheyinterpretation zur Wissenschaftstheorie in praktischer Absicht", in: *Philosophische Rundschau.* 22. Jg. 1976, pp.209-221.

이 논문의 성과이며, 「기술, 분석심리학」이 이를 가장 구체적으로 제시했다. 즉, 딜타이의 「기술, 분석심리학」의 연구는 하이데거의 딜타이 철학을 수용하는 데 그 핵심으로 자리 잡게 되었다.[73]

그러나 저항에 대한 분석은 인식론적 실재성의 문제를 밝혀야 하기 때문에 제약이 있어 왔다.[74] 하이데거는 실재성과 관련하여 딜타이가 인식론적인 문제에 머물러 있는 까닭에 존재론적 측면에서 한계를 드러냈다고 말한다. 즉 하이데거가 보기에 딜타이는 의식의 존재를 존재론적으로 해석하지 못했다. 즉, 모든 대상이 의식의 현상으로 주어진다는 '현상성의 명제'[75]에 치우쳐 의식의 존재를 존재론적으로 딜타이가 해석해 내지 못했다.[76] 왜냐하면 의지와 그 의지의 저항성은 의식 내부에서 나타나기 때문이다(GS, V, 134).[77] 그러므로 하이데거에 따르면 딜타이는 현존재의 존재양식, 즉 '내부'의 존재의미, 의식과 실재하는 것 사이에서의 존재관계, 이 모든 존재양식들을 딜타이가 존재론적 차별을 드러내지 못하는 한계를 보였다. 비록 딜타이가 삶을 차별적으로 드러내지 못했다고 할지라도, 현존재에 대한 존재론적 해석이 어떤 다른 존재자에게로 소급하는 것을 의미하는 것은 아니다. 요크 백작에 따르면 딜타이 철학이 여전히 인식론적 이론만을 제공하고 있다고 주장하면서 다음과 같이 비판한다.

> "적용불가능성의 설명—사실이 제시되고 명확하게 되었습니다—은 오직

---

73) Otto Pöggler, "Heideggers Begegung mit Dilthey", in: *Dilthey-Jahrbuch*. Bd. 4. 1986/1987, p.126.

74) SZ, p.209.

75) 현상성의 명제에 대한 자세한 문헌은 다음을 참조: 양해림, 「후설의 생활세계와 딜타이의 삶의 경험」, 『철학연구』, 제50집, 철학연구회, 2000, pp.149-155.

76) SZ, p.209.

77) 박찬국, 『하이데거의 존재와 시간 강독』, 그린비, 2015, p.277.

> 인식이론만이 제공할 뿐입니다. 인식이론은 과학적 방법의 적합성에 대해 변론해야 하며, 지금처럼 방법을 개별 분야에서부터—운이 좋다면 말입니다. 끄집어 내오는 대신에 방법론을 정초해야 합니다.[78]

하이데거는 인식론적 관점에 한계가 있다는 딜타이에 대한 요크 백작의 주장에 적극 동조한다. 즉 하이데거는 딜타이의 철학을 비판적 관점에서 조명하면서 딜타이적인 삶의 개념과 해석학의 이론을 현상학에 접목시킨다. 하지만 딜타이의 정신과학이론이 하이데거의 의해 인식론적으로 반박되어 안착되지 않았다고 할지라도 긍정적인 결실이 없던 것은 아니다. 막스 셸러(Max Scheler)는 실재성에 대한 딜타이의 해석을 적극적으로 수용했다.[79] 셸러는 딜타이와 마찬가지로 실재성을 일차적인 사유에서 한정된 것이 아니라고 주장한다. 왜냐하면 실재성은 인식 그 자체를 판단한 것이 아니며, 삶과 앎은 일종의 존재관계이기 때문이다.[80]

하이데거에 따르면 딜타이는 학문의 독자성을 정립했다기보다는 실재성을 이끌어 냄으로써 인간의 자기의식을 이해하는 과정으로 파악했다. 왜냐하면 우리는 삶 속에서 자유, 의지, 정서와 같은 총체적인 의식의 관계를 실재로 언제나 경험하기 때문이다. 따라서 실재는 순수하게 사유하는 주체를 이론적으로 표상하는 것이 아니라, 우리가 실제적인 삶 속에서 사유하고, 정서적으로 느낀다. 또한 실재는 의지를 발휘함으로써 행동으로 이행하는 구체적인 경험의 총체적 현실을 뜻한다.[81] 이런 맥락에서 딜타이는 "삶을 철학의 출발점을 구성하는 근본적 사태

78) SZ, p.398.
79) M. Scheler, *Die Formen des Wissen und die Bildung*, Bonn, 1925, SZ, p.201.
80) SZ, p.210.
81) 신호재, 『정신과학의 철학-신칸트학파, 딜타이, 그리고 후설의 현상학과 역사적 인문, 사회과학의 철학적 토대-』, 이학사, 2018, pp.146-147.

(Grundtatsache)"(GS, Ⅶ, 261)로써 이해한 것이다.

셋째, 학문이론적, 학문역사적 그리고 해석학적-심리학적 탐구들이 끊임없이 침투하고 교차한다고 주장하는 딜타이의 관점이다. 하이데거는 "자기 자신을 인식하고 자신에 의해 만들어진 사회와 역사를 인식하려는(GS, I, 116)" 딜타이의 역사이성을 비판한다. 하이데거는 『존재와 시간』에서 요크 백작의 딜타이 비판에 대해 다음과 같이 인용한다.

> "전체의 심리적-물리적으로 주어져 있음은 존재하는 것이 아니라(존재=자연적 눈앞에 있음) 살고 있다(leben)는 사실에서 역사성의 출발점이 된다. 딜타이가 주장하는 자기성찰은 추상적 자아에서부터 방향을 설정하는 것이 아니라 나 자신의 충만함에서 방향을 잡아나가야 한다. 그래서 물리학이 우주적인 관점에서 규정된 나를 인식하듯이, 역사적으로 규정된 나를 발견하는 것이다. 바로 자연과 마찬가지로, 나는 역사이다."[82)]

위 인용문에서 보듯이, 딜타이는 심리적-물리적 삶을 통해 자연적 눈앞에 살고 있는 나와 역사를 주장한다. 딜타이가 주장하는 자기성찰은 추상적 자아에 머물러 있고, 자신의 충만감으로도 나아가지도 못했다. 딜타이에게서 역사이성의 비판은 정신과학의 정초 위에 세워졌다. 그러나 정신과학의 「논리학」의 토대를 구축하기 위한 딜타이의 정신과학의 연구는 해석학적-심리학적 탐구였다. 여기서 딜타이의 역사적인 삶에 대한 물음은 추상적 자아의 비판으로 나아갔다. 하지만 딜타이의 추상적 자아는 칸트처럼 "피가 흐르지 않는 의식이 아니라 그 자체로 역사적인 완전한 삶이다."[83)] 요크 백작은 딜타이의 역사이성 비판을 아주 광범위하게 파악했다. 역사의 근본성격에 대한 요크 백작의 명료한

82) SZ, p.401.
83) SZ, p.401.

통찰은 곧 "학문이론은 역사고찰의 대상에서가 아니라 인간 현존재의 존재성격을 인식해야 하는 것"[84]으로서 하이데거는 이해했다. 따라서 요크 백작은 새로운 관점에서 그의 역사철학을 1884년에 다음과 같이 서술하고 있다.

> "철학함이 삶이기에, 그 때문에 —놀라지 마십시오. 제 생각으로는 역사철학이라는 것이 있는 것입니다.— 누가 그것을 쓸 수 있게 될지! 물론 이 역사철학이라는 것이, 선생께서 반론의 여지없이 설명한 것처럼, 지금까지 파악되어 오고 시도되어 온 것 같은 것은 아닙니다. 이제까지의 물음제기는 잘못된 것, 아니 불가능한 것이었지만, 그러나 그것이 유일한 것은 아닙니다. 그러기에 역사학적이지 않은 진정함 철학함이란 더 이상 있지 않습니다. 체계적 철학과 역사학적 서술의 분리는 본질상 잘못된 것입니다."[85]

위의 인용문에서 보듯이, 하이데거는 역사학적이지 않은 철학, 눈앞의 존재적인 것과 역사적인 것의 대립에 주목한다. 하이데거는 요크 백작의 이러한 대립된 주장에서 존재를 눈앞의 존재로서 받아들인다. 즉 하이데거는 눈앞에 있는 것으로서의 존재적인 것(das Ontische)을 삶의 역사적인 것과 대립된 것에 주목한다.[86] 그러나 이러한 존재적인 것과 삶의 역사적인 것과의 대립은 "전통적인 존재론에서 파괴되지 않은 지배의 반영일 뿐이며, 이러한 지배는 존재에 대한 고대의 물음제기에서 유래하는 존재론적인 문제의 영역을 근본적으로 협소하게 붙들어 매고 있는 것에 불과한 것이다."[87] 전통적인 존재론에서는 자연이라는 "눈앞의 존재자(Vor-Augen-Sein)"만이 고대 존재론에서 충분하게 파악되었을

84) SZ, p.401.
85) SZ, p.402.
86) SZ, p.401.
87) SZ, p.403.

뿐, 딜타이처럼 역사와 삶은 제대로 파악되지 않았다. 그러나 요크 백작이 언급하고 있듯이, 딜타이는 눈앞의 존재자나 "존재적인" 것과 역사적인 것을 단순하게 대립시킬 것이 아니라, 존재의 의미를 새로운 형이상학으로 나아갔어야 했다. 따라서 딜타이는 "존재적인 것"과 역사적인 것을 포괄하는 존재의 이념을 파악하지 못했다.

4. 실천적 학문의 길

지금까지 고찰했듯이, 하이데거는 삶의 철학에 대한 딜타이 정신과학 이론의 수용을 통해 존재물음에 근거를 둔 실존문제를 새롭게 선보였다. 하이데거는 기존의 개념적 사유로 전락해 버린 존재의 문제를 인간의 삶의 문제로 근본적으로 새롭게 조명했다. 따라서 하이데거가 보기에 지금까지의 전통 형이상학은 철학함의 본질을 오해했다.

오랫동안 서구 철학은 아리스토텔레스 이래로 '존재자란 무엇인가?', '인간의 역사는 어디에서 근원하는가?'라는 물음들을 제기해 왔다. 이러한 물음들은 '인간존재란 존재자로부터 파악할 수 있다'는 믿음의 기반 위에서 성립한다. 전통 형이상학이 그동안 존재를 자명한 개념으로 파악해 왔지만, 존재의 문제를 제대로 이해하지 못했다는 비판을 받아왔다. 즉 전통 형이상학은 인간 존재를 실제로 탐구의 대상으로 확립하지 못했고 침묵 속으로 빠뜨렸다. 즉, 전통 형이상학은 존재적 사유로부터 존재자를 넘어서고자 노력했지만, 존재자를 드러내 주는 존재를 오히려 은폐하는 결과를 낳고 말았다. 여기서 딜타이를 움직이게 했던 문제들에 대해 하이데거는 상세하게 논의하지는 않았다(GS, VII-CXVII).[88]

---

88) SZ, p.196. 딜타이 사후 딜타이의 제자이자 사위인 미쉬는 이에 대해 구체적이고 핵심적인 관점을 자세히

딜타이 비판에 대한 요크 백작의 논의를 통해 근본적으로 플라톤과 아리스토텔레스의 논리학이 그래왔던 것처럼, 자연이라는 존재자와 역사라는 존재자(즉 현존재)의 범주적 구조를 파악해 왔다.[89] 하이데거는 요크 백작이 딜타이에게 보낸 서신에서 플라톤과 아리스토텔레스의 실천적 진리를 다음과 같이 이끌어낸다.

> 이제 실천적이 될 수 있다는 것이 곧 모든 학문의 본래의 권리근거입니다. 그러나 수학적인 것만이 유일한 실천은 아닙니다. 우리 입각점의 실천적 목표는 가장 넓고 심오한 낱말의 의미로 교육학적인 것입니다. 그것은 모든 참된 철학의 혼이며 플라톤과 아리스토텔레스의 진리입니다.[90]

위 인용문에서 보듯이, 하이데거는 철학의 참된 혼을 플라톤과 아리스토텔레스로부터 실천적 학문의 진리에서 찾아내고자 했다. 딜타이는 사회적-역사적 현실에 근거하여 행위하는 실천철학을 강조했으며, 육체적-심리적인 사실에 기반한 역사성, 인간학 그리고 심리학을 구축했다. 즉 딜타이에게서 실천적 입장은 표상·감정·의지 행위·사유과정과 같은 정신적 구조연관 속에서 상호 영향을 받으면서 활동한다고 보았다.[91] 여기서 딜타이의 실천적 학문은 육체적-심리적 사실의 상호작용에 의한 구조연관으로 파악했다. 하이데거는 이러한 딜타이의 사회적-역사적 현실에 근거한 철학을 구조연관으로 이해한다. 즉 하이데거는 딜타이의 구조연관을 정신적 현실적 삶의 전체로서 그리고 정신적 삶은 개별적 인간과 항상 만날 수 있다고 보았다.[92] 이렇듯 딜타이에게

논구한다. George Misch, *Lebensphilosophie und Phänomenologie-Eine Auseinandersetzung der Diltheyschen Richtung mit Heidegger und Hursserl,* Darmstadt, 1967.

89) SZ, p.399.

90) SZ, p.402.

91) Annelise, Liebe, *Die Ästhetik Wilhelm Diltheys,* Halle/Saale, 1938, p.20.

서 구조연관은 먼저 각각의 개인들에게 의해 체험된다(GS, V, 206). 개인들은 각기 체험한 것에 따라 각기 다양하게 나타난다. 이런 점에서 딜타이에게서 "구조연관"[93]은 부분과 전체로서 상호 긴밀하게 연관되어 있다(GS, V, 176). 이를테면 우리가 원하고, 느끼고, 표상하는 구조연관과 심리적-육체적 삶의 통일체는 어떤 행위를 하거나 동일한 경험을 하는 것에서도 긴밀하게 연관되어 있는 것이다.[94] 즉 딜타이에게서 구조연관은 개인과 사회의 상호작용에 의한 실천적 관점에서 유기적으로 연결되어 있는 것이다. 하이데거는 이러한 딜타이적인 삶의 체험 안에서 작동하는 구조연관을 부각시켰다. 그러나 하이데거가 보기에 딜타이는 삶 그 자체의 현실성에 대한 구체적인 물음을 제기하지 않았다. 이를테면 딜타이는 우리에게 고유한 현존재의 존재의미가 어떤 것인가 하는 물음을 제기하지 않았다는 것이다. 따라서 하이데거는 이러한 현존재의 존재의미에 대해 딜타이가 어떠한 물음도 제기하지 않았기 때문에 역사적 존재에 대한 물음의 답변도 이끌어 낼 수 없었다고 비판한다.[95]

결론적으로 딜타이와 하이데거의 역사적 고찰의 차이는 단순하게 역사적 정신과학에서가 아니라 현존재의 사실성, 인간의 본질, 구조연관 등에 각기 다른 어떤 영향을 주었다.[96] 따라서 하이데거의 현존재에 대한 "예비적 실존적-시간적 분석론"[97]은 딜타이의 영향을 받았다. 궁극

92) Max Horkhermeier, Psychologie und Soziologie im Werk Wilhelm Diltheys(1940), in: *Gesammelte Schriften.* Bd. 12. p.361.

93) Friedhelm Brüggen, S*trukturen pädagogischer Handlungstheorie, Geisteswissenschaftliche Pädagogik, Mead, Habermas, Erlanger Schule,* Freiburg/München, 1980, pp.66-67.

94) Vgl. H. M. Baumgartner, *Kontinuität und Geschichte. Zur Kritik und Metakritik der historische Vernunft,* Frankfurt a. M., 1972, p.105 .

95) 마르틴 하이데거, 『빌헬름 딜타이의 탐구작업과 역사적 세계관』, p.47.

96) Karl Löwith, *Dilthey und Heideggers Stellung zu Mataphysik,* p.256.

97) SZ, p.404.

적으로 딜타이의 사회적-역사적-인간적 현실에 기반을 둔 삶의 철학과 하이데거의 현존재의 역사성과 현존재의 존재론적 물음은 실천철학으로 나아갔다는 데 의의를 찾을 수 있다.

II. 딜타이와 가다머: 해석학적 역사성의 체계

1. 딜타이와의 대결

이해의 새로운 의미를 규명하려는 가다머(Hans-Georg Gadamer, 1900~2002)의 해석학적 사유는 "모든 이해에는 항상 사건이 일어나고 있다"[1]는 전제에서 출발점으로 삼는다. 이러한 전제에서 이해가 과학적 방법을 통한 진리경험과는 다른 방식의 진리경험을 가능하게 함을 의미한다. 가다머는 『진리와 방법』(1960)의 궁극적인 과제를 "과학적 방법론의 통제영역을 넘어서는 진리의 경험이 어떻게 정당화될 수 있는지를 해명하는 것"[2]이라 말한다. 즉 그는 "해석학은 정신과학의 방법론이 아니라 정신과학이 자신의 방법적인 자기의식을 넘어서 나아가는 것, 그리고 우리의 세계경험 전체와 연관되어 있는 것에 대해 이해하고자 하는 시도이다."[3]

그러나 이러한 해석이 그렇게 새로운 관점을 제시한 것은 아니다. 19세기 중반 밀(J. S. Mill, 1806~1873)이 그의 『논리학의 체계(*A System of Logic*)』(1806)에서 물리학의 방법을 심리학, 사회학, 역사학과 같은 인간 현상을 다루는 도덕과학에서도 그대로 사용하자는 방법론적 일원론을 주창한다. 그 이후 많은 반실증주의자들이 자연과학적 방법론의 통제영역을 넘어서는 진리의 경험이 가능하다는 것을 정당화하려고 노력해 왔다.

---

1) H.-G. Gadamer, *Wahrheit und Methode, Grundzüge eine philosophischen Hermeneutik,* Tübingen: J. C. Mohl, 1972, Einleitung, p.XXIX(이하 H.-G. Gadamer, WM이라 생략하여 표기함).
2) H.-G. Gadamer, WM, p.XXVII.
3) H.-G. Gadamer, WM, p.3.

가다머가 이와 같은 다소 낡은 문제를 다시 제기한 이유는 딜타이의 실증주의의 방법론적 일원론에 대항하였던 정신과학의 방법론적 기초를 다시 수립하려는 학문의 목표가 있었기 때문이다. 주지하듯이, 딜타이는 "자연을 설명하고 정신의 삶을 이해한다."는 유명한 방법론적 이원론을 통해 자연과학과 정신과학을 구별했다. 그렇지만 가다머는 딜타이가 제시하였던 정신과학의 방법론을 독립적으로 정당화하려고 했음에도 불구하고 자연과학의 모델에 깊은 관심을 보였다.[4] 딜타이가 주장하는 이해의 방법은 보다 확실하게 설명이라는 자연과학적 방법과는 구별된다. 이러한 딜타이 방식의 이해의 방법은 "삶의 객관화"[5]에 집중되어 있기 때문에 자연과학의 방법과 똑같이 객관주의의 이상(理想)에 사로잡혀 있다. 가다머의 입장에서 보았을 때, 딜타이의 방식대로 객관적으로 타당한 인식을 가능하기 위해서는 반드시 그 무엇을 대상화해야 했다.

딜타이에게서 정신적 계기가 되고 있는 체험, 지각, 표상 등은 객관적으로 타당한 인식이 불가능하기 때문에 불가피하게 삶의 객관화를 주장한다. 이러한 딜타이의 주장에 대해 가다머는 비판을 가했다. 가다머의 관점에서 딜타이의 삶의 객관화의 시도는 "객관화되지 않은 대상은 이해할 수 없다"는 전통적 이해개념의 한계를 극복하지 못했다고 진단한다. 가다머의 해석학적 전략은 해석학 이외의 다른 방법을 찾아내는 것이 아니라 오히려 이해의 현상 속에 깊숙이 파고 들어가는 것이다.[6] 가다머의 이러한 방향설정은 딜타이의 입장에서 전통적인 이해의 개념에 대해 다른 의미가 포함되어 있다는 사실을 전제로 한다. 따라서 가다

4) H.-G. Gadamer, WM, p.4.

5) 삶의 객관화의 자세한 내용은 다음을 참조: 양해림, 「딜타이는 삶의 객관화를 극복하였는가?」, 『해석학 연구』, 제16집, 한국해석학회, 2005, pp.43-59.

6) H.-G. Gadamer, WM, Einleitung, p.XXVIII.

머는 새로운 이해의 개념이 어떤 것인지를 해명함으로써 외적인 진리 경험이 어떻게 정당화될 수 있는가를 근본물음으로 해명하고자 한다.[7]

가다머에 따르면, 딜타이의 계획은 경험적·심리적 영역에 의해 영향을 받는다. 삶의 철학이 지니는 반이성주의와 의미의 철학이 갖는 야심 사이에서 취해진 해석학에 고유한 입장은 분석의 단순한 도구인 해석학의 개념에서 보편적, 역사적 의식으로 전이되면서 딜타이에 의해 절정에 달한다. "이렇게 함으로써 딜타이는 역사적 과거의 연구를 역사적 경험으로 생각한다."[8] 딜타이의 이분법을 계승한 가다머는 그것을 하이데거적 존재론의 측면에서 재해석한다. 가다머는 딜타이가 이상주의와 역사적 이해 사이에 내재하는 대립을 뛰어넘으려다 난관에 처하게 된다. 왜냐하면 그것은 두 방법론 사이의 갈등과 자신의 뜻대로 하려는 의식의 우월성에 사로잡혔기 때문이라고 생각한다.

가다머는 딜타이의 실증주의에 대한 반응을 각기 다르게 이해한다. 딜타이처럼 자연과학이 정신과학의 차별성을 견지했기 때문이 아니라 이러한 차별성이 각자 적합한 객관성의 기준에 관철된다는 사실을 깨닫지 못했다는 이유로 딜타이를 비판한다. 의미를 다루는 정신과학이 자연과학적 객관성을 어떻게 이루어질 수 있는가라는 질문은 제기해서는 안 된다는 것이다. 그 이유는 이러한 객관성의 기준이라는 것이 일정한 목적을 위해 전통 안에서 형성되는 것이지 보편적인 것처럼 절대화할 수 없기 때문이다. 따라서 가다머가 주장하는 해석학은 딜타이처럼 객관적 이해를 위한 방법들에 대한 논의가 될 수 없다. 즉 해석의 규칙들을 세우려는 분과가 아니라는 것이다. 이런 점에서 가다머는 자신의 분석을 철학적 해석학이라 지칭한다. 즉 그는 "이해일반의 가능조

7) 오용득, 『자기쇄신의 학으로서의 철학적 해석학』, 책펴냄열린시, 2005, p.95.
8) H.-G. Gadamer, WM, p.261.

건인 방법"[9]과 객관성의 관념을 그 근저에서 규정하고 있는 조건을 해명하는 방향으로 나아간다. 자연현상이나 인문현상에 대한 방법론적 접근은 모두 역사에 뿌리를 두고 있으며 그 연구대상과 방법에 대해 일정한 역사적 가정들을 먼저 받아들인다. 따라서 이해는 선입견에 근거를 두고 있으며, 우리의 이해방식은 철저하게 과거, 즉 영향사(Wirkungsgeschichte)에 의해 제약받는다. 이러한 영향은 예술적 이해, 사회적 · 심리적 자기이해, 나아가 모든 형태의 과학적 이해에 이르기까지 확장된다. 이런 점에서 과학적 지식의 객관성은 결정적으로 전통에 의존해 있으며, 방법은 이러한 의존성을 어떤 방식이든지 간에 넘어설 수 없다.[10] 가다머는 실증주의에 반대하여 과학적 방법을 통해 획득된 객관성이란 그 방법이 전제로 삼고 있는 선입견들과 마찬가지로 부적절한 것이라 주장한다. 하지만 우리의 선입견들은 우리를 제약하는 한계임과 동시에 풍부한 단서들도 제공해 주기 때문에 우리의 지식이 점차 증대될 수 있는 기반으로서의 전망을 형성한다.[11]

가다머의 보편적 해석학은 하이데거의 해석학을 발판으로 출발한다. 즉 가다머의 해석학은 전통과 해체를 매개로 삼는다. 여기서 매개란 대화를 의미하며 이 대화는 이해를 통해 구현된다. 가다머의 입장에서 이해는 자기비판을 선행하며 인간 삶의 기본적인 특징으로 파악한다. 가다머는 "모든 이해는 필연적으로 역사적으로 자리매김되어 있다"고 말한다. 즉 이해란 이해하는 사람을 둘러싸고 있는 역사적 상황과 불가분의 관계를 맺는다. 우리는 항상 역사의 한가운데 있으며, 매 순간마다 과거로부터 존재한다. 이해에서 자신의 고유한 역사성을 함께 성찰하

9) 가다머의 이해일반에 대한 자세한 내용은 다음을 참조: 이정복, 「Gadamer에 있어서 해석학적 방법과 이해의 문제」, 『철학연구』, 제15집, 철학연구회, 1980, pp.3-14.

10) 조지아 원키, 이한우 옮김, 『가다머-해석학, 전통 그리고 이성』, 민음사, 1999, pp.18-19.

11) 조지아 원키, 이한우 옮김, 앞의 책, p.20.

는 의식을 가다머는 영향사적 의식이라 부른다. 가다머가 전통을 중시하고 선입견의 권리를 역설하는 이유가 바로 "영향사적 의식"에 있으며, 이해는 선입견을 통해서 작용한다. 가다머는 19세기의 역사주의가 방법론적으로 실패한 원인은 역사적 관점의 결여에 있다고 진단한다. 역사적 관점이 결여된 이해는 제대로 그 기능을 작동할 수 없다. 왜냐하면 역사성은 고유한 것이기 때문에 결코 선입견을 벗어나서 언급할 수 없다. 따라서 우리는 가다머의 이해 수용에 대해 딜타이와의 관계에서 문제를 설정하고, 가다머의 해석학적 이해에서 중요한 열쇠개념으로서 작용하는 이해의 역사성, 영향사적 의식, 해석학적 경험의 매체인 언어를 중심으로 일별하고 그의 영향사적 의미를 현대의 관점에서 고찰해 보자.

2. 이해의 역사성: 선입견

딜타이는 이해를 가장 핵심적인 용어로 사용하면서 이해의 방법을 정식화하려고 시도하였다. 그에게 있어서 이해는 "삶을 삶 그 자체로 이해하는 것"으로서 일상적인 삶의 체험 속에서 찾았다. 그 속에서 딜타이는 나 자신과 다른 사람과의 관계에 의해 이해가 가능하다고 파악하였다. 즉 그는 일상적인 삶의 이해에서 삶의 역사성을 찾을 때 이해가 가능하다고 보았다. 하이데거는 딜타이의 맥락에서 딜타이가 소홀히 다루었던 현존재에 대한 이해의 문제를 존재론적인 차원으로 해명하려고 하였다. 그는 이해란 인간 현존재에 놓여있는 보편적 현상이라 파악한다. 현존재에 대한 이해는 거기(Da)라는 질문을 하는 데서부터 시작한다. '거기'는 상황을 지시하는데, 이것은 무엇을 향해(wohin) 질문하는 것을 뜻하며, 이러한 질문은 이미 존재이해를 미리 갖고 있다는 것을 의미한다. 즉 이해는 현존재의 상황을 다른 존재와의 관계 속에서 활짝 열려 있을 때 가능하게 된다. 그리고 이것은 현존재의 역사성을 다룬다. 이런 맥락에 따라 가다머는 하이데거의 존재론적 해석학을 근거로 하여 역사성과 언어성을 구체화시킨다. 가다머는 이해를 하이데거의 선구조에서 먼저 파악(Vorgriff)한 개념을 통해 착안하고 있다. 하이데거의 이해가 존재이해이고 현존재의 자기이해라고 규정된다면, 인간에게서 불가피한 선입견(Vorurteil)을 어떻게 해결할 것인가 하는 문제가 생긴다. 가다머는 선입견을 이해작용으로 관련짓기 때문에 역사를 이해하는 방해요소가 아니라 오히려 긍정적 의미로 받아들인다. 그는 선입견의 개념에 대해 역사를 이해하는 긍정적인 개념으로 받아들이고, 이해에 작용하는 선입견으로서의 역사를 영향사(Wirkungsgeschichte)라 부른다. 이런 점에서 이해는 그 본질에 있어서 영향사적 과정이다.

가다머는 하이데거와 마찬가지로 이해를 "존재 자체"의 텍스트와 해석자간의 상호관계 및 상호규정의 관계를 의미하였다. 즉 텍스트와 해석자간의 매개의 종합을 통해 인간 실존의 구조로서 역사 자체가 활짝 열려진다는 것이다. 따라서 영향사적 과정은 이해의 일반적 구조가 세워질 때 근원적 현상으로서 이해를 해명할 수 있는 계기를 마련하게 된다. 가다머는 해석학을 이해의 역사성으로 파악하였기 때문에 어떻게 존재론적 제동(Ontologische Hemmung)으로부터 해방되어 이해의 역사성에 부응할 수 있는가를 문제 삼는다. 그래서 그는 이해의 역사성을 두 가지 의미로서 파악하고, 역사를 이해하고자 한다. 하나는 역사적 과거의 사실과 전승된 텍스트의 의미연관(Sinnzusammenhang)을 이해하는 것이며, 다른 하나는 우리의 이해 자체가 하나의 역사적 사건으로 일어나는 것을 파악하는 것이다.[12] 가다머는 이해의 역사성에 대해 하이데거가 현상학적 존재론으로 해석한 “이해의 선구조”13)(Vorstruktur des Verstehens)에 대한 해명을 시도한다. 즉 가다머의 이해의 역사성은 딜타이, 하이데거 그리고 불트만(Roudolf Bultmann)의 이해의 개념을 새롭게 수용하였고, 계몽주의 시대 이후로 그다지 누리지 못한 선입견의 개념을 복권시켰다. 여기서 선입견은 역사이해의 중요한 요소로 작용한다. 특히 가다머는 그 이전 철학자들의 “해석학적 순환구조”14)(Hermeneutischer Zirkel)와 관련시켜 받아들였고, 불트만의 “전이해(Vorverstandnis)”15) 개념을 강조하여 해석학적 원리로 고양시킨다. 그리고 가다머는 하이데거가 『존재와 시간』(1927)에서 밝혔던 이해의 선구조를 구체화시키고 불트만의 실존론적 해석을 가능하게 한 전이해의 질문(Fraglichkeit)을 통해 선입견

---

12) G.-H. Gadamer, WM, p.250.

13) 하이데거는 이해의 선구조를 ‘Vorhabe’(먼저 가짐), ‘Vorsich’(먼저 봄), ‘Vorgriff’(먼저 파악함)의 개념을 통해서 해명하고 있다(M. Heidegger, *Sein und Zeit,* Tübingen, 1972, pp.149-150 참조). 하이데거는 현존재가 스스로 자신의 상황에서 이해한 것을 통해 존재에 대해 질문한다는 뜻에서 “~로서”의 구조(Ais-struktur) 또는 “선” 구조라고 부른다.

14) 해석학적 순환이 개별적인 것과의 관련 속에서 전체의 의미가 전제되어 있다고 보는 것은, 아스트 (Ast)를 출발점으로 하여 슐라이어마허로부터 통찰되어 왔다. 해석학적 순환은 이해를 전제로 하며, 또한 이해는 전이해를 전제로 한다. 역사적인 이해는 이 순환 안에서 움직이며 피할 수 없다. 결정적인 것은 이 순환으로 빠져나오는 것이 아니라 올바른 방식으로 그 속에 들어가는 것이다. (M. Heidegger, *Sein und Zeit,* p.153). 텍스트를 이해하는 데 있어서도 전체의 의미를 선취(Vorwegnahme)할 때 부분들의 가능성도 선취될 수 있으며, 부분들에 따라 선취된 전체의 의미가 수정되거나 확인된다. 해석학적 순환은 현존재의 순환구조, 이해의 선구조를 통해서 설명되어야 한다. (E. Hufnagel. *Einführung in die Hermeneutik,* Hamburg, 1988, pp.46-47 참조.)

15) 불트만에게 있어서 전이해의 개념은 해석학에 자주 등장하는 중요한 개념이다. 전이해라는 개념은 의식되지 않은 지식(nichtwissendes)으로 표현된다. 전이해의 근거는 문제설정과 해석자체의 가능성으로 이해할 수 있다. 즉, “텍스트에 대한 모든 이해는 물음의 방향(Woraufhin)에 의해 인도된다. 이것은 질문한 내용에 대한 전이해를 전제로 한다. 이해는 저자와 해석자가 질문한 대상에 대해 삶의 관계를 가질 때 가능하다.” 신에 대한 물음은 인간 실존의 진리에 대한 물음을 의미한다. 인간은 자신의 고유한 실존에 대한 물음에 관심을 갖고 있기 때문에 인간은 신에 대한 전이해를 가지고 있다. (Rudolf Bultman, “Das Problem der Hermeneutik”, in: *Glaube und Verstehen* II, Tübingen, 1967, pp.211-235). 하이데거에게 있어서 전이해는 의식의 문제나 인식의 문제가 아니고 일정한 역사적, 사회적 상황 속에 내던져 있는(Woraufhin der Entwurf) 문제이다. 즉 전이해는 일정한 상황 속에 우리의 실존의 구조와 존재의 양식에 연결되어 있다. 가다머는 전이해라는 개념을 더 발전시킨다. 그는 인식의 무전제성이라는 것은 불가능하다고 밝힌다. 즉 존재하는 이해에서 출발하여, 모든 인식은 미리 앞서서 유도하는 전이해에 의존한다고 주장한다. 그래서 그는 ‘선입관이라는 개념의 복권’을 주장한다(H.-G. Gadamer, WM, p.261).

(Vorurteil)이라는 개념을 확장시킨다.

가다머의 선입견에 대한 논의는 각 개인에 따라 다양하게 나타난다. 그 이유는 가다머의 선입견 주장에서 보여주고 있는 열린 태도, 개방적 자세로 텍스트와 마주하기를 요청하기 때문이다. 그에 따르면 인간은 누구나 선입견을 갖고 있으며 인식의 한계와 존재의 역사성이 그 원인이다. 신념화된 특정한 이념을 추종하는 사람이나 소유자들이 반대의 신념을 이론화한 텍스트를 읽을 경우, 선입견은 '이해'를 하는 데 있어서 불가능하게까지 한다. 예컨대 진보주의자가 확증된 편향을 갖고 있으면서 막스 베버의 사회학을 읽는다거나, 현대 민주주의자가 플라톤의 국가론이나 아리스토텔레스의 정치학을 현재의 의식과 눈으로 읽는다면, 그것 역시 역사성을 이해하는 데 방해되는 "편파성에 의한 선입견"[16]으로 지속해서 작용한다. 마찬가지로 무조건적으로 새로운 것을 선호하는 "경솔함에서 오는 선입견"[17] 역시도 이해를 방해한다.

가다머는 "이해의 모든 과정이 본질상 선입견을 수반할 수밖에"[18] 없지만, "올바른 이해로 인도하는 진정한 선입견과 잘못된 이해를 유발하는 그릇된 선입견을 구별"[19]한다. 선입견의 문제로 인한 이해의 난점을 해결하기 위해서 가다머는 '텍스트가 말하게 하라'고 한다. "텍스트를 이해하려는 사람은 텍스트 스스로가 어떤 것을 말하도록 놔두어야 한다"[20]는 것이다. 같은 차원에서 그는 "이해의 첫걸음이 그 무엇인가가 우리에게 말을 걸어오는 데서 시작"[21]된다고 말한다. 결국, 그의 주

---

16) H. G. Gadamer, WM, p.283.

17) 같은 책, p.282.

18) 같은 책, p.274.

19) 같은 책, p.304. 가다머에게 선입견 자체가 부정적인 것은 아니다. 선입견 이해를 위한 부정적 의미를 수반하기도 함을 그는 역설 했으며 그런 의미에서 그의 철학적 해석학의 주요과제 중에 하나는 계몽주의적 전통에서 폄하된 선입견과 권위 개념을 복권시키는 것이었다.

20) 같은 책, p.273.

장은 선입견의 유보나 배제하는 열린 태도가 이해의 첫걸음이라는 것이다. 그런데 가다머는 온전한 이해를 위해 그릇된 선입견만이 아니라 근거 없는 공상, 협소한 사고방식의 제거를 제안한다.[22] 이것이 그가 말하는 이해의 전제조건이며 텍스트를 제대로 이해하기 위해 '사태 자체'에 초점을 맞추는 행위이다.

영어번역 prejudice은 배타적이고 경멸적인 의미를 지닌 부정적인 것이 강하게 내포하고 있으나 독일어 Vorurteil은 긍정적이고 적극적인 의미를 부여한다. 영어의 prejudice나 우리말 선입견은 모두 부정적인 의미를 내포하고 있다. 우리말의 편견, 선입견, 선판단(προκριμα, praeiudicium, prejuge, prejudice, Vorurteil)에 해당하는 알파벳 언어권의 단어들은 전부 '미리' 혹은 '앞서'의 접두어를 가지고 있는 언어다. 객관적 판단만이 진리라고 주장하는 근대적 진리개념에서, 편견이든 선입견이든 혹은 선판단이든 판단의 객관성을 보증하지 못한다는 점에서는 동일하다. 그러나 우리말 의미에서 '선입견'은 성적 선입견, 인종적 선입견, 사회문화적 선입견, 이데올로기적 선입견 등 오직 편향되고 공정하지 않은 입장을 의미하는 부정적 의미층위만을 형성하고 있다. 이런 편견의 부정적 의미지평에 대립하여 가다머는 계몽주의의 선입견을 "선입견 일반에 대한 선입견"[23]이라고 하여 선입견 개념을 가치 중립화하려 시도한다. 독일어 선입견 Vor-urteil을 직역하여 선판단이라고 이해하려는 시도는 가다머의 입장에서 적합하지 않다. 선입견은 역사적 인식을 방해하는 우연적이거나 주관적이라는 부정적 의미로 간주하지 않고, 역사적 이해의 과정을 인도할 수 있는 적극적 가치로 복권되어야 한다.[24] 가다머

---

21) 같은 책, p.304.

22) 같은 책, p.302 참조.

23) H.-G. Gadamer, Wahrheit und Methode. Grundzüge einer philosophischen Hermeneutik, in: Hermeneutik I, *Gesammelte Werke* 1, Tübingen: Mohr Siebeck, 1990, p.275.

의 관점에서 '선입견'은 참일 수도 거짓일 수도 있는 판단으로 여전히 부정적 함의를 담지하고 있기 때문이다. '선판단'은 선입견의 이런 부정적 함의를 지나치게 희석하고 있다고 할 수 있다.[25]

이런 개념적 차이로부터 '선입견의 근대 철학적 뿌리'[26]를 근대 주체철학에서 찾는다. 가다머의 해석학적 기획이 목표하는 바는 계몽주의의 편견에 대한 극단적 비판을 수정할 뿐만 아니라, 자신의 고유한 선입견이론을 정당화하고자 한 것이다. 그의 이론은 "모든 이해에 전제되어 있듯이, 선입견 또는 선이해의 생산적 의미"[27]를 정당화하고자 하는 것이다. 일상적 의미로 선입견은 언제나 참다운 이해를 하는 데 있어서 장애물로 작용한다. 가다머가 이러한 선입견의 개념을 사용하게 된 배경은 18세기 계몽주의 전통과 밀접한 관계를 맺고 있다. 가다머는 계몽주의적 선입견 비판을 "선입견일반에 대한 선입견"으로 규정한다. 가다머의 관점에서 계몽주의적 선입견비판이 이성의 인식을 방해하는 부당한 편견만을 문제 삼은 것이 아니라, '선입견 일반'을 비판과 제거의 대상으로 여김으로써 적법한 선입견으로 평가받아야 하는 전승과 권위까지도 무력화를 시켰기 때문이다.

가다머는 계몽주의적 전통 속에서 종종 나타난 이성과 선입견, 자유와 권위 개념 등을 고찰하여 모든 이해는 선입견에 의한 것이라 본다. 계몽주의에 있어서 권위는 이성과는 대립적인 것으로서 부정적으로 인식되었다. 이러한 권위의 개념은 이성이나 자유와는 정반대되는 개념

---

24) G.-H. Gadamer, WM, p.225; Vgl. Udo, Tietz, *Hans Georg Gadamer zur Einführung,* Hamburg, 2000, pp.37-47.

25) 이경배, 「선입견과 편견」, 『유럽철학연구』 제54집, 한국현대유럽철학회, 2019, p.5.

26) 계몽주의 철학 이상의 "편견 일반의 편견"에 대한 비판은 애덤 샌델, 『편견이란 무엇인가』, 이재석 옮김, 서울: 와이즈베리, 2015, pp.47-110 참조; 이희용, 「편견에 대한 해석학적 성찰」, 『현대유럽철학연구』, 제52집, 2019, pp.161-171 참조.

27) Hans-Georg, Gadamer, *Wahrheit und Method,* Ergänzungen Register, Tübingen, 1986, p.434.

으로서 맹목적인 복종을 의미한다.

계몽주의는 인간주체의 자기반성에 의해 선입견 일반에 대해 비판을 가한다. 계몽주의의 선입견 비판은 인식론적 물음의 관점에서 행해졌다. 가다머는 진리인식에 있어서 모든 선입견을 배제해야 한다는 계몽주의의 '총괄요구'를 그 자체로 또 하나의 편견이라고 지적한다. 선입견의 복권만이 "인간의 유한한 역사적 존재방식"(die endlich-geschichtlichen Seinsweise des Menschen)[28]을 적합하게 이해할 수 있는 길을 열어준다고 주장한다. 이처럼 선입견의 합법적 복권에 대한 가다머의 요구는 인간의 유한하고 역사적인 존재방식과 깊은 연관이 있다. 따라서 선입견은 단순하게 한 개인이 갖고 있는 선입견이라기보다는 한 개인의 역사적 현실에 속해 있는 것이다. 역사가 우리에게 속한 것이 아니라, 우리가 역사에 속한 것이다. 지금까지 계몽주의 전통에서 선입견은 이성적이고 과학적인 인식을 근본적으로 방해하는 것이었다. 계몽주의는 이성의 규범에 따라 모든 것을 평가하고, 모든 권위를 내몰아 버린다. 이런 계몽주의에서 전승(Uberlieferung)과 관련된 진리는 이성이 제시하는 "신뢰"로 규정된다. 계몽주의는 어떠한 권위도 인정하지 않고, 이성을 모든 인식과 진리의 최상의 심급기관으로 고양시킨다. 이에 가다머는 분명하게 이의를 제기한다. 계몽주의에서는 "전승 대신 이성이 모든 권위의 마지막 원천"이라 본다.[29]

가다머의 입장에서 계몽주의는 권위에 대한 이해의 부정적 개념을 명예 회복시키고자 하였다.[30] 그에게 있어서 권위는 억압이나 복종을 의미하지 않고, 오히려 이것을 인정하면서 이성이나 인식과 같은 종류

28) H.-G. Gadamer, WM, p.281.
29) H.-G. Gadamer, WM, p.277.
30) H.-G. Gadamer, WM, pp.261-269.

의 가치를 일컬었다. 다시 말해 전통과 이성은 서로 대립적인 것이 아니며 자유나 역사의 계기를 정립하는 근거가 된다.[31] 가다머는 이성과 권위를 대립시키는 계몽주의적 입장이나 이성을 등한시하고 전통을 무조건적으로 우선시하는 낭만주의 신념에 대해서도 비판한다. 가다머의 관점에서 "전통과 이성은 무조건적으로 대립관계에 있는 것은 아니며, 실제로 전통 안에는 항상 자유와 역사 자체의 한 계기가 존재한다." 그 때문에 전통은 모든 역사적 변화의 과정에서 보존(Bewahrung)으로 작용한다.[32] 이런 보존은 눈에 잘 띄지 않지만 이성의 행위이다.[33]

가다머는 모든 권위와 전통이 이성과 대립하는 것이 아니라고 주장한다. 즉 그는 권위와 전통에서 유래하는 선견을 정당화한다. 선입견의 정당화는 우리의 이해의 가능조건인 선이해를 정당화시키는 것이다.[34] 우리의 이해가 어떠한 편견 없이 무전제적으로 이루어지는 것이 아니고, 편견과 함께 이해가 가능하다. 편견과 함께 사유하거나 이해한다는 것은 해석자가 역사적으로 유한하며 자신이 처해 있는 역사적 현실에 의존한다는 것을 의미한다. 편견이란 바로 전통인 우리의 역사적 현실에 그 뿌리를 두고 있기 때문이다.

편견의 정당한 복권을 통해 가다머는 해석학적 이해의 객관성을 비판하고 해석학적 이해의 역사성과 언어성을 구축하고자 한다.

따라서 가다머는 계몽주의에서 거부한 전통과 권위, 선입견 등을 역사적 이해의 조건으로 복권시키고자 하였다.[35] 그가 이러한 요소를 복

---

31) H.-G. Gadamer, WM, p.263.

32) H.-G. Gadamer, WM, p.159.

33) H.-G. Gadamer, WM, p.286.

34) 이구슬,『해석학과 비판적 사회과학』, 서광사, 1996, p.31.

35) H.-G. Gadamer, WM, p.266. Vgl. 김영한,「가다머의 영향사 해석학」,『철학』, 제24집, 한국철학회 1985, p.77.

권시키려는 의도는 역사적 이해를 어떻게 적용할 것인가의 문제와 밀접히 관련된다. 이런 관점에서 그는 이해의 역사성을 선입견의 개념으로서 분석하였다. 따라서 가다머는 선입견을 다음과 같이 두 종류로 나누었다. 하나는 이해를 가능하게 하는 선입견이며, 다른 하나는 이해를 방해하며 오해를 유발하는 선입견이다.[36] 여기서 이해의 역사성은 참된 선입견과 그릇된 선입견을 구분하는 문제점이 제기된다. 이런 문제 해명의 실마리를 쥐고 있는 해석학적 조건이 '시간간격(Zeitensabstand)'의 개념이다. 이를테면 가다머는 잘못된 이해를 유발하는 부당한 선입견과 올바른 이해로 이끄는 진정한 선입견을 구별하는 문제를 '시간간격'으로 해결하고자 한다. 가다머에 따르면 텍스트를 이해하는 과정에서 부당한 선입견으로 인한 잘못된 이해와 정당한 편견으로 인한 올바른 이해의 구별이 가능하다는 것이다. 선입견 구별의 과정은 이해를 생산적으로 하는 과정과 상호 긴밀하게 관련되어 있다. 따라서 시간간격은 다음과 같이 이해의 역사성을 밝혀내는 것을 목적으로 한다.

> "시간의 간격을 이해의 긍정적이고 생산적인 가능성으로서 인식하는 것이 중요하다. 그것은 벌어져 있는 심연(Abgrund)이 아니라 오히려 우리에게 기원과 전통의 연속성(Kontinuität des Herkommen und Traditiom)에 의해서 채워지고, 연속성의 빛 속에서 모든 전승을 우리에게 전해 준다."[37]

위의 인용문에서 가다머가 주장하는 이해의 역사성은 시간간격을 과거와 현재로 분리된 극복되어야 할 심연(深淵)으로 간주하지 않고 서로 연속적인 매개로 이해하였다. 즉 시간간격은 역사적 이해 속에서 역사적 지평을 열어주며, 전통의 흐름 속에서 과거와 현재를 변증법적으로

36) H.-G. Gadamer, WM, p.279.
37) H.-G. Gadamer, WM, p.281.

결합하는 역사적 계기로서 참여한다. 여기서 역사적 이해의 개념은 과거와 현재가 끊임없이 매개되어 가고 있는 전통 속에서 정립된다.[38)]

궁극적으로 가다머가 강조하고자 하는 점은 해석학적으로 훈련된 의식을 통해서 텍스트를 이해하여 역사를 올바르게 이해하는 것이다. 거기서 그는 참된 선입견과 그릇된 선입견을 구분한다. 그래서 가다머는 이해에 작용하는 **선입견**으로서의 역사를 영향사(Wirkungsgeschichte)로 표현한다. 이러한 영향사의 분석을 통해서 영향사의 구조적 성격을 밝혀낸다. 즉 그는 해석학적 상황에 대한 인식과 그 특징을 이루는 지평, 해석자와 텍스트와의 대화관계, 물음과 대답의 변증법, 전통의 개방성 등을 규명하였다. 그리고 가다머는 이해의 역사성에 대해 영향사적 원리를 적용(Anwendung)의 개념으로 연결시켜서 설명한다. 여기서 적용의 개념은 텍스트의 의미를 현재와 관련하여 해석하는 기능을 의미한다. 먼저 적용의 원리는 신학해석학과 법률해석학의 실례(實例)에서 나타난다.

하지만 팔머(Richard E. Palmer)에 따르면, 이러한 해석학의 경우에서 일반적인 방식으로 텍스트를 이해하고 설명하는 방식은 충분하다고 말할 수는 없으나, 어떤 방식으로든지 텍스트가 현재의 조건과 관계하고 있는가를 명확하게 밝혀져야 한다.[39)] 즉 팔머는 법률해석학과 신학해석학은 해석의 과제를 낯선 세계로 들어가려는 것을 텍스트와 현재 상황 간의 거리를 통해 극복하려는 노력으로 본다. 이러한 해석학은 텍스트가 지닌 과거의 지평을 현재의 지평과 연결시켜 의미하는 바가 무엇인지 설명해야 한다.[40)] 바꾸어 말하면 텍스트를 이해한다는 것은 항상 텍스트를 적용하는 것을 의미한다.[41)] 적용의 의미는 모든 이해의 형식 속

---

38) H.-G. Gadamer, WM, pp.274-275.

39) Richard E. Palmer, *Hermeneutics, Interpretation Theory in Schleiermacr, Dilthey, Heidegger, Gadamer,* Northwestern University, 1969, pp.186-187.

40) Richard E. Palmer, 앞의 책, p.188.

에 있으며, 그것은 향후에 적용하는 것이 아니라 주어진 텍스트를 우리와 함께하여 일반적인 현실적 이해에 적용되는 것을 말한다. 그렇게 될 때 이해는 현실의 방식으로서 증명되고 그러한 영향으로 나타난다.[42] 여기서 가다머는 영향사적 의식을 이해의 역사성의 관점으로 분석하였고 영향사의 맥락에서 해석자는 자신이 고유한 상황에 처해 있음을 알게 된다고 하였다. 이렇게 가다머의 해석학은 자기상황에서 영향사로부터 이끌어 낸 선입견을 통해 전통을 이해한다. 그렇게 볼 때 전통은 이성에서 작용할 수 있는 기반과 역사적 이해를 제공해 준다. 이런 점에서 권위와 전통은 계몽주의시대 이후로 누리지 못한 지위를 되찾게 된다는 점에서 중요한 역할을 한다.

3. 역사의 영향사적 의식: 지평융합

이해의 역사성에 대한 가다머의 실례(實例)는 영향사적 의식이라는 개념이다. 작품의 작자나 독자는 동일하게 그 시대의 역사적 제약 속에 놓여 있다. 즉 우리 모두가 영향사라는 작용에 의존해 있는 것이다. 예컨대 우리가 어떤 특정한 시대의 작품을 이해하고자 한다면, 작품의 저자나 이해자가 모두 어떤 역사적인 영향에서 글을 쓰고 글을 이해하기 때문에, 지금 우리가 가진 역사적인 지평을 포기하지 않은 상태에서 작품의 역사적 지평과 우리의 지평이 어우러져서 작품을 이해한다. 따라서 우리가 작품을 순수하게 이해할 수 없을 뿐만 아니라 그렇게 하는 것이 우리에게 아무런 의미가 없다. 예컨대 괴테의 파우스트가 가진 역사

41) H.-G. Gadamer, WM, p.291.
42) H.-G. Gadamer, WM, p.323.

적 지평과 지금 우리가 그것을 읽고 이해하는 역사적 지평과는 사뭇 다르다. 괴테를 이해한다는 것은 그의 지평과 나의 지평이 만나는 것이다. 그리고 이러한 **역사적인 작용**을 가다머는 영향사라 부른다. 우리는 영향사에 대한 의식을 역사의식과 다르게 규정한다. 우리가 역사의식을 소유할 수는 있지만, 그것은 영향사적 역사의 과정 속에서 작용하고 있으며, 역사를 통해서 규정되고 있는 의식이다.[43] 하지만 이해란 역사적인 작용자의 정신 속으로 자신을 몰입해 들어가거나 전통의 연관 속으로 빠져 들어가는 것만은 아니다. 왜냐하면 해석학은 타자의 역사적 대상 속에서 자기 자신을 인식하는 이해이론이기 때문이다. 과거의 사료가 역사적인 현존재에 대해 단지 의미를 가질 경우에 자신의 고유한 존재 가능성의 의미지평을 기획하는 것이다.[44]

가다머는 희랍의 "플라톤과 아리스토텔레스의 변증법"[45]에서 그의 철학적 해석학의 모형을 찾았다. 특히 플라톤의 변증법에서 이해하고 있는 담화(Dialog-Gespräch)를 텍스트와 해석자의 관계로 연결시킨다. 그리고 헤겔을 희랍적 사고(思考)의 재현으로 파악하고 헤겔의 변증법을 자신의 철학에서 없어서는 안 되는 요소로 간주하였다.[46] 가다머의 변증법은 소크라테스-플라톤적 변증법이며 "질문과 진리추구의 기술"(Kunst des Fragens und des Suchens der Wahrheit)에 대한 변증법이다.[47] 대화를

43) 박순영, 「해석학의 현대적 위상」, 엄정식 외, 『현대철학 특강』, 철학과 현실사, 1998, pp.120-121.

44) H.-G. Gadamer, WM, pp.288-289.

45) 이에 대한 자세한 논문은 다음을 참조: Manfred Riedel, "Zwischen Plato und Aristotels-Heideggers doppelte Exposition der Seinsfrage und der Ansatz von Gadamers hermeneutischer Gesprächsdialektik", in: *Allgemeine Zeitschrift für Philosophie,* 11.Jg. 1986, pp.1-28.

46) H.-G. Gadamer, WM, p.436). 가다머는 헤겔이 의식적으로 희랍의 변증법의 모델을 수용한다. 그는 누구든지 희랍사상을 배우려는 자는 먼저 헤겔에게서부터 먼저 배워야 한다고 말한다. 또한 그는 헤겔뿐만 아니라 파르메니데스(Parmenides)의 존재의 진리를 중요하게 보았다(H.-G. Gadamer, WM, p.436).

47) H.-G. Gadamer, WM, p.349. Vgl. 가다머의 플라톤과의 대화의 규칙에 대한 자세한 논문은 다음을 참조: Francis J. Ambrosio, Gadamer, "Plato, and the Discipline of Dialogue", in: *International*

이끄는 기술로서의 변증법은 어떤 양식의 통일성이라는 관점에서 사물을 보는 기술이다. 즉 그것은 공통된 의견을 추출해 내는 형식의 기술이다. 이것은 대화의 형식 속에서 문답의 과정을 통해 의미의 소통이 수행된다. 가다머는 이러한 변증법의 형식을 문헌적 전승과 관련시켜 의사소통의 기술적인 작업이라 본다. 이 형식을 그는 해석학의 과제로 파악한다.[48] 무엇보다 이러한 과제는 "텍스트와의 대화에서 나온다 (In-das-Gespräch-kommen mit dem Text). 그래서 문헌적 전승은 그것이 처해 있는 대상과 대화라는 살아있는 현재에로 불려오게 된다."[49] 이런 관점에서 가다머의 영향사적 해석학이 제시하는 원초적인 관심은 문헌학적인 이해의 작업에서 시작되었고, 문헌학적인 보조도구에 지나지 않았던 이론은 보편적인 철학적 과제로 전개해 가게 된다.[50] 문헌학적인 이해에서 시작된 해석학은 과거와 현재에도 활발히 작용하는 역사로 진행하게 되며, 거기서 영향사적 의식을 만나게 된다.

가다머에 있어서 영향사적 의식이란 인간의 의식이 반성적 사유를 통하여 전통과 선입견을 초월할 수 있는 자유로운 의식이 아니라, 역사적 전통의 영향아래서 사유하는 구체적인 의식을 뜻한다. 그것은 영향사와 자신의 역사성까지 의식하는 의식의 영향사 속에서 형성되고 활동하며 이미 그 안에 속하여 있는 의식을 말한다.[51] 즉 이해에서 자신의 고유한 역사성을 함께 성찰하는 의식을 가다머는 영향사적 의식이라 부른다. 따라서 영향사적 의식은 그 내용이 항상 두 계기가 된다. 하나는 역사적 연결점이고, 다른 하나는 개인적 상황이다. 영향사적 의식은

philosophical Quarterly, vol. 27. No.1. 1987, pp.17-32.

48) H.-G. Gadamer, WM, p.350.

49) H.-G. Gadamer, WM, p.350.

50) H.-G. Gadamer, WM, p.284.

51) H.-G. Gadamer, WM, p.183.

역사로부터 자극을 받는 동시에 이 자극에 대한 의식이다. 그는 영향사적 의식을 다음과 같이 말한다.

> "우리는 항상 역사 한가운데 있다. 우리 자신은 계속해서 굴러가는 사슬의 한 부분에 지나지 않는다. 우리는 매 순간 이렇게 과거로부터 우리에게 오는 것, 즉 전수되는 것과 더불어 우리를 이해할 수 있는 가능성 속에 존재한다. 나는 그것을 영향사적 의식이라 부른다."[52]

위 인용문에서 보듯이, 가다머에게서 영향사적 의식은 역사의 진행 과정에서 작용하고 있으며, 역사를 통해 규정하고 있는 의식이다. 영향사적 의식은 인간이 소유하고 있는 의식이 아니라 그 작용을 우리가 느끼고 그것을 인정할 수밖에 없는 의식이다. 따라서 해석학은 타자의 역사적 대상 속에서 자기 자신을 인식하는 이론으로 이해된다. 이런 점에서 가다머는 작가가 그 자신을 이해하는 것보다 이해하는 사람이 작가를 결코 더 잘 이해할 수 없다는 것이 아니라 작가가 다르게 이해된다는 데에 있다. 따라서 가다머가 주장하는 해석학적 의식은 인간의식의 유한성을 의미한다.[53] 이러한 영향사적 의식은 영향사라는 개념과 연관된다. 영향사란 이해에 작용하는 선입견으로의 역사를 일컫는다. 이 개념은 이해의 정확한 의미를 함축하고 있으며, 그러한 이해는 그 본질에 있어 영향사의 과정 속에 있다. 이러한 영향사는 "역사주의"[54]라는 전

52) H.-G. Gadamer, WM, p.183.

53) H.-G. Gadamer, WM, pp.275-276.

54) 역사주의는 과거의 문화적 전통을 역사적 특수성에 따라서 객관적으로 인식하려는 태도이다. 특히 가다머는 역사를 현재의 매개와 관련하여 드로이젠(Droysen)의 역사이론과 해석학의 관계를 언급하고 있다. 드로이젠은 랑케(Ranke), 칸트(Kant), 훔볼트(Wilhelm von Humboldt)의 전통을 이어받은 해석학적 역사이론가이며 가다머의 지평융합과 일치하는 관점을 갖고 있다(H.-G. Gadamer, WM, pp.199-205). 또한 드로이젠은 현대 해석학자인 아펠(K-O. Apel)에게서 과학론 논쟁의 초점이 되어온 '설명이냐 이해냐'라는 술어적 구별을 최초로 언급한 인물이다. 가다머의 역사적 전통을 구분하는 것은 다음과 같다. 첫째, 텍스트를 객관주의, 방법적 탐구의 대상으로 간주하는 역사 객관주의적 입장, 즉 한

통개념에 대한 해석학적 반성에서 유래하며, 역사주의의 한계는 무반성(無反省)에서 찾는다.[55] 그러므로 영향사적 의식은 역사를 연구하고 인식하려는 우리의 의식이 과거의 역사적 전통으로부터 초월하여 존재하는 것이 아니라 계속적인 작용을 하거나 그 영향 아래에서 존재한다. 가다머는 영향사적 의식을 해석학적 상황에 대한 의식이라 말한다. 여기서 해석학적 상황은 이해해야 할 전승의 상황이다. 그런데 상황이란 대상화될 수 있는 것이 아니라, 우리가 그곳에 처해 있는 입장이기 때문에 어떤 구체적 인식의 대상은 아니다. 다시 말하면 해석학적 상황은 우리가 이해하려는 전통에 대한 우리 자신이 처해 있는 상황을 이해하는 것이다. 모든 반성과 마찬가지로 영향사적 의식도 인간의 구조이기 때문에, 역사적 전승도 현재의 삶과 긴밀히 매개되어야 한다.[56] 이러한 가다머의 영향사적 의식구조는 헤겔적인 반성의 변증법(die Dialektik der Reflexion) 안에서 이성의 자기매개(Selbstvermittlung)라는 부분에 의해 형성된다. 헤겔의 정신 철학은 역사와 현재로부터 전적인 매개로 수행될 것을 요구한다.[57] 헤겔의 매개(Vermittelung) 개념은 가다머의 영향사 이론에 결정적인 출발점이 된다.

그러나 근본적으로 "매개"[58]에 대한 헤겔과 가다머의 이해는 상호 각기 다르게 나타난다. 헤겔에게 있어서 매개는 반성의 영역 안에서 수

영역 내에서 대상으로서의 너(Du)이다. 둘째, 텍스트를 반성된 투명으로 보고 자아연관성에 입각한 헤겔류의 관념론의 입장, 즉 반성된 투사로서의 너이다. 셋째, 역사주의를 살아있는 인격으로 간주하는 개방적인 태도, 즉 전통의 발화자로서의 너이다. 가다머의 영향사적 의식으로 염두에 두고 있는 해석학적인 관계이다(H.-G. Gadamer, WM, pp.340-344 참조).

55) Richard E. Palmer, 앞의 책, pp.191-193.

56) H.-G. Gadamer, WM, p.323.

57) H.-G. Gadamer, WM, p.328.

58) 가다머의 영향사 이론에서 매개는 두 가지로 나타난다. 하나는 원초적으로 텍스트가 속한 영향사이며, 다른 하나는 해석자의 현재적 관심에 속하는 영향사이다(박순영, 「Gadamer의 해석학과 정신과학의 방법론」, 『철학』, 제24집, 1987, p.9).

행되는 절대이성의 자기매개 현상이다.59) 그러나 가다머 관점에서 매개는 역사적인 매개이며 과거와 현재의 지평융합(Horizontverschmelzung)을 형성한다.60) 즉, 가다머는 매개를 통해 영향사적 의식을 분석한다. 즉 그는 매개를 이해와 역사의 관계로 해명한다. 그는 매개를 통해 과거와 현재의 지평융합이라는 이해과정을 헤겔의 변증법적 반성철학에서 그 모델을 찾는다.61) 여기서 가다머는 이해의 구조와 전통의 연관성을 설명하기 위해 지평이라는 개념을 적용한다.

지평은 언제나 활짝 열려있으며, 우리와 함께 움직이는 그 무엇이다. 그에게 있어서 지평은 하나의 관점이며, 정확히 정의할 수 있는 개념은 아니다. 역사적 의식이 과거의 것을 대상으로 삼는다면, 이 역사의식은 전승된 것과 거리를 두게 된다. 즉 과거의 지평과 내가 속한 지평은 간격을 가질 수 있다. 두 지평은 지속하는 전통 속에서 동일한 것이라 할 수 있지만, 서로 분리된 지평이 만날 수 있어야 한다. 이 두 지평은 영향사적 의식에서 지평융합을 이루어 낸다.62) 따라서 가다머에게서 지평융합은 두 지평의 혼합이 아니라 영향사 의식에 의해 자기 스스로가 역사적으로 제약되어 있는 의식이다.

4. 역사이해: 언어의 존재론화

가다머에 있어서 영향사적 의식의 역사이해는 언어를 통해 잘 드러난다. 언어는 "해석학적 경험의 매체"63)가 된다. 여기서 가다머는 이해

59) H.-G. Gadamer, WM, p.328.
60) H.-G. Gadamer, WM, pp.289, 356.
61) H.-G. Gadamer, WM, p.327.
62) H.-G. Gadamer, WM, p.448.

의 문제를 언어를 통해 고찰한다. 그래서 언어의 문제는 해석학의 중심 논제로 등장한다. 그는 언어에 대한 관심을 초기의 하이데거에게서 실존론적 해석학의 극복을 통해 언어의 보편성에 관한 이론에서 나타난다. 즉 그는 『진리와 방법』의 3부에서 언어를 기초로 한 해석학의 존재론적 지평으로서 언어문제를 다루었다.[64]

가다머의 언어와 존재의 관계를 해석학적 단서로 파악할 수 있는 것은 하이데거가 말하는 "언어는 존재의 집이며"[65] 이것은 또한 가다머 자신의 존재는 진리의 집이다"[66]라고 언급한 명제에서 잘 나타난다. 가다머의 언어이론의 가장 근본적인 특성은 언어의 본질에 대해 "기호이론(Zeichentheorie)"[67]을 거부하는 데 있다. 즉 그는 언어의 형식과 도구적 기능에 기초하고 있는 기호이론에 반대한다. 기호이론은 언어가 사유를 전달하는 데 필요한 인간의 도구로 여기고, 명확히 사유되거나 정의된 것을 표시하기 위한 도구로 본다. 언어는 도구가 아니라 살아있는 로고스이며 우리들이 거기에 참여하는 것이라 가다머는 파악한다.[68]

가다머에 있어서 언어는 비도구적 성격이며, 이해와 더불어 포괄적

---

63) 해석학적 경험의 수행구조에 대한 자세한 내용은 다음을 참조: 이희용, 「해석학적 경험의 수행구조와 그 기초 해명」, 『해석학연구』, 제16집, 2005, pp.99-130.

64) H.-G. Gadamer, WM, pp.361-465.

65) M. Heidegger. *Über den Humanismus,* Frankfurt a. M., 1947, p.5.

66) M. Heidegger, 앞의 책, p.9.

67) 기호이론은 구조주의에서 언어학적으로 많은 연구가 있었고 데리다를 비롯한 해체주의에서 활발한 논의가 진행되어 왔다. 소쉬르는 그의 주저 『일반언어학강의』에서 기호의 구조주의라는 말을 처음으로 사용하였고 기호를 Signfiant(기표)와 Signifie(기의)의 결합이라 보았다.(J. Bleicher, *Contemporary Hermeneutics, hermeneutics as method, philosophy and Critics,* London, 1980, pp.222-227: 이광래, 「미셀푸코의 구조주의 연구」, 『철학』, 제19집 봄(1983), p.87 참조). 훗설은 『논리연구』에서 기호의 본질에 관해 연구했는데 기호(Zeichen)라는 개념을 이중의 의미로 보았다. 즉 표현(Ausdruck)을 의미할 수도 있고 지시(Anzeichen)를 의미할 수도 있다고 보았다. 이에 대해 데리다는 훗설을 비판하는 데 표현적이든 지식적이든 모든 기호는 지시작용으로의 기능을 수행하고 있다고 보았다(T.K. 승, 「훗설과 데리다」, 이광래 편, 『해체주의란 무엇인가』, 교보문고, 1989, pp.61-76).

68) H.-G Gadamer, WM, p.410.

인 현상이다. 즉 그는 언어를 도구가 아니라 하나의 매개로 파악한다.[69] 따라서 가다머는 언어의 본질을 사유와 언어, 그리고 이해의 통일 속에서 찾는다. 즉 "모든 이해는 해석이며, 해석은 대상이 단어에서 나오며, 언어의 매체에서 전개된다."[70] 따라서 언어는 대화를 통해 다음과 같이 전개된다.

> "대화 속에서 언어는 모든 것을 이해하고, 사유의 과정 속에서 진행된다. 언어는 해석을 통해 나타날 수 있기 때문에 우리가 언어를 내용적으로 전승하는 것을 외면하고 형식적으로 사유한다면 언어의 의미가 아주 빈약하게 되어 버릴 수 있다. 언어는 진정으로 언어가 존재하려는 방식의 길로 나아가야 한다."[71]

이렇듯 가다머는 언어를 해석학의 중요한 요소로서 간주한다. 언어는 단지 도구가 아니라 세계와의 관계에서 파악한다. 하지만 언어는 세계와 매개하는 단순한 수단은 아니다. 다시 말해 언어는 단순히 도구기 아니며, 우리자신과 세계에 대한 지식을 얻는다.[72] 그러므로 가다머는 언어를 세계[73]와의 관계 속에서 파악한다. 언어는 인간존재의 중심이며 그 언어 속에서 "나"와 "세계"가 함께 한다.[74] 따라서 언어를 이해하는 것은 그 언어가 속한 상황이나 세계에 관계하는 것이며, 이것은 세계와 언어를 동시에 갖는 것이다.

---

69) H.-G, Gadamer, "Mensch und Sprache". in : *Kleine Schriften* I. Tübingen, 1967, pp.95-96.
70) H.-G. Gadamer, WM, p.366.
71) H.-G. Gadamer, *Mensch und Sprache,* p.95.
72) 가다머에 있어서 세계는 환경(Umwelt)과 같은 것이 아니다. 환경은 동물도 갖고 있으나 세계는 인간만이 갖고 있다. 동물이 세계를 갖지 못하는 것은 언어를 갖고 있지 않기 때문이다. 동물이 언어를 갖고 있다고 주장하는 것은 언어를 부호로 보는 도구주의적 견해이다. 그래서 인간만이 언어를 갖고 있고 언어를 통해서 세계를 갖고 있는 것이다(H.-G. Gadamer, WM, pp.419-421 참조).
73) H.-G. Gadamer, WM, p.419.
74) H.-G. Gadamer, WM, p.419.

"세계는 언어로 이해할 때 세계를 이해할 수 있으며, 언어를 통해서 세계를 형성한다. 따라서 언어는 동시에 세계-내-존재(In der-Welt-Sein)를 의미한다."[75]

"언어를 통해서 나올 수 없는 것은 본질상 이해할 수 없으며, 언어로 듣는 매개에 접근할 수 없는 것은 존재하지 않는다."[76]

이러한 세계와 언어 사이의 관계는 현존재의 이해에 근거하기 때문에 개시성(開示性)에 의해 언어를 이해된다. 이런 점에서 가다머는 "이해될 수 있는 존재는 언어이다."(Sein, das Verstanden werden kann, ist Sprache)[77]라고 말한다. 여기에서 언어 특유의 객관성이 나타나며, 언어가 속한 세계에서 상호주관적인 세계가 드러난다.[78] 무엇보다 가다머에 있어서 언어는 세계와의 관련 속에서 존재를 드러내는 힘이다.[79] 즉 언어는 시간과 공간을 초월한 상호주관적인 언어 세계로써 나타난다. 다시 말해 언어와 세계 사이의 관계는 해석학적 경험이론과 전승과의 연관에서 드러난다. 해석학적 경험이론은 전승(Übderlieferung)에서 내려온 경험이며, 언어에서 전승된 언어는 해석학적 경험이론과 분리되어 생각할 수 없다.[80] 요컨대 전승 속에서 설명된 세계는 언어로 파악된 세계이다.[81]

가다머에 의하면, 전승은 우리가 경험을 통해 인식하는 것이 아니고 나와 너의 대화를 모델로 삼아야 한다고 말한다. 대화 속에서 너는 대상(Gegenstand)이 아니며, 우리 자신과 관계한다. 너라는 경험대상은 서로

75) H.-G. Gadamer, WM, p.419.
76) H.-G. Gadamer, WM, p.438.
77) H.-G. Gadamer, WM, p.450. 이 문장에 대한 자세한 내용은 다음을 참조: 김창래, 「가다머의 철학적 해석학에서 존재와 언어의 과계에 대해: "이해될 수 있는 존재는 언어다"라는 문장에 관하여」, 한국해석학회, 『문화와 해석학』, 철학과 현실사, 2000, pp.153-188.
78) H.-G. Gadamer, WM, p.423.
79) H.-G. Gadamer, WM, p.419.
80) H.-G. Gadamer, WM, p.417.
81) H.-G. Gadamer, WM, p.423.

타자에 대한 경험을 갖고 있기에 언어를 매체로 한 해석학적 경험의 특징을 갖는다.[82] 우리 자신이나 전승된 텍스트가 언어에 속해 있을 때 공통적인 지평이 가능해진다. 이러한 점에서 인간은 언어에 대한 귀속성(Zugehörigkeit)을 갖고 있으며, 언어는 해석학적 경험의 중요한 의미를 지닌다.[83] 그러므로 언어의 귀속성은 해석학적 경험의 실재근거가 되며, "언어를 통해 듣는 것"(das Hören Mittels der Sprache)을 의미한다. 가다머는 '보는 것'보다 '듣는 것'을 더 강조한다. 그래서 그는 언어를 통해 들리지 않는 것은 어떤 것도 없다고 주장한다. 왜냐하면 '들음'으로써 우리가 속한 세계인 로고스(Logos)에 접근할 수 있기 때문이다.[84]

가다머에게서 해석학적 경험이 언어의 수행방식으로 이루어졌다는 사실은 해석자간에 대화가 일어난다는 것이다. 가다머에게 있어서 언어는 단지 실제적인 대화 및 담화(Dialog), 즉 묻고 답하는 것, 그리고 가장 내면적인 진리에 대한 답변을 포괄한다.[85] 이러한 이유로 해서 그는 언어의 본질을 대화 속에서 찾는다. 대화는 상호이해(Verstandigung)의 과정이고, 우리가 다른 사람 속에 들어가 상대편의 관점을 타당하게 여길 때 진정한 대화가 성립하게 된다. 대화가 서로 성립하기 위해 타인을 개별적인 존재(Individualität)로 이해하지 않고, 상대방이 말한 것을 이해하며 그가 생각한 것을 파악한 이후에 그 의미가 무엇인가를 찾아내어 합의를 이루내야 한다.[86] 그렇게 해서 언어는 대화 상대자간에 합의가 이루어지는 중심역할을 하게 된다.[87]

---

82) H.-G. Gadamer, WM, p.343.
83) H.-G. Gadamer, WM, pp.436-438.
84) H.-G. Gadamer, WM, p.438.
85) Damir Barbarić, "Zur Sprachauffassung H.-G. Gadamers", in: *Internationale Zeitschrift für Philosophie*, Heft. 2. 1996, p.230.
86) H.-G. Gadamer, WM, p.363.
87) H.-G. Gadamer, WM, p.361.

하지만 대화는 무한정 진행될 수 있기 때문에 언어를 통해서 진리를 파악하는 것이 그렇게 간단하지 않다. 여기서 가다머는 언어의 고유한 사변적 구조(spekulative Struktur)를 말한다. 즉, 언어는 그 자체가 사변적 구조를 갖고 있으며, 그 구조 속에서 언어의 특성을 드러낸다. 이러한 언어의 사변적 구조는 언어의 유한성을 사실자체로 표현하는 무한한 과정에서 진행된다.88) 가다머에 의하면, 진정한 대화는 단지 상대방의 "말한 것"에 의해서가 아니라 주고받는 "이야기(die Rede)"를 통해 상호 이해하여 일치감을 형성해야 한다. 무엇보다 이러한 일치감은 시적(詩的)진술에서 두드러지게 나타난다. 그는 다음과 같이 "시어(dichterische Wort)"89)들을 일상생활 속에서 파악한다.

> "일상적 생활에서의 대화와 마찬가지로 (시적) 단어들은 사변적이다. 말하는 자는 말 속에서 존재와의 관계를 언어로 표현한다."90)

> "다른 말로 표현한다면, 시적인 단어는 어떤 대상과의 고유한 관계에서 진행될 때 사변적으로 나타난다."91)

위 인용문에서 시적인 언어는 사변성의 구조로서 해석학적 경험이 향할 수 있는 공통적인 특징이다. 시적인 언어가 공통적인 관점을 이끌어내어 "보편적-존재론적인 구조"92)를 갖추게 된다. 그렇게 해서 해석학적 존재론의 명제가 성립하여 해석학적 경험이론을 완성시키는 결정적인 단서를 이끌어 낸다. 결국 가다머가 해석학의 보편성을 주장할 수

88) H.-G. Gadamer, WM, p.444.
89) H.-G. Gadamer, WM, p.445.
90) H.-G. Gadamer, WM, p.445.
91) H.-G. Gadamer, WM, p.445.
92) H.-G. Gadamer, WM, p.450.

있었던 이유는 인간과 세계의 근본관계를 언어의 이해로 파악하였기 때문이다.[93] 해석학적 보편성이란 언어가 이해와 연관되어 있다는 것이며, 이러한 연관 속에서 이해는 언어 속에서 의사소통하고 있는 의미 파악을 가능하게 할 수 있다. 가다머에게서 해석학적 존재론은 언어의 사변적 존재론의 구조에 의해 정초된 것이다. 따라서 이해는 우리의 시선을 활짝 열어 준다는 점에서 제1철학(prima philoslphia)이라 부른다.[94]

위에서 살펴본 바와 같이, 가다머의 해석학적 경험의 매체인 언어개념을 다음과 같이 정리할 수 있다. 첫째, 언어는 단순히 도구적 기능에 기초하고 있는 기호이론이 아니다. 즉 언어는 도구가 아니다. 둘째, 언어는 세계와의 관계 속에서 존재를 드러낸다. 언어를 통해서 인간들은 세계를 지닌다. 셋째, 언어는 전승된 텍스트 속에서 진정한 대화가 이루어진다. 넷째, 언어는 사변적 구조를 가진다.

5. 해석학적 역사성의 현대성

지금까지 앞장에서 살펴보았듯이, 가다머는 보편적 해석학을 정립하려는 시도로서 언어를 근간으로 하여 이해의 역사성 및 영향사적 의식에 초점을 두었다. 가다머의 『진리와 방법』에서 논의된 철학적 해석학의 기본핵심은 언어, 이해, 해석, 적용, 선입견, 권위 등의 개념들을 내적으로 긴밀히 연관시켰다. 모든 이해의 행위는 해석을 동반한다. 동시에 모든 해석은 적용을 수반한다. 앞서 고찰하였듯이, 가다머는 이해

93) H.-G. Gadamer, "Rhetorik. Hermeneutik und Ideologiekritik", in: *Kleine Schriften* I., Tübingen, 1967, p.118 참조.

94) R. Bubner, *Modern German Philosophy*. Translated by Eric Matthews, 1981, p.57.

의 작용으로서 선입견을 중요한 요소로 간주하였고, 이는 이해를 방해하는 요소로서가 아니라 긍정적 의미로서 받아들였다. 따라서 그는 은폐된 선입견을 바로 찾아내는 작업을 과거의 역사를 이해하는 데 중요하게 작용한다고 보았다. 그렇게 하여 그는 이해에 작용하는 선입견의 역사를 영향사적 의식이라 불렀다.

20세기 현대해석학의 핵심은 하이데거를 비롯하여 가다머, 하버마스와 같은 철학자들이 그의 업적을 계승한 이후로 세 가지 관점의 변화를 겪어 왔다. ① 계몽주의 이래의 전통과는 대조적으로 이제 더 이상 해석학은 고정적으로 텍스트에 쓰인 문서나 언어의 이해 및 텍스트의 해석에 있어서 관점을 배타적으로 기울이지 않는다는 사실이다. ② 슐라이어마허로부터 딜타이에 이르기까지의 낭만주의 해석학과는 다르게 가다머의 해석학은 이해의 목표가 다른 사람과의 의사소통이나 타인의 심리학에 한정하여 초점을 맞추어 전개하지 않았다. ③ 가다머의 해석학은 딜타이 자연과학과 정신과학의 분리하기 이전에 놓여 있던 그것보다 더 근본적인 정신과학의 영역을 탐구하려고 시도했다. 하버마스는 『인식과 관심(*Erkenntnis und Interesse*)』(1971)에서 딜타이와 상세하게 논쟁을 시도한다. 먼저 하버마스는 이 저서에서 관심의 종류에 따라 학문을 정신과학, 자연과학, 그리고 사회과학으로 구분한다. 그는 정신과학을 역사적-해석학적 과학으로, 자연과학을 경험적-분석적 과학으로, 사회과학을 비판적으로 체계적으로 정향된 과학으로 나누어 살핀다.

첫째, 정신과학인 역사적-해석학적 과학은 가변적인 역사현실을 다루고 있지만, 자연과학을 모델로 하는 과학의식에 지배된다. 여기서는 전통적인 의미의 내용들이 초월적인 동시성으로 다루어진다. 하버마스는 체계적인 정신과학의 논리적인 근본문제는 일반적인 것(Generelle)과 개체(Individuation)를 결합(Verbindung)하는 것으로 보았다. 일반적인 것과 개체의 관계는 개체·단계·인간적-역사적 삶의 유형과 친밀성(Verwandtschaft)의 원인적 관계를 조건화시키는 것이다.[95] 딜타이는 개인과 함께 이러한 일반성의 결합과 원인적 관계를 통해 정신과학의 근본문제를 개인과 사회, 개체와 일반성과 같이 상호 밀접한 관계를 형성한다. 딜타이는 이러한 관계가 심리학이나 실증주의와의 관계에서 수행되어 왔다고 본다. ① 딜타이가 전제로 한 의식철학(Bewußtseinsphilosophie)의 토대와 관련을 맺고 있다. ② 해석학적 이해의 삶의 철학적 토대에서 전달되는 실증주의의 비판에서 드러난다. 하버마스는 사회과학을 딜타이가 주장하는 의식철학과 삶의 철학의 관점에서 확고한 입장으로 연관시킨다. 즉 삶의 과제에서 고양된 정신과학은 공동체(Gemeinsamkeit)를 향한 대상과 연관되어 있다. 딜타이에게서 공동체의 개념은 주체와 주체가 상호 주관적인 관계로 간주한다. 이러한 맥락에서 하버마스는 실용주의 철학자 퍼어스, 프로이트, 딜타이에게서 방법론적 반성을 구한다.[96] 특히 하버마스는 자연과학과 사회과학의 구별을 한다.

딜타이는 어떻게 개인의 개체(Individualitaet des Individuums)가 어떻게 그 중심에 놓일 수 있는가에 대해 묻는다. 앞장에서 살펴보았듯이, 딜타이에게서 심리적-육체적 삶의 통일체는 때때로 개인의 특징을 드러낸다. 여기서 개별적인 개인은 정신과학적이고 이념적인 것이다. 딜타이에게서 심리적-육체적 삶의 통일체는 각 개인을 통일체로서 파악함으로써 개별적인 인간이 연관으로서 구성한다는 것이다. 이는 딜타이가 강조하는 개별적인 개인은 역사적인 본질(geschichtliche Wesen)이다. 따라서 딜타이는 일반적인 관점에서 인간적·역사적인 개인(Individuation)을 총괄하고 있다는 사실이다.

95) J. Habermas, *Erkenntnis und Interesse*, Frankfurt a. M., 1971, p.232.
96) J. Habermas, *Erkenntnis und Interesse*, Frankfurt a. M., 1971, p.242.

둘째, 자연과학인 경험적-분석적 과학들은 자연적인 삶의 관점에서 법칙적인 질서를 객관적으로 묘사한다. 여기서 인간은 자연과 법칙을 발견한다. 자연과 사회현실을 지배하는 기술, 자연통제와 사회공학에 대한 기술적 관심으로서 합목적적 행위가 갖는 합리성이 그 역할을 다 한다. 즉 인식주체는 인식대상을 합목적적 행위연관에서 파악한다.

셋째, 비판적인 사회과학은 가치판단과 사실분석을 분리함으로써 객관적인 논리를 추구하고 인식을 관심에서 분리시킨다. 앞서 고찰했듯이, 사회이론의 형성에는 이해의 방법에 의한 삶의 실천에 관련되는 의미연관(Sinnzusammenhang)의 요인이 중요하게 작동한다. 이러한 의미연관의 이해를 의미이해라고 하며, 이것은 역사성을 통해 조정된다. 사회현실은 역사적 지평 위에서 접근해야 한다. 따라서 하버마스는 딜타이와 마찬가지로 사회현실을 전체사회의 한 부분으로서, 시간의 지평 위에 놓여있는 한 부분으로서 접근해 나간다. 하버마스의 이러한 구상들은 다음과 같다.

인식관심	대상학문	사회적 매개물	인간과의 관계
기술적 인식관심	경험적-분석적 과학 (자연과학)	노동 (도구적 행위)	자연
실천적 인식관심	역사-해석학적 과학 (정신과학: 문화과학, 인문과학)	언어 (상호작용)	역사
해방적 인식관심	체계-행위정향적 과학 (사회과학)	지배 (권력, 힘)	지배체계

이러한 하버마스의 구분이 반드시 학문의 구분법으로 일치하는 것은 아니다. 이러한 구분을 통해 하바마스는 동일한 언어에서 서로 의사소

통을 해야 한다고 본다. 따라서 하버마스에게서 딜타이 이해이론은 의사소통행위이론으로 새롭게 전개시켰다는 데 있다. 우리는 앞서 살펴본 가다머의 해석학의 이해에서 중심역할을 하였던 영향사적 의식에 대한 의미를 다음과 같이 부여할 수 있다.

첫째, 가다머의 영향사적 의식은 역사적 간격(historical distance)의 개념이다. 여기서 간격은 방법론적 입장을 뜻하며, 역사적 간격의 조건에서 진행된다. 즉 시간간격은 먼 곳의 가까움으로 표현된다. 현재의 관점에서 과거의 역사는 먼 곳의 역사이다. 하지만 과거의 역사를 통해 현재가 진행된다고 보았을 때, 과거의 역사는 현재를 이해하는 원동력으로 작용한다.

둘째, 가다머의 영향사적 의식의 개념은 유한성과 헤겔적인 절대적 지식을 함축한다. 여기서 유한성은 존재론에 속하며, 하이데거의 현존재의 존재론적 해석학에 영향 받았다. 이러한 영향사적 의식의 개념은 역사적 존재에서 나타난다. 헤겔이 주장하고 있듯이, 의식은 절대지식에 도달하지는 못한 존재이다. 헤겔은 역사적 존재를 지식이라는 개념보다 실체 개념에 근접해 있다고 본다. 가다머는 이러한 실체개념을 대화의 변증법에 의해 그의 보편적 해석학으로 나아갔다.[97)]

셋째, 가다머의 영향사적 의식은 이해의 역사성으로 표현된다. 역사적 이해는 우리를 단지 제약하는 상황을 말하지 않는다. 여기서 상황은 수축하기도 하고 팽창하기기도 하는 상황이다. 우리가 목격하는 풍경이 가까이에서, 멀리, 또 아주 넓게 확장될 수 있듯이, 역사적 이해도 이와 동일하다. 이때에 지평의 개념은 타자의 관점에서 자신의 방법론적 역할과 일치시켜 설명한다. 즉 지평은 타자와의 지평에서 이루어진다.

97) Paul Ricoeur. *Hermeneutics & the human sciences,* Edited & translated by John B Thompson, Cambridge University press, 1981, pp.74-75.

넷째, 가다머의 영향사적 의식은 과거와 현재를 통해 두 지평융합으로 만난다. 두 지평융합은 역사적으로 제약되어 있는 의식이지만, 타자와 자아 사이의 긴장된 관계를 변증법과정 속에서 매개역할을 한다. 이러한 지평융합은 "과거와 현재의 연속적인 이해에 의해 형성된다."[98] 이렇게 가다머의 지평융합의 개념은 현재와 과거를 이해하는 역사적 관점의 영역과 밀접한 관련을 맺었다. 따라서 지평융합은 이제껏 모든 역사의 진행과정을 포괄하는 거시적인 관점을 제공했다.

다섯째, 하버마스는 『사회과학의 논리를 위하여』(1968)라는 저서에서 가다머의 철학적 해석학의 이해개념을 통해 딜타이 이해개념을 수용한다. 이러한 것은 해석학과 함께 경험적-분석적인 절차방법, 체계적인 정신과학의 이론, 20세기의 논리학에 중요한 역할을 했다.

98) Jan Edward Garrett, "Hans-Georg Gadamer, Hans-Georg Gadamer on fusion of horizons", in: *Man and World*, vol.17, 1978, p.393.

III. 딜타이와 리쾨르: 해석학적 상징체계

1. 딜타이와의 대결

리쾨르(Paul Ricœur, 1913~2005)의 해석학적 주제의 핵심은 주체의 문제이다. 그는 『의지적인 것과 비의지적인 것』(1950), 『악의 상징』(1960), 『해석에 관하여: 프로이트에 관한 시론』(1965), 『해석의 갈등』(1969), 『텍스트에서 행위로』(1986), 『한 타자로서의 자기 자신』(1990) 등에서 주체의 물음과 씨름하였다. 즉 그는 주체의 신체적 차원, 주체의 언어적 차원, 주체의 상호 인격적 및 제도적 차원 등에 관심을 보였다. 여기서 리쾨르는 자신의 철학적 해석학적 전통을 다음과 같이 큰 줄기로서 세 가지를 지칭한다.

> 나는 내가 준거하고 있는 철학적 전통을 다음 세 줄기로 특징짓고자 한다.: 그 전통은 반성철학의 가계(家系) 속에서 존재한다.: 그 전통은 후설 현상학의 운동적 흐름 속에 머물러 있다.: 그 전통은 이 현상학의 해석학적 한 변형이 되기를 원한다.1)

여기서 리쾨르의 철학은 반성철학, 현상학, 해석학이라는 세 가지의 철학적 전통을 따랐다. 그는 이러한 철학의 독립적인 문제들을 반성철학에서 제기되고 있는 현상학과 해석학을 통해서 자기이해의 문제를 철학의 중심주제로 다루었다.

---

1) Paul Ricoeur, 『텍스트에서 행위로(Du texte à l'action)』, Paris: Seuil, 1986, p.25.

"기호들, 상징들 그리고 텍스트들에 의해 매개되지 않은 자기 이해란 없다. 자기이해란 매개체들에 의해 가해진 해석과 함께 일어난다."[2]

그는 후설의 현상학에서 새로운 방향으로 전향하고자 하였다. 즉 그는 현상학으로부터 철학적 해석학의 길을 추구한다. 리쾨르는 인간 의지현상에 대한 후설의 기술현상학에 대한 한계를 극복하고자 한다. 그는 후설이 현상학적 방법으로부터 의식의 지향성의 개념과 현상학적 환원을 수용한다. 하지만 후설이 시도한 것처럼 현상학을 존재론으로 전개하는 것은 현상학 본래의 목적에 부적절하다고 거부한다.[3]

딜타이, 베버, 그리고 넓은 의미의 사회학적 모든 경향의 장점은 객관주의적 환원주의, 사회적인 것의 사물화, 대상화를 피한 것이다. 리쾨르의 근심은 이해의 장에서 설명을 어떻게 다시 도입할 것인가에 있다. 리쾨르는 이 두 가지 접근방식이 대립적이고, 전혀 다른 성질의 두 가지 인식론을 보여 주고 있지 않다고 생각한다. 단지 이러한 접근방식은 보완이 필요할 뿐이다. 리쾨르는 다음과 같이 말한다.

우선 나는 인식론의 차원에서 설명적 방법과 이해의 방법, 두 가지 방법이 있다고 말하지 않을 것이다. 엄밀히 말해 설명만이 방법적이다. 이해는 해석의 과정에서 설명의 방법적 용인과 결합되는 비방법적 요인이다. 이 요인이 설명을 선행하고, 동반하며, 종료시키고, 그리고 감싼다. 역으로 설명은 분석적으로 이해를 전개시킨다.[4]

위 인용문에서 보듯이, 리쾨르에게 설명하는 것과 이해하는 것의 변

---

2) Paul Ricoeur, 앞의 책, p.29.

3) David E. klemm, *The Hermeneutical Theory of Paul Ricoeur* (Toronto: Associated University press, 1974, p.223.

4) 리쾨르, 『텍스트로부터 행동으로』, p.181, 프랑스아 도스, 『폴 리쾨르』, 김지혜 옮김, 동문선, 2005, p.384 재인용.

증법이 주체의 적절성을 거부하지 않게 한다. 그런데 주체는 구조주의 속에서 자신에게 다가갈 수 없는 막힌 주체, 또는 단순히 주체없는 소송의 취소로 환원된다. 주지하듯이, 딜타이는 자연은 설명하지만 정신과학의 역사는 이해한다는 방법론을 체계적으로 정립했다. 즉 딜타이는 가설로 추론한 인과관계를 중시하는 자연과학적 설명과 낯선 것을 내 것으로 만드는 의미연관을 추구하는 정신과학적 이해를 구분했다. 딜타이 정신과학 이론을 잘 이해한 블노오(Otto Friedrich Bollnow)는 설명과 이해라는 두 가지 방법이 모든 학문적인 수행에서 함께 작용해야 한다고 생각했다. 그는 두 방법이 함께 작용할 경우에는 이해에 우선권을 두어 이해를 근원적인 것이라 말한다. 그래서 이해가 한계에 부딪힐 경우에는 설명으로 채워나가야 한다고 생각했다.[5]

딜타이의 해석학적 의도는 단지 텍스트를 설명하는 수준에서 역사적 이해의 수준으로 넘어간다. 딜타이는 정신과학에 인식론적 위상을 부여하고자 했다. 사실상 역사적 이해는 정신과학에서 가장 첨예한 주제이다. 그리고 그는 자연과학의 범위에 속하는 설명을 정신과학에 속하는 이해와 대립시킨다. "정신과학은 체험, 표현, 그리고 이해의 관계를 바탕으로 한다."[6] 딜타이는 자연과학과에 비해 특수한 정신과학의 인식론적 구성 계획을 다시 취했다.[7] 언어학적 모델은 구조주의시기에 인문과학의 중심에 자리 잡고, 설명을 근간으로 하는 자연과학과 원동력을 이해의 영역에서 찾는 인문과학 사이에 딜타이에 의해 세워진 구분을 다시 문제 삼는다.

딜타이는 개별과학을 단순히 뛰어넘는 것이 아니라, 존재론으로부

5) Otto Friedrich Bollnow, *Studien zur Hermeneutik,* Band, II, Freiburg /München, 1983, p.123.
6) 빌헬름 딜타이, 정신과학 내에서의 역사적 세계의 건립, 1988, p.86. 프랑스아 도스, 『폴 리쾨르』, 김지혜 옮김, 동문선, 2005, p.440.
7) 빌헬름 딜타이, 위의 책, p.86, 프랑스아 도스, 『폴 리쾨르』, p.382.

터 개별과학을 추구하고자 한다.[8] 하이데거는 현존재의 직접적인 존재 이해로부터 현존재를 밝혀냈다. 이와 달리 리쾨르에게서 인간의 존재를 직접 이해하는 것은 불가능한 것으로 파악하고, 객관적으로 표현된 언어를 통해 인간존재를 보고자 했다. 하이데거의 이해는 현존재의 존재방식이다. 즉 현존재 자신이 존재 가능하고 이해하는 것이다. 자신의 존재 가능성에 대한 기투가 곧 자기 존재의 의미를 이해가능하게 한다. 이런 점에서 이해로부터 존재론적 해석이 가능하게 된다. 그렇지만 리쾨르는 이러한 하이데거의 시도를 지나친 비약이라 본다. 리쾨르에게서 하이데거 해석학의 수용은 의식을 더 이상 기원으로 보는 것이 아니라 과제로 설정한다. 즉 현상학이 추구하는 명료한 의식은 사실상 명료한 것이 아니라 욕망의 투사일 뿐이며 거짓일 뿐이다. 명료한 의식이 가져다 준 것에 대해 더 이상 의식에 의존해 있지 않고 해석을 통해 의미를 얻는 것이다.[9]

리쾨르는 하이데거와 가다머의 방향을 추구하면서 형상적 · 실존주의적 현상학을 뛰어 넘어서 해석학적 현상학으로 나아갔다. 특히 그는 기호가 지니는 있는 선재성을 강조하였다. 이러한 강조를 통해 현상학이 한계에 부딪힌 곳, 즉 본질 직관에 이별을 고(告)하고 기호의 해석이 시작되는 곳에서 일반해석학을 전개시켰다. 그래서 리쾨르의 해석학은 가다머와 다르게 현상학으로부터 철학적 해석학의 길을 수행한다. 그는 프로이트의 저술과 구조주의를 철학적으로 해석하고 딜타이에게서 삶의 객관화 개념을 통찰하고, 미쉬와 립스의 언어 분석적인 주제들을 해명하고자 했다. 따라서 리쾨르는 해석학을 통해 현상학적 의식의 한계와 장애를 날카롭고 예리하게 파헤쳤다. 즉, 현상학은 무의식과 초

8) 한스 인아이헨, 앞의 책, pp.244-245.
9) 정기철, 『해석학과 학문과의 대화』, 문예출판사, 2004, p.219.

의식의 세계에 대한 반성이다. 리쾨르는 숨겨졌고 억압된 기호적 의미화를 통해 해석학적 우회가 직관적 의식의 직접성을 향해 나아간다고 보았다. 그런데 이것을 넘어서는 것은 선택이 아니라 필연적인 문제라 주장한다.

2. 상징의 해석학

리쾨르의 초·중기 철학에서 가장 많이 등장하는 개념은 상징이다. 『악의 상징』(1960)에서부터 『해석에 관하여』(1965): 프로이트의 시론』을 거쳐 『해석의 갈등』(1969)에 이르기까지 상징과의 대화라 말해도 과언이 아니다. 리쾨르는 상징을 이미지적 상징이나 사물적 상징으로 확장하지 않고 신화나 종교적 고백이나 시, 그리고 정신분석의 대상이 되는 꿈의 언어들에 등장하는 언어적 상징으로 제한한다. 1980년대에 리쾨르는 상징해석학을 인간의 행위나 역사라 보고, 광범위한 텍스트 해석학으로 확장시킨다.

서두에서 언급했듯이, 리쾨르는 주체의 문제를 하이데거의 『존재와 시간』에서 "나는 생각한다."라는 언명에 대한 주체의 행위로써 데카르트적 사유를 비판한다. 즉 그는 데카르트의 코기토에 의문을 품고 문제를 제기한다. 그래서 코기토에 복합적으로 만들 수 있는 것을 호의적으로 수용한다.[10] 그리고 그는 현존재의 실존개념을 포함하는 "나는 있다(je suis)"의 해석학을 전개한다. 리쾨르는 "나는 있다"의 해석학만이 비판적 반성철학의 도움으로 관념론적, 유아론적 사유를 극복할 수 있다

10) 프랑스아 도스, 『폴 리쾨르』, 동문선, 이봉지 외 옮김, 2005, p.383.

고 파악한다.[11)]

> "상징은 코기토가 존재 안에 있는 것이지, 그 반대가 아니라는 생각을 불러일으킨다."[12)]

그의 저작들은 상징을 생각해 내기 위한 공통된 계획을 갖고 있다. 이러한 일반 해석학의 근저에는 "**상징은 생각을 불러일으킨다**"[13)]라는 리쾨르의 유명한 주장이 놓여있다.

> "상징은 생각을 불러일으킨다. 나의 흥미를 끄는 이 경구는 두 가지 사항을 말한다. 상징을 부여한다. 내가 의미를 부여하는 것이 아니라 상징이 의미를 부여한다. 그러나 상징이 부여하는 것은 생각할 그 무엇이다. 먼저 의미를 부여하고 그런 다음에 판단한다. 그러므로 이 구절은 이미 수수께끼의 형태로 모든 것이 말해졌고 생각의 차원에서 다시 시작되어야 한다는 사실을 제안한다. 내가 이해하고자 하는 것은 바로 기호와 사고의 영역에서 이러한 사상을 명료하게 하는 것이다."[14)]

여기서 보여 주듯이, 상징해석의 첫 번째 과제는 상징이 의미를 부여해줌으로써 우리가 의식적으로 창조하지 않더라도 부여되는 의미에 생각이 떠오르도록 기다리라는 것이다.

그러면 리쾨르가 주장하는 상징이란 무엇인가? 상징은 일종의 언어적 기호이다. 그는 상징이란 일차적 의미가 그 자체를 넘어서 직접적으로 주어지지 않는 다른 이차적 의미를 지시하는 이중적 의미의 표현이

---

11) 김종걸, 『리꾀르의 해석학적 철학』, 한들 출판사, 2003, p.58.
12) 폴 리꾀르, 양명수 옮김, 『악의 상징』, 문학과 지성사, 1994, p.329.
13) 리처드 커니, 앞의 책, p.128.
14) Paul Ricoeur, ed. by D. Ihde, *The Conflict of Interpretations -Essays in Hermeneutics I*, Evanston; Northwestern Univ. Press, 1974, p.288.

라 말한다. 이러한 상징은 기본적으로 일차적이고 문자적이며 명백한 의미로서 일차적 의미를 가진 언어이다. 다시 말해 일차적 의미에 거주하는 이차적 의미를 가진 언어 기호이자 이러한 일차적 의미를 통해 이차적 의미가 관련되는 언어기호를 리쾨르는 상징개념이라 정의한다.[15] 우리는 하나의 유일한 의미의 세계에서 살고 있는 것이 아니라 다의적 의미의 세계에서 살아가고 있다. 이런 점에서 일차적 경험의 삶의 세계는 직접 체험의 현실세계에서 이차적 경험의 상징세계, 곧 초시간적이고 초공간적 세계에로 나아가야 한다. 즉 상징 언어는 다의적이고 불투명하며, 신화적이고, 원초적인 언어이다. 다시 말해 상징은 실존적이고 구체적이고 애매해서 일의성을 상실하고 있다는 사실 때문에 해석학적으로 반성되어야 한다. 따라서 리쾨르는 상징 언어의 해석을 해석학이라 정의한다.[16]

상징 언어들에 대한 해석의 중간단계를 거쳐야만 비로소 존재론적 이해가 가능하다. 역사와 문화에서 주어지는 기호에 대한 해석과 기호의 의미에 대한 사유로부터 자기존재를 인식하게 된다. 상징 언어를 통해 자기존재를 드러내는 것, 특히 신 앞에선 인간 존재의 유한성을 나타내려는 것이 리쾨르의 구도이다. 그는 초월로서의 신 앞에 선 인간의 존재를 단적으로 드러내는 것이 악에 대한 상징으로서의 언어라고 파악한다. 그리고 그 상징 언어에 대한 분석에서 인간 존재를 드러낸다. 악이란 바로 올바른 의지의 사용이 아닌 본래적이지 않은 의지의 사용에서 유래한다. 이러한 본래적이지 않은 의지의 사용, 또한 본래적인 의지의 필연적인 좌절은 온전한 의지에 대한 갈망을 함축해서 드러낸다. 리

15) Paul Ricoeur, *De l'interprétation essai sur Freud*, paris, seuil, p.39: 윤성우, 『해석의 갈등』, 살림, 2005, p.95 재인용.

16) 김종걸, 앞의 책, p.81.

쾨르의 악의 상징에 대한 해석은 내용 자체가 해석학을 요구한다. 본래적이지 않은 것을 보여 주는 것이 해석학적이다. 또한 온전한 의지가 신에게만 가능하다고 보게 되면 신학적인 것이 된다. 그는 신학적인 철학을 추구했다. 언어해석의 주요문제는 ① 왜 해석학이 필요하며, ② 어떻게 해석이 가능한지, ③ 해석이 가능하다면 그 해석이 올바른 것인지에 대한 것이다. 하이데거는 해석학을 존재론으로 ①, ②를 다루었다. ③은 존재론으로 유용한 해석을 선별하기만 하면 된다. 그러나 리쾨르는 가능한 해석학 방법들 사이에서 어떤 해석학이 올바른 것인지에 대해 심사숙고한다. 여기서 해석학 가능성들은 통일되어 있어야 하며, 그 통일은 신비에 싸여 있다고 말한다. 알 수 없고 불명확한 신비로운 통일은 인간 존재의 유한성에 부합하는 증거이다.

지금까지의 해석학은 존재론적 적용을 제외한 텍스트의 이해와 해석 또는 일반적인 의미형성체의 이해와 해석론으로 파악해 왔다. 리쾨르는 앞에서 언급하였듯이, 언어의 다의적인 의미의 구조물을 상징이라 불렀다. 이에 부응하여 해석은 상징과 관련된다: "해석한다는 것은 직접적인 의미 속에 숨겨져 있는 의미를 드러내는 데 기인한다. 상징개념의 이와 같은 규정에는 리쾨르의 특수한 관심이 암시되고 있다. 시작(Dichtung)과 시학(Poetik) 그리고 수사학에서 알려져 있는 은유와 비유의 형태들은 꿈의 이야기와 전설 그리고 신화에 대한 상징이기도 하다.[17] 리쾨르는 무의식이 정신분석학자에 의해 어떻게 읽히는지를 탐구하고, 증후의 읽기가 무엇인지 이해하려고 애쓴다. 이 세 가지 영감의 원천은 "자신이 되기 위한 안내자"로서 평가한다. 이때의 상징은 종교적 현상학에서 수용될 수 있는 우주적 기능과 연결된다. 해석학적 순환은

17) 인아이헨, 문성화 옮김, 앞의 책, pp.244-245. 리쾨르는 상징적 표현에 대한 발전과정을 구분 지었다. 상징의 세 가지 차원, 즉 우주적 차원, 정신적 차원, 시적인 차원은 모두 상징 안에 들어 있다고 보았다.

발견의 수단으로 정의된다: “나는 나 자신의 신성성을 세계의 신성성으로 해석하면서 찾는다.” 여기서 상징의 의미는 두 가지를 함축한다. 하나는 의미가 상징의 영역에 접근하는 사람에게 주어진다는 것이다. 다른 하나는 주어진 것은 생각하는 것이다. “모든 것이 수수께끼로 말해졌다. 하지만 생각하는 영역에서 모든 것을 언제나 시작한다는 것을 의미한다.” 리쾨르는 상징의 해석학에서 이중적 표현으로 주어진 상징의 모호함을 해석하는 것이 해석학의 소명이라 정의한다. 기호와는 다소 다르게 상징은 이중의 지향성을 가진다. 상징은 글자 그대로의 첫 번째 의미를 지향하고, 두 번째 지향성과 연결된다. 마지막 의미는 그 이전의 의미들을 보존하기 때문에 시간을 통한 의미의 분절이 나타난다. 즉 악의 상징과 관련하여 타락에서 죄로, 그리고 죄로부터 죄의식의 전이(轉移)가 그러한 경우이다. “상징적 기호는 불투명하다. 첫 번째 글자 그대로의 명백한 의미가 유추적으로 두 번째 의미를 지향하기 때문이다. 여기서 상징의 깊이와 신비가 드러난다. 리쾨르는 상징의 중요성을 위한 수단으로서 성스러움의 망각을 통해 특징 지워진 현대성에 대응하는 것으로 사용한다. 언어에 내재하는 모순은 상징이 우리에게 주는 언어의 충만함에서 언어의 창조성을 재충전한다.[18]

리쾨르에게 있어서 상징에 의한 우회는 즉각적인 해석을 가능하게 하는 투명한 의미의 회귀가 아니다. 그가 부딪히는 문제는 바로 우회적으로 설명하는 그 이전의 해석을 피하는 것이다. “나는 창조적 해석의 길인 또 다른 길을 찾고자 한다.” 리쾨르는 상징이 갖는 새로운 의미를 세 단계로 나눈다. 첫 번째는 이미 익숙한 방법이다. 즉 상징을 동질의 전체 속에 포함시킨다. 인식의 주체가 자리 잡지 않으면, 상징적 의미를

18) 프랑스아 도스, 이봉지 외 옮김, 『폴 리쾨르-삶의 의미들』, 동문선, 2005, pp.348-349.

어떻게 처리할 수 없다. 그래서 두 번째 해석학적 순환의 수준으로 넘어간다. 해석학적 순환에 의하면, "믿기 위해서는 이해해야 하고, 이해하기 위해서는 믿어야 한다." 여기서 리쾨르가 **제2의 소박성**이라 부르는 불트만의 탈신화화(demthologization)의 기획이 나타난다.: "상징은 사유가 존재 안에 있는 것이지 그 반대가 아니라는 생각을 불러일으킨다. 제2의 소박성이란 제2의 코페르니쿠스적 혁명이 될 것이다. 사유를 통해 존재가 제기되며 상징에서도 존재가 사유를 부르는 것이다. 죄과의 상징들(돌아감, 방향, 포로됨), 신화들(혼돈신화, 눈멂의 신화, 혼합신화, 타락 신화)은 모두 세계 안에 있는 존재의 상황을 말한다."19)

세 번째 단계는 미토스의 과정이후 상징으로부터 로고스에로 변형되어 되돌아온다. 상징은 자아의식의 자아도취적 단계에서 위험한 마법으로 풀 수 있고, 혼자만의 위치에서 코기토를 깨뜨릴 수 있다. 상징은 인간을 전체 속에 다시 위치시킨다. "상징은 코기토가 존재의 내면에 있는 것이지 그 반대가 아니라 생각하게 된다." 상징은 인간에게 의미의 후광이 된다. 상징의 이러한 재평가는 상징의 또 다른 형태인 신화연구에 대한 각별한 관심으로 가능하다. 신화는 유사의 의미 속에서 상징이 갖는 극단성과 자발성을 공유하지 못한다. 신화는 이야기와 시간성의 매개를 전제한다. 추방은 인간소외의 원초적 상징이다. 반면에 천국에서 아담과 이브의 추방이야기는 신화적 이야기이다. 신화적 구조가 부산물인 데 비해 상징의 기능은 더욱 근본적이다. 신화보다는 상징에 더 많은 의미부여가 있다. 그러므로 상징은 인간조건의 수수께끼, 악의 수수께끼, 세계의 시작에 대한 수수께끼를 생각하게 한다. 악의 근원이 선과 악, 신들 사이의 갈등에 원인이 있는 것이 아니라 인간의 자유 속

19) Paul Ricoeur, *The Symbplism of Interpretation*, p.356.

에 위치한다는 의미에서 그러하다.[20]

왜 리쾨르는 성서에 없는 원죄론에 대한 논쟁점을 다루면서 원죄의 의미를 설명하였는가? 그것은 교회가 원죄라는 교리를 통해서 얻고자 했던 뜻을 찾고 싶었기 때문이다. 그에 따르면, 원죄란 죄의 고백 속에 들어 있는 무엇을 드러내는 합리적인 상징이다. 그는 상징을 신화적 상징(타락, 길 잃음)과 합리적 상징(신플라톤주의, 영지주의, 교부)으로 나눈다. 리쾨르는 원죄의 개념을 의지의 산물이라 본다. 이것은 인간의 책임과 생물학적 유전을 말해야 한다고 보았다. 다시 말해 죄의 근원을 의지로 보기 때문에 우리는 인간의 의지를 넘어선 원죄를 말할 수 있고 동시에 인간의 책임을 말할 수 있게 된다.

리쾨르는 원죄설을 다음의 세 가지로서 말한다. 첫째, 원죄설은 죄의 고백을 가능하게 한 신화론에 근거해서 설명해야 한다. 둘째, 원죄설은 우리에게서 시작되었기 때문에 인간의 죄의 책임을 말한다. 셋째, 원죄설은 로마서 5장 20절에서 보듯이, 구원론과 분리되어 논의될 수 없다.[21] 리쾨르는 원죄를 상징 기능과 관련해서 기술한다. 그는 신화를 문자 그대로 받아들이지 않고 상징으로 이해한다. 또한 그는 신화를 합리적으로 설명하려고 시도하지 않는다. 따라서 그는 신화를 역사적 사실로 받아들이는 근본주의와 신화에서 도덕을 찾으려는 합리주의 사이에서 상징 해석학을 추구한다. 이런 점에서 그의 상징 해석학은 신화를 중요시한다. 이유는 신화는 어떤 경험, 곧 신화가 아니었으면 그 경험이 생기자마자 사라져 버렸을 어떤 것에 대해 신화를 통해 표현되는 어떤 경험을 드러내고 있다고 보기 때문이다.[22] 그는 『악의 상징』에서 의지

20) 프랑스아 도스, 이봉지 외 옮김, 앞의 책, pp.349-350.

21) 정기철, 『해석학과 학문과의 대화』, 문예출판사, 2004, p.215.

22) 정기철, 앞의 책, pp.218-219.

현상을 더 이상 비의지적인 측면의 상호성 속에서 다루는 것을 포기한다. 그리고 그는 악에 물든 인간의지의 표현물들, 즉 성경의 고백언어들, 구약의 아담신화, 그리스 비극신화에 대한 해석학적 작업을 본격적으로 다룬다. 이런 언어적 표현들을 그는 상징이라 부르고, 그 상징의 의미를 해석하는 방법과 규칙을 다루는 분과를 해석학이라 규정한다. 이런 상징 해석학은 '상징은 사유를 불러 일으킨다'라는 경구로 단적으로 표현한다. 이 말은 세계-언어-의미-주체 사이의 관계에 대한 결정적인 입장을 담고 있다는 의미이다.[23] 상징은 도대체 무엇을 사유하게 하느냐고 묻는 것 속에서 그 해석을 밝혀내야 한다. 즉 상징은 상징 속에 얽혀 있는 의미의 실타래를 풀고 그 속에 내재하고 있는 의미의 주름을 펴는 작업의 해석이다.[24] 리쾨르의 1950년부터 1960년까지의 해석학적 중요시점들은 상징 → 담화(은유) → 텍스트(이야기)의 순서로 진행시켰다.

3. 딜타이와 텍스트 해석학

리쾨르는 상징해석학이 너무 협소하다고 보고, 1970년대 이후부터 텍스트 해석학으로 관심을 돌린다. 즉 리쾨르는 텍스트 해석학을 통해 상징해석학을 일반화시켰다. 상징은 그것이 속한 맥락에 의해 다의성을 제대로 파악해야 한다. 반면에 텍스트 해석학은 다소 포괄적이다. 리쾨르가 보기에 텍스트 해석학이 인식론적(딜타이)이면서 존재론(하이데거)적이다. 리쾨르는 해석학적 텍스트의 모델을 확립하면서 원래의 해석

23) 윤성우, 『폴 리쾨르의 철학』, 철학과 현실사, 2004, p.49.
24) 윤성우, 앞의 책, p.50.

학 자체를 수정할 것을 요구한다. 리쾨르는 슐라이어마허의 보편적 해석학, 딜타이의 정신과학과 자연과학의 구분, 하이데거의 실존론적 존재론을 따르면서 이제까지의 해석학이 성서주석이라는 특수한 분과학문에 제한되지 않는다고 주장한다. 즉 여러 의미의 현상은 신학뿐만 아니라 모든 언어의 기본적인 특징이라는 것이다. 텍스트해석학의 기원자는 딜타이로부터 거슬러 올라간다. 딜타이는 삶을 문자로 표현한 것을 해석해야 한다고 본다. 즉 문자로 표현한 것을 텍스트로 정의한다면, 텍스트해석학의 선봉자는 딜타이이다. 한편에서는 딜타이보다 슐라이어마허의 문헌해석학을 기원으로 보기도 한다. 그러나 리쾨르는 구조주의를 해석학에 수용한 이후에 텍스트 해석학에 집중했다.[25] 즉 리쾨르는 "해석학은 텍스트의 해석과 관련된 이해작용"[26]이라 말한다. 이는 자연은 설명하고 정신은 이해한다(GS, V, 144)는 딜타이의 이분법적 해석학을 극복하고, "더 잘 설명하는 것이 더 잘 이해하는 것[27]이라는 변증법적 해석학을 추구한다.

리쾨르에 따르면, 딜타이가 파악한 텍스트 이해를 텍스트에서 표현되는 타자의 이해의 법칙 아래 위치시키는 해석학의 아포리아를 잘 나타내고 있다. 만일 딜타이가 기획한 근본이 심리학적이라면, 이는 기획이 해석하려는 궁극적인 대상이 텍스트가 말하는 것이 아니라 텍스트에서 표현되는 사람이기 때문이다. 이때 해석학의 대상은 텍스트, 텍스트의 의미, 텍스트의 지시에서 벗어나서 텍스트에서 표현되는 체험으로 끊임없이 이동된다.[28] 텍스트에는 의미와 지시가 있다. 텍스트가 지

25) 정기철, 『리꾀르의 철학』, 시와 진실, 2016, p.33.
26) 정기철, 앞의 책, p.234.
27) 정기철, 앞의 책, p.234.
28) 폴 리꾀르, 박병수·남기영 편역, 『텍스트에서 행동으로』, 아카넷, 2004, p.95.

시하는 세계는 텍스트 앞의 세계다. 따라서 해석학은 우리가 언어를 사용할 때 마치 문자 그대로 하나의 명백한 의미를 가지고 있는 것처럼 해석하는 것이 아니라, 비유 · 표정 · 은유 · 신화 · 유비에 의해서 구상적으로 이미 세계를 해석하고 있다는 것을 인정하는 보편적 철학의 수준으로 끌어 올리고자 한다. 이러한 방식으로 철학적 해석학은 텍스트 해석이라는 기술의 문제를 언어일반이라는 일반적 문제와 결부된다.[29] 따라서 리쾨르는 딜타이에게서 세 가지텍스트의 내적 구조에 대한 특별한 관심을 발견한다. 그에게서 텍스트는 언어학의 전환기에 이루어진 연구와 반항을 독자로부터 독립된 실체이다. 딜타이는 세 가지 차원의 시간성에 각인된 삶의 의미라는 개념을 일반화한다. 세 가지 차원의 시간성은 과거의 흔적으로부터 퇴적된 의미의 차원, 현재의 가치차원, 그리고 목표, 미래의 차원이 그것이다. 보편적 역사와 밀접하게 연결된 이해는 타자의 우회를 통해서만 의미를 갖는다. "나를 이해하는 것, 그것은 모든 인간들에게 기표가 된 것을 담고 있는 커다란 기억력을 통한 우회, 가장 커다란 우회를 하는 것이다."[30]

텍스트란 도대체 무엇을 말하는가? 리쾨르에게 있어서 텍스트는 무엇보다 구조화된 작품이다. 텍스트는 문자로 고정된 것이고, 그 고정된 것의 통일은 문장들로 형성된다. 텍스트는 글쓰기에 의해 고정된 모든 종류의 담화이다. 즉 글쓰기에 의해 고정되는 것이 텍스트의 한 구성요소가 된다.[31] 언어적 통일로서의 텍스트는 체험된 시간성과 이야기 행위 사이의 고유한 매개자이다. 이러한 이야기 행위를 통해서 우리자신을 이해하게 된다. 그리고 우리자신은 상상의 세계를 통해 이해하게 된

29) 리처드 커니, 앞의 책, p.135.
30) 폴 리꾀르, 『텍스트에서 행동으로』, p.161.
31) 폴 리꾀르, 『텍스트에서 행동으로』, p.160.

다.[32] 텍스트의 세계와 독자의 세계는 가다머의 지평융합의 개념에 가깝게 다가간다.

앞장에서 고찰했듯이, 가다머의 지평융합이란 "현재와 전승과의 역사적 자기매개의 과제"이다. 현재의 지평은 과거 없이는 형성될 수 없다. 현재의 과거와의 실제적 융합은 텍스트와 해석자를 매개하는 해석 지평 속에서 일어난다. 지평융합은 작품수용의 역사와 변증법적으로 연결되어 있는 영향사에 의해 수행된다. 가다머는 영향사적 의식의 과제를 지평융합을 통제하는 것으로 보았다. 이에 대해 리쾨르는 "영향사는 우리가 없이도 일어나는 것이지만, 지평융합은 우리가 도달하려고 추구하는 것이다."[33]라고 말한다.

리쾨르의 텍스트 해석은 어떤 의미에서 포괄적이며 인식론적이고 존재론적인지를 소격화(疏隔化, Verfremdung)와 친숙화(appropriation)라는 개념에서 살펴볼 수 있다. 소격화는 첫째, 텍스트를 통해서 말해진 것 사이의 괴리, 둘째, 저자와 텍스트 사이의 분리, 셋째, 저자와 독자 사이의 간격을 메울 수 없다는 것을 말한다. 리쾨르는 소격화의 문제를 다루기 위해 말과 글을 포함시켜 더 근원적 개념의 담론을 제시한다. 담론은 현재이다. 기호로서의 언어는 의사소통의 전제조건이지만, 담론은 의사소통이 실제로 이루어지는 영역이다. 사건으로서의 담론이 의미부여에 의해 작품으로 될 때, 소격화가 일어난다. 여기서 저자/텍스트/독자의 관계가 문제시된다. 첫 번째는 이제까지 개별적인 작품을 해석하면서 저자를 더 잘 알기 위해 저자가 쓴 다른 작품들을 이해하고자 하였다. 리쾨르에게서 저자의 작품은 다분히 개별적이라는 데 있다. 따라서 작품의 문체 속에서 그 작품과 저자의 개별성을 이해하려는 시도가 필요

---

32) 정기철, 앞의 책, p.304.

33) Paul Ricoeur, *Temp et Recit III*, p.120.

하다. 둘째, 말하는 주체인 저자와 말함에 의해 생겨난 텍스트도 서로 독립적이라는 의미에서 소격화다. 저자가 어떤 의미를 텍스트에 부여했는지가 아니라 독자가 어떻게 해석을 했는지가 더 중요하게 된다. 셋째는 저자와 독자 사이에도 소격화가 일어난다. 구어담론에서 말하는 자와 듣는 자에게 대화의 상황이 공통적이지만, 쓰고 읽는 관계의 작품에서는 그 상황이 다르다. 더 이상 저자와 독자 사이에 진정한 의미에 있어서 공통된 상황은 없다. 명시적 특징이 있는 기준이 폐기됨으로써 텍스트의 고유한 세계가 구성된다. 이러한 소격화에 의해 일차적인 지시연관이 파괴되고, 이차적인 지시연관이 산출된다. 즉, 일상적인 문자의 세계가 파괴되고 하이데거가 말하는 세계-내-존재의 영역이 드러난다. 따라서 텍스트에 대한 해석은 곧 내가 살고 있는 세계가 된다. 이에 반해 텍스트를 읽으면서 자기 존재를 의해하는 것을 친숙화라 부른다.

> "친숙화라는 개념은 반성을 진행시키는 원초적 상황이 망각이라는 사실을 나타낸다. 나는 세계 안의 대상들 가운데서 길을 잃고, 내가 모든 다른 사람들로부터 분리되어 있듯이, 나 자신의 현존의 중심으로부터 분리되어 있다. 이러한 분리, 분산의 비밀이 무엇이든지 간에 그 모든 것은 본래 내가 나의 그것을 소유하고 있지 않다는 사실을 나타낸다. (…) 반성은 나의 구체적 경험들을 "나는 존재한다"는 확신과 동일시 하는 과제이다. (…) 자아의 정립은 주어져 있는 것이 아니다. 그것은 하나의 과제이다. 즉 그것은 주어져 있지 않고 과제로 부과되어 있다.34)"

친숙화란 텍스트에 의한 소격화와 변증법적으로 결합되어 있다. 전유는 동화, 동질성을 의미하지 않는다. 전유는 저자의 의도를 추체험하거나 가다머가 언급한 영향사적 의식의 선입견에 방해받지 않고 오히

34) Paul Ricoeur, ed. by D. Ihde, *The Conflict of Interpretations -Essays in Hermeneutics I*, Evanston; Northwestern Univ. Press, 1974, pp.328-329.

려 소격화에 의한 이해나 소격화 자체의 이해를 의미한다. 존재론을 인식론적으로 소격화하려고 노력한 것으로 보인다.

해석학의 영역은 모호하거나 여러 의미를 가지고 있는 표현을 해독하는 것이라 말할 수 있다. 해석은 상징의 상상적 관계로서 숨겨진 의미를 해독하는 것과 문자적 의미에서 암시된 의미를 밝혀내는 데에 있다. 상징적 표현에서 숨겨진 의미는 다양한 방법으로 해석될 수 있다. 예를 들어 니체는 힘에의 의지를 강하게 하거나 약하게 하는 것으로서, 프로이트는 억압된 무의식적인 원초적 욕망을 변환시키는 것으로서, 마르크스주의자들은 계급지배를 은폐하는 이데올로기적 허위로 보았다. 이러한 모든 해석학적 양식에서 공통되는 특징은 그 기능이 감추면서도 보여주고 있는 여러 의미로 구성된 어떤 것이 있다는 것이다. 여기서 결론이 모순된다고 할지라도, 은유·환유·직유 등의 언어적 표현을 통해서 어떤 단계에서 다른 단계로 상징적 의미를 치환할 수 있음을 리쾨르는 보여 주었다.[35] 해석학의 과제는 텍스트의 사물을 알아내는 것이지(가다머), 저자의 심리를 알아내는 것이 아니다. 명제에서 지시가 의미하는 것과 마찬가지로, 텍스트의 사물은 텍스트의 구조에 있다(프레게). 명제에서는 우리가 명제의 주장이나 명제의 진리치를 질문하는 것과 마찬가지로 텍스트에서 우리는 내적인 구조, 즉 텍스트가 활용한 코드들의 교차에서 생겨난 의존관계들의 내적 체계에 머물러 있지 않는다.[36]

리쾨르는 자신의 해석학을 딜타이처럼, 이해 아니면 설명의 양자택일이 아니라는 것이다. 그는 해석학에서 설명을 배제하는 방식은 잘못된 방향이라 간주한다. 오히려 그는 “더 많이 설명할수록 더 잘 이해한

35) 리처드 커니, 앞의 책, p.138.

36) 폴 리쾨르, 박영수·남기영 편역, 『텍스트에서 행동으로』, 아카넷, 2004, p.52.

다.”고 말한다. “설명 이해”라는 부제에서 테스트에 설명의 단계를 거쳐야만 확보된 텍스트의 의미론적 자율성이 더욱 온전하게 저자의 주관성으로 지켜진다. 따라서 그의 텍스트의 해석은 “설명이냐 아니면 이해냐”의 문제가 아니라 “설명이면서 동시에 이해”의 대상이 되어야 한다는 것이다.[37] 요컨대 텍스트 해석에서 거쳐야 할 단계인 설명은 언어학적 인식모델에 근거한 “구조적 설명”이며 텍스트의 구조를 통해 설명하는 것이다.

4. 행위의 해석학

리쾨르는 딜타이, 베버 그리고 넓은 의미의 사회학의 장점은 객관주의적 환원주의, 사회학적인 것의 사물화, 사회적인 것의 대상화를 멀리하는 데 있었다. 리쾨르는 이해의 장에 베버의 『이해사회학』에서처럼 설명을 다시 도입하는 것이다. 그는 이 두 가지 접근방식이 대립적이고, 전혀 다른 성질의 인식론이라 생각하지 않는다. 그는 정반대로 이 두 가지 필요성 사이에는 보완성을 갖고 있다는 것이다.[38] 즉, 리쾨르는 이야기를 인간세계를 열어주는 하나의 행위로 간주한다. 이때의 행위는 물리적 움직임이나 심리, 신체적 행동을 지칭하지 않는다. 행위는 결코 움직임의 종합이 아니며, 행위들은 목적을 함축하며 동기들을 지시한다. 여기서 리쾨르는 사회학자 막스 베버가 『이해사회학』에서 언급한 “행위개념”[39]을 주시한다.

---

37) 윤성우, 『폴 리쾨르의 철학』, 철학과 현실사, 2004, pp.105-106.

38) 폴 리쾨르, 『폴 리쾨르』, 동문선, 2005, p.384.

39) 딜타이와 막스 베버의 행위개념에 자세한 내용은 다음을 참조: 양해림, 「이해와 설명의 방법-딜타이와

개인에게 의미 있을 뿐만 아니라 타자를 행하는 모든 행위는 이해사회학의 관할에 속한다. 타자를 향하는 행위는 대화의 관계와는 다를 수 있다. 중요한 사실은 개인의 행위가 어떤 방식으로든지 다른 행위자의 행동을 참조한다는 것이다. 그래서 개인의 행위는 복합적인 행동양식이 된다. 타자를 향하는 방향은 사회적인 역할들 사이의 모든 종류의 조정, 관례, 신망, 협력과 경쟁, 투쟁과 폭력을 포함한다. 타자를 향하는 관계는 이와 같은 차별화된 방식으로 구성된다.40)

위 인용문에서 보듯이, 나와 개인의 모든 행위는 이해사회학에 속한다. 막스 베버는 이해사회학을 경험사회학으로 불렀으며, 이해사회학은 "사회적 행위를 분명히 해석하고 이해하면서 사회적 행위의 과정과 결과를 인과적으로 설명하는 학문"41)이라 일컬었다. 사회적 행위는 우리에게 항상 객관적 상황에 처해 있는 행위라는 사실을 일깨워 준다. 즉 막스 베버에게 있어서 이해사회학은 인간의 행위를 역사적 상황에 처해 있는 인간의 주체와 관련지어 파악한다. 하지만 우리가 행위를 이야기한다고 하여 행위의 이야기를 쉽게 이해하는 것은 아니다. 행위와 이야기 사이에는 인식론적 틈이 있다. 인식론적 틈이란 행위와 이야기 사이의 불연속성을 의미한다. 따라서 인간의 행위는 각각 사회구조나 역사, 언어의 틀 안에서 다양한 방식으로 표출된다.

"행위가 가능하다고 하는 사실은 행위가 이미 기호들이나 규칙들, 그리고 규범들 속에서 표출된다는 사실에 근거하고 있다. 즉 행위는 언제나 상징적으로 매개한다."42)

베버의 수단/목적 행위 이론 고찰」, 한국해석학회 엮음, 『낭만주의 해석학』, 철학과 현실사, 2003, pp.156-197.

40) 폴 리꾀르, 박영수·남기영 편역, 『텍스트에서 행동으로』, pp.292-293.

41) Max Weber, *Wirschaft und Gesellschaft,* Tübingen, 1947, p.1.

42) Paul Ricoeur, *Temp et Récit I,* Paris, 1983, p.91.

리쾨르의 표현대로 인간의 행위가 상징적으로 매개되어야 한다면, 상징적 인식의 틀 속에 은폐된 의미들이 상징 속에서 밝혀져야 한다. 상징은 직접 인식을 부정하는 이중의 성격을 지닌 기호이다. 즉 행위의 의미는 상징론과 의미론을 통해 설명된다. 그에게 있어서 상징의 의미를 밝혀내는 작업이 해석학이었다.[43] 따라서 상징 언어에 대한 창조적 의미해석이 필요하다. 왜냐하면 상징 언어 그 자체는 근원적으로 투명하다기 보다는 불투명하기 때문이다.[44] 리쾨르는 의미해석을 통해서 언어의 불투명성의 특징을 극복하고자 한다. 행위가 상징적 매개물이라는 사고는 문화인류학과 해석학의 상호연관성을 끄집어낸다. 이러한 상호작용에 기초하여 리쾨르는 텍스트의 의미가 텍스트의 구조를 탐구함으로써 발견되는 것이 아니라, 오히려 텍스트와 독자세계가 서로 만나고, 텍스트의 세계와 행위세계와의 접촉점에 있다 본다. 이는 아리스토텔레스의 사유방식에 근거하여 행위 해석학을 발전시킨 것이다.

> "텍스트의 개념은 사람의 행위를 위한 좋은 범례이고, 행위는 텍스트의 전체 범주를 위한 좋은 지시이다."[45]

아리스토텔레스가 언급한 행위를 모방하려면 인간의 행위를 텍스트처럼 열려 있는 작품, 즉 "유사-텍스트"이어야 하고, 읽을 수 있는 모든 사람들에게 접근 가능하게 열려 있어야 한다. 리쾨르는 해석자에 의해 이해된 상징 특정한 행위를 해석할 수 있는 의미규칙을 제시하는 한에서 행위를 "유사-텍스트"[46]라 한다. 따라서 행위의 상징학은 행위를 텍

---

43) 정기철, 앞의 책, p.172.

44) 정기철, 앞의 책, pp.270-271.

45) Paul Ricoeur, "Life: A Story in Search of a Narrator", *Facts and Values,* ed., by M. C. Doeser & J. N. Kraaj, Dordrecht, 1986, p.175.

46) Paul Ricoeur, *Temps et récit I,* Paris, 1983, p.93.

스트처럼 읽을 수 있음의 특성을 제공한다.[47)]

인간행위는 언제나 사회적 규범에 의해 규정되는 사회, 문화적 차원들을 구성한다. 행위가 윤리적으로 옳은지 또는 나쁜지를 판단할 수 있는 것은 "상징을 위한 규범 또는 기준"을 갖고 있지 않기 때문에 모든 문화나 사회, 그리고 역사에서 행위의 이질적 단편들을 매개하고 규정해야 한다. 따라서 상징적으로 매개된 행위의 규범이 도대체 무엇인지를 아울러 물어야 한다.[48)] 왜냐하면 우리는 행위가 윤리적으로 옳은지 또는 나쁜지를 판단할 수 있는 상징을 위한 규범 및 기준을 갖고 있지 않기 때문에 모든 사회, 문화, 역사 속에서 행위의 이질적인 단편들을 규정할 수 있는 상징적으로 매개된 행위의 규범이 도대체 무엇인지를 물어야 한다.

5. 리쾨르 상징적 해석학의 현대성

리쾨르는 하이데거의 존재문제에 정위된 해석학적 착상과 가다머의 영향사적 해석학을 수용하면서 이것을 텍스트 해석이론으로 발전시켰다. 그는 텍스트 해석이론을 통해 딜타이의 삶의 객관화에 대한 해석이론, 존재론적 성격이 강한 하이데거와 가다머의 해석학에 대한 인식론적 측면을 보완하며, 인식론적 사고와 존재론적 사고가 해석학을 매개로서 연관시키고자 하였다. 리쾨르는 언어적 실존을 해명하기 위해 상징 및 텍스트의 해석학을 등장시켰다. 물론 인간실존의 해명이 언어를 통해서 종결되는 것은 아니다. 하지만 언어가 긍정적이건 부정적인 방

47) 정기철, 앞의 책, p.259.

48) 정기철, 앞의 책, pp.272-273.

식으로 작용하건 간에 인간실존의 해명을 위해 중요한 매개역할을 한다. 바로 이러한 작업이 리쾨르의 해석학의 성과와 현재의 해석학의 작업 사이에 존재하는 메워야 할 공백이다.

특히 리쾨르의 『악의 상징』은 현상학에서 해석학으로 전환되는 과정을 보여 주었다. 리쾨르의 인간에 대한 진정한 이해는 관념론적인 해석이 아니라 인간의 사고와 본성에 대한 표현이 나타난 신화나 상징의 해석을 통해서 가능하다고 보았다. 그는 인간의 의식을 후설처럼 지향적 분석에 초점을 두지 않았고 의식초월적인 체험의 영역을 기술의 대상으로 삼았다. 그의 상징은 "구제적인 죄의 현실태와 악의 체험을 표현하였고, 유대교-기독교적 전통"[49]에 근거하여 인간 실존의 죄에 대한 근원적 속성을 규명하고자 하였다. 그는 인간의 의식을 후설처럼 지향적 분석에 초점을 두지 않았고 의식초월적인 체험의 영역을 기술의 대상으로 삼았다. 그의 상징은 "구제적인 죄의 현실태와 악의 체험을 표현하였고, 유대교-기독교적 전통"[50]에 근거하여 인간 실존의 죄에 대한 근원적 속성을 규명했다.

리쾨르의 해석이론은 첫째, 불트만의 탈신화화에 의해 대표되는 입장으로서 상징에 숨겨진 의미를 재발견한다. 둘째, 거짓된 현실에 대한 표상으로서의 상징을 파괴하려고 시도했다(탈신비화). 이런 점에서 리쾨르의 반성철학은 회의의 합리적 성격과 회상적 해석의 신앙적 성격을 포괄하고 있다. 그의 사상은 근대를 넘어서는 새로운 대안으로 각광받고 있으며, 철학과 신학, 문학, 그리고 정치학과 역사학에 이르기까지 다양한 분야에서 폭넓은 영향을 끼치고 있다. 셋째, 리쾨르의 해석이론은 딜타이의 해석이론을 통해 텍스트 이론을 상징적 해석학, 정신분석

49) 김종걸, 앞의 책, p.198.

50) 김종걸, 앞의 책, p.198.

해석학, 기억의 해석학 등 새로운 해석학의 방향을 제공해 주었다. 리쾨르에 따르면 딜타이 해석학 이론이 심리학에 근거한 대가는 해석학 이론의 궁극적인 정당화는 여전히 심리학이라는 점이다. 텍스트의 해석의 자율성은 일시적이고 표면적인 현상일 수 있을 뿐이다. 딜타이는 해석학적 문제를 타자의 문제의 인식이라는 고유의 문제에 종속시켜 버렸기 때문에 모든 객관화의 근원을 해석 영역 밖에서 찾을 수밖에 없었다.[51] 딜타이 경우에 객관화는 아주 일찍이 자아 해석부터 시작한다. 네가 나를 대하는 것은 자 자신의 삶의 객관화를 통해서만 도달될 수 있다. 나 자신에 대한 해석도 이미 해석이며 이 해석은 타자에 대한 해석보다 더 어려울 수 있다. 왜냐하면 나는 나 자신을 이해하기 때문에 타자들이 나에게 보내주는 기호들에 따라 나를 해석할 수 있기 때문이다. "모든 자아 인식은 기호와 작품을 통해서 매개된다. 딜타이는 이것을 시인했고, 이것을 통해 삶의 철학(Lebensphilosophie)과 결합했다"[52]고 리쾨르는 강조한다. 따라서 리쾨르는 삶이 본질적으로 창조적 역동성이라는 확신을 딜타이 생철학과 공유하고 있는 것이다.

---

51) 폴 리꾀르, 『텍스트에서 행동으로』, 박병수 외 옮김, 아카넷, 2004, p.93.
52) 폴 리꾀르, 앞의 책, p.94.

[보론] IV. 4차 산업혁명의 시대, 인문학의 미래와 전망

1. 인공지능의 시대

21세기에 들어 새로운 최첨단 과학기술 문명의 발달로 인해 인간의 몸에 대한 위상이 급속히 흔들리고 있다. 이른바 21세기는 정보혁명의 시대, 디지털혁명의 시대, 인공지능(AI: artificial intelligence)의 시대, 4차 산업혁명의 시대 등 다양하게 부른다. 즉 사이버스페이스와 사이버스타의 출현, "인간과 기계를 합친 사이보그의 출현 및 인공지능 컴퓨터를 위시한 인지과학 등의 비약적으로 발전"1)은 인간의 몸을 새롭게 인식하기 시작했다.

로봇 공학자인 영국의 케빈 워릭(Kevin Warwick)은 『기계의 행진』(1997), 『나는 왜 사이보그가 되었는가?』(2004)라는 저서 등에서 21세기의 주인은 로봇이라고 단언한다. 워릭은 2050년이 되면 기계가 인간보다 똑똑해져 지구를 지배하게 될 것이라 강조한다. 워릭은 향후 인간들이 기계의 통제를 받으면서 기계의 노예로 사는 삶을 생생하게 묘사했다. 그는 사이보그를 다음과 같이 기술했다. "나는 인간으로 태어났다. 나는 특정한 시간과 공간을 따라 영향을 미치는 운명에서 결코 자유롭지 못하다. 운명은 나를 인간으로 만들었지만, 무언가 변화를 시도할 수 있는 능력을 주었다. 운명은 기술의 힘을 빌려 나 자신을 변화시킬 수 있는

1) 기계가 인간보다 훨씬 뛰어나 이제 인간이 기계에 밀려날 것이라는 두려움은 대중영화나 소설 등을 통해 지속적으로 묘사되고 있다. 지난 1999년 미국에서 개봉된 영화 『매트릭스』의 무대는 2199년 인공지능 기계와 인류의 폐허가 된 지구의 모습이다. 마침내 인공지능 컴퓨터들은 인류를 정복해 자신들에게 에너지를 공급하는 노예로 삼는다.

능력, 인간을 업그레이드할 수 있는 능력을 갖고 있다."2)

윌리엄 깁슨(W. Gibson)은 1990년대 사용하기 시작한 사이버스페이스(Cyberspace)라는 용어를 처음으로 사용하면서 『뉴로맨서(*Neurmancer*)』(1984)라는 공상과학소설에서 인간과 컴퓨터의 인터페이스가 고도로 발달하는 방식으로 인간의 몸이 진화해서 만들어진 인간+기계의 새로운 방식을 묘사한다. 깁슨이 『뉴로맨서』에서 묘사한 인물들은 현재의 사이보그 및 로봇의 문제를 현재의 개념으로 담지하고 있는 캐릭터들이다. 이를테면 현재의 육체적 인간이 아닌 사이보그적 인간, 나아가 신체가 없는 인공지능적 인물을 등장시켜 미래사회의 활동 주체들에 대한 작자의 개인적 안목을 보여 주었다. 즉, 깁슨은 이 작품 속의 등장인물들에서 오늘날의 과학기술과 발전되어 가고 있는 현상들을 고려할 때 미래세계에 가능한 세계를 그려냈다.

호주 출신의 철학자 데이비스 찰머스(David Charlmers)도 '아이폰은 이미 나의 마음의 일부'라고 선언했다. 예컨대 스마트폰은 우리가 한때 머리로 기억하던 전화번호나 주소 등의 기억한다. 즉 스마트폰이 우리의 생물학적 두뇌의 몫 중에서 일부를 대체한 것이다. 또한 찰머스는 2010년 『의식연구』에 기고한 논문에서 특이점에 관한 논의를 집대성하고 특이점이 도래한 이후 인간과 기계에 관한 의견을 개진했다. 흔히 인간의 정신작용은 머리(두뇌나 중추신경계) 안에서 일어나는 과정이라 생각해 왔다. 우리의 정신이 이제는 부분적으로 두뇌 바깥에서 일어나는 육체의 활동, 더 나아가 육체 바깥의 도구에 의해 구성되고 있는 것이다.

인간의 사회적 인지와 행동의 기초가 되는 생물학적 메커니즘은 뇌연구와 인문학의 융합에서 찾아볼 수 있다. 거대하고 복잡한 융·복합

2) 케빈 워릭, 『나는 왜 사이보그가 되었는가』, 정은영 옮김, 김영사, 2004, p.19.

체계는 생산-유통 수단의 전산화/자동화와 인터넷망과 데이터베이스 아카이빙시스템의 전 지구적 구축을 기반으로 하여 공간과 사물자체의 지능화라는 방향으로 더욱 치닫고 있다.[3] 몸과 기술(Technology)은 서로 다른 것도 없지만, 몸은 살아 있는 유기체이며, 기술은 그렇지 못하다. 몸은 자연적인 진화의 결과이며 지금 이 순간에도 변화하고 있지만, 기술은 인간발명의 산물이며 인간 없이는 한 발짝도 앞으로 나아갈 수 없다. 이제 기술은 단지 도구가 아니라 인간의 정신인 동시에 몸의 확장이다. 생명과 기술의 병합은 근본적으로 인간을 인간답게 만들어 주는 인간의 본성을 반영한다.[4] 사이보그 혹은 인공지능을 철학적 연구주제로 진지하게 고려하게 된 이유는 확장된 마음(extended mind)이라는 인간정신의 본성에 대한 입장 때문이다. 이러한 인공지능의 연구는 확장된 마음으로 파급되어 오면서 두 가지의 이중적 성격으로 파악할 수 있다.

첫째, 인공지능은 컴퓨터의 일부로서 지능적 행동을 산출하는 기계 혹은 그것을 구동시키는 소프트웨어를 탐구하고 제작한다. 둘째, 인공지능은 인간의 마음을 과학적으로 탐구하는 인지과학(cognitive science)의 일부로서 인간 마음의 구조와 작동방식을 규명하기 위한 계산적 모델을 포함한다. 따라서 인공지능의 목표는 인간의 지능을 닮은 기계 지능을 구현하는 것이고, 인공물에 정착될 수 있는 형태의 지능을 연구함으로써 지능일반과 인간의 지능을 이해하는 데 있다.[5] 인공지능이 인간의 두뇌를 대신하여 인간의 두뇌를 개선하고 있는가? 아니면 인공지능의 영향력이 향후 더욱 더 어떻게 확장될 것인가? 이러한 인공지능의 두

3) 심광현, 『유비쿼터스 시대의 지식생산과 문화정책』, 문화과학사, 2009, p.356.
4) 신상규, 「사이보그와 매트릭스」, 이인식 기획, 『인문학자, 과학기술을 탐하다』, 고즈윈, 2012, pp.112-113.
5) Stuart J. Russell and Peter Norvig, *Artifical Intelligence: a Modern Approach.* 3rd. Upper Saddle River, N. J: Prentice Hall, 2015, 천현득, 「인공지능에서 인공감정으로-감정을 가진 기계는 실현가능한가?-」, 『철학』, 제131집, 한국철학회, 2017, p.218 재인용.

물음은 향후 과학기술의 급속한 발전으로 인해 인간 두뇌에 획기적인 변화를 가져올 것이 확실하다. 인간의 기술화는 사이보그화 그리고 광범위하게 보급된 기술문화 속으로 스며드는 포스트휴먼화로 이해된다.[6] 인공지능은 향후 인간의 상(像)과 기존의 인간스러움이라는 개념을 한층 변화시키게 될 것이다. 이것이 바로 미래 인문학의 모습인 것이다. 따라서 필자는 현재 인문학의 모습을 통해 인문학의 미래와 전망을 고찰해 보고자 한다.

2. 특이점의 도래: 휴머니즘의 종언

21세기 인공지능시대에서 인간에 대한 문제가 여전히 물음으로 남는다면, 지난 17세기에 데카르트(Rene Descartes, 1596~1650)는 정신과 물질의 분리를 출발점으로 삼았다. 데카르트는 『방법서설(Discourse on Method)』(1637), 『제1철학에 대한 성찰(*Meditationes de prima philosophia*)』(1644) 등에서 "나는 생각한다. 고로 존재한다."라는 명제를 통해 인간의 정신과 물질을 분리했다. 여기서 데카르트는 '나'를, 그리고 '주체'를 신으로부터 분리해냄으로써 근대의 시작을 알렸다.[7] 즉, 데카르트는 사고하고 판단하는 주체를 근대의 출발점으로 삼았다.

> 정신과 물질처럼 서로 다른 실체들로서 맑고 또렷하게 인식되는 모든 것은 사실상 서로 실제로 구별되는 실체들이다. 물질은 나뉠 수 있는 것으로, 반면에 정신은 나뉠 수 없는 것으로 인식된다. 아무리 작은 물체라도 그 절

---

6) 슈테판 헤어브레히터, 『포스트휴머니즘-인간 이후의 인간에 관한 문화철학적 담론-』, 김연순 · 김응준 옮김, 성균관대학교 출판부, 2012, p.56.

7) 이진경, 『맑스주의와 근대성-주체생산의 역사이론을 위하여』, 문화과학사, 1997, p.26.

반을 생각할 있지만, 어떤 정신의 절반은 생각할 수 없다. 따라서 정신과 물질의 본성은 단지 서로 상이할 뿐만 아니라 어떤 점에서는 서로 대립된다는 점이 인정되어야 한다. 8)

이로부터 영혼(animan, anima)과 육체(corpus) 혹은 사유하는 것(res cogitantem)과 물질적인 것(res corpoream, res corporea) 간의 차이가 인식된다.9)

위의 두 인용문에서 보듯이, 데카르트는 사유하는 사물로서의 "에고 코기토(ego cogito, 나는 사유한다)"를 물질적인 것(res corporea)과 구별했다. 하이데거는 이러한 구별을 그 후에 자연과 정신의 구별을 존재론적으로 규정했다.10) 이렇게 데카르트는 세계를 구성하는 근본적인 실체를 정신과 물질이 결합한 복합적인 존재이지만, 인간을 제외한 나머지 자연계의 구성원들은 기계적인 자연법칙의 지배를 받는 물질적 존재라고 보았다. 데카르트에게서 실체는 속성을 달리하는 두 가지의 실체다. 그 두 가지 실체란 자연과 인간이다. 그의 이원론적 사고의 방식은 인식의 주체와 대상을 분리한다. 즉, 주체인 인간은 자연을 대상화하면서 오직 자연을 인간의 이용물로만 간주하며, 정복의 대상으로 삼는다. 그래서 주체와 객체의 구분은 대상을 추상화시키고 세분화하며 인간이 대상을 지배하는 원리가 되었다.11)

데카르트는 내세에 대한 믿음이 매우 중요하다고 생각했다. 왜냐하면 동물들의 영혼이 우리와 동일하다는 생각, 그리고 파리나 개미 이상으로 내세의 삶에 대해 두려워하거나 희망을 갖지 않는다는 것은 부도

---

8) 르네 데카르트, 『성찰 외』, 문예출판사, 이현복 옮김, 2016, p.29: 김재인, 『인공지능의 시대, 인간을 다시 묻다』, 동아시아, 2017, p.272.
9) 르네 데카르트, 『철학의 원리』, 원석영 옮김, 아카넷, 2014, p.12.
10) 마르틴 하이데거, 『존재와 시간』, 이기상 옮김, 까치, 2003, p.128.
11) 김성환·이경희, 「데카르뜨의 윤리학」, 서양근대철학회 엮음, 『서양근대윤리학』, 창비, 2010, pp.16-17: 양해림, 『대학생을 위한 서양철학사』, 집문당, 2017, pp.174-186.

덕한 행위를 초래하기 쉬운 오류이기 때문이다. 오지 인간만이 영혼을 소유한다는 해결책은 정의로운 신이 동물을 고통 받게 한 이유에 대한 오래된 신학적 난문을 해소해 주기도 했다.[12] 그에게서 동물은 정신(영혼)을 결여한 존재이기 때문에 일종의 기계에 불과하다는 관점이다.[13] 그래서 "데카르트의 인간중심적 자연관"[14]은 생물을 포함하는 물질적 우주 전체는 하나의 기계였으며, 이러한 기계는 하나의 작은 부분으로서 이해했다. 이렇게 데카르트의 관점에서 동물은 이성을 결여한 채 그 본능적 성향에 따라 미리 프로그램된 지시를 수행하는 자동기계(automata)에 불과했다. 이를테면 동물은 말을 할 수 없으므로 이성을 갖지 못한다는 것이다.

> 까치와 앵무새는 우리 인간들처럼 말을 토해 낼 수 있어도 우리처럼 말하는 것, 즉 자신들이 생각한 것을 말하고 있다는 증거를 보이면서 말할 수는 없다. (…) 이는 짐승들이 사람들보다 이성을 적게 갖고 있을 뿐만 아니라 이성을 전혀 가지고 있지 않음을 보여 주는 것이다. (…) 말과 자연적인 동작을 혼동해서는 안 된다. 자연적인 동작은 정념의 표출이므로 동물과 마찬가지로 기계도 흉내를 낼 수 있다. 또 어떤 고대인들처럼 짐승들도 말을 하는데 단지 우리가 그들의 언어를 이해하지 못하고 있을 뿐이라고 생각해선 안 된다.[15]

이와 같이 데카르트는 동물에게는 인간처럼 말을 할 수 없기 때문에 이성이 없다고 단정 짓는다. 그래서 이성을 갖지 못한 존재는 자신의 힘으로 운동할 수 없으므로 동물의 운동은 자발적인 것이 아니라 시계와 같은 기계적인 운동에 불과하다고 간주한다.[16] 즉 데카르트는 오직 인

12) 피터 싱어, 『동물해방』, 김성한 옮김, 인간사랑, 2006, pp.339-340.

13) 신상규, 「인공지능, 새로운 타자의 출현인가?」, 『철학과 현실』, 제112호, 철학문화연구소, 2017, p.157.

14) 데카르트의 인간중심주의의 자연관의 자세한 내용은 다음을 참조: 김일방, 「데카르트(René Descartes)의 자연관: 그 형성배경과 공과 그리고 대안」, 『환경철학』, 제23집, 한국환경철학회, 2017, pp.101-133.

15) 르네 데카르트, 『방법서설』, 이현복 옮김, 문예출판사, 2017, pp.214-215.

간만이 느끼고 욕망하며, 나머지 모든 동물들은 로봇이나 자판기처럼 마음이 없는 자동장치라고 생각했다. 인간이 개를 발로 차도 개는 아무것도 경험하지 않는다. 개가 움찔하며 짖는 것은 커피 자판기가 어떤 것도 갈구하지 않으면서 커피를 만들어 내고 윙윙거리는 것처럼 자동적인 반응이다. 21세기 초에도 여전히 많은 사람들이 동물은 의식이 없으면서 있다고 해도 우리와는 매우 다르다는 하등유형의 의식을 지니고 있다고 주장한다.17) 데카르트가 보기에 이성적이지 않은 존재에게는 의식이란 없고 고통도 없다. 동물은 의식 없는 기계일 뿐이다. 데카르트는 동물을 기계로 보는 자신이 견해를 다음과 같이 요약한다. 첫째, 의식이 있는 존재는 언어능력을 갖고 있지만, 동물은 그렇지 못하다. 둘째, 동물의 행동은 결코 그들이 사고할 수 있음을 보여 주지 않는다. 이와 같이 데카르트는 동물에게는 영혼도 의식도 존재 않으며 따라서 사고할 수도 경험할 수도 없다고 보았다.18)

정신과 의식을 순수하게 고양시키는 것처럼 보이는 장소에서 오히려 정신과 의식의 물질화를 발견하는 것이 디지털미디어시대의 과제이다. 디지털 미디어는 곧 뉴미디어이고, 뉴미디어는 올드미디어와는 다르게 쌍방향으로 작동하여 개방, 공유, 참여, 협업을 확대해 나간다.19) 새로운 21세기는 신유목민적인 사회로서 자유로운 이동적인 삶이 일상화되고 인간과 기계를 자연스럽게 연결시키고 포스트휴먼사회를 맞이하고 있다.

---

16) 위의 책, p.216.

17) 유발 하라리, 『호모 데우스-인간의 역사-』, 김명주 옮김, 김영사, 2017, pp.154-155.

18) Eveln Puhar, “Animal Rights”, in: *Encyclopedia of Applied Ethics,* vol.1. San Diego: Academic Press, 1998, p.165.

19) 오준호, 「디지털 세대에게 인문학을 어떻게 가르칠 것인가?」, 박석준 외, 『미래 인문학 트렌드』, 아날로그, 2016, p.307.

"자유로운 자아는 시장관계에서 생산되며 사실상 시장 관계에 선행하지 않는다. 이러한 역설은 포스트휴먼에서 자연의 자아를 말소함으로써 해결된다. 포스트휴먼 주체는 혼합물, 이질적 요소들의 집합, 경계가 계속해서 구성되고 재구성되는 물질적-정보적 개체이다. 포스트휴먼시대의 패러다임을 보여주는 시민 600만 달러의 사나이를 생각해 보자. 600만 달러의 사나이라는 이름이 함축하듯이 그는 정말로 자아의 부분들을 소유하지만 시장관계 발생 이전에 존재하는 자연적 상태이기 때문이 아니라 자신이 그것을 구매했기 때문이다."[20]

포스트휴먼은 그 기본적인 능력이 현재의 인간을 넘어서기 때문에 현재의 기준으로 더 이상 인간이라 부를 수 없는 존재를 가리키기도 한다. 로버트 페페렐(Robert Repperell)은 포스트휴먼의 특징을 다음과 같이 묘사한다. 첫째, 포스트휴먼은 휴머니즘이라고 알려져 있는 사회발달 시대의 종식을 묘사하는 데 사용되며, '휴머니즘 이후'를 의미한다. 둘째, 휴머니즘은 인간존재를 구성하는 것에 대한 전통적인 생각들이 이제는 중대한 변환을 겪고 있다는 사실을 나타낸다. 인간이라는 것을 종래에 생각해 오던 방식으로는 더 이상 생각할 수 없다는 것이다. 셋째, 포스트휴먼은 생물학과 기술과학의 전반적인 수렴이 일어나 그들을 구별하기가 점점 더 어려워지는 수준까지 왔음을 나타낸다.[21]

독일의 현대철학자 슬로터다이크(Peter Sloterdijk, 1947~)는 『냉소적 이성 비판』(1983), 『인간농장을 위한 규칙』(1999)[22]의 저서에서 자본주의 시대의 '최후의 인간'을 넘어서 역사 이후의 '포스트휴먼(post-human)'[23]

20) 캐서린 해일스, 『우리는 어떻게 포스트휴먼이 되었는가』, 허진 옮김, 열린책들, 2013, p.25.

21) 로버트 페페렐, 『포스트휴먼의 조건-뇌를 넘어선 의식-』, 이선주 옮김, 아카넷, 2017, pp.14-15.

22) P. Sloterdijk, *Regeln für den Menschenpark: Ein Antwortschreiben zu Heideggers Brief über den Humanismus,* Frankfurt a. M., 1999. (한국어판: 페터 슬로터다이크, 『인간농장을 위한 규칙』, 이진우 · 박미애 옮김, 한길사, 2004.)

23) 페터 슬로터다이크의 포스트휴머니즘론에 대한 자세한 내용은 다음을 참조: 양해림, 「니체와 트랜스휴

을 유전공학과 견유주의의 연대를 통해 새로운 자본주의를 창조해야 한다고 말한다. 슬로터다이크는 인간의 죽음 이후의 삶을 믿지 않는 새로운 이교도적인 문화는 죽음 이전의 삶을 찾아야 한다고 주장한다.[24] 즉, 그는 삶의 건강성을 되찾을 것을 주창한다. 슬로터다이크는 "휴머니즘은 이제 끝났다"는 하이데거의 명제를 적용[25]하여 휴머니즘의 포기를 선언한다. 이른바 휴머니즘이란 고대로부터 전해지는 철학적 텍스트 '읽기'를 통해 이루어지는 문자계몽이다. 슬로터다이크에 따르면, 그리스·로마의 고전이야말로 고대인들이 후대인에게 보낸 최초의 '휴머니즘에 관한 편지'라는 것이다. 나아가 근대 민족국가의 시민사회 문화도 고전을 모국어로 새롭게 읽음으로써 이루어진 것이다. 고전적인 독서가 지닌 문명화와 인간화의 힘이 희망에 가득 찬 열망이었다는 것이다. 그래서 인간은 독서와 교육을 통해 사회화된다. 그렇게 하여 인간은 휴머니즘에 의해 사육되고, 길들여진다. 이렇게 휴머니즘은 독서를 통해 인간을 길들인다. 여기서 "올바른 독서는 길들이는 데 있다"[26] 이를 통해 하이데거는 인간은 사육되는 존재라고 말한다.

하이데거는 이러한 휴머니즘에 의한 사육을 비판했다. 하이데거에게 있어 이성과 교육을 강조하는 휴머니즘은 현실을 미화할 뿐이라는 것이다. 슬로터다이크는 하이데거의 휴머니즘에 관한 서한에서 영감을 얻어 현대 과학기술의 발전에서 휴머니즘의 길들이기가 아무런 대안을 주지 못한다는 것을 깨닫는다. 그리고 독서와 교육으로 대표되는 휴머니즘에 의한 길들이기가 아니라 유전자 변형에 의한 길들이기를

먼(Transhuman)-슬로터다이크(Peter Sloterdijk)의 포스트휴머니즘(Posthumanism)론을 중심으로-」, 『니체연구』, 제23집, 한국니체학회, 2013, pp.7-41.

24) P. Sloterdijik, 위의 책, p.20.

25) M. Heidegger, *Über den Humanismus,* Klostermann: Frankfurt, 1949.

26) P. Sloterdijik, 앞의 책, p.47.

주장한다. 슬로터다이크는 선정적이고 폭력적인 매스미디어를 통한 인간의 일상적 야만화가 만연한 현대사회에서 문자계몽을 통한 인간화가 한계에 봉착했다는 것이다. 따라서 그는 서양 인문학 전체에 '실패한 인간 길들이기 학파'라는 사형선고를 내려야 한다고 말한다. 즉, "야만성으로부터 탈출해 온 휴머니즘은 계몽주의 이후로 지금까지 자신의 본래적 의미를 상실했다. 특히 도덕이나 덕이라는 상징적 기호의 확대는 세계화된 정치경제구조 안에서 더 이상 기존의 문화적 매체 안에서 불가능해졌으며, 오히려 그 매체들이 자제력을 상실함으로써 인간의 야만성을 확대해 왔다."[27)] 그러므로 이제까지 휴머니즘의 기능은 근본적으로 인간의 야만성을 잠재우고 길들여 왔다. 여기서 슬로터다이크는 모든 휴머니즘 문화에 대한 니체의 의혹에서 인류의 길들이기 비밀을 들추어내야 한다고 강력하게 요구한다.[28)] 따라서 슬로터다이크는 인간을 유전학적으로 선별하고 사육할 수 있도록 만든 생명공학에 대해 포스트휴머니즘의 도래를 함축하고 있다고 보았다.

현대철학자 볼츠(Norbert Bolz)는 18세기 말 이전에는 보편적 인간이란 존재하지 않았다고 말한다. 그 이후부터 비로소 인간에 대한 인식론적 의식이 존재하게 되었다. 신, 인간, 역사, 자연이라는 위대한 개념들 역시도 하나의 시간과 평가절하되는 시대, 그리고 몰락의 날짜가 점점 다가오고 있다.[29)] 또한 포스트휴머니즘론은 니체의 『도덕의 계보학』(1887)에서 언급한 도덕의 질문에 대한 반작용에 의해 나타난다. 인간 자신은 증오를 받으면서도 이상화되는 도덕과 마찬가지의 결과물을 만들어 낸다. 인간자신은 징후, 가면, 위선, 질병, 착각이면서도 근원, 치료제, 홍

---

27) P. Sloterdijk, *Regeln für den Menschenpark: Ein Antwortschreriben zu Heideggers Brief über den Humanismus,* Frankfurt a. M., 1999, p.19.

28) 페터 슬로터다이크, 위의 책, p.68.

29) 노베르트 볼츠, 『컨트롤된 카오스-휴머니즘에서 뉴미디어의 세계로』, 문예출판사, 2000, p.299.

분제, 억제, 독이다.[30] 니체와 그를 뒤따르는 반휴머니즘적 사고는 계몽주의 사유의 유산에서 비롯됐다. 이들이 표방하는 의심의 해석학은 인간을 새롭게 함과 더불어 인간을 스스로 자책하는 미성년의 상태에서 해방시키는 것을 목적으로 한다.[31] 니체가 말하는 예언자적인 인간 이후의 인간은 다음과 같은 문구에서 드러난다.

> "미래의 인간, 즉 우리를 모든 이상으로부터 구제하는 이 인간은 자기 자신에 대적하며, 역겨움, 무에 대한 의지, 허무주의, 정오의 시계 종소리, 위대한 결정, 의지를 다시 자유롭게 하는 인간이다. 지상에서 본인의 목표와 인간에게 희망을 돌려주는 이 반그리스도 주의자와 반허무주의자, 신과 허무를 극복하는 인간, 언젠가 그는 오고야 말 것이다."[32]

이와 같이 미래의 인간은 인간 자체를 탈인간적, 의지에서 자유로운 인간을 설명한다. 인간이라는 존재는 아직 도달하지 못했으며, 부득이 포스트휴머니즘과 동행하면서 안내한다. 무엇인가를 규정해야 한다는 것은 무엇인가를 요구함과 동시에 단절하는 것을 의미한다.

이와 다르게 트랜스휴머니즘(transhumanism)은 포스트휴먼으로의 변화를 긍정적으로 지지하는 운동을 의미한다. 말하자면 트랜스휴머니즘은 포스트휴먼으로의 변화가 바람직하게 나아가거나 변해야 한다는 권유나 당위의 규범적인 의미를 포함하는 일종에 평가하는 측면이 강하다.[33] 최근 인간의 사회생활과 뇌 구조의 관계를 연구하는 인문학의 주제는 사회심리학과 신경과학이 융합하여 학제 간 연구, 다시 말해 도덕

---

30) F. Nietzsche, KSA, VI. 2, p.265.

31) 슈테판 헤어브레이터, 『포스트휴머니즘 -인간 이후의-인간에 관한- 문화철학적 담론』, 김연순 · 김용준 옮김, 성균관대학교 출판부, 2002, p.52.

32) Friedrich Nietzsche, *Sämtliche Werke. Kritische Studiengabe VI, 2 Bände.* (Hrsg). G. Colli und M. Montinari, München/Berlin/New York, 1980, p.265.

33) 신상규, 『호모사피엔스의 미래-포스트휴먼과 트랜스휴머니즘-』, 아카넷, 2014, p.105.

적 행동, 모방심리, 정치성향들의 범위를 점차 확대해 가고 있다. 즉 ① 나노공학과 나노기술, ② 바이오기술과 바이오의학 및 유전공학, ③ 정보·컴퓨터공학 및 미디어이론과 기술, ④ 인지신경과학 및 인지과학기술 등이 그것이다. 이를테면 최근에 회자되고 있는 트랜스휴머니즘과 첨단기술의 발전은 미래에 어떤 약속을 하는가에 대한 논의를 증폭시키는 계기를 마련하고 있는 중이다.[34] 먼저 트랜스휴머니즘은 인간향상기술이 인간본성을 변화시킬 수 있는 잠재력을 갖고 있다는 점을 긍정적으로 인정한다. 그래서 트랜스휴머니즘은 과학기술의 급격한 발전으로 가능해진 새로운 인간의 품위를 모색하는 태도를 일컫는다.[35]

트랜스휴머니즘은 1998년 옥스퍼드 대학의 철학자 닉 보스트롬(Nick Bostrom)의 주도아래 세계트랜스휴머니즘 협회(WTA)가 결성되면서 싱귤래리티 대학(Singularity university) 총장인 레이 커즈와일(Ray Kurzweil)[36], 나노물리학의 개척자인 킴 애릭 드렉슬러(Kim Eric Drexler), 미국 대통령의 공화당 후보였던 깅리치(Newt Gingrich) 등이 주축을 이루고 있다.[37]스웨덴 출신의 철학자이며 옥스퍼드대학 미래 연구소(Future of Humanity Institute) 소장인 보스트롬은 세 가지 인간의 주요 능력 가운데 최소한 하나 이상의 능력에서 현재의 인간이 도달할 수 있는 최대한의 한계를 넘어설 경우 이를 트랜스휴먼이라 부를 것을 제안한다.

34) *Convergent Technologies Improve Human Performance*, edited by Mihail C. William Sims Bainbridge, 2002, NSF.

35) 이진우, 『테크노 인문학』, 책세상, 2013, p.35.

36) 커즈와일은 21세기 트랜스휴먼을 다음과 같이 말한다. "인간의 지능과 비교될 만하고 더 뛰어날 수도 있는 새로운 형태의 지능이 21세기 초에 지구에 등장한다는 것은 인류 역사상 그 어떠한 발견보다 중요하다. 이것은 인간지능의 창조 그 자체보다도 훨씬 중요하며 인간 행동의 모든 영역에서 커다란 영향을 줄 것이다. 예컨대 일자리 창출, 지식, 행정조직, 전쟁, 예술 그리고 우리에 대한 생각도 영향 받을 것이다" (Ray Kurzweil, *The Age of Spiritual Machines: When Computers Exceed Human Intelligence,* New York: Viking, 1999, p.5).

37) 이종관, 『포스트휴먼이 온다』, 사월의 책, 2017, p.28.

첫째, 건강수명이다. 이는 물리적으로 온전하고 건강하게, 능동적이며 생산적인 상태로 남아 있는 능력이다. 둘째, 인지이다. 기억, 추론 주의력과 같은 일반 지능의 능력 및 음악, 유머, 에로티시즘, 서사, 영성, 수학 등을 이해하는 특수능력이다. 셋째, 삶을 즐기고, 생활 속의 상황이나 다른 사람들에게 적절한 정서로 반응하는 능력이다. 우리는 지금 가장 뛰어난 인간이 지닐 수 있는 지능보다 훨씬 더 뛰어난 지능을 가졌으며, 더 이상 질병에 시달리지 않고 노화가 완전히 제거되어 젊음과 활력을 계속 유지하는 어떤 존재를 생각해 볼 수 있다. 이러한 포스트휴먼은 완전히 인위적으로 만들어진 인공지능일 수도 있고, 신체를 버리고 슈퍼컴퓨터 안의 정보, 패턴으로 살기를 선택한 업로드의 형태일 수도 있으며, 생물학적인 인간에 대한 작은 개선들이 축적된 결과일 수도 있다.[38]

이렇게 닉 보스트롬은 인간의 능력을 건강, 인지능력, 감정의 세 차원으로 간주한다. 모든 인간은 정신적으로나 육체적으로 건강하고, 활동적이고 생산적일 수 있는 능력을 원한다. 그리고 인간은 기억, 추론, 유추할 수 있는 사고력, 주의력과 같은 일반적인 지적 능력뿐만 아니라 유머, 이야기, 그리고 예술을 이해하고 평가할 수 있는 인지력을 지니고 있다. 또한 인간은 삶을 즐기고 자연 및 다른 사람들과 서로 정서를 교감한다. 그래서 닉 보스트롬은 "트랜스휴먼은 현재의 인간본성이 인간의 수명을 연장시키고, 우리의 지적 능력과 신체적 능력을 확대하며, 우리의 심리적 상태와 정서에 대한 통제를 강화하는 것을 가능하게 하는 응용과학과 다른 합리적 방법을 사용함으로써 개선될 수 있다"[39]고 주

38) 신상규, 『호모사피엔스의 미래-포스트휴먼과 트랜스휴머니즘-』, pp.104-106.

39) Nick Bostrom, "In Defense of Posrhuman Dignity", *H+Transhumanism and Its Critics*, eds. Gregory R. Hansell and William Grassie, Philadelphia: Metanexus, 2011, pp.55-66.

장한다. 닉 보스트롬은 『슈퍼인텔리전스-경로, 위험, 전략』(2014)에서는 아무리 온건한 형태의 인공지능일지라도 인류의 절멸을 가져올 수 있다고 주장한다. 가장 효율적이고 생산적으로 제조하는 임무를 맡은 인공지능이 온 우주의 모든 물질을 제조시설로 바꾼다는 것이다. 우리는 지능을 인간의 기준 안에서 상상하는 경향이 있기 때문에 기계 지능이 인간의 지능을 얼마나 빨리 앞지를 것인지 느긋하게 생각하기 쉽다. 이를테면 인간수준 인공지능은 오랫동안 뒤처져 있다가 순식간에 도약하리라는 것이다.[40] 하지만 인공지능이 언제쯤 완성단계에 접어들 것인지, 인공지능이 향후 어떤 형태를 띠게 될 것인지는 서로 의견이 다르지만, 인공지능의 미래를 확신한다고 닉 보스트롬은 밝힌다.[41]

트랜스휴머니즘은 첨단기술의 발전이 미래 어느 시점에 특이점(singularity: 기계가 인간의 능력을 넘어서는 시점)에 도달하여 성공적으로 융합되면, 인간을 이러한 융합기술로 개조하여 생물학적 한계를 극복할 수 있다는 것이다. 다시 말해 인간의 생물학적 신체는 도태되고 첨단기술에 의해 능력이 완전하게 증강하여 인간 이후의 존재가 출현할 것이라는 예측이다.[42] 또한 GNR은 각각 지네틱(G), 나노(N), 로보틱스(R)와 인공지능을 의미한다. 이러한 GNR은 인류가 생물학을 초월하여 폭발적 성장의 단계를 도약하면서 완전히 새로운 특이점시대를 예고한다. 여기서 특이점은 '특별히 다른 점(singular point)'을 의미하지만, 과학기술분야에서는 다른 것을 뜻한다. 컴퓨터기술에서의 특이점은 기계가 매우 영리해져서 지구에서 인류 대신 주인 노릇을 하는 미래의 어느 시점을 가리킨다. 특이점은 각 분야마다 질적으로 다른 전환기를 나타내는 지점

40) 닉 보스트롬, 『슈퍼인텔리전스-경로, 위험, 전략』, 조성진 옮김, 까치, 2017, p.22.
41) 위의 책, p.48.
42) 이종관, 『공간의 현상학, 풍경 그리고 건축』, 성균관대학교 출판부, 2011, p.25.

이다. 예컨대 빅뱅은 시간과 공간을 창출하는 특이점이고 블랙홀은 중력의 세계에서 나타나는 특이점이다.43) 즉 특이점은 원래 일반상대성 이론에서 부피는 0이 되고 밀도는 무한대로 커져 블랙홀이 되는 순간을 뜻하는 개념이다.

그러나 최근에 인공지능과 같은 과학기술이 비약적으로 발전하여 인간의 지능을 뛰어 넘는 시점을 지칭하는 말로 통용된다. 언젠가 인간은 유전공학의 발달로 생명의 원리를 깨우치게 될 것이고, 나노기술로 그 원리를 자유롭게 다룰 줄 알게 되면 물질적으로 스스로 복제할 수 있을 것이다. 여기에 인간의 지적 수준보다 높은 인공지능까지 탑재하게 되면 인간보다 더 뛰어난 복제인간, 또는 인공지능이 탄생할 수 있다. 일본의 소프트뱅크 손정의 회장은 "이러한 특이점은 2040~2050년에 도래할 것"이며 인공지능이 지식과 정보의 습득 능력뿐 아니라 논리와 추론의 영역에서도 인간을 뛰어넘을 것이라 예측한다.

하지만 특이점은 과학·산업계의 한정된 전망은 아니다. 역사학자 유발 하라리(Yuval Harari)도 『호모 데우스』(2017)에서 특이점을 예상한다. 다만 그는 지나친 과학기술의 발전이 오히려 인간에게 해가 될 것이라 경고한다. 하라리는 이를 호모 데우스(Homo Deus)란 표현으로 압축했다. 신의 피조물인 인간(Homo) 스스로 신(Deus)이 되려고 한다는 뜻이다.

> "오직 살아남기 위해 자연과 투쟁해야 했던 인간은 이제 스스로를 신으로 업그레이드하려고 한다. 생명공학 기술을 통해 삶을 연장하고 불멸을 향하면서 '호모 사피엔스'는 호모 데우스로 바뀌게 될 것이다. (…) 인간을 신으로 업그레이드하는 데는 세 가지 방법이 있다. 생명공학, 사이보그 공학(인조인간 만들기) 그리고 비유기체적 합성이다."44)

43) 정대현, 「특이점 인문학-특이점 로봇은 인간사회의 성원이다-」, 『철학』, 제131집, 한국철학회, 2017, p.190.

미국의 수학자이자 과학소설작가인 버너 빈지(Vernor Vinge, 1944~)는 「다가오는 기술적 특이점-포스트휴먼(posthuman)시대에 살아남는 방법」(1993)이라는 논문에서 인간을 초월하는 기계가 출현하는 시점을 특이점이라 부른다. 빈지는 생명공학기술, 신경공학, 정보기술, 인지공학의 발달로 인해 2040년 이전에 특이점을 지니게 될 것이라 전망한다. "30년 안에 우리는 초인적 지능을 만들어 낼 기술적 수단을 손에 넣을 것이다. 얼마 안 가서 인류의 종언을 고할 것이다."[45] 빈지는 특이점을 더 이상 막을 수는 없다고 말한다. "그 이유는 특이점의 도래가 우리의 타고난 경쟁심과 기술의 내재적 가능성으로 인한 필연적 결과이기 때문이다. 그러나 시작은 우리가 했다."[46]

미국의 컴퓨터 이론가인 레이 커즈와일은 『특이점이 온다(*The Singularity is Near*)-기술이 인간을 초월하는 순간』(2005)[47]이라는 저서에서 이렇게 묻는다. "과연 어떤 방법으로 특이점에 대해 고찰할까? 정면으로 바라보기는 힘들다. 태양을 쳐다보려는 것과 마찬가지다."[48] 향후 2040년 전후에 지능적 측면에서 기계와 인간 사이의 구별이 사라질 것이라고 전망한다. 이제 인류의 문명은 기계와 인간 사이의 구별이 사라지고 생물학을 넘어야 할 순간을 맞게 될 전망이다. 커즈와일은 특이점의 성경으로 자리매김한 이 책에서 특이점 이후에는 인간과 기계 사이에, 또는 물리적 현실과 가상현실 사이에 구분이 사라질 것이다. 그때에도 변하지 않고 존재하는 인간성이란 것이 있을까? 라고 질문을 던진다. 왜냐하면 인류문명은 곧 생물학을 넘어서는 순간을 맞이하게 될 것이며, 특

44) 유발 하라리, 『호모 데우스』, 김명주 옮김, 김영사, 2017, p.69.
45) 마크 오코널, 『트랜스휴머니즘』, 노승영 옮김, 문학동네, 2018, p.106.
46) 위의 책, p.106.
47) 레이 커즈와일, 『특이점이 온다』, 김명남·장시형 옮김, 김영사, 2007.
48) 위의 책, p.512.

이점 혁명이 가까운 시기 안에 도래할 것이라고 전망하기 때문이다. 이러한 근거는 인간의 두뇌에 대한 분석이 2040년이면 끝날 것이라 예상되기 때문이다. 향후 기술 변화의 속도가 점점 빨라져서 그 변화 곡선이 수직에 근접되는 시점이 오면, 짧은 시간 안에 우리 삶의 모습이 근본적인 변화를 겪게 되는 시기가 도래한다. 그것이 바로 특이점의 시기이다. 그 시기는 마치 하등동물에서 인간이 출현한 것에 비교될 만한 역사의 변곡점으로서 인간은 현재의 시점과는 전혀 다른 형태의 삶을 살게 될 것이라는 예측이다. 따라서 특이점의 시기는 우리가 세상을 이해하는 여러 개념적 범주나 가치의 기준이 무의미하게 되는 지점인 것이다.

이와 같이 레이 커즈와일을 비롯한 학자들의 특이점에 대한 주장들은 이미 과학계에서 큰 이슈가 되고 있다. 이러한 특이점의 개념은 철학자 들뢰즈가 『차이와 반복』(2004)[49]에서 니체, 스피노자, 키에르케고르, 문학, 예술 등의 인문학자들을 비교 검토하는 관점에서도 핵심개념으로 제시되고 있다. 이러한 거시적인 사고의 틀에서 볼 때 이러한 특이점의 시대에 인문학은 새로운 정립을 요구하고 있다.

3. 4차 산업혁명의 근원적 물음

앞서 언급했듯이, 4차 산업혁명은 인공지능의 발전과 밀접한 연관관계에 있다. 이를테면 인간의 변형과 함께 해서 발생한 유사 인종이 공존하는 국면을 포스트휴먼[50], 그리고 인간의 증강현상을 트랜스휴먼이

49) 질 들뢰즈, 『차이와 반복』, 김상환 옮김, 민음사, 2004.

50) 지금까지 생각해 왔던 인간은 아니지만, 적어도 인간의 커다란 범주에서는 인간이 아니라고 할 수 없는, 그러나 인간이 아닌 그 족속을 포스트휴먼이라 본다. 그러한 존재가 종속물로서 조종당하는 상태에 있을 경우에는 유사인종이라 말하지 않지만, 그런 포스트휴먼이 인간과 공존하던지, 인간을 지배하고 살

라 일컫는다면, 4차 산업혁명은 주요 구성자인 인공지능과 합성생물학은 미래사회의 도래를 재촉한다. 최근 들어 기술의 진화는 더욱 박차를 가하고 있다. 21세기 차세대 기술혁명은 정보통신(IT), 생명(BT), 나노(NT) 등 어느 한 분야에 국한하지 않은 신기술 사이의 통섭 및 융합의 흐름을 지속적으로 이끌어 갈 것으로 예측한다. 지난 2002년 6월 미국과학재단(National Science Foundation, NSF)의 『인간 수행의 증진을 위한 융합기술(*Convergent Technologies Improve Human Performance*)』에 대한 연구보고서에서 미국 내 주요 학계 연구자, 산업계 인사 및 정부기관 정책연구자 등 미래의 과학기술자들은 융합과학기술의 당위성을 주창했다. 이 보고서에 따르면, 현재의 과학기술은 새로운 제2의 르네상스 시대에 들어서 있다고 한다. 또한 16세기 르네상스 시대에 눈부시게 과학기술과 문화예술이 함께 발전할 수 있었던 것은 레오나르도 다빈치, 브루넬레스키, 첼리니와 같이 예술과 공학이 동시적으로 뛰어난 사람들이 다방면의 학제 간의 정신을 공유하며 창조적 행동을 하였기 때문이라 지적하였다. 따라서 이 보고서에서 미래지향적인 과학기술의 핵심인 나노과학(N), 생명과학(B), 정보과학(I), 인지과학(C)이 4가지 과학기술의 영역을 통해 유기적으로 결합해야 한다고 기술했다.

이 연구보고서에서 NBIC 융합과학이 추구하고자 하는 궁극적 목표는 전 세계 "**인간수행의 증진(improving human performance)**"을 **향상**시키는 것이었다. 특히 뇌 과학은 인간의 정신, 행동에 대한 과학적인 이해를 목적으로 하는 그 특징상 인본주의적 특성을 부가하고자 하는 각 학문과 서로 융합하는 데 가장 적절한 학문이라는 것이다.[51] 즉, 나노과학,

---

든지 하는 사회가 포스트휴먼사회다.(백종현, 「제4차 산업혁명과 포스트휴먼 사회」, 『철학과 현실』, 제112호, 철학문화연구소, 2017, p.37).

51) 권준수, 「뇌, 융합의 총화」, 김광웅 엮음, 『융합학문, 어디로 가고 있나?』, 서울대학교 출판문화원, 2011, p.221.

생명과학, 인지과학, 정보과학을 연결하는 융합과학기술의 핵심에 '뇌'와 '마음'의 연구가 자리를 차지하고 있는 것이다. 인간 수행성의 수준 향상이라는 목표는 인간의 마음과 뇌를 연결하는 연구를 통해서 비로소 가능해지고 있다. 그래서 21세기 융합과학은 환경이 아니라 바로 인간 자신을 증진시키는 것이 목표이다. 이를 위해 융합과학은 이제까지 쌓아온 학제 간 지식의 융합, 더 나아가 통섭을 필요로 하는 것이다. 따라서 21세기 미래 융합과학기술의 핵심적이고 궁극적인 주제는 뇌와 마음을 연결하는 연구가 자리 잡게 될 것으로 예측한다. 이제 단순히 유전자 지도인 인간게놈(Genome)의 연구를 넘어 뇌와 마음의 연결지도인 **코그놈**(Cognome)을 도출하는 주제가 미래의 가장 촉망받고 도전적인 분야로서 부상하고 있는 중이다. 그래서 인간의 물질적 · 심리적 속성에 대한 비밀의 열쇠를 푸는 과제는 과학기술의 최후의 개척지가 될 전망이다. 이런 점에서 미국의 NBIC 융합은 트랜스휴머니즘에 의해 주도되면서 자연인을 능가하는 인간능력의 향상에 집중한다. 이 NBIC의 기하급수적 발전속도와 그 수렴 지점을 물리학이나 수학의 특이점에 비유하여 이들을 특이점주의자(Singularitarian)로 불린다.[52]

반면에 유럽연합은 인간의 개조나 능가하는 인간의 능력보다는 인간을 치유하려는 목적에 더 커다란 비중을 두고 있다. 인간의 마음과 관련하여 미국의 NBIC 융합이 '마음의 공학화(enginnering of Mind)'에 치중한다면, 유럽은 '마음을 배려하는 공학(engineering for mind)'을 지향하고 있다.[53] 최근 전문가들의 연구주제인 인공지능이 일반 대중에게 회자되고 있는 이유는 두 가지다.

---

52) 이종관, 『포스트휴먼이 온다』, p.31.

53) HLEG(by Alfred Nordmann, Rapportuer), Converging Technologies for the European Knowledge Societies, Report, 2004.

첫째, 지난 2016년 제46차 세계경제포럼(다보스 포럼) 연례총회에서 제안된 4차 산업혁명의 핵심기능이 인공지능으로 알려졌다. 그 후로 4차 산업혁명[54]은 한국사회의 미래에 운명이 걸린 것처럼 정치인, 언론인, 경제인을 비롯한 거의 모든 영역에 걸쳐 회자되고 있다.

두 번째, 지난 2016년 3월에 인공지능 바둑프로그램인 알파고가 이세돌 9단과의 대국에서 압승을 거두는 장면을 TV로 생중계로 지켜보면서 거의 모든 시청자가 인공지능의 위력에 놀라움을 금치 못했기 때문이다.[55] 즉 지난 2016년 3월에 구글 딥마인드(Google DeepMand)가 개발한 인공지능 프로그램 알파고가 한국 바둑의 고수 이세돌 기사를 4대 1로 이기면서 전 세계에 커다란 충격을 주었다. 알파고의 승리는 4차 산업혁명의 한 단면을 보여주면서 다보스 포럼에서 등장한 4차 산업혁명의 관심으로 이어지고 있다. 대체로 '알파고'로 유명해진 딥러닝(심화학습) 기술[56]과 인공지능의 발달이 주요 수단으로 손꼽힌다. 이세돌과 알파고와의 대국을 통해 컴퓨터는 인간의 판단을 뛰어넘어 스스로 사고할 수 있다는 점이 증명되었다.[57] 말하자면 인공지능에 기반한 로봇기술, 사물인터넷, 빅데이터 등의 최첨단 기술이 기존의 산업생산과 일상적 생활을 바꾸어 놓을 것이라는 기대가 반영된 것이다. 즉, 4차 산업혁명은 디지털 기술이 물리, 생물 등의 영역과 기하급수적으로 융합되

54) 2017년 <세계 리스크 보고서>는 4차 산업혁명의 핵심신흥기술을 12개로 거론했다. ① 3차원 인쇄, ② 첨단소재와 나노물질, ③ 인공지능과 로봇공학, ④ 생명공학기술, ⑤ 에너지 포집, 저장, 전송, ⑥ 블록체인과 분산장부, ⑦ 지구공학, ⑧ 만물인터넷, ⑨ 신경공학, ⑩ 새로운 컴퓨팅 기술, ⑪ 우주기술, ⑫ 가상현실과 증강현실(이인식, 『4차산업혁명은 없다』, 살림, 2017, pp.20-22).

55) 이인식, 『4차산업혁명은 없다』, 살림, 2017, pp.64-65.

56) 알파고가 프로선수를 이길 수 있는 성능을 발휘하게 된 이유는 딥러닝의 대표적인 기법인 심층 인공망(convolution Neural Network: 인간의 뇌의 복잡한 뉴런 연결망을 흉내내는 기법)을 이용했기 때문이다. 심층 인공신경망은 비교적 기계학습이론이지만, 각종 패턴 인식 대회에서 탁월한 효과를 내고 있다(김진호, 『빅 데이터가 만드는 제4차 산업혁명』, 북카라반, 2016, p.23).

57) 김대식, 『인간 vs 기계-인공지능이란 무엇인가』, 동아시아, 2016, p.187.

면서 클라우드 빅데이터, 인공지능, IoT, 3D프린트 등 급격한 변화가 진행 중이다.[58)]

이렇게 4차 산업혁명이란 말은 지난 2016년 1월 다보스포럼에서 처음 등장했다. 세계경제포럼의 회장 클라우스 슈밥(Klaus Schwab)은 140여 개 나라 2,500여 명의 인사가 모인 가운데 제4차 산업을 포럼의 화두로 삼았다. 그에 따르면, 제1차 산업혁명은 기계와 증기기관 등장, 제2차 산업혁명은 전기와 대량 생산체계의 동력에 따른 에너지 혁명, 제3차 산업혁명은 컴퓨터와 정보통신기술이 정보처리능력과 연결망을 급속하게 발전시킨 디지털혁명이다. 4차 산업혁명은 제3차 산업혁명을 기반으로 디지털과 인공지능, 로봇, 사물인터넷(internet of things), 만물인터넷(internet of everything), 빅데이터(big Data), 나노·바이오 기술 등에 의해서 자동화와 연결성을 극대화하여 융합하는 혁명으로 정의한다.[59)] 향후 초연결성의 미래는 스마트 홈(Smart home), 스마트 시티(Smart city) 등의 시나리오를 예상하면서 제조업, 자동차, 금융, 재난 대응, 의료, 보완 등 다양한 분야에 걸쳐 이미 가시화되었다.[60)]

4차 산업혁명은 "인공지능"[61)]과 로봇공학뿐만 아니라 다른 기술까지 통합하여 더욱 많은 영향을 준다. 인공지능뿐만 아니라 새로운 기술

---

58) 4차 산업혁명이라는 유행어는 2016년 1월에 열린 다보스 포럼 이후에 전파되기 시작했다. 우리나라에서는 2016년 3월 9일부터 15일까지 다섯 차례에 걸쳐 수행된 이세돌-알파고의 대국이 유행어의 전파를 가속화시켰다. 예컨대 2017년 3월 한 달 동안 매일경제는 4차 산업혁명이란 단어가 들어간 기사가 400건 이상 쏟아냈다. 1년 넘게 지속된 언론보도는 4차 산업혁명을 사회적 실재로 만들었다. 2017년 과학기술단체총연합단체의 설문조사에 따르며, 2350명의 과학기술계 종사자 89%가 제4차 산업혁명이 진행중이라 답했다.(홍성욱, 「왜 4차 산업혁명론이 문제인가」, 『4차 산업혁명이라는 유령』, 휴머니스트, 2017, p.38).

59) 슈밥 클라우스, 『4차 산업혁명』, 송경진 옮김, 새로운 현재, 2016. p.25.

60) 박충식, 「몸과 마음의 존재로서 인공지능」, 포스휴먼연구소 편, 『제4차 산업혁명과 새로운 사회윤리』, 아카넷, 2017, p.158.

61) 현재 한국의 인공지능 수준은 세계 11위 정도이다. 아직 연구를 시작하지 않은 나라를 제외하면 최하위 수준에 불과하며, 선진국보다 10년 뒤쳐진 수준이다. 엔지니어 숫자만 보아도 한국은 중국의 100분의 1 수준이다.(박영숙·제롬 글렌, 『세계미래보고서 2018』, 비즈니스북스, 2018, p.64).

은 기회를 창출하는 동시에 낡은 일자리를 없앤다. 그러나 두 가지 힘 사이에 완벽한 조화는 없다.62) 이렇게 4차 산업혁명으로 인공지능 기계가 사회적 체계의 소통에 참여하게 되면서 인공지능의 논의는 앞으로 지속될 수밖에 없게 되었다. 앞서 언급하였듯이, 인공지능이 인간의 지능에 도달하여 특이점의 시대가 다가오고, 특이점을 넘어서 인간의 지능을 능가하는 슈퍼 인공지능이 등장하는 시대가 오면 어떤 세상이 될까?

하지만 4차 산업혁명에 대한 물음은 누구나 쉽게 답하고 이해할 수 있는 것은 아니다. 4차 산업혁명은 이종산업 간 융합을 골자로 한다. 4차 산업혁명은 인공지능, 로봇, 사물인터넷(IoT), 빅데이터 등의 신기술을 통해 기존의 컴퓨팅 기술이 한 단계 진보하듯, 모든 사물이 서로 연결되어 산업의 새로운 판도가 시작되는 것을 일컫는다. 대표적인 예인 사물인터넷은 전자기술과 통신기술이 융합하여 만든 신기술이다. 자율주행차도 자동자 산업과 인공지능(AI)기술의 '협업'이다. 4차 산업혁명 과정에는 '똑똑한 컴퓨터(인공지능)'가 보편화될 전망이다. 그래서 4차 산업혁명은 이미 우리 생활의 일부가 되었다. 영리한 컴퓨터가 지금까지 사람들이 맡아왔던 업무를 대신하고, 스마트폰 등을 통한 원격 조정 기능이 활성화되면서 물리적인 '거리'의 한계가 사라진다. 이런 생활 방식이 4차 산업혁명의 특징인 '초연결성'이다. 이를테면 4차 산업혁명의 근본적 성격이 더 이상 인간의 역할이 필요 없는 산업구조를 지향하고 있는 것이다.63)

지난 19대 여야 대권주자들은 차기 정부 경제정책에 대해 4차 산업혁명과 그를 통한 일자리 창출을 내세운 바 있고 문재인정부는 4차 산

62) 박영숙 · 제롬 글렌, 『세계미래보고서 2018』, 비즈니스북, 2018, p.52.
63) 이종관, 『포스트휴먼이 온다』, 사월의 책, 2017, p.385.

업혁명의 동력을 강조하고 있다. 사회의 구조적 변화를 가져오는 4차 산업혁명은 모두에게 '장밋빛 미래'를 보장하지 않는다. 중요한 것은 관련 기술개발이 어떻게 경제적인 성과로 이어지게 할 것인가에 있다. 4차 산업혁명의 부작용으로 발생할 수 있는 일자리 감소, 빈부격차 확대 등 부정적인 측면64)에 대한 대안 제시는 어느 때보다 필요하게 되었다. 앞서 언급했듯이, 4차 산업혁명의 12개 신흥기술 중에서 인공지능은 사회 전반에 충격을 주었다. 한편으로 기후변화, 자원 활용, 인구폭발, 건강관리(헬스케어) 같은 21세기의 세계적 난제 해결 해결에 도움을 줄 수 있지만, 다른 한편으로 사람의 노동을 자동화하여 일자리를 빼앗아 갈 조짐을 보이고 있다. 그러면 우리는 4차 산업혁명의 시대에 인문학은 현재 및 미래를 어떻게 대처해 나갈 것인가?

4. 맺음말: 4차 산업혁명시대, 인문학의 전망 그리고 미래

우리는 인지문명의 시대, 포스트휴먼시대, 트랜스휴먼시대, 4차 산업혁명시대, 유비쿼터스 시대, 과학기술의 시대에 향후 우리 인문학의 많은 과제들이 다음과 같이 놓여 있다.

첫째, 포스트휴먼시대, 트랜스 휴먼시대, 그리고 4차 산업혁명의 핵심은 인간과 기계의 만남이다. 21세기 들어 인문학에서 인간/비인간의 구별이 불가능할 것이라는 이슈가 급속하게 수면 위로 떠오르고 있지만, 인간의 기계화는 학제적 측면에서 다양한 검토가 필요한 시점이다. 최근 과학자들을 비롯한 많은 전문가들은 널리 회자되고 있는 사이보

64) 양해림, 「4차 산업혁명과 일자리 창출」, 『시사프리즘, 철학으로 한국사회를 읽다』, 충남대학교 출판문화원, 2018, p.159.

그에 대한 대중적·학문적 담론에서 인간과 기계의 경계가 흐려지는 이유를 종종 언급한다. 예컨대 세계화와 정보화의 급속한 진전, 과학기술의 발달로 인한 테크노 문화의 만연, 그에 따른 새로운 감수성의 출현, 새로운 종류의 기계들의 등장, 인간의 사이보그화, 기계+인간의 등장의 확대 가능성, 그리고 인터넷 문화의 증가로 인해 인간과 기계의 경계는 점점 흐려져 가고 있다. 이에 따라 인간과 기계의 만남은 향후 부정적 징후군들을 진단하여 현대사회가 어떻게 건전한 과학기술의 산물을 정착시켜 나갈지를 인문학적 관점에서 진지하게 고민하고 성찰해야 하는 시점에 와 있다.

둘째, 4차 산업혁명시대에 인문학은 융합·통섭의 추세로 인간과 로봇의 자연스러운 만남 속에서 살게 되었지만, 인간과 기계의 만남은 전통교육 시스템의 붕괴를 우려한다. 트랜스휴먼시대에서 '내'가 의미하는 모든 내용들이 완전히 뒤바뀔 수 있다. 전통적인 휴머니즘을 추구하는 인문학은 기계의 인공지능이 사람의 자연지능을 추월하는 특이점을 통과한 미래사회의 다양한 모습에 대해 진지한 진단·검토가 필요하다. 4차 산업혁명 시대에 향후 인문학의 미래에 대해 적절한 처방책을 진단하기는 그다지 쉽지 않다.

향후 21세기는 GNR의 과학기술, 곧 유전공학(G), 나노기술(N), 로봇공학(R)의 발달로 사람보다 영리한 기계가 출현하게 될 것이다. 미래사회에서 사람과 기계가 맺게 될 사회적 관계는 세 가지 중의 하나일 것이라 과학자들은 예측한다. ① 로봇이 인간의 충직한 심부름 노릇을 하거나, ② 영화 "매트릭스"에서처럼 기계가 인간을 지배하거나, ③ 인간과 로봇이 서로 돕고 살게 될 것이다. 저명한 미래학자 토마스 프레이는 "2030년 세계 대학의 절반이 사라진다"고 예측한다. 그 이유는 지식의 반감기가 매우 짧아져 대학이 산업의 수요를 따라갈 수 없기 때문이다.

지금까지 대학 졸업장이 좋은 일자리를 보장할 것이란 믿음이 있었지만, 그런 믿음도 이미 깨졌다. 프레이는 지금과 같은 시기에 4년이라는 시간과 많은 학자금을 쓰는 것에 대해 의문을 제시할 필요가 있다고 말한다.[65] 현재는 정보의 흐름이 너무 빠르고, 진짜 고급 정보는 대학 밖에 있기 때문이다. 지난 2018년 3월 22일 통계청이 발표한 '2017 한국의 사회지표'에 따르면, 고등학교에서 대학교로 진학하는 비율은 68.9%이다. 고등교육기관 진학률은 2005년 82.1%를 정점으로 매년 낮아지고 있다. 대학 진학이 가능한 만 18세 인구는 2020년 48만 명, 2021년 43만 명으로 감소하고 2023년 40만 명 선이 붕괴될 것으로 교육부는 추산하고 있다. 대입 정원이 고교 졸업자 수보다 훨씬 많아진다는 의미로 대학이 학생들에게 선택받아야만 생존할 수 있게 되었다.[66]

세계적인 추세도 전통적인 대학은 이미 무너지기 시작했다. 2014년 개교한 미국의 미네르바 스쿨은 지난 2016년에 신입생 1만 6,000여 명(306명 선발), 2017년에는 2만 명(210명 선발)이 넘게 지원하면서 하버드대학보다 입학하기 어려운 대학으로 손꼽힌다. 모든 교육은 온라인 강의와 토론으로 진행된다. 교수의 일방적인 주입식 수업이 아니라 스스로 지식을 탐구하고 협업을 통해 문제해결의 능력을 키운다. 학생들은 학교에서 설치한 세계 7개국(샌프란시스코, 베를린, 부에노스아이레스, 서울, 하이데라바드, 런던, 타이베이)의 기숙사에서 생활하면서 그 도시들을 돌며 4년간 현지 문화와 산교육을 배운다. 무엇보다 기존 대학이 위협을 받는 가장 큰 원인은 지식 습득 위주인 기존 교육체계가 붕괴 위기에 놓였기 때문

---

65) 토마스 프레이, 『미래와의 대화』, 이미숙 옮김, 북스토리, 2016,

66) 양해림, 「4차 산업혁명과 교육의 미래」, 『시사프리즘, 철학으로 한국사회를 읽다』, 충남대학교 출판문화원, 2018, pp.37-38.

이다. 이렇게 지식 습득교육의 붕괴는 AI '4차 산업혁명' 등으로 상징되는 미래의 혁신기술이 그 위치를 대체하고 있는 중이다. 이제 그동안 우리가 습득하기 위해 노력했던 도구적 기술들이 더 이상 필요로 하지 않는다. 결국 현재와 같은 학교 체제는 사라질 것이란 우려 속에서 우리의 교육은 향후 어떻게 미래를 대비할 것인가?

셋째, 21세기 4차 산업혁명시대, 트랜스휴먼시대에서 인간보다 훨씬 업그레이드된 지적 능력을 자연인의 몸과는 다른 물리적 기반을 통해 실행하는 인공지능에 대한 논의를 로봇윤리, 포스트휴먼시대의 인간의 정체성, 휴머니즘 이후의 인간 등 다양한 관점에서 인문학은 심층적으로 조명해 나가야 할 것이다. 인간과 기계의 만남은 인식주체와 인식대상 사이의 차이가 소멸하는 임계점에 대해 심층적 논의의 장을 필요로 한다.

넷째, 4차 산업혁명 과정에는 '영리한 컴퓨터'가 보편화되어 이미 우리 생활의 일부를 차지하여 새로운 일자리를 전망하지만, 향후 인문학의 일자리는 그다지 녹록치 않다. 우리는 매일 스마트폰으로 KTX를 예매하거나, 부모님께 선물을 보내거나, 택시를 부르거나, 은행업무를 보거나, 실내의 조명과 난방을 조절한다. 이전에는 일일이 발품을 들여야 했던 일들을 지금은 앉아서 손가락만 까딱 움직이면 해결된다. 이런 생활 방식의 파괴적인 변화가 4차 산업혁명의 특징인 '초연결성'이다. 영리한 컴퓨터가 지금까지 사람들이 맡아왔던 업무를 대신하고, 스마트폰 등을 통한 원격 조정 기능이 활성화되면서 물리적인 '거리'의 한계가 점차 사라지고 있는 것이다. 기술혁신은 필연적으로 기존에 있었던 직업을 소멸시킨다. 인공지능으로 대표되는 4차 산업혁명도 예외는 아니다. 향후 4차 산업혁명과 관련된 기술업종들과 산업분야에서 새로운 일자리를 전망한다. 클라우스 슈밥은 4차 산업혁명으로 로봇과 인공지능이 보편화되면서 향후 5년간 선진국과 신흥 시장을 포함한 15개국에서 710만 개의 일자리가 사라질 것이라 예측한다.[67] 한국직업능력개발원은 2027년까지 국내 일자리의 52%가 AI로 대체될 것이라고 분석하고 있으며, 영국 옥스퍼드대 연구팀은 향후 2033년까지 현재 일자리의 47%가 사라질 것이라고 보고한다. 또한 미국의 제너럴 일렉트릭회사는 "AI와 3D프린팅, 빅데이터와 산업로봇 등 4차 산업혁명의 핵심 동력과 관련된 분야에서 200만 개의 새로운 일자리가 창출"될 것으로 전망한다. 또한 일본의 경영컨설턴트 스즈키 다카히로는 『직업소멸』에서 "30년 후에는 대부분 인간이 일자리를 잃고 소일거리나 하며 살게 될 것"[68]이라 예측한다. 일자리를 갖지 못한 수많은 노동자들은 향후 "국가가 주는 기본소득으로 살아가게 될 것이다." 말하자면 AI가 인간의 일을 상당 부분 대체하고, 기술혁신에 따라 사회 전체 생산성이 월등히 높아지면서 20%의 사람만 일해도 나머지 80%를 먹여 살릴 수 있는 세상이 온다는 것이다.

이미 몇몇 나라에서 기본소득이란 제도로 이런 실험을 하고 나섰다. 지난해 스위스에서 정부가 매달 300만 원씩 지급하는 기본소득 도입을 위한 국민투표가 있었다. 국민 다수(76.9%)가 반대해 도입이 무산됐지만 가까운 미래에 추진될 가능성이 높다. 핀란드는 월 70만 원을 지급하는 기본 소득제를 지난 2017년 2월부터 시범 실시하고 있다.

하지만 우리는 인공지능으로 대변되는 4차 산업혁명의 이와 같은 일들이 아직 실감나지 않고 나와는 상관없는 먼 미래의 이야기일 것이라고 치부할 수 있다. 앞으로의 미래는 일자리가 아주 천천히 감소하는 것이 아니라 어느 한 순간에 갑자기 사라지는 '직업 증발'이란 사실이다.

---

67) 최재웅 외, 『이것이 4차 산업이다』, 매일경제신문사, 2017, p.131.
68) 윤석만, 「신(新) '20대 80의 사회', 가짜 직업의 시대」, 『중앙일보』, 2017년 9월 9일자.

4차 산업혁명시대에는 18세기 이전과 같은 **전인교육의 중요성이 더욱 증폭**될 것이다. 왜냐하면 19~20세기 산업화 시대에 인간이 해야 했던 노동의 대부분을 인공지능으로 대체하게 될 것이기 때문이다. 이 과정에서 양극화로 인한 불평등이 심화될 가능성이 증가할 것으로 예측하여 정부의 분배역할은 더욱 중요하게 되었다. 지난 여야 대권주자는 차기 정부 경제정책에 대해 4차 산업혁명과 이를 통한 일자리 창출을 내세운 바 있다. 특히 일자리를 비롯한 사회구조의 전반적인 개편이 예상되는 만큼, 정부 차원의 대책이 더욱 요구된다.

다섯째, 미래 사회가 어떻게 펼쳐질지는 그 누구도 예단할 수 없지만, 세계의 많은 전문가들이 예측하고 있는 것처럼 4차 산업혁명의 도래를 지금 이대로 우리 사회를 방치한다면, 인문학을 비롯한 **학문과 정보의 양극화는 물론 불평등화는 더욱 심해질 것이라는 전망**이다.[69] 특히 인문학과 인문학 종사자들은 디지털 기술의 급속한 발전으로 불평등과 양극화와 무관하지 않다. 즉 부의 불평등과 계층간 갈등은 새로운 사회문제를 야기할 수 있다. 이를테면 4차 산업혁명으로 불리는 기술의 발전 시대에서 지금보다 양극화·불평등이 더욱 심해질 것이라는 전망이 우세하다. 2016년 다보스에서 열린 세계경제포럼도 미래에 "자본과 능력, 지식을 가진 엘리트에게 부와 권력이 집중되고 중하위 계층은 갈수록 불리해져 중산층 붕괴 현상이 일어날 수 있다"고 경고한다.[70] 이를 방지하기 위해서 자본주의 시스템의 전폭적인 개선이 필요한 시점이다. 『21세기 자본론』(2013)[71]을 쓴 피케티는 지난 200여 년 동안 미국과 유

---

69) 4차 산업혁명으로 인한 불평등의 구조에 대한 자세한 내용은 다음을 참조: KT 경제연구소, 『한국형 4차 산업혁명의 미래』, 한스미디어, 2017, pp.129-170. 김성동, 『4차 산업혁명과 인간』, 연암서가, 2018, pp.303-333.

70) 윤석만, 「신(新) '20대 80의 사회', 가짜 직업의 시대」, 『중앙일보』, 2017년 9월 9일자.

71) 토마 피케티, 『21세기 자본』, 장경덕 외 옮김, 글항아리, 2014.

럽 등 자본의 흐름과 경제 구조의 변화를 면밀히 분석한 바 있다. 그의 저서에서 그가 잠정적으로 내린 결론은 자산을 통해 벌어들이는 소득(주식·부동산 등 수입)이 경제성장률보다 커지면서 양극화가 심해진다는 것이다. 즉, 노동을 통해 벌어들이는 소득보다 '돈이 돈을 버는' 자산소득의 증가율이 훨씬 크기 때문에 불평등이 커진다는 뜻이다. 노동소득의 불평등과 자본소득의 불평등이 분배될수록 전체적인 불평등도 커진다.[72] 소득 최상위 계층은 전체의 0.001%에 불과하지만, 대부분의 사람들이 속해 있는 플랫폼을 통제하면서 부와 권력을 독점하는 극단적 양극화 사회가 올 것으로 전망한다. 미래학자 토마스 프레이는 "인공지능의 등장으로 2030년엔 전 세계에서 20억 명의 일자리가 사라지고 불평등이 더욱 심해질 것"이라고 예측한다.

가이 스탠딩은 "노조를 통해 종신 고용과 사회보험이 보장됐던 프롤레타리아트와 다르게 '프레카리아트'[73]라는 불확실성과 불안정성의 '위험한 계급'이 등장할 것이라 예측한다. 인공지능에 밀린 인간 노동자의 가치는 계속 낮아지고 궁극적으로 빈곤한 절대 다수가 될 것으로 전망된다. 그렇기 때문에 이와 같은 새로운 계급사회가 형성되지 않도록 사전에 철저한 준비가 필요하다. 기술이 더욱 발전하기 전에 인공지능과 같은 최첨단 테크놀로지의 결실을 공정하게 나눌 수 있는 제도와 문화를 만들어야 한다. 최근 논의되는 '로봇세'[74] 등이 그 대표적인 경우

---

72) 위의 책, pp.286-512 참조.

73) 향후 미래에 일자리가 사라지는 대신에 대다수의 사람들은 실업 상태로 전락하거나 단순 노동자가 될 것이라 예측한다. 이러한 99.9%의 다수를 '프레카리아트(precariat)'라 부른다. 플레카리아트란 '불안정하다(Precario)'는 이탈리어와 노동자를 뜻하는 합성어로서 영국의 경제학자 가이 스탠딩이 처음으로 사용한 단어다. 이를테면 플랫폼과 AI가 주축인 사회 구조에 종속돼 단순 반복적인 노동을 하는 계급이란 뜻이다. 단순 반복 노동을 하는 프레카리아트 계급이 계속 늘어날 것으로 예측된다.

74) 지난 2016년 5월부터 유럽회의는 로봇세 도입의 논의를 시작했다. 2018년 2월에는 로봇에게 '특수한 권리와 의무를 지닌 전자인간'이라며 법적 지위를 부여했다. 향후 로봇에게 인격권을 주고 세금을 매길 수 있는 근거를 마련해 둔 것이다. 그 이유는 과세를 하기 위해 일반 시민과 같은 '시민격', 기업과 같은 '법

이다.

이제 4차 산업혁명시대에는 18세기 이전과 같은 전인교육의 중요성이 더욱 커질 것이라는 전망이다. 하지만 우리는 여전히 19세기에 만들어 놓은 학교 체제를 그대로 사용하고 있다. 세계적인 미래학자 제레미 리프킨(Jeremy Rifkin)은 "우리의 모든 교육방식은 1차 산업혁명이 있었던 19세기의 방식과 똑같다"고 말한다. 그는 미래에 대해 "노동자가 거의 없는 세계로 향하고 있고 인간은 더욱 창의적인 일을 위해 진보해야 한다. 노동자가 없는 세계는 과학자, 엔지니어, 기업주들에게 고되고 정신없는 반복적인 작업으로부터 인간이 해방되는 역사상 새로운 시대의 시작을 의미하는 것일 수 있다. 동시에 다른 사람들에게는 대량 실업, 전 세계적인 빈곤, 사회덕 불안과 격변이라는 우울한 미래로 비쳐질 수 있다."[75]고 지적한다. 이렇게 리프킨이 말한 '노동자가 거의 없는 세계', 즉 노동의 종말은 머나먼 미래가 아니다. 향후 '신(新) 20대 80의 사회'에서 그동안 우리가 습득하기 위해 노력했던 도구적 기술들이 더 이상 필요로 하지 않을지 모른다. 결국 과거의 교육시스템에서 벗어나지 못한다면 "현재와 같은 학교 체제는 사라질 것"[76]이란 예측은 어렵지 않다.

인격'이 필요하기 때문이다.

75) 제레미 리프킨, 『노동의 종말』, 이영호 옮김, 민음사, 2001, p.31.

76) 지난 2017년 5월 한국직업능력개발원 보고서에 따르면, 10년 후엔 국내 일자리의 52%가 AI로 대체될 가능성이 높다고 한다. 이런 '고위험' 직업군으로 운수업(81.3%), 판매업(81.1%), 금융·보험업(78.9%) 등이 꼽혔다. 한국고용정보원의 연구 결과(2017년)에 따르면, AI가 상용화되는 미래에는 현재 사람이 수행하고 있는 능력의 상당 부분은 쓸모없게 된다고 한다. 향후 2030년 국내 398개 직업이 요구하는 역량 중 84.7%는 AI가 인간보다 우월한 것이라고 예측한다. 예컨대 경찰관(88%), 약사(84.2%), 미용사·보험영업원(79.2%), 영양사(76%) 등의 역량은 상당 부분 AI로 대체될 전망이다. 변호사의 경우 2025년까지 37%, 2030년까지 48.1%가 AI가 인간의 지능을 추월하게 된다. 2025년(34.5%), 2030년(58.6%)까지 판검사도 AI의 능력이 더 높아질 전망이다(윤석만, 「한 순간에 '훅'직업 증발의 시대 온다.」, 『중앙일보』, 2018년1월 13일자).

[보론] V. 코로나19와 뉴노멀의 인문학

1. 코로나19와 뉴노멀의 시대

2019년 12월 말, 중국 후베이성 우한에서 발생한 코로나19 바이러스의 공격으로 인한 인류의 고통이 2021년 12월 겨울 이후 3차 대유행으로 더욱 가중되었다. 지난 인류 역사상 가장 지독했던 유행병은 제1차 세계대전이 끝날 무렵 2,100만 명을 죽음으로 몰아넣은 인플루엔자였다. 흑사병은 1346년~1352년에 유럽 인구의 4분의 1을 죽게 만들었고 일부 도시에서는 이 병으로 인한 사망률이 70%에 달했다. 1880년대 초 캐나다 서스캐처원주에서 아메리카 원주민들은 결핵 때문에 연평균 9%라는 엄청난 비율로 죽어 갔다.[1)] 2018년 전(全) 세계적으로 발생한 스페인 독감의 대유행에 희생된 사망자 수는 5,000만 명으로 추정된다. 이는 제1차 세계대전 사망자의 5배이고, 30년간 발생한 에이즈 사망자를 합한 것보다 1,000만 명 더 많다.[2)] 지금 인류는 제2차 세계대전 이후 신종질환이 계속해서 밀려드는 시대에 살고 있다. 2014년 3월에는 서아프리카 기니에서 발생한 에볼라 바이러스로 인해 1,145명이 사망했다. 박쥐에 의해 전염된 인수공통감염병(人獸共通感染炳)인 에볼라 바이러

1) 재레드 다이아몬드, 『총·균·쇠』, 김진준 옮김, 문학사상사, 2013, 295쪽. 특히 미국은 코로나19 사망자가 그 어느 나라보다 월등히 많아 2021년 1월 19일에는 40만 명을 넘었다. 이 같은 누적 사망자 수는 제1차 세계대전과 한국전쟁, 베트남전쟁에서 전사한 미국인을 전부 합친 것보다 많다고 CNN은 분석한다. 이후 사망자는 42만 명 이상으로 늘어 제2차 세계대전에서 희생된 미국인 수(40만 5,399명)를 넘어섰다고 USA투데이는 전한다. 워싱턴포스트(WP) 등에 따르면, 코로나19는 인류 역사상 가장 희생자를 많이 낸 10대 세계적 대유행전염병 가운데 하나에 속한다. 1347~1351년 유럽과 아시아를 휩쓴 흑사병은 7,500만~2억 명, 1520년 시작돼 1980년 WHO가 지구상에서 박멸됐다고 선언한 천연두는 2,500만~5,500만 명의 희생자를 각각 낸 것으로 추정된다. 1918~1919년 스페인 독감의 경우 당시 세계인구의 3분의 1가량인 5억 명이 감염되고, 5천만 명이 사망한 것으로 알려졌다.

2) 마크 호닉스바움, 『대유행병의 시대-스페인 독감부터 코로나19까지-』, ㈜로크미디어, 2020, 42쪽.

스의 치사율은 75%였으며 서아프리카 일대는 물론이거니와 전 세계를 공포로 몰아넣었다.[3] 2019년 현재까지 에볼라로 사망한 사람은 1만 1,000명으로 추정된다.

지난 2008년에 학자들은 이미 1960년에서 2004년 사이에 새로 출현한 인간 질환이 335개나 되며, 그중 대부분이 동물에서 유래된 질환임을 확인했다. 병명만으로도 조류인플루엔자에서 지카바이러스까지, 알파벳의 시작부터 끝까지 채우고도 남을 정도이다. 과학자들은 잠재적인 위험한 병원균이 지금까지 밝혀진 것보다 훨씬 많을 것이라고 경고하고 있다.[4]

이러한 많은 감염병 가운데 코로나19는 먹는 항체치료제의 등장과 모더나, 화이자, 아스트라제네카, 노바백스 등과 같은 백신들의 개발에 그나마 희망의 끈을 놓지 않고 있다. 또한 미국을 비롯한 세계 주요국들에서 코로나19 백신 접종이 본격화됨에 따라 희망의 돌파구를 찾는 행보도 분주해지고 있다. 한국에서도 2021년 2월 26일을 기점으로 백신 접종이 가속화되었다.[5] 이제 백신 접종을 통해 코로나19 바이러스에 대한 인류의 대대적인 반격이 시작된 것이다. 백신 없이 보낸 지난 1년 동안의 두려움과 공포, 불안의 긴 터널의 끝을 다행히도 우리 인류는 기대할 수 있게 되었다. 하지만 방역당국과 전문가들은 코로나19의 백신이 나온다고 해도 2~3년 내로 새로운 감염병이 또다시 등장할 것이라 예측한다. 동시에 많은 전문가들이 코로나19가 종료된 이후의 사회

3) G. Kevin Donovan, "Ebola, Epidemics, and ethics: what have learned", *Philosophy, Ehics and Humanitics in Meficine*, 9:15(2014), pp.1-2.

4) 프랭크 M. 스노든, 『감염병과 사회 — 페스트에서 코로나19까지』, 이미경·홍수연 옮김, 문학사상, 2020, 17쪽.

5) 곽노필, "좋은 기분으로 맞아야 백신 효과도 더 있다", 한겨레신문, 2021년 1월 22일, http://www.hani.co.kr/arti/science/science_general/979745.html

적 변화를 의미하는 포스트코로나(Postcorona) 시대에 대한 대비도 다양한 시각에서 주문하고 있다. 때문에 코로나19가 종식되어도 이전 사회로 다시 돌아갈 수 없다는 이른바 "뉴노멀(New Normal) 시대"에 대한 이해와 코로나19 이후에 다가올 미래를 전망해 볼 필요가 있다. 최근 종종 언급되고 있는 뉴노멀은 지난 2008년 세계금융 위기 이후 나타난 새로운 경제 질서를 지칭하는 용어로 급부상한 용어이다. 즉, 미국의 버블경제 이후 새로운 경제적 표준(Standard)이 일상화된 미래를 일컫는다. 전 세계가 코로나19를 겪고 있는 지금, 뉴노멀이 다시 세계적인 화두가 되고 있다. 이제 코로나19 사태가 2008년 미국발 금융위기를 기점으로 진행 중인 세계화의 둔화를 가속화하리라는 전망이 불가피하게 많아졌다. 이렇듯 경제적인 변화에서 시작된 이 용어는 코로나 팬데믹 상황 이후 자리하게 될 새로운 일상의 정상성이나 표준을 의미하게 되었다.

뉴노멀 시대의 새로운 표준은 우리 일상의 행동을 넘어 정치와 경제, 사회와 문화, 과학기술과 예술, 교육 등 거의 전 영역에 걸쳐 코페르니쿠스적 변화를 예고하고 있다. 이러한 시점에서 필자는 인문학이 포스트코로나 시대에 어떻게 대비해야 할 것인지 점검해 보고 뉴노멀 시대에 인문학이 가야 할 길에 대해 고찰하고자 한다. 따라서 필자는 인문학이 뉴노멀 시대에 새로운 변화를 해야 하는 이유, 그리고 인문학이 뉴노멀 시대에 인간과 동물의 관계를 근본적으로 다시 설정해야 하는 이유, 궁극적으로 코로나19 이후에 다가올 인문학의 역할과 과제 그리고 미래를 전망해 보고자 한다.

2. 코로나19, 동물과 인간의 거리 두기

코로나19로 인해 모든 세계에서 사회적 거리 두기, 생활 속의 거리 두기가 일상화되었다. 이런 거리 두기가 언제까지 갈 것이란 기약은 아직 없다. 최재천 교수(이대 자연과학부 석좌교수)는 코로나19를 퇴치하려면 백신밖에 답이 없다는 대부분의 전문가들과는 다른 입장을 표명한다. 즉, 그는 약품백신과 같은 화학백신보다 더 좋은 백신은 행동백신과 생태백신이라 말한다. 사회적 거리 두기가 바로 행동백신의 일종이다. 옮겨 다니지 못하게 하면 바이러스는 아무 힘이 없다. 숲속에서 우리에게 건너지 못하게 하는 것이 생태백신이다. 우리가 행동만 확실하게 하면 옮아가지 않는다. 그게 훨씬 좋은 방법이다.6)

주지하듯이, 사회적 거리 두기는 전염병의 지역사회 감염 확산을 막기 위해 사람들 간의 거리를 유지하자는 캠페인이다. 가급적 집에서 머무르고, 재택근무나 유연 근무제를 실시하고, 종교집회 등의 집단 행사나 모임을 삼가자는 내용을 담고 있다. 이 용어는 지난 2009년 인플루엔자 팬데믹(influenza pandemic) 발발 당시 세계보건기구(WHO)에서 처음으로 규정했다. 유럽사회에 전염병이 몰아치기 시작한 것은 서기 165년에 발병한 안토니우스 역병(The Antonine Plague)이다. 당시 로마제국의 약 6,000~7,000만 명이 피해를 입었던 것으로 알려져 있다. 이 전염병은 천연두였을 것으로 추정된다. 이후 전염병은 십자군과 순례자들을 통해 중동지역에서 서유럽으로 세력을 넓혀 북유럽과 러시아까지 퍼져나갔다. 천연두가 어떻게 로마제국에 들어 왔는지는 여전히 논란이 있

6) 최재천, 「생태와 인간」, 『코로나 사피엔스』, 인플루엔셜, 2020, 32쪽.

다. 하지만 외국과의 무역이나 전쟁에서 돌아 온 군인들에 의해 확산되었을 가능성이 높다. 이동이 잦은 군대와 상인 무리, 단체생활을 하는 군인과 수도사들은 전염병을 확산시키는 주요 매개체였다.[7] 지난 2002년 11월, 월드컵 열기가 식어들 무렵 중국에서 처음 나타난 사스는 2003년 상반기까지 29개국에 걸쳐 8,000여 명의 감염자를 발생시켰다. 2012년 중동에서 처음 발견되어 유행한 메르스나 2014년부터 서아프리카를 휩쓴 에볼라, 그리고 이번 2019년부터 지금까지 유행하고 있는 코로나19까지 인류는 유행병이라는 홍역을 치르며 살아 왔다.[8]

사실상 우리 인류는 코로나 팬데믹 시대의 변화를 이미 일상생활에서 깊숙이 체험하고 있다. 또한 현재 우리가 겪고 있는 코로나19의 위기는 시간 흐름의 문제일 뿐이지 반드시 극복할 수 있다는 확신이다. 이러한 상황에서 코로나19 이후에 다가오는 미래에 대한 가장 확실한 전망은 "자연과 인간의 새로운 관계설정"에 달려 있다. 왜냐하면 자연을 대면하고 있는 인간의 태도에 대한 근본적인 성찰과 반성, 그리고 일상에서 본래의 생태환경을 회복하고자 하는 개인의 실천적 노력이 전제되지 않는다면, 코로나19와 같은 감염병 위기상황은 언제, 어디서든 다시 찾아올 수 있기 때문이다. 『공감의 시대』(2010)를 쓴 제레미 리프킨(Jeremy Rifkin)에 의하면, "1900년대 지구에서 인간이 차지한 땅은 14%에 지나지 않았다고 한다. 2000년이 됐을 때 인간은 지구의 77%가 되는 땅을 사용하고 있었다."[9]

주지하듯이, 인간의 경제활동에 의한 결과가 우리 일상을 망가뜨렸다. 북극의 빙하가 녹아내리고 오존층이 무너져 내리는 것 모두 인간의

7) 홍윤철, 『팬데믹』, 포로체, 2020, 29쪽.
8) 마크 호닉스바움, 『대유행병의 시대 – 스페인독감부터 코로나19까지』, 506쪽.
9) 제레미 리프킨, 『공감의 시대』, 이경남 옮김, 민음사, 2010, 600쪽.

활동에서 비롯된 것이다. 코로나19는 에볼라, 니파, 사스, 신종플루, 메르스 등 신종 감염병들의 최신 버전이면서 기후변화와 깊이 연결된 현상이다.[10] 따라서 처음부터 코로나19와 기후위기를 발생시킨 근본 원인, 즉 환경파괴와 온실가스 배출 자체에 대한 책임을 묻는 것이 중요하다.[11] 과거의 위험은 홍수, 가뭄, 화산처럼 우리 외부에서 일어났다. 반면에 생태계 파괴, 환경파괴와 같은 현대의 위험은 인류의 필요와 욕망을 채워준 산업기술의 진보로 초래될 수밖에 없는 위험들이다. 결국 현대 사회의 위험은 자연 자체가 아니라 자연을 지배하는 인류 문명에서 비롯된다. 문명위기가 기후위기를 일으키고 기후위기가 다시 문명위기를 일으킨다.[12]

코로나 바이러스19와 같은 인수공통감염병은 대부분 야생동물에서 유래한다. 많은 전문가들은 "인간이 생태계를 파괴하는 행위를 멈추지 않는 한"[13], 이와 같은 전염병은 향후 계속 나타날 수 있다고 경고해 왔

10) John Cadham, 2020, "Covid-19 and climate change", CIGI Essay Series, Center for International Governance Innovation 24 August. https: www.cigionlineorg/articles/covid-19 and-climate-change

11) 조효제, 『탄소사회의 종말-인권의 눈으로 기후위기와 팬데믹을 읽다』, 21세기북스, 2020, 84쪽.

12) Notre Affsire à Tous, 『기후위기선언』, 이세진 옮김, 마농지, 2020, 65-66쪽.

13) 1962년 생물학자 카슨(Rachel Carson)의 『침묵의 봄(Silent Spring)』 발간으로 현대 생태학은 새로운 전환점을 맞이하게 되면서 생태사상과 녹색정치의 발전에 많은 파장을 일으킨 바 있다. 인간이 사용하는 농약과 살충제들이 자연계에 오랫동안 머물면서 야생동물의 생식과 발육을 저해하여 급기야는 봄이 되어도 새가 우짖는 소리를 들을 수 없는 세상이 되고 말 것이라고 카슨은 경고했다. 그녀는 이 책에서 미시건 주립대학 교정의 느릅나무를 좀먹는 해충을 잡기 위해 뿌려진 살충약 DDT가 먹이사슬을 통해 어떻게 종달새 소리를 들을 수 없는 고요한 봄을 가져왔는가를 생생하게 묘사했다. DDT는 살충제 및 제초제로 사용되는 화학약품의 일종이다. 인류는 노동력을 절감하고 농업 생산성을 높이기 위해 이 약품을 마구잡이로 뿌렸다. 카슨은 인간의 무분별한 농약 사용으로 인해 생명체들이 사라져 버린 미국중부의 어느 마을에서 아무런 생명의 소리 없이 다가오는 정적의 봄을 가상적으로 그렸다. 그러나 이런 일들은 향후 미국의 수많은 마을, 전 세계 어느 곳에서도 일어날 수 있다고 말했고 이는 현실이 되었다. 카슨은 자연을 대상으로 취급하는 인간의 개발행위로 인해 인간뿐만 아니라 많은 생명체가 지구상에서 사라질 수 있음을 표현했다. 『침묵의 봄』은 대중뿐만 아니라 정치가들에게도 충격을 주어 캐나다 정부가 환경대책 마련을 서두르게 되는 계기가 되었다.(레이첼 카슨, 『침묵의 봄』, 김은령 옮김, 에코리브르, 1990, 29-39쪽).

다.[14] 즉, 인간은 가축을 이용하면서 자신이 자연의 지배자이며, 동물이건 식물이건 뜻대로 부릴 수 있다는 인식을 확실히 갖게 되었지만 생태계란 어마어마하게 복잡해서 한번 건드리려면 단단히 각오해야 한다는 것, 동식물은 우리가 이곳에서 저곳으로 옮기고 싶다고 해서 마음대로 할 수 있는 존재가 아니라는 것을 깨우쳐야 한다.[15]

데이비드 월러스 웰즈(David Wallace Wells)는 『2050 거주불능지구』(2020)에서 30년 내에 지구에 인간이 거주하는 것이 불가능해질 수 있다고 말한다. 예컨대 지난 2011년 약 100만 명에 이르는 시리아 난민이 기후변화와 가뭄으로 촉발된 내전으로 유럽 곳곳으로 퍼졌다. 사실상 이런 난민 쇼크가 불러일으킨 공황 상태 때문에 오늘날 서구권 전체가 포퓰리즘 시대를 맞이했다고 해도 과언이 아니다. 유엔은 2050년에는 기후난민이 2억 명에 달할 것이라 내다보았다. 로마제국이 전성기를 누릴 때 전 세계 인구가 2억 명이었다. 최악의 시나리오는 30년 뒤에 싸움을 벌이거나 도망을 치는 것 이외에 다른 선택지가 거의 없는 취약한 빈민층이 10억 명에 달할 수 있다는 것이다.[16] 유엔의 정부간 기후변화위원회는 2007년도 제3차 평가보고서에서 "지난 50년간 관찰된 지구 온난화의 원인 대부분은 인간의 활동이라고 밝히고 있다.[17] 즉, 이 보고서는 산업혁명이후 일어난 지구 온난화가 인간의 활동에 의해 초래된 것이라 보았다. 지금까지 인간의 활동 가운데서도 주로 화석 연료 및 토지개발과 관련된 인간의 활동에 그 원인이 있다는 것을 분명히 했다.[18]

---

14) 양해림, 「건강권과 인권」, 『인권과 사회』, 충남대학교 출판문화원, 2020, 302쪽.

15) 톰 필립스, 『인간의 흑역사』, 홍한결 옮김, 윌북, 2019, 69쪽.

16) 데이비드 월러스 웰즈, 『2050 거주불능지구』, 김재경 옮김, 추수밭, 2020, 23쪽.

17) Thomas J. Growley, "Causes of Climate Change over the past 1000Years", in: *Science*. 14. July, 2007, pp.270-279.

18) 양해림, 『기후변화, 에코(ECO) 철학으로 응답하다』, 충남대학교 출판문화원, 2016, 124쪽.

바이러스는 인간의 활동과 무관하지 않다. 예컨대 세균은 독자적 증식이 가능한 생물이다. 그에 비해 바이러스는 스스로 증식하지 못하여 남의 유전자에 올라타 숙주가 증식할 때 슬쩍 뒤따라서 증식하기 때문에 엄밀한 의미로는 생명체가 아니다.[19] 전문가들은 이미 신종 바이러스가 인플루엔자나 코로나19 바이러스처럼 상당히 빠르게 진화할 것이라 예측해 왔다. 즉, 우한, 메르스, 사스는 모두 예견된 사건이었다. 이들 모두 동물의 병원체가 인간에게 건너와서 생긴 병, 즉 인수공통감염병이다. 그렇다면 인수공통감염병이 왜 중요할까? 인수공통감염병은 모든 전염병을 이해하는 열쇠이기 때문이다. 인수공통감염병이 광범위하고 빈번하게 발생하고 있다는 사실은 이제 놀라운 일이 아니다. 왜냐하면 현재 인류는 세계화로 긴밀하게 연결되어 있고 도시 인구는 밀집되어 있어 바이러스가 한번 시작되면 전 세계로 퍼질 수 있는 환경이기 때문이다. 또한 인간들은 야생 생태계를 계속해서 훼손하고 있고 이로 인해 야생동물과 접촉하는 일이 점점 늘어나고 있다. 이로 인해 바이러스가 우리에게 한층 더 가까이 와 있다. 그래서 인간이 야생 생태계를 파괴하고 접촉이 늘어나는 한, 동물에서 사람으로 전파되는 신종 바이러스의 출현은 더욱 자주 일어날 것이라는 우려는 현실이 되었다.

모든 야생동물들은 자기만의 바이러스를 갖고 있다. 특정 종에만 반응하는 바이러스도 있고 특정 집단에 반응하는 경우도 있다. 야생에는 우리가 다 파악할 수 없을 정도로 수많은 바이러스들이 존재한다. 야생동물을 숙주로 삼아 존재하는 것이다. 그런데 사람이 야생동물과 접촉을 하게 되면 바이러스는 인간이라는 새로운 숙주로 옮겨갈 수 있는 기회를 얻게 된다. 중요한 것은 바이러스가 이런 기회를 스스로 찾아다니

19) 최재천, 「생태와 인간」, 『코로나 사피엔스』, 인플루엔셜, 2020, 22쪽.

는 것이 아니라 우리 인간이 동물에게 다가가면서 벌어지는 일이라는 것이다. 인간이 동물을 마구 포획하거나 죽이고 잡아먹으면서 밀접한 접촉이 이루어지고, 이 과정에서 바이러스가 인간으로 옮겨 올 수 있는 기회를 갖는 것이다. 일단 사람에게 들어온 바이러스는 인간의 몸에서 복제를 하기 시작한다. 그리고 바이러스는 또 다른 사람에게 전염된다. 그렇게 자리를 잡은 바이러스는 새로운 숙주를 찾았다는 사실에 빠르게 반응한다. 적응력이 높은 바이러스들이 특히 위험한 이유도 여기에 있다. 이들은 새로운 숙주에 더 잘 적응할 가능성이 높기 때문이다.[20) 따라서 모든 국가는 국민들의 바이러스 감염을 대비하고, 국민의 건강권과 생명권을 보호하기 위해 필요한 모든 예방, 치료 조치를 신속히 취해야 한다. 국가 내 보건의료 용품, 시설, 서비스, 코로나19 백신 및 치료제, 건강을 위해 반드시 필요한 물과 위생 등을 충분히 제공하고 취약계층, 소외계층을 포함하여 충분히 활용할 수 있게 보장해야 한다.

3. 포스트코로나 뉴노멀

세계적인 현대철학자 슬라보예 지젝(Slavoj Ziziek)은 팬데믹 이후의 상황에 대해 이택광 교수(경희대)와 대담한『포스트 코로나 뉴노멀』(2020)에서 우리 인류가 어떤 미래에 직면하게 될 것인가에 대해 다음과 같이 말한다.

> 사실 많은 사람이 이미 이런 상황이 올 거라고 예견한 바 있어요. 안정된

20) 데이비드 콰먼,『인수공통 전염병의 열쇠』, 강병철 옮김, 꿈꿀 자유, 2020.

세상에 살고 있다가 어느 날 갑자기 난데없이 코로나19가 발생했다고 생각한다면 오산이에요. 독감이나 코로나19 같은 전염병 바이러스는 언제든지 나올 준비를 하고 있었어요. 우리는 이제 바이러스와 공존하면서 바이러스를 통제하는 법을 배워야 해요.[21)]

과거는 이미 지나가 버린 상황이에요. 이제 우리는 앞으로의 세계에 맞서야 해요. 미국처럼 경제 정상화를 위해 수많은 사람을 죽음의 위험에 노출시켜 서는 안 돼요. 현재 세계에는 빈곤한 사람이 너무나 많아요. 어쩌면 바이러스의 위협보다 더 좋지 않은 현실을 살아가는 이들이 세계 곳곳에 있습니다. 감염의 위험성보다는 당장 식구들을 먹여 살리고 보금자리를 구하는 일이 더 시급한 사람들 말입니다. 우리는 어쩌면 그런 사람들이 위험에 노출되는 것을 알면서도 모르는 척하는 것일 수도 있어요. 이런 상황이 계속된다면 바이러스로부터 보호받을 수 있는 사람과 그렇지 못한 사람 간의 양극화는 더욱더 심각해질 수밖에 없습니다. 뿐만 아닙니다. 코로나19 이후 디지털 미디어의 힘은 더욱 막강해졌어요. 덕분에 구글이나 페이스북 같은 기업을 보유한 국가는 엄청난 제어 능력을 갖게 되었죠. 대기업과 국가 기관들에 의해 디지털 미디어는 점점 더 통제되고 있어요.[22)]

글로벌 컨설팅 업체 알릭스파트너스(Alix Partners)는 2020년 9월에 발간한 '디스럽션 인사이트' 보고서에서 '단 7개월 만에 일어난 7년치의 변화'라는 부제로 포스트코로나 시대에 주목해야 할 5대 뉴노멀 트렌드로 ① 탈세계화의 가속화(Deglobalization), ② 비대면문화의 확산(Untact Culture) 및 높아진 신뢰의 중요성, ③ 디지털 전환(Digital Transformation) 촉진, ④ 소득수준 및 건강 관심도에 따른 소비행태 변화(Consumption Behavior), ⑤ 효율성보다 회복탄력성을 제시했다. 이와 같은 뉴노멀 시대의 변화에 대한 구체적인 이유는 다음과 같이 살펴볼 수 있다.

---

21) 슬라보예 지젝·이택광, 『포스트 코로나 뉴노멀』, 비전, 2020, 72쪽.
22) 위의 책, 89쪽.

첫째로, 2019년 말에 발생한 코로나19는 상품, 서비스, 자본, 인력 등의 국제적 이동을 촉진했던 세계화의 구조에서 빠르게 전 세계로 확산되었다. 최근 80억에 달하는 세계인구, 그리고 밀접하게 연결된 세계는 호흡기를 통해 전파되는 바이러스 질환에는 더 없이 좋은 기회를 제공한다. 재레드 다이아몬드(Jared Diamond) 교수는 뉴노멀 시대에 국가간 빈부격차가 야기하는 문제 가운데 신종 감염병의 확산도 포함된다고 언급한다. 오늘날 기술의 발달과 세계화로 많은 사람들이 전 지구를 자유롭게 오가고 있다. 그 과정에서, 공중위생과 공중보건에 투자할 여력이 없는 가난한 나라에서 신종 감염병이 등장해 전 세계로 퍼져 나갈 수 있다. 소득 격차가 낳은 감염병이 국가적 풍토병에 그치는 것이 아니라 전 세계인의 건강을 위협하는 유행병이 될 수 있다는 것이다.[23)]

또한 다이아몬드 교수는 지난 2020년 10월 22일 한국언론진흥재단이 개최한 '2020 저널리즘 주간'의 기조 강연에서 코로나19가 세계적으로 확산되고 있지만, 인류를 천천히 죽이고 있는 세 가지 문제는 "기후변화, 자원고갈, 사회 불평등"이라 강조한다.[24)] 코로나19는 백신이 개발되면 극복할 수 있지만 이 3대 문제는 영구적으로, 그리고 경제적인 문제까지도 일으킬 수 있다고 말한다. 코로나19가 인류 역사상 처음으로 전 세계 모든 사람이 세계적 문제에 직면해 있고 공동의 해결책이 필요하다는 것을 알게 했다는 점에서는 긍정적일 수 있다. 하지만 코로나19로 전 지구가 협력할 수밖에 없는 상황에 직면해 있고 함께 대응하지 않으면 어느 한 국가도 안전할 수 없다는 것도 일깨워 주고 있다.[25)]

---

23) 재레드 다이아몬드, 「현대문명은 지속될 수 있는가?」, 유발 하라리 외, 『초예측』, 정현옥 옮김, 웅진지식하우스, 2019, 75쪽.

24) 이에 대한 자세한 내용은 재레드 다이아몬드, 「장래에 세계가 해결해야 할 과제는?」, 『대변동-위기, 선택, 변화』, 김영사, 2019, 475-547쪽 참조.

25) 유럽과 미국 등에서 200만 명의 구독자를 보유한, 독일의 수준 높은 사회, 문화, 정치주간지 "디 차이트

이는 그동안 노출된 세계화의 다양한 문제점과 함께 세계화를 위험한 것으로 인식하게 되는 계기가 되었다. 이에 따라 각국은 독자적인 형태의 정치, 경제체제를 비롯하여 많은 영역에서 새로운 체제를 구축하게 될 것이며, 이로 인해 획기적인 국제질서의 변화가 예상된다.

미국의 前국무장관 헨리 키신저(Henry A. Kissinger)도 "코로나19가 세계질서를 영구적으로 변형시킬 것이며, 특히 자유 세계의 질서가 위협받을 수 있다. 자유질서가 가고 과거의 성곽도시가 다시 도래하는 시대착오가 일어날 수 있다"[26]고 우려를 표명한 바 있다. 이처럼 세계화로부터의 탈출은 뉴노멀 시대의 가장 두드러진 현상 중의 하나가 될 것이다.

둘째로, 전 세계 각국은 코로나19 이후 가속화하는 디지털 전환을 서두르고 있다. 우리가 이미 일상에서 경험하고 있듯이 사회적, 문화적 거리 두기는 새로운 형태의 온라인 소통구조를 형성하고 있다. 미래학자 제이슨 셍커(Jason Schenker)는 『코로나 이후의 세계』(2020)[27]에서 "온라인 교육의 확대와 재택근무의 증가"를 코로나19가 가져온 두드러진 변화로 손꼽았다. 셍커는 "교육의 미래는 온라인이다"라고 강조한다. 온라인 교육이 뜨기 시작하면서 그 추세는 한동안 가속화되었는데 이제 코로나19 사태로 인해 거의 모든 학생이 교실을 벗어나 온라인으로 수업을 듣는 것이 일상화되었다. 이러한 변화는 초·중·고교 및 대학 교육,

---

(Die Zeit)"는 지난 2021년 1월 7일자 발행 신문을 통해, 세계와 독일은 코로나19 바이러스 세계 대감염 사태에서 '한국'이 선택하고 있는 방역 대처와 정책을 배워야 한다고 말한다. 지금 세계는 작년 봄 여름보다 더 심각한 감염 위기 상태다. 이때 세계의 언론은 다시 한국에 시선을 보내고 있다. 또한 독일 베를린 훔볼트 대학교(Humboldt-Universität zu Berlin)의 독일 경제학 교수이자 2013년 2월부터 베를린에 소재한 경제 연구소 DIW Berlin의 회장을 맡고 있는 마르셀 프라츠셔(Marcel Fratzscher)의 칼럼 "연대가 사회 다원주의(개인주의)를 이긴다"를 통해 <한국이 방역에 성공하는 이유>로 시민의 연대(Solidarität)를 강조한다.(https://www.zeit.de/wirtschaft/2021-01/lockdown-ausgangsbeschraenkung-solidaritaet-zusammenhalt-corona-krise-bekaempfung)

26) Henny A. Kissinger, "The Coronavirus Pandemic Will Forever Alter the World Order: www.wjs.com/articles/the-coronavirus-pandemic-will-forever-alter-the-world-11585953005

27) 제이슨 셍커, 『코로나 이후의 세계』, 박성현 옮김, 미디어숲, 2020.

전문 교육, 그리고 정규 및 비정규 교육 등 모든 부문에서 마찬가지다.[28] 코로나19 팬데믹에 따른 온라인 강좌는 원격 강의든 온오프라인 혼합형 강의든 간에 교육의 미래에 결정적인 영향을 미칠 것이다. 즉, 코로나19 팬데믹으로 전체적으로 교육의 혜택을 받는 비율이 증가할 것이다. 하지만 그와 동시에 온라인으로 진행되는 강좌 수 역시 기하급수적으로 증가할 것이다. 사람들은 학비가 너무 비싼 교육에 반발할 것으로 보이고 실제로 등록금을 반환해 달라는 소송들이 세계 곳곳에서 벌어지고 있다.[29] 셍커에 따르면 향후 교육의 세 가지 트렌드는 ① 교육 길드 시스템의 해체로 교육에 들어가는 중간비용이 사라지는 것, ② 온라인 플랫폼 시스템을 보편적으로 만들어서 보다 많은 이들을 교육하는 것, ③ 학습 경험을 향상시킬 기회가 있다는 것이라고 한다.[30] 또한 재택근무 분야의 성장은 2000년대 중반부터 이미 대두되었는데, 그러한 트렌드에 대해서는 "Jobs for Robots"[31]에서도 얘기한 바 있다. 재택근무의 확산이 갖고 있는 가치는 아주 간단하다. 직장인들은 시간을 절약할 수 있고 고용주는 지출 비용을 절약할 수 있다. 고용주는 사무실 공간, 편의 시설, 서류 용지 등의 비용을 지출할 필요가 없다. 직장인들은 사무실로 출근하지 않으니 주차공간도 필요 없어진다. 코로나의 영향으로 상당수의 기업들이 최대한 많은 노동자를 재택근무로 전환하는 조치를 했다. 많은 경우 코로나 이후에도 재택근무가 일상이 될 전망이다.[32]

하지만 재택근무를 할 수 있는 사람들은 코로나19에서 비교적 안전

28) 위의 책, 34쪽.

29) 위의 책, 43쪽.

30) 위의 책, 36-37쪽.

31) Jason Schenken, Jobs for Robots-Between Robocalypse and Robotopia, Prestige Professional Publishing, LLC 2017.

32) 제이슨 셍커, 위의 책, 2020, 54쪽.

할 수 있겠지만, 청소 노동자나 택배 노동자 같은 필수 인력들은 위험 속에 노출된 채 살아갈 수밖에 없다. 그동안 세상은 끝없이 '지속 가능한 성장'을 얘기했지만, 오히려 코로나19는 '성장이라는 것은 지속 가능하지 않다'라는 것을 우리에게 보여주었다. 새로운 삶을 추구하는 것이 필요하다는 의미에서 지금의 코로나19는 일종의 문명사적 전환, 코페르니쿠스적 전환으로 나타났다고 볼 수 있다. 이제 디지털 전환은 뉴노멀 시대에 필수 불가결한 소통의 구조이자 기술, 그리고 주요 산업이 되었다. 그렇기 때문에 최근 LG CNS와 SK㈜C&C, 삼성SDS 등 국내 주요 기업들도 디지털 전환에 더욱 속도를 내고 있고, 기업의 새로운 이윤 창출을 위해 기존 조직의 확대와 역량을 더욱 강화하고 있다. 또한 스마트폰을 통해 디지털 공간에서 새로운 세상을 창조하는 "포노사피엔스(Pono Sapiens)"[33]로 지칭되는 신인류가 탄생했다. 스마트폰을 손에 든 인류는 정보의 선택권이 자신에게 있다는 것을 알아버렸고, 그에 따라 정보를 보는 방식도 진화했다. 뇌는 자기에게 즐거움을 주는 정보를 끊임없이 원한다. 이것이 진화의 방향이다. 그래서 스마트폰을 통해 자기가 좋아하는 정보만을 보고 복제하게 되었고, 이로 인해 생각은 모두 개인화되었다.[34] 따라서 포스트코로나 시대에 포노사피엔스는 현실 공간, 디지털 공간, 그리고 양자를 혼합한 공간에 사는 존재가 됨으로써

---

33) '포노'가 라틴어로 스마트폰, 폰을 의미하고 사피엔스는 호모 사피엔스의 약자다. 포노사피엔스란 스마트폰을 신체 일부처럼 쓰는 새로운 인류이다. 코로나19 사태 이후 문명의 변화가 더욱 가속화하면서 디지털 문명, 포노사피엔스 문명으로 갈 것으로 보인다.(최재붕, 「문명의 전환」, 최재천 외, 『코로나사피엔스』, ㈜인플루엔셜, 2020, 76쪽.) 스마트폰을 사용하는 인구는 모두 포노사피엔스라 할 수 있다. 이는 전 세계 인구의 40퍼센트에 해당한다. 더 면밀히 말하자면 소득수준이 높은 사람들이라 할 수 있다. 스마트폰을 사용한다고 해서 모두가 같은 기준으로 쓰는 것은 아니다. 레벨1은 전화, 메신저, 검색, 카메라 등을 사용하는 사람, 레벨5는 은행업무, 일정관리, 게임, SNS 등을 사용하는 사람, 레벨 10은 시스템 개발, 비지니스 모델 구축을 할 줄 하는 사람으로 분류할 수 있다(최재붕, 『포노사피엔스-스마트폰이 낳은 신인류』, 쌤앤파커스, 2019, 53-57쪽 참조.)

34) 최재붕, 「뉴노멀 역변없는 진화」, 『포노사피엔스-스마트폰이 낳은 신인류』, 쌤앤파커스, 2019, 35-36쪽.

디지로그 문명이 뉴노멀로 자리를 잡을 것이다.[35)]

셋째, 코로나19로 인한 소비행태의 변화는 사회적 거리 두기로 인한 "온라인 쇼핑의 증가"[36)]이다. 또한 코로나19는 국내 소비 트렌드에도 많은 변화를 가져왔다. 지난 2020년 12월 하나 금융경영연구소는 "코로나19가 가져온 소비 행태의 변화보고서"에서, 코로나19로 인해 두드러진 소비 트렌드로 퍼스널 모빌리티(Personal Mobility)[37)]와 그린 하비(Green Hobby) 등을 손꼽았다. 특히 코로나19 이후 개인이동 수단의 증가는 대중교통에 대한 불안감에 기인한 것이 크다. 셀프 텃밭과 주말 농장, 플랜테리어(식물을 활용한 실내 인테리어) 등 그린 하비에 대한 관심이 커지면서 화원·화초와 비료·종자업종 매출도 1년 전에 비해 각각 9%, 15% 늘었다.[38)] 셀프 텃밭을 가꾸는 경향이 커진 것은 안정적인 생활영역과 안전한 식생활을 확보하기 위해서이다. 이러한 소비행태의 변화에 대한 지속적인 관심과 이해는 특히 농촌지역에 보다 큰 부가가치를 창출할 기회가 될 것으로 예상한다.

넷째로, 일상에서 비대면 문화의 확산은 가장 두드러진 현상이자 이미 뉴노멀 시대의 표준이 되었다. TV방송에서의 비대면 공연은 낯설지 않은 일상이 되었으며, 개인 유튜브방송을 포함한 다양한 비대면 미디

---

35) 김기봉,「포스트코로나 뉴노멀과 신문명 패러다임」,『철학과 현실』, 제126호, 2020, 가을호, 128쪽.

36) 코로나19 영향으로 비대면 쇼핑이 늘어나는 가운데 지난 2020년 12월 전체 소매판매에서 온라인쇼핑이 차지하는 비중이 처음으로 30%를 돌파했다. 지난 2021년 2월 2일 통계청이 발표한 '2020년 12월 및 연간 온라인 쇼핑 동향'을 보면, 2020년 12월 온라인쇼핑 거래액은 15조 9946억 원으로 전년 동월 대비 26.1% 증가했다. 12월 전체 소매판매액(42조 510억 원)에서 온라인쇼핑이 차지하는 비중은 30.4%로 처음으로 30%를 넘어섰다. 2020년 연간으로는 온라인쇼핑 비중이 27.2%로, 2019년(21.4%)보다 5.8%포인트 늘었다.(http://www.hani.co.kr/arti/economy/economy_general/981596.html)

37) 퍼스널 모빌리티 디바이스(personal mobility device)는 개인용 이동수단을 지칭하는 말이다. 전동휠, 전동킥보드, 전동스케이트보드, 전기자전거 등이 이에 해당하며 주로 전기를 동력으로 움직이는 1인용 이동수단이다. 태양광 전력생산기술 발달의 영향으로 저전력 운송기능의 가능성이 부각되면서 공해가 적고 공간을 많이 차지하지 않아 이동수단 및 레저용품으로 입지를 늘려 나가고 있다. 앞으로 도로교통법상 퍼스널 모빌리티에 해당하는 이동수단은 '개인형 이동장치'로 분류된다.

38) 시사캐스트(http://www.sisacast.kr)

어 매체가 점점 더 그 영역을 확장하고 있다. 또한 미국의 화상회의 업체 줌(ZOOM) 서비스를 비롯하여 다수의 화상회의 플랫폼을 통한 비대면 교육은 소통문화에 특별한 변화를 주고 있다. 지난 2020년 9월 포스텍 컴퓨터공학과 홍원기 교수가 개발한 국산 비대면 회의 및 수업 플랫폼인 V-Meeting은 우수한 보안성을 기반으로 온라인 교육의 효율성을 크게 확대할 것으로 주목받고 있다. 이처럼 비대면 수업은 초기의 비판적인 시각에서 보다 긍정적이며 효용도가 높은 수업 방식으로 인식되어 가고 있다. 또한 비대면 수업은 교육분야의 뉴노멀을 주도하고 있다. 문화체육관광부는 2021년도 예산에서 온라인 · 비대면 온라인 문화예술교육 플랫폼 40여 개를 지원하는 데 20억 원을 새로 편성하여 사업을 추진했다. 이렇듯 문체부는 학교 교육과정과 연계해서 다양한 문화예술교육(음악, 미술, 무용 등) 콘텐츠를 개발 · 보급하여 기존 대도시와 농어촌 지역에 형성된 문화예술향유 및 문화예술교육 격차를 줄이는 데에 크게 기여했다.

지금 코로나 팬데믹 상황은 인류사회에 사회적 거리 두기와 친밀함, 자유로운 이동, 화석연료와 에너지, 자연과 기후변화, 인공지능과 윤리, 디지털사회와 비대면 언택트 등에 대한 분명한 성찰 기회를 가져다주었다. 인류가 코로나19로 인한 변화(Change)를 뉴노멀 시대의 기회(Chance)로 새롭게 전환해 내는 것은 현재 각자의 체험과 고통에서 얻은 교훈을 통해서만 가능하다.

4. 맺음말: 뉴노멀의 인문학

이번 코로나19 감염병 사태를 겪으면서 대규모 전염병 앞에서 인간이 쌓아 올린 '문명의 토대'라는 것이 얼마나 허약한 것인지 적나라하게 자각하게 됐다. 향후 더 많은 팬데믹의 위협과 위기상황, 학문의 위기들이 종종 발생할 수 있지만, 우리가 어떻게 대응하는지에 따라 그 결과는 아주 다르게 나타날 수 있다. 주지하듯이, 코로나19 여파가 바이러스 감염병을 다룬 영화 <컨테이젼>(2011)처럼, 전 인류를 공포의 도가니로 몰아넣고 있는 중이다. 그 충격에 따른 향후 변화를 예측하기는 아직 이르다. 현재 전 지구를 마비시키고 있는 팬데믹을 둘러싼 담론은 크게 두 가지 관점에서 전개되고 있다. 하나는 미시적 관점에서 감염병 사태의 관찰과 보고(報告), 방역과 치료, 그리고 감염병이 몰고 온 경제위기에 대한 논의이다. 다른 하나는 거시적 관점에서 포스트코로나(postcorona) 시대에 대한 전망이다. 여기에는 기후변화로 인한 기후위기, 자본주의의 변화, 세계패권의 변화도 주요하게 다루어진다. 이렇게 무성한 코로나 담론시장에서 인문학적 반성과 성찰이 과연 얼마만큼 경쟁력을 갖고 있는지도 확신할 수 없다.[39)]

코로나19 사태가 곧 백신이나 치료제 등을 통해 어느 정도 일단락되면, 지난 세계화의 슬로건이었던 "팬데믹과 싸우는 데는 큰 정부가 필요했지만, 앞으로 정부 개입을 최소화하고 시장에 힘을 실어주어야 한다"는 주장이 힘을 얻을 수 있다. 또한 시민들이 코로나19에서 본능적으로 느낀 교훈을 잊지 않고, 향후에도 지속적으로 찾아올 감염병과의

---

39) 안재원, 『아테네 팬데믹』, 이른비, 2020, 12-13쪽.

대결에서 '유능하고 민주적인 정부'와 '호혜적인 시민에 기초한 공동체' 효능이 지속된다면 어떻게 될까? 그동안 대기업과 시장 쪽에 일방적으로 치우친 자원 배분의 무게중심이 정부와 공동체 쪽으로 옮겨가면서 적절한 균형이 회복되고, 우리는 그 과정에서 '절제된 세계화'를 향한 구체적인 모습을 만들어 가야 할 것이다. 팬데믹 시대, 뉴노멀 시대의 인문학은 융합·통섭의 추세로 인간과 로봇의 만남이 자연스러운 세계에서 살게 되었지만, 인간과 기계, 그리고 자연과의 만남은 전통교육 시스템의 붕괴를 우려한다. 이제 뉴노멀 시대에서 '내'가 의미하는 모든 내용들은 완전히 뒤바뀔 수 있다. 전통적인 휴머니즘을 추구하는 인문학은 기계의 인공지능(AI)이 사람의 자연지능을 추월하는 특이점을 통과한 "미래사회의 다양한 모습"[40]에 대해 진지한 변화를 예고하고 있다. 최근 몇 년간 인공지능이 급속도로 발전하면서 인터넷의 종말을 언급하는 기사도 등장했다. 실제로 인터넷의 발달로 인해 방대한 데이터가 쌓였고 이는 클라우드컴퓨팅의 연산능력을 급속도로 끌어올렸다.[41] 향후 인간의 능력을 능가하는 여론의 수렴과 복잡한 정보들을 계산해 내는 데는 인공지능이 필수적이다. 인공지능을 활용한 혁신적 방법론은 특정한 정책영역에서 매우 가치 있는 것으로 점차 입증되어 가고 있다.[42]

---

40) 일본경제신문사, 『AI 2045 인공지능미래보고서』, 서라미 옮김, 반니, 2020. 인공지능의 다양한 모습 가운데 예컨대 독일 뒤스부르크-에센대학교의 2016년 연구에 따르면, 인터뷰에 응한 이성애자 남성 40% 이상이 현재 혹은 향후 5년 안에 섹스 로봇을 구입할지도 모른다고 말한다.(제니 클리먼, 『AI시대, 본능의 미래』, 고호관 옮김, 반니, 2020, 36쪽.) 데이비드 레비는 『로봇과의 사랑과 섹스』라는 책에서 섹스 로봇의 도입은 불가피하고 장기적으로 인간과 섹스로봇 간의 결혼도 가능할 것이라 예측한다.(신상규, 「로봇과의 사랑? 관계의 재구성」, 신상규 외, 『포스트휴먼이 몰려온다』, 아카넷, 2020, 118쪽 재인용.)

41) 나는 미래다 방송제작팀, 『인공지능의 현재와 미래』, 권용준 옮김, 보아스, 2020, 32쪽. 예컨대 데이터를 받아들이려면 아주 강력한 연산능력과 인공지능의 알고리즘이 필수적이다. 즉 강한 연산능력과 인공지능 기술로 상황을 분석하여 첨단 자율주행차에 정착시킨다.(나는 미래다 방송제작팀, 『인공지능의 현재와 미래』, 90-91쪽 참조.)

42) 박영숙·제롬 글렌, 『세계미래보고서 2021』, 비지스북스, 2021, 217쪽.

팬데믹의 시대, 4차 산업혁명 시대에서 향후 인문학의 미래에 대해 적절한 처방책을 진단하는 것은 그다지 쉽지 않다. 『세계미래보고서 2021』은 10년 안에 미국 내 절반의 대학이 파산한다고 예측한다.[43] 저명한 미래학자 토마스 프레이(Thomas Frey) 또한 "2040년 세계 대학의 절반이 사라진다"고 예측한다. 그 이유는 지식의 반감기가 매우 짧아져 대학이 산업의 수요를 따라갈 수 없기 때문이다. 지금까지 대학 졸업장이 좋은 일자리를 보장할 것이란 믿음이 있었지만, 그런 믿음도 이미 깨졌다. 프레이는 지금과 같은 시기에 4년이라는 시간과 많은 학자금을 쓰는 것에 대해 의문을 제시할 필요가 있다고 말한다. 현재는 정보의 흐름이 너무 빠르고, 고급 정보는 대학 밖에 있기 때문이다. 사람들은 대개 트렌드를 그저 일어나는 것, 마치 다른 공간에서 옮겨오듯이 저절로 생기는 것이라 생각한다. 트렌드는 좇아가야 하는 대상이 아니라 만들어지는 것이다. 미래의 주인이 되고자 한다면 근처 산기슭이 광산 소유지라도 되는 듯 적극적으로 답사하고 발굴해야 한다.[44]

코로나19가 세계적으로 유행하여 인문학을 비롯한 주변의 학문까지 많은 것을 바꿔놓았다. 코로나19 사태는 의료시스템이나 경제적 건전성뿐 아니라, 우리가 딛고 서 있는 사상적 기반에 새로운 도전적인 질문을 던지고 있다. 우리가 지금껏 전제해 왔던 개념과 가치, 사회계약, 전통, 권위와 같은 근대적 가치들이 더 이상 우리가 사는 세상을 적절하게 지탱해 주지 못한다면 어떻게 될까? 이러한 질문들에 쉽게 답을 내릴 수는 없다. 하지만 이제껏 인문학의 혁명을 애써 무시 · 외면하고 미루어 왔다면, 이제 코로나19 사태를 계기로 정말 새로운 토대를 마련해야 할

43) 박영숙·제롬 글렌, 『세계미래보고서 2021』, 비지스북스, 2021, 103쪽.

44) 토마스 프레이는 "좋은 대학에 들어가는 것을 지상 최대의 목표로 삼는 한국의 대학교육은 큰 변화가 필요하다"고 강조한다.(윤석만, 『인간혁명의 시대』, 가디언, 2018, 136쪽 참조.) 토마스 프레이, 『미래와의 대화』, 이미숙 옮김, 북스토리, 2018, 47쪽.

뉴노멀 인문학의 순간이 다가온 것이다. 다시 말해 기존의 학문 질서와 체제, 인문학의 트렌드가 무너지고 순식간에 새로운 세계로 진입하고, 돌입해야 하는 뉴노멀의 인문학이 필요한 것이다. 예컨대 실리콘밸리의 벤처 캐피털 리스트(Venture capitalist)인 스콧 하틀리(Scott Hartly)는 『인문학 이벤트: 인공지능 시대를 장악하는 통찰의 힘』(2017)에서 문과와 이과를 나누는 이분법에 의문을 제기한다. 인문학 전공자는 컴퓨터를 모르고 컴퓨터 전공자는 인문학을 모른다. 그는 인공지능 시대에 기술 장벽은 낮아지고 있으며, 더 중요한 것은 올바른 질문을 하는 능력이라 말한다. 하틀리는 이런 능력은 인문학 공부를 통해 얻을 수 있다고 주장한다.[45] 이런 관점에서 유발 하라리(Yuval Noah Harari)는 향후 학교에서 인문학의 교육내용을 이른바 4C, 즉, "비판적 사고(critical thinking), 의사소통(communication), 협력(collaboration), 창의성(creativity)으로 전환"[46]해야 한다고 주장한다. 『통섭』의 저자인 윌슨(Edward Wilson)도 신작 『창의성의 기원』(2020)에서 인문학에서의 창의성을 유독 강조한다. 그는 "창의성이란 독창성을 향한 내면적 추구다"[47]라고 말한다. 창의성의 원동력은 새로운 것을 좋아하는 인간의 본능이다. 그는 창의성을 계발하고 확장하기 위해 인문학과 과학은 서로 보완하는 역할을 해야 한다고 주장한다.[48] 이를테면 과학과 인문학은 창의성을 낳는 동일한 뇌과정에서 기원한 것이다. 통일된 과학과 인문학의 조합만이 인간 지성의 잠재적인 토대이다. 왜냐하면 우리가 어디로든 선택한 곳으로 가고자 할 때 무엇이 필요한지를 알려주는 것이 과학과 기술이고 과학이 무엇을 만들

45) 스콧 하틀리, 『인문학 이벤트: 인공지능 시대를 장악하는 통찰의 힘』, 이지연 옮김, 마일스톤, 2017.: 김재인, 『뉴노멀의 철학』, 동아시아, 2020, 196쪽.

46) 유발 하라리, 『21세기를 위한 21가지 제언』, 전병근 옮김, 김영사, 2018, 393쪽.

47) 에드워드 윌슨, 『창의성의 기원: 인간을 인간이게 하는 것』, 이한음 옮김, 사이언스북스, 2020, 15쪽.

48) 에드워드 윌슨, 위의 책, 16쪽.

어 내든지 과학을 갖고 어디로 가야 할 것인지를 알려주는 것이 인문학이기 때문이다.

이렇게 포스트코로나 뉴노멀은 우리 눈에 보이는 인문학의 외형적인 흐름들을 바꿔놓을 뿐 아니라, 우리 사회를 지탱하던 개념과 가치체계, 사상과 인문학적 가치들을 전폭적으로 재고할 것을 촉구하고 있다. 따라서 현재 21세기 팬데믹 시대는 인문학의 보다 근본적인 혁명, 즉 뉴노멀의 인문학을 요구하고 있다.

참고문헌

거팅, 개리, 『미셸 푸꼬의 과학적 이성의 고고학』, 홍은영 외 역, 백의, 1999.

권준수, 「뇌, 융합의 총화」, 김광웅 엮음, 『융합학문, 어디로 가고 있나?』, 서울대학교 출판문화원, 2011.

그롱랭, 장, 『현대해석학의 지평』, 최성환 옮김, 동녘, 2019.

김경식, 『게오르그 루카치-과거와 미래를 잇는 다리』, 한울, 2010.

김대식, 『인간 vs 기계-인공지능이란 무엇인가』, 동아시아, 2016.

김덕영, 『게오르그 짐멜의 모더니티 풍경 11가지』, 도서출판 길, 2014.

______, 『막스 베버』, 도서출판 길, 2012.

______, 『사회의 사회학』, 도서출판 길, 2016.

______, 『짐멜이냐 베버냐?』, 한울, 2004.

김동식, 『프래그머티즘』, 아카넷, 2003.

김성동, 『4차 산업혁명과 인간』, 연암서가, 2018.

김성환 · 이경희, 「데카르트의 윤리학」, 서양근대철학회 엮음, 『서양근대윤리학』, 창비, 2010.

김일방, 「데카르트(René Descartes)의 자연관: 그 형성배경과 공과 그리고 대안」, 『환경철학』, 제23집, 한국환경철학회, 2017.

김영한, 「가다머의 영향사 해석학」, 『철학』, 제24집(1985 가을).

______, 『하이데거에서 리꾀르까지』, 박영사, 1998.

김의수, 「딜타이의 해석학적 철학과 형이상학」, 『철학연구』, 제27집, 철학연구회, 1986.

______, 「딜타이(W. Dilthey)의 역사이성비판-그 기본사상」, 강돈구 외, 『해석학과 사회철학의 제문제』, 일월서각, 1990.

______, 「딜타이의 해석학적 역사이해」, 『현실과 철학사이』, 동녘, 1997.

______, 「해석학적 철학과 형이상학적 의식-딜타이(W. Dilthey)의 철학」, 『인류문명과 한국사회 현실』, 서광사, 2012.

김재철, 「기분에서 이해되는 삶과 세계-딜타이 볼노오 그리고 하이데거를 중심으로-」, 『철학논총』, 제30집, 새한철학회, 2002.

______, 「초기 하이데거의 역사철학-딜타이 철학의 한계극복을 중심으로-」, 하이데거학회 엮음, 『하이데거와 현대철학자들』, 살림, 2003.

김재인, 『인공지능의 시대, 인간을 다시 묻다』, 동아시아, 2017.

______, 『뉴노멀의 철학』, 동아시아, 2020.

김기봉, 「포스트코로나 뉴노멀과 신문명 패러다임」, 『철학과 현실』, 제126호, 2020, 가을호.

김정현, 『니체, 생명과 치유의 철학』, 책세상, 2006.

김종걸, 『리쾨르의 해석학적 철학』, 한들 출판사, 2003.

김주완, 「정신의 객관화 객체화-니콜라이 하르트만의 『정신적 존재의 문제』를 중심으로」, 『철학연구』, 제93집, 대한철학회, 2005.

김진호, 『빅 데이터가 만드는 제4차 산업혁명』, 북카라반, 2016.

김창래, 「가다머의 철학적 해석학에서 존재와 언어의 과계에 대해: "이해될 수 있는 존재는 언어다"라는 문장에 관하여」, 한국해석학회, 『문화와 해석학』, 철학과 현실사, 2000.

김형효, 『구조주의의 사유체계와 사상- 레비스트로스, 라깡, 푸꼬, 알튀세에 관한 연구』, 인간사랑, 1989.

나는 미래다 방송제작팀, 『인공지능의 현재와 미래』, 권용중 옮김, 보아스, 2020.

나은영, 「미드의 상징적 상호작용론의 가치」, 조지 허버트 미드, 『정신 · 자아 · 사회』, 한길사, 2010.

니체, 프리드리히, 『비극의 탄생/반시대적 고찰』, 이진우 옮김, 책세상, 2011.

__________, 『선악의 저편 · 도덕의 계보』, 김정현 옮김, 책세상, 2013.

다이아몬드, 재레드, 「장래에 세계가 해결해야 할 과제는?」, 『대변동-위기, 선택, 변화』, 김영사, 2019.

__________, 재레드 다이아몬드, 『총 · 균 · 쇠』, 김진준 옮김, 문학사상사, 2018.

__________ 외, 『초예측』, 정현욱 옮김, 웅진지식하우스, 2019.

데카르트, 르네, 『성찰 외』, 이현복 옮김, 문예출판사, 2016.

__________, 『방법서설』, 이현복 옮김, 문예출판사, 2017.

도스, 프랑수아, 『폴 리쾨르』, 이봉지 외 옮김, 동문선, 2005.

딜타이, 빌헬름, 『정신과학에서 역사적 세계의 구성』, 김창래 옮김, 아카넷, 2009.

__________, 『정신과학과 개별화』, 이기홍 옮김, 지만지, 2008.

__________, 『해석학의 탄생』, 손승남 옮김, 지만지, 2008.

__________, 『정신과학 입문』, 송석랑 옮김, 지만지, 2009.

리쾨르, 폴, 『악의 상징』, 양명수 옮김, 문학과 지성사, 1994.

__________, 『텍스트에서 행동으로』, 박병수 · 남기영 편역, 아카넷, 2004,

__________, 『해석학과 인문사회과학』, 윤철호 옮김, 서광사, 2003.
리프킨, 제레미, 『노동의 종말』, 이영호 옮김, 민음사, 2001.
__________, 『공감의 시대』, 이경남 옮김, 민음사, 2010.
메길, 앨런, 정일준 외 역, 『극단의 예언자들: 니체, 하이데거, 푸꼬, 데리다』, 새물결, 1996.
문성훈, 『미셸 푸코의 비판적 존재론』, 도서출판 길, 2010.
밀스, 사라, 『현재의 역사가 미셸 푸꼬』, 임경규 옮김, 앨피, 2016.
박성희, 『공감학-어제와 오늘』, 학지사, 2010.
박순영, 「Gadamer의 해석학과 정신과학의 방법론」, 『철학』, 제24집, 1987.
______, 「해석학의 현대적 위상」, 엄정식 외, 『현대철학 특강』, 철학과 현실사, 1998.
박영숙 · 제롬 글렌, 『세계미래보고서 2018』, 비즈니스북, 2018.
__________, 『세계미래보고서 2021』, 비지스북스, 2021.
박찬국, 『하이데거의 존재와 시간 강독』, 그린비, 2014.
박충식, 「몸과 마음의 존재로서 인공지능」, 포스휴먼연구소 편, 『제4차 산업혁명과 새로운 사회윤리』, 아카넷, 2017.
백종현, 「제4차 산업혁명과 포스트휴먼 사회」, 『철학과 현실』, 철학문화연구소, 제112호, 2017.
백승영, 『니체, 철학적 정치를 말하다』, 책세상, 2018.
보스트롬, 닉, 『슈퍼인테리전스-경로, 위험, 전략』, 조성진 옮김, 까치, 2017.
볼츠, 노베르트, 『컨트롤된 카오스-휴머니즘에서 뉴미디어의 세계로』, 문예출판사, 2000.
샌델, 애덤, 『편견이란 무엇인가』, 이재석 옮김, 와이즈베리, 2015.
서유석, 「역사철학의 가능성: 칸트 역사철학에 대한 비판적 고찰」, 『대동철학』, 24집, 2004.
성정엽, 「칼 슈미트의 주권개념」, 『법학연구』, 제60집, 전북대 법학연구소, 2019.
셍커, 제이슨, 『코로나 이후의 세계』, 박성현 옮김, 미디어숲, 2020.
손봉호, 「생활세계」, 한국현상학회 편, 『현상학이란 무엇인가』, 심설당, 1983.
손세훈, 「딜타이 사상에서 칸트철학의 이해와 수용」, 『인문학연구』, 제74권, 영남대학교, 2015.
손장권 외 편저, 『미드의 사회심리학』, 일신사, 1994.
송두율, 『경계인의 사색』, 한겨레신문사, 2002.
스노든, 프랭크 M. 『감염병과 사회-페스트에서 코로나19까지』, 이미경 · 홍수연 옮김, 문학사상, 2020.

슈미트, 카를, 『정치적의 것의 개념』, 김효진 · 정태호 옮김, 살림, 2012.
슈밥, 클라우스, 『4차산업혁명』, 송경진 옮김, 새로운 현재, 2016.
슬로터다이크, 페터, 『인간농장을 위한 규칙』, 이진우 · 박미애 옮김, 한길사, 2004.
__________, 『냉소적 이성 비판』, 이진우 · 박미애 옮김, 에코리브르, 2005.
숭, T.K., 「훗설과 데리다」, 이광래 편, 『해체주의란 무엇인가』, 교보문고, 1989.
신상규, 「로봇과의 사랑? 관계의 재구성」, 신상규 외, 『포스트휴먼이 몰려온다』, 아카넷, 2020.
______, 「인공지능, 새로운 타자의 출현인가?」, 『철학과 현실』, 제112호, 철학문화연구소, 2017.
______, 「사이보그와 매트릭스」, 이인식 기획, 『인문학자, 과학기술을 탐하다』, 고즈윈, 2012.
______, 『호모사피엔스의 미래-포스트휴먼과 트랜스휴머니즘-』, 아카넷, 2014.
신호재, 『정신과학의 철학-신칸트학파, 딜타이, 그리고 후설의 현상학과 역사적 인문, 사회과학의 철학적 토대』, 이학사, 2018.
심광현, 『유비쿼터스 시대의 지식생산과 문화정책』, 문화과학사, 2009.
싱어, 피터, 『동물해방』, 김성한 옮김, 인간사랑, 2006.
양해림, 『기후변화, 에코(ECO) 철학으로 응답하다』, 충남대학교출 판문화원, 2016.
_____, 「구조의 독해-딜타이와 푸코의 연속과 불연속의 역사성」, 『철학연구』, 제84집, 대한철학회, 2002.
_____, 「딜타이와 니체의 삶 철학」, 『니체연구』, 제34집, 한국니체학회, 2018.
_____, 「딜타이와 짐멜의 개인과 사회의 상호작용」, 『동서철학연구』, 제86집, 한국동서철학회, 2017.
_____, 「딜타이의 칸트 인식론 비판」, 『한국유럽철학연구』, 제54집, 한국현대유럽학회, 2020.
_____, 「딜타이의 문화해석학, 『문화와 해석학』, 철학과 현실사, 2000.
_____, 「딜타이에게서 개인, 사회, 상호작용의 변증법」, 『철학연구』, 철학연구회, 제44집, 1999.
_____, 「딜타이의 정신과학과 인문학의 전망」, 『범한철학』, 제20집, 범한철학회, 1999.
_____, 「딜타이의 칸트 인식론 비판」, 『한국유럽철학연구』, 제54집, 한국현대유럽학회, 2020.
_____, 「딜타이는 삶의 객관화를 극복하였는가?」, 『해석학연구』, 제16집, 한국해석학회, 2005.

_____, 「후설의 생활세계와 딜타이의 삶의 경험」, 『철학연구』, 제50집, 철학연구회, 2000.
_____, 『해석학적 이해와 인지과학』, 집문당, 2014.
_____, 『현상학과의 대화』, 서광사, 2003.
_____, 『디오니소스와 오디세우스의 변증법』, 철학과 현실사, 2000.
_____, 「니체와 트랜스휴먼(Transhuman)-슬로터다이크(Peter Sloterdijk) 포스트휴머니즘(Posthumanism)론을 중심으로-」, 『니체연구』, 제23집, 한국니체학회, 2013.
_____, 『니체와 그리스 비극』, 한국문화사, 2017.
_____, 『대학생을 위한 서양철학사』, 집문당, 2017.
_____, 『인권과 사회』, 충남대학교 출판문화원, 2020.
_____, 『현대인을 위한 서양철학사』, 집문당, 2020.
_____, 「하이데거의 딜타이 역사적 세계관 고찰-『존재와 시간』의 77절 분석을 중심으로-」, 『한국유럽철학연구』, 제56집, 한국현대유럽학회, 2020.
_____ 외, 「미셸 푸꼬의 성의 역사」, 『성과 사랑의 철학』, 철학과 현실사, 2001.
안재원, 『아테네 팬데믹』, 이른비, 2020.
엄인주, 「니체철학의 교육학적 해석: 니힐리즘 극복을 위한 '삶-예술' 철학」, 성균관대학교 박사학위논문, 2017.
오용득, 『자기쇄신의 학으로서의 철학적 해석학』, 책펴냄열린시, 2005.
오준호, 「디지털 세대에게 인문학을 어떻게 가르칠 것인가?」, 박석준 외, 『미래 인문학트 랜드』, 아날로그, 2016.
오코널, 마크, 『트랜스휴머니즘』, 노승영 옮김, 문학동네, 2018.
워릭, 케빈, 『나는 왜 사이보그가 되었는가』, 정은영 옮김, 김영사, 2004.
원키, 조지아, 『가다머-해석학, 전통 그리고 이성』, 이한우 옮김, 민음사, 1999.
윤병렬, 「후설현상학에서의 세계이해」, 『철학』, 제62집, 한국철학회, 2000 봄.
윤석만, 「신(新) '20대 80의 사회', 가짜 직업의 시대」, 중앙일보, 2017년 9월 9일.
_____, 「학교의 종말, 다시 '전인교육'의 시대가 온다」, 중앙일보, 2017년 9월 16일 .
_____, 「한 순간에 '훅' 직업 증발의 시대 온다」, 중앙일보, 2018년 1월 13일.
_____, 『인간혁명의 시대』, 가디언, 2018.
윤성우, 『폴 리쾨르의 철학』, 철학과 현실사, 2004.
_____, 『해석의 갈등』, 살림, 2005.
윌슨, 에드워드, 『창의성의 기원: 인간을 인간이게 하는 것』, 이한음 옮김, 사이언스북스, 2020.

일본경제신문사, 『AI2045 인공지능미래보고서』, 서라미 옮김, 반니, 2020.
이경배, 「선입견과 편견」, 『유럽철학연구』, 제54집, 한국현대유럽철학회, 2019.
이광래, 「미셸푸코의 구조주의 연구」, 『철학』, 제19집(1983년 봄).
______, 『미셸 푸꼬: 광기의 역사에서 성의 역사까지』, 민음사, 1989.
이구슬, 『해석학과 비판적 사회 과학』, 서광사, 1996.
이남복, 「루만의 자동생산 체계 이론과 생태학적 커뮤니케이션」, 니클라스 루만, 『현대 사회는 생태학적 위험에 대처할 수 있는가』, 백의, 2002.
이남인, 「후설의 기분현상학」, 『역사와 현상학』, 철학과 현실사, 1999.
이인식, 『4차 산업혁명은 없다』, 살림, 2017.
이정복, 「Gadamer에 있어서 해석학적 방법과 이해의 문제」, 『철학연구』, 제15집, 철학연구회, 1980.
이정모, 「인지과학 패러다임의 새 변화가 학문간 융합에 주는 시사」, 김광수 외, 『융합 인지과학의 프런티어』, 성균관대학교 출판부, 2010.
이종관, 『공간의 현상학, 풍경 그리고 건축』, 성균관대학교 출판부, 2011.
______, 『포스트휴먼이 온다』, 사월의 책, 2017.
이종훈, 『현대의 위기와 생활세계』, 동녘, 1994.
______, 「후설현상학에서 역사성의 문제」, 『역사와 현상학』, 철학과 현실사, 1999.
______, 『후설현상학으로 돌아가기』, 한길사, 2017.
이진경, 『맑스주의와 근대성-주체생산의 역사이론을 위하여』, 문화과학사, 1997.
이진우, 『테크노 인문학』, 책세상, 2013.
이초식, 「지식표현과 생철학적 비판-딜타이」, 『인공지능의 철학』, 고려대출판부, 1993.
이하준, 『부정과 유토피아-아도르노의 사회인식론-』, 세창출판사, 2019.
이한구, 「문화과학과 설명의 논리」, 『인문과학의 이념과 방법론』, 성균관대 출판부, 1995.
______, 『역사주의와 반역사주의』, 철학과 현실사, 2010.
이한구 편역(임마누엘 칸트 지음), 1977, 『칸트의 역사철학』, 민음사.
이희용, 「해석학적 경험의 수행구조와 그 기초 해명」, 『해석학연구』, 제16집, 2005.
______, 「편견에 대한 해석학적 성찰」, 『현대유럽철학연구』, 한국현대유럽철학회, 제52집, 2019.
임봉길 외, 『구조주의의 혁명』, 서울대 출판부, 2000.
임홍빈, 「체계합리성과 절차적 합리성-루만(Luhmann)의 체계이론에 대한 하버마스(Habermas)의 비판을 중심으로-」, 『철학연구』, 제58집, 1996.

쟝 삐아제, 김태수 엮음, 『구조주의의 이론』, 인간사랑, 1990.
전석환, 「비판이론을 통해 본 하이데거 철학에 대한 비판-'현존재(Dasein)' 개념을 중심으로」, 동국대 동서사상연구소, 『철학 · 사상 · 문화』, 제5호.
______, 「비판이론에 있어서 칸트 철학의 수용과 그 변용-막스 호르크하이머를 중심으로」, 『칸트연구』, 제24집, 2009.
정기철, 『리꾀르의 철학』, 시와 진실, 2016.
정낙림, 「놀이의 실천철학적 의미-니체 철학을 중심으로」, 제122집, 『철학연구』, 대한철학회, 2012.
정대현, 「특이점 인문학-특이점 로봇은 인간사회의 성원이다-」, 『철학』, 제131집, 한국철학회, 2017.
정호근, 「의사소통과 매체」, 김상환 외, 『매체의 철학』, 나남출판, 1998.
조관성, 「자연과 문화의 만남」, 『자연의 현상학』, 철학과 현실사, 1998.
조효제, 『탄소사회의 종말-인권의 눈으로 기후위기와 팬데믹을 읽다』, 21세기북스, 2020.
지젝, 슬라보예 · 이택광, 『포스트 코로나 뉴노멀』, 비전, 2020.
천현득, 「인공지능에서 인공감정으로-감정을 가진 기계는 실현가능한가?-」, 제131집, 『철학』, 한국철하회, 2017.
최성환, 「딜타이 철학에서의 심리학적 연구의 의의」, 한국해석학회 편, 『심리학과 해석학-해석학연구』, 제9집, 철학과 현실사, 2002.
______, 「칸트와 해석학-딜타이 역사비판의 성립배경을 중심으로-」, 『칸트연구』, 7권 10호, 한국칸트학회, 2011.
______, 「빌헬름 딜타이와 요크 폰 바르텐부르크의 유형론 비교」, 『해석학연구』, 제13집, 한국해석학회, 2004.
최재붕, 「문명의 전환」, 최재천 외, 『코로나사피엔스』, ㈜인플루엔셜, 2020.
______, 『포노사피엔스-스마트폰이 낳은 신인류』, 쌤앤파커스, 2019.
최재웅 외, 『이것이 4차 산업이다』, 매일경제신문사, 2017.
최재현 엮음, 『현대 독일 사회학의 흐름』, 형성사, 1991.
최종욱, 「딜타이(W. Dilthey) 해석의 내재적 비판을 위한 시도」, 강돈구 외 저, 『해석학과 사회철학의 제 문제』, 일월서각, 1990.
______, 「딜타이의 실천적 합리성의 재해석」, 『해석학과 정신과학적 교육학』, 사회평론, 1996.
카슨, 레이첼, 『침묵의 봄』, 김은령 옮김, 에코리브르, 1990.

커즈와일, 레이, 『특이점이 온다』, 김명남·장시형 옮김, 김영사, 2007.

KT 경제연구소, 『한국형 4차 산업혁명의 미래』, 한스미디어, 2017.

코저, 루이스 A., 『사회사상사』, 신용하·박명규 옮김, 일지사, 1986.

콩도르세, 마르퀴드, 『인간정신의 진보에 관한 역사적 개요』, 장세룡 옮김, 책세상, 2002.

쿠르츠웨일, 에디츠, 『구조주의의 시대 -레비스트로스에서 푸꼬까지』, 이광래 옮김, 종로서적, 1984.

클리먼, 제니, 『AI시대, 본능의 미래』, 고호관 옮김, 반니, 2020.

팔머, 리차드, 『해석학이란 무엇인가』, 이한우 옮김, 문예출판사, 2001.

페페렐, 로버트, 『포스트휴먼의 조건-뇌를 넘어선 의식-』, 이선주 옮김, 아카넷, 2017.

포스터, 마크, 『푸꼬, 마르크시즘, 역사』, 이정우 역, 인간사랑, 1990.

O. 푀겔러, 『해석학의 철학』, 박순영 역, 서광사, 1993.

푀겔러, 오토, 『하이데거 사유의 길』, 이기상·이말숙 옮김, 문예출판사, 1993.

푸꼬, 미셸, 외, 『푸꼬-하버마스 논쟁 재론. 자유를 향한 참을 수 없는 열망』, 정일준 편역, 새물결, 1999.

프레이, 토마스, 『미래와의 대화』, 이미숙 옮김, 북스토리, 2018.

피갈, 귄터, 『하이데거』, 김재철 옮김, 인간사랑, 2008.

피셜, 요하네스, 『생철학』, 백승균 편역, 서광사, 1987.

피케티, 토마, 『21세기 자본』, 장경덕 외 옮김, 글항아리, 2014.

하라리, 유발, 『호모 데우스』, 김명주 옮김, 김영사, 2017.

__________, 『21세기를 위한 21가지 제언』, 전병근 옮김, 김영사, 2018.

하버마스, 위르겐, 『현대성의 철학적 담론』, 이진우 옮김, 문예출판사, 1994.

하이데거, 마르틴, 『빌헬름 딜타이의 탐구작업과 역사적 세계관』, 김재철 옮김, 누멘, 2010.

__________, 『존재와 시간』, 이기상 옮김, 까치, 2003.

하틀리, 스콧, 『인문학 이벤트: 인공지능 시대를 장악하는 통찰의 힘』, 이지연 옮김, 마일스톤, 2017.

한상연, 『공감의 존재론』, 세창출판사, 2019.

한전숙, 「Husserl에 있어서의 Descartes적 길과 非 Decartes적 길」, 『현상학의 이해』, 민음사, 1984.

_____, 「생철학과 후설 현상학」, 『후설과 현대철학』, 서광사, 1990.

해밀턴, P., 『역사주의』, 임옥희 옮김, 동문선, 1998.

해일스, 캐서린, 『우리는 어떻게 포스트휴먼이 되었는가』, 허진 옮김, 열린책들, 2013.

헤어브레히터, 슈테판, 『포스트휴머니즘-인간 이후의 인간에 관한 문화철학적 담론-』, 김연순·김응준 옮김, 성균관대학교 출판부, 2012.

호닉스바움, 마크, 『대유행병의 시대-스페인독감부터 코로나19까지』, 채효영 옮김, ㈜로크미디어, 2020.

홍성욱, 「왜 4차 산업혁명론이 문제인가」, 『4차 산업혁명이라는 유령』, 휴머니스트, 2017.

홍윤기, 「탈인간적 사회체계와 체계합리성의 불합리성」, 『사회비평』, 가을호, 2002.

홍일희, 『니체의 생철학』, 전남대학교 출판부, 2002.

후쿠야마, 프랜시스, 『Human Future 부자의 유전자 가난한 자의 유전자』, 송정화 옮김, 한국경제신문, 2002.

塚本正明, 「딜타이와 해석의 문제」, 梅原猛 외 편, 박상권 역, 『해석학의 과제와 전개』, 원광대 출판부, 1987.

Acham, Karl, "Diltheys Betrag zur Theorie der Kultur- und Sozialwissenschaften", in: *Dilthey-Jahrbuch*. 3.(1982).

Adolf. G. S., *Das Erlebnis in der Philosophie Wilhelm Diltheys,* Leipzig, 1949.

Albert, Karl, *Lebensphilosophie, von den Anfängn bei Nietzsche bis zu ihrer Kritik bei Lukács*, Friburg/München, 1995.

__________, "Wiedererwachen lebensphilosophischen Besinnung", in: *Philosophische Rundschau*, 15. 1987.

Ambrosio, F. J., "Gadamer, Plato, and the Discipline of Dialogue", in: *International philosophical Quarterly*, vol. 27. No.1. 1987.

Angehren, Emil, Handlungserklärung und Rationalität. Zur Methodologie Max Weber, in: *Zeitschrift für philosophische Forschung*, 37. Bd.

Annelise, Liebe, *Die Ästhetik Wilhelm Diltheys,* Halle/Saale, 1938.

Apel, Karl-Otto, *Die Erklären: Verstehen-Kontrovers,* Frankfurt a. M., 1970.

__________, "Das Verstehen. Eine Problemgeschichte als Begriffsgeschichte", in: *Archiv für Begriffsgeschichte, I*, 1955.

__________, *Transformation der Philosophie,* Bd. I. Frankfurt. a M., 1976.

Ban, Sung-Wan, *Verhältnis der Asthetik George Lukács, zur, 1989, deutschen Klassik und Thomas Mann,* Frankfurt a. M., 1977.

Barbarić, Damir, "Zur Sprachauffassung H.-G. Gadamers", in: *Internationale Zeitschrift für Philosophie*, Heft. 2. 1996.

Baring, Nina, *Wilheilm Diltheys Philosophie der Geschichte,* Leipzig, 1936.

Bartels, klaus, *Die Pädagogik Hermann Nohls in ihren Verhältnis zum Werk Wilhelm Diltheys und Wissenschaft von der Dichtung,* München, 1950.

__________, Die Pädagogik Hermann Nohls in ihrem Verhältnis zum Werk Wilhelm Diltheys und zur heutigen Erziehungswissenschaften, Weinheim, 1968.

Bassler, Wolfgang, "Zur Wissenschaftsmethodik der Psychologie: Dilthey, Nietzsche", Jung, in: *Analytische Psychologie,* 1982.

Bauer, Kari, *Der Denkweg von Jürgen Habermas zur Theorie des kommunikativen Handelns,* Regensburg, 1987.

Baumgartner, H. M., *Kontinuität und Geschichte. Zur Kritik und Metakritik der historische Vernunft,* Frankfurt a. M., 1972.

Bausch, Nicolas, *Der Begriff Leben im Werk Friedrich Nietzsches im Vergleich zu den objektivationen des Lebens bei Wilhelm Dilthey,* Berlin, 1974.

Bechermann(Hg.) Ansgar, *Analytische Handlungstheorie, Handlungser-klaerungen*, Bd. 2. Frankfurt a. M., 1985.

Beckenbach, F., "Die Wirtschaft der Systemtheorie", in: *Das Argument*, 31. Jg. 1989.

Becker, Hermuth, *Die Parlamentarismuskritik bei Carl Schmitt und Jurgen Habermas,* Berlin, 1994.

Berard, L. l., "Social Psychology", in: *Encyclopedia of Social Science,* vol. 7.

Bergmann, Werner, Lebenswelt, Lebenswelt des Alltags oder Alltagswelt? in: *Kölner Zeitschrift für Soziologie und Sozialpsychologie,* 33. Jg. 1981.

Bernhard Casper, *Martin Heidegger und die theologische Fakultat,* 1910-1913.

Berver, A. M., *Dynamak der Formen bei Georg Simmel, Berlin,* 1985.

Bischoff, Dietrich, *Wilhelm Diltheys geschichtliche Lebensphilosophie,* 1935.

Bleicher, J., *The hermeneutic Imagination*, Routledge/Kegan Paul, 1982.

__________, *Contemporary Hermeneutics, hermeneutics as Method, philosophy and Critics,* London, 1980.

Blondel, E., "Vom Nutzen und Nachteil der Sprache für das Verstaendnis Nietzsches: Nietzsche und der Französische Strukturalismus", in: *Nietzsche-Studien*, Bd.10/11. 1981/82.

Blumenburg, Hans, "*Lebenswelt und Technisierung*", in: H Blumenburg, *Wirklichkeiten in denen wir Leben,* Stuttgart, 1996.

Böckenförde, E. W., "Der Begriff des Politischen als Schlüssel zum staatsrechtlichen Werk Carl Schmitts", in: H. Quaritsch(Hg.), *Complexio Oppositorum,*

Duncker & Humblot, 1988.

__________, *Recht, Staat, Freiheit. Studien zur Rechtsphilosophie, Staatstheorie und Verfassungsgeschichte,* Frankfurt a. M., 1992.

Böhm, Rudolf, Husserls drei Thesen über der Lebenswelt, in: Elisabeth Ströker (Hg.), *Lebenswelt und Wissenschaft in der Philosophie Edmund Husserls,* Frankfurt a. M., 1979.

__________, "Dilthey und die Phänomenologie", in: E. W. Orth(Hg.), *Dilthey und die Philosophie der Gegenwart,* München, 1984.

__________, "Lebensphilosophie und Logik. Georg Misch und Göttingener Kreis", *in: Zeitschrift für philosophische Forschung,* 34(1980).

Bohn, Cornelia, "Verstehen, Kommunikation und das Problem der Schriftlichkeit: von Luhmann zu Dilthey", in: *Soziologisches Jahrbuch.* 8. 1992-I.

Bollnow, Otto Friedrich, "Lebensphilosophie und Logik", in: *Zeitschrift für philosophische Forschung.* 34. 1980.

__________, *Dilthey. Eine Einführung in seine Philosophie,* Stuttgart/Berlin/Köln, 1955.

__________, *Studien zur Hermeneutik,* Band, I, Freiburg /München, 1983.

__________, *Studien zur Hermeneutik,* Band, II, Freiburg /München, 1983.

Boman, P. J., "Kausalität und Funktionalzusammenhang in der Soziologie Max Weber", in: *Zeitschrift für die Gesamte Staatswissenschaft,* 105. Bd. 1947.

Bostronm, Nick, "In Defense of Posrhuman Dignity", *H+Transhumanism and Its Critics,* eds. Gregory R. Hansell and William Grassie, Philadelphia: Metanexus, 2011.

Brüggen, Fiehlem, *Struktuen pädagogischer Handlungstheorie, Dilthey, Geisteswissenschaflische Pädagogik, Meads, Habermas, Erlanger Schlue,* Friburg/München, 1980.

Bubner, Rüdiger, *Modern German Philosophy.* Translated by Eric Matthews, 1981.

__________, "Rationalität als Lebenssform. Zu Jürgen Habermas' Theorie des kommunikativen Handelns", in: *Merkur.* 34. Jg. 1982.

Buhr, Manfred(Hg.), *Enzyklopädie zur bürgerlichen Philosophie im 19. ind 20. Jahrhundert,* Koln, 1988.

Bultman, R., "Das Problem der Hermeneutik", in: *Glaube und Verstehen* II. Tübingen, 1965.

Carr, David, "Husserl's problematic concept of the Life-World", in: *American philosophical Quarterly,* 7. 1970.

Carroll, D., "Disruptive Discourse and critical power: the conditions of archeologie and Genealogy", in: *Humanities in Society*, Vol. 5. 1982.

Choi, Jong-Uk, *Die geistig-gesellschaftliche Krise des 19. Jahrhunderts und die Aufgaben der Diltheyschen "Kritik der historischen Vernunft"*, Trier, 1987.

Christian, Petra, *Einheit und Zwiespalt, Zum hegelianisierenden Denken in der Philosophie und Soziologie Georg Simmel.*

Claesges, Ulrich, "*Zweideutigkeiten in Husserls Lebenswelt-Begriff*", in: U. Claesges(Hg.), *Perspektiven transzendentalphänomenologischer Forschung*, Den Haag, 1972.

Convergent Technologies Improve Human Performance, edited by Mihail C. William Sims Bainbridge, 2002, NSF.

Cook, Gary Allan, "G. H, Mead's social Behaviorism", in: *Journal of the History of the Behavioral Sciences,* 13, 1977.

Cousins, M./Hussain, A., *Michel Foucault,* Macmillan, 1984.

Davis, Carolyn, *The Fragility of Empaythy After the Holocaust,* Ithaca, NY: Cornell University Press, 2004.

Deißler, H. H., *Die Geschichtlichkeit bei Wilhelm Dilthey*, Phil. Diss, Freiburg, 1949.

Deleuze, G., *Foucault,* Frankfurt a. M., 1985.

Dews, P., The Nouvelle Philosophie and Foucault, in: Economy and Society, Vol. 8. 1979.

Dietrich, Rudolf, *Die Ethik Wilhelm Diltheys*, Duesseldorf, 1937.

Dilthey, Wilhelm, *Gesammelte Schrift*, Bd. I, Stuttgart, 1957.

__________, *Gesammelte Schrift*, Bd. II, Stuttgart, 1957.

__________, *Gesammelte Schrift*, Bd. III, Stuttgart, 1957.

__________, *Gesammelte Schrift*, Bd. V, Stuttgart, 1957.

__________, *Gesammelte Schrift*, Bd. VI, Stuttgart, 1957.

__________, *Gesammelte Schrift*, Bd. VII, Stuttgart, 1957.

__________, *Gesammelte Schrift*, Bd. VIII, Stuttgart, 1957.

__________, *Gesammelte Schrift*, Bd. IX, Stuttgart, 1957.

__________, *Gesammelte Schrift*, Bd. X, Stuttgart, 1957.

__________, *Gesammelte Schrift*, Bd. XIV, Stuttgart, 1957.

__________, *Gesammelte Schrift*, Bd. XXI, Stuttgart, 1957.

__________, *Gesammelte Schrift*, Bd. XVIII, Stuttgart, 1957.

__________, *Kritik der historischen Vernunft,* Hans-Ulrich Lessing(Hrsg.), Göttingen,

Vandenhoeck + Ruprecht Gmbh, 1999.

Dilthey, Wilhelm, Hans Ulrich Lessing(Hg.), *Texte zur Kritik der historichen Vernunft,* Göttingen, 1957.

Diwald, Helmut, *Wilhelm Diltheys Erkenntnis und Philosophie der Geschichte,* Göttingen, 1963.

Dörr, Felicitas, Der Kunst als Geganstand der Kultureanalyse im Werk Georg Simmel, in: P.U. Hein(Hg.), *Auslegungen Georg Simmel* Frankfurt a. M., Bern/New York, 1990.

Dotzer. B. J./Villinger, I, "Foucault, die Diskursanalyse, die Philosophie", in: *Deutsche Zeitschrift für Philosophie,* Jg. 39, 1991.

Dray, W. H. *Philosophy of history*, Englewood Cliffs, N.J.: Prentice-Hall, 1964.

Dreyfus L. H.(Hg.), *Michel Foucault. Beyond Strukturalism and Hermeneutics,* Chicago, 1984.

Ebbinghaus, Hermann, "Über erklärende und beschreibebde Psychologie", in: *Zeitschrift für Psychologie der Sinnedrgane,* Bd. IX., 1895.

Ebers, Nicola, *Individualisierung Georg Simmel, Nobert Elias, Ulrich Beck,* Wüzburg, 1995.

Ellrich, A. L, "Die Konstitution des Sozialen. Phänomenologische Motive in N. Luhmann", in: *Zeitschrift für philosophische Forschung,* 46. Jg. 1992.

Erdmann, Benno, *Gedächtnisrede auf Wilhelm Dilthey,* Berlin, 1912.

Erich Rothacker, *Brifwechsel zwischen Wilhelm Dilthey und dem Grafen paul Yorck von Wartenburg 1877-1897*, Halle, 1923.

Erlebnis, Walfgang, Erlebnuis, *Verstehen und geschichtliche Wahrheit,* Berlin, 1937.

__________, *Wilhelm Diltheys geschichtliche Lebensphilosophie,* Tübingen, 1935.

Erter, Chr, "Von der Phänomenologie und jünger zur Exisistenzialphilosophie M. Heidegger", in: *philosophisches Jahrbuch.* 51. Bd. 1938.

Fellmamm, F. *Gelebte Philosophie in Deutschland. Denkformen der Lebensweltphänomenologie und der kritischen Theorie,* Freiburg, 1983.

__________, *Lebensphilosophie,* Hamburg, 1993.

__________, "Lebenswelt und Lebenserfahrung", in: *Archiv für Geschichte der Philosophie,* 69(1987).

__________, *Symbolischer Pragmatismus. Hermeneutik nach Dilthey,* Hamburg, 1991.

Figal, J., "Nietzsche und die philosophische Hermeneutik des 20. Jahrhunderts", in;

Nietzsche-Studien, Bd. 10/11(1981/1982).

Fink, Eugen, "Die phänomenologische Philosophie Edmund Husserl's in der gegenwärtigen Kritik", in: *Kant-Studien*, Bd. 38, 1933.

Foucault, M., *Archäologie des Wissen*, übers. von Ulrich Köppen, Frankfurt a. M., 1994.

Frankenberger, Julius, "Objektiver Geist und Völkerpsychologie", in: *Zeitschrift für Philosophie Kritik*. 154, 1914.

Fütterer, Günther, *Historische Phantasie und praktische Vernunft*, Würzburg: K & N, 1985.

Gadamer, Hans-Georg, "Die Hermeneutik und die Diltheyschule", in: *Philosophische Rundschau*. Heft. 3. 1991.

__________, "Die hermeneutigen Stand der Dilthey-Forschung", in: *philosophische Rundschau*. Heft. 3. 1991.

__________, "Die phänomenologische Bewegung", in: *Philosophische Rundschau*, 11. 1963.

__________, *Gesammelte Werke*, Bd. 4. Tübingen, 1987.

__________, *Mensch und Sprache*, in: *Kleine Schriften* I. Tübingen, 1967.

__________, "Rhetorik. Hermeneutik und Ideologiekritik", in: *Kleine Schriften I.*, Tübingen, 1967.

__________, *Wahrheit und Methode, Grundzüge eine philosophischen Hermeneutik*, Tübingen: J. C. Moh, 1972.

Gander, Hans-Helmuth, *Positivismus als Metaphysik*, Freiburg, 1988.

Garrett, J. E., "Hans-Georg Gadamer on fusion of horizons", in: *Man and World*, vol.17, 1978.

Geidel, Werner, *Lebensphilosopie und Existenzphilosophie Ästheik*, Diss. Phil. Leipzig 1973.

Geoorg Simmel(1858-1918) in: *Kölner Zeitschrift für Soziologie und Sozialpsychologie*, 10, 1958.

__________, George Herbert Mead und die Ursprunge der Soziologie in Deutschland und Amerika", in: H. Joas(Hg.), *Das Problem der Das Problem der Intersubjektivität, Neuere Beiträge zum Werk George Herbert Meads*, Frankfurt a. M., 1985.

Gerhardt, Uta, "Die Konzeption des Verstehens und des Begriff der Gesellschaft bei Georg Simmel im Verhältnis zu Wilhelm Dilthey", in: *Annali Di Sociologia*, 8.

1992-1.

__________, "Immanenz und Wiederspruch. Die philosophischen Grundlagen der Soziologie Georg Simmel ihr Verhältnis zur Lebensphilosophie Wilhelm Diltheys", in: *Zeitschrift für philosophische Forschung,* 2. Bd. 1971.

Gerhardt, Volker, "Selbsterkenntnis und Selbstbesinnung.-Zur anthropologischen Nähe Nietzsche zu Dilthey", in: *Nietzsche-Forschung*, Bd.1. 1994.

Gerhardt, Volker, Mensch und Politik. Anthropologie und politische Philosophie bei Hannah Arendt, in: *Hofgeismar*, 1989.

__________, Politisches Handeln über einen Zugang zum Begriff der Politik, in: Volker Gerhardt(Hg.), *Der Begriff der Politik. Bedingungen und Gründe politischen Handelns,* Stuttgart, 1990.

Gethmann, Carl Friedrich, "Phänomenologie, Lebensphilosophie und konstruktive Wissenschaftstheorie", in: *Lebensphilosophie und Wissenschaft,* Bonn, 1991.

Giddens, Anthony, *Interpretative Soziologie,* Frankfurt a. M., 1984.

Gripp, Helga, *Jürgen Habermas. Und es gibt sie doch-Zur kommunikationstheoretischen Begründung von Vernunft bei Jürgen Habermas*, München, 1984.

Grondi, Jean, "Georg Misch und Universalität der Hermeneutik: Logik oder Rhetorik?", in: *Dilthey-Jahrbuch,* 11(1997/98).

Groothff, Hans-Hemmann, *Wilhelm Dilthey -Zur Erneuerung der Theorie der Bildung des Bildungswesen,* Honnover, 1981.

Großheim, Michael, "Georg Simmel –ein Klassiker der Moderne?", in: *Philosohische Rundschau.* 43. Jg. Heft 1. 1996.

__________, *Von George Simmel zu Martin Heidegger,* Berlin, 1991.

Grunter, Figal, Der Intensitätsgrad des politischen, in: Volker Gerhardt(Hg.), *Politisches Denken, Jahrbuch,* 1993.

Gurwitsch, Aron, "The Last Work of Edmund Husserl, -Lebenswelt", in: *Philosophy and Phenomenological Research,* 17(1956/57).

Haardt, Alexander, "Lebensphilosophie versus genetische Logik -Differenzen und Affinitäten zwischen den Projekten von Georg Misch und Edmund Husserl", in: *Dilthey-Jahrbuch*, 11(1997/1998).

Habermas, Jürgen, *Der philosophische Diskurs der Moderne,* Frankfurt a. M., 1985.

__________, *Die Einbeziehung des Anderen, Studien zur politischen Theorie,* Frankfurt a. M., 1996.

__________, *Die neue Unübersichtlichkeit,* Frankfurt a. M., 1985.

__________, “Edmund Husserl über Lebenswelt, Philosophie und Wissenschaft”, in: J. Habermas, *Texte und Kontexe*, Frankfurt a. M., 1992.

__________, *Erkenntnis und Interesse,* Frankfurt a. M., 1971.

__________, Genealogische Geschichtsschreibung. Über einige Aporien im Machttheoretischen Denken Foucaults, in: *Merkur*, 38. 1984.

__________, *Theorie des kommunikativen Handelns,* Bd. 1. Frankfurt a. M., 1985.

__________, *Theorie des kommunikativen Handelns,* Bd. 2. Frankfurt a. M., 1985.

__________, *Zur Logik der Sozialwissenschaften*, Frankfurt a. M., 1971.

Haferkamp, Hans, Interaktionsaspekte, Handlungszusammenhänge und die Rolle des Wissenstransfers. Eine handlungstheoretische Kritik der Theorie des kommunikativen Handelns, in: *Kölner Zeitschrift für Soziologie und Sozialpsychologie*, Jg. 36. H. 4. 1984.

Hahn, Alois, “Versthen bei Dilthey und Luhmann”, in: *Soziologisches Jahrbuch,* 8. 1992-I.

Hartmann, Nicolai *Das Problem des Geistigen Seins, Untersuchungen zur Grundlegung der Geschichtsphilosophie und der Geisteswissenschaften*(1933), 3. Aufl. Berlin, 1962.

Hegel, W., *Phänomenologie des Geistes,* Hamburg, 1952.

Heicke, Herbert, *Der Strukturbegriff als methodischer Grundbegriff einer geistewissenschaftlicher Psychologie bei Dilthey und Spranger und Bedeutung für die Paedagogik*, Diss. Phil. Halle, 1928.

Heidegger, M., *Sein und Zeit,* Tübingen, 1972.

____________“Phänomenologische Interpretationen zu Aristoteles(Anzeige der hermeneutischen Situation) hrsg. von H-U. Lessing, in: *Dilthey-Jahrbuch.* Bd.6. Göttingen, 1989.

____________. *Über den Humanismus,* Frankfurt a. M., 1947.

____________, “Wilhelm Diltheys Forschungsarbeit und der gegenwärtige Kampf um eine historische Weltanschuung”(10 Kasseler Vorträge 16.4-21.4. 1925)(=KV) Nachricht von Walter Bröcker Hrsg. von Frithjof Rodi, in; *Dilthey-Jahrbuch* 8(1992/1993)

_________, *Zur Bestimmung der Philosophie,* hrsg. von B. Heimbüchel Frankfurt a. M., 1987.

Heidegger, M., *Über den Humanismus,* Frankfurt a. M., 1947.

_________, *Nietzsche I,* Pfullingen, 1961.

Heinen, Michael, *Die Konstitution der Ästhetik in Wilhelm Diltheys Philosophie,* Bonn, 1974.

Heinrich Rickert, "Zwei Wege der Erkenntnistheorire", in: *Kant-Studien,* Bd.14. 1909.

Heinrich, Anz, "Hermeneutik der Individualitat, Wilhelm Diltheys hermeneutische Position und ihre Aporien", in: Heindrik Birus(Hg.), *Hermeneutische Positionen,* 1980.

Heinrich, K., "Über Wilhelm Diltheys Begriff des Struktur und des Erlebnisausdruck", in: *Vierteiljahrsschrift für Literaturwissenschaft und Geistesgeschichtem* 47. 1973.

Heinrich, Rickert, *Die Grenzen naturwissenschaftlichen Begriffsbildung,* Tübingen/ Leipzig, 1902.

__________, *Kulturwissenschaft und Naturwissenschaft,* Tübingen, 1915.

Held, klaus, "*Husserls neue Einführung in die Philosophie: Der Begriff der Lebenswelt",* in: C. F. Gethmann(Hg.), *Lebenswelt und Wissenschaft*, Bonn, 1991.

Helfrich, Karl, *Die Bedeutung des Typusbegriff im Denken der Geisteswissenschaften,* Diss. Phil. Gießen, 1918.

Helle, Horst Jürgen, *Dilthey, Simmel und Verstehen,* Frankfurt, am. Main, 1986.

Helle, Horst-Jürgen, *Soziologie und Erkenntheorie bei Simmel,* Darmstadt, 1988.

__________, *Dilthey, Simmel und Verstehen,* Frankfurt a. M., 1986.

Heltrich, Karl, *Die Bedeutung des Typusbegriffs im Denken der Geisteswissenschaften,* Diss. Phil. Gießen, 1938.

Hermann, Ulrich, *Die Pädagogik Wilhelm Dilthey,* Gottingen, 1971.

Herzburg, Guntolf, "Wilhelm Dilthey in der heutigen westdeutschen Philosophy", in: *Deutsche Zeitschrift für Philosophy.* 18. Jg. 1970.

Hesse, H. *Vernunft und Selbstbehauptung - Kritische Theorie als Kritik der neuzeitlichen Rationaltät,* Frankfurt am Main, 1984.

Heynen, Walter, *Diltheys Psychologie des dichterschen Schaffens,* Halle, 1916.

Hoff, Bernhard, *Die Psychologie Wilhelm Diltheys,* Zürich, 1926.

Höffe, Otfried, *Immanuel Kant,* Muenchen, 1983(이상헌 역, 『임마누엘 칸트』, 문예출판사, 1997).

Hohl, Hubert, *Lebenswelt und Geschichte,* München, 1972.

Holzer, Horst, *Kommunikation oder gesellschaftliche Arbeit? Zur Theorie des kommunikativen Handelns von Jürgen Habermas,* Berlin, 1987.

Homann, Arne, *Diltheys Bruch mit der Metaphysik, Die Aufhebung der Hegelschen Philosophie im geschichtlichen Bewußtsein*, Freiburg/München, 1995.

Honegger, C., "Michel Foucault und die serielle Geschichte", Über die Archäologie des Wissen, in: Merkur, 36. 1982.

Honneth, A. und Wellmer, A *Die Frankfurter Schule und die Folge,* Walter de Gruyter: Berlin/New York, 1986.

Honneth, Axel., *Kritik der Macht*, Frankfurt a. M., 1983.

__________, *Kampf um Anerkennung. Zur moralischen Grammatik Sozialer Konflikte*, Frankfurt, a. M.

__________(Hg.), *Ethos der Moderne. Foucaults Kritik der Aufklärung,* Frankfurt a. M., 1990.

Horkheimer, M. *Gesammelte Schriften,* Bd. 1-19. Frankfurt am Main, 1988-1996.

Horkheimer, Max, "Bemerkungen zur philosophischen Anthropologie(1935)", GS. Bd3, Frankfurt am Main, 1988.

__________, "Psychologie und Soziologie im Werk Wilhelm Diltheys", in: *Gesammelte Schriften*, Bd. 12. 1940.

Horst Jürgen Helle, *Soziologie und Erkenntnis bei Georg Simmel,* Darmstadt, 1988; Horst Jürgen Helle, *Dilthey, Simmel und Verstehen,* Frankfurt a. M., 1986.

Hufnagel. E., *Einführung in die Hermeneutik,* Hamburg, 1988.

Husserl, Edmund, *Cartesianische Meditationen,* Hamburg, 1977.

__________, *Die Krisis der europäischen Wissenschaften und die transzendentale Phänomenologie*, Den Haag, 1962.

__________, *Phänomenologie Psychologie*, Husserliana Bd. IX. Den Haag, 1962.

Ineichen, Hans(Hg.), *Philosophische Anthropologie in 19. Jahrhundert,* Würzburg: K & N, 1991.

Ineichen, Hans, *Erkenntnistheorie und geschichtlich-gesellschaftlichen Welt,* Frankfurt a. M., 1974.

__________, "Von der ontologischen Diltheyinterpretation zur Wissenschaftstheorie in praktischer Absicht", in: *Philosophische Rundschau.* 22. Jg. 1.

__________, Wilhelm Dilthey in Lebensphilosophie: O. Höffe(Hg.), *Klassiker der Philosophie,* Bd. 2. München, 1981.

Jamme, Chr., "Heideggers frühe Begründung der Hermeneutik", in *Dilthey-Jahrbuch,* Bd. 4, 1986/87.

Jensen, Bernard Eric, "The Role of Intellectual History in Dilthey's Kritik der historischen Vernunft", in: *Dilthey-Jahrbuch*. 2. Bd. 1984.

__________, "The Recent in the Intepretation of Dilthey", in : *Philosopy of the Social Sciences*. Vol. 8. 1978.

Joas, H., *Pragmatismus und Gesellschaftstheorie*, Frankfurt a. M., 1992.

__________, "Symbolischer Interaktionismus", in: *Kölner Zeitschrift für Soziologie und Soziolpsychologie*, vol. 40. No.2. 1988. 41.

__________, *Georg Simmel zur Einführung*, Hamburg, 2016.

__________, "Georg Herbert Mead", in: Dirk Kasler(Hg.), *Klässiker des soziologischen Denkens*, Bd. 2. München, 1978.

__________, *Praktische Intersubjektivität, Die Entwicklung des Werkes von G. H. Mead*, Frankfurt a. M., 1989.

Johach, Helmut., *Handelner Mensch und objektiver Geist. Zur Theorie der Geistes- und Sozialwissenschaften bei Wilhelm Dilthey*, Meisenheim am Glan, 1974.

__________, "Diltheys Erkenntnistheoretische Grundlegung der Geisteswissenschaften", in: *Philosophische Rundschau*. 25. 1978.

__________, "Dilthey, Freud und die Humanistischen Psychologie", in: *Dilthey-Jahrbuch*. Bd. 9. 1994/1995.

__________, "Wilhelm Dilthey: Die Struktur der geschichtlichen Erfahrung", in: Speck, J.(Hg.), *Grundprobleme der großen Philosophie. Philosophie der Neuzeit IV*, Tübingen, 1986.

__________, "Diltheys Philosophie des objektives und die Grundlegung der Geistes- und Sozialwissenschaften", in: *Dilthey-Jahrbuch*. Bd. 2, 1984.

John C. Maraldo, *Der hermeneutische Zirkel*, Freiburg/München, 1974.

Jung, Matthias, *Dilthey zur Einführung*, Hamburg, 1999.

Jung, Werner, *Georg Lukács*, Stuttgart, 1989.

Kallweit, H., "Archäologie des historischen Wissens", Zur Geschichtsschreibung Michel Foucaults, in: Ch. Meier(Hg.), Historische Methode. Theorie der Geschichte, in: *Beiträge zur Historik*, Bd, 5. München, 1988.

Kamerbeek, J., "Dilthey versus Nietzsche", in: *Studia Philosophica*, Bd. X. Basel, 1950.

Kant, I., *Kritik der reinin Vernunft*, Hamburg, 1980.

__________, *Werke* in zehn Bänden, hrsg. von Wihelm Weischedel, Frankfurt am Main, 1983.

Käsler, Dirk, *Einführung in das Studium Max Webers*, München, 1979.

Kauffmann, Manfred, *Struktur und Dynamik sozialer Prozesse. Makrosoziologische Aspekte Kulturentwicklung bei Georg Simmel*, München, 1990.

Kauffmann, Matthias, *Recht ohne Regel? Die philosophischen Prinzipien in Carl Schmitts S Staats- und Rechtslehre.*

Kennedy, Ellen, "Carl Schmitt und die Frankfurter Schule, Deutsche Liberalismuskrtik im 20. Jahrhundert", in: *Deschichte und Gesellschaft*, 12. Jg. 1986.

Kerckhoven, Guy van, "Georg Mischs hermeneutische Logik und die Kritik der phänomenologischen Bedeutungslehre", in: *Dilthey-Jahrbuch*, 11(1997/98).

__________, "Zur Genese des Begriffs "Lebenswelt" bei Edmund Husserl", in: *Archiv für Begriffsgeschichte*, Bd. 29, 1985.

Kern, ISo, *Husserl und Kant. Eine Untersuchung über Husserls Verhältnis zu Kant und zum Neukantianismus*, Den Haag, 1964.

Kleingeld, Pauline, "Kant on historiography and the use of regulative ideas", *Stud. Hist. Phil. Sci.* 39(2008), 523-528.

__________, "Zwischen kopernikanische Wende und grosser Erzaehlung: Die relevanz von Kants Geschichtsphilosophie", *Der Sinn der Geschichte: Geschichtsphilosophische Debatten*, hrsg. von Herta Nagl-Docekal, Frankfurt am Main, 1996.

Knüppel, Renate, *Diltheys erkenntnistheoretische Logik*, München, 1991.

Kohl, Wather, *Diltheys Lehre vom Wesen des Rechts*, Heidelberg, 1940.

Könke, Klaus Christian, "Der junge Simmel", in: *Theoriebeziehungen und sozialen Bewegungen*, Frankfurt a. M., 1996.

Korn, I. S., Wilhelm Dilthey und die Kritik der historischen Vernunft, in: *Die Geschichtsphilosophie des 20. Jahrhunderts. Kritischer Abriß*. Bd. I. Berlin, 1964.

Kornbicher, Thomas, *Deutsche Geschichtsschreibung im 19. Jahrhundert. Wilhelm Dilthey und die Begründung der modern Geschichtswissenschaften*, Pfaffenweiler, 1986.

Koslowswi, Stefan, *Die Geburt de Sozialstaats aus dem Geist des Deutschen Idealismus. Person und Gemeinschaft bei Lorenz von Stein*, Weinheim, 1989.

Krausser, Peter, "Dilthey's philosophische Anthropologie", in: *Journal of the History of Philosophie*, 1963.

__________, *Kritik der endlichen Vernunft.-Wilhelm Diltheys Revolution der allgemein*

Wissenschaft- und Handlungstheorie-, Frankfurt a. M., 1968.
Krüger, Hans-Peter, *Kritik der kommunikativen Vernunft*, Berlin, 1990.
__________, *Persperkiven Wechsel. Autopoiesis, Moderne und Postmoderne im Kommunikationsorientierten Vergleich*, Berlin, 1993.
Kuhn, Helmut, *Besprechungen, Schmitt*, in: *Kant-Studien*. 38. Bd. 1933.
Kunneman, Harry, *Der Wahrheitstrichter, Habermas und Postmoderne*, Frankfurt a. M., 1991.
Küntzel, Heinrich, "Über Wilhelm Diltheys Begriff der Struktur und des Erlebnisausdrücks", in; *Deutsche Vierteljahrsschrift für Literaturwissenschaft und Geistesgeschichte*, 41. 1973.
Künzli, A. *Aufklärung und Dialektik*, Freiburg, 1971.
Kurzweil, Ray, *The Age of Spiritual Machines: When Computers Exceed Human Intelligence*, New York: Viking, 1999.
Landgrebe, Ludwig, *Das Problem der Geschichtlichkeit des Lebens und die Phänomenologie Husserls*, Frankfurt a. M., 1968.
__________, *Der Weg der Phänomenologie. Das Problem einer ursprünglichen Erfahrung*, Glürsloh, 1963.
__________, "Vom Geisteswissenschaften Verstehen", in: *Zeitschrift für philsophische Forschung*, 6. Jg. 1951.
__________, "Wilhelm Diltheys Theorie der Geisteswissenschaft (Analyse ihrer Grundbegriffe)", in: *Jahrbuch für Philosophie und phänomenologische Forschung*, Halle, 1928.
Lassahan, Rudolf, "Neue Quellen und Literatur zur Dilthey-Forschung", in: *Zeitschrift für Pädagogik*. 20. Jg. 1974.
Lembeck, Karl-Heinz, "Logik und Lebensphilosophie", in: *Philosophische Rundschau*, 43(1996).
Lessing, Hans Ulrich, "Bemerkungen zum Begriff des objektiven Geistes bei Hegel, Lazarus und Dilthey", in: *Reports on Philosophie*, 9. 1985.
__________, "Die zeitgenossischen Rezenision von Diltheys Einleitung in die Geisteswissenschaften", in: *Dilthey-Jahrbuch*. 1988. Bd. I.
__________, "Dilthey und Lazarus", in: *Dilthey-Jahrbuch*. 3. Bd. 1985.
__________, *Wilhelm Dilthey, Eine Einführung*, Köln, 2011.
Liebe, Annelise, *Die Ästhetik Wilhelm Diltheys*, Halle/Saale, 1938.
Lieber, Hans-Joachim, *Die psichische Struktur. Untersuchungen zum Begriff einer*

Struktur des Seelenlebens bei Dilthey, Berlin, 1945.
__________, Geshichte und Gesellschaft im Werk Wilhelm Diltheys, in: *Kölner Zeitschrift für Soziologie und Sozialpsychologie,* Jg. 17. 1965.
Lieber, W., *Wilhelm Eine Würderung seines Werks zum 1000. Geburtstag des Philosophen,* Berlin, 1933.
Liekam, S., *Emppathie als Fundament pädogogischer Professionalität,* München, 2004.
Linkenbach, Antje, *Opake Gestalte des Denkens, Jürgen Habermas und die Rationalität fremder Lebensformen,* Frankfurt a. M., 1984.
Lipp, W., "Autopoiesis biologisch, Autopoiesis soziologisch", in: *Kölner Zeitschrift für Soziologie und Sozialpsychologie.* 39. Jg. 1987.
Lippitz, Wilfrid, "Der phänomenologische Begriff der Lebenswelt, -Seine Relevanz für die Sozialwissenschaften", in: *Zeitschrift für philosophische Forschung,* Bd. 32, 1978.
Lipps, Th, *Lietfaden der Psychologie,* Leipzig, 1906.
Loos, Fritz, Zur Wert- und Rechtslehre, Tübingen, 1970.
Löwith, Karl, Marx Weber und seiner Nachfolge, in: *Sämtliche Schriften.* Bd. 5. Stuttgart, 1988.
__________, *Dilthey und Heideggers Stellung zu Mataphysik,* Köln, *1966.*
Lübbe, Hermann, "Husserl und die europäische Krise", in: *Kant-Studien,* Bd. 49, 1957/58.
Luckner, Andreas, *Martin Heidegger Sein und Zeit,* Tübingen, 1997.
Luhmann, Niklas, "Am Ends der Kritischen Soziologie", in: *Zeitschrift für Soziologie.* Jg. 11. H. 4. 1982.
__________, "Autopoiesis, Handlung und kommunikative Verständigng", in: *Zeitschrift für Soziologie.* Jg. 11. H. 4. 1982, 366-379.
__________, *Beobachtungen der Moderne,* Opladen, 1992.
__________, "Die Autopoiesis der Bewußtsein", in: *Soziale Welt,* Jg. 36. 1985.
__________, "Die Wirtschaft der Gesellschaft als autopoiesisches System", in: *Zeitschrift für Soziologie,* Jg. 13. H. 4. 1984.
__________, *Die Gesellschaft der Gesellschaft,* Bd. a.M. 1977.
__________, "Das sind Preise. Ein soziologische-systemtheoretischer Klärungsversuch", in: *Soziale Welt,* 34. Jg. H.3. 1983.
__________, "Handlungstheorie und Systemtheorie", in: *Kölner Zeitschrift fur Soziologie und Sozialpsychologie.* in: 30. Jg. 1978. 1978.

__________, *Öklologische Kommunikation,* Opladen, 1986(이남복 옮김, 『현대사회는 생태학적 위협에 대처할 수 있는가』, 백의, 2002).

__________, *Soziale Systeme. Grundriß einer allgemeinen Theorie,* Frankfurt a. M., 1987.

__________, "Soziologie als Theorie sozialer Systeme", in: *Kölner Zeitschrift für Soziologie.* 19. 1967.

__________, *Soziale Systeme. Grundriß einer allgemeinen Theorie,* Frankfurt a. M., 1993.

Lukács, George, *Die Zerstörung der Vernunft, Bd. 9. Luchterhand, 1962. Vgl.* Frithjof Rodi, *Morphologie und Hermeneutik,* Stuttgart, 1969.

Lüthe, R., Von der Gesetzeswissenschaft zur Verstehenslehre, in: *Dilthey und die hermeneutische Wende in der Philosophie, Wirkungsgeschichtliche Aspekte seines Werkes*, Hrsg. von G. Kühne-Bertram und F. Rodi, Essen, 2008.

Mahlmann, Regina, *Homo Duplex. Die Zweihelt des Menschen bei Georg Simmel,* Würzburg, 1983.

Makkreel, R., A., "Dilthey und interpretierenden Wissenschaften. Die Rolle von Erklären und Verstehen", in: *Dilthey-Jahrbuch.* Bd. 1. 1983.

__________, *Dilthey. Philosophy of human Studies,* Princeton, 1976.

__________, *Dilthey. Philsophie der Geisteswissenschaften*, Frankfurt a. M., 1991.

__________, "Lebenswelt und Lebenszusammhang", in: E. W. Orth(Hg.), *Dilthey und Philosophie der Gegenwart*, Freiburg, 1985.

Marcuse, Herbert, "Das Problem der geschichtlichen Wirklichkeit", in: *Die Gesellschaft.* 8. Jg. 1931.

Margarete von der Groeben, *Konstruktive Psychologie und Erlennis,* Stuttgart, 1934.

Mari, U., *Michel Foucault,* München, 1988.

__________, The reception of Foucault by Historians, in: *Journal of History of Ideas,* Vol. 48, 1987.

Marquard, Odo, "Leben und Leben, Anthropologie und Hermeneutik bei Dilthey", in: *Dilthey-Jahrbuch.* Bd. 2. 1984.

Marx, Werner, *Vernunft und Lebenswelt,* Den Haag, 1970.

Mathias Schmitz, *Die Freund-Feind-Theorie Carl Schmitts*, Köln? Opladen, 1965.

Maturana, H. R, *Erkennen: Die Organsation und Verkörung von Wirlichkeit,* Braunschweig, 1982.(최호영 옮김, 『인식의 나무』, 자작 아카데미, 1995).

Mead, G. H., "A behavioristic Account of the significant symbol", in: *Journal of*

Philosophy, vol. 19. 1922.

__________, *Mind, Self, and Society*, Chicago University Press, 1934.

__________, *Philosophie der Sozialität*, Frankfurt. a. M., 1969.

__________, *The Philosophy of the Act*, Chicago/London, 1936.

__________, *Mind, Self, and Society*, Chicago University Press, 1934.

Megill, A., "Foucault, Structuralism, and the Ends of History", in: *Journal of Modern History*, 51. 1979.

Meier, Heinrich, *Carl Schmitt, Leo Strass und der Begriff des Politischen*. Stuttgart, 1988.

Meinecke, Friedrich, *Die Entstehung des Historismus*, Munich, 1936.

Merhring, Reinhard, *Carl Schmitt zur Einführung*, Hamburg, 1992.

__________, *Pathetisches Denken. Carl Schmitts Denkweg am Leitfaden Hegels*, Berlin, 1989.

Metzner, Andreas, "Die Ökologische Krise und die Differenz von System und Umwelt", in: *Das Argument*, 37. Jg. 1989.

Minnigerode, L., *Die Begründung des psychologischen Strukturgedankens durch Wilhelm Dilthey*, Phil. Diss. Würzurg, 1940.

Misch, Georg, "Die Idee der Lebensphilosophie in der Theorie der Geisteswissenschaften", in: *Kant-Studien*. 31. Bd. 1926.

__________, "Dilthey versus Nietzsche", in: *Die Sammlung. Zeitschrift für Kultur und Erziehung*. 7. Jg. 1952.

__________, *Lebensphilosophie und Phänomenologie-Eine Auseinandersetzung der Diltheyschen Richtung mit Heidegger und Hursserl*, Darmstadt, 1967.

__________, *Phänomenologie und Lebensphilosophie-Eine Auseinandersetzung der Diltheyschen Richtung mit Heidegger und Husserl*, Darmstadt, 1967.

Misch, V.C., *Der junge Dilthey. Ein Lebensbild in Briefen und Tagesbuchern 1852-1870*, Stuttgart/Göttingen, 1990.

Mittelstraß, Jürgen, "Erfahrung und Lebenswelt", in: J. Mittelstraß, *Theoria und Praxis*, Wiesbaden, 1980.

Mommsen, Wolfang, *Max Weber, Gesellschaft, Politik, Geschichte*, Frankfurt a. M., 1974.

Müller, Jochim, "Dilthey und das Problem der historischen Biographie", in: *Archiv für Kulturgschichte*. 23. Jg. 1933.

Müller-Lauter, Wolfgang, "Nietzsches Lehre von Willen zur Macht", *Nietzsche-*

Studien, Bd. 3. 1974.

Nagel, Ludwig, "Ungelöste Schwiergkeit in de Theorie des kommunikativen Handelns. Vier kritische Theorie zum neuen Buch von Jürgen Habermas", in: *Wiener Jahrbuch für Philosophie*. Jg.15.1983.

Nagl-Docekal, Herta(hrsg.), *Der Sinn der Geschichte: Geschichtsphilosophische Debatten*, Frankfurt am Main, 1996.

Nagl-Docekal, Herta, "Why Kant's Reflections on History Still Have Relevance", in: *The Discovery of Historicity in German Idealism and Historism* (Peter Koslowski, Editor), Berlin/Heidelberg/New York: Springer, 2005.

Nietzsche, Friedrich, *Sämtliche Werk, Kritische Studienausgabe,* in 15 Banden, Giorio Colli/Mazzino Montinari, Bd. 1. Walter de Druyter: Berlin · New York, 1980.

Nietzsche, Friedrich, *Sämtliche Werke. Kritische Studiengabe VI, 2 Bände.* (Hrsg). G. Colli und M. Montinari, München/Berlin/New York, 1980.

__________, *Unzeitgemäße Betrachtungen I-IV.*

__________, Menschliches, Allzumenschiches I und II KSA, 2.

__________, *Jenseits von Gut und Böse,* KSA, 5.

__________, *Nachgelassene Fragmente 1882-1884,* KSA, 10.

__________, *Nachgelassene Fragmente 1884-1885,* KSA, 11.

__________, *Nachgelassene Fragmente 1887-1889,* KSA, 12.

Nohl, Hermann(Hg.), *Die Objektivation des Lebens, in: Die Philosophie des Lebens. Eine Auswahl aus seinen Schriften 1867-1910*, Frankfurt a. M., 1947.

Notre Affsire à Tous, 『기후위기선언』, 이세진 옮김, 마농지, 2020.

Orth, E. W.(Hg.), *Dilthey un ddie Philosophie der Gegenwart,* Freiburg, 1985.

Orth, E. W., E. W. Orth, "Das Problem der Generalisierung bei Dilthey und Husserl als Frage nach Gegenwärt und Zeitlichkeit", in: *Dilthey-Jahrbuch,* Bd. 7, Göttingen, 1989.

__________, Wilhelm Dilthey und die Phänomenologie Edmund Husserls, in: *Reports on Philosophy,* 15. 1995.

Ottmann, H., "Anti-Lukács. Eine Kritik der Nietzsche-Kritik von Lukács", in: *Nietzsche-Studien,* 13(1984).

Otto, Stephan, *Rekonstruktion der Geschichte,* Wilhelm Fink: München, 1992.

Paczkowska-Lagowska, Elzbieta, "Das Bild des jungen Hegel bei Dilthey", in: *Reports on Philosophie,* 9. 1985.

Palmer, Richard E., *Hermeneutics, Interpretation Theory in Schleiermacr, Dilthey,*

Heidegger, Gadamer, Northhwestern University, 1969.

Parros, Nikos, "Der Begriff der Lebenswelt", in: Dirk Hartmann(Hg.), *Die Kulturalistische Wende,* Frankfurt a. M, 1998.

Parsons, S., Foucault and the Problem of Kant, in: *Praxis International,* Vol. 8. 1988/89.

Paul Yorck von Wartenburg, *Bewusßtseinsstellung und Geschichte,* Hamburg: Meiner, 1991.

Pettit, P., *The Concept of Structuralism, Los Angeles,* California Press, 1975.

Pfütze H., "Theorie ohne Bewußtsein. Zu Niklas Luhmanns Gedankenkonstruktion", in: *Merkur.* 43. Jg. 1988.

Pöggeler, Otto(Hg.), *Einleitung. in: Das Wesen der Philosophie,* Hamburg, 1984.

Pöggeler, Otto, *Der Denkweg Martin Heidegger,* Tübingen, 1983.

__________, Heideggers Begegung mit Dilthey, in: Dilthey-Jahrbuch. Bd. 4. 1986/1987.

__________, *Hermeneutische Philosophie,* München, 1972.

__________, "Hermeneutische Philosophie und Theologie", in: *Man and World.* Vol.4. 1974.

__________, *Heidegger und die hermeneutische Philosophie,* Freiburg, 1981.

__________, "Neue Wege mit Heidegger", in: *Philosophische Rundschau*, 29.Jg. 1982.

Popper, Karl. *Das Elend des Historizismus,* Mohr Siebeck, 7. Aufl. Tübingen, 2003.

__________, *Objektive Erkenntnis,* Hamburg, 1995.

__________, *The Open Society and its Enemies*: Volume 2: The High Tide of Prophecy, London: Routledge, 1945.

Poster, M., "Foucault and History", in: Social Reserch, Vol. 1982.

Preyer, G./Grünberger, H., "Die Problemstufenordnung in der systemtheoretischen Argumentation Niklas Luhmann", in: *Soziale Welt,* Heft. I. 31. Jg. 1980.

Puhar, Eveln, "Animal Rights", in: *Encyclopedia of Applied Ethics,* vol.1. San Diego: Academic Press, 1998.

Racevskis, K., The Discourse of Michel Foucault: A case of absent and forgettable Subjekt, in: *Humanities in Society*, Vol. 3(1980).

Rand, Calvin G., "the Meaning of Historicism in the Writings of Dilthey, Treoltsch and Meineke", in: *Journal of the History of Ideas,* Vol. xxv, 1964.

Ranke, L.v. *Über die Epochen der neueren Geschichte,* Darmstadt, 1970.

Reese-Schäfer, Walter, *Niklas Luhmann zur Einführung*, Junius, 2001.(이남복 역, 『니클라스루만의 사회사상』, 백의, 2002).

__________, *Grenzgötter der Moral. Der neuer europäisch-amerikanische Diskurs zur politischen Ethik*, Frankfurt a. M., 1997.

Rehberg, Karl-Siebert, "Die Theorie der Intersubjektivität als Lehre vom Menschen", in: Hans Joas(Hg.), *Das Problem der Intersubjektivität*, Frankfurt a. M., 1985.

__________, Rationalität als Grossbürgerliches Aktionsmodell. Thesen zu einigen handlungstheoretischen Implikationen der "soziologischen Grundbegriffe" Max Webers, in: *Kölner Zeitschrift für Soziologie und Sozialpsychologie*, 31. Jg. 1979.

__________, "Sozialphilosophie und Theorie der Intersubjektivität. Zur neueren deutschen Mead-Literatur", in: *Philosohischer Literanzeiger.* Jg. 38. 1985.

Renat, Wanstrat, "Das sozialwissenschaftliche Verstehen bei Dilthey und Weber", in: *Schmoller Jahrbuch*. 70. Jg. 1950.

__________, "Wilhelm Dilthey und das Problem der Metaphysik", in: *Philosophisches Jahrbuch*. 2. Jg. 1976.

Renn, Jochim, "Dilthey und der Begriff der Geschichte Hermeneutisch-phänomenologische Argumente gegen den Kollektivsingular", in; *Dilthey-Jahrbuch*. Bd. 8. 1992/1993.

Richer, Jochim, "Über die antinomische Struktur der geistswissenschaftlichen Geschichtsauffassung bei Dilthey(1931)", in: *Dilthey-Jahrbuch*. Bd. 9. 1994/95.

Ricoeur R., *Hermeneutics & the human sciences*, Edited & translated by John B Thompson Cambridge University press, 1981.

__________, "Life: A Story in Search of a Narrator", *Facts and Values*, ed., by M. C. Doeser & J. N. Kraaj, Dordrecht, 1986.

__________, *Temp et Récit, I*, Paris, 1983.

Ricoeur, Paul, ed. by D. Ihde, *The Conflict of Interpretations - Essays in Hermeneutics I*, Evanston; Northwestern Univ. Press, 1974.

Riedel, Manfred, "Ästheten und Hermeneutik der Natur. Zur Stellung des Naturschonen bei Dilthey und dem jungen Lukács", in: Manfred Riedel, *Hören auf die Sprache*, Frankfurt a. M., 1990.

__________, *Das erkenntniskritishe Motiv in Diltheys Theorie der Geisteswissenschaften*, Bd.1. Stuttgart/Göttingen, 1959.

__________, *Wilhelm Dilthey: Der Aufbau der geschichtlichen Welt in den Geisteswissenschaften,* Frankfurt a. M., 1993.

__________, "Zwischen Plato und Aristotels- Heiggers doppelte Exposition der Seinsfrage und der Ansatz von Gadamers hermeneutischer Gesprächsdialektik", in: *Allgemeine Zeitschrift für Philosophie,* 11. Jg. 1986.

Ritter, J., "Über die antinomische Struktur der geisteswissenschaftlichen Geschichtsauffassung bei Dilthey", in: *Dilthey-Jahrbuch*, Bd. 9, 1994/95.

Rodi, F.(Hg.), *Materialen zur Philosophie Wilhelm Diltheys,* Frankfurt a. M., 1984.

Rodi, FFrithiof, *Der Begriff der Einbildungskraft bei Wilhelm Dilthey,* Tübingen, 1958.

__________, "Dilthey's concept of strukture with the context Nineteenth-century science and philosophy", in: Rudolf A. Makreel, *Dilthey and Phenpmenology,* Washington. D. C., 1987.

__________, "Diltheys Kritik der historischen Vernunft. Program oder System", in: *Dilthey-Jahrbuch.* 3.Jg. 1985.

__________, *Erkenntnis des Erkannten. Zur Hermeneutik des 19. und 20. Jahrhunderts,* Frankfurt a. M., 1990.

__________, "Zum gegenwärtigen Stand der Dilthey-Forschung", in: *Dilthey-Jahrbuch.* Bd. I. 1983.

Rohbeck, Johannes, Technologische Urteilskraft. Frankfurt a. M., 1996.

Rombach H., *Phänomenologie des sozialen Lebens,* Freiburg/München, 1994.

Roth, S. M., "Foucault History of the present", in: *History and Theory,* Vol. 20, 1981.

Rothacker, Erich, "Die traditionallen Spannungen zwischen Natur- und Geisteswissenschaften", in: *Studium Generale,* 6. Jg. 1953.

Sacher, Wernert, *Edward Spranger 1902-1935. Ein Erziehungsphilosophie zwischen Dilthey und Neukantianern,* Frankfurt a. M. /New York, 1988.

Said, E. W., "Linguistics and the Archeology of Mind", in: *International philosophical Quartely,* Vol. 1971.

Sauerland, Karl, *Diltheys Erlebnisbegriff,* Berlin, 1972.

Schaffer, E. S., The Archaeology of Michel Foucault, in: *Studies in History and Philosophy of Science,* 7. 1976.

Scheler, M., *Die Formen des Wissen und die Bildung,* Bonn, 1925.

__________, "Versuche einer Philosophie des Lebens. Nietzsche-Dilthey-Bergson", in: ders., *Vom Umsturz der Werte*, Bern, 1955.

Schmid, S., Die Geburt der Philosophie im Garten der Lüste. Michel Focaults

Archäologie des platonischen Eros, Frankfurt a. M., 1995.

Schmid, W., "Die Geburt der Geschichte. Historische und offende Geschichte bei Michel Foucault", in: *Deutsche Zeitschrift für Philosophie,* 40. 1992.

Schmid-Schoenbein, Thmos, "Zwecktätigkeit und Verständigung. Über des kommunikativen Handelns", in: *Ökonomie und Gesellschaft.* Jahrbuch 2. 1984.

Schmidt, A. u. Altwicker, N.(Hrsg.), *Max Horkheimer heute: Werk und Wirkung,* Frankfurt am Main, 1986.

Schmidt, A. *Zur Idee der Kritischen Theorie - Elemente der Philosophie Max Horkheimers*, München, 1974.

__________, *Die Geburt der Philosophie im Garten der Lüste,* Frankfurt, 1987.

__________, *Das Erlebnis in der Philosophie Wilhelm Diltheys,* Diss. Phil. München, 1917.

Schmitt, C., *Das Erlebnis in der Psychologie Wilhelm Diltheys,* München, 1917.

__________, *Der Begriff des politischen,* München/Leipzig, 1932.

__________, *Der Leviathan in der Staatslehre des Hobbes. Sinn nd Fehlschlag eines politischen Symbols*, Köln, 1982.

__________, "Die Wendung zum totalen Staat", in: ders., *Positionen und Begriffe,* Hanseatische Verlagsanstalt, 1940.

__________, *Politische Theologie*, 7판, Duncker & Humblot, 1996.

__________, *Über die drei Arten des Rechtswissenschaftlichen Denkens*, Hanseatische Verlagsanstalt, 1934.

__________, "Staatsethik und pluralistischer Staat", in: ders., *Positionen und Begriffe*(Hanseatische Verlagsanstalt, 1940.

__________, "Zu Friedrich Meineckes Idee der Staatsräson", in: ders., *Positionen und Begriffe*(Hanseatische Verlagsanstalt, 1940.

Schmitz, Mathis, *Die Freund-Feind Theorie Carl Schmitts,* Köln/Opladen, 1965.

Schnädelbach, H., *Geschichtsphilosophie nach Hegel, Das Problem des Historismus,* München, 1974.

__________, "Zur Rehabiliterung des politische gekommen?", in: *Zeitschrift für Politik,* 36. Jg. 2/1, 1989.

Schrader-Klebert, Karin, "Der Begriff der Gesellschaft als regulative Idee. Zur transzendentalen Brgründung der Soziologie bei Georg Simmel", in: *Soziale Welt,* 19. 1968.

Schrimpf, Gangolf, "Zum Begriff der geschichtelichen Tatsache", in: *Diltuey-Jahrbuch*. Bd. 5. 1988.

Schröter, H., *Historische Theorie und geschlichtliches Handelns*, Mittenwald, 1981.

Schulte, Günter, *Der blinde Fleck in Luhmanns Systemtheorie*, New York, 1993.

__________, "Was ist und seit wann gibt es hermeneutische Philosophie?", in: *Dilthey-Jahrbuch*. Bd. 8. 1992/1993.

Schürmann, R., "On constituting oneself an anarchistic Subject", in: *praxis International*, Vol. 6. 1986.

Schütz, Alfred, "Das Problem der transzendentalen Intersubjektivität bei Husserl" in: *Philosophische Rundschau*. 5. Jg. 1957.

__________, *Der sinnhafte Aufbau der sozialen Welt, Eine Einleitung in die verstehende Soziologie*, Wien, 1932.

Secretan, Philibert, "Individuum, Individualität und Individuation nach Edith Stein und Wilhelm Dilthey", in: *Phänomenologische Forschung*. Bd. 26/27. 1991.

Seitter, W., "Ein Denken im Forschen Zum Unternahmen einer Analytik bei Michel Foucault", in: *Philosophisches Jahrbuch*, Jg. 87. 1980.

Simmel, Georg, Über soziale Differenzierung, in: *Staats- und sozialwissenschaftliche Forschungen*, Bd. X. Heft. I., Leipzig, 1890.

__________, *Grundfragen der Soziologie(Individuum und Gesellschaft)*, Berlin, 1984.

__________, *Soziologie. Untersuchungen über die Formen der Vergesellschaftung (1908)*: Georg Simmel Gesamtausgabe 11, Frankfurt am Main: Suhrkamp 1992.

__________,"Die Kreuzung sozialer Kreise", in: *Soziologie. Untersuchungen über die Formen der Vergesellschaftung*, München/Leipzig, 1923.

__________, "Franment einer Einleitung", in: Georg Simmel Gesamtausgabe 20. Postume Veröffentlichung Ungedrucktes, Schulpädagogik, Frankfurt a. M., 2004.

Sloterdijik, P., *Kritik der zynischen Vernunft*, Bd. 1. Suhrkamp: Frankfurt a. M.,1983.

__________, "Michel Foucaults strukturale Theorie der Geschichte", in: *Philosophisches Jahrbuch*, 79(1972).

Söllner, A. "Geschichte und Herrschaft – Eine kritische Studie zum Verhältnis von Philosophie und Sozialwissenschaft in der Kritischen Theorie", *Philosophisches Jahrbuch*, 82, 1976.

Spann, Othmar, "Zur sozialogischen Auseinandersetzung mit Dilthey", in: *Zeitschrift für die gesamte Staatswissenschaft*. Bd. 59. 1903.

Speck(Hg.), *Grundprobleme der Großen Philosophie. Philosophie der Neuzeit IV,* Tübingen, 1986.

Speigelberg, Herbert, *The Phenomenological Movement: A historical Introduction,* II, The Hague, 1960.

Stegmaier, Werner, *Philosophie der Fluktuanz. Dilthey und Nietzsche,* Göttingen, 1990.

Stegmeier, Werner, "Phänomonologische und spekulative Ontologie bei Dilthey und Nietzsche", in: E. W. Orth(Hg.), *Dilthey und der Wandel des Philosophibegriffs self dem 19. Jahrhundert,* Freiburg/München, 1984.

Stein, A., *Der Begriff des Verstehens bei Dilthey,* Tübingen, 1926.

Steinhoff, Maria, Die Form als soziologische Grundkategorie bei Georg Simmel, in: *Kölner Vierteljahreshefte für Soziologie,* IV. Jg. 1924/1925.

Strauss, Leo, Annerkungen zu Carl Schmitt, Der Begriff des politischen, in: *Archiv für Sozialwissenschaft und Sozialpolitik*. 67. Bd. 1971.

Ströker, Elisabeth, "Georg Misch und die Phänomenologie", in; *Dilthey-Jahrbuch,* Bd. 11, Göttingen, 1997/98.

__________, "Systematische Beziehungen der Husserlschen Philosophie zu Dilthey", in: Orth, W.(Hg.), *Dilthey und die Philosophie der Gegenwart,* Freiburg/München, 1985.

Teichert, D., Zwischen Wissenschaftskritik und Hermeneutik: Foucaults Humanwissenschaften, in: *Zeitschrift für philosophische Forschung,* Bd. 47, 1993.

Tenbruck, Friedrich, "Die Genssis der Methodologie Max Weber", in: *Kölner Zeitschrift für Soziologie und Sozialpsychlogie,* II. Jg. 1959.

Thomä, Dieter, Die *Zeit des Selbst und die Zeit. Zur Kritik der Textgeschichte Martin Heidegger 1910-1976,* Frankfurt a. M., 1990.

Thöny, Giony, *Philosophie und Pädagogik bei Wilhelm Dilthey und Hermann Nohl,* Bern/Stuttgart, 1992.

Tietz, U., *Hans Georg Gadamer zur Einführung,* Hamburg, 2000.

Troeltsch, E., "Der Historismus und seine Probleme(1922)", in: *Kritische Gesamtausgabe,* F. Wilhelm Graf(Hg.), de Gruyter: Berlin/New York, 1997.

Tugendhat, Ernst, *Selbstbewußtsein und Selbstbestimmung,* Frankfurt a. M., 1993.

Tymieniecka, Anna-Teresa, "Dem Wendepunkt der Phänomenologie entgegen", in:

Philosophische Rundschau, 14, 1967.
Visser, Garad, "Dilthey und Nietzsche -Unterschiedliche Lesarten des Satzes der Phänomentalität", in: *Dilthey-Jahrbuch*. Bd. 10. 1996.
Voigländer, Walter, *Die Begriffe "Volk" und "Staat" in den neueren Theorien über Geschichte und Geschichtsunterricht*, Diss. Phil. Chemnitz, 1932.
Volker Gerhardt, "Selbsterkenntnis. Zur anthropologischen Nähe Nietzsches zu Dilthey", in: *Nietzsche- Forschung*. Bd. I. 1994.
Vollrath, Ernst, Politik und Existenz, in: Volker Gerhardt(Hg.), *Politisches Denken*, Jahrbuch, 1991.
__________, Wie ist Carl Schmitt an seinen Begriff des politischen gekommen? in: *Zeitschrift für Politik*, 36. Jg. 1989.
Wagner, Gerhard/ Zipprian, Heinz, "Tenbruck, Weber und Wirklichkeit", in: *Kölner Zeitschrift für Soziologie und Sozialpsychologie*, 39.Jg. 1987.
Waldenfels, Bernhard, *In den Netzen der Lebenswelt*, Frankfurt a. M. 1994.
__________, *Sinneschwellen. Studien zur Phänomenologie des Fremden*, Frankfurt a. M. 1999.
Walsh, W. H. *Philosophy of History*(『역사철학』, 김정선 역, 서광사, 1989).
Walter Louis, Minnigerode, *Die Begründung des psychologischen Strukturgedankens durch Wilhelm Dilthey*. Phil. Diss. Würzburg, 1940.
Wanstrat, Renat, "Das sozislwissenschaftliche Verstehen bei Dilthey und Weber", in: *Schmoller Jahrbuch*. 70. Jg. 1950.
Weber, Max, *Gesammelte Aufsätz zur Wissenschaftslehre*, Tübingen, 1968.
__________, *Soziologische Grundbegriffe*, Tübingen, 1960.
__________, *Wirtschaft und Gesellschaft*, Tübingen, 1947.
Weiß, Johanes, "Das Verstehen des Lebens und die verstehende Soziologie (Dilthey und Weber)", in: *Annali Sociologia*. 8. 1992-I.
__________, *Max Webers Grunglegung der Soziologie*, München, 1975.
Welter, Rüdiger, *Der Begriff der Lebenswelt*, Freiburg, 1986.
Wenzel, Harald, *George Herbert Mead zur Einführung*, Hamburg, 1990.
Wetz, Franz Josef, *Edmund Husserl*, Frankfurt. a. M., 1995.
White, H., "Foucault Decoded: Notes from Underground", in: *History and Theory*, 12, 1973.
__________, The Burden of History, in: *History and Theory*, Vol. 5, 1996.
Wiedemeyer, M., *Dilthey und Neuhegelianismus, in: Wilhelm Dilthey als Philosophie*,

Historiker, Humboldt Universität zu Berlin 7. 1987.
Wilke, H., "Zum problem der Integration komplexer Sozialsysteme", in: *Kölner Zeitschrift für Soziologie und Sozialpsychologie*. 30. Jg. 1978.
Willams, K., "Unproblematic archaeology", in: *Economy and Society*, Vol. 3. 1974.
Wirkus, Bern, "Freund-Feind-Gegensatz: Carl Schmitt", in: Bern Wirkens, *Deutsche Sozialphilosophie in der ersten Häfte 20. Jahrhunderts.* Darmstadt 1996.
Wuchterl, Kurt, *Bausteine zu einer Geschichte ser Philosophie des 20. Jahrhunderts von Husserl zu Heidegger*, Stuttgart, 1995.
Zhang, Rulun, "Lifeworld and Passibility of Intercultural", in: *Phänomenologische Forschungen,* Sonderband, München, 1998.
Zöckler, Chr., *Dilthey und Hermeneutik,* Stuttgart, 1975.
Zolo, D., "Autopoiesis; Critique of a Postmodern Paradigm", in; *Telos*. 86(1991).
__________, "Reflexive Selbstbegrüdung der Soziologie und Autopoiesis", in: *Soziale Welt*. 36. Jg. Heft. 4. 1985.

찾아보기

[ㄷ]

[ㄹ]

[ㅁ]

[ㅂ]

[ㅅ]

[ㅇ]

[ㅈ]

[ㅊ]

[ㅋ]

[ㅌ]

[ㅍ]

[ㅎ]